Fuera de la carretera

Carolyn Cassady

Fuera de la carretera

Veinte años con Cassady, Kerouac y Ginsberg

Traducción de Damià Alou

EDITORIAL ANAGRAMA
BARCELONA

Título de la edición original:
Off the Road
The Black Spring Press
Londres, 1990

Ilustración: fotografías del archivo de la familia

Primera edición: *junio 2025*

Diseño de la colección: Julio Vivas y Estudio A

ISBN: 978-84-339-2917-4
Depósito legal: B. 4469-2025

Printed in Spain

Especialidades Gráficas Editoriales, S. A., calle de Roís de Corella, 12
08205 Sabadell

A Helen y Al Hinkle

Pues él ordenará a sus ángeles
que te guarden en todos tus caminos.

Salmos 91, 11

Retrato de Neal Cassady,
por Carolyn Cassady, 1951.

A mitad del camino de la vida
yo me encontraba en una selva oscura,
con la senda derecha ya perdida.
¡Ah, pues decir cuál era es cosa dura
esta selva salvaje, áspera y fuerte
que en el pensar renueva la pavura!
Es tan amarga que algo más es muerte;
mas por tratar del bien que allí encontré
diré de cuanto allá me cupo en suerte.

DANTE, *La Comedia. Infierno*,
canto I, VV 1-9.*

* Versión de Ángel Crespo (Seix Barral, Barcelona, 2004). *(N. del T.)*

Primera parte

UNO

Poco después de las dos de la tarde de aquel sábado de marzo de 1947, sonó el teléfono en la salita de mi habitación. La voz arrastrada de tipo duro de Bill Tomson era inconfundible. «Hola, muñeca, ¿puedo subir un minuto?» Vacilé; Bill empezaba a cansarme. Se presentaba en el campus casi todos los días, y sus apariciones repentinas me parecían cada vez más tediosas. Seguía haciéndole caso por pura curiosidad, pero hasta ahora no había podido encontrar ningún tema del que Bill fuera capaz de hablar en serio. Se limitaba a sacar a colación cosas que pensaba que me impresionarían: sagaces respuestas, bravuconería exagerada y hazañas extraordinarias, protagonizadas por él o por un amigo suyo, un tal Neal Cassady. Neal era un héroe, como Otelo, cuyas alabanzas había que cantar, y Bill asumía el papel de discípulo apasionado. Me hablaba de intrépidas escapadas en coche, encontronazos con la ley, profundos safaris intelectuales y musicales.

Como me habían criado para temer y reverenciar el imperante código social de los años treinta, y como hasta entonces había llevado una existencia llena de restricciones, me sorprendió ver que había hombres que se atrevían a vivir como los personajes de los libros y las películas... siempre y cuando, claro, Bill no estuviera exagerando. En cualquier caso, la vida que me relataba se me hacía remota e inofensiva; estaba lejos de enamorarme de él, cuando me dijo que Neal estaba en Nueva York, estudiando en la Universidad de Columbia con dos amigos, Jack Kerouac y Allen Ginsberg, uno de ellos un famoso jugador de fútbol, el otro poeta.

Bill se parecía vagamente a una estrella de cine cuyo nombre hacía mucho que había olvidado, y aquella tarde me lo imaginé apoyado en el mostrador del vestíbulo del hotel, con una copa de whisky escocés en una mano y la otra haciendo nudos con el cable telefónico, un cigarrillo colgándole de los labios, un ojo entrecerrado por el humo y el otro por el tupido pelo negro que se negaba a mantenerse en su sitio sin importar la frecuencia con la que moviera la cabeza.

Después de un largo silencio, respondí: «Está bien, Bill, pero solo un momento. Tengo mucho trabajo». Cuando le abrí la puerta, descubrí que no estaba solo. Detrás de él había otro hombre que entró a grandes zancadas, analizando con la mirada todo cuanto había en la habitación antes de volverse para saludar tras la presentación de Bill.

–Cari, este es Neal Cassady.

No pude evitar quedarme embobada, perpleja al ver materializarse el mito. Neal asintió, y, en ese instante, el barrido de sus ojos azules me hizo comprender que me había examinado a fondo. Maldije a Bill por no haberme avisado.

Le había hecho tanta publicidad que en mi imaginación era alguien único, y no estaba preparada para su aparición, no tanto por sus atributos físicos, que eran bastante normales, sino por su traje. Aunque no era un auténtico *zoot*, tenía esa aura, y los que había visto más de cerca eran los de los gángsters de la gran pantalla.[1] Tenía un aire a personaje de Damon Runyon, un glamour peligroso, realzado por su camiseta blanca y su musculoso cuello desnudo.

1. El *zoot* era un traje de moda en los años cuarenta: pantalones de tiro alto muy anchos que se estrechaban en los tobillos, y chaqueta con hombreras y solapas también anchas. El acompañamiento de un borsalino le daba ese aspecto de gángster de película. *(N. del T.)*

Neal cruzó la habitación y vio un fonógrafo y una pila de elepés debajo de la ventana. Se volvió hacia mí, pero seguía como una estatua junto a la puerta.

–Bill me ha dicho que tienes una colección única de discos de Lester Young.

Desconcertada, balbuceé:

¿Quién? ¿Lester qué? Yo... eh... no... única, sí; me temo que no he oído hablar de él, todo lo que tengo son discos que me quedan de la universidad, casi todos de *big bands* de swing.

Le lancé una mirada asesina a Bill por avergonzarme aún más. Neal también miró a Bill un momento, desconcertado. Luego sonrió, se sentó en mi mecedora y se puso a echar un vistazo a los álbumes.

No importa. ¿Qué tenemos aquí? Ah, sí, ya veo Artie Shaw, bien, los Dorsey, Benny Goodman, genial, Harry James, Nat King Cole, Stan Kenton, Duke, mucho Ellington. Ah, ¿y qué es esto?

Sacó una serie de discos de Josh White que venían dentro de una caja.

–Eso es *Southern Exposure*.[1] Es lo más radical que vimos en la universidad. Nos impresionaron Josh y sus canciones de protesta sobre las degradantes condiciones de vida, las leyes que promueven la segregación, y todo eso. Está prohibido en el Sur, según he oído. Cuando vivía en Nueva York conocí un poco a Josh, en el club me sentaba en una mesa en primera fila y lo dibujaba mientras tocaba. Descubrí que esa estratagema funcionaba muy bien si querías conocer a un artista. Pero me sorprendió y decepcionó descubrir que no quería discutir los temas de los que hablaban sus canciones. Probablemente con buen criterio, la verdad. Puede acabar siendo embarazoso.

1. Josh White (1914-1969) fue un cantante, compositor y activista de los derechos civiles afroamericanos que escribió canciones de protesta social. Su disco *Southern Exposure*, de 1941, con temas antisegregacionistas y un texto de contraportada del escritor Richard Wright, llamó la atención del presidente Roosevelt, que lo invitó a dar un concierto de gala en la Casa Blanca. *(N. del T.)*

Me daba cuenta de que balbuceaba, pero Neal estaba embelesado y emitía una empatía y dignidad que me hacían sentir especial, como si cada una de mis palabras fuera una joya. Debajo de su sutil encanto, se percibía una tensa energía controlada y reprimida, como un arco a punto de dispararse.

Cuando me callé y bajé la mirada, sonrojándome, su sonrisa se ensanchó.

–Fascinante. ¿Puedo poner uno? –Sus cejas siempre se inclinaban hacia arriba y hacia adentro en el medio cuando formulaba una pregunta.

–Por supuesto, por favor.

Mientras colocaba el disco cuidadosamente en el plato, me agaché para recoger la maqueta del escenario teatral en la que había estado trabajando. Bill dejó de ir de un lado a otro y se sentó en el sillón frente a Neal. «Sophisticated Lady» de Ellington llenó la habitación, y nadie dijo nada. Le lancé una mirada a Neal y enseguida volví a bajar la vista. Mientras se mecía, sus ojos se clavaron en mí con tanta intensidad que sentí físicamente una puñalada. Estaba segura de que percibía mi malestar, pero también sentía esos ojos como láseres, clavados hasta que terminó el disco. Cuando se levantó para quitarlo, la actitud de Neal se relajó. Me puse de pie y me paseé por la habitación fingiendo colocar algunas cosas.

Los posteriores intentos de conversación fueron incómodos, debido en gran parte, supuse, a la imagen equívoca que Bill habría dibujado de Neal y de mí. No sabía cómo me habría descrito, probablemente como «mi chica», pero por las respuestas de Neal a mis amables preguntas me pareció que las hazañas que contaba Bill solo podían ser cosa de su amigo. Cuando pasé a atribuirle a él las *beaux gestes*, Bill perdió el escaso mérito que pudiera tener y Neal comenzó a recubrirse de una capa de encanto.

Neal apenas controlaba su inquietud, y Bill comenzaba a ponerse nervioso. Neal miró a Bill y después a mí.

–Bueno, ¿tenéis algún plan para esta tarde? –Contemplé mi proyecto de escenario con cara de que tenía que trabajar y Neal captó la señal.

–¿No puede esperar? ¿Solo una horita? Apuesto a que necesitas un poco de aire fresco. Mira, ¿por qué no vienes conmigo? Acabo de bajar del autobús y tengo que ir a buscar mis cosas a la casa donde vivía. Luego podemos ir al centro, o lo que quieras. –Neal pronunció esas sugerencias rápidamente, sin dejarme contestar, y luego se dirigió hacia la puerta, volviéndose hacia mí con una pregunta en los ojos. Bill se levantó para seguirlo.

–Vamos, cari, coge tu abrigo. –Por encima de mi convicción de que debía quedarme en casa a trabajar, por no hablar de mi aspecto, sentía un deseo imperioso de seguir viendo a ese hombre. Cogí el abrigo.

DOS

En Denver el aire de la tarde era helado y estimulante; el brillo en la nieve del sol de finales de invierno, más vigorizante que cálido, nos hizo entrecerrar los ojos. Cogimos un autobús en dirección opuesta a mi ruta diaria a la universidad. Aunque en ese momento no lo sabía, así fue como inicié un largo viaje en dirección opuesta a todo lo que había conocido hasta entonces, y hacia una educación de un naturaleza diferente.

Era la menor de cinco hermanos, y me crié en una pequeña ciudad universitaria de Michigan, con espléndidos veranos en un lago del norte que continuamos visitando hasta la Segunda Guerra Mundial. Cuando tenía ocho años nos mudamos a una casa cerca de Nashville, Tennessee, donde mi padre consiguió un trabajo mejor. Aunque llevábamos una vida frugal, nuestras necesidades materiales y educativas estaban cubiertas. Asistí a una escuela secundaria y a una universidad de élite, y en unos años papá compró y restauró una antigua plantación. Mis padres eran estrictos en sus valores victorianos y en sus costumbres inglesas; después de la infancia el contacto físico se reducía al mínimo, y te daban su aprobación sin entusiasmo. Mi padre era bioquímico y mi madre exprofesora de inglés, y teníamos una biblioteca de más de dos mil quinientos libros. Me convertí en retratista y escenógrafa, los dos campos que estaba estudiando para mi máster en la Universidad de Denver, donde también trabajé como profesora ayudante.

Al llegar al antiguo alojamiento de Neal, se puso a dar vueltas por la casa, recogiendo y embalando sus pertenencias mientras Bill y yo esperábamos en el salón, lleno de trastos. Neal tenía una manera cautivadora de mirarme cada vez que pasaba rozándome, pero no decía nada. Sus miradas y su silencio generaban un magnetismo alarmante que estaba empezando a ponerme nerviosa. Una de las veces que pasó a mi lado me entregó un poema de amor escrito a máquina «de Neal Cassady». Aunque no era ninguna entendida en poesía, me di cuenta de que su autor sí lo era. Mi admiración subió un peldaño.

Cuando Neal terminó de recoger sus cosas, caminamos hacia la esquina para tomar un autobús al centro. Nuestra primera parada fue un hotel pequeño y destartalado, donde, en una habitación del segundo piso llena de ropa y accesorios de mujer, Neal depositó sus maletas junto a una cama deshecha. No nos dio ninguna explicación. Luego caminamos unas cuantas manzanas hasta un pequeño café de comida rápida; Neal entró y Bill y yo esperamos en la acera. A través de la puerta, por la que llegaba un fuerte olor a cebolla, vimos que mantenía una acalorada conversación con una guapa adolescente que estaba detrás de la barra. Mi curiosidad pudo más que mis escrúpulos, y le di la paliza a Bill hasta que se le acabaron las excusas y me soltó: «Es su mujer, LuAnne».

¿Su mujer? De repente se me cayó el alma a los pies, lo bastante como para darme cuenta de hasta qué punto me había atraído. ¿Casado? No me cuadraba la impresión que me había estado formando de Neal con las limitaciones que suponía la vida matrimonial tal como yo la conocía, sobre todo teniendo en cuenta que acababa de cumplir veintiún años. ¿Por qué Bill no me había comentado algo tan importante? Y si estaba casado, ¿por qué me miraba de esa manera tan de soltero?

Ya no tenía ninguna duda de que ahí se acababa todo. Los hombres casados para mí eran algo intocable, y además, ahora me enfrentaba a otro tabú que había intentado ignorar: él era casi tres años más joven que yo. De golpe, la tarde parecía mucho menos soleada.

Cuando Neal se reunió con nosotros, no mencionó ese encuentro, y, exhibiendo sus dientes perfectos en una amplia sonrisa, sugirió que fuéramos a una tienda de música a escuchar discos, ya que, como dijo: «No tengo sitio para un fonógrafo propio».

Bill y yo caminamos todo lo rápido que me permitían mis pies, pero Neal nos adelantaba, de vez en cuando se giraba para quedar de cara a nosotros, y caminaba hacia atrás pero sin perder el paso. Gritaba algunas observaciones y mostraba su sonrisa, con el pelo castaño claro ondulándose al viento, y después se volvía de nuevo para seguir con su pachorra, con el abrigo aleteando. Observaba todo y a todos los que le rodeaban, pero no cesaba de lanzarme aquellas miradas íntimas. Ahora yo las evitaba.

Cuando llegamos a la tienda de música, nos guió hacia una cabina acristalada y enseguida salió corriendo para volver con varios discos, no de Lester Young, sino selecciones inspiradas en mi colección: entre ellas, la más preciada en nuestros recuerdos de aquel día, «Sing, Sing, Sing», de Benny Goodman.

Era absolutamente fascinante contemplar a Neal mientras escuchaba música. Vivía con pasión el sonido de cada instrumento, cada nota, cada frase. Compartía su disfrute insistiendo en que me dejara llevar tanto como él, repetía matices que a lo mejor me habían pasado por alto, me invitaba a fijarme en un riff inminente, mientras en su rostro brillaba una amplia sonrisa y se lo veía eufórico:

–Ahhhh... ¿has oído eso?

O, con los ojos cerrados:

–Escucha esto, escucha, ¿lo oyes? ¡Uuuuuiiii! –Y soltaba una risita de alegría y sacudía la cabeza mientras daba palmas y acompañaba el ritmo con las rodillas.

Debimos de permanecer ensimismados con la música durante dos horas o más. Supuse que estaba esperando a que

LuAnne saliera del trabajo, pero ni él ni Bill ilustraron mi curiosidad. Y mi curiosidad me llevó por el mal camino, y lo seguí, hechizada.

Una vez en la calle, Neal se detuvo, frunció el ceño y se animó de nuevo.

–Ya sé, ¿por qué no cenamos todos juntos? A ver si consigo que Al Hinkle y su chica, Lois, se nos unan; aún no he visto a Al. Nos encontraremos donde siempre, ¿eh, Bill? ¿Qué te parece, Carolyn?

Y antes de que yo pudiera responder, Neal ya se había escabullido calle abajo, haciendo piruetas para dispararme su sonrisa y saludar.

Bill y yo esperamos en el restaurante donde habíamos quedado hasta que tuvimos demasiada hambre para aguantar más. Mientras bebíamos nuestra última taza de café y yo comenzaba a sentirme irritada, un hombre alto y rubio se inclinó hacia nuestra mesa y con suavidad murmuró: «Hola». Bill y yo nos movimos para dejarles sitio a Al y Lois, y Bill me presentó. Al se disculpó por no haber recibido a tiempo el mensaje para acompañarnos a cenar; y pasó a excusar a Neal.

–Veréis... –Al se interrumpió, azorado–. Como Neal ha llegado hoy, y ha estado varias semanas sin ver a LuAnne, bueno, pues... se han retrasado cuando ella ha vuelto al hotel para cambiarse. –Sus ojos estudiaron mi cara en busca de una reacción, pero no vieron nada–. Sin embargo –se apresuró a decir–, Neal ha dicho que todos vamos a reunirnos en la habitación de tu hotel para celebrar su regreso a casa.

Mi sorpresa y timidez me impidieron poner ninguna objeción, pero me pregunté por qué en mi habitación. Mentalmente repasé el desorden en que la había dejado. Todos ellos habían nacido en Denver: ¿ninguno tenía casa?

Mandé a Bill a comprar whisky con hielo, preocupada por ordenar la habitación antes de que llegaran los demás. Cuando aparecieron los invitados, todos excepto Neal ponían cara de fiesta. Era un hombre diferente de aquel con el que habíamos estado esa tarde. Estaba de mal humor, silencioso y taciturno, y se dejó caer pesadamente en el sillón. Era evidente que Al estaba contento de tener a Neal de vuelta, y le hablaba de lo que había hecho mientras había estado en Nueva York. Pero no consiguió que Neal respondiera de la misma manera.

LuAnne estaba alegre y chispeante. No la encontré particularmente guapa aquella noche. Tenía el cabello color bronce, peinado con la raya en medio y recogido con una horquilla en la nuca. No le quedaba muy bien. Supuse que representaba un esfuerzo parecer mayor que sus dieciséis años. Su vestido no tenía formas ni revelaba su figura. Por más que lo intenté, no la vi como el tipo de chica con la que Neal se casaría, considerando todo lo que había escuchado sobre sus actividades intelectuales y educativas, combinadas con unos modales bastante formales.

LuAnne, Lois y yo estábamos sentadas en el suelo. LuAnne peroraba sobre lo felices que eran ella y Neal, ¡qué matrimonio tan ideal compartían! Extendió la mano izquierda, serpenteando los dedos.

–¿Veis? ¡Mira qué hermoso diamante solitario me regaló cuando nos prometimos! ¡Es el marido más maravilloso del mundo! Nos lo pasamos tan bien juntos. ¿Sabíais que me llevó a Nueva York de luna de miel? Fue muy emocionante, y conocimos a gente tan interesante, como Allen Ginsberg y Jack Kerouac, ¡que son escritores! Neal también quiere serlo, y ellos le ayudarán.

–¿Cuánto tiempo lleva Neal matriculado en Columbia? –la interrumpí. LuAnne pareció perdida un momento, pero continuó impávida.

–Vaya, lo he olvidado. Pero volvió solo para casarse conmigo, y luego nos fuimos juntos a Nueva York. Es tan dulce. –Me di cuenta de lo que disfrutaba diciendo «Nueva York»–. Pero también tiene sus rarezas. Una es que detesta que se le arruguen los pantalones y pierdan la raya. ¿Os lo imagináis? Fijaos. Os lo enseñaré.

Saltó sobre el regazo de Neal, entrelazando los brazos alrededor de su cuello. Neal soltó un gruñido y la empujó enojado, pero ella regresó con nosotras, encantada con su demostración.

Aunque yo no dudaba de la historia de LuAnne, Neal no la estaba confirmando. Se levantó y se puso a dar vueltas profundamente abstraído, mirando por la ventana con tristeza y preocupación. Yo tampoco me estaba divirtiendo especialmente, y persistía el extraño sentimiento de aprensión que no me había abandonado en todo el día. La sugerencia de Al de que ya era hora de irse fue un alivio.

Todos excepto Bill desfilaron por el pasillo hasta el ascensor; Neal se quedó atrás. Yo estaba a punto de cerrar la puerta cuando se volvió bruscamente, dio un paso hacia mí, levantó dos dedos en un gesto apremiante, se dio la vuelta y se unió a los demás. Me pregunté qué habría querido decir con eso, pero me preocupaba más deshacerme de Bill.

Cuando por fin me quedé sola me puse el pijama, y en un esfuerzo por relajarme me lavé despacio la cara mientras repasaba aquel día tan desconcertante. Nada más bajar la cama empotrada en el armario, con muchas ganas de meterme dentro, me sobresaltó un suave golpe en la puerta. Mi reloj marcaba las dos de la mañana ¿Quién diablos podía ser? Con cautela abrí la puerta unos centímetros y me vi cara a cara con Neal, maleta en mano. Pasó junto a mí, dejó caer la maleta y se sentó tranquilamente en el sofá, con las rodillas rozando el pie de la cama. Cogí mi bata, me la puse y me senté en la otra punta del sofá, deseando con toda mi alma no haber bajado esa cama.

–¿Qué pasa, Neal? ¿Por qué has vuelto? ¿Dónde está LuAnne? ¿Qué estás haciendo? –Yo balbuceaba las preguntas igual que un niño intenta agarrar unas burbujas. Neal se inclinó hacia adelante, apoyó los codos en las rodillas y me volvió la cara, seria, con sus grandes ojos azules inundados de dolor.

–Lamento muchísimo, Carolyn, haberte metido en esto. La verdad es que LuAnne y yo hemos terminado. Hemos estado meses separados. Tenía la esperanza de que hoy, cuando regresara, pudiéramos arreglarlo, pero no ha funcionado. Me echó cuando regresamos al hotel. No tengo adonde ir, y es tan tarde... –Se reclinó como si la cosa no tuviera remedio–. Fue una tontería por mi parte casarme con ella. Es demasiado joven, pero me daba pena... su madre... –No acabó la frase.

Repasé todo lo que había dicho LuAnne aquella tarde y traté de parecer comprensiva, mientras me esforzaba por mantenerme al margen.

–Yo también lo siento, Neal. LuAnne me hizo creer que era la mujer casada más feliz del mundo.

–Ah, sí, ya la oí. Bueno, la habías impresionado, sabes. Y deseaba tanto causar buena impresión. Es propensa a deformar la verdad. Es una pena. –Suspiró.

–Bueno, ¿qué vas a hacer ahora? ¿Al o Bill no tienen un sofá? ¿Y cuándo vuelves a Nueva York?

–No, no tienen sitio, y bueno... mmm... ahora no puedo permitirme volver a la universidad. Tendré que quedarme en Denver y conseguir un trabajo. Pero... –me miró desolado –, si me lo permites, me quedaré aquí esta noche y mañana ya encontraré un lugar donde instalarme. –Me levanté y recorrí el pequeño espacio que no ocupaba la cama.

–Mira, Neal, me encantaría ayudarte, pero no te das cuenta del apuro que me supone vivir aquí. Los ascensoristas, que son dos hermanos, me odian porque no les doy propina cada vez que me suben o bajan los tres pisos, como sí hacen todos los mayores. Les encantaría pillarme saltándome las reglas y chivarse al encargado.

–Está bien; no te preocupes. El ascensor estaba cerrado y el conserje de noche dormía. He subido andando y no he visto a nadie. –Miré el reloj. Las dos y cuarto. Ahora sabía lo que había querido decir al enseñarme dos dedos. Pero, ¿cómo sabía que LuAnne iba a echarlo... a las dos en punto? Ya me preocuparía por todo eso mañana; de momento tendría que dejar que se quedara.

–Sí, me temo que es demasiado arriesgado que te vayas ahora. –Derrotada sin ni siquiera haber librado batalla, señalé el sofá con la mano–. Esto es bastante estrecho, lo siento, y probablemente demasiado corto, pero es... –Neal se puso de pie y se acercó al lateral de la cama.

–Sí, bueno, estoy terriblemente cansado. No duermo bien en los autobuses, y tanta tensión con LuAnne... Esta cama es demasiado ancha para una persona, ¿no crees? Parece ridículo desperdiciar todo este espacio útil. Podemos dormir los dos cómodamente... si estás de acuerdo. –Impasible, razonable, con los ojos muy abiertos, me miró sin esperar respuesta, se sentó en la cama y pasó a desatarse los cordones de los zapatos. Abrí la boca, pero Neal me sonrió con tanta inocencia que cualquier argumento habría sonado obsceno. Al observar mi mirada afligida, se puso de pie y me puso las manos en los hombros como un hermano mayor.

–Vamos, vamos. No te preocupes por nada. Seré un buen chico, lo prometo. –Se rió como para demostrar que había previsto mi absurda precaución. Cuando se hubo quitado todo menos la camiseta y los calzoncillos, se metió en la cama, se tapó con las mantas hasta la barbilla y se quedó dormido antes de que yo llegara al otro lado. Me introduje bajo las sábanas con precaución y permanecí agarrotada y despierta casi toda la noche. De vez en cuando, Neal se volvía y su brazo caía sobre mí. No sabía si era intencionado, pero lo apartaba y me alejaba de él un centímetro.

Algo debí de dormir, porque me desperté sobresaltada por la brillante luz del sol blanqueando las cortinas de encaje y reptando por la alfombra de flores. El reloj me indicó que faltaban cinco minutos para las diez en punto. Pocas veces había sido tan feliz de ver acabar la noche. Mientras caminaba de puntillas por el lado de la cama de Neal observé, incómoda, lo guapo que estaba dormido, y resistí el impulso de estirar las mantas que a base de patadas había enmarañado a su alrededor. Me detuve en el vestidor para coger unos tejanos y una camisa antes de encerrarme en el baño. Mientras me metía en la ducha, me puse a pensar en el imprevisto día que me esperaba.

Cuando cerré el grifo oí la radio y supe que Neal se había levantado. Estaba rebuscando en su maleta cuando aparecí, pero se volvió para contestar a mis «Buenos días» con su radiante sonrisa. Después de haberse duchado y afeitado, le dije en tono de disculpa que tendríamos que prescindir del desayuno porque temía que lo vieran antes del mediodía.

–No pasa nada –dijo alegremente–. Tranquila. Lo entiendo perfectamente. De todos modos, me gustaría quedarme. Si eso no interfiere en tus planes. –Le dije que tenía la intención de trabajar en mi maqueta. Me escuchó atentamente.

–Bueno, tal vez pueda ayudarte, si me indicas qué puedo hacer.

–Bueno, sí, si tienes ganas, creo que podrías ayudarme. –Un poco nerviosa le mostré lo que había diseñado y le expliqué que la obra de teatro trataba de insectos, y que lo más destacado de la maqueta era una telaraña impregnada de rocío. Había acabado parte de la estructura de alambre, y había comenzado a enhebrar diminutas cuentas de cristal transparente.

–Seguro que puedo hacerlo. –Neal alcanzó el rollo de alambre plateado y la caja de cuentas–. He abusado tanto de tu tiempo que te lo debo. –Sonrió de nuevo y se sentó en la mecedora después de haber comprendido exactamente lo que tenía que hacer. Yo recogí más materiales y me senté en el suelo. Neal se puso a trabajar.

–Bueno, ya que estamos condenados a pasar juntos unas cuantas horas, demasiado pocas, me temo, tendrás que contarme todo sobre ti.

–Vaya. Bueno, ¿qué quieres saber? Mi vida ha sido vulgar, convencional y afortunada. No tan emocionante como la tuya, por lo que me cuenta Bill.

–¡Bill, ja! Todo es mentira, estoy seguro. No, no, insisto. Cuéntame tu historia.

Una suave brisa suspiraba entre las cortinas de la ventana abierta, y la luz del sol salpicaba la habitación, pero casi no me daba cuenta de todo eso. Neal había creado tal atmósfera de cálido interés por mí que fui presa de un estado de satisfacción y plenitud que no había experimentado nunca. Estaba tejiendo su telaraña a mi alrededor, a la vez que tejía la de la propia araña.

TRES

El timbre del teléfono me devolvió a la realidad. Respondí, tapé la bocina y me volví hacia Neal.

–Es Bill, está abajo. Preferiría que no te encontrara aquí. ¿Te importa que baje? Me desharé de él.

–Claro que no. Estupendo. Tómate tu tiempo; estoy encantado. –Cogí los cigarrillos y me puse las sandalias.

–No tienes por qué seguir ensartando cuentas. Te agradezco todo lo que has hecho, pero tengo libros y revistas. Por favor haz lo que quieras. Me daré prisa.

Encontré a Bill en el bar tomándose un whisky con aire abatido y asumiendo el papel de amante rechazado. ¿Sabía lo de Neal? Me acerqué con cautela y me senté en un taburete junto a él. Le hice seña al camarero de que se fuera. Bill no me miró.

–Bueno, Bill, ¿qué pasa?

–Oh, nada, en realidad, solo quería verte. Venga, vamos a tomar una copa.

–No, gracias. Tengo mucho que hacer y no puedo quedarme sentada aquí sin motivo. ¿Para qué querías verme? –Cuánto llegaba a irritarme.

–Mira, cari, me siento fatal. Me parece que lo menos que podrías hacer es tomar una miserable, asquerosa y apestosa copa conmigo. –Su voz se fue convirtiendo en un bramido, cosa que él sabía que yo detestaba.

–Muy bien, cálmate. Vamos a sentarnos a una mesa, entonces. –Me bajé del taburete y me dirigí a un rincón más alejado. Bill me siguió con dos copas. Prácticamente me obligó a quedarme con él durante al menos media hora, y luego, de repente, no puso ninguna objeción cuando le dije que tenía que subir.

Cuando abrí la puerta de mi habitación, me quedé de piedra. La estratagema de Bill ahora quedaba al descubierto. LuAnne estaba sentada en el borde del sofá, con las manos en el regazo: pulverizaba un pañuelo de papel empapado, y tenía la cara enrojecida y reluciente. Neal estaba en cuclillas delante de ella; tenía una mano en una de las rodillas de LuAnne, con la otra se apartaba el pelo de la cara.

–Vamos, nena, vamos –decía, pero cuando llegué se incorporó y se dirigió hacia la ventana. LuAnne me miró con un débil intento de sonrisa.

Casi había olvidado que Neal estaba casado, felizmente o no, y había bajado la guardia. Durante la mañana se habían colado en nuestra conversación sutiles indicios de que él ya sabía que yo era la chica que había estado buscando, y LuAnne un simple error de juventud. Había tratado de pasar por alto esas insinuaciones, pero qué fácil es para una persona romántica creer a un hombre que insiste en lo «diferente» que eres. Algunos hombres que había conocido estaban empeñados en casarse, pero para mí el matrimonio era un compromiso para toda la vida, y ninguno se había acercado a ser «el único amor de mi vida».

Para mi sorpresa, LuAnne, aunque todavía sorbía por la nariz, se volvió hacia mí entusiasmada y, en lugar del airado ataque que me esperaba, pasó a decirme lo contenta que estaba de que Neal me hubiera conocido, que yo era exactamente lo que necesitaba, que ella y Neal nunca serían capaces de llevarse bien, que él era demasiado inteligente para ella, y así sucesivamente. A pesar de su estado emocional, dudaba de su sinceridad, recordando su comedia de la noche anterior. Además, le dije (y me dije a mí) que no tenía ningún compromiso con

Neal, así que no entendía por qué le importaba y de dónde había sacado esa idea. Por mucho que sus palabras apelaran a mi vanidad, seguía sin creerme el numerito. Me sentí maternal y me compadecí de ella; le di unas palmaditas en la espalda y le deseé lo mejor. Luego le advertí a Neal que cuidara bien de ella. Les propuse a los dos que se reunieran con Bill y... ¿se tomaran la copa de la victoria? Ahora me daba cuenta de que Neal había logrado allanar el terreno de su campaña para conquistarme. Su esposa le había dado el permiso que necesitaba.

Desde entonces vi a Neal casi todos los días. Su compañía era mucho más satisfactoria y estimulante que ninguna otra; voluntariamente renunciaba a otros compromisos y esperaba sus llamadas, que nunca fallaban. Cuando no podía estar conmigo, aunque no le preguntaba, insistía en decirme con precisión dónde iba, por qué y durante cuánto tiempo. Debía de intuir que yo nunca lo dudaría ni lo comprobaría. Al tratarme como si yo tuviera derecho a conocer cada uno de sus movimientos, creó la impresión de que nuestra relación era más vinculante de lo que yo creía. Le recordé que estaba casado y no era responsable ante mí, y que yo carecía de autoridad para controlar sus actos ni aunque quisiera, pero no prestó atención, y fingió que yo estaba siendo noble.

Su actitud me afectó profundamente, por supuesto. Nadie me había incluido en su vida de manera tan solícita, ni había puesto tanta consideración y diligencia en ser amable conmigo. Aceptaba como verdad todo lo que me decía, sobre todo porque, que yo supiera, no me había mentido en nada importante. ¿Por qué iba a decirme que me amaba si no era verdad? ¿Qué iba a ganar? En esos primeros meses no veía nada que yo tuviera y a él le faltara, o que fuera capaz de mentir para conseguir; solo más tarde supe que tenía razones que no podía haber adivinado. Así pues, yo respetaba su libertad de elección tanto como la mía. No quería un amor al que pudiera controlar ni exigir nada, sino un amor que no pudiera rechazar.

La actitud de Neal siempre fue formal y educada. No había

atisbo de sensualidad, solo un afecto contenido, como si considerara que nuestra relación estaba en un plano superior. Muy pronto aprendí a dejar de temer el asedio al que me habían sometido los hombres en el pasado. Creía estar disfrutando de casi todas las satisfacciones que se describían en mis novelas del siglo diecinueve, y me encantaba. Cuando cruzaba mi mente alguna sombra de preocupación por la aparente falta de pasión de Neal, suponía que se desarrollaría de manera natural a medida que el amor madurara, igual que había leído en mis novelas. Yo no sentía una «química» particular por Neal, probablemente porque él era frío, y el abuso infantil al que me habían sometido mis hermanos había eliminado cualquier posibilidad de que se despertara ese deseo en mí. Había borrado todo aquello de mi mente y de mi memoria, pero eso me había convertido en una tímida patológica ante cualquier hombre; no podía mirar a ninguno a la cara ni hablar con él. Ser el centro de atención en cualquier ámbito era un sufrimiento. Neal me supuso un gran alivio. Hacía el amor con los ojos, las palabras, y algún afectuoso abrazo.

En la universidad había estudiado literatura, filosofía y psicología, además de arte y el método Stanislavski, aunque bajo ninguna circunstancia habría sido capaz de actuar en un escenario. Trataba de desarrollar mi intelecto, en parte con la esperanza de adquirir un atractivo distinto del de mi cuerpo. Dado que mis padres eran educadores, y la mayoría de sus amigos también docentes universitarios, me había criado en un ambiente de vivos debates. Estas discusiones eran esgrima mental objetiva, nunca personal, y nadie se ofendía ni enfadaba. Era emocionante seguir los argumentos a través de los laberintos de la lógica, buscar significados y claridad de ideas. Sin embargo, descubrí que a los hombres que conocía les molestaba la competencia mental o se aburrían, pues solo tenían una cosa en la cabeza. Neal, por otro lado, era un hombre capaz de abandonarse a un toma y daca intelectual conmigo. Los tapices mentales que tejíamos eran tan estimulantes, tan excitantes, que tenía que admitir que en lo que llevábamos prefería este tipo de reciprocidad a la del sexo. Me preguntaba cómo sabía eso de mí, y cómo conseguía aliviar mi timidez.

Me animó a hablar de mi pasado, pero durante varios meses fue un tanto vago acerca del suyo. Los fragmentos que recogí fueron que había nacido cuando sus padres llegaron a Salt Lake City, Utah, en un viaje a Los Ángeles. Su madre había muerto cuando él tenía diez años, y dijo que no recordaba nada de ella. Eso me pareció extraño. Ella ya había estado casada antes de conocer a su padre, que era barbero, y ya tenía seis hijos. Él tuvo una hermana menor, cuyo paradero desconocía.

La cronología de esos retazos me confundía, aunque sí me llegaba la sombría imagen de haber vivido a temporadas con un padre borracho en los peores barrios, de unos hermanastros que lo habían tratado con sadismo, y de que había huido de un orfanato católico. Para mí esa historia solo rivalizaba con los huérfanos de las novelas de Dickens, cosa que, naturalmente, le añadía un toque romántico y fantasioso.

–¡Oh, pobre Neal! Es un milagro que lograras salir de ese horror y superarlo. Supongo que tu caso es de esos en que las adversidades endurecen el carácter, como Andrew Carnegie y compañía. Ahora todo lo que tienes que hacer es construir un ferrocarril.[1]

Neal se rió.

–Bueno, tal vez, pero mi padrino era obispo, y también fui monaguillo. ¿Eso cuenta?

–¿A qué piensas dedicarte?

–Cuando obtenga un título, me gustaría escribir. Ya he leído muchos libros, más de los necesarios para hacer una carrera. Jack Kerouac es un gran escritor, y ha prometido ayudarme. –Pocas ambiciones podrían haberme gustado más.

Limitados financieramente y sin necesidad de alcohol, no nos pasábamos las noches bebiendo y/o bailando, como había

1. Andrew Carnegie (1835-1919), industrial, empresario y filántropo estadounidense, desde niño trabajó en la Pennsylvania Railroad Company, de la que se convirtió en gerente a los veinte años. *(N. del T.)*

sido mi costumbre anterior, cuando salía los fines de semana. Neal dijo que no bailaba, pero le encantaban las películas y los deportes. Una tarde, temprano, nos colamos bajo la carpa donde había un rodeo y pasé el resto del día y la velada disfrutando de mi primera experiencia real del Salvaje Oeste.

Rememoro con asombro un deporte en el que Neal me introdujo, que él adoraba y al que yo no hubiera asistido en un millón de años. De alguna manera utilizó su capacidad de convicción y consiguió que me uniera a él, y no una vez, sino muchas, muchas veces. Las carreras de midgets.

Al principio accedí a ir para demostrarle mi devoción, pero pronto el solo hecho de estar con él compartiendo su éxtasis se convirtió en una fuente de placer, a pesar de los humos asfixiantes, el hedor a gasolina, grasa y aceite, y el rugido de los motores, el chirrido de neumáticos y las multitudes gritando, que te destrozaban el cráneo. Y es que estaba tan ansioso de compartir su pasión conmigo que ver su entusiasmo era ya bastante compensación.

Mientras los coches daban vueltas y rugían alrededor de la pista, Neal no paraba de comentar a grito pelado todo lo que veíamos y oíamos, incluidos los nombres y las historias de los conductores, sus coches, sus antecedentes y todas las peculiaridades y características de ambos. A medida que me familiarizaba con ese mundo, cada vez lo pasaba mejor. Me sentía feliz por el solo hecho de estar de pie en la tribuna en la noche clara y fresca, entre aquellas luces cegadoras y los altavoces emitiendo a todo volumen baladas románticas y melodías country entre anuncio y anuncio. Neal me abrazaba y seguía el ritmo mientras cantaba «Peg o' My Heart», un tanto desafinado.

De vez en cuando salíamos de fiesta con Al, Lois y Bill, que todavía me iba detrás enfurruñado. Su compañía me gustaba aún menos ahora que me había enamorado de Neal, y Bill bebía cada vez más. Del resto de amigos de Neal, Jim Holmes fue el único que conocí. Tenía unos ojos grandes, oscuros y tristes, y era tan dulce y silencioso que nunca habrías adivinado que se ganaba la vida apostando al billar y jugando a las cartas, según me contaron; lo que para mí equivalía a ser un gángster. La mayor parte del tiempo, sin embargo, a Neal y mí nos bastaba con estar juntos a solas y hablar.

CUATRO

Todo ese tiempo, desde su regreso a Denver, Neal les había estado escribiendo cartas largas e íntimas a Jack y Allen, al parecer en un esfuerzo por cimentar su relación. Yo no supe nada de esa correspondencia hasta mucho después de haberme casado con Neal. Luego recogí y guardé esas cartas, pero no vi las que habían escrito Allen y Jack hasta que se publicaron en forma de libro, ya que ambos mantenían un esmerado archivo de sus papeles. En esa época no había visto tampoco lo que Neal les escribía.

Las cartas de Neal eran largas, prolijas, llenas de filosofía y psicología; describían el carácter de cada uno de ellos y de sí mismo y cómo él definía sus relaciones. Las dirigidas a Allen las firmaba «Tu otra mitad», y las que enviaba a Jack, «Tu hermano».

Neal le escribió a Allen poco después de haber empezado a salir conmigo, confiándole su preocupación paternal por LuAnne, «que, debido a nuestra separación [...] ha caído en una completa apatía hacia la vida. Es incapaz de cumplir con la obligación más simple. Su vida es un desfile constante de obsesiones, algo casi aterrador».

Neal estaba a la vez cortejando y rechazando a Allen.

> Te necesito más que nunca, ya que no tengo a nadie más a quien recurrir [...]. Descubramos [...] las grandes alturas de la completa unidad.

> […] Permíteme terminar con una línea de tu maravillosa carta: «Creo que estaré preparado para ti cuando nos encontremos, pero en términos diferentes a los que concebí anteriormente y que intenté imponerte». Esta declaración vale tanto para mí como para ti, Allen, y si es para mejor o para peor ya lo veremos […].

Allen parecía recelar de la exagerada efusividad de Neal y, para quedar más tranquilo y seguro, seguía acusándolo de falta de «verdad». Neal reaccionó a su manera habitual, procurando analizarse honestamente y ser franco, limitándose a los hechos puros y duros, y por lo tanto reduciendo cualquier compleja introspección.

> La verdad es que no sé hasta qué punto puede satisfacerme amarte, quiero decir físicamente; ya sabes que antes de ti no me gustaban ni las pichas ni los hombres, y que conscientemente me había obligado a ser homosexual; ahora no estoy seguro de si contigo no me estaba forzando inconscientemente; es decir, cualquier falsedad por mi parte era toda física, y, de hecho, cualquier problema en nuestra relación se debió a eso. Significaste tanto para mí que ahora me parece que me estaba obligando a desear tu cuerpo como compensación por todo lo que me estabas dando. Es una situación triste, y me molesta porque quiero estar más cerca de ti que de nadie, y sin embargo no quiero ser inconscientemente insincero pasando por alto que no soy marica para complacerte.
>
> […] Relájate, hombre. Piensa en lo que digo e intenta verte acercándote a mí sin ninguna exigencia compulsiva por no estar seguro de que te amo o por no creer que te entiendo, etc. Olvídate de todo eso y mira si en el olvido no hay más tranquilidad e incluso más satisfacción física que en tu presente anhelo subjetivo […]. No puedo prometer nada, maldita sea. Sé que soy bisexual, pero prefiero a las mujeres. Hay una línea más fina de lo que piensas entre mi actitud hacia el amor y la tuya; no te preocupes tanto; no te fallaré. Aparte de eso, ¿quién sabe? Vamos a ver qué pasa, ¿vale?

Neal también estaba asegurando su amistad con Jack, aunque le inquietaba cómo acercarse a él para conservar su continua aprobación y su cariño fraternal. Tras expresar sus dudas en cuanto a sus propios merecimientos, Neal especificaba unas instrucciones detalladas acerca de cómo debían escribirse para garantizar la sinceridad. Una vez Neal acusó a Jack de «haber sido un pelín falso» en su carta anterior, mientras que él exhibía un estilo afectado en sus propias «misivas» a Jack.

A Jack, Neal le relató que lo único que perturbaba su paz interior era cómo procurar que LuAnne y yo no supiéramos nada la una de la otra. Lo habían amenazado con desahuciarlo de ese sótano que era su vivienda «ideal» porque su casera había descubierto que llevaba chicas que pasaban la noche con él. A base de labia había conseguido que lo perdonara por las sábanas echadas a perder, pero después una nueva y extraña amenaza casi lo lleva a la cárcel, y de todos modos necesitaba un cambio de alojamiento.

Mientras Neal estuvo en Nueva York, después de que LuAnne se hubiera marchado, un antiguo amigo suyo de Chicago se dedicó a robar coches y dinero, aparte de dejar embarazada a una menor, utilizando el nombre de Neal Cassady. Después de que la casera le dijera que se había presentado la policía, y después de que él se hubiera escaqueado para evitarlos, se enteró de la acusación. Estaba realmente asustado por ese irónico giro del destino, pues «ya había comparecido ante el jefe de policía por acusaciones parecidas». Tenía tanto miedo que incluso me lo contó, con el deseo de dejar clara su inocencia ante mí antes de que lo arrestaran, si es que eso llegaba a ocurrir. Por fortuna, fue capaz de demostrar su inocencia reuniendo suficientes pruebas de su estancia neoyorquina en el momento de los delitos.

Neal había escrito a Allen varias veces detallándole sus elaborados planes para el verano y para el año siguiente: se encontraría con Allen en el rancho de Bill Burroughs en Texas, regresaría a Denver para que ambos pudieran trabajar en Central City durante la temporada de ópera, y ahorrar dinero para pasar un año en Nueva York y después en Europa. El plan incluía que una chica viviera con ellos, en parte para satisfacer las necesidades de Neal y en parte para ayudar a Allen a volverse «hetero», una esperanza aún viva en ese momento. Neal había tenido que insistir un poco, pues Allen había respondido con una negativa. Pero a mediados de mayo las cartas de Neal se espaciaron, y le dio a Allen largas y complicadas excusas: estaba todo el día de un lado para otro, tenía problemas con la policía y LuAnne, buscaba trabajo, etc. Todo era cierto, pero además me había conocido y me estaba cortejando, y no solo se mostraba reacio a informar, sino que ahora sus planes ya no estaban tan claros.

> No te he escrito por dos motivos: uno, no había decidido si venir a Texas una semana o dos para reunirme con Bill y Joan o posponerlo hasta finales de agosto [...]. Me temo que no pueda cumplir el compromiso al que llegué contigo acerca de buscar un trabajo en la Central City Opera. Tal como están las cosas ahora, no estaré allí; no puedo decir que lo sienta mucho, porque ahora hay algo que me interesa más [...]. Además, sospecho que Hal Chase tenía razón cuando resumió el lugar como «demasiado empalagoso».
>
> En cualquier caso, no debes quedarte colgado en Texas. Aunque no puedo prometerte nada por lo que se refiere a vivienda, trabajo, ni siquiera actividad social [...]. Todavía insisto en que te des prisa en ir a Denver, a ver qué se nos ocurre.
>
> Me muero de ganas de verte, y también de lo que me traigas, es decir, hierba. Repito, hierba.

El repentino cambio en el tono y la preocupación de Neal debió de impresionar a Allen, aunque no sé cómo. Después de contar cosas sin importancia, Neal había añadido, como quien no quiere la cosa:

> He conocido a una chica maravillosa [ese algo que le «interesaba más»]. Sospecho que su principal cualidad radica en que

posee el mismo tipo de conciencia o sentido intuitivo –y que es nuestro principal punto fuerte (el tuyo y el mío)– que nosotros. Está haciendo un máster en la Universidad de Denver. Es curioso, pero vino a Denver el año pasado, abandonando lugares mejores, por la simple razón de que podía ganar dinero en la universidad. Pero no es tan vulgar como parece. Su falta de cinismo, sofisticación artificial y esterilidad en su temperamento creativo hará que te parezca interesante. Es un poco demasiado convencional para mi temperamento; sin embargo, ese es el reto, como es también el reto de nuestra relación. Sus inhibiciones básicas son sutiles y psicológicas, vinculadas indirectamente con las convenciones, costumbres y gustos, mientras que las mías contigo son más interiores y fuertes y tienen que ver con el miedo. Ella sabe todo de teatro, sabe distinguir lo bueno de lo mediocre y es bastante popular. No me siento intimidado por ella; aunque tendría un derecho justificable en ser subjetivo en eso. De algún modo, mi respeto por ella no parece importante. Creo que, en realidad, la única razón por la que me influye tanto es por la sensación de paz que produce en mí cuando estamos juntos. En confianza, ella es la razón por la que pospongo el viaje a Texas hasta más adelante. ¡Espera a conocerla!

Quizá Neal tenía buenas intenciones al comparar sus sentimientos hacia mí con lo que sentía por Allen, pero dudo seriamente que eso consolara a este.

Al mismo tiempo, Neal buscaba frenéticamente trabajo para ambos, así como alojamiento para Allen, que planeaba venir a Denver en junio. Neal comenzó y abandonó algunos empleos, luego encontró uno que le hizo feliz: conducir un taxi para la May Company, que transportaba a quienes iban de compras del aparcamiento a las tiendas y viceversa. Quiso dejarme bien claro que era capaz de trabajar de cualquier cosa y de ganar dinero en cualquier momento hasta que pudiera vivir de la escritura (a diferencia de Jack). Sin embargo, nunca permitía que su trabajo interfiriera con su capacidad para vivir al máximo.

A mediados de junio llegó Allen, y Neal le trajo a mi habitación esa noche. Tenía una mirada luminosa, una amplia sonrisa, y Neal nos presentó. Era un joven delgado, un poco más bajo que Neal, con un mechón de espeso cabello negro y ojos negros, redondos e intensos rodeados de unas gafas de montura negra. Tenía la mandíbula estrecha, un rasgo acentuado por una boca ancha, carnosa y curva. Su actitud era reservada; asintió con la cabeza cuando dije:

–Me alegro mucho de conocerte, Allen.

–Hola –dijo en voz baja, con una voz más profunda que lo que sugeriría su complexión ligera, pero no hubo cambio alguno en su expresión. Aunque su mirada de búho me cohibió, sentí una nota de triste bondad en su tono que pronto me tranquilizó, y tuve muchas ganas de conocerlo mejor.

Neal se volvió hacia mí bruscamente y, con cierta precipitación, añadió:

–Bueno, verás, cariño; Allen acaba de llegar después de un viaje muy largo en autobús, y, naturalmente, está cansado. Sabes que no tengo sitio para él en mi casa, y como los hoteles son tan caros, le he asegurado que estarías encantada de permitir que duerma en tu sofá, así que dejaremos su bolsa aquí por el momento, porque Allen y yo tenemos que salir un ratito para comprobar una cosa, pero estoy seguro de que volveremos enseguida.

No esperó a que le respondiera, sino que me besó ostentosamente, colocó la maleta de Allen junto al sofá y lo acompañó a la salida.

Eran cerca de las once cuando los oí tras la puerta, riendo y hablando en voz baja. Me apresuré a dejarlos entrar; mi amor por Neal una vez más superó mi temor al casero. Parecían un par de duendes, sonriendo alegremente, con los ojos relucientes y enrojecidos. Supuse que habían estado bebiendo, aunque cuando Neal me besó el cuello no olía a alcohol.

Entonces los dos comenzaron a desvestirse. Ahogué un grito, retrocedí dos pasos cuando Neal se me acercó, mis pensamientos se aceleraron, pero no se me ocurría nada que objetar delante de Allen. Neal vio mi expresión de asombro, estoy segura, pero solo dijo:

–Voy al baño un momento; Allen te ayudará con la cama.

Cuando salió, entró Allen y me abalancé sobre Neal:

–¿No pensarás quedarte aquí también? ¿Qué le has dicho a Allen? ¿Que somos amantes? ¿Que nos hemos acostado? ¿Cómo has podido?

Neal me envolvió con sus brazos y me besuqueó el cuello mientras hablaba.

–Vamos, vamos, cariño, ¿no va ya siendo hora? ¿Cuánto crees que puedo resistir? He sido un buen chico, ¿no? Ya sabes cuánto te quiero. Por favor, cariño, no te enfades. Todo irá bien. Con Allen aquí no podemos hacer nada.

Cuando Allen estuvo arropado en el sofá y la luz apagada, Neal se metió en la cama a mi lado. Permanecimos inmóviles hasta que pareció que Allen se había dormido, mientras yo temblaba. Esperaba que la cosa iría despacio, algunos preliminares, algunos besos y caricias, pues Neal nunca me había tocado excepto para abrazarme, darme algún beso casual o cogerme la mano. Pero entonces se volvió hacia mí y me bajó los pantalones del pijama. Mis pensamientos se agitaron como copos de nieve, y mis emociones se negaron a caer en el frenesí necesario para entregarme a la pasión, pues no podía dejar de pensar que Allen estaba a dos palmos del pie de la cama. Cuántas veces había imaginado nuestra primera fusión carnal... y desde luego no era así. Recé para que Allen durmiera profundamente mientras Neal apartaba las sábanas y se quitaba los calzoncillos.

En el instante en que se deslizó entre mis muslos, abriéndolos, los nervios electrificaron todos mis músculos en un intento inútil de resistir el dolor, y se me escapó un grito, como un pájaro sin jaula. ¿Dónde estaba la ternura que Neal había mostrado hasta entonces? ¿Quién era ese animal que hervía de lujuria? Aplastada y desconcertada, solo fui capaz de armarme de valor, reprimiendo las lágrimas y la amenaza de gritar. ¿Es que Neal no notaba mi rígida frigidez? Después incluso de que se derrumbara a mi lado susurrando de profunda satisfacción mientras se quedaba dormido, me sentí como esculpida en piedra, excepto por el dolor desgarrador que sentía.

Salí de la cama entumecida y temblorosa para buscar refugio en el baño y bañé mi regazo con lágrimas. Me dije a mí misma que no me desesperaría; deseaba tan fervientemente volver a mi anterior estado de felicidad que me convencí de que había una explicación y un remedio. La próxima vez sería mejor; yo estaría de humor y preparada. Allen no estaría con nosotros. De momento, tenía que quitármelo de la cabeza. Dormí poco; todavía temía que Neal volviera a atacar.

Allen se despertó y se levantó del sofá. Me dio unos tristes «Buenos días». Le devolví el saludo. Se puso a doblar la manta, mirando hacia otro lado.

Está bien que tú y Neal seáis tan compatibles –dijo. Debí de sonrojarme por primera vez en años.

–Oh..., vaya..., lo siento mucho, Allen. ¿No te hemos dejado dormir? Yo..., bueno, no sé qué decir, estoy tan avergonzada.

–Está bien. No pasa nada. No quise decir eso... Es solo que me alegro de que te haga tan feliz.

¡Qué tono tan lamentable! Estudié su rostro para ver si estaba bromeando. Parecía bastante serio, incluso trágico. ¿Había creído que mis gritos eran de éxtasis? Y sin embargo, ¿cómo podía decirle la verdad? Me callé, y Allen entró pesadamente en el baño.

(Muchos años después; en los setenta, después de que Allen y Timothy Leary actuaran en Santa Cruz con mi hijo John a la guitarra, John nos llevaba en coche a Allen, a San Francisco, y a mí, a mi casa de Los Gatos. Allen iba delante, sentado al lado de John, y yo, en la parte de atrás. Ahora no recuerdo por qué Allen se acordó de eso, pero se puso a contarle a John lo de esa noche y cómo tuvo que escuchar mis gritos de placer. «¿Placer? –exclamé–. ¿Es eso lo que pensaste? ¡Era dolor!» «¡Oh, ojalá lo hubiera sabido», casi gritó Allen.)

Neal se despertó y saltó hacia mí. Me abrazó con una alegría tan genuina que renové mi fe en «la próxima vez».

Allen se quedó en mi habitación leyendo y escribiendo

mientras Neal estaba en el trabajo y yo en el centro. Le fui cogiendo cariño a Allen. Era abierto y franco, pero tranquilo y atento y siempre amable. Se interesó sinceramente por mis estudios, y a menudo me ayudaba con los trabajos y las entregas. Una vez, en la clase de escenografía, tuve que leer un ensayo que escribí con la ayuda de Allen. Sin conseguir superar todavía mi timidez, fue una tortura hablar delante de la clase. Cuando hube terminado se hizo el silencio, y en mi fuero interno escuché un quejido. El señor Bell de repente se puso poético, y dijo que había sido un trabajo excelente, y la clase aplaudió.

Un domingo por la tarde en que Neal estaba en casa, Allen preguntó si me importaría dibujar a Neal. Él nos leería mientras yo trabajaba. Dije que lo intentaría. Allen añadió:

–Ha de ser un desnudo.

Yo no me sentía cómoda ante la desnudez, a pesar de que pronto se pondría de moda, y la propuesta me escandalizó y me avergonzó.

Como de costumbre, mis argumentos fueron desestimados.

–Piensa en las estatuas griegas o en los modelos de tu clase de arte. –Me pareció que eso no era lo mismo, pero no podía escaquearme sin parecer mojigata, así que me concentré en el dibujo y procuré verlo fríamente. Neal se quedó inmóvil como una estatua griega, con una rodilla flexionada y esa cadera caída, pero había un brillo en sus ojos que no se ve en los griegos, aunque algunos tenían el mismo interés que Allen en los jóvenes desnudos.

El retrato duró varias horas, y ambos hombres fingieron una actitud académica. Cuando hube terminado, Neal se vistió deprisa. Preguntó si podía quedarse el boceto, y aunque para mí tenía valor, se lo di. Algunos años después de casarnos, le pregunté qué había hecho con él. Dijo que lo había perdido en alguna mudanza, pero un día lo encontré aplastado en el fondo de su armario. Me dolió que le importara tan poco. Trató de persuadirme de que le importaba, pero Allen y Lu-Anne se habían peleado por él. No me sentí mejor, pero él saltó:

–¡Me tienes a MÍ!

CINCO

Uno de los días libres de Neal, él y Allen vinieron al campus. Era un día caluroso, y nos apoltronamos en la terraza, tomando el sol, mirando a los estudiantes y comparando universidades que habíamos conocido. Quizá fue ver a Neal en aquel escenario inusual, pero algo me hizo estudiarlo de una manera más objetiva. ¿Por qué era ese hombre, de entre todos los que había conocido, el único por el que estaba dispuesta a renunciar a mi ser y a mi futuro? No es que creyera en la predestinación, pero de alguna manera sabía positivamente que estábamos predestinados a esa relación. A lo mejor era porque Neal era el primer hombre del que me enamoraba sin atracción física ni romanticismo como factor dominante. Una buena señal, decidí; por una vez me mostraba racional e inteligente, mi mente no estaba nublada por el deseo. Neal parecía aún más único y especial. De repente, sentí un escalofrío interior y me estremecí. ¿Es que «alguien acababa de caminar sobre mi tumba»?[1] A un nivel mucho más profundo que el mental, de repente me di cuenta de que mi voluntad había caído ya rendida incondicionalmente. Casi físicamente

1. Según un dicho que se remonta al menos al siglo XVIII, sentimos una especie de estremecimiento extraño cada vez que alguien, supuestamente, camina por el lugar donde seremos enterrados. *(N. del T.)*

sentí que los engranajes estaban encajando en la rueda del destino.

Allen tenía una atractiva sensibilidad por los sentimientos de la gente, y por eso me sorprendía que, en público, a veces ignorara a los demás. Los tres íbamos a menudo a tomar café a un pequeño local que había en un callejón, por lo general poco concurrido. La barra era corta, había unas pocas mesas pequeñas y dos de banco corrido junto a la ventana de delante. En aquel entorno compacto llamábamos más la atención y era más fácil escucharnos. Allen solía hablar y reír a carcajadas, o de repente, sin ninguna inhibición, se ponía a cantar, tamborileando repicando los dedos en el tablero de metal para acompañarse, ajeno a la sorpresa o irritación de los demás comensales. Yo me encogía en un rincón, con la esperanza de desaparecer entre la tapicería de plástico. Eso me hacía sentir doblemente desgraciada, pues estaba segura que Neal desaprobaría que yo no aceptara a su amigo en cualquier circunstancia.

Fue en ese café donde me introdujeron por primera vez en el mundo de las drogas psicotrópicas. Mi antiguo círculo de amigos había encontrado sus placenteras evasiones en la reclusión de bares turbios, pero los recuerdos de la primera infancia de Neal eran muy dolorosos por culpa del alcohol, y ese pasatiempo no le atraía. Rara vez bebía algo más fuerte que una cerveza.

Una tarde, solos en el local, pedimos café, y Allen y Neal sacaron un inhalador de bencedrina. Sabía que se utilizaba para limpiar los conductos nasales; aunque ahora iba a aprender los poderes secretos que se ocultaban dentro de ese inocente remedio para la congestión nasal. Con mucha ceremonia y regocijo, los dos hombres me mostraron el proceso para destripar la carcasa de plástico del inhalador y acceder al rollo de papel de dos pulgadas, saturado del líquido mágico. De ese papel arrancaron unas tiras de medio centímetro. Cada uno hizo una bola y se la tragó con el café «para matar el sabor». Me dijeron que esa pequeña cantidad era suficiente para ocho horas de placer extático, sobre todo mental, aunque también podía darse un estado de euforia. Tuvieron la amabilidad de advertirme que el precio de esa dicha eran otras ocho horas de bajón y depresión, pero que no debía preocuparme; el placer del «subidón» valía la pena, y cuando llegara el momento Neal me ayudaría a pasar los peores momentos.

Para «no volver a molestar a Allen», Neal había ideado un plan. Alquilaría una habitación en un hotel, «no para lo que estás pensando», me aseguró. «Todo el deseo sexual y el atrevimiento desaparecen cuando estás colocado de benci. Nos pasaremos la noche hablando. Piénsalo, cariño. Ya verás.» Por supuesto accedí, aunque un tanto incómoda. Ahora Neal y yo estábamos tan pocas veces a solas que me sentía feliz de que por una vez quisiera estarlo. De todas formas, él era incapaz de hacer nada malo. Confiaba en él. Me tragué la bolita, me bebí el café y avancé hacia el crepúsculo que se avecinaba, dispuesta a lo que fuera.

Cuando estuvimos solos, Neal insistió en que nos desnudáramos para tumbarnos en la cama y poder hablar cómodamente. Él se quitó sus ropajes con tanta naturalidad como de costumbre, y como aún no había anochecido, hice lo mismo y me deslicé apresuradamente bajo la ropa de cama. Era una tarde cálida y Neal abrió la ventana.

–La verdad es que hace mucho calor, ¿no? –Y apartó las mantas. Instintivamente, me cubrí los pechos con los brazos.

–Oye, ¿qué haces? –preguntó con ternura mientras se tumbaba a mi lado–. ¿Un cuerpo como el tuyo y te da vergüenza?

–En cierto modo, supongo que sí. Nunca me ha gustado. A menudo me traiciona.

–¿Qué quieres decir con que «te traiciona»?

–Bueno, muchas veces engorda demasiado. Entonces no deja de enviar mensajes a los hombres sin mi permiso o aprobación, y tengo que lidiar con sus falsas promesas. Y supongo que en gran parte tiene que ver con haber sido educada en una familia victoriana donde nunca vi a nadie desnudo, ni siquiera a mis hermanas. Ya ves, después de la infancia nunca me senté en el regazo de mi padre, ni recuerdo besos ni abrazos.

De repente me di cuenta de que tenía una cháchara imparable, y de que Neal sonreía y reía porque sabía que ese era el efecto de la droga. Dejé de hablar, avergonzada de nuevo, pero después no pude evitar reírme: no recordaba haberme sentido nunca tan libre, ni tener menos miedo, ni ser tan incapaz de controlar la avalancha de un millón de pensamientos que necesitaba comunicar enseguida sin falta. Neal me instó a seguir hablando. Me dijo:

–Eres tan expresiva. –Porque es cierto que hago muchas muecas.

Estaba profundamente inmersa en los recuerdos de cuando iba a la escuela cuando volví a interrumpirme:

–No, no, por favor, párame, Neal; es tu turno. Además, nunca me has dicho dónde hiciste la secundaria, si aquí o en Nueva York.

–No terminé la escuela secundaria, ya ves. Lo dejé en décimo grado. Luego obtuve un certificado de equivalencia en el Ejército.

–¿Estuviste en el Ejército? ¿Dónde estuviste durante la guerra?

–Mmm... No... Ya ves, en realidad... en realidad estuve en una celda.

–¿Una celda? ¡Una celda! –Me incorporé y lo miré. Ni de broma. La cárcel me parecía tan remota como las estrellas–. ¿Por qué demonios?

–Todo fue un error, de verdad. Estaba viviendo con un amigo y trabajaba por las noches, por lo que casi nunca lo veía. Un día estaba en casa durmiendo, cuando se pusieron a aporrear la puerta y a gritar: «Abran; es la policía». Me desperté. Por supuesto, yo estaba asustado, pero como no había hecho nada, me puse en pie de un salto y los dejé entrar. Me hicieron muchas preguntas sobre dónde trabajaba, dónde había estado en muchos momentos diferentes, y yo estaba tratando de recordarlo con precisión cuando el otro policía, que había estado registrándolo todo, abre un armario y comienza a sacar todo tipo de cosas: radios, llantas, tostadoras, tocadiscos, y yo me quedo allí parado, mirando, asombrado. Naturalmente, ellos no me creyeron, así que me detuvieron. Se llevaron también al otro tipo, y aunque ante el tribunal testificó que yo era inocente, de todos modos me condenaron por «conocimiento de bienes robados».

–No es justo, ¡es terrible! ¿Y en eso consiste realmente la ley? ¡Pobrecito!

–Sí, bueno, así que cuando el Ejército mandó mi aviso de reclutamiento, tuve que decirles que lo sentía, pero que tenía un compromiso anterior. –Eso nos hizo troncharnos de risa, al igual que la imagen de todos los bienes robados materializándose de repente.

Cuando conseguimos dejar de reír, dije:

–Bueno, es una bendición para ti haberte perdido la guerra, excepto porque también perdiste las ayudas a los veteranos. Yo también, maldita sea. Yo y algunos amigos nos creímos tan listos que nos hicimos terapeutas ocupacionales en el Ejército, porque la Marina exigía que completaras el entrenamiento básico, como los demás candidatos a oficiales. Y aunque hicimos exactamente el mismo trabajo que los terapeutas ocupacionales de la Marina, después de la guerra no nos dieron ninguna ayuda.

Neal hizo una pausa para besarme y reír un poco más, y después dijo:

–Pero en realidad, cariño, solo para ser totalmente honesto contigo, debería decirte que he estado en la cárcel en una o dos ocasiones más desde entonces. Sobre todo por tonterías como esa. Malentendidos, ya sabes. Durante un tiempo trabajé en un parking de Los Ángeles, y constantemente tomaba prestado el coche del jefe con su bendición. Y una noche que no estaba allí para preguntar, sin pensar en nada lo cogí prestado de nuevo. Se averió a unas pocas millas fuera de la ciudad, y salí y paré el primer coche que pasó. ¡Era un coche de policía!

–¿Paraste un coche de policía? ¡Oh no! –Una risa imparable volvió a interrumpir a Neal. Había elegido el momento adecuado para contarme esas historias. Dudo que hubieran sonado tan graciosas estando sobrios.

–Naturalmente no me creyeron, y me acusaron de haber robado. Al presentarme ante el tribunal, me encontré con el mismo alguacil de tres años antes, cuando me enviaron a un campo de trabajo de Hollywood del que me escapé, y nunca me cogieron. Chica, sabía que ahora lo tenía crudo, porque me di cuenta de que él también me había reconocido. Sin embargo, me entró la inspiración y le largué un rollo al juez con una explicación tan racional que de hecho desestimó ambos cargos.

–Vaya, eso es difícil de creer. Entonces esa vez no fuiste a la cárcel. Pero, ¿por qué estabas en ese campo de trabajo de Hollywood?

–Ah, bueno, fue otro caso de coche prestado. Y luego está esa otra vez en que me rompí la nariz, ¿ves? –Empujó hacia abajo la punta de su nariz, que parecía no tener cartílago–. Es la pesadilla de mi existencia. No puedo respirar bien. Me vuelve loco. De todos modos, esa vez estaba en un coche que mi amigo solía alquilar para que pudiéramos salir con chicas. Los cuatro íbamos en el asiento delantero, y él tenía a su chica en el regazo. Bajábamos una colina empinada, y yo conducía, por supuesto, y le indico que tome el volante mientras agarro a mi chica. Él cree que le estoy diciendo «Mira esto», así que se queda mirándome en lugar de coger el volante, y se monta una buena. Chocamos contra un poste de teléfono, se partió el parachoques en dos y todos los neumáticos se pincharon. Su chica se rompió una costilla, yo me rompí la nariz, y como no pudimos pagar los daños, todos fuimos a la cárcel.

Los dos nos carcajeamos hasta que nos brotaron lágrimas y nos dolió la barriga. Lo estaba pasando bien, ya lo creo. Me sentía vibrante, brillante, ingeniosa, feliz. Qué divertido el uno al lado del otro sobre la fresca sábana, riendo, hablando, cantando, acariciándonos y mirando las cambiantes luces de neón por la ventana abierta, mientras los tenues visillos ondeaban en la habitación en sombras, cada uno inmerso tan solo en el mundo del otro. Los esporádicos bajones que de vez en cuando me asaltaban desaparecían cuando Neal me venía con palabras bonitas y caricias para distraerme y tranquilizarme y traerme de vuelta.

Retozamos como niños en ese contacto físico natural, cariñoso e inocente. A medida que avanzaba la noche, la hiperactividad inducida por las drogas hizo mella en forma de cansancio. Nuestros músculos se agarrotaron, nuestro ritmo se relajó. Nos tapamos con la sábana de arriba y nos quedamos tumbados entre íntimos murmullos, a veces con pensamientos serenos, a veces dormitando, siempre vívidamente conscientes de estar juntos.

Poco a poco, Neal empezó a acariciarme sin un propósito aparente, a ver qué pasaba, un suave masaje en la nuca, y los hombros se me relajaron tanto que cuando entendí lo que pretendía ya ni se me ocurrió resistirme. Una pizca del dolor que recordaba cruzó mi mente, pero no se quedó mucho tiempo, y pronto todo pensamiento cesó en una entrega voluntaria.

Y de nuevo, la repentina acometida y el violento martilleo prácticamente sin contacto cuerpo a cuerpo, yo con las rodillas detrás de las orejas. ¿Alguien podía llamar a esto «hacer el amor»? ¿Qué clase de mujeres había conocido? Si esto era lo que le gustaba, y también a ellas, ¿alguna vez le gustaría hacerlo a mi manera? ¿Y por qué, por qué, por qué estaba yo tan inhibida y no sabía cómo decírselo? Cuando por fin se quedó quieto encima de mí, le acaricié débilmente la cabeza, y mis esperanzas de una vida sexual perfecta con Neal se hicieron añicos.

El amante que había tenido justo antes de Neal había sido ideal. «¡Así que estas son las nueces que hacen tanto ruido!», me dije entonces. No aprendí nada de zonas erógenas ni de preliminares porque no lo necesitábamos. «Estallaré dentro de ti con el alarido de un cohete», había dicho, y mi cuerpo respondía como debía. (Mi primera vez fue una violación perpetrada por un hombre en Nueva York en 1943, cuando dije: «¿Eso es todo?») Ni siquiera me agradaba el otro chico de Denver. Todo esto me molestaba bastante, porque creía que el amor y el sexo tenían que ir de la mano. Y cada vez había tenido el uno sin el otro.

Empezaba a clarear y la ventana se volvió un rectángulo

tosco y gris sobre la habitación a oscuras. El aire frío y húmedo introdujo una realidad más fría en mi cabeza, el corazón y regiones inferiores, las tres cosas que ahora me dolían. Nos levantamos y nos vestimos lentamente y en silencio, cada uno con sus pensamientos, ahora muy diferentes.

El «bajón» había comenzado; cada movimiento exigía un concentrado esfuerzo extra. Neal se abrochaba las mangas de la camisa y no me miraba. En voz baja y sin aliento dijo: «¿Qué te parecería casarte conmigo?».

De nuevo, mis emociones rivalizaron con la razón. Qué extraño que después de una lamentable decepción su propuesta produjera en mí el tradicional vuelco del corazón de la chica que al fin consigue a su hombre. Me consoló que Neal encontrara aquella experiencia lo bastante significativa como para vincularla en su mente al matrimonio. (En aquel momento no conocía aún la razón oculta para quererme por esposa.)

–¿Cómo puedo responder a eso si ya estás casado?

No había visto a LuAnne ni la había oído mencionar desde las primeras veces que nos habíamos visto. Neal me había dicho que había vuelto a Nueva York, y casi la había olvidado. No dijimos más. Se puso la chaqueta y meticulosamente se arregló un cabello fuera de sitio en el espejo. Luego, cogiéndome del brazo, me guió por la chirriante escalera hacia las calles frías y vacías del amanecer de Denver.

El verano tardaba en percibirse en el aire enrarecido de esa ciudad. El viento de las Montañas Rocosas cubiertas de nieve era cortante, y ya me iba bien. Me costaba bastante mantener la cabeza clara, y la enorme diferencia entre cómo veíamos el sexo Neal y yo casi nunca abandonaba mis pensamientos. Analicé, indagué, racionalicé. Obviamente, nadie podía ayudarme, ni siquiera Neal, y esa era la parte más desagradable. Aunque conseguí ocultar el alcance de mi ansiedad, seguía siendo un desconcertante enigma para mí, una cruel ironía. Pero, como me decía a mí misma, cuando estés casada todo irá bien. Encontraré la manera. *Encontraremos* la manera, porque entonces podré comentarlo con él.

Neal se comportaba como si le hubiera dicho que sí a su propuesta. Como si todo estuviera ya zanjado. Y demostró un nuevo afán de posesión. Sin darse cuenta de mi dilema, era más cariñoso que nunca, y nos entregamos a charlas íntimas que proyectaban imágenes de nuestra vida futura. Neal aprobó por completo todos mis requisitos para la felicidad: la casa rural, los libros que leeríamos, los viajes que compartiríamos, los juegos que practicaríamos, los artistas que iríamos a ver, la familia que criaríamos de maravilla.

Ahora Neal concluía que estar juntos resolvería muchos problemas. Allen había encontrado un sótano para vivir, a varias manzanas de mi residencia, y un trabajo en el departamento de envíos de la empresa May. Comuniqué al gerente que me mudaba, y Neal y yo alquilamos una habitación con derecho a cocina en una antigua casa victoriana, en un vecindario del centro más lejano: a más distancia del campus, para apaciguar mi ética puritana.

Neal me aseguró que volvería a pedir la anulación a LuAnne, algo que debería ser sencillo, ya que era menor de edad cuando se casaron, y su madre odiaba a Neal. Dijo que LuAnne había regresado a Denver, así que pedimos prestado un coche, la recogí en el centro y la deposité en casa de su madre.

LuAnne prometió solucionar el asunto enseguida. Qué desamparada se la veía ese día, tan joven y desaliñada, sentada en el asiento trasero, el cabello con coletas, sin maquillaje, enfundada en un vestido arrugado, calcetines hasta los tobillos y zapatitos de colegiala. Yo estaba incómoda sentada delante, al lado de Neal, su marido. Sin embargo, era evidente que estábamos haciendo lo mejor para todos, borrar un error para empezar un nuevo capítulo.

SEIS

Jack Kerouac le había escrito a Neal desde Nueva York diciendo que iría a San Francisco y se detendría en Denver para ver a sus viejos amigos de Columbia, y también a nosotros. Sería toda una sorpresa para Jack, reflexioné, llegar y que le presentaran a la chica con la que Neal tenía intención de casarse, cuando solo unos meses antes había conocido a la chica con la que Neal acababa de casarse.

El encanto melancólico de Jack y su naturaleza tímida y amable me parecieron reconfortantes y atractivos, pero para mí no era más que un amigo de Neal. Tenía los ojos de un azul claro y brillante, que resaltaban entre su cabello y sus pestañas negras Su tez era un poco más oscura que la de Neal, cuya piel era clara y delicada. Jack y yo nos llevamos bien en nuestro papel de amigos comunes de Neal, ambos programados para la monogamia y la fidelidad en el matrimonio. Jack vino varias veces al teatro del campus para ver los ensayos de las dos obras en las que un arrebato de locura (y un director húngaro) me había impulsado a actuar. Le había prohibido asistir a Neal; su opinión me importaba demasiado, y sabía que yo no era actriz. Me presenté porque pensé que debía vivir esa experiencia para completar mi conocimiento dramático, y esperaba que me ayudara con mi timidez. En la primera obra, de Ibsen, estuve muy rígida, pero en la segunda, *El pájaro azul* de Maeterlinck, interpreté el papel de la Luz y de la chica, y lo disfruté. No tengo ni idea de por qué. Por supuesto, yo diseñé el vestuario y el maquillaje.

A Jack le interesaron las obras y las elogió (solo vio los ensayos de *El pájaro azul*), y todos envidiaron la atención que me prestó ese apuesto forastero de Nueva York. Él también era tímido, pero nos animamos hablando de nuestras impresiones de Nueva Inglaterra –había ido a la universidad de Bennington en Vermont– y de Nueva York, donde yo también había vivido. Comparamos nuestros gustos en cine, libros, escritores, arte, música, etc.

Viajábamos en tranvías ruidosos, y a mí me intrigaban sus observaciones acerca de la gente y las escenas que veíamos por el camino, mientras tomaba notas en un pequeño cuadernito que me dijo que llevaba a todas partes para recoger impresiones para sus libros.

Jack solo tenía palabras elogiosas para Neal, pero no me reveló nada nuevo de él. No me contó nada de los estudios de Neal en Columbia, pero me enteré de que ni Allen ni Jack estaban matriculados en ese momento. Qué diferentes eran esos tres hombres de los que había conocido desde la universidad. Jack tenía un año más que yo, Allen y Neal casi tres menos. Las clases que yo impartía de vez en cuando como profesora ayudante en la Universidad de Denver estaban llenas de veteranos de guerra, todos mayores que yo. Las clases y la edad ya no coincidían. Todos los hombres que había conocido desde la Segunda Guerra Mundial habían necesitado al menos una velada entera para rememorar su trauma de guerra antes de poder conversar sobre cualquier otro tema. Ahora trataba con hombres que tenían pocas experiencias bélicas que revivir. Pasaron años antes de que Jack me hablara de su viaje en el Dorchester como marino mercante. Que ninguno de los tres dispusiera de casa también era una novedad. Jack tenía una madre y un sitio donde refugiarse, a veces, y Allen un padre y un hermano, pero no vivía con ellos. Mis amistades anteriores gozaban de familias que generaban un vínculo permanente, ya fuera positivo o negativo. En la vida de estos tres, el hogar no era un factor importante de pasado o de presente, sino solo de sus sueños de futuro.

Una noche, a petición de Jack, él, Neal y yo fuimos a un bar de carretera. Había una máquina de discos, un pequeño espacio para bailar, y como Neal no bailaba, Jack se tomó la libertad de pedirme que bailáramos, cosa que hicimos entre conversaciones y cervezas que tomamos en la mesa. Neal monopolizó la máquina de discos, e iba dando brincos por el bar, camelándose a cualquier otro cliente que pudiera tener gustos diferentes para que aceptara los suyos. Cualquier canción lo impulsaba a acercarse a saltitos a Jack para comentarla, o se perdían en un acalorado diálogo contrapuntístico sobre música y músicos. Era muy divertido verlos y escucharlos. En su mímica, sus palabras se correspondían con sus muecas faciales, su gimnasia vocal, sus gestos exagerados, y de vez en cuando se carcajeaban de las payasadas del otro. Los dos tenían una risa contagiosa, una combinación de risita y profunda carcajada que viajaba de un corazón a otro.

Cuando bailé con Jack fue la única vez que sentí dudas acerca de mi devoción por Neal, porque con Jack sentía esa cálida atracción física que no experimentaba por Neal. Darme cuenta de ello me desasosegó, y fue algo difícil de borrar. La actitud de Jack era tierna sin ser sugerente, aunque sí delataba cierta tensión. Como si hubiera leído mis pensamientos, dijo suavemente en mi oído.

–Es una lástima, pero así es. Neal te vio primero.

Poco después, Jack se dedicó por completo a sus otros amigos, cuyos planes no incluían a Neal, y se fue a San Francisco sin volver a vernos, aunque es posible que Neal se despidiera de él.

Mi confianza en la sinceridad de Neal quedó afianzada por lo atento que se había mostrado conmigo y por lo orgulloso que se sentía de mí cuando estábamos con Jack, y en mi carta semanal a casa escribí que me había prometido en matrimonio. Omití el hecho de que el hombre al que amaba ya estaba casado, pero pensé que mis padres aprobarían lo que parecía iba a ser un noviazgo largo. Sabía que de todos modos quedarían decepcionados. Ya habían elegido a mi pareja ideal, un inglés llamado Nigel, pongamos. Nunca perdieron la esperanza de que recobrara el buen sentido y aceptara sus reiteradas propuestas. Por lo tanto, remarqué lo que, desde su punto de vista, eran los puntos fuertes de Neal: ser muy leído, inteligente, tener enormes conocimientos, interés por la literatura y aspiraciones literarias como estudiante de la Universidad de Columbia, dignidad, magnífico carácter, aversión al alcohol y comportarse de forma muy atenta. Bueno, lo maquillé un poquito.

La respuesta de mis padres fue inmediata. El hermano con el que me llevaba mejor preparaba la tesis en la cercana universidad de Boulder, y poco después de que la noticia llegara a casa, llamó para conocer a mi prometido. Yo sabía que le habían asignado la tarea de sondear a Neal y enviar un informe a casa. Mi hermano vino a Denver una noche, y puesto que no iba a invitarlo a nuestra habitación, nos encontramos en una coctelería, donde Neal bebió una cerveza mientras mi hermano y yo tomábamos whisky.

Neal estuvo magnífico. Sereno, reservado, inteligente y elocuente, capaz de hablar con brillantez de cualquier tema que sacara mi hermano. Excepto uno: la guerra. Mi hermano era como los demás veteranos, a quienes les gustaba comparar experiencias sobre sus estancia en el Ejército. Había sido capitán de corbeta en el servicio de demolición y desactivación de bombas de la Marina. El Ejército, con su proverbial astucia, lo había destinado –a él, que medía casi uno noventa y tenía el cabello platino– a China, donde todo el mundo es bajito y tiene el pelo negro. Lo llamaban «Arrocito Marinero», y se pasó la mayor parte de su destino arrastrándose con un traje de camuflaje negro. Él, como tantos, consideraba que la hoja de servicio de un hombre indicaba su carácter.

Neal estaba preparado. Puso cara de sentirse arrepentido y disgustado, y admitió que lo habían dado por inútil debido a sus dificultades respiratorias y su daltonismo. Se abandonó el tema. Los deportes arreglaron la situación. La memoria fotográfica de Neal sacó a relucir detalles personales de todos los jugadores de béisbol de décadas anteriores, los partidos que habían jugado, las puntuaciones, sus promedios de bateo, etc., y podía hacer lo mismo con el fútbol, el baloncesto, el hockey, lo que fuera. Lo contemplé con creciente admiración y amor. No hizo falta entrar en literatura o filosofía o música, las demás aficiones de Neal. El informe que llegó a casa fue «satisfactorio».

Durante un tiempo, Neal y yo disfrutamos jugando a las casitas. Me hacía feliz poder cocinar de nuevo, y me encantaba que no hubiera nada que él no comiera con entusiasmo, colmándolo de elogios. La habitación en sí era pequeña, la cama ocupaba la mayor parte, pero Neal decía: «¿Qué más necesitamos, nena?»

Pero entonces, su comportamiento cambió misteriosamente. Se ponía de mal humor y estaba preocupado, pero no decía la causa. En el último mes de ese fatídico verano ocurrieron tres incidentes que deberían haber bastado para curar mi fe ciega en el amor de Neal y abrirme los ojos hacia lo que nos esperaba, pero él había lanzado su hechizo con demasiada habilidad.

El primer incidente sucedió una noche en que no vino a casa a cenar y no llamó para avisar. No sabía dónde buscarlo y no me consoló darme cuenta de que si algo le pasaba, yo sería la última en saberlo. «Ese es el precio que pagas por vivir en pecado», me dije. Metí su cena en el frigorífico, y, después de estudiar un poco, me fui a la cama, pero no me dormí.

Aquella noche volvió tarde, acompañado de un amigo, dos o tres packs de seis cervezas y una guitarra. Por supuesto, Neal sabía que yo tenía que levantarme temprano y que tenía una agenda apretada, así que me quedé estupefacta por esa inusual falta de consideración, tanto para mí como para los demás residentes. ¿Quería que nos echaran? Me besó, me dio unas palmaditas, y enseguida toda su atención se centró en su amigo y sus divertidas historias, las cervezas y la guitarra.

La segunda ocasión, mucho peor, fue una muy esperada excursión a Central City para ver la antigua ciudad minera y la actual ópera de verano. En el autobús Neal estaba de un humor hosco y silencioso. Inmediatamente después de llegar desapareció, me dejó esperando y llorando hasta que, horas después de la ópera, pude encontrar a alguien que me llevara a casa en coche: estaba tan preocupada que fui incapaz de ver la representación. También molesté a un amigo de la escuela que trabaja allí, pues me pasé todo el tiempo sollozando en su habitación, inmune a sus esfuerzos por consolarme. Cuando, mucho después de la ópera y la fiesta posterior de los actores, alguien me llevó a casa, subí las escaleras a nuestra habitación y me encontré a Neal dormido en nuestra cama. Al menos era fin de semana.

Después de esas dos ocasiones me enfrenté a Neal pidiendo una explicación, y su excusa fue tan razonable e inocente que mi preocupación pareció egoísta e insensible. Insistió varias veces en que su devoción por mí era tan fuerte como siempre, y como todavía no podía entender por qué iba a decirlo si no era cierto, acepté su palabra. Por un momento se me pasó por la cabeza que quizá el encuentro con mi hermano, o el hecho de descubrir hasta qué punto confiaba ingenuamente en él, o mi idea de la permanencia y la solidez de nuestro matrimonio, podían haber enfriado su entusiasmo. Natural, me dije.

Nigel había reaparecido, y se ofreció a llevarme a Los Ángeles cuando en agosto terminara el curso en la Universidad de Denver. Iba a llevar también a dos amigos británicos, y sabía que yo había solicitado varios trabajos en Hollywood. Como posible marido, Nigel cumplía todos mis requisitos mentales: era británico con parientes escoceses (con todo lo que eso conllevaba), un futuro seguro como urbanista y muchos gustos en común con mi familia. Comprendía la consternación de mis padres porque no me casara con una pareja tan perfecta. El problema era que me repelía físicamente. Era uno de esos hombres regordetes, no exactamente orondo, pero de carne blanda y mejillas inglesas sonrosadas. No soportaba que me tocara. Y además era tan «convencional». Sé que eso parece una tontería viniendo de mí, pero hay grados. Me irritaba más allá de lo soportable. Aun así, le agradecía el viaje en coche y que me hubiera hecho conocer algunos aspectos de la cultura que me interesaban. Esperaba que Neal me siguiera cuando tuviera fondos suficientes. Nos casaríamos cuando los dos estuviéramos asentados.

Mi plan hizo que Neal revelara el suyo. Dijo que, después de todo, lo había reconsiderado y había aceptado ir con Allen a Texas.

–No estaría muy bien que me uniera a ti y a tu enamorado en Los Ángeles, ¿no te parece, cariño? Así que la cosa irá sobre ruedas, ya ves. Mientras tú te vas a dar vueltas con tus coleguis británicos y te conviertes en la nueva Edith Head, cumpliré mi compromiso con Allen, a quien he decepcionado mucho y de manera vergonzosa por no haber mantenido mi promesa al comienzo del verano. ¿Y por qué? Porque me enamoré hasta las trancas de la chica más guapa y enrollada de Nashville. Es cosa tuya, de verdad, cariño, así que ya ves que tendrás que estar de acuerdo, porque tienes un poquito de culpa en este asunto.

Neal era un experto en servirse de la risa para suavizar las situaciones difíciles, y agradecí su necesidad de amortiguar el golpe de nuestra separación forzosa.

–Además –Neal vaciló y bailó un poco por la habitación–, verás, mmm... Allen también está enamorado de mí. –Neal bajó recatadamente la vista hacia sus manos.

–¿Allen? ¿Te refieres a...? Dios mío, Neal. ¿Lo sabías cuando lo hiciste dormir en la misma habitación que nosotros? ¡Caramba, eso sí que es sádico! ¿Cómo pudiste ser tan miserable? Y ahora entiendo por qué me pidió que te dibujara desnudo, para eso quería el dibujo. –Me paré a pensar. No estaba del todo preparada para este tipo de cosas. Neal me miró de repente con renovada preocupación.

–Espera... No imaginarás que... Por supuesto que debes saber... No... Quiero decir que nunca... Escucha, de verdad, Carolyn, no hemos llegado a nada de eso.

De hecho, todavía no había considerado que entre ellos hubiera sexo de verdad, pues nunca me había topado con la homosexualidad, y Neal desde luego no era homosexual, por lo que ese consuelo me parecía innecesario.

Ahora le tocaba a Neal escandalizarse de que yo no me opusiera a su marcha en dirección opuesta. Con honestidad y resignación, respondí que no discutiría su elección. Tampoco era libre para casarse conmigo, de todos modos, por lo que tal vez una separación demostraría si nuestro amor era lo bastante fuerte para soportarla. Yo todavía creía que Neal era para mí el único amor, pero a menos que él sintiera lo mismo, coaccionarlo iría en mi contra.

Entonces ocurrió el tercer incidente, y lo que pensé después me hizo ver quién era Neal en realidad.

Mi última semana en la Universidad de Denver fue frenética, y, para colmo, el sábado por la mañana tuve que actuar en una representación adicional de *El pájaro azul* para un grupo de niños en un cine del centro de la ciudad. Iba a irme a Los Ángeles por la tarde. Había dejado nuestra habitación el viernes, y estaba con otro profesor cerca del campus, donde Nigel me iba a recoger.

Me levanté y fui al centro antes de lo necesario para despedirme por última vez de Neal durante el desayuno. Subí de puntillas las escaleras con la esperanza de sorprenderlo, y con cautela giré el pomo de la puerta. Pero fue él quien me sorprendió a mí. La escena me dejó tan fuera de combate como si me hubiera topado con una pared o me hubiera dado un golpe en la cabeza. Allí en nuestra cama, desnudos, yacían LuAnne, Neal y Allen, en este orden. Neal levantó la cabeza y farfulló algo, pero yo ya bajaba los escalones de dos en dos y salía a la calle.

No sé cómo conseguí actuar en esa obra infantil dulce, alegórica, interminable, en la que encima interpretaba a la Luz. Si había algo que necesitaba, era luz. Mi mente estaba en blanco, a excepción de esa escena en el dormitorio que contra mi voluntad se repetía una y otra vez con luces de neón, mientras rezaba para que alguien me diera una explicación. No tenía ningún marco de referencia, ninguna experiencia parecida, ni real ni ficticia, en la que basarme, y no podía comentarlo con nadie.

En la tarde del 22 de agosto de 1947, mientras nuestro alegre grupo se iba hacia el oeste a toda velocidad, Neal y Allen se preparaban para dirigirse al este, y «nunca los dos se encontrarán».[1] Bueno, pues se había acabado. Otro romance veraniego. Me dije a mí misma que ya no necesitaba nada más para convencerme de que me habían engañado completamente. Debía estar agradecida por haber escapado a tiempo. Y ahora podría olvidar los últimos seis meses y al hombre que conocí y amé: Neal Cassady.

1. La cita pertenece al poema de Rudyard Kipling «Balada del Este y el Oeste»: se refiere a que Oriente y Occidente nunca se encontrarán, en el sentido de que los británicos y la India nunca conseguirán entenderse. *(N. del T.)*

SIETE

Nigel y sus amigos me llevaron de regreso al mundo que había conocido antes de Neal. Un mundo estable, sólido y ordenado. La última escena que había presenciado en Denver se retiró lentamente a una parte de mi mente reservada para pesadillas medio recordadas.

Además de mí y Nigel, nuestro grupo estaba formado por un ingeniero de Londres cuya tarea era investigar la construcción de las autopistas estadounidenses y la directora de una compañía de ballet canadiense. Ninguno había viajado antes por Estados Unidos, y me supuso toda una novedad ver el país a través de sus ojos. Lo más impresionante para el ingeniero fue la comida. Como venía de la Inglaterra hambrienta de la guerra no tenía mesura con los bistecs y los huevos.

Ese relajado viaje fue un bálsamo para mi herida, pero aunque nos reímos mucho, seguía teniendo un peso en el corazón. El fantasma de Neal me acompañaba, y por dentro le comunicaba todas mis observaciones, tal como me habría gustado compartirlas con él de haber estado juntos. En Los Ángeles, mientras Nigel y yo bailábamos en el salón de baile del hotel Biltmore, me suplicó otra vez que despertara y me diera cuenta de que él y yo habíamos nacido para estar juntos. Le dije que comprendía sus sentimientos porque sentía exactamente lo mismo por otra persona. Tenía delante de mí a un hombre que me ofrecía todo lo que había soñado en mi adolescencia, y sin embargo cada parte de mí añoraba a Neal.

Después de visitar los estudios cinematográficos, mis tres amigos británicos continuaron su viaje a México, dejándome en la sede sindical de Hollywood.

Sola de nuevo, traté de contenerme, pero no podía evitar compartirlo todo con Neal, igual que había hecho durante el verano. Llenaba mis horas libres y solitarias escribiéndole a su dirección de Texas, ahora como amiga, por supuesto, diciéndome que había aprendido a no considerarlo un marido. Cuando me hubieron prometido el próximo trabajo que hubiera vacante en la Western Costume Company, requisito previo para trabajar en una compañía cinematográfica, me fui a San Francisco a esperar, pues prefería vivir allí. Tenía una hermana mayor en la ciudad con la que podía quedarme hasta conseguir empleo y residencia propios.

Allí me esperaban dos cartas de Neal. Rebosaban aún más afecto y amor que sus anteriores declaraciones de devoción eterna, y eran igualmente convincentes en sus disculpas y remordimientos. Le perdoné al instante y la herida volvió a curarse. La rueda del destino seguía girando.

Neal me describió el rancho de Bill Burroughs, donde él y Allen se alojaban, como una «locura», un lugar destartalado de chozas de madera en cuarenta hectáreas, cuyas principales virtudes eran su aislamiento, asequibilidad y mucho espacio para cultivar marihuana. La propiedad se encontraba en New Waverly, y Bill vivía allí con Joan Adams y sus dos hijos pequeños, un Bill Jr., y una hija mayor, Julie, de un exesposo o amante. También estaba con ellos Herbert Huncke, un amigo de Bill de Nueva York.

Neal aseguraba que ayudaba con las tareas del hogar, que había construido una cerca, reparado el garaje, colocado un suelo de cemento y represado un arroyo. No volvió a mencionar la marihuana, ni que Bill también era adicto a la heroína. Explicaba que Joan era adicta a la bencedrina y necesitaba al menos ocho tubos todos los días. A Huncke también le gustaba, sola o con grandes cantidades de Nembutal. Neal dijo que regularmente tenía que conducir más de cien kilómetros hasta Houston para recoger esos y otros suministros. Joan casi nunca dormía (si es que dormía alguna vez), y día y noche trabajaba en las tareas del hogar o en el jardín.

Neal también describía cómo Bill pasaba la mayor parte de su tiempo comprobando su puntería con alguna de sus armas de fuego. Ponía, o le hacía poner a Neal, latas en la valla para apuntar desde el porche o desde una mecedora que había detrás de la ventana de la habitación frontal. Bill también disparaba a los tubos de bencedrina en la repisa de la chimenea con su escopeta de aire comprimido. Estaba orgulloso de su destreza y de su colección de armas. Cuidarlas y limpiarlas le ocupaba gran parte del tiempo. La imagen que me hacía de la vida en New Waverly me repugnaba hasta un punto difícil de imaginar.

Neal me confesó que uno de los propósitos de su estancia en Texas, aparte de conocer a Bill y Joan, era intentar corresponder al deseo físico de Allen, porque significaba mucho para él, pero todos sus intentos habían fracasado miserablemente... o de forma hilarante, como cuando rompieron un camastro. Allen, desanimado, planeaba enrolarse en un barco para ganar dinero. Ahora que ese tema estaba zanjado, Neal me escribió que solo pensaba en reunirse conmigo y compensarme por permitir que su estupidez hubiera provocado nuestra separación. Sin embargo, le había prometido a Bill llevar a su familia y a Huncke a Nueva York, pero después de eso, y cuando pudiera reunir dinero para el billete, vendría corriendo a San Francisco para verme.

Allen perdió el primer barco en el que se había enrolado, así que Neal y Huncke esperaron a que cogiera otro. Neal me informó de que después de cuatro horas sin suerte «nos despedimos tiernamente y dejamos a Allen... leyendo a Henry James y reflexionando sobre su destino». Allen al final consiguió unirse a una nave con destino a Dakar, Senegal, en la que escribió «El esplín de Dakar», la secuela de «El esplín de Denver», que no fueron los únicos poemas salpicados por las lágrimas de aquel complicado verano.

Me había enamorado de la zona de la bahía de San Francisco mientras, durante mi época en el Ejército, estudiaba para terapeuta ocupacional en el Mills College de Oakland. San Francisco poseía un aire y una luz incomparables, un aire que olía como si lo hubieran lavado con jabón, y también eran incomparables los edificios de apartamentos color pastel y la gente, amistosa e informal. Era un gran contraste con Nueva York, donde teníamos que ir a los estadios de béisbol para ver el cielo y la hierba, exceptuando Central Park. Anhelaba parecerme a esa gente valiente y desafiante que se había atrevido a construir edificios en colinas tan empinadas que los coches aparcaban de lado, inclinados, y donde había escalones, y no aceras, flanqueando la calzada. El azul claro del cielo y el mar me provocaban una estimulante nostalgia de las aguas de mi amado territorio, y el gemido de las sirenas de niebla me recordaba el sonido de los faros del lago Michigan: una época de seguridad y raíces.

Después de una semana o dos con mi hermana y su marido, conseguí un trabajo en el sector de la joyería en Joseph Magnin's, y alquilé un espacio en una casa en Telegraph Hill.

Mi «espacio» consistía en un catre y un baúl en el rincón de un porche acristalado de una pintoresca casa en el acantilado que domina la bahía. Lo quise enseguida por la magnífica vista, porque todo el mundo conocía la dirección, y por esa razón, era un lugar popular para vivir. En una ocasión mi primo había conseguido allí un apartamento. Era periodista y lo habían enviado a informar sobre un hombre que se había ahogado en la bañera. Con el hombre todavía en la bañera, uno de los policías y un paramédico ya habían solicitado el apartamento, pero mi primo ofreció más dinero y se lo quedó. Lo había visitado en una ocasión y había jurado volver algún día.

Mi casera tenía setenta y pico años, y era la viuda de un

pintor famoso. Llevaba el pelo teñido de color platino con un flequillo tupido y cortado a lo paje. Tenía unas uñas rojas y brillantes que parecían largas garras curvadas, vestía pijamas orientales y bebía ginebra todo el día. Al principio, cada noche, cuando llegaba a casa, la encontraba tambaleándose, y evitaba por los pelos salir despedida por alguna ventana y caer a la bahía. Se sentaba en su mecedora, en la otra punta del porche respecto a mi catre, rasgueando un ukelele con el acompañamiento de una radio, de la que salía un batiburrillo de sonidos mientras pasaba de una emisora a otra. Después de aprender a dormir en medio de esa cacofonía, con frecuencia me despertaba y me la encontraba apoltronada en su cama con dosel mientras mantenía una conversación telefónica a grito pelado y en cantonés que en realidad era un monólogo.

A veces me confundía con su hija, que había perdido mucho tiempo atrás, y lloraba conmigo en la cama, apretándome contra su abundante pecho. Otras noches insistía en que me quedara despierta hasta tarde y bebiera taza tras taza de un ácido tánico que ella llamaba té «tal como lo hacen en la India. Oh, ya te lo has terminado..., deja que te sirva más». Si no me lo bebía todo, me regañaba severamente.

Durante un tiempo disfruté del personaje y me divertía contando sus excentricidades en el trabajo, pero poco a poco empezó a cansarme. Todavía me encantaba mi envidiable ubicación y el paisaje nocturno que encontraba al llegar a casa: las luces brillantes de las colinas de Oakland y Berkeley conectadas por los brazaletes llenos de gemas de los puentes que cruzan el agua.

Me había hecho amiga de Lucy, una chica «de fulares», cuyo mostrador estaba delante del mío. Su marido, George, era un marino mercante que estaba en casa de permiso, y ambos medían aproximadamente un metro y medio: eran más bajos que yo. Después de que le dijera que no podía cocinar en mi casa, o que no me apetecía por culpa de la propietaria, nos llevó a cenar todas las noches. Pagaba siempre, y cuando llegaba a casa era ya bastante tarde, y a menudo la casera ya había sucumbido a la ginebra y al sueño.

Cuando George se enteró de la inminente llegada de Neal y de nuestro plan de vivir juntos hasta que pudiéramos casarnos, me preguntó si le haríamos un gran favor. Durante sus viajes había recogido muchos tesoros chinos y de otros países que estaban enterrados en un guardamuebles que le salía bastante caro. Me dijo que estaba pensando en alquilar un apartamento donde guardarlos, y me preguntó si nos importaría vivir en él y cuidar de sus tesoros. Pronto se iría seis meses más, y durante ese tiempo no tendríamos que pagar alquiler a cambio de cuidar de sus adquisiciones. Aquello me llenó de alegría. Encontró un complejo nuevo de viviendas de una sola planta, bastante alejado de la calle, en el distrito de Richmond, y alquiló un apartamento de dos habitaciones con entrada independiente, rodeado de arbustos. El marino amuebló completamente todas las habitaciones, incluida la cocina, y lo adornó con sus hermosos cofres, mesas, lámparas, estatuas, cuadros. No podía creer que me confiara todo eso, pero estaba impaciente por mostrarle a Neal nuestra elegante casa. La primera que tenía.

OCHO

Aunque parecían años, cuando el 4 de octubre Neal se bajó del autobús en San Francisco, solo habían pasado cinco semanas desde que nos habíamos separado en Denver. El día de su llegada se hizo interminable. Salí a fumar no sé cuántas veces, me mordí las uñas y no prestaba atención a mi trabajo. Un cliente al que le había mostrado varios collares me arrojó el último a la cara y me soltó indignado: «¡Bueno, parece que no tiene demasiadas ganas de vender!». Era totalmente cierto, y el golpe me devolvió a la realidad. Cuando por fin se hicieron las seis, me puse el abrigo de cualquier manera y pasé la inspección de la puerta, y eso que me había olvidado quitarme los pendientes de oro de la tienda.

Al salir al crepúsculo y a la niebla cada vez más baja, me asaltó un viento húmedo y cortante y rodeé el edificio hasta la puerta principal. Allí me encontré a Neal apoyado contra el escaparate de mármol, casi igual que cuando lo vi por primera vez. Llevaba el mismo traje y la misma camiseta, y estaba guapo, con el cabello alborotado sobre la frente, su rostro colorado por el viento. Cuando me vio, su expresión desmejorada se desvaneció en la amplitud de su sonrisa. Los dos nos sentíamos incómodos, y de repente demasiado tímidos para abrazarnos. A su lado estaba la maleta de siempre, atada con una cuerda, y dos cajas de cartón. Mi fe en su devoción por mí quedó confirmada cuando supe que había hecho todo el camino desde Nueva York en autobús, y se intensificó cuando dijo que había tenido la precaución de sentarse encima de la americana para que se no se le arrugara. Las cajas estaban llenas de discos que le había dado un «cantante desaparecido».

Lo convencí de que me dejara tomar un taxi. Estaba impaciente por estar a solas con él y contarle lo de nuestro nuevo apartamento. Mientras yo no paraba de hablar, él simplemente me cogió la mano y se me quedó mirando, y después me hociqueó el cuello con su nariz fría.

Después de las correspondientes exclamaciones de asombro ante nuestra nuevo hogar, se duchó y se cambió mientras yo preparaba el escenario para la comida que había ensayado mentalmente cien veces. Se contagió de mi estado de ánimo y superó a todos los héroes de la película que yo había adorado.

–Esta noche, cariño, tengo un regalo súper especial, extraordinario, sensacional para los dos. Sí señor, nena, lo mejor está por venir. –Se levantó y adquirió su pose de Oliver Hardy, con la barbilla hacia adentro, los codos hacia fuera, los pulgares en las axilas, los dedos ondulándose a cada lado de su pecho extendido mientras se balanceaba sobre la punta de los pies y los talones. Entrecerró sus ojos chispeantes, y sus labios se apretaron en una sonrisa de suficiencia.

–¿Tu regalo puede esperar hasta que me cambie? No hay manera de relajarse con esta faja y estos panties que parecen una camisa de fuerza.

–Claro que sí, querida. Ponte «algo cómodo», como suele decirse, mientras hago algunos preparativos, je, je, je. –Ahora él era Uriah Heep,[1] frotándose las manos.

Cuando me hube puesto la bata, fui a la cocina a comprobar cómo estaba la cena. Por la mañana había horneado parcialmente las patatas, había preparado la ensalada la noche anterior, y la tarta de manzana estaría buena fría acompañando

1. Es un personaje de *David Copperfield*, de Dickens, que, aunque hace gala de su humildad, se comporta como un intrigante. *(N. del T.)*

al helado. Solo tardé unos minutos en hacer el bistec y las verduras, mientras las patatas se terminaban de dorar. Perfecto.

Empecé a cocinar, pero Neal me llamó de nuevo a la sala. Había extendido un periódico sobre la mesita baja, ahora cubierto de verdes montículos secos de hojas retorcidas y ramitas y semillas diminutas.

–Ahora, cariño, antes de comer tenemos que tomar un poquito de esto para que esa fantástica cena tuya sepa como nunca.

Nos sentamos el uno al lado del otro en el sofá mientras él delicadamente retiraba las semillas y las colocaba con cuidado en un cenicero limpio. En la mano derecha sostenía ahora un papel de fumar, y con la izquierda recogía una pellizco de hojas y las esparcía por el papel.

Sabía que eso tenía que ser marihuana, aunque nunca antes la había visto, y sentí un leve escalofrío de temor al recordar las historias que había escuchado de adolescente sobre la «hierba del diablo». Pero ese era el Neal que estaba a punto de convertirse en mi marido y no permitiría que nada me perjudicara.

Con una floritura, Neal humedeció el papel con la lengua, presionó aquel delgado cigarrillo en toda su longitud y con los dedos lo apretó suavemente adelante y atrás para eliminar los bultos. Le brillaban los ojos como si fuera un brujo diabólico mientras enroscaba con cuidado un extremo del papel, y con el mismo cuidado aplanaba el otro. Sosteniéndolo entre el pulgar y el índice, se volvió hacia mí. Con una expresión sombría, sostuvo mi mirada.

–Y ahora, cariño, escúchame. No debes tener miedo, ¿me has oído? Es totalmente inofensivo, te lo prometo. Todos esos cuentos que sin duda has oído son completamente falsos, perpetrados por Anslinger[1] para mantener ocupado su escuadrón antinarcóticos. Lo único que hace es aumentar tu percepción

1. Harry Jacob Anslinger (1892-1975) comisionado del Departamento Federal Antinarcóticos, mantuvo una postura de prohibición total de las drogas, criminalizando a los inmigrantes y a las minorías raciales. Persiguió con saña a los músicos de jazz, sobre todo a Billie Holliday. *(N. del T.)*

sensorial, despertar tu verdadera conciencia y acelerar tus procesos de pensamiento mientras te da la impresión de que el tiempo se ha ralentizado enormemente. Verás más y mejor: colores, dibujos... ¡Y la música! ¿Crees haber escuchado música? No has oído música hasta que no has probado la hierba; oirás cada nota y cada instrumento simultáneamente como nunca has oído antes. ¡Oh, jo, jo, jo, espera y verás!

Su propia descripción lo excitó tanto que su intento de mostrarse serio se desintegró en risas de placer.

–Después, al cabo de un rato, le hincaremos el diente a esta deliciosa comida, ¡y sabrá como nunca! Pura ambrosía, ya verás.

Incapaz de quedarse quieto, Neal se había levantado y caminaba por la habitación puntuando su discurso con gestos extravagantes y poniendo los ojos en blanco.

–Ah, pero volviendo a tus temores, cariño... –Se acuclilló a mi lado en el suelo, poniéndose serio de nuevo.

–Debo recalcar una cosa: lo más importante que debes recordar es que siempre tienes el control. ¡Todo lo que tengas que hacer, puedes hacerlo! ¿Me oyes? No lo olvides. Y otra cosa: no se puede saber de antemano cómo te vas a sentir, es decir, lo que te apetecerá hacer. A veces querrías hablar y a veces no. Otras todo te parecerá divertido y te pasarías la noche riéndote. Pero, como te he dicho, si tienes que hacer algo, siempre puedes hacerlo. Y no puedes tomarlo solo una vez y saber qué efecto te produce. Al principio debes tomar todas las noches, digamos durante una semana. Así descubrirás tus propios estados de ánimo y tus diferentes reacciones. Y ya no tendrás que preocuparte porque te dé una paranoia en cualquier sitio, porque sabrás cómo te afecta, ¿ves? Yo lo he tomado y ya conozco el efecto.

Procuré asimilar todo lo que decía.

–Y ahora mira, fíjate bien, querida. No puedes fumarlos como si fueran cigarrillos.

Mantuvo el «porro» lejos de él mientras acercaba una cerilla al extremo retorcido y esperaba a que el papel se quemara. Luego puso el extremo plano entre sus labios y dio unas caladas cortas y ruidosas sin cerrar la boca, inhalando más profundamente a cada jadeo hasta que sus pulmones se expandieron por completo. Contuvo la respiración y se puso rojo. Cuando ya no pudo aguantar más, exhaló, expulsando muy poco humo.

–¿Ves? Guárdatelo todo. Mira. ¿Te has fijado en que he aspirado tanto aire como humo? De lo contrario es demasiado fuerte. Te quema demasiado la garganta, y pierdes un poco de... Uoooooooooh, buuuuuf, esta mierda es buena... ups, te ruego me disculpes, querida. ¡Excelente producto, desde luego!

Los ojos se habían enrojecido mientras su mirada se perdía hacia arriba.

–Ah, la cuestión es no desperdiciar nada, ¿ves? Guardar todo lo que puedas, ¿lo pillas? Ahora pruébalo tú. Prepárate para el despertar de tu mente y tus sentidos. Nunca has... Jo, uuuuuu.

Hice todo lo posible por imitar lo que había hecho, pero solo di una calada suave y un inesperado ardor en la garganta me hizo toser. Me dio unas palmaditas en la espalda.

–Vamos, vamos; no te preocupes; a todo el mundo le pasa la primera vez.

Neal farfullaba a través de los dientes apretados y la respiración contenida, tras haberse apropiado frenéticamente del porro y haberse puesto a chupar rápidamente para mantenerlo encendido. Entonces asintió con un gesto imperioso y me lo pasó de nuevo. Esta vez conseguí que me entrara un poco de humo y retenerlo. Mi primera sensación fue como de frío dentro de mi pecho. El sabor tenía un toque acre y terroso, y por todo mi cuerpo se extendía una sensación de plenitud.

Le acerqué un cenicero, pero negó con la cabeza.

–No hace falta, ¿ves? Las cenizas son solo pelusa.

Con el dedo meñique dio un golpecito en el extremo del porro y solo cayó flotando un pequeño trozo de papel sin quemar. Se había desvanecido, algo que ocurría a menudo. (En años posteriores, era capaz de adivinar si Neal había estado fumando hierba por la cantidad de cerillas delatoras que había en el cenicero.) Cuando hube dado un par de caladas respetables, decidió que era suficiente para una principiante y que era hora de comer.

Mientras yo terminaba de cocinar, repasó los discos que había traído consigo y apartó algunos para escucharlos después de la cena.

Cuando acabamos la comida y nos quedamos con el café y el licor a la luz de las velas, en mi mente resurgió una pregunta que, de tan feliz como me sentía, había pasado por alto. Ahora necesitaba aclararla con una respuesta. Neal encendió un cigarrillo y se reclinó en su silla con un suspiro de satisfacción, pasándose la mano por la barriga. Le pregunté:

–¿Has visto a LuAnne en Denver de camino hacia aquí? ¿Ha conseguido la anulación?

Neal estaba absorto en la punta de su cigarrillo.

–Oh... Sí, claro, por supuesto, cariño, no debemos hablar de eso ahora, ya lo haremos por la mañana. ¿Te importa? Ahora mismo es mejor que continuemos con este maravilloso reencuentro y que no nos dé un bajón. Deja que te ayude a poner estos platos en el fregadero, así mantendremos el subidón para escuchar música.

Todo lo que había dicho sobre los efectos de la hierba era cierto hasta ese momento. La comida sabía mejor que cualquiera que hubiera probado. Mi parte favorita se convirtió en la dilatación del tiempo. Neal había puesto un disco de Ella Fitzgerald. Nos estiramos en el suelo y permanecimos en silencio, dejando simplemente que Ella penetrara en cada nervio. Los instrumentales de Duke Ellington fueron como revelaciones para mí, aun habiendo escuchado su música tan a menudo, y cada pieza parecía durar mucho más de lo habitual.

–Ah, amor mío, tendremos una hermosa vida juntos. Nos veo a los ochenta años en el porche, sentados en nuestra mecedora y sin tener que decir nada, ni una palabra..., solo mirándonos, sonriendo, asintiendo. Sabremos exactamente lo que el otro piensa por telepatía. Tendremos tanta sintonía que nos comunicaremos sin decir palabra, ¿eh?

Fui todo sonrisas y lo abracé diciendo:

–Debes de estar exhausto, cariño, pero esta noche me has hecho disfrutar tanto. Te he echado mucho de menos y estoy tan feliz de tenerte de vuelta.

–Ahora para siempre, cariño. De ahora en adelante somos tu y yo, nena, ¿vale?

Me abrazó más fuerte. Nos pusimos de pie y apartamos los discos.

–Y ahora, amor mío, «se está pasando la hora», como dice tu padre... y... ¡Ajá! –Sonrió con satisfacción e hizo girar las punta de un bigote imaginario, con lo que nos volvimos a reír.

Neal cumplió su palabra (feliz por la excusa) y me sometió a una semana de adoctrinamiento. Me gustaba la dilatación del tiempo y esa conciencia segundo-a-segundo, así como la sensación física de bienestar, y ciertamente el agudizamiento de los sentidos. Pero aunque lo intenté, nunca pude conseguir superar el miedo, no tanto a los peligros de la droga, sino a que me atraparan en un acto ilegal. En cierto punto, también comenzó a molestarme que un agente externo controlara mi mente, y lo dejé. Quiero mandar en mí y decidir lo que hago. Con el tiempo, cuando me puse en serio a estudiar meditación y a aprender a concentrarme más, descubrí que podía reproducir algunos de esos efectos sin «aditivos».

NUEVE

Al día siguiente, Neal le escribió a Jack, que ahora estaba de regreso en Nueva York.

> Mi convicción de que Carolyn es suficiente creo que es correcta, así que no te preocupes por tu amiguete Neal; ha encontrado lo que quiere y con ella está más satisfecho que nunca [...]. He descubierto que me es más fácil llevar una vida productiva, pues ya no siento esa fijación por la necesidad de escribir. Ahora estoy lo bastante relajado para comenzar a intentarlo; creo que esto se ajusta más a mi temperamento que mi antiguo impulso frenético e irracional [...]. Acabo de recibir una estupenda carta de Allen; me regaña mucho, y estoy seguro de que tiene razón. Ahora no estés de acuerdo con él... Bueno, yo estoy de acuerdo con los dos, pero no lo bastante como para volver a Nueva York hasta el año que viene. Así que eso queda zanjado.

Cuando Neal se fue de Nueva York a San Francisco, Allen todavía estaba embarcado, por lo que Neal le dejó una carta, que Allen encontró «cruel». Neal escribió: «Supongo que debo despedirme, entonces. No sé cómo». No se despidió, y siguieron escribiéndose, aunque no con tanta frecuencia como antes. Allen sufrió mucho tiempo por el rechazo de Neal en Texas. «Me he protegido, blindado [...] contra la pena o una excesiva autocompasión, y como resultado mi mente abraza más que nunca [...] el aislamiento y un falso bienestar, hasta el punto de retirarse del mundo, a un espacio amueblado para escribir poemas fríos y calientes».

Allen le lanzó otro agónico órdago a Neal para que volviera con él en una carta que debe clasificarse como una sinfonía de amor no correspondido.

Allen estuvo varios años sin hablar conmigo directamente. Lamenté perder su amistad, ¿y quién podría comprender sus sentimientos mejor que yo? La casualidad de ser mujer fue todo lo que me llevó a estar donde él quería. Yo lo sentía realmente por él, sobre todo porque no parecía haber ningún rayo de esperanza, y sus conmovedoras cartas me afectaron profundamente con su patetismo chejoviano.

La noche siguiente a mi reencuentro con Neal volví a casa del trabajo y me lo encontré inquieto y preocupado. Cuando hube fregado los platos, no sacó la hierba de inmediato. Se tumbó en el sofá y devoró una revista de noticias. Yo me senté en el suelo, me recosté contra el sofá, y encendí un cigarrillo. Neal tiró la revista, se incorporó sobre un codo y con un brazo me rodeó los hombros y el pecho, apoyando su cabeza contra la mía.

–Tengo que decirte algo, cariño. Verás, hice una parada en Denver, como sabes. –Se incorporó, puso los pies en el suelo y empezó a caminar–. Bueno, pues finalmente encontré a LuAnne, y, bueno, la muy cabrona tiene alguna estúpida razón por la que no puede, o no quiere, obtener la anulación. Dice que pasarán otras dos o tres semanas hasta que tenga el dinero. Y como yo no tengo... Pero me prometió que sin duda la pedirá. –Vio que yo estaba a punto de decir algo, así que continuó–. Vamos, vamos, no te preocupes. ¿Qué son un par de semanas cuando tenemos toda la vida por delante? No pasará mucho tiempo, ya verás, y seguiré insistiéndole.

Me giró la cara y me la besuqueó para que no pudiera responder.

–Y ahora –dijo para camelarme–, olvidémonos de ella y de

todas sus tonterías. –Se puso en pie de un salto para ir a buscar la hierba y comenzar la clase nocturna. Aunque me preguntaba por qué LuAnne no había obtenido la anulación en todo ese tiempo, teniendo en cuenta cuáles eran al parecer sus sentimientos, confiaba en Neal, como de costumbre, y me pareció que era su responsabilidad, sin dudar ni un momento que tenía tantas ganas de casarse como yo.

LuAnne volvió a desaparecer de mi mente.

San Francisco nos ofreció una cornucopia de emocionantes actividades que compartir, y Neal siempre agregaba otra dimensión a la diversión. Tanto daba cuál fuera: juegos de mesa en casa, películas, obras de teatro, conferencias, conciertos, músicos de jazz, el zoológico, Chinatown, las galerías comerciales o simplemente ver los veleros en la bahía. La mente de Neal elaboraba la escena que teníamos delante y prolongaba el disfrute, a veces remontando el vuelo sobre las alas de la fantasía, como las omnipresentes gaviotas, o relacionando sus observaciones de detalles insignificantes con ideas semejantes en la vida, la literatura, la filosofía y la historia. Después de una conferencia a la que asistimos, le escribió a Jack:

> Anteayer vi al gran, único e incomparable Thomas Mann. Dio una excelente conferencia sobre «Nietzsche a la luz de la experiencia moderna». No fue un simple refrito de cuatro tópicos y un torpe manoseo de nuestro Frederick, sino que nos llevó hacia el verdadero «aire puro» de la verdadera comprensión; no planteó cuestiones abstractas y absurdas ni preguntas trilladas y de pacotilla sobre sus motivaciones... sino que abordó honestamente el problema...

Me interesaba la programación de un pequeño teatro local, y Neal me acompañó a varias obras, una nueva experiencia para él. Apenas era capaz de estarse quieto: era como si se metiera en el papel de cada actor y tomara conciencia de todo el atrezo del escenario. De nuevo le escribió a Jack:

Últimamente me he vuelto más consciente del teatro como liberación. Me encanta hacer imitaciones de todo el mundo: Chaplin, Barrymore, etc. Siento el impulso de salir a actuar, representar, dirigir, diseñar el vestuario y fotografiar una película entera de serie B; todo eso en un diálogo apresurado y confuso y una pantomima que se mezcla con correr de manera frenética de un lado a otro de la habitación a medida que sigo el ritmo de la épica. Se desarrolla una escena tras otra; cada una sale de la anterior, y pronto hago el papel de todos, desde el guionista a la estrella temperamental, desde el líder que compone y dirige la música para la banda sonora hasta el tramoyista que monta y desmonta el escenario.

Como de costumbre, Neal estaba colocado de hierba y tenía el bebop de «Salt Peanuts» de Dizzy Gillespie a todo trapo. Cada tanto, cuando cambiaba el disco o la escena, corría hacia el frigorífico, cogía una botella de cerveza de litro abierta y se vertía una buena cantidad por la garganta, hasta que le goteaba por la barbilla y el pecho desnudos, impaciente por desarrollar su apasionante saga. Durante una de esas pausas, yo continué la carta:

> Jack, Neal ahora no para de hablar de la ya mencionada película de serie B. En este momento está despatarrado en el sofá, como de costumbre desnudo, la mirada bizca y perdida, resoplando: «¡Me retiro! ¡Me retiro!», es decir, al Tíbet, y a cada «Me retiro» sacude los brazos y las piernas alternativamente. Ahora se enfada conmigo...
>
> Querido Jack... este demonio de Carolyn acaba de robarme la máquina de escribir durante treinta segundos, mientras le explicaba *El filo de la navaja* de pe a pa.

Tales fueron los gloriosos y satisfactorios días de nuestros primeros dos meses. El sexo no había mejorado tanto como yo esperaba, pero me resigné a ese defecto de una vida por lo demás perfecta. Añádase que allá por la primera mitad de noviembre, Neal consiguió un trabajo. Fue en una cadena de estaciones de servicio que tenía un enfoque «revolucionario» y muchísima promoción. Su idea consistía en que cinco hombres abordaran un coche a la vez para ver lo rápido que podían hacer un servicio completo, limpiando incluso el interior de las ventanas y pasando la aspiradora por el suelo. Este era el tipo de desafío al que Neal podía responder, aunque desaprobara sus métodos. Pronto memorizó los gruesos folletos de procedimientos de ventas y actitudes preceptivas y sonrió más que ningún otro empleado como solo él podía hacerlo. Impresionó a sus jefes y consiguió más aumentos de sueldo que nadie, lo que no le hizo muy popular entre sus compañeros de trabajo. Como cliente, cuando ya tuvimos coche, aquel método me pareció alarmante, por no decir otra cosa, incluso aterrador, si no estabas prevenido ante el ataque masivo.

El lunes era mi día libre y el 1 de diciembre estaba en casa. Neal llegó temprano y estábamos jugando tranquilos y relajados una partida de ajedrez cuando sonó el timbre. Respondí y me encontré con dos chicas de pie en la escalera de entrada. Tardé un momento en identificar a LuAnne y a Lois, la novia de Al Hinkle en Denver.

LuAnne ya no era la niña con coletas que había visto la última vez. Era una joven hermosa y sofisticada, bien arreglada y elegante, y su reluciente cabello castaño claro era una masa de rizos sueltos que le caían sobre los hombros. Las espesas pestañas negras ensombrecían sus ojos color avellana, su tez era suave como la cera, sus húmedos labios rojos se curvaban en una impresionante sonrisa sobre unos dientes perfectos, todo enmarcado en un enorme cuello de zorro blanco. Te dejaba sin aliento.

–¡LuAnne! Lois. Entrad. Vaya, qué sorpresa. Neal, mira quién está aquí. –Las chicas cruzaron nuestra gruesa alfombra tambaleándose sobre sus tacones. Neal solo miraba a LuAnne mientras caminaba hacia él con la mano extendida.

–Bueno, Neal, ¿no vas a saludarme? ¿Cómo te ha ido?

–Claro. –Neal se levantó del sofá pero no le dio la mano–. Te veo bien. ¿Qué estás haciendo en San Francisco? –añadió en un tono apagado.

–Espera, dejad que os coja el abrigo; sentaos –les dije. Cuando fui al armario, LuAnne se sentó en el sofá, lejos de Neal.

–Bueno, todavía no lo sé; solo llevamos aquí unos días. Nos ha traído Greg, ¿lo recuerdas, no? Desde que te fuiste me ha estado dando la tabarra para que me case con él. Por supuesto yo no quiero, pero acepté que me trajera a San Francisco, siempre y cuando pudiera venir Lois de carabina. –Se rió de su propia broma; le refulgían los ojos mientras charlaba con Neal. Cuanto más se reía y parloteaba, más malhumorado se le veía a él, ahora que quedaba claro como el cristal a qué se debía su nuevo aspecto.

–¿Os quedaréis a cenar, no? –pregunté–. Hace mucho que no te veo. –Aceptó y se ofreció a ayudar.

–No, no, no hace falta. Cuéntale a Neal todas las noticias de Denver. –Me alegré de tener algo que hacer y de no estar vigilando al gato y al ratón.

Durante la comida, la actitud de LuAnne fue festiva y encantadora a pesar del continuo ceño fruncido de Neal y sus respuestas bruscas. Por supuesto, estaba disfrutando de su venganza, y yo también pensaba que él se la merecía. Jugó bien sus cartas y consiguió justo lo que quería. Todos los temas que sacó irritaron a Neal, incluidos algunos que yo desconocía. Me divirtió aquella actuación de LuAnne, y, a pesar de su nuevo glamour, no me pareció que nuestro matrimonio sólido y seguro estuviera amenazado... Porque para mí Neal y yo ya estábamos casados. La única cuestión espinosa que quedaba era si LuAnne había obtenido la nulidad. Me dije que a lo mejor Greg le había prestado el dinero para sufragar el pleito.

Después de que Neal acompañara a LuAnne y a Lois a su coche, dijo que todavía no había conseguido la nulidad, y a eso atribuí (erróneamente) su furia, que ahora no disimulaba. Unos pocos días más tarde le escribió a Jack:

El 1 de diciembre vino LuAnne. Estaba muy cambiada, con un aire más sofisticado, vino muy elegante, y se movió con más soltura. Después de alguna escaramuza preliminar, volvimos a tratarnos con la misma naturalidad de siempre, y con gran dificultad conseguí sacarle el compromiso de que me concediera la anulación. El proceso de pasar a ser legalmente libre depende ahora del dinero. Después del 5 tendré un poco y se lo enviaré a su madre en Denver para iniciar el proceso de divorcio.

Creo, querido Jack, que hemos subestimado el dinero. Auguro un año lucrativo para mí, pues el objeto de mi lucha de este año va a ser el dinero.

DIEZ

Se acercaba la Navidad y yo tenía regalos que comprar, envolver y enviar por correo a mi extensa familia. Me había criado entre maravillosas Navidades dickensianas, y esta festividad representaba todo lo que para mí era más sentimental.

También empezaron a llegar regalos para nosotros, con matasellos de todo el país y de otros países. Dentro de paquetes llenos de color apareció la comida tradicional: el jamón casero ahumado de Tennessee, el queso de Canadá, el *plum cake* inglés de mi madre (receta secreta familiar), y la enorme caja de galletas internacionales horneadas por mi hermana, que había vivido en Alemania. Algunas incluso conservaban sus formas originales, a pesar de los esfuerzos del servicio de correos de Estados Unidos por reducirlas a migajas.

Neal se quedó estupefacto ante tal exhibición de cariño y tradición familiar, sobre todo porque todos habían incluido un regalo para él. Aunque nadie imaginaba que vivíamos juntos bajo el mismo techo, lo habían aceptado como miembro de la familia cuando anuncié nuestro compromiso.

Neal se había esforzado tanto por convertirse en el mejor candidato para otro ascenso en su trabajo que se había quemado. Su entusiasmo menguó. A pesar de haberle prometido a Jack convertir el dinero en una prioridad, comenzó a perder interés y a atender cada vez peor a los clientes. Tenía otro problema que yo felizmente ignoraba, y me habría sorprendido averiguar: LuAnne era la culpable en gran medida de su estado de ánimo y su agotamiento. No había imaginado que Neal se refiriera al sexo al mencionar la «naturalidad» de su antigua relación. Ella jugaba con él y se jactaba de sus amantes y de lo que le regalaban. Fue una campaña eficaz: consiguió sumirlo en un deseo y unos celos atroces, ya que Neal creía que «una vez suya, siempre suya», y después de todo seguía siendo su mujer.

La exhibición navideña que había hecho LuAnne en casa y las torturas que le prodigaba volvieron a agitar la ambivalencia de Neal, y la tensión afloraba en unas exasperantes urticarias por todo su cuerpo. No le había escrito a Allen en seis semanas, pero el 30 de diciembre resumió su estado de ánimo en una carta privada que me ocultó.

> El 1 de diciembre LuAnne llegó a la ciudad, y desde entonces ha sido una lata constante; está con un antiguo novio y una amiga, y viven todos juntos en un hotel del centro. Como ella no trabaja (aunque los otros dos sí) y no hace nada, ni siquiera leer, tiene mucho tiempo para pasar por mi estación de servicio en su coche, llamarme a casa por la mañana, mientras Carolyn está fuera y antes de irme a trabajar; resumiendo, mis esfuerzos por conseguir la anulación han dado poco fruto. Sin embargo, ahora que al menos (durante varias escenas emotivas) le he dejado claro que todo ha terminado, ha vuelto a prometerme que su madre pagará nuestra separación legal [...]. Me voy a ir a vivir solo, porque Carolyn prácticamente está casada conmigo a ojos de su familia, y a menos que rompa rápidamente, las cosas pueden ponerse dramáticas.

Lo que nunca entendí fue por qué Neal no me dio ninguna pista de cuál era su actitud hacia nuestro matrimonio en ese momento. Entonces no tenía ninguna razón para sospechar que no deseaba algo que había promovido tan enérgicamente. El dolor físico de Neal y su abatimiento resultante le causaron nuevas dudas incluso sobre su carrera de escritor. Lo comentó con Jack por carta:

> Hay algo dentro de mí que quiere salir, algo mío que debo decir. Sin embargo, tal vez las palabras no sean mi camino... Me he descubierto buscando en los demás la respuesta a mi alma, aunque sé que es algo que se consigue lentamente (si se consigue) ahondando en uno mismo. No estoy muy seguro de que las raíces del impulso de escribir sean lo bastante profundas, lo bastante acuciantes para que yo cree sobre el papel. Sin embargo, si descubro que escribir es una necesidad (como al parecer te ha ocurrido a ti) entonces sabré que debo construir mi vida en torno a esta necesidad; incluso mis horas más indiferentes y triviales han de convertirse en una expresión de este impulso y dar fe de él.
>
> Siempre he sostenido que cuando uno escribe debe olvidar todas las reglas, estilos literarios y la petulancia de las grandes palabras, las frases pomposas y expresiones semejantes: las palabras han de resbalar por la boca como el vino, y, sea o no lo correcto, hay que poner sobre el papel todo lo que uno ha visto y experimentado y amado y perdido; lo que fueron sus pensamientos efímeros y sus dolores y deseos, y todo eso hay que decirlo evitando cuidadosamente las frases hechas, el uso banal de palabras trilladas y cosas por el estilo. Hay que combinar a Wolfe con Flaubert... y con Dickens. El arte es bueno cuando nace de la necesidad. Ese origen es la garantía de su valor; no hay otro.

Jack trabajaba entonces en su primera novela, *La ciudad pequeña, la gran ciudad*, y escribía en un estilo académico y tradicional, muy influenciado por Thomas Wolfe (sin duda por eso Neal mencionaba a este autor). Esta carta de Neal, así como otras posteriores que repetían estas observaciones, afectaron profundamente a Jack, tal como demostraron sus trabajos posteriores y él mismo. Para mí fue un ejemplo de su notable inteligencia y su sabiduría, algo que sus estudiosos han pasado por alto.

Como nada sabía de lo que ocurría con LuAnne, atribuí la

alergia de Neal únicamente al exceso de trabajo. Él me había comentado brevemente que LuAnne y Lois iban de vez en cuando a su estación de servicio y que estaba enfadado con ella por retrasar la anulación. Sin embargo, su reacción física era demasiado aguda como para considerarla una consecuencia de eso, así que le insistí en que dejara el trabajo y buscara uno menos exigente. Después de dejarlo mejoró un poco, pero es posible que la adquisición de su primer coche propio tuviera algo que ver (el dinero no fue a parar a la madre de LuAnne). Le resumía su situación actual a Jack:

> Me he aplastado la mano, pero no pasa nada. Me he tomado mis pastillas, por lo que mis urticarias están bien. He arreglado las cosas con LuAnne y Carolyn (pero de mala manera), así que las cosas van bien. Supongo que estoy bien. Hace veinte años, la General Motors, División Chevrolet, fabricó un coche con motor de cuatro cilindros. Ahora tengo un ejemplar de ese mismo coche. La pintura es la original, el motor es el original, el tapizado es el original, las ruedas son las originales; de hecho, lo único que no venía con el coche cuando salió de la fábrica de Flint, Michigan, son las placas de la matrícula. ¿Precio?... Glups... 225 dólares. ¿Cuánto he pagado? 100 dólares. Ahora que lo pienso, no estoy bien. Estoy arruinado y endeudado hasta las cejas.

Neal respondió a un interesante anuncio laboral de vendedor de enciclopedias. El encargado resultó ser un personaje digno de las caricaturas de Charles Addams[1] con un nombre demasiado simbólico para poder creerlo: Sinsir. Era muy bajo y orondo, con el pelo rojizo ya canoso y escaso. Parecía una combinación entre el viejo Fezziwig[2] y Uriah Heep, siempre son-

1. Charles «Chas» Samuel Addams (1912-1988) fue un caricaturista estadounidense que dibujó para *The New Yorker*, famoso por su humor negro y sus personajes siniestros. Fue el creador de *La familia Addams. (N. del T.)*

2. Fezziwig es otro personaje de Dickens, en este caso de *Un cuento de Navidad*: un hombre jovial que representa los valores y un modo de vida que serán borrados por la Revolución Industrial. *(N. del T.)*

riendo, saltando y frotándose las manos. Tenía un chófer que era casi el doble de Lon Chaney, solo que más alto, corpulento, feo y sombrío, y no demasiado inteligente. Compensaba su poquedad mental con una obediencia fiel a su amo. Los dos componían la totalidad de la empresa Book Company.

Sinsir supo que había encontrado algo bueno cuando vio a Neal, y no tardó en deslumbrarlo con sus timos. Contagió a Neal con su entusiasmo por la facilidad con que iban a amasar una fortuna.

Uno de los trucos favoritos –y sádicos– de Sinsir consistía en salir de su coche en una vía muy transitada, bajarse de la acera y, fingiendo ser espástico, cruzar la calle contorsionándose, hasta detener todo el tráfico, incluidos los camiones pesados, con un chirrido de frenos, mientras una expresión de lástima aparecía en las caras de los conductores. Después de unos minutos, repetía la «broma» volviendo al coche, donde él y su secuaz se tronchaban de risa. Dio la casualidad de que estuve presente uno de esos días. No me pareció nada gracioso, ni tampoco a Neal.

La persuasiva persistencia de Sinsir solía hipnotizar o aterrorizar a las familias pobres, y antes de que se dieran cuenta habían dedicado el dinero de la compra o el alquiler –que a veces pedían prestado– a adquirir unos libros que probablemente no sabían leer. Sinsir no era consciente de la profunda compasión de Neal por su prójimo, y no pasó mucho tiempo antes de que acabara tan disgustado y horrorizado con aquellos dos que lo dejó, tras lo cual Sinsir lo acusó de deberle dinero. Detestaba perder a Neal, y no dejó de llamar hasta que nos mudamos.

ONCE

Los meses de mi mayor felicidad estaban a punto de acabarse. Tuve una falta. Mis sentimientos pasaban de un extremo al otro. Deseaba tener una familia con Neal, pero todavía no, no antes de casarnos. Más importante en esa época era la vergüenza que sabía que eso provocaría en mi familia. Fui a ver a un médico sin decírselo, deseando lo imposible. El médico dijo: «Enhorabuena». Sabía que Neal no estaría más feliz que yo, pero también sabía que me apoyaría y juntos saldríamos adelante. Se lo dije una noche durante la cena, y casi me convenció de que no lo había juzgado mal. Cuando al día siguiente me dijo que había encontrado una manera de «solucionar el problema», me quedé destrozada. (Hay que tener en cuenta la diferencia entre mi mentalidad de 1948 y la de ahora.)

Esa mañana Neal me llevó a Market Street y me dejó en un alto edificio de oficinas. Llevaba escrito el nombre de un médico que Neal había encontrado, y, temblando, subí en ascensor hasta su consulta. Yo no tenía muy claro por qué había acudido. Recuerdo poca cosa, excepto el enfado y la desaprobación del médico al enterarse de lo que esperaba de él. Aturdida, me fui corriendo y esperé bajo la lluvia fría a que Neal me recogiera. Yo estaba llorando, y él fue amable de nuevo, pero estaba en estado de shock, y me sentía abatida y angustiada.

–Ssshhh, vamos, cariño, no llores –intentaba consolarme y me rodeó con sus brazos–. Es solo que estoy preocupado. Entiéndelo, no tengo trabajo, ni dinero. Todavía no estamos preparados para tener un bebé, ¿no te parece? Tú no quieres tener uno ahora, ¿verdad? Tenemos que hacer muchas más cosas juntos antes de formar una familia. Solo trataba de pensar en nosotros y en lo que es mejor para nuestro bebé. Perdóname, amor, siento haberla cagado... Shh. Sabes que nos queremos, ¿verdad, cariño? –Me levantó la barbilla y besó mis mejillas mojadas. Aunque solo había dicho frases trilladas, volví a creerle y me sentí aliviada, dejando a un lado la cuestión de por qué no lo había hablado conmigo primero.

Esa novedad imprevista impidió que la Navidad fuera la alegre celebración que yo esperaba. Hicimos todo lo que pudimos, e igualmente dimos las gracias a todos.

Para el cumpleaños de Neal, el 8 de febrero, estaba impaciente por prepararle una cena especial y exprimir al máximo nuestros exiguos ingresos. Ya sabía que se tomaba las fechas especiales muy en serio, de una manera casi religiosa, y que le gustaba que hubiera algún tipo de ritual que las señalara, tal vez porque de niño no había tenido celebraciones.

Aunque era domingo, tuve que trabajar ayudando con el inventario, y cuando salí de la tienda ya anochecía, y Neal no estaba aparcado en la zona de carga y descarga, como siempre. Nunca había llegado tarde. Recorrí la calles buscando su coche sin éxito, y después me puse a esperar junto a la puerta lateral, arropándome con el abrigo para protegerme del viento y las rachas de niebla. Era raro que no me hubiera telefoneado, así que supuse que había tenido un pinchazo o algo parecido. Después de otros quince o veinte minutos, estaba tan helada que eché a andar hacia Geary Street para coger el tranvía, mientras la inquietud y el temor me invadían poco a poco.

Yo siempre había disfrutado recorriendo las avenidas en los grandes tranvías abiertos, y esa noche, mientras avanzábamos por las vías y parábamos con un ruido metálico en los cruces, traté de relajarme con un cigarrillo en medio del aire fresco y húmedo. Me tranquilicé imaginando que tal vez Neal planeaba una sorpresa por su cumpleaños.

Todavía no había oscurecido del todo cuando crucé Geary y bajé por la manzana de la Avenida 24 hasta nuestro apartamento. Entonces vi el coche junto a la acera. ¿Estaba en casa? Pensé que algo le pasaba al coche. Apreté el paso. Justo cuando iba a enfilar nuestro camino de entrada, por el rabillo del ojo vi algo que se movía en el asiento trasero. Me di la vuelta y miré. Neal estaba acostado en el asiento. ¿Qué demonios? ¿Estaba herido? Abrí la puerta de un tirón.

–¡Cariño! ¿Qué pasa? ¿Por qué...?

–¡Vete! –aulló en un tono que nunca le había oído: brusco, hostil, espeluznante. Aturdida, retrocedí como si me hubieran dado un golpe, y solo entonces vi el revólver plateado en su mano izquierda. Fui presa del pánico, cerré la puerta, corrí por el camino de entrada y subí la escalera de nuestra casa. Ahora temblaba violentamente. Recorrí a paso vivo las habitaciones en un esfuerzo por controlar las palpitaciones de mi corazón. ¡Neal con una pistola! Siempre me había dicho que sentía lo mismo que yo por las armas. La violencia de cualquier tipo nos repugnaba, a él y a mí, pero las armas de fuego me aterraban. Solo había visto una pistola de cerca en mi vida; mi padre había prohibido cualquier tipo de arma en nuestra casa. ¿Cómo y dónde había encontrado una Neal? Y más importante, ¿por qué tenía una? No sabía por dónde empezar a desentrañar esa pesadilla, ni qué hacer. Me senté en el borde de la butaca, tratando desesperadamente de calmarme y pensar de forma constructiva.

La puerta principal se abrió lentamente y entró Neal con la pistola sobresaliéndole de la mano y el rostro pálido y demacrado. Se desplomó sobre el baúl, junto a mi butaca y sostuvo la pistola con la culata hacia mí.

–Vamos, hazlo tú, por favor, Carolyn, hazlo por mí. Ayúdame. Llevo todo el día intentándolo. Soy un cobarde. No puedo hacerlo.

Yo ya me había levantado de mi butaca como si estuviera en llamas y me estuviera entregando una serpiente de cascabel.

–Neal, Neal, ¿qué ocurre? –Conseguí decir en un hilo de voz desde el otro lado de la habitación–. ¿Por qué, Neal, por qué? –De hecho, ahora comenzaba a dudar de su cordura.

Neal dejó caer la pistola en la silla y se meció adelante y atrás con la cabeza entre las manos, pero no respondió. Reuní todo mi valor y fui a recoger el arma para colocarla en uno de los anaqueles más altos de la estantería que había junto a la puerta.

–¿De dónde diablos la has sacado?

–Es de Al. –Neal se recostó pesadamente contra la pared.

–¿De Al? ¿De Al Hinkle? –¿Al formaba parte del elenco de ese extravagante espectáculo?

–¿Para qué querría Al una pistola? –Aquello era cada vez más una locura.

–No lo sé. La encontré en su guantera y un día la cogí.

Así que volvíamos al principio, pero él no estaba respondiendo a las preguntas importantes. Aunque yo todavía temblaba, tenía la boca seca y me castañeteaban los dientes, me quité el abrigo y lo colgué. ¿Qué hacer? Hablar con Al. Tal vez él pudiera explicármelo, y yo me sentiría mejor con otro hombre al lado. Marqué su número de Oakland y Al contestó. ¡Gracias a Dios! No le hizo falta más que oír mi tono de voz al decir «Es Neal». «Voy para allá», dijo, y colgó. Me senté en el sofá y descansé mi cabeza en el respaldo. Neal estaba junto a la ventana, ahora más tranquilo. Esperé a que dijera algo. Al final habló, sin darse la vuelta.

–Por favor, Carolyn, perdóname. Siento haberte asustado. No era mi intención. No lo pensé. No te preocupes; ya estoy bien. Todavía no he perdido la cabeza, aunque por un momento pensé que me había vuelto loco. –Se acercó a mí y se arrodilló con la cabeza en mi regazo. Le acaricié el pelo, pero no sabía qué decir. Todavía estaba alterada, no solo por el incidente sino por ver a ese nuevo y extraño Neal.

Cuando oímos los pasos de alguien corriendo en el camino de entrada, Neal se levantó de un salto para abrir la puerta y saludar a Al, con una voz jovial en un esfuerzo por despejar aquel ambiente tan cargado.

–Entra, viejo amigo. Esto... Hemos tenido una pequeña crisis familiar, ya sabes, je, je; nada de qué preocuparse, de verdad.

Fue un triste intento de disimular, y Al me miró, escrutando mi expresión, y luego volvió de nuevo a la cara de Neal. Señalé el arma.

–¿Es tuya, Al? –Al levantó el brazo y bajó el arma del estante.

–Así que eso es lo que le había pasado. Olvidé cerrar el coche, y estaba seguro de que alguien me la había robado. Uau. –Comenzó a vaciar las recámaras.

–No puedo imaginarte con un arma. ¿Para qué ibas a quererla?

–Ah, no sé. La vi en el escaparate de la casa de empeños, y era tan barata que la compré. Supongo que me viene de mi época de héroe del oeste.

Al depositó el arma en el cofre chino labrado que había junto a la puerta y dirigió su atención a Neal, que se había sentado. Me acerqué y cogí el arma, en cierta manera fascinada, como si fuera una serpiente muerta. La manejé con cautela, tratando de desentrañar el horror que suponía para mí. Cuando apenas rocé el gatillo y se soltó, la dejé caer, más asustada que nunca al recordar que el dedo de Neal se enroscaba alrededor de ese gatillo todo el tiempo que la había tenido en la mano.

Al se dio cuenta de que Neal estaba incómodo, así que se puso a hablar de otras cosas con su calma habitual y sugirió jugar una partida de ajedrez. Su presencia y sus homilías me ayudaron mucho a calmarme, y también parecieron tener un efecto saludable sobre Neal. Así que los dejé y fui a cambiarme de ropa y a preparar la cena, con la esperanza de volver a la normalidad. Ahora no sabía muy bien cómo convertir aquella situación en una celebración de cumpleaños. Solo le había comprado cigarrillos y calcetines. Bueno, improvisaría y trataría de elegir un momento adecuado para dárselos.

Neal nunca me dio ninguna explicación, y me daba miedo

pedírsela. Simplemente tendría que ser paciente y lo más cariñosa posible hasta que él quisiera desahogarse.

Fue con Jack, cinco meses después, con quien se desahogó, o lo intentó, sin que yo lo supiera. No había respondido a ninguna de las cartas de él durante ese tiempo, porque, dijo, «si describiera mis tormentos por correo parecería demasiado desequilibrado o demasiado desagradable, daría la impresión de ser un chalado incoherente». Tras fracasar varias veces al intentar relatarle a Jack su «dolor y su visión distorsionada de la carne y sus últimas y más aterradas estupideces», enumeraba cronológicamente los acontecimientos que «siento extraña y completamente ajenos a mí [...] casi como si estuviera hablando de otra persona [...]; este último medio año casi me vuelvo loco, así que intenta comprenderlo (aunque no conozcas la causa) y sé bueno y perdóname».

Le dijo a Jack que después de dejar el trabajo en la estación de servicio estaba tan loco, tan saturado de dolor, que cuando iba en coche atravesaba los cruces por donde pasaban los trolebuses con el semáforo en rojo, con la esperanza de que lo arrollaran. Intentó escribir sobre su intento de suicidio, pero dijo que no le salían las palabras.

> No creo necesitar nuevas palabras solo para traducir lo que sé: las necesito para predicar una nueva psicología, una nueva filosofía, una nueva moral. Menuda tarea. ¿Cómo voy a expresarlo por carta? Esta locura ha sido diferente a cualquiera que haya conocido, completamente diferente. Me siento como si antes no hubiera vivido, hago cosas infantiles: pienso en nuevos niveles distorsionados, desequilibrados, ardo de dolor. Siento que he perdido casi toda la sabiduría que he tenido alguna vez. Cuando veo a una chica, tiemblo, escupo, estoy perdido.

En los días posteriores a su cumpleaños, Neal estuvo silencioso y amable, pero siempre ausente y nunca feliz. Ni la hierba parecía provocarle la euforia habitual. Leía y escribía, y yo lo dejaba en paz, tratando de adaptar mi estado de ánimo al suyo, preparada para cuando quisiera confiar en mí. Quizá, pensé, simplemente sufría ataques de depresión. Me había hablado de varios intentos de suicidio anteriores cuando era más joven, y que todos habían terminado, como este, en el mismo desprecio hacia sí mismo.

Tuvo la delicadeza de ocultarme la verdad de lo ocurrido el día de su cumpleaños durante doce años, hasta que Al y LuAnne llenaron las piezas que faltaban del rompecabezas de ese día. Neal había ido en coche a Oakland, con la esperanza de que el «sensato Al» lo sacara de su depresión, pero no pudo encontrarlo. Vio el arma mientras rebuscaba en la guantera del coche para encontrar alguna pista sobre su paradero, y optó por una acción más desesperada. Cogió la pistola.

El escarnio de LuAnne lo estaba volviendo loco, y fue hasta su hotel y la despertó, exigiéndole a punta de pistola que fuera con él a Denver. Ella lo atrajo a la cama, pero no pudo cambiar su resolución. LuAnne dijo que Neal la obligó a entrar en el coche, condujo hasta una zona solitaria de la playa y la violó. (Aquí no sé qué pensar.) Cuando la dejó volver a meterse en el coche, la llevó de regreso al hotel y le ordenó que se cambiara e hiciera las maletas. La recogería al mediodía y la llevaría a Denver. Ella se cambió y empaquetó sus cosas, en efecto, pero luego huyó al apartamento de su prometido, sabiendo que Neal desconocía la dirección.

DOCE

El último día de febrero, Neal tuvo una idea que lo alegró considerablemente. Él mismo iría hasta Denver, haría que la madre de LuAnne iniciara la anulación y al mismo tiempo recogería los libros y otras pertenencias que yo había tenido que dejar. Solo estaría fuera una semana. La idea me pareció un poco precipitada y cara, pero moderé mis objeciones al ver que volvía a estar de buen humor. Me aseguró que no costaría «nada», y pasamos una velada feliz, animada por la hierba por primera vez en un mes.

A la mañana siguiente, Neal me dejó en el trabajo y se marchó. Era la primera vez que nos separábamos desde que estábamos en San Francisco, y esa noche, a solas con mis pensamientos, intenté prever el futuro. Incluso me permití dudar de si esta vez Neal volvería. Estaba bastante alicaída. Nunca me había sentido tan aislada y desamparada. Estaba segura de que ningún hombre podría entender jamás la impotencia que sentía una joven soltera embarazada en aquellos tiempos. No me parecía justo. Y tenía más suerte que muchas: tenía un hombre, o eso creía, pero era difícil no sentirse un poco molesta, aunque solo fuera porque, como todos los hombres, él no corría peligro, era libre. Su culpa pasaría desapercibida; la mía sería visible para todos. Solo la muerte era tan terriblemente inevitable e irreversible.

¿Por qué me había pasado a mí? La verdad es que yo no aprobaba la convivencia prematrimonial si podía evitarse, cosa que en nuestro caso no me había parecido posible, ni sensato. Creía que el pecado, como todo lo demás, había que juzgarlo a la luz del sentido común. Solo me arrepentía del embarazo, y ahí el sentido común había intervenido muy poco. Mi romanticismo ingenuo o estúpido había dejado la anticoncepción a cargo del hombre, aunque eso tampoco era justificable, sobre todo porque no sentía una pasión arrebatada por Neal. Me pregunté por qué no le había pasado a LuAnne (aunque le pasó al instante cuando se volvió a casar) ni a mí anteriormente. Todo eso corroboró mi visión idealizada de que Neal y yo estábamos casados a ojos del cielo.

Debatí conmigo misma si contárselo a mis padres. Al principio no lo había hecho porque pensaba que algún milagro me provocaría un aborto espontáneo, y no tendrían que saberlo. Pero ahora recordaba lo destrozados que se quedaron cuando mi hermana dejó la universidad y se fugó de casa, pensando que no lo entenderían. Había presenciado su sufrimiento y el reencuentro entre lágrimas un año después, y decidí darles otra oportunidad para «entenderlo». Un poco de apoyo emocional por parte de mi madre haría que mi situación fuera mucho más soportable.

Le escribí y esperé ansiosa su consuelo. No llegó. En cambio, a final de semana recibí una carta rebosante de decepción y dolor, en la que se me acusaba de tener un carácter lascivo y ser irresponsable y egoísta, algo que me hirió mucho. Había deshonrado a toda mi familia, ¿y dónde estaba Neal ahora? Pasé una noche llorosa y terrible.

Él regresó, tal como había dicho, pero se encontró con un ama de casa en un estado lamentable. Ahora recuperado, se propuso cambiar mi estado de ánimo, primero con una descripción frenética y efervescente de su viaje:

–Treinta y tres horas, cariño, ¡imagínate! Son 4.657 kilómetros, ¿sabes? Lo cierto es que a ese viejo cacharro lo tenía hipnotizado: ji, ji, yeaah. Deberías haberme visto coronar el

Paso de Donner, ¡jo, jo! Desde luego no tenía cadenas, te lo imaginas, así que subí a toda velocidad esa montaña, y nevaba de lo lindo. Justo arriba... Escucha esto...: justo arriba había dos quitanieves. Se habían parado a gritarse el uno al otro, en medio la oscuridad y la nieve... De repente, dos seres humanos... parados uno delante del otro... –Neal dibujaba diagramas con los dedos sobre la mesa y adoptó un acento de paleto–. No podía frenar, por supuesto, o nunca volvería a recuperar el impulso, así que simplemente pasé zumbando entre ellos antes de que se enteraran de lo ocurrido... Ji, ji, ji... ¡Imagina qué cara pusieron!

»Entonces, justo en la cima, el maldito coche se detiene. Ahí estaba... No tenía anticongelante, lo pillas, me pasé allí siete horas... Siete horas congelándome el culo. Estábamos a ocho grados bajo cero, mi amor. ¡Imagínatelo! Finalmente, cuando pensé que mi deseo de morir se había hecho realidad, llegó un autobús (habían abierto la carretera detrás de mí) y conseguí que me diera un empujón para poder bajar la montaña. No tuvo más remedio que hacerlo, sabes... No podía dejar a otro ser humano en medio de ese frío. Le habría pesado en la conciencia para siempre.

»De todos modos, en el camino de bajada se me rompió el limpiaparabrisas y tuve que pasarme el resto del viaje asomando la cabeza por la ventanilla, pues en el parabrisas había dos dedos de nieve y era de noche. Bueno, pues cuando llegué a Denver se me había congelado todo un lado de la cabeza, y todavía no oigo muy bien por ese oído, pero, caramba, lo logré, ¿no? No aflojé ni un instante, no toqué el freno en todo el camino montaña abajo. ¡Sí señooor, treinta y tres horas!

–Oh, Neal –gemí–. ¡Podrías haber muerto congelado!

–Qué va, nena. Cass el Indestructible, me llamaban, y ahora sabemos que es verdad, ¿no? Todas esas tonterías de días atrás, hay que ver. Pero escucha esto: he regresado en treinta y seis horas, ¿qué te parece? –Se me acercó por encima de la mesa y me plantó un gran beso en la boca: los ojos brillando como antes.

–Mmm... ¿Has tenido éxito en tu misión? –Detestaba abatirlo, pero para mí esa era la parte crucial.

–Claro, cariño, todo está arreglado. LuAnne volverá, obtendrá la anulación y en el momento en que seamos libres nos lo hará saber.

–Ah, entonces, gracias, querido Neal. Y gracias a Dios, por haber vuelto sano y salvo.

Neal decidió hacer caso a Al, que siempre cantaba las alabanzas de trabajar para la Southern Pacific Railroad. Un domingo por la tarde, Al nos llevó por la península hasta Campbell para conocer a su tío, que era jefe de tren. Su tío animó a Neal, explicándole las ventajas de trabajar para el ferrocarril, muchas de las cuales Al ya había mencionado.

De novato, empezabas con las «horas sueltas», llamadas así porque los trayectos no estaban programados o porque sustituías a un hombre que tuviera el día libre. Te apuntabas al final de la lista y trabajabas a medida que a cada hombre le correspondía un tren y quedaba eliminado. El inconveniente de las «horas sueltas» era que siempre tenías que estar cerca del teléfono. (¡Qué bendición habrían sido en esa época los teléfonos móviles!) Si perdías una llamada, te ibas de nuevo al final de la lista. Las ventajas eran que tenías más horas de trabajo y más paga que en el horario regular. En verano había más trabajo debido a la producción perecedera de las granjas de los valles de Salinas y Santa Clara. Si un hombre cogía un tren de carga «local» que sirviera a esas zonas, a lo mejor tenía que hacer el mismo trabajo durante una semana o dos: y se llamaba «permanente». Aunque Watsonville era el límite sur de la División Costera, quizá se necesitaban vagones temporales adicionales hasta lugares tan alejados de la costa como San Luis Obispo, Bakersfield, Indio, Pixley, ciudades de la División Sur. Ese trabajo «permanente» podría durar de manera indefinida.

Cuando tu nombre llegaba al principio de la lista, te veías obligado a aceptar el siguiente trabajo. Esto agregaba cierto suspense y aventura: una conjunción perfecta para Neal. Ningún jefe que te vigilara, nada inmutable, nada de rutinas establecidas. Podías conseguir que alguien te sustituyera si era necesario sin perder tu turno, pero a Neal nunca se le pasaba una llamada; los empleados de la oficina lo adoraban.

De novato, después de dos semanas de aprendizaje, se te pedía que comenzaras a trabajar en los trenes de carga, pero cuando habías acumulado suficientes años de antigüedad, podías pasar a ser guardafrenos itinerante, y después jefe de tren, y cuando ya tenías bastante antigüedad conseguías un trabajo regular de tu elección, ya fuera en trenes de carga o de pasajeros.

En los primeros años, los más jóvenes tenían pocas probabilidades de trabajar en la temporada de invierno, más floja, pero la mayoría conseguía otro trabajo o ahorraba dinero para momentos de apuro. El trabajo era de por vida; no te podían despedir, a menos que cometieras alguna infracción grave. Incluso se contrataba a delincuentes. El alcohol estaba prohibido, pero la mayoría de los viejos eran alcohólicos. Podías elegir trabajar o no, y si avisabas con tiempo suficiente podías desaparecer y mantener la antigüedad siempre que hubieras trabajado sesenta días en un año. Solo te pagaban los días que trabajabas. Pero ese dinero te permitía viajar, estudiar o cualquier otra actividad a tu alcance. No podías tener otros empleos, pero muchos, como Neal, los tenían.

Sonaba casi demasiado bueno para ser verdad, variado y emocionante, aunque algo peligroso e incierto al principio. Hecho a medida para Neal. El salario base era normal, y el sindicato de ferroviarios no servía para nada. Sin embargo, si un hombre estaba dispuesto a trabajar duro y con frecuencia, podía ganarse la vida durante la temporada alta, y a medida que su antigüedad se acumulaba y había más puestos disponibles, se ganaba más dinero que en cualquier otro trabajo para el que Neal estuviera cualificado.

Neal estaba ansioso por probarlo, y el tío de Al habló bien de él, como había hecho con Al. A la semana siguiente Neal completó los exámenes necesarios, y, aunque daltónico, pasó esa prueba. Afortunadamente, el anciano médico utilizó una prueba antigua, con trozos de hilo que Neal podía distinguir o adivinar correctamente. Fue un gran alivio, a pesar de que él había memorizado cada página de un libro japonés para daltónicos,[1] y yo le había puesto a prueba cada día.

Cuando le pregunté si no le preocupaban las luces de señales, respondió:

–Bueno, tonta, todo el mundo sabe que la luz de arriba es la roja y la de abajo, la verde, aunque yo las vea del color que no son. Sé lo que significan.

Todavía tenía que esperar dos semanas más hasta poder hacer sus viajes de aprendizaje, que no le pagarían.

En mi trabajo, comencé a anunciar mis planes de boda. Nadie sabía que estaba embarazada, y avisé de que lo dejaba. Me esforzaba por ser la resplandeciente futura esposa felizmente embarazada, y a veces incluso me convencía a mí misma. ¡Aquello iba a ser muy distinto de la idea original de mi familia de verme bajar la escalera en espiral de nuestra plantación vestida de satén azul hielo!

El sábado 27 de marzo de 1948 me despedí de mis compañeros de trabajo sin ningún remordimiento: solo echaría en falta el cheque. Confiaba, como siempre, en que tener una vida segura sería un asunto sencillo: Neal pronto trabajaría regularmente, y, en mi absoluta candidez, consideré nuestros exiguos ahorros más que suficientes. No teníamos que pagar alquiler ni servicios públicos, por lo que nuestros únicos gastos eran la comida y las provisiones. Tomábamos comida nutritiva (mi padre era bioquímico, así que aprendí temprano), solo bebíamos alguna que otra cerveza, y ninguno de los dos era muy aficionado al dulce.

Neal y yo pasamos un fin de semana libre de preocupaciones, como antes, disfrutando de «la ciudad» (como todos llamaban a San Francisco) y de Golden Gate Park. Una noche fuimos a escuchar a Flip Phillips en directo, otra a Pérez Prado.

1. Se trata de las pruebas ideadas por el médico japonés Shinobu Ishihara para detectar el daltonismo. *(N. del T.)*

Dormí hasta tarde el lunes por la mañana, y cuando desperté Neal ya se había levantado y se había ido. Desconcertada, fui a la cocina y encontré una cariñosa nota que decía que había ido a hacer unos «recados», y que volvería pronto. «Pronto» acabó siendo última hora de la tarde, y a medida que pasaba el tiempo me vi rechazando los recuerdos amenazantes de su cumpleaños.

Finalmente entró por la puerta en un frenesí. Dijo que la madre de LuAnne había solucionado lo de la anulación, y que ella había accedido a ir con él a Denver para firmar los papeles, ¡mañana! Neal volvía a ser el de su mejor versión. Expresé las preocupaciones y advertencias habituales, pero para él eso era lo que hacía que la vida valiera la pena; un viaje exigente con dos fechas límite y un sinfín de obstáculos. Yo ignoraba que él y LuAnne seguían haciendo el amor, por lo que su presencia no me inquietaba. Y ahora ella afirmaba que se había prometido con un marinero. Si eso era verdad, y no solo otra estratagema para pillar a Neal, ingenua, creí que avalaba la fidelidad de ambos. (Me costó mucho tiempo y muchos ejemplos aprender que «ojos que no ven, corazón que no siente».) Mi confianza en su amor permanecía intacta, y estaba segura de que el futuro de nuestro hijo le importaba tanto como a mí.

Después de las cariñosas y tranquilizadoras palabras de rigor, a la mañana siguiente se marchó entre el rugido del viejo Packard que había comprado en enero, por el que había prometido pagar 1.195 dólares, y solo llevaba pagados 200 después de haber conducido ya 22.500 kilómetros. No aguantaría mucho más. Y yo no pude evitar preocuparme por eso al recordar su último viaje.

Cuarenta y ocho horas después, regresó. Lo que lo había retenido esta vez fue un accidente sin importancia en el camino de regreso a San Francisco, o eso dijo. Entró y vino a sentarse en la cama. Desperté y lo abracé aliviada, sorprendida y agradecida. Por fin estaba libre, y ya teníamos nuestra licencia de matrimonio. Dijo que LuAnne se había quedado en Denver, una revelación que completó mi felicidad.

–¡Así que levántate, vamos a tomar un gran desayuno de celebración!

Mientras desayunábamos, me tomó la mano y me miró a los ojos.

–Así que ahora, mi único y verdadero amor, nos iremos pitando al juzgado mañana a primera hora y nos casaremos por fin. ¿Qué te parece nena? Tú y yo para siempre, como te dije, ¿eh?

Me levantó la mano y me plantó en ella un gran beso con yema de huevo mientras yo sonreía, asentía y cogía la cafetera para contener mis lágrimas.

TRECE

En el mostrador de la sección de joyería había entablado amistad con una anciana que coleccionaba y vendía joyas antiguas. Muchas veces me había mostrado piezas fabulosas y exóticas, y ella misma era la viva imagen de lo exótico y fabuloso. Iba muy maquillada, se ponía muchas joyas, vestía con telas raras y brillantes, y siempre se adornaba con pieles y grandes sombreros de plumas.

Me rogó que le dejara conseguirme los anillos de boda. Yo estaba muy emocionada. Mi experiencia teatral apreciaba la singularidad y el colorido. La había llamado, tal como ella me había ordenado, cuando Neal estaba ausente, y aunque fue con poca antelación, respondió calurosamente y me indicó que me reuniera con ella en la entrada lateral de The White House, unos grandes almacenes de Post Street, a las diez de la mañana de nuestra boda, donde me llevaría los anillos.

Así que el tema de los anillos quedaba solucionado; ahora tenía que pensar qué ponerme. El único vestido que tenía, además de mis dos «negros básicos» necesarios para el trabajo pero muy poco adecuados para una boda, era uno de lana verde claro que mi madre me había hecho para la Navidad. Para acompañarlo también me había hecho un abrigo ligero de lana azul marino forrado con la tela del vestido. Poco sospechaba mi madre que estaba haciendo mi vestido de novia. Fue algo totalmente fortuito, pero el abrigo suelto ayudó a ocultar mi abultada barriga. Y ahora la cuestión de la ropa también estaba arreglada.

Estaba tan impaciente por casarme que no había pensado en la fecha. Nací en abril y ya inocentona, así que ¿qué más apropiado que casarme en el Día de los Inocentes?[1] El futuro revelaría lo acertado de la fecha.

A la mañana siguiente me desperté temprano, me puse lo más guapa posible, y salí antes que Neal, acordando vernos en el Ayuntamiento a las once. Cuando buscaba trabajo le había comprado el segundo traje que había tenido en su vida, y por sus sucesivos cumpleaños había añadido camisas blancas y varias corbatas, por lo que su traje de boda estaba listo. Sin embargo, el viaje a Denver había acabado con el Packard, y había dejado que el vendedor lo recuperara, así que dependíamos del transporte público.

Era una mañana fría y gris en la que las nubes y la niebla se perseguían entre colinas y edificios. Me subí al tranvía y caminé un par de manzanas hasta quedar delante de los grandes almacenes, en medio de un viento cortante, lamentando mi costumbre de llegar siempre demasiado temprano. Para matar el tiempo y calentarme, crucé la calle hasta Woolworth's. Nada más entrar se exhibían diamantes falsos: «últimamente se han descubierto piedras difíciles de distinguir» de las reales. Las miré, presuntuosamente satisfecha de no tener que llevar el tradicional «solitario». Siempre había preferido piedras de colores a los diamantes, y me sentía feliz de que mi benefactora solo tratara con piedras antiguas, de vivos colores y únicas.

Cuando ya me había calentado un poco, regresé a donde habíamos quedado. Ya eran las diez y cuarto y comencé a pensar que mi amiga había estado fanfarroneando, cuando de repente la vi correr por la acera opuesta, agarrándose el sombrero floreado y el velo, la cabeza inclinada contra el viento, que agi-

1. Recordemos que en varios lugares (entre ellos Estados Unidos, Menorca, Galicia y otros), el Día de los Inocentes es el 1 de abril. *(N. del T.)*

taba su cuello de piel de zorro. Estuve a punto de llamarla, pero contuve el impulso mientras ella se encaminaba directamente a Woolworth's. ¿Se le había olvidado dónde habíamos quedado? ¿Debía seguirla? Antes de que pudiera decidirme, salió, se internó en el tráfico y vino hacia mí. Me saludó con una amplia y falsa sonrisa, y abrió su bolso para hurgar en su espacioso interior, hasta que sacó una pequeña caja con su mano enguantada. La apretó contra la mía y lo sostuvo allí.

–Mis mejores deseos, querida. –Puso un tono afectuoso en aquellas palabras afectadas–. Espero que seas muy feliz. Tu marido es un hombre afortunado. Estoy muy contenta de que me dejes compartir este feliz acontecimiento. Espero que a ambos os gusten los anillos. –Estaba impaciente por verlos, así que me solté la mano y rompí el envoltorio. Levanté la tapa de la caja y solo fui capaz de pronunciar un débil «Oh». Con el mayor esfuerzo dibujé una sonrisa en la cara. Las palabras de gratitud me salieron entrecortadas y con un deje claramente falso. Me acababa de entregar unos anillos directamente del expositor que yo acababa de menospreciar en Woolworth's. Estaba desconcertada, deshecha, con ganas de llorar. Yo misma podría haber conseguido algo mejor... Incluso Neal. Agradecí a Dios que Neal no me hubiera regalado esa basura; habría tenido que llevarlo siempre.

Me dijo adiós con la mano, y era ya tan tarde que tuve que tomar un taxi para no retrasarme en mi cita con Neal. Odiaba gastarme el dinero en taxis. Me senté y contemplé los patéticos anillos plateados y mohosos, e intenté descubrir por qué se había molestado, o por qué había ofrecido algo suyo, para empezar. Sobre todo me preguntaba qué había hecho yo para merecer aquello. Era tan sentimental con los símbolos como Neal lo era con las fechas. Entonces tuve que reírme: el día de mi boda se iba convirtiendo en una parodia grotesca de mis sueños y expectativas juveniles.

Mi alegría se reavivó cuando vi a Neal esperando en la acera con su hermosa sonrisa. Esto era todo lo que realmente importaba. Y extendió la mano, que tenía detrás de la espalda, y me entregó una cajita dorada con flores. Fue un gesto tan inesperado que solo pude quedarme boquiabierta y balbucear de gratitud. Su atenta señal de afecto compensó con creces la decepción de los anillos.

Me puse las tres gardenias frescas en el abrigo: tenían un olor delicioso. Cruzamos rápidamente la plaza hasta el enorme edificio gris y recorrimos sus pasillos con eco. Tuvimos que esperar en la antesala del despacho del juez hasta que estuvo libre. Nos sentamos en el sofá de cuero negro y gastado, y le mostré a Neal los anillos, entregándole la alianza mientras me ponía el solitario de compromiso en el dedo. Luego me lo quité de nuevo y le pedí que lo hiciera él. Entre lo nerviosos que estábamos y aquellos ridículos anillos nos entró esa risita incontenible que solo te da en momentos de gran solemnidad.

Al final, un ordenanza aburrido nos dijo que el juez nos vería en su oficina. Una pequeña placa en la puerta rezaba JUEZ CLAYTON GOLDEN. En el cuartito, en el que entre el gran escritorio y la silla casi no cabía nada más, nuestras emociones variadas y no ensayadas se intensificaron gracias a la incomodidad. Estábamos impacientes por terminar la ceremonia, en lugar de mirarnos a los ojos y saborear el significado de las palabras, tal como nosotros –o yo– habíamos planeado. El juez Golden era frío, aburrido y mecánico. «Yo os declaro hombre y mujer.» Quise corregirle para que dijera «marido y mujer», pero resistí el impulso. «Serán diez dólares.»

Neal se volvió hacia mí con una mirada tan inexpresiva que casi rompí a reír de nuevo. El pánico lo impidió. Volví a la realidad de repente y me puse a buscar a tientas en el bolso hasta que encontré la billetera, de la cual extraje el único billete que había en ella, afortunadamente de diez. Me sentí como si acabara de comprar un marido, aunque me había salido barato, considerando lo necesitada que andaba.

Nada más salir, Neal y yo de nuevo dimos rienda suelta a nuestro alivio y alborozo por los absurdos de esa boda, y aullamos de risa mientras bajábamos corriendo los escalones hacia la plaza y la ahora brillante luz del sol de abril, asustando a las palomas y esquivando a los sorprendidos transeúntes. «No me extraña que se llame Golden», gritó Neal. Muchos años después ese juez fue acusado de cobrar de más, y Neal quedó profundamente satisfecho de que se hubiera hecho justicia.

–No podemos irnos a casa –dijo Neal cuando llegamos a la calle–. ¿Qué podemos hacer para remediar la situación? Si ese juez no nos hubiera esquilmado, invitaría a mi esposa a tomar una copa de champán y un elegante almuerzo.

–¿Qué quieres decir con «nos»? Los diez dólares eran míos.

–Vamos, querida, no nos pongamos tacaños. De ahora en adelante uno para todos y todos para uno. ¿No te parece, nena? Claro que sí. Bueno, veamos qué nos queda. –Rebuscó en sus bolsillos mientras yo sacaba mi monedero, y juntamos nuestros recursos . ¡Oye, eso es una fortuna! Ejem, mi querida señora Cassady, ¿me haría el honor de acompañarme a almorzar a ese pequeña y pintoresca cafetería que hay ahí? –Añadió todas las florituras chaplinescas que pudo recordar, ajeno a los transeúntes, y yo no podía estar más feliz.

La cafetería era pequeña y mugrienta y estaba llena de gente, pero nos abrimos paso hasta una mesa e hicimos todo lo posible para crear algo de romanticismo, encendiendo la vela de la mesa a pesar de la brillante luz del día que nos rodeaba. Neal utilizó todo su encanto, me dio la mano durante toda la comida y me dedicó toda su atención. Olí mis gardenias: toda yo resplandecía. El champán resultó convertirse en una cerveza para cada uno, pero su espuma también era el espíritu de la alegría.

Mientras salíamos, Neal distinguió una pequeña tienda de comestibles.

–Ajá, creo que nos queda lo suficiente, después de pagar el tranvía, para comprar un pack de seis cervezas. Menuda suerte. Todavía tendremos una celebración, un día de boda digno de recordar.

CATORCE

Por fin yo era la señora de Neal L. Cassady. Aunque ya hacía tiempo que usaba ese nombre, fue un enorme alivio que se hiciera realidad. El día después de la boda Neal comenzó sus viajes de prácticas con el ferrocarril, lo que significaba trabajar en un tren de carga local diario durante cinco días, seguido de cinco noches, terminando con un larga distancia a Santa Bárbara de ida y vuelta para «fijar la fecha». Era a partir de esa fecha que se calcularía su antigüedad. Al principio, el trabajo le parecía un poco estresante, pero en general casaba con su temperamento. Aprendió rápido, y, como de costumbre, se distinguió y se convirtió en uno de los favoritos de los «jefes» de más edad. Su diploma llegó en forma del reloj de bolsillo oficial, botas de media caña y cordones con puntera de hierro, un llavero retráctil para llaves de interruptor y una gran farol de ferroviario. Me lo mostró todo con el mismo orgullo que un boy scout muestra a su madre sus insignias.

Neal estaba preparado para trabajar, pero el trabajo no estaba preparado para él. Todavía era pronto para llamar a nuevos trabajadores. Durante las dos semanas posteriores a sus prácticas, probó por Watsonville, sin suerte, y regresó a casa disgustado, anunciando que haría lo que Jack y Allen habían hecho: embarcarse.

–Pero Neal –me lamenté–, estarás meses fuera... ¿No quieres estar aquí cuando nazca el bebé?

–Lo sé, lo sé, cariño. A mí también me parece horrible, pero no podemos vivir sin ingresos. Y solo será hasta que el ferrocarril coja a más gente. Te mandaré toda la paga. ¿Qué otra cosa puedo hacer?

Esta última pregunta tenía un tono de desesperación, y no discutí. Dos días después, Neal era un auténtico marinero de segunda. Dije:

–No tan «de segunda» para mí.

Neal tenía papeles, una tarjeta de identificación con su nombre y un nuevo título, y una foto divertida de él sonriendo, tomada en el malecón bajo banderines de recuerdo de San Francisco. Dos días después había firmado para embarcarse con destino a Arabia. Igual me hubiera dado que fuera a Marte. Me sentó como si el suelo se hundiera bajo mis pies, pero no dije nada.

El destino volvió a intervenir. El 15 de mayo, Al telefoneó para decir que iba a la División Sur, donde había trabajo seguro. Neal decidió unirse a él, manteniendo su condición de marinero en reserva. Una vez más se veía impulsado a la hiperactividad y el buen humor ante la oportunidad de volver a estar en marcha. El hecho de que Bakersfield, su destino, tuviera las temperaturas más altas de todo el estado no tenía ninguna importancia para él. Todavía no. Él también se sintió aliviado de no tener que embarcarse, porque, a diferencia de mí, nunca había sido un hombre de agua, ni para nadar ni para pasear en bote.

Las malas noticias llegaron la semana después de que Neal se fuera. George, nuestro benefactor, que se había separado de Lucy, había regresado y anunciaba que volvía a casarse. Su futura esposa ya tenía un apartamento, así que iba a trasladar los muebles allí inmediatamente. Se enteró de que Neal estaba ausente, por lo que no tenía que mudarme hasta que regresara. Dijo que pagaría el alquiler hasta el 15 de julio. Nos dejó el sofá plegable de imitación cuero, nuestra cama y una cómoda.

Mi tonto orgullo me impedía confesarle lo arruinados que estábamos, ni que Neal no cobraría al menos hasta al cabo de dos semanas. A mí me quedaban cinco dólares.

Era un mayo insólitamente caluroso para San Francisco, y después de que George se fuera me senté a contemplar el apartamento blanco y luminoso, lleno de ecos y ya no tan profusamente decorado. Al anochecer, las luces crudas reemplazaron al sol y las lámparas, y en la cocina solo quedaban los fogones y algunos platos, pero no tenía nada más que agua para cocinar, y nada que meter dentro. Recordé que mi hermana me contó que una vez intentó jugar al comunismo y subsistió a base de mantequilla de cacahuete y lechuga, así que seguí su ejemplo, agregando leche para el niño. Como no tenía frigorífico, solo podía comprar pequeñas cantidades, y a menudo tenía que prescindir de ella. Casi como burla de mi apurada situación, una pareja de recién casados se mudó al piso de lado y me invitó a pasar a ver las diapositivas de su luna de miel en las Bermudas. Me vi obligada a sentarme en medio del cálido y rico entorno y el aroma de la cena que acababan de terminar.

Mi embarazo entró en su sexto mes y ya no me entraba la ropa. Encontré una tela de cortina de algodón estampado y me cosí a mano una falda fruncida. Eso y una de las camisas blancas de Neal componían todo el guardarropa de mi maternidad. El calor comenzaba a afectarme, con lo que me quedaba despierta hasta tarde, cuando refrescaba, y por la tarde dormía la siesta desnuda. A medida que el dinero menguaba empecé a buscar en nuestras pertenencias algo que vender. Una tienda de discos usados compró, casi disculpándose, toda nuestra preciada colección por dos dólares y medio. Con lágrimas en los ojos, me quedé con algunos discos de Billie Holiday y de mambo, demasiado sentimental para separarme de ellos.

Luego busqué en el armario, donde la única prenda de valor parecía ser el abrigo de piel de mi época universitaria, de rata almizclera teñida de color visón. Había oído que a menudo los proveedores de ropa de piel fabricaban chaquetas u otras prendas más pequeñas a partir de abrigos largos. Pateé las calurosas calles de San Francisco bajo un sol abrasador, vistiendo mi falda de cortina y una camisa blanca demasiado grande, y fui rechazada con burlas en los departamentos de piel de las tiendas elegantes. Al final estaba tan cansada de llevarlo que se lo arrojé a una de esas personas que no lo querían, pero que me dio veinticinco centavos. Lo acepté para el tranvía: no estaba dispuesta a cargar con esa calurosa prenda todo el camino de vuelta a casa.

Al volver la vista atrás, me sorprende haber actuado de manera tan imprudente, pero entonces no me lo parecía. Estaba orgullosa de «soportar todo eso» por «nosotros». También me ayudaban a aguantar las amorosas cartas casi diarias de Neal, que relataban una vida mucho más dura que la mía, una agotadora rutina en un calor aún más intenso. Al cabo de un mes, Neal no pudo dejar el trabajo como esperaba, sino que lo enviaron a Pixley para trabajar en un tren local de transporte de patatas, y ni siquiera fui capaz de encontrar esa ciudad en el mapa. Neal me escribió: «Rutina diaria: levantarse a las 8.30 h, trabajar de 9 a 19 h. Dormir en el vagón del equipo. Comer en un café al otro lado de la calle, leer, escribir, pensar y fumar». Su cheque se había retrasado sin motivo conocido.

Mi situación se estaba volviendo realmente crítica cuando Al Hinkle apareció de repente por la puerta con el primer cheque de Neal en la mano. Lo abracé con fuerza y me sequé las lágrimas de alivio. Me dio su pañuelo sonriendo.

–Verás, Carolyn, tengo más antigüedad que Neal, así que me llamaron de nuevo a la División Costera, que ahora está contratando gente. Sin embargo, Neal tuvo mucha suerte de que ya hubiera tanto trabajo. Le pagarán bien cuando se acabe.

Como Neal empezaba a estar más tranquilo, sabiendo que ahora yo tenía algo de dinero, le escribió a Allen desde Pixley, y Allen respondió:

> El gran acontecimiento ha sido tu carta: dábamos por sentado que estabas en la cárcel o algo así. Por supuesto, había fantaseado con tu muerte, más o menos, y hasta sospeché que te

habías suicidado meses atrás. Para mí, esta primavera ha sido de locura, muy parecida a la tuya... Pero lo que finalmente me devolvió a la vida –por nombrar una causa externa– fue la novela de Jack. Es muy grande, muchísimo más de lo que me esperaba. No me lo imaginaba.

Neal también le escribió a Jack resumiendo los principales acontecimientos de los últimos seis meses y relatando sus torturas, aunque no su causa. Agregó: «Ni intento responder a tus cartas. Quiero un ejemplar, insisto, con una dedicatoria de este gran libro, perfecto y encantador, que has escrito».

Cuando por fin Neal, exultante, pudo abandonar Pixley a finales de junio, nos pusimos a buscar otro apartamento. Nuestros días de lujo habían terminado, y la mayoría de apartamentos eran demasiado caros. Tomamos el primero que encontramos, por cincuenta dólares al mes, en una vieja casa reformada en lo alto de una colina con vistas a Castro Street, justo al lado de Divisadero Street, acertadamente llamada Alpine Terrace.

Unos empinados escalones de hormigón subían desde la calle hasta la puerta de entrada, desde la que veías los postes telefónicos muy abajo. Nuestro apartamento quedaba aún más alto en el segundo piso, en la parte de atrás, y afortunadamente para mi acrofobia, estaba pegado a la ladera que seguía subiendo. De no haber tenido tanta prisa, nos habríamos dado cuenta de que estaba al menos a seis manzanas cuesta arriba del mercado o la lavandería automática más cercana.

Una vez más, el amor hizo que todo fuera posible, y yo estaba impaciente por construir un nido para Neal y nuestro hijo. Me sentía feliz y segura una vez más, y me puse a trabajar poniendo cortinas de muselina pintada, esmaltando cajas de naranjas que sirvieran de estanterías, decorando los tatamis y dibujando motivos campesinos en los armarios de la cocina. La cocina era una especie de porche añadido en la parte de atrás, y el dormitorio lo habían separado de una habitación más grande con una nueva pared de yeso construida en tres lados, lo que creaba un pasillo que tenías que rodear para llegar a la habitación principal. Pero tenía lo básico que necesitábamos por ahora.

Ahora que Neal tenía trabajo fijo, colaboraba con él para adaptarme a las exigencias inusuales del ferrocarril. No nos importaban los horarios irregulares: me gustaba tenerlo en casa durante el día, pero el inconveniente era que no podía separarse del teléfono. Si salía, tenía que llamar al jefe de personal para tratar de calcular su próximo trayecto, y no era fácil de predecir. A veces pasaban horas, otras veces días. Ya tenía el trabajo por la mano, y era estimulante para la naturaleza inquieta de Neal, pues ofrecía suficiente variedad, acción y suspense, así como períodos de tranquilidad mientras iba en el tren, que aprovechaba para escribir y pensar. De vez en cuando contábamos con un extra de verduras que aparecían desperdigadas en los vagones: maná del cielo, aunque a veces no era fácil consumir once lechugas antes de que se echaran a perder.

A Neal le encantaban los personajes y la nueva jerga. Me partía de risa con sus imitaciones de ambas cosas, como sus descripciones del guardavía en un trayecto local:

–Tomamos la lista de destinos, mira, y el tipo va y me dice, «Bueno, Neal, pongamos dos detrás de tres, luego doblamos a cuatro para los vagones que van al este, buscamos el expreso refrigerado, quitas cinco y pones siete al principal. Entonces tenemos tres, dos, cuatro, otro de dos, uno de cinco y uno de tres, manejas el vagón de cabeza y llegas a quince para empujar ese tren, luego quitas esa porquería de la vía, y pasamos, con ocho...». Neal me hacía reír tanto que tenía que parar. Luego me lo traducía lentamente, pero todavía demasiado rápido para recordarlo cuando acababa de contarlo.

Volvió a recuperar toda su alegría de vivir, y le escribió a Jack: «Por primera vez en más de tres años, mi alma ha vacilado en su negra y decidida carrera hacia la perdición. No es un ciclo [...] porque Dios ha vuelto a tocar mi semilla: si ella florece, yo florezco».

Regresaron las descripciones vertiginosas y detalladas de

todos los proyectos creativos simultáneos que ultimaría, entre ellos «trabajar en serio sobre una especie de cosa de un hombre que cava. Bueno, si lo termino ya te hablaré de ello».

Yo ahora no tenía que ir a trabajar cada día, y con el apartamento habitable me entró el impulso de pintar de nuevo. Compré material y comencé un retrato «formal» de Neal, a pesar de las habitaciones abarrotadas y la poca luz. Le sugerí a Neal que ya que podía hacer todas las proezas artísticas que le había descrito a Jack, debería intentar pintar. Para mi sorpresa, se puso a ello con esmerada precisión, y pintó figuras abstractas, rígidas y compactas, con un color plano perfilado por contornos planos. Había esperado que salpicara la pintura libremente, pero de ninguna manera pude lograr que se relajara.

Supongo que esto debe de revelar algo sobre él, pero es demasiado profundo para mí. La misma contención aparecía en una carta a Jack. Después de escribir: «Carolyn me está haciendo un tremendo retrato: metro veinte por metro cincuenta [siempre exageraba el tamaño]. Le llevará seis meses, estoy seguro», admitió:

> Cuando te escribo me sale un estilo forzado, y por tanto, atrofiado en comparación con el tuyo [...]. Te lo pregunto directamente, ¿se te ocurre alguna manera de que pueda hablar contigo con más libertad, y con ello mejorar mi estilo simple y directo? Cualquier sugerencia sobre esta cuestión literaria será recibida con gratitud. Gracias, señor Rilke. Quiero ser un vaquero, un hombre de rancho. Me dejaré barba como Gabby Hayes.[1]

No recuerdo si comenzó con este comentario, pero Jack le escribió a Neal sobre su ambición de comprar un rancho para que lo compartiéramos todos, y Neal respondió con entusiasmo:

1. George «Gabby» Hayes (1885-1969) fue un conocido actor secundario que apareció en numerosos westerns. Entre 1950 y 1954 tuvo su propio programa de televisión: *The Gabby Hayes Show. (N. del T.)*

> ¡Tu idea del rancho es fantástica! Si quieres a un hombre que ganará entre 350 y 400 dólares al mes en el ferrocarril todos los años, de mayo a enero, y su esposa e hijo y su conocimiento del trabajo del rancho y su amor por ti y tu madre, entonces llévame. En serio, Jack, párate a pensarlo, es realmente fácil. Sé que tu madre (debes traerla) y Carolyn se llevarían de maravilla [...] y construir un rancho, una gran extensión, juntos, sería mejor que seguir alquilando habitaciones por cincuenta dólares el resto de nuestras vidas. Será mejor que comencemos ahora mismo, porque siempre lo posponemos todo demasiado. Empecemos ahora. Trae a tus colegas. Tendremos siete u ocho habitaciones. Tu madre (bendita sea) y Carolyn (bendita sea) son exactamente iguales: Carolyn es una gran trabajadora, decoradora de interiores. Estoy convencido de que es fácil, y de que conseguiremos el dinero. Un hogar al que poder volver, en el que poder envejecer. Lo convertiremos en un sitio espléndido. No lo conseguirás si no lo haces ahora, ¡por favor piénsalo!

A mí, Neal me dijo:

–Escucha, Carolyn, creo que debería llevarnos unos dos años hacer realidad nuestra casa shakesperiana. Después de este mes y el próximo, deberíamos tener pagadas todas nuestras facturas y las cosas del bebé. Luego, a partir de septiembre, deberíamos poder ahorrar cien dólares cada mes. El bebé no costará demasiado los primeros seis meses, ¿no crees? Así que a primeros de año deberíamos tener quinientos dólares, si ahorramos de verdad, ¿eh? Luego, cuando deje de trabajar en enero, me embarcaré hasta mayo y conseguiré algo más de doscientos dólares al mes, o, si no, puedo sacar veinticinco dólares por semana cobrando el paro aquí. Quizá podría conseguir otro trabajo con un alias. –Al ver mi ceño fruncido dijo–: ¿No? Bueno, no pasa nada, de todos modos veremos qué te parece en enero.

En cartas posteriores a Jack, Neal se entusiasmó más con esa idea. Solicitó todos los panfletos que ofrecían todos los departamentos gubernamentales que pudo encontrar para saber más de ranchos, derechos de agua y concesiones de tierras. Su dedicación a la causa y su entusiasta visión de nuestra vida bucólica aumentaban mi sensación de paz y seguridad. Yo tenia reservas acerca del tipo de vida comunitaria que Neal imaginaba, mientras él iba agregando más y más «invitados» y «peones» a los residentes, pero lo animé todo lo que pude y me uní a él a la hora de jugar a los tacañones.

Por una vez, Neal ni siquiera se compró otro coche, sino una bicicleta, y recorría con ella todo Market Street hasta la terminal de ferrocarril sin importarle el clima, la hora ni si estaba fatigado.

QUINCE

El bebé tenía que nacer en agosto, pero pasó agosto y no ocurrió nada. Yo me moría de calor, estaba gorda y a punto. Neal fue un prodigio de atención y cuidados, y proyectó un intenso interés en el inminente acontecimiento. Estaba realmente encantado. Antes le había escrito a Jack:

> Mi querida dulce y maravillosa esposa, mi perfecta Carolyn, ahora está de siete meses y me regalará un niño que cuidaré, criaré y al que adoraré. Y no hace falta decirlo, querido Jack, si es un niño, le pondré tu nombre... y el de Allen. Si es una niña, no podré, porque no soporto pensar en un nombre como Jacqueline.

El 20 de agosto Neal le escribió a Allen: «Si es un niño lo llamaré Allen Jack Cassady. Ya me lo imagino firmando siempre así: Allen J. Cassady. Si es niña he decidido llamarla: Cathleen JoAnne Cassady».

A última hora de la tarde del 6 de septiembre llegó el momento. Neal se puso en contacto con un amigo del ferrocarril que nos llevó al Hospital de San Francisco. A Neal no se le permitió entrar conmigo. Me pusieron en una camilla y me llevaron por un pasillo oscuro y frío, con un techo altísimo, que parecía un túnel enorme. Podía distinguir a otras dos mujeres al final del pasillo, también aparcadas contra la pared de ladrillos en la oscuridad.

Durante los dolores de parto vino a verme un médico joven y le pregunté si no tenía anestesia.

–Esta semana no –me dijo con aire de suficiencia–. Intentamos hacerlo sin. Además, nosotros creemos que las mujeres deben tener esta experiencia. –«Nosotros», obviamente, significaba los hombres. Me habría gustado que Neal estuviera presente en mi primer parto. Pero entonces no se le permitió entrar, ni tampoco durante los ocho días que me tuvieron internada, pues habían tenido un caso de fiebre puerperal.

Cathleen JoAnne Cassady nació el 7 de septiembre a las 12:29 horas de la mañana. Estoy segura de la hora, porque fueron esos 29 minutos los que me obligaron a quedarme un día más: los ocho días más largos que recuerdo. No pude darle el pecho en condiciones, y no le daban un suplemento de leche. La oía llorar en la guardería, pero las enfermeras me culpaban y no dejaban de regañarme. Cada vez que la niña intentaba mamar me dolían y sangraban los pezones, pero nadie me ayudaba.

Las otras once compañeras de pabellón me entretenían un poco, y Neal me mandó flores y una encantadora tarjeta. Sin embargo, me inquietaba pensar en sus actividades. No me había acordado de coger un libro al ir al hospital; de haberlo tenido habrían sido unas buenas vacaciones: nunca tenía tiempo para leer.

Cuando volví a casa con Cathy, Neal se dedicó a su hija por completo, y quería ser parte de todo lo concerniente a ella. Le preparaba el biberón, le cambiaba los pañales, la llevaba a la lavandería, la bañaba y estudiaba al doctor Spock[1] tan a fondo como había hecho con Proust o Dostoievski. Mientras él le daba el biberón, yo sonreí al ver esa diminuta forma rosada, no más larga que su antebrazo, acurrucada contra su pecho mus-

1. El doctor Benjamin McLane Spock (1903-1998) fue un pediatra y activista político liberal, así como autor de *Tu hijo*, un libro de referencia desde 1946 para el cuidado de los bebés. *(N. del T.)*

culoso y desnudo. Neal no cabía en sí de satisfacción, y repetía a menudo: «Ni me lo imaginaba. Ni me lo imaginaba». Le escribió a Jack: «No puedo describirte lo mucho que lloro de alegría desde la llegada de Cathleen (y antes) [...]. Hoy cumple un mes, ya ha salido al mundo tres veces [...] y en general va engordando. Ahora mide cincuenta y tres centímetros de largo y pesa tres kilos setecientos. La quiero con locura». Más tarde escribió: «No puedo aprender la tristeza de ti, Jack; he perdido la capacidad de estar triste [...]. (Pienso que la tristeza me ha abandonado para siempre... Ah, qué triste.) [...] Antes era verdaderamente infatigable. Me dejaba llevar por el sexo [...] ahora me gusta la música y soy estéril. Tal vez mi chica, Cathy Jo, siga manteniéndome feliz y fuerte».

Allen respondió a la noticia con una nota que también me animó:

> Felicitaciones por tu pequeño hijo. ¿Qué se siente al ser padre? (Lo digo en serio, aunque suene simplón.) Lo cierto es que sienta bien ser abuelo. Si me mandas algunos detalles de la atmósfera psíquica de su nacimiento, te escribiré una oda triunfal [...]. Voy a incluir a la pequeña Cathy en mi testamento [...]. Mañana veré a mis abogados. Heredará muchísimos millones de dólares cuando yo muera.
>
> P. S: Mis bendiciones a mi nuera, para variar, y a ti también, hijo.

La felicidad de Neal se acrecentó aún más por dos grandes esperanzas: una era mi trabajo en Hollywood. Había recibido la noticia de que el puesto que había estado esperando estaba disponible. Casi me había olvidado, y el momento no podía ser peor. La segunda esperanza de Neal de que las cosas mejoraran era que lo habían asignado a un recorrido de carga regular y podía abandonar las horas sueltas: ya no tenía que estar pendiente del teléfono. Tenía un horario fijo, y también lo era la paga, cosa que nos daba mucha más libertad y nos permitía hacer planes. Le explicó a Allen:

> Carolyn se va a Hollywood... Está encantada con esta oportunidad de meterse en Hollywood, por lo que tanto ha luchado. Comienza con 1,11 dólares la hora, luego pasa a 1,34. Y si le va bien como diseñadora de vestuario cobrará entre 500 y 1.000 a la semana. Entonces, mi querido niño, mi querido muchacho, si algunas cosas juegan a mi favor –esto es: me van bien las siguientes cosas: (1) se mantiene la ley de tripulación completa en las elecciones de noviembre, y (2) Carolyn gana dinero en Hollywood–, entonces serás mi invitado permanente [...]; si esto sucede, vas a vivir enteramente de mi dinero [...] aunque en las elecciones de noviembre el pueblo debe aprobar o no la enmienda número 3: la ley de la tripulación completa. Los presidentes de las compañías han intentado durante años impedir la aprobación de esta ley que establece que por cada 25 vagones debe haber un guardafrenos. Obviamente, si la ley no se aprueba, perderé mi trabajo.

En ese momento yo no era consciente de lo mucho que dependía nuestro futuro de esas dos eventualidades. Ignoraba la carta de Neal a Allen, y le había escrito a la Western Costume Company que abandonaba mi carrera para dedicarme a mi familia. Neal nunca dejó entrever lo decepcionado que debió de sentirse. Tampoco se cumplió su segunda esperanza. El poder de la Southern Pacific influyó en la opinión pública e impidió la aprobación de la ley de tripulación completa, y Neal fue despedido. No había más esperanzas de trabajar antes de la primavera o el verano siguientes. Neal volvió a hundirse en la desesperación, y les rogó a Jack y Allen que fueran a visitarlo. Incluso Al Hinkle fue despedido, y durante los dos meses siguientes, él y Neal pasaron más tiempo juntos y menos en casa.

A veces traían a otros guardafrenos a casa: en un par de ocasiones a un joven novato llamado Ardo. Consideraba a Al y Neal como una pareja de Casey Jones,[1] y parecían mucho más

1. Casey Jones (1863-1900) fue un maquinista de ferrocarriles de Jackson, Tennessee, que puso su convoy al borde de la colisión a causa de un error suyo. Salvó a todos los pasajeros a costa de perder la vida. *(N. del T.)*

experimentados mientras estaban con él. Un jueves por la tarde Al y Neal vinieron solos, y los vi extrañamente cohibidos y nerviosos. Entraron en el dormitorio murmurando y susurrando. Al cabo de un rato, Al salió y se sentó en el borde del sofá, jugueteando con su paquete de cigarrillos.

–Esto... Tengo una ... mmm ... sorpresa para ti –balbuceó sin mirarme.

–¿Ah sí, Al? ¿Qué es?

–Me voy a casar. –Levantó la mirada hacia mí y sonrió.

–¿Casarte? Vaya, Al, ¿y con quién? ¿Por qué no la conozco? No me habías dicho que tuvieras una chica fija.

–Es que... no la tenía... es decir, la conocí anteayer. –Eso fue aún más sorprendente. Al era un tipo tan estable y tradicional.

–¡Caramba, este es el caso más rápido de «amor a primera vista» que he oído nunca! ¿Cuándo planeas casarte?

–De hecho, el sábado por la mañana, en una iglesia. –Puso unos ojos como platos... igual que los míos.

Neal salió del baño mientras hablábamos.

–Sí, bueno, qué demonios. Pero ¿por qué insiste en casarse en la iglesia? Vamos, Al, a ver si no podemos pensar en algo que le ponga las pilas. –El tono de Neal fue desagradable. No podía imaginarme por qué, ni qué asunto se traían entre manos. Pero le metió prisa a Al para que se fueran, a lo que este le contestó:

–Intentaré que venga con nosotros más tarde.

Era última hora de la tarde cuando regresaron con Helen. Me quedé más desconcertada que nunca cuando la vi. Habría apostado a que Al elegiría a una joven dulce y guapa (como le había oído decir de el pasado).

Era una mujer de edad indeterminada, aunque Al dijo que tenía veintidós años, una figura bastante robusta, tipo madraza, pensé. Tenía el rostro cansado, los ojos castaños, oscuros y redondos, y una expresión tan perpleja como la mía. Quizá yo tampoco era la clase de mujer con la que esperaba que Neal estuviera casado. Tenía el pelo de un vivo castaño, tupido y recogido en un moño, y llevaba un traje marrón de tweed a medida que ocultaba su figura y no la hacía más joven. Estaba nerviosa, parecía incómoda, y respondía de bastante malhumor a mis preguntas de cortesía. ¿Por qué no se la veía radiante? Supuse que tenía muchas cosas en la cabeza, y que habría preferido no sentarse a hablar de tonterías con la esposa de Neal, sobre todo porque había sentido una aversión instantánea por Neal. Sus ojos apelaban en silencio a Al, y él se levantó para llevársela.

Al día siguiente, Neal entraba y salía apresurado, preocupado, esquivo y nervioso, y respondía a cualquier inquietud que le expresaba con la excusa de que estaba ayudando a Al a prepararse para el calvario de la mañana siguiente. A última hora de la tarde entró dando brincos en el apartamento, sonriendo ampliamente, con un brillo en los ojos y frotándose las manos. Cathy dormía la siesta en la cuna, en el dormitorio, por lo que el susurro de Neal fue más un siseo.

–Ven conmigo cariño. ¡Tengo una sorpresa para ti! Ven. ¡Te lo enseñaré, espera y verás! –Parecía a punto de estallar de dicha. ¿Y ahora que? Dejé de doblar pañales y lo seguí por dentro y por la casa hasta la calle. Una vez abajo, le pregunté:

–¿Dónde me llevas? No estoy vestida... Cathy...

–A ninguna parte, nena; ya hemos llegado, querida. ¡Mira eso, quieres! –Con el brazo libre dibujó un amplio gesto hacia un reluciente coche, nuevo, de dos tonos metalizados, granate y gris. Al notar mi gesto de perplejidad, se puso en acción y abrió la puerta del lado del conductor. (Lo había estacionado en el lado equivocado de la calle.)– Fíjate, cariño, ¿lo ves? El suelo está hundido debajo del marco de la puerta; es una sala de dos niveles. ¿Qué te parece? Y mira el salpicadero... es como un avión, ¿eh? ¿Lo ves? Tiene radio y... Oh nena, conducirlo es como un sueño, suave como la seda. Espera a montar en él. Vamos, te llevaré a dar una vuelta.

Cada palabra cayó sobre mí como una bola de demolición, aplastando todas mis esperanzas. Neal fue a cogerme del brazo para llevarme a rodear el coche, pero me solté, subí disparada la escalera y entré en el apartamento. Corrió detrás de mí y me encontró en el sofá, con la cabeza entre las manos. Se sentó a mi lado y con el brazo me rodeó los hombros. Habló en voz baja, pero imperiosa.

–Vamos, vamos, Carolyn, escucha. No lo entiendes. Helen y Al se casarán mañana, ¿vale? Tienen que ir de luna de miel pero no tienen coche. Por otra parte, Jack quiere venir, pero no tiene dinero. Y el viejo Cass acude al rescate de todos. Mataremos dos pájaros de un tiro, por así decirlo. Iré a Nueva York a buscar a Jack, me acostumbraré al coche nuevo y, al mismo tiempo, Al y Helen tendrán su luna de miel, ¿ves? Pero la mejor parte es que Helen está forrada. ¡Está pagando todos nuestros gastos! Es un viaje gratis, ¿no lo ves?

–¿Qué tienen que ver esas personas con nosotros..., conmigo y con Cathy? ¿Helen también ha pagado el coche?

–Bueno, lo he comprado yo, naturalmente, querida... Bueno, la cuota inicial, por supuesto. Es para ti... Para ti y para Cathy, para que puedas llevarla al médico y a la tienda en un coche seguro y...

–¿Quieres decirme que has utilizado nuestros ahorros? ¿El dinero del rancho? –Me levanté de un salto y le devolví la mirada. Se puso a caminar arriba y abajo: la tensión comenzaba a dibujarse en su rostro.

–Bueno, nuestros ahorros, sí, pero mira, puedo recuperar el dinero en dos meses fácilmente cuando vuelva a trabajar en el ferrocarril la primavera próxima. Los pagos mensuales son casi nada. Será un juego de niños, de verdad, nena. Sabes que necesitamos un coche, con el bebé y toda la pesca, y este no estará averiándose todo el rato. En cuanto vuelva, te prometo que conseguiré otro trabajo hasta que me llamen del ferrocarril. No pasa nada, Carolyn, ya verás.

Conseguía que todo pareciera muy lógico, pero no podía serlo. Ahí estábamos, viviendo en un cuchitril de cartón con cajas de frutas de estanterías, pero teníamos un coche nuevo, ningún ahorro, ningún ingreso, un bebé recién nacido, y estaba hablando de cruzar el país en coche.

–Entiendo. Así que tanta prisa porque Helen se casara era solo para conseguir que te financiara el viaje.

–Bueno, sí... No, no del todo. Solo que es lo mejor para todos. Y le prometí a Jack...

Me puse a llorar.

–Me parece recordar que me prometiste un par de cosas, como amarme y cuidarme. ¿Y nuestra luna de miel? Ah no, tuvimos que ahorrar para una casa. –Me mordí el labio y me sequé las lágrimas con la palma de las manos. Neal trató de acercarse a mí, pero lo esquivé y procuré serenarme. Con más calma, le dije–: ¿Cuándo te vas? –Hizo una pausa y encendió un cigarrillo.

–Justo después de la boda... Yo...

–¿Quieres decir mañana? –El pánico se apoderó de mí. Hablaba en serio. Aquello estaba sucediendo de verdad. Se iba y nos dejaba tirados–. ¡Pero Neal! ¿Qué pasa con nosotras? ¿Como vamos a vivir sin dinero?

–Cariño, no te preocupes. He pensado en eso, por supuesto. Lo tengo todo arreglado, así que no te preocupes. Ardo cuidará de ti mientras yo no esté. Te traerá provisiones; solo has de hacerle una lista. También llevará la ropa a la lavandería, ¿lo ves? No hay de qué preocuparse. Le devolveré el dinero cuando trabaje. No pasa nada, y yo estaré fuera solo una semana, dos como máximo.

–¿De verdad quieres decirme que es más importante usar nuestro dinero para comprar un coche y cumplir una promesa que le hiciste a Jack que no la que le hiciste a tu familia?

–No es eso, Dios santo. Es un viaje corto. ¿No merezco unas vacaciones después de haber trabajado tan duro?

Me di la vuelta como un animal herido y gruñí:

–¿Y yo? ¿Qué he estado haciendo yo? ¿Puedes llegar a imaginarte lo que ha sido para mí? –Tenía la voz chillona por las lágrimas. El rostro de Neal parecía dolido, pero no dijo nada y se quedó mirando al suelo. En cierto momento se dirigió al armario y comenzó a buscar su maleta. Esa prueba concreta fue demasiado para mí. Me dejé caer de nuevo en el sofá y me puse a llorar.

–¡Oh Neal, Neal, por favor no nos dejes!

–Carolyn. No te voy a dejar. Volveré dentro de poco.

Comenzó a colocar su ropa. Mi miedo se convirtió en furia. Algo se partió dentro de mí: me di cuenta. Nunca he olvidado ese sentimiento de ruptura física. ¿En mi mente? ¿En mi corazón? Toda la disciplina que había aprendido para mantener el control, para hacer de tripas corazón, para no herir a nadie ni decir nada grosero ni odioso. Todo eso cedió como una presa que revienta. Le grité:

–¿Como eres capaz de hacer esto? Te juro que pensé que tenías corazón. ¿Cómo pudiste mentirme diciendo que me querías? Y a Cathy. ¿Cómo has podido utilizarme? Hacerme dar a luz a un hijo tuyo... Lo único que haces es aprovecharte de la gente. ¿Te largarás con todo nuestro dinero? ¿Abandonarás a tu bebé? Ooooohhhh, cabrón, asqueroso cabrón. Te importamos una mierda. Ni pizca. ¡MI coche! JA. ¡Qué risa! Por fin se te ve el plumero de verdad. Tienes el corazón de piedra..., si es que tienes. Después de todo, no eres más que un golfo. Qué estúpida he sido por haberte creído alguna vez. Había tenido algún aviso, ¿cómo he podido ser tan tonta como para volver a confiar en ti? Bueno, ya tengo lo que me merezco. Y pensar que te quería mucho. ¡¡Dios mío, qué tonta, qué tonta, qué tonta!!

Había perdido totalmente el control: gritaba, berreaba, sollozaba, temblaba, estaba llena de asco y miedo. Cuando Neal se volvió hacia mí, mi degradación fue completa, pues él también estaba llorando, con la cara contorsionada por el dolor.

En voz baja dijo:

–Yo también tengo sentimientos, ¿sabes?

Dijo eso, de verdad. Qué locura era aquello. Me arrojé al sofá totalmente desesperada y seguí sollozando. Por supuesto, Cathy se despertó llorando. ¿Cómo pude moverme? ¿Por qué debía hacerlo? Pero tenía que moverme. Me arrastré hasta Cathy y atendí automáticamente a sus necesidades. Al ver esa forma diminuta e indefensa me salió un nuevo diluvio de lágrimas.

Cuando volví de la cocina con Cathy al hombro, Neal se acercó a nosotras, con una mano extendida y en la otra la maleta, con una trágica preocupación en su rostro. Retrocedí y le solté:

–Vete, si tienes que irte. ¡Vete ya! ¡No quiero volver a verte nunca mas, nunca más! –Cathy se puso a chillar de nuevo. Lo único que quería era que Neal se quedara. Lo único que hacía era decirle que se fuera. Por primera vez, le tenía miedo a la vida. Sin embargo, todo lo que hacía y decía lo alejaba aún más. Neal dejó caer su mano pero nos miró con amor–. Ja, no pongas cara de que te importa; no puedes volver a engañarme.

Escuché los pasos de Neal al alejarse, la puerta que se cerraba, las escaleras, la puerta exterior que se cerraba, los escalones de la entrada, el motor al arrancar y el rugido del coche al alejarse. El cordón se rompió. Se había ido. De verdad. Estaba totalmente sola.

Me zumbaban los oídos y estaba agotada de cuerpo y mente. Sostenía a Cathy como si fuera una muñeca, amamantándola: sus ojillos escudriñaban mi rostro con frialdad, sus débiles dedos palpaban mi cara mojada. Sin ella, ¿qué hubiera pasado? Sus necesidades me ayudaban a seguir con mi rutina, pero no sabía qué pensar. Por supuesto, sin Cathy habría sido libre. Nunca habría vuelto con Neal, me habría buscado un trabajo y me habría mudado. Así de simple. Sin embargo, esa pequeña criatura me hacía sentirme indefensa y esclavizada. Al menos nunca se me ocurrió estar resentida con ella por eso.

DIECISÉIS

A la mañana siguiente, el teléfono me despertó con un sobresalto y pasaron uno o dos segundos antes de que volviera el horror. Me abalancé hacia el teléfono para evitar que despertara a Cathy, y dije en voz baja:

–Diga.

–Cariño, no te alteres y escúchame. Me siento muy mal, entiendo cómo te sientes. Ahora me doy cuenta, y lo siento. Te amo; sabes que te amo... y a Cathy Jo. Por favor, no te preocupes. De verdad, cariño, vuelvo enseguida. Estoy impaciente por volver. Me daré prisa. –Cómo adoraba su voz y qué ganas tenía de que volviera. Y cómo lo odiaba. Debo ser fuerte, me dije, y no dejarme engañar de nuevo. No le escuches a él ni a tu corazón.

–¿Dónde estás? –fue todo lo que pude decir sin perder los nervios.

–En las afueras de la ciudad. Pero tenía que pararme y hablar contigo. Todo el mundo está esperando en el coche; pero tenía que hablar contigo. Te amo. Por favor, no te preocupes, ¿me lo prometes?

–¿Fuera de la ciudad? Entonces, ¿a qué te refieres con «vuelvo enseguida»? –Por un instante se me había ocurrido la disparatada idea de que sería incapaz de marcharse.

–En cuanto pueda, cariño. Ya sabes como soy. Conduciré

lo mejor que pueda. Me daré prisa de verdad. Con este nuevo coche no tardaré nada. Ya verás. Estaré de vuelta antes de que te des cuenta.

–¡Cállate! –Lo interrumpí. Me di cuenta de que lo único que quería era salirse con la suya y aliviar su conciencia, para que yo le diera mi bendición y podérselo pasar mejor–. No quiero que vuelvas. ¡No te atrevas a venir nunca más! –Colgué con un golpe, el veneno se convirtió en autocompasión, y los sollozos se apoderaron de mí otra vez.

Cathy se despertó y se puso a chillar.

–¡Basta! –le grité, y la culpa y la sorpresa ante mi arrebato me hicieron darme cuenta de la gravedad de la situación. Cogí a Cathy y lloramos juntas.

Como solo faltaban un par de semanas para la Navidad, el correo cada día traía paquetes: los abundantes regalos de mi familia, y esta vez también había para Cathy y Neal. Fue la ironía final. Arranqué los envoltorios de correos, pero dejé los papeles y cintas de bonitos colores y coloqué los regalos encima de los estantes más bajos, en una variedad cada vez mayor. Mi matrimonio había terminado, y no sentía ningún deseo de abrirlos ni de leer sus sentimientos alegres.

A los pocos días apareció Ardo. Su presencia me provocó sentimientos encontrados. Me molestaba su existencia porque representaba la pérdida de Neal. A la vez me sentí aliviada al abrir la puerta y verlo, con sus paquetes de provisiones en equilibrio, porque era mi único lazo con la vida. Neal debía de haberle dado una lista muy meditada, y Ardo no había escatimado en calidad ni en abundancia. Estuve lejos de ser amable. Creía que era un bobo y se lo dije. Él adoraba a Neal, e hice todo lo posible para desilusionarlo, igual que yo me había desilusionado. Debió de pensar que Neal era muy listo por haber dejado a una arpía como yo.

–¿No ves que él también te está utilizando, Ardo? –le dije con desdén–. Nunca te devolverá el dinero. ¿Cómo te lo va a devolver? ¿Quién sabe si volverá alguna vez?

–Oh, sí que me lo devolverá –declaró Ardo con fervor–.

Siempre se ha portado maravillosamente conmigo. No me mentiría. Me ha ayudado mucho en el trabajo. Sé que cumplirá su promesa.

–¡Ja! –Me reí de su fe incondicional–. Tú y todos los demás. Claro, es genial cuando quiere algo de ti. Chico, es capaz de ser todo lo que tú quieras y decir todo lo que quieres escuchar. ¿Es que no lo sabes? Pero ya te darás cuenta, como yo me he dado cuenta. ¿Cómo puedes creer a un hombre que abandona a su mujer y a su bebé?

–No te ha abandonado. Solo se ha ido una semana o dos. –La confianza brillaba en los ojos azul pálido bordeados de rosa de Ardo. Parecía un inocentón. Suavicé un poco mi actitud, dividida entre la necesidad de conservar la ayuda de Ardo y las ganas de desahogar mi dolor y humillación. Conseguí darle unas gracias poco entusiastas.

A medida que se acercaba el día de Navidad, sabía que tendría que contárselo a mi hermana Jane. No se me ocurría cómo. Qué vergüenza, confesar haber juzgado a alguien tan mal. Había estado tan orgullosa de Neal, tan segura de él. Pero Jane tendría que saberlo; nos esperaban para la cena de Nochebuena.

Tras la cena de Nochebuena, cuando dejamos su apartamento, el inquebrantable estoicismo inglés de mi hermana y su optimismo permanente habían calmado mi angustia, y mientras caminaba hacia el coche de su marido, vi parte de las luces de la extensa ciudad y me di cuenta de que había algo fuera de mí que no era del todo hostil. Pero cuando entré en las habitaciones oscuras y angostas de mi casa, impregnadas de los recuerdos de Neal, la debilidad y el miedo volvieron a amenazarme. La tarea parecía demasiado inmensa. Ni siquiera tenía motivación para intentarlo.

Me senté en el gran sillón chino y le di a Cathy el biberón. Una sola ventana iluminaba la habitación con el reflejo del cielo nocturno y las luces de la ciudad. A través de mis lágrimas, los papeles relucientes y los adornos navideños de los regalos aún sin abrir formaban prismas de color alegres y brillantes ante mis ojos. Solo con que Cathy y yo pudiéramos abandonar la vida en ese momento, me dije. Solo con que el tiempo pudiera detenerse y el mañana no llegara nunca.

Pero llegó la mañana, junto con la necesidad de afrontarla. También apareció Ardo, como los días de la semana: el suyo era el sábado. Estuve igual de fría cuando Ardo volvió a abrir mi herida y trató de convencerme de que Neal era fiel y sincero.

Un día, Ardo agitó triunfalmente una postal ante mí.

–Mira, ¿ves? Te lo dije. He recibido esta postal de Neal. ¡Piensa en nosotros y volverá!

Cogí la postal. Una foto del desierto. Decía: «Qué gran coche. Hace más de mil kilómetros al día. He llegado en dos días. Todo bien. Te veo pronto». Entonces vi el matasellos: Denver. Una nueva punzada de dolor, otra oleada de indignación al comprenderlo. Denver igual a LuAnne. Así que de eso iba el viaje. Le arrojé la postal a Ardo y destrocé todas sus alegres esperanzas de cambiar mi opinión de Neal.

Poco a poco los acontecimientos que me habían desconcertado el año pasado cobraron sentido. Los cambios de humor de Neal, su inquietud, el intento de suicidio, sus frecuentes ausencias y viajes. Hundí la cara entre las manos. Lo cierto es que nunca me había amado. Furiosa y avergonzada ante mi estupidez ciega y confiada, me reí burlona de mí misma y sucumbí de nuevo a la autocompasión y las lágrimas.

Cuando vi la cara de Ardo, que colgaba muda y sin comprender, también me compadecí un poco de él. Debió de pensar que yo estaba bastante loca, y que era odiosa. Aunque me había proporcionado nueva munición para utilizar contra Neal, aquello era demasiado doloroso.

–No te preocupes por mí, Ardo. Te lo explicaré más tarde. Lo siento. Ahora, por favor, vete.

Ese era, sin duda, el tono más suave que me había escuchado, y se alegró de obedecerme.

Poco después de esto, de repente ocurrió algo que me hizo pensar en otra cosa. La casera decidió aumentar el alquiler desafiando el control de alquileres, a la vez que mostraba aterradoras señales de locura. Amenazó a la joven madre del primer piso con que arrojaría a su bebé escaleras abajo si no paraba de llorar. Comprendí que debía mudarme rápido, y una chica de la escalera dijo que se mudaría conmigo. Alquilamos un apartamento en un segundo piso a pocas manzanas de la Misión Dolores, y a una manzana de un pequeño parque. La chica se quedaba con Cathy mientras yo buscaba casa, pero poco después de mudarnos, ella se volvió a mudar.

Mis pocos muebles parecían desolados en aquella sala enorme, que tenía altas ventanas góticas sin cortinas y una vista panorámica de la ciudad y la lejana bahía, de noche una alfombra de gemas. Una vez más me enfrentaba a la vida, como Porcia,[1] sola. Ardo todavía cumplía con su deber, y era mi único contacto con el mundo exterior, exceptuando alguna conversación ocasional con mi hermana. Ella me había prestado dinero para el alquiler e informado sobre las prestaciones sociales que podía solicitar. Aunque eso significaba viajar kilómetros y kilómetros cogiendo tranvías y autobuses con Cathy a cuestas, y tener que esperar horas a que nos recibieran. Después de hacer estos viajes durante días, ese rayo de esperanza se apagó misteriosamente. La única solución del Departamento de Bienestar Social era que yo llevara a Cathy a un «centro de acogida infantil» mientras me iba a trabajar. Pero era incapaz de hacerlo. Años después, al volver a solicitar ayuda a ese departamento, les pedí que volvieran a revisar mi solicitud anterior y me explicaran por qué había sido rechazada. La asombrosa anotación decía: «Sin necesidad aparente».

Neal me había telefoneado varias veces durante su viaje. La primera desde Washington DC, e inmediatamente le dije que sabía lo de LuAnne.

–¿LuAnne? –preguntó. Mi insistencia en que habíamos ter-

1. Es la bella, rica e inteligente heredera de *El mercader de Venecia*. En el testamento, su padre ha dejado escrito que sus pretendientes han de elegir entre tres cofres, y que ella solo se casará con quien escoja el adecuado que, como cabía esperar, no es el que todo el mundo pensaría. Ha quedado como símbolo de iniciativa e inteligencia. *(N. del T.)*

minado no lo alteró, y siguió telefoneando y hablando como si ambos nos muriéramos de ganas de estar juntos de nuevo, como si estuviera en viaje de negocios. Cuando me colgaba, me echaba a llorar otra vez. Una vez llamó para decir que quería enviarme dieciocho dólares, y que le diera mi nueva dirección. Su regreso se había demorado de manera inevitable, dijo, porque había tenido que ayudar a Jack a trasladar a su madre de Carolina del Norte a Nueva York, y él había llegado en el momento oportuno. Helen se había quedado en Tucson, pero Al todavía seguía con él. Por qué, no pude averiguarlo, pero no sentía ningún deseo de escuchar los detalles de ese viaje.

En algún momento de la última semana de enero, Neal apareció en la puerta, todo sonrisas y alegría, preparado para un gran reencuentro. Armándome de una determinación sobrehumana, solo encontró en mí frialdad e indiferencia, mientras todo mi ser anhelaba acercarse a él. Se le veía tan guapo. Pero mi orgullo parecía más importante. Me esforcé todo lo que pude por fingir que era capaz de arreglármelas sola y que no estaba asustada: qué farol más tonto.

–Vamos, cariño. –Hablaba como si lo hubiera recibido con los brazos abiertos, pero mientras miraba a su alrededor en aquel apartamento gris no se engañaba, y su alegría quedaba empañada–. Bueno, ¿así que esta es la nueva casa? Mmm... Sí. –Se asomó al baño sin calefacción, con sus accesorios antiguos y su suelo de linóleo desnudo, y después se acercó en dos zancadas a Cathy, que estaba dormida en su cuna, para cogerla y arrullarla–. ¿Como está la niña?

–Todo lo bien que se puede esperar viviendo sin dinero, sin padre y sin futuro –repliqué con acritud.

–Vamos, vamos, cariño, esa no es forma de hablar. Lo pasado, pasado está, y ya estoy de vuelta para hacerme cargo de todo. –Se sentó a mi lado en el sofá plegable. Sabía que debía evitar que me tocara, así que me levanté de un salto y fui al sofá cama de la otra punta.

–Vuelve con LuAnne, Neal. No quiero empezar todo eso otra vez.

–¿LuAnne? Ni la he visto, querida. No sé nada de ella, ni dónde está. Solo estanos tu y yo y el bebé. Ya lo sabes. Conseguiré un trabajo de inmediato y os sacaré de aquí a Cathy y a ti. Todo saldrá bien. Confía en mí, cariño. Vamos, tú y yo, ¿recuerdas?

–Oh, lo recuerdo muy bien. No, Neal, no te servirá de nada. Nunca más podré confiar en ti. El hechizo se ha roto. Mi fe en ti ha desaparecido. Es mejor dejarlo ahora que ha habido una ruptura, así nos recuperaremos antes. Todo lo que he pasado sola mientras estabas fuera. Cathy nunca te conocerá ni sabrá lo que ha perdido. –Comenzó a temblarme la voz–. Por favor, vete ya, y deprisa.

–¿Ir a dónde? No tengo adónde ir.

–Oh, Neal, déjalo. –La ira abortó las lágrimas–. Estoy segura de que LuAnne está contigo. ¿Y dónde está Jack? Toda la excusa para este gran sacrificio. ¿Dónde esta el gran hombre, que significa mucho más para ti que tu familia?

–Lo dejé en el centro para poder verte a solas.

–Claro, con LuAnne. Vete, ¿quieres? Déjame sola.

–Vale, vale. Te llamaré. –Vio que no iba a ceder y fue hacia la puerta. Lo vi correr por el camino de entrada y escuché el coche alejarse a toda velocidad, y con él se fue otra parte de mí. Encendí un cigarrillo y me derrumbé boca abajo en la cama. De alguna manera, a pesar de mi decisión, no me sentía tan desolada. Al menos había vuelto, y lo tenía cerca. Quería que encontrara una manera de hacerme creer en él. Pero, ¿cómo podía borrar por completo lo que había hecho? No podía permitirme hacer el ridículo, y ¿por qué no era suficiente lo que había hecho? ¿Por qué no era yo como las demás mujeres, a las que herían o traicionaban una sola vez, y era la última? Déjalo, me dije; búscate a otro, con el orgullo y el honor intactos, la lección aprendida. ¿Por qué no pude cambiar la imagen de que él era mi marido perfecto, mi único marido?

Cathy empezó a quejarse de hambre, así que me levanté y coloqué el biberón al fuego para que se calentara. El sol se había puesto, y cuando el cielo adquirió un azul más oscuro, las luces de la ciudad comenzaron a parpadear como luciérnagas. Las ventanas sin cortina eran lo bastante altas para que entrara mucha luz. Odiaba el resplandor de las lámparas en la habitación vacía, pues todo lo que veía era como un decorado, y producía la ilusión de exagerar mi encierro. Cambié a Cathy al anochecer, y me senté a ver el espectáculo de la oscuridad cada vez más profunda y las luces polícromas mientras se bebía su leche, con su pequeño cuerpo caliente apretado contra mi barriga. Con la mano libre, dejé caer la aguja en el tocadiscos que había junto a la cama para que «Lady Day» hablara por mí.

No hay hombres buenos.
Desde que el mundo empezó
ha habido otras tontas como yo
nacidas para enamorarse de hombres que no valen nada.

DIECISIETE

Cuando me desperté por la mañana, le di la vuelta al disco, como siempre.

–Buenos días, tristeza. Ahí vamos otra vez...

Aquella mañana, sin embargo, me sentía un poco más animada que las doce anteriores. Había cierta expectativa, buena o mala. Con esa expectativa, procuré ordenar y limpiar lo que pude. A eso de mediodía sonó el teléfono. Era Neal, positivo y animado.

–Buenos días, cariño. Ahora, escúchame. Quiero decirte que, maldita sea, tenemos que resolver esto, ¿no te parece, Carolyn? Después de todo, hay que atender a Cathy como es debido. Por supuesto, entiendo tus sentimientos y todo eso, pero de todos modos hay que hacer algo. Tengo que conseguir un trabajo, cariño, pues no tengo dinero, como es natural, ¿lo entiendes, no? Y tampoco Jack, aunque ha telegrafiado a su madre y pronto nos mandará algo. Pero no podemos quedarnos aquí. Desde el punto de vista puramente económico, querida, a pesar de lo que quieras y sientas. No te molestaré en absoluto. Lo que tu digas, pero tendremos que encontrar un lugar donde quedarnos hasta que pueda conseguir suficiente dinero, lo entiendes, ¿no?

No pude evitar pensar que era bastante estúpido y contraproducente por mi parte ser tan inflexible cuando necesitaba tanto su apoyo y él estaba dispuesto a dármelo. ¿Qué otra solución había? El Departamento de Bienestar Social me había rechazado. Mi orgullo aún se rebelaba y no sabía qué hacer.

–¿Dónde está LuAnne? –fue todo lo que se me ocurrió preguntar.

–Vamos, cariño, ya te lo dije, no sé dónde está. ¿Cómo voy a saberlo? –La voz de Neal viraba hacia la ira. No le gustaba repetir las mentiras una y otra vez. Yo solo hacía suposiciones para no volver a hacer la tonta..., pero ¿y si estaba diciendo la verdad?

–Bueno –dije–, supongo que no tengo elección. Siempre y cuando entiendas claramente que se trata estrictamente de un acuerdo comercial y solo hasta que podamos hacer otra cosa. Jack debía de tener algún plan cuando te dijo que fueras a buscarlo, ¿no?

–Sí, sí, por supuesto, cariño. Ya hablaremos de eso. –Se había salido con la suya de nuevo, por lo que de nuevo derrochaba cordialidad–. Él no se interpondrá entre nosotros, ya verás. Y tengo todos los periódicos dominicales conmigo. Empezaremos a buscar trabajo hoy mismo. Iré a ver a Ardo primero. Luego me paso. Adiós cariño. Te quiero. –Colgué el teléfono, de nuevo dividida por dentro: feliz y asustada.

A eso de las cinco llegaron Neal y Jack, cargados con bolsas de comestibles cortesía de Ardo. Neal bailoteó por la pequeña cocina lanzando latas a Jack y esperando mitigar nuestra incómoda situación hablando sin parar.

–Sabes, Jack, es extraño, pero tú y yo nunca hemos jugado a lanzarnos la pelota, y no he podido enseñarte mi magnífico brazo. A casi setenta metros era capaz de lanzar la vieja pelleja de cuero, sí señor, y nunca medí la distancia con una pelota de béisbol. Desarrollé este saltito especial, ves, y asombraba a mis amigos con la distancia a la que podría tirar una piedra. Esta es una zona demasiado pequeña para poder enseñártelo como es debido. –Una lata se estrelló contra la pared–. Ups, muy mal... Como casi todos los zurdos, mi puntería es un poco errática.

Jack se rió entre dientes y se la devolvió, imitando un exagerado gesto de lanzamiento futbolístico. Sin querer cortarles demasiado el rollo, traté de que hablaran más bajo para no despertar a Cathy, y me di cuenta de que no había considerado que todos viviríamos en una habitación.

Jack y yo nos sentimos más incómodos y tímidos en este segundo encuentro.

Sin saber todo lo que él sabía sobre el viaje y LuAnne, o lo que Neal le había dicho de mí, me sentía humillada y perpleja. Jack estaba avergonzado de que lo consideraba la causa de mi dolor y mi pobreza, y no podía defenderse sin incriminar a Neal. Que cada uno fuera consciente de la posición del otro solo dificultaba aún más la comunicación.

La primera noche, mientras yo lavaba los platos, los dos hombres ocuparon los asientos empotrados de la cocina y trataron de mostrarse alegres. Se les hizo muy cuesta arriba. ¿De qué podíamos hablar? Yo era la mujer agraviada, y ellos conocían secretos dolorosos para mí. Afortunadamente, ambos estaban cansados y les alegró poder retirarse temprano. Me quedé el sofá cama y les ofrecí el sofá doble, pero Jack prefirió su saco de dormir en el suelo.

Al día siguiente, Neal aceptó otro trabajo de vendedor, esta vez ofreciendo una nueva línea de baterías de cocina de aluminio. Vino a casa con una enorme caja de cartón con todo tipo de ollas nuevas, sartenes y ollas a presión con montones de folletos, recetas e instrucciones.

–¡Mira, cariño, uaaau! Mira lo que tengo. –Entró tambaleándose y dejó caer la caja en el sofá–. Ahora tú y Jack os quedáis aquí sentaditos, y os enseñaré el gran descubrimiento en los anales de la cocina de este siglo, ya lo creo que sí. –Montó un numerito cómico de vendedor de remedios milagrosos a lo W. C. Fields con cada cacharro, exagerando todas las características y agregando algunas de su propia invención hasta que Jack y yo nos reímos a carcajadas. Cuando Neal vio que yo ya no estaba tan fría, soltó la sartén, y tropezó con todo lo que había en el suelo y saltó a mi lado, gorgoteando, riendo, abrazándome y besándome, mientras yo fingía resistirme. Luego, con la misma frivolidad, volvió a su demostración con renovada alegría.

Todos sabíamos que este trabajo no le pegaba nada a Neal: vender en serio utensilios de cocina, que lo invitaran a cenas para hacer demostraciones, pero con Neal nunca podías estar demasiado seguro de lo que podía o no podía hacer. Jack abrió el interrogatorio cuando Neal mostró signos de agotamiento.

–¿Qué estas haciendo, tío? –Todavía estaba riendo–. ¿De dónde has sacado todo esto? ¿No lo habrás robado, verdad?

–Amigo mío, ejem, ¿cómo puedes preguntarme algo así? No entiendo ni cómo se te pasa por la cabeza.

–Pero Neal –interrumpí–, ¿no te pondrás de vendedor otra vez? ¿Ya te has olvidado de Sinsir? ¿Cobras un sueldo o es solo a comisión? ¿Es puerta a puerta? ¿Qué te pondrás? ¿Cómo vas a...?

–Chitón. Relajaos y dejadlo en manos de papá. Ya he ido a la charla informativa y me han dado el visto bueno, y mirad esto, este folleto lo cuenta todo sobre estas maravillosas bellezas. No hay ningún misterio. Y además, querida, eres tú quien debe usarlas y decirme lo estupendas que son, ¿ves? ¿Ves? Tu maridito ya ha traído a casa, si no el tocino en sí, al menos algo para cocinarlo cuando lo traiga. No está mal, ¿eh? –Caminó en círculo, ahora imitando a Oliver Hardy, con una radiante sonrisa.

Esta vez mis instintos resultaron acertados. Los primeros dos o tres días, Neal se levantó temprano, y, llevándose a Jack, se marchaba entusiasmado. Unos cuantos rechazos y portazos fueron suficientes para desanimarlo. Empezó a levantarse más tarde o a quedarse leyendo los periódicos, sin acabar de salir a la calle. Un día, el supervisor llamó y Neal simplemente le dijo que lo dejaba. El hombre vino a recoger las cacerolas, que yo había reunido con cierto orden.

Era difícil para todos vivir confinados en esa habitación, con un bebé durmiendo la mayor parte del tiempo. Neal y Jack pronto reunieron el valor para salir «a disfrutar del jazz», y volví a sentirme una esposa abandonada, aunque esta vez apenas podía justificarlo ni expresárselo.

Al final de la primera semana, se acabó la broma. Sonó el teléfono, y cuando respondí, la dulce voz de LuAnne preguntó por Neal. Le entregué el teléfono y me fui a la cocina. Las lágrimas corrían por el fregadero mientras yo lavaba pañales.

Neal estaba tan enfadado que se puso rojo. Tenía la mandíbula apretada y solo contestaba alguna palabra de mala manera. Cuando colgó el teléfono gruñó en voz baja:

–Esta estúpida zorra.

Entró en la cocina y comenzó con el rollo de:

–Ahora, cariño, no te vayas a pensar...

–Vete. ¡Vete de una vez! Ni una palabra más... ¡Nunca! –Retorcí los pañales como si fueran su cuello.

Neal se paseaba por la sala de estar, maldiciendo para sí. Jack había salido y ahora regresaba al avispero. Como no conseguí responder a su «Hola», se dirigió a Neal para que le explicara por qué. Escuché las explosivas respuestas y maldiciones de Neal contra LuAnne. Jack también estaba enojado con ella, pues había quedado con él y justo ante sus ojos se había subido a un Cadillac con un hombre mayor.

–Fingió no verme, pero sé que me vio. Tienes razón. No es más que una puta.

Me produjo cierta satisfacción escuchar cómo la ponían verde, pero sabía que era porque les importaba. Y ella era libre de tomarlos o dejarlos. La envidié aún más.

Si Jack había venido a San Francisco con algún plan que nada tuviera que ver con los de Neal, no se concretó. Cuando su madre le mandó dinero, decidió usarlo para regresar a Nueva York. Primero compró una barra de pan y unos embutidos y se hizo una gran pila de bocadillos para llevarlos en el autobús. Cuando Neal lo acompañó a la estación, mis instrucciones fueron que los dos se largaran.

Me puse a pensar otra vez en cómo había acabado allí y cómo me había dejado liar en algo tan sórdido. ¿Dónde me había equivocado? Sin embargo, ¿por qué no estaba más asustada y preocupada? ¿Por qué todavía me parecía que la vida y vivir eran importantes? Había mujeres que se habían suicidado por menos, y yo no tenía esa inclinación. Mis sentimientos parecían programados por la familia estoica que tenía detrás. «Simplemente haz lo que tienes que hacer y sigue adelante. Sin lloriqueos.» Pero ahora estaba separada de esa familia. Nunca podría decirles todo eso, y llevaba ya tiempo evitando cualquier referencia a mis problemas en las cartas semanales a casa.

La semana siguiente miré por la ventana y vi a Neal caminando rápido por el sendero, con una determinación sombría en la cara. Irrumpió en casa y se puso a dar saltos sujetando la muñeca izquierda con la mano derecha, doblándose de dolor. Estaba herido. No puedes echar a patadas a un hombre cuando está lesionado, me dije, sintiendo auténtica lástima.

–¿Qué pasa, Neal? ¿Qué ha ocurrido?

–Mira, Carolyn, voy a volver aquí para quedarme. –Solo llamaba a las mujeres por su nombre en momentos de mucho énfasis o estrés, tal vez porque hablaba en sueños–. He terminado del todo con esa zorra de LuAnne. Para siempre. ¿Me oyes? –Siguió balanceándose, respirando con dificultad, agarrándose la muñeca.

Cuando por fin logré que se quedara quieto el tiempo suficiente para poder mirarle la mano izquierda, vi que estaba hinchada de la muñeca para abajo y que tenía el pulgar extrañamente doblado.

–Parece roto, Neal. ¿Cómo diablos te lo has hecho?

–Con LuAnne. Le he pegado a esa tía estúpida.

–¿Le has pegado? ¡Neal! Oh no, ¿cómo has podido? ¿Dónde está? ¿Cómo está? – Era más serio de lo que había imaginado.

–Esa cabeza dura... Está perfectamente. Nadie puede lastimar esa cabeza dura. –Más tarde me enteré de que la mano de Neal había rebotado en su cabeza y golpeado la jamba de la puerta. Reprimió más tacos y expresiones de desagrado, y de nuevo se puso a hacer cabriolas–. Pero mira, ¿no crees que debería ver a un médico o algo así?

–Sí, sí, por supuesto. Vamos, te llevaré a las Urgencias del Hospital de la Misión. Le diré a la señora del piso de abajo que vigile a Cathy.

Yo todavía no había conducido «mi» coche, y Neal se olvidó de su dolor mientras me daba órdenes. Una oleada de tristeza me invadió al ver lo muy usado y sobado que estaba.

Aparqué delante de urgencias y Neal entró solo. Una vez más, me invadió una cálida tranquilidad. Eso sí que debe haber supuesto el final de su relación, si ha caído tan bajo como para pegarle a una mujer. No tardó en volver corriendo de regreso hacia el coche. Le pregunté:

–¿Qué te han dicho?

–Nada todavía. Tengo que esperar. Escucha, cariño, ¿tienes una moneda de cinco centavos? Llamaré a LuAnne y le diré que reúna mis cosas para poder ir a recogerlas. Gracias.

Cogió la moneda que le ofrecí y volvió corriendo al edificio.

Mi momento de éxtasis fue breve. Un taxi se detuvo y de él salió LuAnne, con cara de consternación. Corrió hacia la entrada y Neal salió de las sombras. LuAnne le cogió la mano y chasqueó la lengua, y por su manera de asentir con la cabeza y sus miradas apasionadas supe que me habían vuelto a engañar. Neal volvió a entrar al hospital donde había nacido Cathy.

LuAnne se volvió, y al verme me saludó con la mano y cruzó el parking. Forcé una sonrisa y nos saludamos como hermanas que hace mucho que no se ven.

–¿Cómo tienes la cabeza, LuAnne? Qué horror. ¡No me puedo creer que Neal hiciera algo así!

Ella se rió y se apoyó en la puerta del coche.

–Oh, estoy bien. ¿Cómo estás tú? Creo que fue horrible que Neal se fuera y te dejara así, y se lo dije. Justo en Navidad.

–¿Por qué no entras? –Le indiqué el asiento del copiloto, aunque pensé que era yo la que debería cambiarme de asiento. Después de todo, era más su coche que el mío, ahora que se había paseado en él por todo el país. Dio la vuelta y subió, justo cuando Neal se acercaba corriendo al coche.

–Me han sacado unas radiografías, y tengo que esperar a que me lo escayolen. ¿Por qué no me esperas en el apartamento? Te llamaré cuando esté listo. –Y volvió a desaparecer en el hospital.

A LuAnne le pareció bien.

–Estupendo. Todavía no he visto al bebé, y tengo muchas ganas. –Como si fuera mi mejor amiga.

–¿Te gustaría conducirlo?

–No, no, conduce tú. –Se acomodó en el asiento y sacó un cigarrillo. Ya había oscurecido, y tuve que pedirle que me enseñara dónde estaba el interruptor de las luces. Estaba hecha polvo.

Entramos de puntillas en la habitación sin muebles y encendí una luz flojita junto al sofá. Fui a ver a Cathy y LuAnne murmuró palabras de admiración a mi espalda. Cuando volvimos nos sentamos una delante de la otra. La tenue luz de las ventanas que había detrás de mí le daba en la cara, y la lámpara acentuaba el rojo dorado de su cabello, que caía en descuidados y lustrosos rizos sobre su espalda. Quizá era porque me veía hecha un pingajo, pero nunca había visto a una chica más sexy. A medida que hablábamos se iba volviendo más guapa. Como artista, era mucho más consciente de su belleza que ella, cosa que me produjo placer estético y dolor. Sabía que nunca podría competir con ella en el físico.

Comenzó a relatar una serie de historias acerca de las muchas veces que Neal la había decepcionado, y cada revelación era como si me clavara un puñal. En cierto modo, le di la bienvenida al castigo, con la esperanza de que fuera lo bastante malo para curar cualquier vínculo emocional con él. A lo largo de su relato omitió cualquier referencia al maltrato físico.

Después de una hora o más, sonó el teléfono a mi lado, y lo cogí enseguida, programada para pensar en Cathy. Era del hospital. Neal estaba listo para irse, y le dije que estaría allí. LuAnne dijo: «Que espere», y pasó otra media hora hasta la conclusión de sus recriminaciones. Cuando le pareció que Neal ya había esperado lo suficiente, volvimos al hospital. LuAnne quizá esperaba que lo encontraríamos despotricando en otro arrebato de furia, pero estaba sentado en la acera, con la cabeza apoyada en el brazo. Mi corazón se compadeció de él, pero no me moví. LuAnne corrió y le dio un golpecito en el hombro. Un tanto grogui, levantó la cabeza y se puso de pie tambaleándose, apoyándose en ella para caminar hacia el coche y derrumbarse en el asiento trasero.

–Dios, estoy enfermo –murmuró–. Llevo horas vomitando.

LuAnne me susurró:

–¡Ja! Eso le servirá de lección.

Puse en marcha el coche con suavidad y conduje hasta el apartamento.

Sabía lo mal que podía llegar a sentirse Neal cuando tenía náuseas, e hice todo lo que pude para no asfixiarlo con mis atenciones ahora que llevaba esa escayola grotesca. Entre LuAnne y yo conseguimos que subiera las escaleras y encontrara una postura para acostarse en el sofá cama. Lo cubrí con una manta y le pregunté si tenía todo lo que necesitaba. Sacudió la cabeza y no tardó en dormirse. Le ofrecí un café a LuAnne y me senté a escuchar otro capítulo de sus confesiones y condenas. Por supuesto, esperaba que Neal durmiera un poco y después la acompañara a su hotel. No quería que se quedara conmigo, y yo estaba completamente harta de ese ping-pong emocional.

LuAnne dejó su taza y se puso de pie.

–Bueno, tengo que irme. Gracias. Me he alegrado de volver a verte.

–Ah. Despertaré a Neal.

–No, no. Está mejor así.

–Pero no puede quedarse aquí. Tiene que irse contigo. Puedes llevarlo...

–¡Ja! ¡No lo quiero conmigo! De todos modos no puedo; mi prometido vuelve a San Francisco un día de estos. ¡Y no le gustaría encontrar a Neal en mi habitación! –Se rió al imaginarlo. O sea, que ella también lo engaña.

–¿Cómo vas a irte a casa a estas horas? No creo que debas... –Por un momento temí que se llevara el coche.

–No; no te preocupes. Hay muchos taxis por Dolores.

Mientras la acompañaba a las escaleras, le pregunté:

–¿Vivirás en San Francisco cuando te cases? –Por favor, di que no.

–Sí, eso espero. Conocí a mi novio aquí cuando estuve la otra vez con Lois, y nos hemos estado escribiendo mientras yo estaba en Denver. Me pidió que me reuniera aquí con él y nos casáramos. Esa es la única razón por la que me fui con Neal, para que me trajera en coche. –No agregué: «Pasando por Nueva York».

De vuelta a la habitación en sombras, miré a Neal, que seguía durmiendo, preguntándome si debería despertarlo para desvestirlo. Qué indefenso se veía y qué incapaz de causar tanto mal a los demás. Al menos ahora ya debería haberme convencido de que no se podía confiar en él. Con un suspiro abrí el sofá y me subí a él. Apagué la luz. Las luces de la ciudad parpadeaban en el techo alto con los colores del arco iris. Aunque no me parecía bien, Neal estaba aquí, nos habíamos vuelto a reunir y a ser una familia, por disfuncional que fuera.

A la mañana siguiente, mis defensas regresaron, pero podía posponer el castigo hasta que su salud mejorara, y esto me alivió un poco. Se sentía fatal, tenía la cabeza a punto de estallar y la mano le palpitaba. La codeína le sentaba mal, y la aspirina solo conseguiría inflamarle el estómago vacío. Pensar en comida solo consiguió provocarle náuseas de nuevo. Ya se estaba castigando bastante.

–Creo que ya estás lo bastante bien para volver con LuAnne –aventuré, fingiendo que no sabía nada de sus asuntos y para dejar bien claro en qué punto se encontraba nuestra relación. Me respondió como si yo fuera un niño pesado que insiste en jugar a lo mismo demasiado tiempo. También él estaba deprimido, no solo por el malestar físico, sino por el desastre que era su vida. Ahora que estaba lesionado, no podía trabajar. Esto significaba que no podría pagarle a Ardo y le embargarían el coche, y que LuAnne quedaría rápidamente fuera de su alcance. Tenía una esposa y una hija que dependían de él. No pasé por alto la oportunidad de subrayar la lección.

–Bueno, Neal, espero que todo esto te haya valido la pena.

DIECIOCHO

La única solución posible era que Neal cuidara a Cathy mientras yo iba a trabajar. Me aseguró que podría encargarse, que haría lo que fuera para poder quedarse. El día después de su lesión se sintió lo bastante bien como para coger el coche y dejarlo en una calle lateral. Debía dos plazos, y la compañía financiera no tenía su dirección. Para mí aquello era uno de los misterios de la economía, pero era más que consciente de lo ruinoso que ese viaje impulsivo había sido para varias personas.

Así que volví a sacar el vestido verde y comencé a hacer una lista de consultorios médicos. Prácticamente había vivido entre médicos toda mi juventud, ya que la consulta de mi padre estaba en la facultad de medicina donde enseñaba bioquímica; en ese hospital yo había sido recepcionista de muchos consultorios, había estudiado ilustración médica y más tarde había trabajado de terapeuta ocupacional durante la guerra, por lo que estaba familiarizada con la terminología médica.

La primera tarde de mi búsqueda tuve suerte. Me contrató un radiólogo húngaro de cincuenta y tantos años. Cuando me preguntó si podía empezar de inmediato, también preguntó con mucho tacto si querría un adelanto de mi salario. Era evidente que mi traje de boda había perdido su atractivo.

Neal estaba sombrío y apagado. Un día, al llegar a casa, levanté la mirada hacia nuestra ventana y me sobresaltó ver aparecer un hombre calvo. Neal se había afeitado la cabeza. Sabía que a menudo se dejaba crecer la barba, como había empezado a hacer de nuevo ahora, porque tenía la piel tan sensible que odiaba afeitarse, pero siempre había sido quisquilloso con su pelo. No me explicó por qué lo había hecho, y eso me hizo sentir incómoda. Dijo que se había quedado leyendo en el apartamento, y que solo había salido para llevar a Cathy en el cochecito –una primera adquisición– al parque cercano. Yo entonces no sabía que LuAnne iba a menudo a visitarlo y también lo acompañaba al parque. Menos mal que Cathy aún no sabía hablar.

Como aún me sentía decepcionada, ya no manteníamos animadas discusiones como en los buenos tiempos, y no teníamos suficiente dinero para hacer nada ni pagar una canguro. Nos sentábamos detrás de nuestras revistas y libros o hablábamos de Cathy. Con ella, seguía siendo atento y cariñoso.

El 15 de marzo le escribió a Allen:

> Me siento solo e inquieto [...]. Ahora la acción, en el sentido de un propósito continuado, es bastante imposible. Llevo una vida superficial y simplona, y lograr algún pequeño acuerdo emocional y mental es algo que escapa a mis esfuerzos. Hablar de algo mucho rato y con interés, la coherencia o la lógica, el liderazgo culto o la conversación, es algo que me supera. Estoy apático sin motivo. Me quedo sentado como una estatua de Rodin, con el brazo izquierdo colgando. (El ceño del *Pensador* es falso.) Suspiro cuando miro por la ventana que da a la ciudad –al este– y los horizontes del norte, las nubes, la calle. Estoy todo al oeste que se puede estar; en una bajamar fangosa. Me he librado de LuAnne, mis amigos son mis amigos, pero tengo una niña.
>
> Ella es la sangre de mi vida, hermosa y perfecta... Ahora mismo se está despertando. Me acerco a besarla. Así pues, vivo en la niña el mayor tiempo posible, esa es mi postura. Después de eso, el mundo, tú, los saxofones y la rutina luchan por imponerse. Ya ves, todo es muy simple. Yo me encargaré de Cathy

mientras Carolyn me lo permita, que podría ser, espero, para siempre. Cuando ella rompa la relación, llevaré otras vidas; hasta ese momento... Cathleen Joanne Cassady está a mi cargo.

Con mi salario habitual, nuestro primer objetivo era una nueva casa. Encontré una en la linde de Russian Hill y cerca de todas las zonas de San Francisco que para mí constituían su esencia: el Aquatic Park, North Beach, Fisherman's Wharf, Telegraph Hill, Chinatown. En la dirección opuesta estaba Nob Hill con los hoteles Mark Hopkins y Fairmont. No es que pudiera ir por allí, pero me traían recuerdos de las fantasías derrochadoras de la guerra.

La casa, construida en tres niveles, estaba en una calle corta y tranquila de solo una manzana de longitud. Al final había una casa alargada que en origen había sido un establo. Nuestra casa era la única con césped y jardín detrás. A media manzana había un pequeño mercado, en la esquina de Union y Hyde, y el tranvía hacía sonar su campana musical arriba y abajo de Hyde Street y me llevaba al trabajo y de vuelta. El trayecto se parecía más al de un parque de atracciones que a un medio de transporte para ir a trabajar. Qué deliciosa manera de comenzar y terminar cada día.

Mudarnos a una casa decente, medio amueblada y con más «posibilidades» que las anteriores, mejoró mi relación con Neal, quien también se volvió más estable, menos taciturno, y comenzó a escribir de nuevo a pesar de la molestia de la escayola, que le cambiaron seis veces y ahora tenía un clavo de tracción, en la mano dominante. Yo no podía permitirme ser tan feliz como era antes de su viaje; mi cautela persistía, junto con el falso orgullo que entonces consideraba honorable y necesario. Anhelaba nuestra intimidad de antaño, pero no sabía cómo recuperarla, teniendo en cuenta nuestra situación y sus condicionantes.

Una osteomielitis, al parecer contraída por lavar pañales, infectó los huesos del pulgar de Neal. Necesitaba inyecciones diarias de penicilina, y, para ahorrar gastos, convencí al médico de que yo sabía poner inyecciones. Cuántas veces me arrepentí de esa idea. Neal no solo era quisquilloso y estaba a la defensiva, sino que tenía las nalgas tan delgadas y tensas que para mí no era tarea fácil, y para él era doloroso: su piel sensible le hacía pegar gritos e insultos.

En abril llegó nuestro aniversario de bodas, y mi veintiséis cumpleaños vino y se fue sin apenas celebración, excepto por parte de mi jefe, cuyas atenciones y regalos había estado rechazando rotundamente (una postura que resultaba por completo incomprensible para Neal). Para conmemorar esas dos fechas, la cortesía exigía que aceptara los perfumes, broches, aretes y bufandas del médico. Además, acepté una bata china adornada y con bordados para Neal, a quien le encantó. Se la ponía sin nada debajo; no le cubría más que dos centímetros por debajo de las nalgas, y caminaba pavoneándose, fingiendo que su cigarrillo era un puro, y carraspeando como el comandante Hoople, el personaje de tebeo.

Mi jefe me llevaba a conciertos sinfónicos mientras Neal hacía de canguro. También compró un Buick rojo convertible al que llamaba «tu coche» cada vez que me llevaba. Una vez tenía que entregar unas radiografías y me desvié a casa para dejar que Neal lo condujera. Cruzamos Golden Gate hasta Marin County. Para Neal, aquello fue el paraíso. Pero como no respondía a las insinuaciones amorosas del médico al final se volvió exageradamente quisquilloso y exigente en el trabajo. Así que cuando Neal afirmó que llevaba mucho tiempo inactivo y ya no lo soportaba y quería ir a trabajar, estuve encantada de despedirme. (También tuve que devolver la bata de Neal.) Todavía no habían llamado del ferrocarril, así que Neal encontró un trabajo recauchutando neumáticos de camiones, un trabajo muy duro con aquel calor abrasador, pero recogió el guante como siempre. Se lo describió a Jack: «La escayola pesa mucho. Por culpa del sudor el pulgar se vuelve pegajoso y se pega al yeso. Hago tareas imposibles; mi trabajo es muy difícil, agotador para un hombre fuerte que puede usar las dos manos, aunque con una mano arrojo los neumáticos de los camiones pesados en un verdadero frenesí por cumplir mi tarea. Estoy impresionado».

Yo no estaba tan asombrada como preocupada por su fuerza y resistencia. Aparte del pulgar, tenía otros problemas físicos. En otra exagerada carta a Jack, le explicó:

> El jazzero C. tiene el trasero dolorido. Su esposa le pone a diario inyecciones de penicilina para el pulgar, que le producen urticaria, porque es alérgico. Debe tomar 60.000 unidades de la poción de Fleming en el plazo de un mes. Durante este mes debe tomar una tableta cada cuatro horas para combatir la alergia producida por esa poción. Debe tomar aspirina con codeína para aliviar el dolor en el pulgar, a la que es alérgico. Debe someterse a una operación en una pierna por un quiste inflamado. Debe levantarse el próximo lunes a las seis de la mañana para una limpieza de boca. Debe ir al médico de los pies dos veces por semana para un tratamiento. Debe tomar jarabe para la tos todas las noches. Debe sonarse y sorber constantemente para despejar la nariz, que se ha hundido debajo del puente, pues hace años le hicieron una operación que lo debilitó. El mes que viene le quitarán la escayola del brazo de lanzar.
>
> Dom. p. m.: Sentado sobre el culo dolorido en mi cocina viendo cómo pasan los días: mi hija balbucea, mi esposa riega el césped, tengo la barriga llena de un bistec de dos dólares [...]. Leo un libro nuevo, *Flight From Reality*, de Norman Taylor: es bastante interesante y se ocupa de todo tipo de heroína, rapé, cocaína, hierba [...]. Acabo de empezar a leer *Doctor Faustus* de T. Mann. A pesar de las críticas, me parece lo mejor que he leído de él, a excepción quizá de *La montaña mágica* (que leí cuando era joven y me influyó mucho). Es extraño descubrir que su última obra empieza en gran medida como la mía. Mi fabulosa preciosa hija ahora ya es capaz de aguantar de pie sola durante treinta segundos seguidos. Pesa casi diez kilos y mide setenta y tres centímetros. He calculado que es 31,25 % inglesa, 27,5 % irlandesa, 25 % alemana, 8,75 % holandesa, 7,5 % escocesa y 100 % maravillosa.

Cada día me sentía más segura de mí misma. Neal me no paraba de insistirme en que de ninguna manera quería ni podía volver a ver a LuAnne, que esa primavera se había casado. Neal le dijo a Jack: «LuAnne se ha casado con Ray Murphy, que ha afilado una espada y recorre la ciudad tratando de encontrarme para poder cortarme el cuello». Yo esperaba que un marido tan violento vigilara a LuAnne con el ímpetu, posesivo y apasionado. Pero pasaba mucho tiempo embarcado.

En mayo, Allen escribió: «¿Estás demasiado ocupado para escribir o no quieres, por algún motivo referente a tu relación con nosotros en Nueva York? [...]. Ha llegado el gran día para Jack, y ha vendido su libro». Allen también dijo de Jack: «No está enfadado contigo; de hecho, cinco de los quince bocadillos que te negó en Frisco se echaron a perder antes de que pudiera comérselos».

Después de firmar el contrato de *La ciudad pequeña, la gran ciudad* Jack había ido a Denver para volver a ver a sus amigos. Le decepcionó descubrir que casi todos estaban fuera, y le escribió a Neal pidiéndole consuelo, consejo y diversión. Neal ahora podría compilar las numerosas cartas sin enviar que había comenzado desde que Jack se marchara de San Francisco.

> ¡Has vendido tu libro! Estoy aquí sentado pensando en lo contento que estoy y en la mejor manera de hacértelo saber. Se me ocurre solo una: me alegro. Me alegro, me alegro, me alegro. Vaya, me alegro. Prueba a ir a Five-Points en Denver si quieres oír bop, al Hotel Rossonian, y un par de lugares en frente del Welton, entre las calles 26 y 27. Puede que haya un o dos sitios en el centro o en el norte [...]. Aparte de eso ya solo busco buenas máquinas de discos. Curiosamente, anoche tuve un fabuloso sueño con Slim Gaillard. A lo mejor recuerdas los sentimientos encontrados de admiración e incapacidad de conectar con él que sentía. En el sueño era incapaz de decirle lo tonto que me sentía al no poder expresar mi admiración. Así era como acababa el sueño: yo sentado mirándole a la cara y deseando poder hablar.
>
> Dios, acabo de escuchar al gran George Shearing, ¿recuerdas

al Dios Shearing, Jack? Dios Shearing y el Demonio Gaillard. Esos somos nosotros, Jack, una mezcla de George y Slim. Las imágenes que teníamos de George: un Dios ciego; de Slim, un Ser que todo lo ve.

Allen nos mandó más noticias de naturaleza menos extática. Bill Burroughs había sido arrestado y se enfrentaba a una condena de cárcel por posesión de narcóticos y armas. «Si no lo encierran, tendrá que irse de Texas y Los Ángeles, pues ahí lo tiene chungo.» El propio Allen permitía que sus amigos utilizaran su apartamento como base de operaciones para «diversos planes» de naturaleza ilegal. Había planeado subarrendarles su apartamento y utilizar el dinero para visitar a Bill, pero a causa del arresto de este, dijo, «ya no lo tengo tan claro». Se quejaba de que «al parecer no hay manera de hacer planes en firme».

Su carta termina así:

> ¿Qué estás haciendo? ¿Cuándo se cansará tu corazón de su propia indignidad y despotismo y falta de creación? ¿Por qué no estás en Nueva York? ¿Eres capaz de hacer algo lejos de nosotros? ¿Puedes sentir a alguien como nos sientes a nosotros, aunque en Nueva York hicieras todo lo posible para rodearte de una niebla sensorial de actividad ciega? ¿Estás aprendiendo algo nuevo? ¿Dónde estás ahora? Si te preguntas el motivo de estas preguntas, no lo menosprecies sospechando que hay alguna razón sexual por mi parte. Ahora no tengo ninguna, y tampoco me dominaban la última vez que estuviste en Nueva York. Estoy escribiendo un conjunto de salmos...

Al final, Allen se vio implicado cuando detuvieron a sus realquilados, y solo evitó la cárcel dejando que lo confinaran en un hospital psiquiátrico.

Aquello nos sirvió de lección, y durante casi un año no tuvimos noticias de Allen. Neal le escribió tristemente a Jack: «Bill en la frontera, Allen internado, Huncke en la cárcel, Jack en Denver, Neal en el fin del mundo. El horizonte aquí es el mar.

Me acuesto en la orilla, en el extremo occidental». Aunque eufórico porque Jack había vendido su la primer libro, Neal resumía la situación: «Dos cosas ponen claramente de relieve la realidad: el éxito de tu venta y que Allen esté internado. Todas las temibles fuerzas externas que me he empeñado en esquivar durante tres años se ciernen de nuevo sobre mí». Estas fuerzas eran más poderosas que ambos, Jack y Allen. De alguna manera, la seguridad que esos amigos le habían proporcionado a Neal parecía amenazada. Eso le dio la oportunidad de reflexionar, y su renovada determinación parecía insignificante en comparación. «Bien puedo decirlo; he empezado un libro... de nuevo... cuatro páginas...» Su título: *El primer tercio.*

DIECINUEVE

A Neal no volvieron a llamarlo del ferrocarril en todo 1949, y su salario era menor de lo que habíamos planeado, así que accedí a volver al trabajo. Encontré empleo con dos médicos que compartían consultorio: uno era cirujano y el otro una médico de cabecera. Llevaba apenas dos semanas allí cuando descubrí que volvía a estar embarazada. Esta vez me afectó aún más, porque había seguido de manera en extremo concienzuda las instrucciones anticonceptivas del médico, y casi nunca sucumbía a las exigencias de Neal. ¡Era imposible que estuviera embarazada!

Esta vez Neal se mostró feliz, tal vez intentando compensar el primer embarazo, o tal vez porque Cathy le proporcionaba tanta alegría. Yo me sentía atrapada: por un lado deseaba tener otro hijo, pero me daba miedo ser más dependiente de Neal mientras me resistía a él. La concepción de esos embarazos no me había dado ningún placer.

Al cirujano le pareció que mi estado sería perjudicial para su práctica, pero a la mujer no. Así pues, ella lo dejó y abrió su propia consulta en el piso de arriba. Ahora que Neal y yo trabajábamos, tuvimos que contratar una niñera, y encontré a una cariñosa mujer mexicana llamada señora Davis. Ella nos cuidaba a todos, y mejoró nuestra existencia con su alegría ilimitada y preparándonos a menudo manjares mexicanos. Aunque el trabajo de Neal era sucio y agotador, el mío era fácil. El consultorio de la doctora daba a Union Square, y mientras contaba pastillas o escribía informes podía observar a la gente y las palomas de la calle. Yo también cogía el tranvía. Mis defensas se relajaron, y de nuevo vi la posibilidad de recuperar nuestro matrimonio. A estas alturas debería haber aprendido a temer más la calma que la tormenta.

Como solía pasar, Neal empezó a extrañar la excitación y la variedad, así que cuando Jack le escribió que no tenía nada que hacer y que aún no había decidido a dónde ir desde Denver, Neal le respondió frenéticamente, rogándole que viniera a verle:

> Estoy tan emocionado mientras tecleo esta súplica [...]. Voy a estar al menos dos semanas sin trabajar. Verás, el pulgar, después de tres semanas más escayolado, no respondió al tratamiento, y el jueves pasado decidieron cortarlo, solo la primera falange. Así que el lunes me operan. Carolyn estará trabajando todo el día, incluido el sábado, y tendremos la casa para nosotros solos. Podemos poner música, charlar, etc., y por las noches iremos a enloquecidos antros de negros para escuchar bop, etc. [...] Quiero pasar dos semanas perfectas de vacaciones contigo [...]. Voy corriendo a enviar esta carta. Te lo repito: piensa en todas las razones que hay para venir aquí, luego multiplícalas por diez y piensa en lo bien que lo pasaremos, y luego... «En la carretera» de nuevo.

Jack no respondió. Sin embargo, unas noches después llamaron a la puerta. Ya nos habíamos ido a la cama, pero Neal se levantó, totalmente en pelotas como de costumbre, se tapó con los tejanos y abrió la puerta y se encontró a Jack de pie en el porche. Jack estalló en carcajadas, diciendo:

–Dios mío, hombre, ¿y si hubiera sido otra persona?

Se rieron y susurraron mientras Neal conducía a Jack escaleras abajo. Me invadió de nuevo el viejo miedo de siempre. Imaginé que se estaba levantando un puente levadizo entre Neal y yo, encerrándolos a ellos en su castillo de placer y dejándome a mí melancólica en el lado opuesto, llenando el foso de lágrimas. Mis miedos crecieron a medida que escuchaba su eufórico reencuentro, Neal acordándose cada vez menos de los que dormían arriba.

Neal fue fiel a las promesas que le había hecho a Jack en su carta, y los dos se lo pasaban estupendamente juntos, como un par de colegiales que hacen novillos. Habíamos dejado que la señora Davis se tomara las dos semanas libres, y me preocupaba que Cathy recibiera la atención debida en ese ambiente. Yo volvía a casa del trabajo y les preparaba la cena, después de lo cual se levantaban de la mesa y salían corriendo hacia la noche. Mi sensibilidad a flor de piel provocaba que nuestros escasos encuentros fueran tensos, y cuanto más me comportaba yo como el padre que reprueba al hijo, más me trataban como la madre a la que hay que engañar y esquivar.

A principios de la primera semana Neal intentó romper esa rutina, molesto por mi constante mal humor.

–¿Por qué no vienes con nosotros, entonces?

–¿Y quién se quedará con Cathy? –pregunté con frialdad.

–¿Qué hacen los demás? –replicó Neal, algo impaciente–. Llévaselo a Louise, que vive al lado, o que vuelva la señora Davis.

Me daba miedo irme, pero si no lo hacía no podría seguir haciéndome la ofendida. El siguiente sábado por la noche, la señora Davis se acercó y acepté unirme a ellos. Mis dudas estaban más que justificadas. Yo allí sobraba: era como la hermana pequeña malcriada que el hermano mayor se ha de llevar cuando sale con sus amigos. Neal hablaba con Jack de gente y sitios que tenían en común y yo no.

La primera mitad de la noche la pasamos dando vueltas por la zona de Fillmore, poblada principalmente por negros. Cada pocos minutos, Neal paraba bruscamente el coche, saltaba, irrumpía en un estanco, un bar o un portal y salía de un salto para llevarnos de nuevo hacia el tráfico hasta la siguiente parada. Al final me di cuenta de que estaba buscando hierba, y después de una hora más o menos parecía haber dado con un «contacto».

Neal aparcó el coche en una calle residencial arbolada donde esperamos y esperamos y esperamos un poco más. Hasta ese momento no me había divertido nada, y me preguntaba si eso era un ejemplo de los buenos momentos que creía haberme perdido. Por desgracia, aquello estaba a años luz de lo bien que lo habíamos pasado los tres dos años antes en Denver. Después de al menos otra hora, Neal dedujo que lo habían engañado, y renegando abandonó la espera.

El resto de la velada fue en gran medida otra espera. En un hotel del barrio de Tenderloin, Jack y yo intentamos entablar conversación con una amiga estríper de LuAnne mientras nos preparaba café en una plancha colgada boca abajo de una percha sobre la papelera metálica. Luego, mientras Neal seguía otras pistas, Jack y yo nos sentamos en un mugriento club nocturno y tuvimos que ver actuaciones de estrípers patéticas. Yo estaba por completo avergonzada, pero no tanto como cuando Neal regresó y coqueteó abiertamente con una vocalista en el escenario, justo delante de nuestra mesa. Le exigí que me llevara a casa, y estuvo encantado de complacerme, hasta el punto de que salió delante de mí para ir al coche. Una vez estuve ante la puerta de casa, pisó el acelerador y se largó disparado. Traté de controlar mis lágrimas hasta que el hijo de la señora Davis vino a recogerla, le pagué y le deseé buenas noches. Los hombres estuvieron fuera toda la noche.

No se volvió a mencionar mi asistencia a sus juergas, y se levantó un muro entre nosotros. Una vez escuché a Jack preguntarle a Neal qué pasaba entre nosotros, pero Neal no se lo supo explicar. A veces Neal intentaba averiguar exactamente por qué me comportaba así, y calmarme, pero el hecho de que no lo supiera solo me hacía sentir peor. Yo era vagamente consciente de que no todo era culpa suya, pero no se me ocurría otra manera comportarme y conservar mi orgullo y mi justa indignación. Yo quería que él deshiciera, borrara lo que había hecho. Eso no era posible, obviamente, y el perdón era un concepto que yo aún tenía que aprender.

Hubo un pequeño detalle que fue la gota final. Una noche estaba bañando a Cathy, que estaba rodeada de sus juguetes de agua y burbujas, con su piel de bebé sonrosada y el baño caliente lleno de vapor. Neal y Jack llegaron a casa, y con ellos, el amigo francés de Jack, Henn Cru. Lo llevaron a la puerta del baño y me presentaron. Henri no sabía nada de nuestras tensiones, por supuesto. Nos sonrió:

–¡Ahhh, *très jolie*! Vaya, vaya qué encantadora escena doméstica... *Oui, oui*... ¡Encantador!

Hizo una reverencia y retrocedió, y siguiendo a Jack bajó los escalones hasta la cocina. Fue demasiado para mí. Me deshice en lágrimas, y lamenté con amargura que mi vida no fuera como Henri pensaba y como yo deseaba desesperadamente que fuera. Estaba metiendo a Cathy en su cuna cuando todos subieron riendo por las escaleras para volver a salir. Jack y Henri se fueron cantando por la puerta principal, y Neal vino a darle un beso de buenas noches a Cathy. En su estado de ánimo frívolo me cubrió de hermosas y vacías palabras de cariño, sin siquiera darse cuenta de que tenía la cara bañada en lágrimas. Lo aparté con fiereza y desaté la única arma que tenía... de nuevo.

–¡Vete! Vete de una vez. –Apreté los dientes.

Pareció desconcertado, pero dijo:

–Está bien, cariño, ya me voy. –Y se largó.

Me acosté en la cama hecha polvo, pero con la esperanza de que tuviéramos una confrontación que condujera a un desenlace. Insomne, esperé y esperé el regreso de Neal. Amanecía ya cuando le oí entrar de puntillas. No dije nada hasta que Jack hubo usado el baño y subido las escaleras hasta el desván. Me incorporé e impedí que Neal se metiera en la cama.

–Neal. Te dije que te fueras, y lo dije en serio. ¿De qué te crees que estoy hecha? ¿Esperas que me quede aquí sentada noche tras noche haciéndote de criada y de canguro? Bueno, pues hasta aquí hemos llegado. Si no quieres este tipo de vida, vete a vivir la tuya. No quieres tener esposa ni familia. Vete a buscar a ese queridísimo amigo tuyo y... vete a vivir la vida que quieras... en otro lugar. VETE. AHORA. –Me tumbé boca abajo y hundí la cara en la almohada.

Neal no tuvo más remedio que volver a ponerse la ropa en silencio. ¿No iba a discutir? ¿Ni a tranquilizarme de nuevo, como hacía siempre? ¿Qué iba a hacer yo ahora? Subió a contárselo a Jack, y observé consternada como metía sus cosas en su vieja maleta, mientras todo mi ser pensaba en cómo detenerlo. ¿No diría nada? Seguro que haría algo en uno o dos días, pensaría en alguna forma de resolver aquello. Aquel arrebato mío haría que reconsiderara el precio que estaba pagando por salir de juerga. Tenía que causarle algún tipo de impresión.

Y se fueron. La casa estaba mortalmente silenciosa. Había tardado tan poco. Pensé en su mano sin curar, en Cathy, en el nuevo ser que crecía dentro de mí. ¿Qué había hecho?

Sonó el despertador y tuve que ir a trabajar. Tendría que dejar a Cathy con la vecina de al lado. La responsabilidad guiaba mis pasos. Ajena a cuanto me rodeaba, automáticamente monté en el tranvía y abrí la consulta. Mi mente frenética no hacía más que buscar una respuesta. Esta vez había cometido un terrible error. Neal debía saber que solo había sido un arrebato de mal genio; podría haberme contestado de nuevo. Solo con que Jack hubiera estado allí, podría haber hablado con Neal. Pero si Jack no hubiera estado allí, ya no habría surgido ningún problema. Pero no era culpa de Jack. Era de Neal y mía. ¿Dónde estaban ahora? A lo mejor Neal me llamaría; la última vez había llamado, pero había sido él el que había decidido marcharse. Esta vez era yo quien había forzado la separación. Tenía que saber que no hablaba en serio.

El médico estaría en el hospital toda la mañana, y yo tenía la tarde libre. Además de los dos pacientes que venían a ponerse una inyección, todo lo que tenía que hacer era contestar el teléfono y concertar citas. Era incapaz de estarme sentada. De manera automática, ordenaba el instrumental y los cojines. Oí abrirse la puerta de la recepción. No esperábamos a nadie todavía. No era más que un representante farmacéutico.

–El doctor no está, y de todos modos, le compra a una empresa al por mayor. –Ya debían de habérselo dicho antes, porque no lo desanimó. Oí cómo se abría y cerraba la puerta del ascensor, y algo dentro de mí sufrió una sacudida como no me había ocurrido nunca, como si me hubiera pasado la corriente. Corrí hacia la puerta que daba al vestíbulo de la consulta privada, pues había oído pasos fuera. Cuando abrí la puerta, vi cerrarse el ascensor, y a mis pies había un sobre. Qué tonta, ¿por qué no había corrido hacia el ascensor en lugar de recoger el sobre? Represión condicionada de nuevo. Temblando, cerré la puerta y me senté en la silla del médico. Dentro del sobre había tres dólares y una página arrancada a un calendario de escritorio de 1947. Con buena letra, a lápiz, había escrito:

> Carolyn, me voy hoy. No volveré a molestarte. No volveré a presentarme dentro de un mes para que todo vuelva a empezar... ¡No tengas miedo! Aquí tienes los pocos dólares que puedo darte. No recibirás más hasta sept. Con las cosas que todavía tengo en casa puedes hacer lo que quieras. Me voy a Denver, Detroit y Nueva York, y nunca volveré a Frisco. Por cierto, no voy a ver a LuAnne, ni sé dónde está. Escrito por Helen Hinkle.
>
> Neal

Leí la nota varias veces, tamizándola en busca de granos de esperanza. Primero, no tenía por qué escribirme ni enviarme dinero. ¿Y por qué me decía a dónde iba? ¿Y qué más me daba ahora si veía a LuAnne? A lo mejor no tenía prisa. Corrí hacia la ventana de la consulta y escudriñé todas las formas cambiantes que se veían en Union Square, y mi desesperación aumentó. Por poco. Casi lo había vuelto a ver, casi había impedido eso: por un segundo. Solo con que llamara. Ahora era improbable. Sentí la amenaza de la histeria. Eso no ayudaría. Piensa. ¿Dónde iría ahora? Helen lo sabría, pero ¿dónde vivía? Al la había dejado, y yo no tenía su número. No los había visto desde el día que los conocí. Maldición.

Me quedé como una tonta mirando el cielo plomizo que tenía delante: las gaviotas volaban tan erráticas como mis pensamientos inútiles, caían en picado y giraban, descansaban, y otra vez en picado, sin llegar a ninguna parte. Enloquecida, tiraba y empujaba el cajón del escritorio como si tuviera un tic nervioso. Conseguí controlarme, y al mirar hacia abajo, cuando el cajón estaba abierto, divisé los montones de píldoras de muestra. Ahí era donde guardaba todas las anfetaminas. Tenía que pasar por el resto de la mañana, razoné, y nada importaba de todos modos. Si tenía que vivir, más me valía sacarle todo el jugo. Quizá alguna de esas píldoras le dieran cuerda al mecanismo que había dentro de mí. Elegí una variedad que pudiera equilibrarse con tranquilizantes, y, poniéndome dramática, tomé una taza de agua y me tragué dos, colocando el resto –y las otras muestras– en mi bolso.

Louise me abrió la puerta, con Cathy en brazos y su hijo en el suelo, a sus pies.

–Entra y quédate un momento. Toma un café. –Negué con la cabeza y le cogí a Cathy. Louise añadió–: Imagínate, Neal yéndose así, tan temprano. –¿Se lo había dicho? ¿Cómo? Supuse que en mi dolor le había contado algo para que me pareciera más real. Añadió–: Pues si quieres saber mi opinión: adiós y hasta nunca. Es lo mejor que te podía pasar. No deberías haberlo aguantado tanto tiempo. A la larga estarás mucho mejor.

Ya había escuchado todo eso antes, y mi corazón gritaba: «No te estoy preguntando nada. No es lo mejor. No estaré mejor sin él. Le amo». En realidad, solo asentí. Retrocedí hacia la puerta con Cathy y murmuré alguna palabra de agradecimiento. Louise me caía bien, y sabía que no quería ser chismosa, sino que realmente lo sentía por mí. También sabía que el mundo entero estaría de acuerdo con ella. ¿Por qué yo no?

VEINTE

El silencio de mi casa era sofocante. Saqué las pastillas y me tragué un par más, recorrí la casa corriendo para abrir las ventanas, encendí la radio y, a grito pelado, preparé a Cathy para irse a la cama. Me puse unos tejanos y una camisa y me preparé para afrontar la soledad del fin de semana. Lo sé, lo sé; se había ido muchas veces, pero siempre dejaba alguna prueba de su presencia.

Justo cuando comenzaba a bajar las escaleras, me sorprendió un golpe en la puerta principal, así que retrocedí y fui a abrir. Al principio no reconocí a Helen, y nos miramos en un silencio nervioso. Entró en casa explicando el motivo de su visita.

–Siento lo de Neal, Carolyn. He venido por si puedo hacer algo. –Me alejé de la puerta, indicándole que entrara.

–Qué amable por tu parte, Helen. Estaba a punto de hacer un poco de café. Vamos abajo. –Fui delante, conmovida por su preocupación, pero de alguna manera aún más apurada. Su misión parecía indicar que no había esperanza, y yo consideraba que era demasiado pronto para rendirme. Puse la cafetera al fuego mientras Helen comentaba con aprobación aquella casa tan divertida. Mientras se acomodaba en el sofá, me senté delante de ella, casi temiendo preguntar:

–¿Cuándo se han ido?

–Se han ido sin más. ¿Recibiste la nota?

–Sí. –Tuve que levantarme y apagar el fuego, alegrándome de poder ocultar mis sentimientos. ¡Se acababan de ir! Entonces esta vez no había llamado. Esta vez, que le habría suplicado que volviera. Pero no debía decírselo a Helen, que probablemente era otra mujer que me consideraba una tonta por soportarlo. Probablemente a sus ojos también era todo culpa suya.

–Me enfadé tanto con él, Carolyn. ¿Cómo puede largarse sin más y dejar a su mujer y a su hija? ¿Cómo se puede ser tan irresponsable? ¡Dios!

–¿Cómo es que vinieron a tu casa?

–Verás, Carolyn... La razón fue que... Desde luego no por mi compañía... Que no tenían coche. –Yo había plegado el sofá, de modo que el respaldo estaba levantado, y Helen se apoyó en él y encendió un cigarrillo. Disfruté escuchándola. Hablaba con lenta intensidad, recalcando con fuerza ciertas palabras en un tono sincero. Hablaba con una voz baja y amable, y yo anhelaba saber más detalles.

–¿Tenías coche? –Le di una taza de café, y coloqué la leche y el azúcar en la mesa, junto a ella.

–No, Lorraine tenía. Es la chica que me presentó a Al. Vivía en el piso de al lado, y Neal sabía que ella tenía un coche. Él y Jack habían estado dando vueltas con el coche todo el día con Bill Tomson, pero este tuvo que irse a casa a cenar.

–¿Eso fue anoche? –pregunté.

–Sí, exacto. Llamaron a la puerta, y, para mi sorpresa, era Neal. Por supuesto nos vino con la cantinela de su amigo Jack, y que se iban a Nueva York. No supe nada de tu situación hasta la mañana siguiente. Por supuesto, creo que sabe que me gusta Jack, así que preguntó si podía darse una ducha. Luego preguntó por el coche de Lorraine, así que la llamé.

»Querían ir a escuchar ese fabuloso grupo de Howard Street, y me preguntó si yo también quería ir, así que me dije: qué diablos, puede ser divertido. Pero entonces no pudimos arrancar el coche, así que lo empujamos hasta la calle principal, ante lo cual los galantes caballeros... ja, ja... ¡se escondieron en el asiento de atrás mientras yo empujaba y Lorraine conducía! Eso fue de lo más divertido, en realidad... Y lo sigue siendo, ¡recordar que se escondieron!

–¿Por qué lo hicieron?

–Razonaron que siendo dos hombres no conseguirían que nadie les ayudara a empujar...

–Oh, ya entiendo. Necesitaban un coche para empujar...

–Sí. Así es, pero ahí estaba yo, empujando ese coche... cuesta arriba... en dirección contraria, y, efectivamente, funcionó. Al fin llegamos a ese club. Un club mugriento, lleno de negros y borrachos raritos, y estaba ese tremendo saxofonista negro que le gusta a Neal. Neal se quedó justo delante de la campana del saxofón, y el tipo soplaba directamente a la cara de Neal. Neal salta y se balancea, la mitad del tiempo con los ojos cerrados, movía la cabeza y sonreía a cada nota.

»Estábamos sentados en unos pequeños taburetes, muy cerca, y había otro tipo con unos cabellos negros descontrolados como lanzas que le asomaban por toda la cabeza, y cantó «Close Your Eyes». Fue algo... guau... ¡simplemente genial!

Helen hizo una pausa, recordando la situación y sonriendo.

–Al poco todo el local olía a hierba. De repente ese negro con el pelo de punta... tenía unas cicatrices terribles por los brazos y la cara, buf... pero nos cantaba a nosotros. Cuando me di cuenta me abochornó un poco. Pero Neal se acercó, sonrió y se puso a recorrer el local a saltitos: «¿No te gusta? ¿No te gusta?». Y yo decía: «No seas ridículo», e hice como si no me gustara. ¡Claro que me gustaba, pero no quería que me liaran para decir una cosa así! Era irritante. ¡Y era impresionante, guau! En realidad era algo que todos compartíamos, pero yo no quería quedar como una tonta, ¿entiendes?

Se lo pensó.

–Es curioso que no haya podido olvidar a ese tipo. Bueno, estuvimos allí varias horas. Era de noche cuando empezamos, por lo que debían de ser las diez más o menos, y al cabo de un rato Neal dice que van a dar una vuelta rápida por Oakland.

No pude evitar interrumpirla con una risa de gallina.

–Sí, ese es Neal. «Una vuelta rápida», claro, cruzando la bahía. ¿Supongo que para conseguir más hierba?

–Supongo. No sé. Hubo mucha discusión, y por alguna razón Neal quería de verdad que nosotros también fuéramos.

–Me olía a uno de esos planes de Neal «llenos de peligro». Neal y Jack se subieron al coche, desmadrados con los negros, y se fueron. Así que ahí estamos de nuevo, Lorraine y yo teniendo que empujar su coche. Finalmente encontramos a un chico que nos ayudó, e íbamos a encontrarnos con Neal en Jackson's Nook cuando regresaran. He estado allí muchas veces. Es un club que está abierto toda la noche, ya sabes, y los músicos van ahí a seguir tocando cuando cierran sus clubs. No tenía ninguna esperanza de volver a ver a Neal esa noche, pero, por supuesto, a eso de las tres o más apareció con los mismos músicos. Nos quedamos hasta el amanecer tomando café.

»Cuando llegamos a casa, le pregunté a Lorraine si podía quedarme con ella y le di a Neal y Jack las llaves de mi apartamento. Justo antes del mediodía de hoy, volví y estaban levantados, así que les preparé algo de comer. Solo entonces me di cuenta de que habían hecho las maletas, y que realmente tenían intención de ir a Nueva York. Cuando Neal me pidió que te escribiera la nota, le estaba pegando cuatro gritos por haberte dejado, y Jack seguía defendiéndolo, diciendo que lo habías echado. Dime, ¿de vedad tenía la mano tan mal que no podía ni escribir esa nota?

–Supongo que podría haberlo hecho, pero no se habría entendido nada. Es zurdo, ¿sabes? Lleva bastante tiempo escribiéndolo todo a máquina.

–Me pareció algo extraño, y me hizo sentir como si fuera su aliada. Me sentí fatal. Quería decirle: «Escríbelo tú mismo».

–O podría haberlo hecho Jack.

–Sí, claro. ¿Por qué yo?

–Ese es Neal. Su manera de tratar con la gente consiste en ponerlos de su parte.

–Bueno, me sentí fatal por escribir la nota, como si fuera un instrumento.

–Por supuesto, no te culpo. Es culpa mía. Yo insistí en que se fueran. Pero estaba tratando de llamar la atención de Neal, ya sabes. Creo que eso es lo que yo pretendía. No lo sé. Nuestra vida juntos era intolerable.

Al escuchar a Helen, me sorprendió con qué despreocupación y tranquilidad se había ido de juerga con Neal y Jack sin sentir que la rechazaban ni sentirse amenazada. ¿Por qué no había podido irme con ellos sin darle tantas vueltas? Lo que me contó demostró que Neal se había ido de verdad, y con él la esperanza. Me alegré de no estar sola, y le insistí a Helen para que siguiera distrayéndome.

–Háblame de ti y de Al. Siempre me ha sorprendido lo de vuestra boda, y que te casaras con él conociéndolo tan poco... Si no te importa.

–No. Sí, es gracioso, simplemente supe que tenía que ser él. Algo hizo clic. Supongo que parece una locura.

–No para mí. Eso es lo que me pasó con Neal. No había nada que pensar; simplemente lo supe.

–Sí, eso es. –Suspiró con tristeza–. Entiendo. Pero la tarde en que Al trajo a Neal, Dios... Estaba bailando y cantando, dándole golpes al coche, dando saltos por todo. Me tenía aterrorizada. Le dije después a Al, muy en serio, sabes, ¡que creía que ese tipo debía de fumar marihuana! –Nos echamos a reír a carcajadas.

–Hay que ver. Bueno, fueron dos días de locura. Ni siquiera recuerdo el orden. Tenía que ir al médico. Me dio un diafragma, que continuamente se me salía y caía por el suelo del baño. Mal presagio, pensé. Neal había planeado una gran *jam session* para después de la boda, pero le dije a Al que ya había invitado a mis amigos del trabajo a tomar una copa con nosotros en el Fairmont, así que eso es lo que hicimos, y fue cuando conocí a Bill Tomson y a su mujer, Helen, en la boda.

–Todavía no los conozco. Neal dijo que vendrían. ¿Cómo es ella?

–Una rubia muy mona. Callada. No pude hablar con ella.

Era la hora de la cena de Cathy. La preparé, la cambié y la senté en la silla alta.

–Caramba, Helen, todavía hay muchas cosas que quiero preguntarte. ¿Puedes quedarte a comer conmigo? Me temo que solo tengo hamburguesas, pero hay muchas.

–Pues sí, gracias. Me gustaría. No tengo nada que hacer, y ese apartamento es tan deprimente. Pero es barato, y este verano a Al no lo han llamado del ferrocarril, así que estábamos ahorrando. Por supuesto, cuando me dejó para largarse con Jim Holmes, me llamó para hablarme de lo bonito y grande que era el apartamento que tenían en las avenidas, y aquí estoy. Ejem. –Jim era ese amigo de Al y Neal que se ganaba la vida jugando a las cartas y al billar. Un chico dulce y discreto que cojeaba.

–¿Por qué se fue Al? Neal no me contó nada.

–La cosa se estaba poniendo imposible, porque Jim llevaba semanas viviendo con nosotros. Yo no podía soportarlo, y él siempre parecía interponerse entre nosotros. Ya no éramos una pareja. Entiendo cómo te sentiste cuando Jack estaba con vosotros... Era lo mismo, supongo. Cuando no me mostraba hospitalaria con su amigo, Al se enfurecía. Al lo veía como una persona inofensiva, que lo era, pero también era raro. Teníamos un sofá cama que yo le preparaba, pero insistía en dormir en la bañera, cosas ridículas como esa. Decía que no quería imponer su presencia. Luego se pasaba literalmente horas sentado en el inodoro.

Me alegré de que Helen pudiera hablar de ello y reírse. Y me pregunté si llegaría el día en que pudiera mirar hacia atrás y reírme yo también. Fue la primera vez que vi a Neal a través de los ojos de otra persona, y me enteré de cosas de su vida cuando no estaba conmigo. No era del todo igual que cuando me lo contaba él. No pude resistir la oportunidad. Tal vez escucharía algo que por fin rompería mis cadenas.

Después de comer, compartí mis pastillas con Helen, y ya no paramos. Atendí mecánicamente a Cathy durante toda la noche y al día siguiente.

–Háblame de tu luna de miel, Helen, si se le puede llamar así.

–Bueno, el viaje a Tuscon fue un infierno. Todavía llevo el vestido de boda, la faja me está matando, y Neal... Bueno, ya sabes cómo conduce Neal. Yo estaba petrificada. Y, claro, la radio estaba a todo trapo, Neal daba golpes sobre el salpicadero y gritaba. Dios, fue horrible. Y se negó en redondo a parar en una estación de servicio para que pudiera ir al baño. ¡Dios, cuánto odiaba a ese hombre! Se lo dije, y él me la devolvió. Me dijo cosas horribles, me insultó, hizo comentarios desagradables. Me dije que se esforzó todo lo que pudo para ser grosero.

–¿Neal? Qué raro. Nunca le oí mostrarse desagradable con nadie. Y menos con un extraño o la esposa de un amigo. Tal vez fue porque has sido la única mujer que no se ha dejado engatusar por él, ¿no crees? Viste cómo era en realidad. No te pudo liar. Supongo que no podía tolerarlo.

–Puede. No lo sé, pero seguro que no fue la idea que yo tenía de una luna de miel. Pero, ¿sabes? Por el camino recogió a una mujer y un niño. El niño era epiléptico o algo así, ¡y Neal se portó fantásticamente con ellos! Nunca había visto a nadie ser tan amable. Fue tan considerado y atento, no podía creer que fuera las misma persona. Por supuesto, también recogía a todo tipo de autostopistas para que le pagaran la gasolina. Hasta tuve que sentarme en el regazo de Al.

»Bueno, aguanté hasta Tucson, y luego ya tuve suficiente. Yo insistía en que tenía que darme un baño y en que Al debía conseguirnos habitación en un hotel. Así que eso es lo que hicimos, y Al y yo hablamos, y le dije que no estaba nada satisfecha de nuestra luna de miel, y quería que Neal se fuera. Al dijo que tenía que seguir con Neal porque lo habían acordado antes de la boda y él había puesto dinero.

Me quedé perpleja.

–Pensé que os habías casado con tanta prisa porque Neal creía que tenías dinero, y que si os llevaba, financiarías su viaje. Eso es lo que me dijo, en cualquier caso.

–Ja, puede que lo pensara, pero yo no tenía mucho dinero, porque estaba al final de un permiso de seis meses y a punto de volver al trabajo. ¡Y desde luego no le habría puesto ese dinero en el bolsillo! Entonces Al dijo que muy bien, que podía esperar a que volviera en San Francisco o seguir hasta Nueva Orleans y esperarlo allí, que es lo que quería. Me había dado la dirección de Burroughs. Entonces, cuando Neal llegó a nuestro hotel, yo todavía estaba en la cama. Neal me metió prisa: «¡Vamos!». Pero Al le explicó: «Ella no viene». Neal se quedó boquiabierto de incredulidad. Se recuperó muy rápido y dijo: «Bueno, ¿qué vas a hacer?», y Al dijo que bajaría enseguida. Entonces Al me suplicó que fuera a Nueva Orleans y me pusiera en contacto con Burroughs.

–¿Alguien te había hablado de él?

–¡No, oh no! Solo que era un muy buen amigo de Neal que tenía una casa. No sabía nada de su pasado ni que era adicto, y Joan también.

Las dos nos reímos, y por un momento reflexionamos sobre el contraste entre la educación luterana convencional de Helen y el nuevo estilo de vida en el que, sin saberlo, se había metido al casarse con Al, de la misma manera que yo tampoco había previsto mi vida con Neal.

–Por supuesto, no hace falta decir que Al y Neal volverían en...

–Oh, sí, ya lo sé... En un momento. La frase favorita de Neal: «¡Vuelvo enseguida!».

–Sí claro. Cinco días fuera. Así que ahí estaba yo. Decidí que seguiría hasta Nueva Orleans, sobre todo porque no podía volver a San Francisco y explicárselo a mis amigos. En fin, que es Nochebuena y estoy en un tren. Eso era una verdadera tragedia para mí. O creía que lo sería, porque para nosotros siempre había sido una fiesta muy familiar. Nosotros siempre abríamos nuestros regalos en Nochebuena, y estar en un tren parecía un giro del destino tan grande. Y para ir... ¿adónde?

–Y recién casada.

–Ja, sí. Pero sabes, seguía pensando que no estaba tan mal. Que era divertido. Bueno, llegué a Nueva Orleans y tomé una habitación en un hotel. Ya había estado en Nueva Orleans, así que no me era un lugar desconocido. Telegrafié a Al a casa de la madre de Jack para decirle dónde estaba, y les dije a los del hotel que esperaba una llamada inminente. Pero pasaron los días y no hubo llamada, y Al no apareció.

»Finalmente el personal del hotel me dijo que era el fin de semana del Sugar Bowl y que había que vaciar todas las habitaciones. Entonces uno de los botones me dice: «Hay un lugar al final de la calle donde puedo conseguirle una habitación», así que nos metemos por un callejón. Llegamos a una puerta; y él aprieta un timbre. Entramos y había una entrada antigua, misteriosa e imponente, enorme y vacía. Solo se veían tapices y cosas así colgando, y había que llamar a otro timbre. Al final apareció una mujer, muy rara, con abalorios, falda larga...

–¿Como un puticlub?

–Eso es. Una casa de putas, y me enseñan una habitación, desnuda e inmaculada que da a otro patio lleno de maleza, de coches viejos averiados etcétera. Uno de mis primeros descubrimientos fue un enorme tarro de vaselina sobre la repisa de la chimenea y dos colillas: una con carmín, pero todavía no me quería creer lo que parecía todo aquello. En realidad, no fue hasta por la noche, cuando los timbres seguían sonando y la gente iba y venía cuando finalmente caí en la cuenta...

–¡Oh, qué inteligente! Yo tuve la misma experiencia, pero en una gran casa de piedra rojiza en Nueva York: cigarrillos, Vaselina, y no me enteré de nada. Tuvieron que decírmelo.

–De todos modos, me estaba quedando sin fondos, y ni siquiera comía mucho, así que después de una semana tuve que telegrafiar a San Francisco para que me mandaran más dinero.

»Seguía esperando a que Al llegara en cualquier momento. Decidí que lo mejor sería llamar a Burroughs y tal vez averiguar algo. Me invitó a almorzar. Por teléfono parecía un anciano, alguien viejo de verdad. Me llevó a un lugar sombrío de aspecto maléfico... Chino, creo.

–Probablemente donde conseguía el opio, o la morfina –Me reí.

–Sin duda. Y almorzamos, y él estuvo hablando mucho rato de... ¡viviendas prefabricadas! Habló una hora larga... Durante toda la comida. Me moría por preguntarle si sabía algo de Jack o Al, pero era realmente elocuente cuando hablaba de algo impersonal. Al final dijo: «Bueno, ¿por qué no vienes a mi casa?» Como quien no quiere la cosa. Así que tomé una de mis bolsas... Le debía al burdel diez dólares, así que tuve que dejar la otra bolsa allí, y Bill y yo tomamos el ferry a Argel.

»Había que andar mucho hasta la casa, que tenía forma de L y una galería que la rodeaba por completo. Conocí a Joan. Lo que más me llamó la atención de ellos fue lo apartados que vivían. Me dieron una habitación entre el cuarto de los niños y el estudio de Bill, que era donde dormía él. La mía era una habitación fascinante: contraventanas con persianas, una alfombra oriental en el suelo, un sofá de jardín toscamente tallado hecho con ramas enteras, una chimenea y una alta cama de hierro, realmente fascinante.

–Has dicho que Bill dormía en su estudio. ¿Dónde dormía Joan?

–Ella no dormía mucho, por lo que yo sé. En una especie de salón entrada había un sofá, y en un rincón una mesa que Bill había construido «para que durara mil años». Muy raro. Pasó bastante tiempo antes de que me enterara de que habían llegado a ese acuerdo, o que había surgido de manera espontánea.

»Ahora que tenía un poco de dinero, desaparecía siempre que me era posible, y me iba a Nueva Orleans todos los días, a ver un espectáculo, a los museos, a pasear. Nunca comía con ellos. Todos los días tenía que recoger un tubo de bencedrina para Joan, aunque nunca supe por qué. A menudo veía los tubos vacíos en filas sobre la repisa de la chimenea; y Bill se sentaba y les disparaba con su escopeta de aire comprimido.

»De todos modos, una vez su farmacéutico me dijo que podría darme una docena si lo deseaba, ya que estaba seguro de que yo no haría mal uso de ellas. Le dije: «¿Hacer un mal uso de ellas? ¿Cómo es posible?» Él me lo dijo, y yo le contesté: «No, con una está bien». Cuando regresé y se le conté a Joan, casi se muere de risa. Esa fue la única vez que la vi emocionarse por algo.

»De verdad, todo era una completa locura. Bill tenía esa cosa con los gatos. Tenía seis o siete gatos, y cada noche los ataba con una cuerda... Les ataba las patas... y los «bañaba». Oías esos terribles chillidos, y era espantoso, pero ellos se comportaban como si fuera perfectamente natural.

»Y luego estaba el árbol de los lagartos, ese árbol feo y grotesco que estaba literalmente cubierto de lagartos. Uno de los deberes de Joan era quitar las lagartijas del árbol cada noche con un rastrillo. No sé por qué no probó el veneno. Yo salía a la galería al anochecer, y ella estaba rastrillando a la luz de la luna.

»Yo pensaba que todos estaban absolutamente locos, como si siguieran algún tipo de lógica que ellos conocían y yo no, y no quería hacer más preguntas. Bill se quedaba en el baño durante horas, y después siempre olía raro y trozos de tubería de goma, cucharitas, y demás.

»Joan y Bill tenían discusiones muy vivas y fascinantes. Tenían una mente brillante y hablaban de todo tipo de temas, ¡aunque nunca de nada personal! Bill siempre llevaba una sobaquera, de la que estaba muy orgulloso, y de vez en cuando también una cartuchera al cinto, y le encantaba salir al patio y mostrarte su arma y su puntería.

–Sí, Neal me lo contó cuando estuvo allí.

–También es curioso que Bill siempre aludiera a los elementos criminales y siniestros de Nueva Orleans cada vez que iba al hipódromo. Era tan ridículo verlo... Un tipo delgado con pinta de estudioso, con traje, corbata, sombrero y una sobaquera. Era como un niño que juega. Era imposible tomárselo en serio, ni cuando hablaba de armas.

»Luego estaban los niños. Julie tenía unos seis o siete años, y el niñito aún no había cumplido uno, creo, todavía en pañales, cuando los llevaba. Se les permitía hacer sus necesidades cuando y donde querían, pero sobre todo en su habitación. Era a prueba de niños... es decir, le habían puesto linóleo y demás... y todas las noches Joan tenía que ir allí con Lysol y ponerse a restregar. Bill se metía muchísimo con la niña. No lo hacía con maldad; veías que había algo entre ellos, algo profundo. Todo lo que tenía que decir Bill era: «Aquí viene el Viejo Toro», y ella se ponía a gritar y le daba como un ataque. Su relación era muy extraña. La niña tenía grandes cicatrices, horribles, en los brazos, porque se los mordía por la noche.

Yo escuchaba cautivada las historias de Helen, petrificada en mi silla. Me levanté y preparé más café, saqué un plato con las pastillas, fui a ver cómo estaba Cathy, pero solo con la mitad de mi mente. Aquello parecía no acabarse nunca.

–El niño era de una belleza perfecta. Él y Julie podían llevarse lo que quisieran a su habitación. También había muchos niños de los vecinos que entraban y salían, y traían cubos de barro, excrementos de caballo, cualquier cosa que pudieran arrastrar. En esa habitación hacían lo que se les antojaba.

»Pero una cosa por la que siempre le estaré agradecida a Bill fue que me hizo conocer a Céline. *Muerte a crédito*. Cuando me lo dio por primera vez pensé: «Dios, ¿qué es esto? ¿Una novela de misterio?». Eso fue lo que realmente me mantuvo viva; me ayudó de verdad.

–Ah, sí, a mí también me encanta ese libro.

–Periódicamente, por supuesto, intentaba contactar con Al, sin éxito, así que le pregunté a Bill si podría llamar a la madre de Jack, porque él la conocía. Sin embargo detestaba pedírselo, porque no dejaba de criticar a Neal, y decir que mejor que no se le ocurriera «presentarse aquí y estafarme». Y por supuesto no sabía nada de Al.

»También le dije a Bill que sospechaba que Neal fumaba marihuana. Bill había plantado como veinticinco acres de hierba. Dijo que la marihuana no era tan mala: con lo que había que tener cuidado era con la heroína, que él consumía todos los días. Ah, en fin, qué feliz se es en la ignorancia.

–¿Con qué frecuencia se chutaba Bill?

–Unas tres veces al día. A veces solo dos. Recuerdo que había momentos en los que simplemente se sentaba y soñaba despierto, pero nunca supe por qué.

»Y luego, un día, aparecieron. Al, que estaba más o menos

igual, y también Jack. Entraron uno a uno, y Bill y Joan se miraron; y luego entra Neal por la cocina de atrás, y cogiendo a LuAnne del brazo dice: «Esta es mi esposa, LuAnne». Miro a la chica. ¿Qué? Sabes que te acababa de conocer antes del viaje. Bueno, todos se saludaron, y una de las primeras cosas que dijo Jack fue que tenían hambre, y que él conocía una receta maravillosa para hacer crêpes Suzettes.

–Ja, ja, eso es lo primero que dijo la primera vez que vino a mi casa. Pero no recuerdo si realmente los preparó. Debía de ser lo primero que decía cuando iba invitado.

–De todos modos, Al y yo fuimos a mi habitación a hablar. No recuerdo lo que dije... Menos de lo que me habría gustado, eso seguro. Y antes de que pudiéramos decir mucho más, LuAnne entra y pregunta si puede mirarnos follar.

–Ay, ay, ay. –Qué asco me dio oírlo.

–Sí, ¿verdad? Puaj. Ella se sentó en el sofá y dijo: «Venga, adelante». Por supuesto era lo último que yo quería hacer, mucho menos en público. Ella también parecía una niña: llevaba el pelo largo y suelto; descuidado... Después, una vez fui al auto para hablar con LuAnne no sé de qué, y estábamos sentadas en el coche cuando Neal irrumpió y empezó a darle una paliza de muerte. Le grité que parara: «¡Basta, Neal!». Y ella me miró y dijo: «No, está bien; me gusta». Bueno, aquello ya era el colmo.

»En otra ocasión pasamos una velada en Nueva Orleans en algún garito clandestino, supongo que algo relacionado con las drogas, aunque entonces no lo entendí. Recuerdo que iba sentada en el asiento trasero con Bill. Él tenia un bastón que era una espada. Apretaba un botón y salía una espada. ¡De verdad!

»Bill había tardado en darse cuenta de que yo no era uno de ellos. Creo que le hizo gracia que yo pensara que todos ellos eran bastante respetables, e intentaban más o menos dar esa imagen, por lo cual en cierto modo le estaba agradecida. Cerca del final de la visita, un día hice de canguro, y Bill y Joan fueron por primera vez al cine juntos. Bill estaba agradecido de que no me hubiera aprovechado de ellos ni vivido a su costa, ni hubiera tratado de estafarlos de alguna manera, e incluso se ofreció a reconstruir el gallinero, para que Al y yo pudiéramos quedarnos. Por un momento sentí la tentación de aceptar, teniendo en cuenta nuestras finanzas, pero Al dijo: «Gracias, no». Sabía lo de las drogas, por supuesto.

»Aún así, yo quería quedarme en Nueva Orleans; realmente me gustaba estar allí. Y no iba a volver a subirme a un coche con Neal. Así que encontramos un apartamento pequeño y Al consiguió un trabajo para ir tirando hasta que lo llamaran de nuevo del ferrocarril. La semana siguiente telefoneé a Joan, en parte para darle las gracias y en parte para mantenernos en contacto. Me dijo que habían arrestado a Bill por posesión de narcóticos. ¡Chica, cómo nos alegramos de no habernos quedado!

Helen y yo aireamos todas nuestras quejas contra nuestros hombres, y contra los hombres en general, lo que en cierto modo fue como una purificación, aunque no contribuyó a crear ninguna actitud positiva. Principalmente cimentamos nuestra convicción de que las dos éramos unas víctimas inocentes y burladas. Todavía me parece un milagro que Helen apareciera y compartiera tantas cosas conmigo en ese momento crucial.

Cuando llegó el segundo día y concluimos que era lunes, me desperté con la idea de que tenía que ir al trabajo. A esas alturas habíamos decidido que Helen se vendría a vivir conmigo, un arreglo beneficioso para las dos. Ella se ahorraría el alquiler, y a cambio yo me ahorraría contratar a una niñera, cosa que no podía permitirme sin el salario de Neal. Obviamente, ni Neal ni yo habíamos mostrado un gran sentido de la responsabilidad en nuestras reacciones emocionales, pero parecía que Dios –signifique eso lo que signifique– todavía velaba por los tontos.

Helen probablemente me salvó de volverme loca y de la bancarrota. Era maravillosa con Cathy y una compañera comprensiva, y su gran sentido del humor evitaba que cayéramos en una depresión o en una desesperación irremediables. No diría que fuéramos felices, y seguíamos quejándonos de nuestro destino, pero por lo general terminábamos riendo cuando el melodrama amenazaba con convertirse en farsa.

Aun así, tampoco hacíamos ningún esfuerzo por encontrar un nuevo modelo de vida, y no nos molestábamos en pensar en el futuro. Holgazaneábamos, vivíamos al día y jugábamos a las cartas, contentas de ser adictas: un excelente mecanismo de evasión durante tres meses. El primer cumpleaños de Cathy llegó un mes después de que su padre se marchara. Neal no dejó de recordar la fecha enviándome dinero, pero ni una palabra de consuelo, esperanza o arrepentimiento. A finales de otoño, Al regresó de sus viajes con Jim, y le pidió a Helen que volviera con él y regresaran a Denver juntos, donde planeaba ir a la universidad. Ella accedió, pero prometió quedarse conmigo hasta que mi bebé naciera en enero.

Y así fue como la segunda Navidad de mi matrimonio fue aún peor que la primera, aunque Al, Bill Tomson y las dos Helens vinieron a mi casa, todos juntos, todos vestidos de punta en blanco y rebosantes de nuevos planes para el futuro, mientras que el mío era un misterio: se avecinaba un año aún más solitario.

Hasta finales de ese año, Neal había ido enviando dinero siempre que podía, por pequeñas que fueran las cantidades. Ahora no llegaban más sobres con aquellos apreciados y familiares garabatos, y asumí con mucho pesar que estaba decidido a que esa fuera la ruptura definitiva. Era imposible que yo aceptara algo así con su hijo agitándose en mi interior.

Al se fue a Denver, y Helen y yo regresamos a nuestras partidas de cartas, aunque ahora aparecía una puerta ante cada una de nosotras: la suya, abierta, la mía, cerrada.

VEINTIUNO

Poco después de comienzos de 1950, contesté al teléfono y escuché una voz del este suave y descarada decir alegremente:

–Hola, ¿Carolyn? Soy Diana Hansen en Nueva York. Supongo que Neal te ha dicho que vive conmigo. ¿Cómo estás? ¿Cómo esta Cathy? –Acerqué el teléfono al sofá y me senté. El corazón se me había parado o estaba en algún lugar que no le correspondía.

–No –fue todo lo que conseguí murmurar, pero Diana siguió parloteando como si fuéramos viejas amigas.

–Bueno, pues como ya te habrás dado cuenta, tú y Neal no estabais hechos el uno para el otro, y desde que lo echaste y le dijiste que no volviera a llamar a tu puerta... Ja, ja, ja... tenías toda la razón, por supuesto, y me alegro de que seas libre. Bueno, pues queríamos pedirte un favor. Es decir, Neal me ha pedido que te pida el divorcio. Parece ser que estoy embarazada, y sé que entenderás que queramos casarnos lo antes posible. Para darle el apellido al pequeño y todo eso.

Se formó una masa fría en mi plexo solar. Nunca se me había ocurrido esa posibilidad, nunca. Que nadie más pudiera tener hijos suyos. ¿Cómo era posible? Necesité todas mis fuerzas para dar sonido a mis palabras.

–¿Por qué no me lo pide el propio Neal?

–Porque no hay motivo. Me acaba de pedir que lo haga yo.

Iba a llamarte de todos modos. Tú y yo tenemos mucho de qué hablar. Hace muchísimo que tenía ganas de llamarte. Espero que sea una niña. Si lo es, la llamaré Jennifer. ¿Qué te parece? ¿No es un nombre precioso? Tenemos un apartamento muy grande, Carolyn. Te encantará. Lo he decorado todo como el Village, con carteles de viajes, ¿sabes? Neal está escribiendo su libro, y está siendo muy constante. Me temo que lo mimo demasiado. Estoy todo el día pendiente de él, y nunca sale, solo le gusta estarse en casa conmigo. De todos modos, sus amigos vienen mucho. Tengo que admitir que no les tengo un gran aprecio a sus amigos. Bastante incultos, ya sabes a qué me refiero, exceptuando a Jack. Jack me cae bien, y Allen, por supuesto. Así es como nos conocimos, a través de Allen, en una fiesta. Pero los otros personajes que deambulan por aquí no son buenos para Neal. Son unos gorrones, y no nos sobra el dinero. Yo trabajo; soy modelo. Me encanta trabajar...

Y siguió hablando, hablando y hablando. Sin embargo, las únicas palabras que se me quedaron fueron: «Estoy embarazada». «Por favor, Dios», recé, «que no sea verdad».

–Bueno, ¿qué dices, Carolyn? Le concederás el divorcio, ¿no? Nosotros lo pagaremos, ¿cuánto tiempo crees que tardará?

–Solo se lo concederé si me lo pide Neal. –Y colgué.

Esa fue la píldora más amarga que he tenido que tragar nunca, y nunca se disolvió. Al cabo de un par de días recibí un carta mecanografiada firmada por Neal, aunque obviamente dictada por Diana. Me dolió y me disgustó que Neal le hubiera permitido hacer esto, pero era su carácter darle a todo el mundo lo que le pedía. Con el enorme sufrimiento que aquello me provocaba, contraté a un abogado, pero el problema era encontrar un motivo. No es que no hubiera muchos, sino que había demasiados que no queríamos airear en público. Helen accedió a declarar como testigo por mi parte. La maquinaria legal se puso en marcha.

El jueves 26 de enero me encontraba sola en la consulta (el doctor pasaba consulta en la clínica), cuando me di cuenta de que estaba de parto. Llamé al médico, que me dijo que me fuera directamente al hospital, un hospital mejor que el que había visto nacer a Cathy. Todavía me sentía bien, así que acabé el trabajo y cogí el tranvía hasta casa. Tomé una taza de café con Helen, preparé la bolsa y llamé a un taxi.

La maternidad estaba desbordada, así que me aparcaron en una camilla en el pasillo y me administraron anestesia caudal, pero Jami apenas me dio tiempo de disfrutarla. Llegó hora y media después, abriendo los ojos al mundo en una especie de trastero. Estuvo llorando sobre una mesa hasta que una enfermera se acordó de llevársela, con el pelo mojado, que le salía en punta, en mechas largas y negras, lo que, combinado con sus ojos hinchados por el líquido, le daba un aire decididamente oriental. En consecuencia, cuando por la tarde un desconocido entró en mi habitación y se compadeció de mí por haber tenido un bebé «mongoloide», no tuve ninguna razón para dudar de él, y simplemente suspiré. «¿Y ahora?» Cuando le pregunté al médico qué hacer al respecto, se quedó un tanto consternado y corrigió aquel error. Me he equivocado de habitación; es usted *otra* señora Cassady, pero me pregunté si había mirado bien a Jami.

Esta vez volví a casa a los tres días, y Helen se marchó al siguiente para irse con Al. Yo estaba pensando tomarme mis dos semanas de vacaciones. Pero no fueron vacaciones. Cathy tenía solo dieciséis meses, y a la nueva canguro que había contratado tenía que pagarle exactamente todo lo que ganaba. A mi jefe se le ocurrió un plan angelical. Instaló en mi casa una extensión del teléfono de su consulta, con lo que podía quedarme en casa medio día y dividir mi sueldo con la niñera, que accedió a trabajar a tiempo parcial.

La demanda de divorcio se interpuso justo un mes después del nacimiento de Jami. Diana me escribió una carta un día después de la primera vez que llamó; siempre escribía sus cartas en papel rayado amarillo, con una letra grande e infantil. Telefoneaba al menos dos veces por semana, y gastaba veinticinco dólares para contarme lo arruinada que estaba. Casi una tarde sí y otra no yo le escribía a máquina una carta de respuesta, generalmente contradiciendo sus opiniones sobre Neal y rebatiendo con vehemencia sus arbitrarios dictámenes sobre mí y sus ilógicas conclusiones. No debería haberle hecho caso, y no responderle ni discutirle, pero si le contestaba era porque así al menos no perdía el contacto con Neal. De esta manera, al menos le comunicaba mi remordimiento y trataba de volver a ganarme su aprobación. Por aquel entonces yo no era del todo consciente de que lo hacía por eso, y como constantemente me bombardeaban con noticias del embarazo de Diana, traté de convencerme de que mi conexión con Neal había terminado de verdad.

A pesar de la impaciencia de Diana, no me dieron fecha en el tribunal hasta finales de junio. El tribunal había designado a un abogado para representar a Neal, un hombre que ninguno de los dos había visto hasta que surgió el caso. Me impresionó la gran sala donde se celebró el juicio: oscura, mohosa y barnizada. Solo había visto salas como esa en las películas. Nos tocó una juez de renombre de San Francisco, y me sentí intimidada. Mi abogada era tímida y prácticamente siempre susurraba.

Aunque mis quejas contra Neal habían quedado tan diluidas que apenas las reconocí, la juez se puso furiosa. Casi jadeando, estalló:

–Un momento, un momento. Voy a posponer esta vista hasta que encontremos a ese joven. Quiero hablar con él. ¿Cómo puede ser tan irresponsable? ¡Dos niños pequeños!

Desde mi banquillo de los testigos, le lancé una mirada a mi abogada, negando con la cabeza. Se levantó y dijo:

–Por favor, señoría, preferiríamos resolver esto ahora.

La juez se dirigió al abogado de Neal y le preguntó:

–¿Dónde está el señor Cassady?

El abogado se puso de pie y declaró:

–Ha ido a casarse a México.

Miré a mi abogada; ella me miró a mí. Helen se quedó boquiabierta y un silencio cayó sobre la sala. La juez se recuperó, emitió un gruñido, golpeó con el mazo y dijo:

–Se dicta un auto interlocutorio. –Me concedieron cien

dólares al mes de manutención de los hijos y uno de pensión alimenticia: no acabé de entender el razonamiento legal que había detrás de esto último. Muchos años después, esta venerable defensora de la justicia resbaló en el pasillo del juzgado y se rompió una cadera. Como en el caso del juez Golden, Neal percibió que una forma superior de justicia estaba de su lado.

Y eso fue todo. Solo que había que esperar un año antes de que la sentencia fuera firme. Ese fue otro doloroso golpe que le asesté a mi familia: el primer divorcio. Después de su reacción a mi embarazo de soltera, no les había contado gran cosa de mi vida de casada, pero eso no se lo podía de ocultar, ni aunque hubiera querido.

Diana ahora estaba de casi cinco meses. Yo no había olvidado lo que se sentía, e intenté comportarme con ella como me habría gustado que se portaran conmigo. Yo también había sido descuidada, sabiendo que Neal ya estaba casado. Sentí que mi rencor hacia Diana estaba justificado, porque ella sabía que él tenía otros hijos que cuidar. Más tarde, pude afrontar la probabilidad de que hubiera sido tan convincente con ella como había sido conmigo, haciéndole creer que ella era la «única» y la mujer «perfecta» para él. Así que allí estábamos las dos, sufriendo sin necesidad cuando la tradición existe precisamente para evitar ese padecimiento a la humanidad.

Debido a que tenía que transcurrir un año antes de que el divorcio fuera definitivo, no me pareció que habérselo concedido fuera de mucha ayuda, y a Diana tampoco. Envió a Neal a México para obtener algo «rapidito». Me pregunté de dónde sacaba el dinero para esos divorcios, ya que cada día me informaba de su total falta de fondos. Ahora me daba cuenta de que Neal había visto la situación como una espléndida oportunidad para obtener una considerable provisión de marihuana, conjetura que me fue corroborada en una carta posterior que le escribió a Jack, relatándole su viaje y la búsqueda de su antiguo «contacto», prometiendo que recogería los «Jardines de Elitch» (un parque en Denver donde solían ir a fumar y ahora un nombre en clave para la hierba) en New Victoria.

Cuando llegó el telegrama del ferrocarril para que Neal fuera a trabajar, regresó apresuradamente a Nueva York, lo que me permitió tomarme un dichoso respiro del bombardeo de llamadas de Diana. Incluso sin papeles para corroborarlo, Neal la convenció de que había obtenido el divorcio, y se casaron en bigamia en Nueva Jersey el 10 de julio. Dos horas después, Neal estaba en un tren a «San Luis y el oeste; Carolyn y los bebés mi esperanza inminente», le escribió a Jack.

Justo después de que Neal se fuera, Diana ya estaba escribiéndome otra vez, ahora con su versión de la boda, y añadiendo: «Me avergüenzo de mí misma por preocuparme mientras Neal estaba fuera. No debería ser tan niña». Me explicó que Neal no había podido encontrar trabajo en Nueva York para pagar «el chanchullo mexicano», y esa era la única razón por la que regresaba al ferrocarril. Me puso al corriente de sus cuentas centavo a centavo, «algo que no es de tu incumbencia siempre y cuando obtengas tus 101 dólares».

Siempre he tenido fe en la lógica, y, decidida a conservar algo de intimidad en todo lo relacionado con mi marido y mis propios asuntos, cada palabra de las cartas de Diana parecía asombrosamente ideada para enfurecerme. «Espero que Neal os visite a ti y a las niñas este fin de semana –escribió–. No sé cómo quieres organizar sus visitas a Cathy y Jami, pero por favor, sé amable con él. Él los quiere, y también son sus hijos. Yo también creo que te parecerá una buena persona. Os veo a todos en un mes, o eso espero.»

Verla era lo último que quería. Por mi reacción a sus cartas, estaba segura de que no sería capaz de controlar mi exasperación, y parecía que aporrearla era la única manera de hacérselo entender, y ni así.

Neal se presentó en casa la tarde del 14 de julio. No voy a negar que sentí una gran felicidad al verlo, pero hice todo lo que pude para no demostrarlo, y no quise abrazarlo cuando hizo el gesto, el abrazo que había estado anhelando durante tantos meses. Me llevé el dedo a los labios; las niñas estaban durmiendo. Caminó por la casa lentamente y sin hacer ruido, mirándolo todo con reverencia, tocando las cosas, como alguien que regresa de entre los muertos. Intenté charlar de cosas sin importancia, pero no me siguió. De manera apenas audible, dijo:

–Ah, cariño, no sabes lo maravilloso que es estar en casa.

–Mmm, estoy segura, Neal. Pero no te entusiasmes. Es un poco tarde para esos sentimientos. Por supuesto, tienes derecho a ver a tus hijos si lo deseas. No reconocerás a Cathy, y nunca has visto a Jami. –Resistí el impulso creciente de contarle cómo crecían–. Sírvete un café, si quieres. Las despertaré de la siesta.

Neal ni se fijó en mis reacciones, perseverando en su comedia, y, como se repite en mi relato con demasiada frecuencia, intentando conseguir de nuevo que creyera en su sinceridad. Cuando Cathy se agarró a mí y lo miró tímidamente, él continuó su reverente acercamiento. Extendió los brazos para coger a Jami, y mientras la abrazaba y la mecía, extendió la mano y acarició el cabello de Cathy, sonriéndole y hablándole en voz baja hasta que ella se acercó y quedó delante de él. Mientras tanto, trataba de captar mi mirada para que yo viera su enternecedora expresión, pero me fui la cocina y no quise ver esa escena soñada.

Después de besar a ambas niñas y dejarlas con cuidado en el nuevo parque, me bloqueó el paso y me seguía cuando lo esquivaba, aumentando la tensión entre nosotros. Era un juego que ambos conocíamos muy bien. No tardó mucho en pedirme que le dejara volver a vivir con nosotras.

–Desde luego que no, Neal, no hay ninguna posibilidad. Tu fuiste el que quiso el divorcio, no yo. Has cambiado esta familia por otra, así que dejémoslo ahora que estamos a tiempo. Esta vez has ido demasiado lejos; he tenido suficiente. Y he comenzado con buen pie mi vida independiente. De ninguna manera quiero «empezar de nuevo». Qué horror. –Traté de poner convicción en mis palabras; era lo más prudente, desde luego, pero ¿por qué mis sentimientos no eran esos? Qué simple sería todo si de repente solo sintiera hostilidad hacia él.

No dejé que Neal se quedara a vivir, pero estaba con nosotras la mayor parte del tiempo que no trabajaba, insistiendo en que tenía «derecho a obtener una compensación por sus cien dólares», como Diana había dicho. Me había sentido sola después de que Helen se fuera, y Neal me hizo sentir hermosa y deseable de nuevo. Me estaba cortejando una vez más, y volvía a prodigarme todo el encanto, devoción, amabilidad, bondad y consideración que me habían llevado a amarlo la primera vez. Disfruté mucho de que me fuera detrás otra vez, pero ya tenía bastante práctica para fingir indiferencia y no perder mi renovada confianza y seguridad. Insistí en que mantuviera su condición de divorciado, en parte para castigarlo y en parte para protegerme de mis propios deseos. Por suerte, en su caso no hubo pasión física, o yo habría fracasado estrepitosamente.

El 20 de junio terminó el año de espera para que el divorcio fuera definitivo, pero mi abogado no se había puesto en contacto conmigo ni me había enviado ningún documento, por lo que el la sentencia definitiva no se había llegado a registrar. Todavía estábamos casados.

VEINTIDÓS

El médico para el que trabajaba había experimentado con la psicoterapia, y cuando uno de sus pacientes se suicidó, tuvo tantos remordimientos que decidió dejarlo y compartir consultorio con un psiquiatra. La nueva consulta estaba demasiado lejos y era poco práctica para continuar con mi arreglo de media jornada, pero para compensarme me sugirió que contratara un seguro por discapacidad por una temporada. Certificaría que yo padecía depresión posparto, y dijo que si no la sufría, debería padecerla. Con la manutención infantil que me pasaba Neal, ganaba casi tanto como si trabajara.

Volví feliz al papel de ama de casa y madre, si no esposa. Ahora podría empezar el curso de ilustración por correspondencia que mis padres me habían regalado. Me sumergí en la primera tarea, decidida a encontrar una manera de mantenerme sin salir de casa y para demostrarle a Neal que me tomaba muy en serio mi decisión de ser independiente.

Diana consiguió unas vacaciones, pero sin sueldo, y vino a California para estar con Neal. No tuvo tiempo de utilizar los pases de tren de Neal, quien había estado viviendo en los dormitorios comunitarios para ferroviarios de Watsonville, aunque para la visita de Diana alquiló un pequeño apartamento.

En esas dos semanas, Neal vino a vernos a San Francisco entre un tren y otro. El sábado por la tarde que Diana tenía que volar de regreso a Nueva York, telefoneó y preguntó si podía pasar a vernos antes de ir a Oakland a coger el avión. Seguía sin entenderlo.

–No, Diana, de ninguna manera. Tienes que meterte en la cabeza que no quiero conocerte, ni ahora ni nunca. Cuanto menos sepa de ti, mejor. Si no lo entiendes, ¡simplemente haz caso de lo que te digo y déjame en paz!

–Pero Carolyn, si estoy en California. No sé cuándo volveré. Quiero ver Russell Street y esa casa de la que he oído hablar tanto... Y a Cathy y a Jami.

–Dios santo –gruñí para mí antes de repetirlo todo de nuevo.

Finalmente Diana dijo con tristeza:

–Bueno, está bien.

Mi suspiro de alivio fue prematuro. A eso de las seis de la tarde llamó desde el aeropuerto de Oakland y dijo que había perdido el avión. Maldita sea, pensé, lo ha hecho a propósito, o, más probablemente, se lo ha inventado.

–¿Qué voy a hacer, Carolyn? No tengo dinero para alquilar una habitación. No hay otro vuelo hasta mañana por la tarde. Solo me queda venir a tu casa, Carolyn. –Llanto y más llanto.

Como estaba embarazada, en cierto modo no podía negarme, cosa que probablemente ella había imaginado desde el principio. No tenía dinero para una habitación, pero sí para un taxi que cruzara la bahía hasta mi puerta. No hizo más que ensalzarnos a mí y todo lo que había en la casa, e incluso había traído regalos para todos, lo que demostraba que había tenido la intención de venir a vernos desde el principio. Yo echaba humo y no decía nada, pero ella no se daba cuenta, y no paró de parlotear ni un momento acerca de Neal como si todos formáramos parte de una deliciosa conspiración. Había conseguido llegar a una hora en la que las chicas aún no se habían acostado, así que tuve que escuchar la ridícula voz que ponía al hablar con las niñas y la intolerable suposición de que tenía algún derecho a emitir juicios y recomendaciones sobre ellas.

Durante su monólogo, supe por qué Neal se había sentido atraído por ella. Se había presentado como una sofisticada y agresiva modelo neoyorquina, y le había dicho que procedía de una vieja familia de Nueva Inglaterra que poseía muchas propiedades en el norte del estado de Nueva York, que ella heredaría. Cuando me había enviado fotos de ella haciendo de modelo con ropa premamá, me había parecido que había un problema de proporciones, pero cuando se sentó delante de mí vi que era más alta que Neal: medía casi metro ochenta y calzaba un 42. Era de rasgos ordinarios, labios rojos e hinchados, cabello negro liso con flequillo y ojos negros saltones. La repugnancia que me provocaba su aspecto se vio agravada por su barriga enorme y distendida, que contenía al hijo de Neal.

Diana también demostró no ser tan dulce y agradable como me había hecho creer. Admitió que en una ocasión le había arrojado un plato de sopa a Neal en la cara, y que él la había golpeado con tanta fuerza que se había roto de nuevo el pulgar. Todo esto le parecía terriblemente divertido, y no paraba de reírse a carcajadas.

Llevé a las niñas a la cama tan pronto como pude, trasladando la cuna de Cathy a la sala de estar de delante, donde Jami ya dormía en el cochecito. Le enseñé a Diana la habitación de Cathy, situada detrás de la mía, y le dije que podía dormir en el sofá cama. Saqué sábanas, una almohada y mantas, y le mostré dónde estaba el baño: al otro lado de mi habitación. Le dije que estaba muy cansada y que deseaba retirarme; podía leer, si quería, o hacer lo que le viniera en gana. Buenas noches.

Triste y disgustada conmigo y con ella, me arrojé sobre mi cama. ¿De qué servía enfadarse con alguien si esta persona no se enteraba? Lo único que conseguiría sería hacerme daño. Por suerte, sin embargo, estaba bien despierta cuando entró la primera luz, pues quizá no habría oído el golpecito en la puerta principal. Era Neal. Comprendí de inmediato que creía que Diana ya estaba en Nueva York. Después de todo, este fiasco quizá me proporcionara alguna satisfacción. No pude evitar sonreír mientras él pasaba a mi lado y se dirigía a la cocina. Lo seguí y me senté, esperando el momento en que estuviera tranquilo, animado y eufórico, haciendo café, o maquinando otro plan.

–Tengo una sorpresa para ti, Neal, querido. –Me miró con recelo, sin saber si mostrarse contento o suspicaz. Pero no se me da bien jugar al ratón y al gato–. Diana está arriba. Al parecer ha perdido el avión. –De repente volvía a estar furiosa. Le solté la lista de sus recientes atrocidades, y le expliqué con pelos y señales lo irritante que me parecía Diana, sobre todo en ese momento. Teniendo en cuenta la actual campaña de Neal para conquistarme, la presencia de Diana también era desagradable para él. Ella lo había pillado con las manos en la masa, algo insólito que Neal no podía tolerar ni perdonar, a pesar de que ella había venido a verme porque confiaba en él. Si Diana hubiera tomado su avión, supuse que él le habría seguido escribiendo cartas de amor.

Oímos ruidos sobre nuestras cabezas y supimos que Diana estaba despierta y nos había oído hablar. Neal puso cara ceñuda cuando tuvo que subir a su habitación, y cerró la puerta. Escuché cómo la insultaba y empecé a preocuparme. No pude evitar sentirlo por ella. Aunque no la entendía, parecía ser que Neal lo significaba todo para ella, al igual que para mí. Ahí estaba ella, embarazada, sola y marchándose sin él, y ahí estaba él, rechazándola. Diana tenía bien merecido ese castigo por haber venido a vernos, y cuando estuviera sola en la otra punta del país podría recordar la situación que había presenciado. Por el sonido de sus sollozos y la voz pétrea de Neal, asumí que él había dejado a un lado su compasión habitual. Quizá pensaba que una ruptura rápida sería más fácil para ella.

Pero Neal debería haberla conocido mejor. Cuando Diana regresó a Nueva York y le escribió a Neal, parecía como si aquella escena no tuviera significado alguno:

> La semana pasada le dejé una nota a Carolyn dándole las gracias por alojarme el sábado, y disculpándome por mi «ataque de nervios» y preguntándole qué tipo de pañales son mejores y el significado de todas esas «almohadillas» en la lista de cosas imprescindibles. No me ha respondido, así que supongo que no quiere que nos sigamos escribiendo [...]. En cuanto a nuestra dis-

cusión de por la mañana, no tengo que comentarlo porque creo que lo entendí. Fue muy doloroso y desagradable, y, además, yo estaba completamente agotada por haberme tenido que pelearme con las aerolíneas [...]. Por cierto, la niña se llamará «Jennifer Jo» [...]. Sé que sabes que el nombre es un pequeño homenaje a Cathy, de la que estoy bastante enamorada [...]. Preferiría tener un niño y que Cathy fuera la hermana mayor. Tienen una conversación tan auténtica sin decir nada, y entiende tantas cosas y es tan valiente cuando no [...]. Si Carolyn no la quiere, me la pediré.

No podía creer que se comportara así. Mientras tanto, Neal redobló sus esfuerzos por ser amable conmigo y tratar de convencerme de que había terminado con ella, pero todavía me negaba a dejarle volver a vivir con nosotras. Regresó al apartamento en Watsonville a pasar el resto del verano. No me enteré hasta más tarde, cuando LuAnne me contó que Neal la había camelado a mudarse con él mientras su marido estaba embarcado, pero como las escenas de celos eran constantes, ella lo dejó. En septiembre, desde Watsonville, Neal le escribió a Jack:

> Me dirijo hacia la muerte. Parece suceder cada otoño, últimamente sobre todo cada septiembre. Darse cuenta de las cosas que conforman la propia muerte es algo tan personal, y ejerce una presión tan fuerte sobre la inteligencia, que es un insoportable sufrimiento ponerlo por escrito. Cada uno, con la intimidad que posee su mente, tiene a su alcance una semilla de muerte que se convierte en algo de lo que hay que ser consciente, y que no se puede eludir.

Neal pronto abandonó su apartamento de Watsonville y alquiló uno en San Francisco, en Divisadero Street, y le pidió a Diana que le mandara una radio y cualquier cosa suya que hubiera quedado en Nueva York. Diana tenía ahora otra idea que yo detestaba. «La mudanza a Divisadero St. parece una buena idea, siempre que no te sientas demasiado solo [...]. ¿Podríamos estar en el apto. tú, yo y el bebé hasta que terminemos nuestro propio apto.?»

Me imaginé a Neal repitiendo la comedia de Denver con LuAnne, así como la asquerosa complicidad de Diana si estuviéramos todos en la misma ciudad. Se lo dije tal cual, y le escribió a Neal con aparente inocencia:

> Caramba, a pesar de todo, la verdad es que no me había preocupado por eso [...] simplemente suponía [...] que llevaríamos una vida pacífica sin tanto torbellino emocional [...]. ¿Intentarías tener un lío con Carolyn? ¿O intentarías montártelo con las dos? No creo que lo hicieras [...]. Sería demasiado destructivo para todos [...]. Amor mío, seamos de nuevo una parejita burguesa clásica, con saleros en la mesa y una camioneta en el garaje [...].
>
> P. S.: Por cierto, ¿me puedes enviar todas las cosas de bebé que C. ha ido reuniendo? Dile a C. que no se crea que no me trasladaré a San Francisco si me da la gana [...] y que mi matrimonio contigo no es una cosa temporal ni irresponsable...

Sin embargo, yo ahora mantenía una actitud independiente; Neal y yo a veces lo pasábamos bien juntos. Yo me repetía que ya no volveríamos a estar juntos, pero me sentía feliz cuando lo tenía en casa y mostraba interés por las niñas. Para reforzar mi posición, acepté alguna cita con amigos de Louise, aunque yo no tenía ninguna conversación, pues solo me interesaban Neal y permanecer con vida. Eso al menos me permitía echarle un vistazo al mundo y a los bares artísticos de North Beach, como el Vesubio. Incluso llegué a conocer a un maravilloso artista, Wolo, que había decorado el local por dentro y por fuera, con pinturas llenas de color tipo tira cómica. El Vesubio era un pequeño bar silencioso y tranquilo en el que los hombres jugaban al ajedrez y tocaban la guitarra, donde podías tomar una copa y hablar sin tener que gritar por encima de una supuesta y estruendosa música. Las fiestas de Wolo eran todo menos tranquilas, pero desde luego eran artísticas.

También descubrí cómo veían los hombres a las divorciadas, aunque en realidad yo no lo estuviera. A Neal esas salidas le parecían una auténtica amenaza, y me servían para tenerlo celoso, preocupado y atento.

A mediados de octubre, Neal me convenció de que el alquiler del apartamento era exagerado, y que era una estupidez gastar tanto de nuestros exiguos fondos. Le estuve dando muchas vueltas, pero al final me pareció algo tan razonable que le hice caso y volvimos a Russell Street, aunque solo si seguía aceptando que era un acuerdo comercial, que éramos amigos pero no amantes, y que tendría que dormir en el sofá. Ahora me sentía lo bastante fuerte para hacerle cumplir esas condiciones. No sé qué razón le adujo a Diana para esa mudanza, aparte del dinero, pero la respuesta de ella fue sorprendentemente tranquila. «Tu carta de hoy acerca de por qué os marcháis de Divisadero St fue tan tierna [...] al igual que tu voz por teléfono. Al infierno con Divisadero. Estabas entre el odio y la depresión, ¿no? No hagamos grandes planes...»

Pero Neal yo tenía en mente un «gran plan». Después de haber suavizado las cosas con Diana, lo puso en marcha. Le dijo que nos daría a las dos un «período de prueba»: viviría seis meses conmigo, y después, de enero a junio, viviría con ella en Nueva York, permitiéndole «demostrar que era una esposa mejor». Es lo que se llama nadar y guardar la ropa. Que idea tan ridícula. ¿Cuántos hombres se lo montaban tan bien? En otras palabras, se imaginaba que viviría conmigo mientras trabajaba en el ferrocarril y que después se iría a pasarlo bien a Nueva York durante los meses de invierno, y que nadie protestaría, pero a mí no me engañaba. A Diana el plan no le gustó nada, y el teléfono echaba humo cuando le llegó la carta. A partir de entonces la correspondencia de ella se redobló.

Yo seguía creyendo que Neal era el hombre de mi vida, por mucho que intentara negarlo, y no me costaba nada volver a tener la sensación de que estábamos casados. Sí, ya lo creo que entendía el pánico de Diana. También sabía que cuanto más me atacara menores serían las probabilidades de que Neal volviera con ella. A él nunca le gustaron las críticas ni el chismorreo, dos cosas que rara vez se permitía. Yo nunca reconocería que la situación de Diana fuera la misma que la mía, y en aquella época era incapaz de comprender su capacidad de hacer componendas con otras esposas e hijos.

VEINTITRÉS

Neal no tardó en sentar la cabeza y volver a escribir su autobiografía y sus largas cartas a Jack. Compró una grabadora porque, según explicaba en una carta, tanto él como Jack comprendían «el poder de la voz. Yo sé lo que significan las voces, y puesto que me costaba tanto escribir [...] y finalmente me decidí [...] tuve que escribir desde el principio en palabras [...] y tú me escribías acerca de voces [...]. Tu carta fue fundamental para mí porque me demostró [...] que no estaba solo en mi mundo mental».

A Neal lo animaban y entusiasmaban esas cartas, y quería que Jack se comprara una máquina parecida para que pudieran intercambiar cintas. También le escribió a Jack: «Me gustaría que Allen me escribiera».

Con el tiempo Allen acabó escribiéndole, y le relató su ineptitud en dos empleos recientes que había probado. «Desde luego, el mundo real es mi perdición», se lamentó, para acabar diciendo: «He tenido algunas noticias de Diana; parece preocupada por el futuro, etc. Y no me extraña. Así que has vuelto con Carolyn, ¿no? Bueno, estás hecho un pillastre. ¿Por qué no os casáis todos siguiendo las costumbres mahometanas? Jesús, no sé qué demonios buscáis en los demás».

Cuando Neal tuvo que irse a San Luis Obispo, una población de la División Sur del ferrocarril en la que Al Hinkle ya estaba trabajando, me alivió no tener que seguir soportando la verborrea de Diana. También me ayudó la visita de un amigo de mi hermano, Bud, que tenía que pasar un mes en San Francisco por negocios, y vino a ver cómo me encontraba. Fue el momento perfecto. Me llevó de juerga, cargándolo todo a su cuenta de gastos, por los maravillosos lugares que recordaba de la época de la guerra y que había visitado con mi compañera de habitación cuando hacíamos el curso de terapia ocupacional en Oakland.

Louise, que todavía se esforzaba en que encontrara un sustituto de Neal, le pidió a una amiga de mi talla que me prestara un par de prendas para reemplazar a mi viejo vestido verde. Pobre Louise: Bud, aunque solo era unos años mayor que yo, ya tenía esposa y cinco hijos, aunque me aproveché de sus atenciones. Neal reaccionó con unos celos tremendos, mucho más que con mis otras citas de una noche, porque muchas noches dejaba dormir a Bud en el sofá cuando volvíamos tarde. A Cathy también le caía bien Bud, y cuando Neal regresó se puso furioso de tanto oír hablar de Bud cuando yo señalé que para las niñas era muy bueno tener un hombre cerca.

Mientras Neal estaba ausente, también intenté reevaluar y reanalizar cómo quería que fuera mi marido, todo ello en el mismo espíritu de su «período de prueba». Mientras Neal todavía estaba en San Luis, le escribí una larga disertación que comenzaba diciendo: «En primer lugar, quiero que sepas que te amo y que todo lo que quiero en la vida es ser tu esposa y la madre de tus hijos [...]. Pero también quiero todo lo que eso implica. Y ante todo significa que te quiero como marido y como padre con lo que eso conlleva». Mi principal preocupación era la permanente discrepancia entre sus palabras y sus actos, y dediqué muchas palabras a la futilidad del engaño y el fingimiento.

> No te considero ni un marido ni un padre, ni permito que me consideres tu mujer, mientras haya otras dos mujeres que influyen en ti y que te despiertan algún sentimiento como resulta-

do de tus experiencias anteriores con ellas [...]. Me doy cuenta de que cuando regresaste conmigo no manifestaste que eso fuera ninguna solución tal como yo quiero que sea para mí. De repente también me ha venido a la cabeza nuestro problema sexual. Sé que ahí fallo como «esposa», pero sé que es porque creo que no me consideras como tal [...]. Estoy segura de que cuando se corrijan las demás condiciones, podré remediar este fracaso... con tu ayuda. Hace poco, sin embargo, me di cuenta de lo desproporcionada que se ha vuelto esta fase de tu vida [...]. Francamente, tengo miedo de ti y por ti otra vez [...]. Creo que una de las principales dificultades es esa actitud de «déjalo, se arreglará solo». Deberías darte cuenta de que casi nunca ocurre [...]. En cualquier caso, ya no estoy dispuesta a dejarlo pasar ni a ignorarlo. Si no cooperas, mi única elección, mi única salida, es hacer lo que dicho: procuraré enfriar mi amor por ti y conseguir la independencia total. Pero quien tiene que dar el primer paso eres tú.

Qué presuntuosa y engreída. Me sorprendió un poco que Neal respondiera a mi carta no con su retórica habitual, tranquilizadora y cariñosa, sino con un insólito tono sobrio, respondiéndome a mi acusación de que él no se portaba de manera «honesta».

Querida Carolyn:

Hay muchas cosas que nunca se podrán comprender; ciertas diferencias específicas entre nosotros que no son realmente importantes, pero que, bajo la tensión que nuestras respectivas personalidades causan en el otro, no se pueden reconciliar emocionalmente. Los defectos concretos que tu mente ve en mí van desde vicios auténticos a ideas abstractas que tienes de mí, que a través de muchas modificaciones ya no son ciertas [...].

El amor no tiene nada que ver con todo esto, pues todos los procesos son por naturaleza intelectualizaciones de ideas abstractas que se transmiten mediante palabras cuyo significado la mente no comprende [...]. Por primera vez en años vuelvo al esnobismo intelectual, aunque, naturalmente, no tenga derecho, pues soy tan incoherente como siempre, y en todo lo que tiene que ver con las cuestiones de la vida, la gente es incapaz de comprenderme. A lo mejor obedece a que estoy aquí con Al y Helen, y me doy cuenta de que, de nuevo y más plenamente que nunca, ni tú ni Diana podéis comprender lo muy por delante que voy de todos nosotros. Esto no significa nada. Sobre todo a la luz de la horrible situación en la que nos he metido a todos, aunque, sin embargo [...] no puedo evitar que nos gobiernen las cosas que sé...

Esto significa que las circunstancias han llegado a un punto tal que, por mucho que sufra cada uno, lo único que se puede hacer es seguir con el plan. No escribo con la sensación de poseer ninguna «verdad»; de hecho aquí no hay ninguna, y la «verdad» se reduce a comprender el proceso. Lee a Spengler, vol. I.

Este es un periodo de interrupción. La presión actual sobre el alma es tan férrea, y me siento tan debilitado por dejarme ir de un sitio otro que no puedo hacer nada más que reunir fuerzas para que el proceso no se detenga [...] No obstante, en mi caso, nadie está seguro de que alguna vez haya perdido la fuerza. Es peor que eso. Sé que la fuerza que tenía la he perdido para siempre, porque era una ilusión. Esto reclama medidas estrictas.

El esfuerzo por conseguir paz se ha convertido, por tanto, en una absurda lucha para demostrarle algo a la gente. Eso es algo que no puedo hacer; me es imposible, por mucho que lo intente. Así que dejemos las cosas como están; ayudemos a todos con nuestra amabilidad, que crean que han ganado, pues eso es lo que quieren, pero en cuanto a ti (yo), lleva tus sufrimientos concretos en silencio y sin esperar nada, excepto conseguir no arrepentirte de demasiadas cosas y olvidar.

N.

En la medida en que era capaz de seguir el razonamiento de Neal (y he incluido esta carta bastante tediosa para transmitir un poco cómo funcionaba la mente de Neal a la hora de compensar la habitual valoración de sus actos), esta carta de poco sirvió para tranquilizarme o guiarme, y me dejó vagamente preocupada y confusa de una manera nueva. Ya no estaba segura de querer esa rareza que Neal consideraba la honesta verdad. Siempre había creído que era capaz de afrontar la verdad, pero lo que yo quería dar entender con «hechos» no era algo simple de definir. Lo que yo quería era que las extravagantes declaraciones de «amor» de Neal fueran auténticas, tal como eran las mías, y que el «amor» quedara garantizado, fuera algo predecible y tuviera una cualidad definida. Yo me sentía capaz de hacerlo, y no entendía por qué Neal no. Ese era el tipo de matrimonio que había conocido yo siempre, pero con el tiempo descubrí que era muy poco frecuente, aunque todavía posible.

Una noche, después de ese intercambio epistolar, Neal tuvo que «venir corriendo» a San Francisco. Llegó mientras Bud y yo cenábamos algo preparado en casa, para variar, y le dije a Neal que esperara hasta que Bud se hubiera marchado, en parte para demostrarle que seguía siendo mi vida y que no debía pensar que me tenía tan segura, y en parte porque me sentía demasiado incómoda para presentárselo a Bud. El ardor de los celos de Neal le otorgó la elocuencia y la persuasión de las que carecía su carta, y volvió a disipar mis miedos, como hacía siempre.

El 7 de noviembre de 1950 nació el hijo de Diana. Un chico. Me parece una crueldad del destino que le concediera un hijo, y pasé por otro episodio de desesperación y humillación. Diana le escribía cada día a Neal desde el hospital, aunque él no le contestó hasta que ella no se hubo ido a vivir a casa de su madre, y entonces le dijo que llegaría para la visita prometida. Las observaciones de Diana me seguían enfureciendo: «Dale a C. el imperdible que te incluyo como insignia de pertenencia a 'Madres Auxiliares de Cassady'. Es un resto de la pulsera y el cinturón de la clínica, y sirve perfectamente de imperdible. Yo también tengo uno para mí».

Dios mío, me dije, ¿tenía la piel tan dura como para hablar en serio? Todavía me enfureció más que quisiera anunciar el nacimiento a todos los hermanastros de Neal, y le pidiera la dirección de su padre. Consiguió incluso lo que Neal no había logrado, y recibimos una hermosa nota en plan abuelo del padre de Neal felicitando a la «nueva esposa» de Neal. El pobre ignoraba que éramos dos, y que ya tenía dos nietos. Fíate de Diana.

Mientras Neal estaba en San Luis, le mandaba al correo, y con su permiso leía las cartas que le escribían Jack y Allen. Llegó una carta de Allen fechada «sábado noche, 18 de noviembre», en la que le comunicaba una noticia asombrosa:

> Hoy he vuelto de la boda de Jack [...] que tuvo lugar ayer por la tarde a las seis, seguida de una gran fiesta en casa de Cannastra, que su mujer había alquilado y de la que Jack ahora es el amo [...]. Jack llevaba varios meses misteriosamente ausente de la ciudad. Se había retirado a meditar solo sobre T., y cuando volvió a reunirse con la sociedad de N. Y. lo vi más asentado en la realidad, más sereno. Me habló en un tono más desilusionado –no convirtiéndolo todo en una fijación, como hago yo–, sino como un superviviente de la década de los años veinte, un F. Scott Fitzgerald cuando la fiesta del ego ha terminado. De repente aparece en el horizonte este nuevo J. en casa de C., convirtiéndola en un santuario carroñero (con el pretexto de que habían sido grandes amantes) [...] de manera que [...] comencé a tirarle los tejos a C. con la esperanza de acostarme con ella y también en última instancia para quedarme a vivir; también con impresión de que tiene dinero, pero no lo tiene. Sin embargo, cuando llega el momento, me siento irritado por la versión sentimentalizada de sí misma que me ofrece, y me dice que solo quiere «amistad» con los hombres, y estar sola, conservar su santuario y dar grandes fiestas.
>
> Lo siguiente que sé es que Jack se encontró con ella hace dos semanas, se acostaron, se quedó allí y decidió casarse, y lo hizo ayer. Este es un relato un tanto incompleto [...]. Lo que veo aquí sobre todo es la cautela cada vez mayor en la vida de Jack, y este matrimonio disparatado, ya que apenas se conocen. Pero quién sabe si funcionará durante el resto de su vida. Creo que él desea que sea permanente.

[...] En cualquier caso, digo [...], todos deberíamos tener por esposa una mujer sabia e inteligente que nos conozca y viceversa, y también conocernos a nosotros mismos (y entre nosotros). Que sea el hogar el centro de la vida emocional y espiritual.

Cuando me case, quiero que venga toda la gente que conozco y lo presencien (incluyendo el regimiento de mi familia) en una sinagoga donde haya un gran coro de plañideras, todo el mundo con flores y ropa de vestir, un tanto sobrecogidos por la presencia de votos eternos, inclinándonos ante la tradición e individualidad del matrimonio. Entonces podré irme a casa y celebrar una fiesta realmente enloquecida en la que la gente acabe saltando por la ventana. Y las mujeres y los hombres se despedirán entre votos de fidelidad eterna.

«Amén», dije. Allen y yo no teníamos ideas tan diferentes como había imaginado, aunque la revelación de que Allen estaba considerando casarse con una mujer me cogió por sorpresa.

A Neal y a mí nos impresionó descubrir que Jack se había casado. Aporte de la aprobación optimista, aunque un tanto vacilante, de Allen, a ninguno de los dos nos pareció una jugada acertada. Conociendo la profundidad de las emociones de Jack, lo que pensaba de las mujeres y su simpatía por el dogma católico, ese acto nos pareció difícil de comprender, y sentimos una ominosa oleada de aprensión.

Era demasiado tarde para consejos o lamentos, de manera que no le dimos muchas vueltas a nuestras dudas, sino que intentamos apuntalar nuestra fe en que Jack había dado ese paso en una avalancha de intuición. No era fácil pensar en nuestro «Jack» casado con una chica de la que nunca habíamos oído hablar. Estoy segura de que a Neal le dolió, y durante una época no supo cómo tomárselo, puesto que sus planes estaban centrados en el viaje con Jack que emprenderían en meses posteriores.

Pasaron dos semanas antes de que Neal estuviera de humor para escribirle a Jack, y cuando lo hizo fue de una manera insólitamente superficial. Primero puso una dirección un tanto rebuscada, y la carta tardó en llegar por razones que nunca descubrimos. Se le dirigía así: «Querido Jack: por primera vez un hombre realmente de matrimonio y familia». Seguían varias páginas en las que contaba un complicado sueño en el que aparecía Jack, y una detallada descripción de un hombre que había conocido y que era exactamente igual que Bill Burroughs. Al final, Neal abordaba el tema de la nueva situación civil de Jack:

> Me alegró saber que te habías casado, aunque naturalmente me quedé sorprendido como un capullo, pero sabía que algún día lo harías. Cuando un hombre se acerca a los treinta (buf) sin ningún proyecto de tener críos, se le empieza a pasar un poco el arroz, y lo único que puede hacer es escribir libros. Estaría bien, pues, si eso que dices de que la «fecundé el 18» fuera cierto, y ya se estuviera gestando un K. en miniatura en el bombo, con grandes orejas y un chisme aún más grande.

Neal le transmitía el consejo a la «maravillosa chica que has elegido en la gran ciudad de que no adquiera la estúpida costumbre de preocuparse». Pero también añadía: «Pero aparte de estas chorradas, Jack, con todas tus tonterías, nunca puedes escapar de tu naturaleza seria y preocupada, ni del destino de tu sangre y tu inclinación por tener un Hogar [...]. Recuerdo todas las veces que me has hablado de ello, o me has revelado tus ansias de tener una familia».

Un claro ejemplo del instinto humano de Neal de superar sus dudas y su consternación apenas disimulados.

En todas las cartas que Neal escribía a Jack y a Allen se añadía la constante petición de hierba. Y también se añadía en esta carta, prometiendo contarle todos los secretos de Jack a su esposa a cambio de un «porro de hierba de verdad (o el precio del mismo)».

VEINTICUATRO

La crisis de Neal con Diana y conmigo finalmente llegó a un punto crítico. No sé si la causa fue la visita de Bud –que me había mostrado a Neal bajo una luz diferente–, el matrimonio de Jack o los cartas que Neal y yo habíamos intercambiado, pero al final estaba cansado de este juego. Dijo que estaba seguro de querer quedarse de manera permanente conmigo y con las niñas.

Como de costumbre, Neal no se lo dijo directamente a Diana, sino que comenzó a dejar que se enfriara su relación diciéndole que no tenía dinero suficiente para mandarle toda la asignación de diciembre. Cuando yo protesté, me contestó que Diana poseía dinero en abundancia porque vivía con sus padres, y su familia no la dejaría morir de hambre. Consideraba más importante la repentina necesidad de que a Cathy le extirparan las amígdalas.

Al principio, y como es comprensible, Diana se puso furiosa, y recurrió a todas las acusaciones clásicas, tristes y lamentables de la mujer agraviada... que yo me sabía de memoria. Entonces llegó una carta en la que adoptaba la actitud contraria: «Deseo tanto que me desees [...]. Quiero sentir que para ti soy la única [...], pero no puede ser [...]. Sé que si no me deseas como esposa, nadie me deseará nunca».

Yo comprendí que lo que Diana estaba expresando era auténtico, y nunca superé mi asombro al ver que Neal pudiera convencer a tantos, Allen incluido, de que nos tenía en el mismo nivel de devoción.

Neal le escribió a Diana una carta amable, le mandó todo el dinero que pudo, y ella creyó que tenía una oportunidad. Probó con otra táctica, felicitándome al mismo tiempo que me descubría algunos comentarios denigratorios que supuestamente Neal había hecho sobre mí para que volviera a estar furiosa con él. Neal y yo comprendimos que se estaba agarrando a un clavo ardiendo, y la compadecimos.

Diana rompió su promesa de no hablar del bebé. Cada día nos enviaba una descripción de todos sus movimientos, internos y externos, con suficientes detalles para demostrar su penuria, su valentía y el cautivador atractivo de su hijo. Diana nunca acabó de comprender hasta qué punto Neal procuraba que todo el mundo fuera feliz: «Que crean que han ganado». Este punto ciego le exigía el reto de realizar acciones desagradables para mantener la paz. A menudo buscaba alivio y compensación a tan antipáticos deberes en su correspondencia con Jack.

Aunque Neal le había enviado a Jack su reacción a su matrimonio el 7 de diciembre, recibimos una carta de Jack el 14 que indicaba que todavía no había recibido la de Neal. Lo achacamos a la frivolidad del sobre de Neal. Jack escribió que estaba impaciente por recibir la respuesta de Neal, y creía que podía haberse perdido entre el caudal de correspondencia navideña. De repente parecía feliz, elogiando a su esposa, y estaba impaciente porque la conociéramos. Decía que había terminado *En la carretera* y que nos echaba de menos. Acababa de enterarse de lo del hijo de Diana, y tenía muchas ganas de que Neal fuera a verlo, cosa que celebrarían con una gran fiesta. Especificaba que fuera antes de Navidad, pues debía de suponer que Neal y yo ya no estábamos juntos, y no sabía nada de la gran decisión, aunque naturalmente me alegré de que Neal decidiera pasar las Navidades con nosotras. Sabía que Diana pasaría por lo mismo que yo había pasado después de mi primer hijo, pero al menos estaba con su familia.

Los Hinkle compartieron la Nochebuena con nosotros, ya que Al se marchaba a Denver el día de Navidad. Helen estaba embarazada y se quedaría con nosotros hasta que naciera el bebé, pues había hecho todos los preparativos para el nacimiento en San Francisco. Aquel año, por supuesto, mi familia no le envió ningún regalo a Neal, porque supuestamente estábamos divorciados, pero Neal fue testigo de su solidaridad conmigo y con los nietos a pesar de mis transgresiones.

La llegada de la Navidad pareció contribuir a que Diana aceptará lo inevitable, aunque nada más lejos de sus intenciones que tirar la toalla. Escribió innumerables páginas acerca de su trágica situación, la trágica enfermedad de su madre, su trágica condición económica y: «Estoy preocupada por la dificultad de encontrar trabajo, porque han regresado muchos de mis antiguos síntomas neuróticos e histéricos, y me siento mareada y débil cuando salgo la calle». Después de dos o tres páginas más hablando del bebé, terminaba diciendo: «No tengo mucho más que decir. Supongo que tarde o temprano tendremos que tomar medidas legales para disolver nuestro matrimonio». Me quedé muy sorprendida al descubrir que nadie hace caso de la ley contra la bigamia a no ser que una de las esposas haga una escena. Gracias a ello la anulación fue más sencilla.

Neal, con la sensación de haber creado cierto orden en el caos anterior, volvió a la acción. Le escribió una eufórica carta a Jack el 30 de diciembre, «las últimas boqueadas de 1950», en la que le prometía salir hacia Nueva York el 3 de enero, aunque tendría que «espabilarse» por el camino para conseguir algo de dinero. Había recibido una carta de su padre, que estaba en la cárcel, y planeaba pasar por Denver para estar allí cuando su padre saliera. «Mi plan es que viva con Carolyn y conmigo. Mi coche y mis finanzas se han ido a la porra, igual que Diana y yo, igual que Estados Unidos.» Había elaborado un complicado plan para que Jack y su esposa vinieran a San Francisco con él. «Carolyn te aprecia, y todas las tonterías de antes han terminado...» De nuevo, enumeraba las ventajas de vivir con nosotros: «Tengo todo lo que necesito o quiero».

Y una vez más, los «mejores planes» se torcieron. Íbamos tan mal de dinero que al final Neal no pudo irse a Nueva York el día 3. Me fijé en que su actitud fue muy diferente a la de 1948. Descubrió que había escasez de guardagujas en Oakland, y que podían contratarlo hasta la primavera.

A finales de febrero, Neal consideró que podía tomarse «un permiso» y volvió a escribirle a Jack, pormenorizando sus nuevos planes, insistiendo en que Jack y Joan comenzaran a prepararlo todo para volver con él: lo principal era que Jack encontrara dinero o ahorrara para comprar una furgoneta. Neal había encontrado otro Packard Coupé del 43, e insistía en que yo necesitaba un coche para llevar a Cathy a la guardería.

> No mañana, me oyes, zángano, sino ahora mismo: ¡BÚSCATE UN TRABAJO! [...] Escoge las tareas más duras y haz penitencia, humíllate con los horrores necesarios para ganar unos cuantos dólares asquerosos. Me asquea. Me estremezco al pensarlo [...]. Espabílate como quieras, pero consíguelo por mi cumpleaños. Amatista por la sinceridad, violeta por la modestia: eso es febrero. Los boy scouts se fundaron en 1910. Cassady nació en 1926, ese es el 8...

Tras definir la hora exacta a la que Neal se marcharía y llegaría a cada una de las ciudades de la ruta, y cómo pasaría exactamente cada día en Nueva York, lo que incluía, entre otras cosas, ayudar a Jack a escoger una furgoneta y hacer las maletas, Neal les decía que existía la posibilidad de alquilar una casa al lado de la nuestra, o, si no, que podían quedarse en nuestro desván hasta encontrar un alojamiento más adecuado.

> Carolyn insiste en que J. se quede embarazada, que tenga niños, naturalmente, y vaya a la par (imposible) que nosotros, pero también en que viváis al lado y podamos intercambiarlos, y podamos meter a los pequeños en el patio de atrás [...]. Me llegó la hermosa carta de Joan. Dile que Carolyn ve igual que yo lo de furgoneta, ponerse en marcha y vivir juntos.

En cuanto le hubo remitido sus planes disminuyó la demanda de guardagujas, y Neal decidió tomarse un permiso de inmediato para no perder ningún trabajo ni más ingresos. En Nueva York cogió a todo el mundo por sorpresa. Las cartas diarias de Diana se habían reanudado, y ahora expresaba amenazas veladas y frecuentes soluciones a su «estado de desequilibrio», y yo estaba un poco aprensiva.

En el momento en que Neal se marchó, me senté y le escribí una larga carta con la esperanza de que la encontrara cuando llegara a Nueva York.

> ¡No vuelvas a marcharte nunca! Volví la mirada y vi tu silueta recortada contra la luz del tren... Cruzabas las vías a grandes zancadas llevando esa gran maleta, y casi fui incapaz de apretar el acelerador para marcharme. Te vi tan pequeño y solitario, y de repente me pareció absurdo. Tengo la horrorosa superstición de que ahora que has pasado a hacer lo correcto, también cambie tu suerte, hasta ahora tan buena. Justo cuando todo está a punto de ir bien... y como D. es tan fría, quién sabe si será capaz de llevar a cabo su amenaza. Casi le escribí a Jack para pedirle que te acompañara cuando fueras a verla. Llamó esta mañana, y aunque no hablé con ella, puesto que no acepté la llamada, me pareció que todavía no había llegado a ese estado, aunque a lo mejor ahora está más furiosa. Quería hablar con ella, pero comprendí que con lo que gasta en teléfono podía comprarse la cuna y más cosas. Le mandé un correo aéreo especial para que viera lo deprisa que va, y que es mejor veintiún centavos que veintiún dólares. Así que espero que no te hagan daño...
>
> Cuando vuelvas, te demostraré lo mucho que te quiero...
>
> Hay mucho que hacer, y este segundo cuarto de siglo podría ser tan rico como disipado fue el anterior [...]. Hoy me siento un poco aturdida y cansada, pero lo superaré...

Neal me mando una postal por el camino, y después de haber visto a Diana disipó todas mis preocupaciones:

Mi queridísima y única esposa.

Te escribo unas letras apresuradas mientras voy de Tarryngotn a NYC. Acabo de dejar a Diana después de 48 horas de conversación y lágrimas. Estoy contento, feliz, asombrado, orgulloso, dichosísimo e impaciente por informarte de que todo, sí, absolutamente todo va perfecto y estupendo. Es decir, hemos llegado a un acuerdo [...]. De hecho, ella ha tomado las decisiones finales; dejarla satisfecha es bastante sencillo, pues solo hace falta alimentar un poco su fantasía [...]. El largo viaje a casa para reunirme contigo y con mis amadas hijas empieza el domingo 21.

Neal me dijo que se había quitado un gran peso de encima, y me explicó que Diana y yo teníamos personalidades diferentes, de manera que ella había quedado realmente satisfecha, pues sabía que no lo quería porque no estaban hechos el uno para el otro. Por supuesto, eso entraba en franca contradicción con lo que ella había afirmado durante mucho tiempo, y yo no me creía ni una palabra, aunque deseaba que fuera verdad.

Los dos queremos cosas diferentes y no respetamos los ideales y deseos del otro. Es decir, ella cree que lo que escribo no vale nada, y que como mucho es un hobby. No pasa nada, tú y yo sentimos más o menos lo mismo, pero al menos nos lo tomamos en serio, ¿no?

Mientras me acerco a NYC y a mis conversaciones nocturnas con Allen, Jack y la novela de Holmes (*GO*)[1] y otras lecturas, etc., me siento completo, feliz, y por primera vez voy a reunirme sin reservas con mi única familia, mi dulce Carolyn, te quiero...

P. S.: Jack y Joan no vienen conmigo. Puede que lo hagan dentro de un mes...

1. Se trata de la novela titulada *GO* (también en castellano), que se considera la primera publicada que retrata la generación beat. Su autor, John Clellon Holmes (1926-1988) fue sobre todo conocido por esta obra. *(N. del T.)*

Es extraño que aquel viaje a Nueva York de Neal me produjera una sensación tan diferente a todos los anteriores. Aunque yo sabía que él lo disfrutaría, me parecía ante todo un deber compasivo que contaba con mis bendiciones. Había muchas cosas que yo quería hacer antes de que regresara, pero me sentía sin energía, y solo tenía ganas de descansar y dejarlo todo para otro momento. Lo atribuía al alivio de la tensión que tanto me había afectado. Pero después amaneció y tuve que escribirle a Neal la terrible e increíble verdad, pensando que quizá reconsideraría sus deseos.

En mi carta, sin embargo, me puse a escribir acerca de todo lo que se me ocurría: las chicas y mis problemas con el coche. Aproveché la oportunidad para incluir una sección dedicada a Jack, con explicaciones y disculpas que no había podido expresar en persona, con la esperanza de que Neal se las transmitiera. Yo acababa diciendo: «Espero que todo quede aclarado, y espero que le comuniques mis palabras [...]. Es el único de tus amigos que me ha tomado en serio y me ha hecho sentir que estaba verdaderamente casado contigo y que no era simplemente "la chica con la que ahora se acuesta"».

Pero no podía seguir esquivando el tema eternamente. Vacilé, pero al final lo solté: «Bueno, maldita sea, y ahora agárrate. Todavía no me ha venido la regla [...]. Es que no puedo aceptarlo; me pone furiosa, y créeme, querido, voy a hacer todo lo que pueda [...] después de todas las precauciones que hemos tomado, NO PUEDE SER».

Incluso había cogido una infección porque no quería correr el riesgo de quitarme el diafragma. (Cuando el médico me riñó, tuve que contarle que Diana había hecho analizar el esperma de Neal, y sus pequeños cabrones vivían al menos 36 horas.) ¿Qué puede hacer una chica? Estaba muy enfadada, y despotricaba contra la sociedad y sus leyes, la Iglesia Católica, los que vendían anticonceptivos que no funcionaban, y los médicos que te garantizaban que funcionaban. Me propuse solicitar un aborto a mi exjefa con el visto bueno del psiquiatra que trabajaba con ella, debido a mi anterior depresión postparto, etc. etc. «¿Esto me va a pasar cada año?» Antes de acabar la carta llamé a la doctora. «Bueno, he hablado con ella», le escribí a Neal. «Dice que en mi caso debe ser cosa del destino, y que algo maravilloso está a punto de ocurrirme... (¿cómo lo sabía?), pero que de aborto nada.»

Aunque no sé cómo lo adivinó, ni cómo saldríamos adelante, le di gracias a Dios porque Neal hubiera decidido quedarse con nosotros. Pero escribí: «Todavía creo que necesitas una dosis más ligera de familia [...], pero no me dejes estropearte las vacaciones».

Eso le inspiró a Neal unas palabras magnánimas y tranquilizadoras:

> [...] La dicha absoluta y maravillosa que conozco y siento al pensar en el próximo cuarto de siglo contigo (rico, no disipado) [...]. He aprendido cómo tratar las posesiones [...], A NO PREOCUPARME POR NADA... Ni siquiera el tercer hijo [...]. Tú eres la primera, la primera, la primera en todo... y los niños vienen después... Es perfecto solo mirarte, trabajar para ti, ¡¡y basta ya de colocones baratos!! Tú tienes el secreto de la energía perpetua [...]. Y yo por fin estoy aquí contigo. Confía en mí.

Qué alegría confiar en él. ¿Cómo no iba a hacerlo? Por primera vez desde nuestro matrimonio me sentía cómoda, segura y amada por el único hombre que quería. Me hice eco de las palabras de Neal: «Por fin estoy preparado para ti... y para la vida».

VEINTICINCO

Llegó la primavera de 1951, y con ella la sensación de nuevos comienzos y una nueva esperanza. En nuestro tercer aniversario de boda, Neal reforzó mis aspiraciones de un nuevo comienzo escribiéndome un poema tontorrón, pero que demostraba que comprendía y era consciente de mis sentimientos. Lo colocó junto a mi plato durante la cena, al lado de un trozo de cristal de colores.

> A mi magnífico Culo del Día de los Inocentes,
> tan hermoso aunque un poco llenito, como está
> tu corazón de tristeza. He aquí un trocito de cristal
> de colores, que aunque no podrá cortarte la grasa
> de tus nalgas, quizá perfore tu depósito de dolor,
> lo bastante para que nuestro tercer aniversario
> sea un día de percepción cristalina
> combinado con lo que sabemos por el oído,
> para que cuando se ponga el sol del Sabbath
> exista un entendimiento que augure
> una dicha que no termine nunca,
> y que parezca de broma el miedo,
> el temor al que se aferra la mente neurótica
> mientras archiva con esmero
> el deprimente alimento de todo el mundo

del que se alimentan en sus actos egoístas
solo para averiguar que no hacen ningún bien
pues la conciencia no ha olvidado
los pactos que hicimos hace tres años
cuando expresamos esos votos eternos
que cuestan diez pavos
para conseguir de ti mis legales... chorradas.
Sin papeles.

Sonriente miró cómo lo leía, mientras yo me iba sonrojando.

–¿Crees que Ginsey estaría orgulloso de mí?

Con una brujería sobrenatural, Neal había disipado mis celos hacia LuAnne y Diana, y solo permanecía un residuo de resentimiento que Diana mantenía vivo mediante su «doble diaria», tal como Neal denominaba a sus cartas diarias y a sus frecuentes llamadas telefónicas. Acepté la batalla con ella para proteger mi hogar, pensaba, y aunque Neal mantenía nuestra armonía, tenía muchos remordimientos de conciencia. Por nuestro aniversario también le escribió una postal a Jack, que llevaba «Día de los Inocentes» en la línea de la fecha e iba sin firma.

> He intentado escribir y no puedo. Te quiero y te quiero, pero me preocupan tantas otras cosas que cada carta que empiezo termina en el primer párrafo. Puedo enviártelas, si lo deseas. Incluso he recortado cosas divertidas de la revista para ti. Esta postal es solo para que sepas que estoy vivo [...]. He escrito las primeras diez torturantes páginas a doble espacio de una novela. La vida es dura sin hierba ni dinero para nada [...]. En este mismo momento C. y D. mantienen un feroz combate a larga distancia, llevan chillándose media hora en su rabia frustrada. Tengo el estómago revuelto de tristeza...

Diana seguía dándonos infundadas esperanzas de que nos dejaría en paz, y había cambiado el nombre del bebé, que ya no se llamaba Neal sino Curtis, aunque durante un tiempo insistió en adjuntar el apellido «Cassady» con guión después del suyo. También intentaba utilizar a Allen para influir en Neal, cosa que yo entendía, así como su necesidad de hablarle. Allen nos escribió:

> Almorcé con Diana tres veces, y está muy alterada puesto que es un mar de confusiones, no tanto desde el punto de vista amatorio (creo que eso ya se le ha curado) sino económico. Eres un mártir para ese juguete, y Diana dijo que tu esposa Carolyn espera otro hijo. Te puedes quedar con mi insignia de policía, igual que en la película de Charlie Chaplin. Felicidades: espero que ahora tengas el placer de tener un chaval. Y Jack dijo hace dos noches: «volvió con la mujer que le quiere más». En mi mente, una imagen idealizada de ti ha remplazado la realidad. Pero le mando muchos besos a la realidad. Allen de los bosques.

(Estaba segura de que Diana quería a Neal tanto como yo.)

Tan decididos estábamos Neal y yo a que esta vez saliera bien que acudimos a la única ayuda conocida. Investigamos el funcionamiento de la terapia psicológica, y comenzamos a asistir a sesiones regulares en la clínica Langley-Porter. Nuestros encuentros eran erráticos, y los cambios frecuentes de terapeuta nos dieron poca confianza, y tampoco descubrimos nada nuevo. Neal y yo hacíamos constantes asociaciones libres, y nunca nos comentaban nada. Puesto que Neal a menudo, aunque no siempre, fumaba un porro antes de la sesión, me parece que estaban perdiendo una oportunidad para investigar. Nunca se mencionaban los sueños, aunque Neal los recordaba vivamente y se los relataba en páginas y páginas a Jack, que comenzó a prestar más atención a los suyos. Comenzó a escribírselos a Neal, que los interpretaba lo mejor que podía.

Es posible que Neal aceptara esa ayuda psicológica solo para seguirme la corriente o demostrarme que estaba dispuesto a hacer algo por nuestro matrimonio, o quizá porque Allen le presionaba desde hacia tiempo para que se sometiera a psicoanálisis. Neal y yo creíamos saber ya lo bastante de psicología y del matrimonio, aunque quizá solo intelectualmente. En una ocasión Neal le escribió a Allen:

> La psicología científica ha elaborado para sí misma un sistema completo de imágenes en el que se mueve con entera convicción. Los pronunciamientos individuales de cada psicólogo resultan ser, cuando se examinan, una mera variación de este sistema, adaptable al estilo de su mundo científico actual [...], como todo lo que ya no está en proceso de desarrollo, sino que está desarrollado, ha colocado un mecanismo en el lugar de un organismo.

Después Neal se volvió menos comunicativo, ya fuera porque se había cansado de hablar o porque estaba desanimado con los resultados, o quizá era la hierba, tal como él sostenía. Le escribió a Jack:

> Mi mente está completamente en blanco; no se me ocurre nada que decir. En verdad se trata de una forma de agotamiento provocada por el uso constante de hierba, que, con su gran cantidad de imágenes, satisface al cerebro con pensamientos aterradores como los de ahora... Con lo que no puedo escribir. Mis ondas cerebrales cuando estoy colocado deben de formar una imagen muy interesante: es decir, tengo la impresión de haber conseguido la cuadratura del círculo, pues están tan desmadradas estas líneas quebradas que regresan al punto de partida, y eso me agota.

Cuando Allen escribió esa lúgubre carta sobre el matrimonio de Jack, Neal le respondió con un detallado análisis de las posibles razones que habían impulsado a Jack a obrar de esa manera, y en lo alto de la lista estaba el uso de un lote concreto de marihuana que Jack y Neal habían estado tomando en esa época: «porque he observado que todo aquel que la consume tiene tendencia a repetir los mismos pensamientos que los demás consumidores». Deducía que mediante su consumo habitual Jack se había visto como nunca antes, «meditando solitario sobre Richmond Hill». Neal comparaba la sensación que le producía la hierba con la que le producía a Jack, y comentaba lo imposible que resultaba hacer comprender tus propios pensamientos a los demás: «porque todo lo que sale de uno es una caricatura de lo que piensa [...], y sin embargo pretendes que sea una caricatura». Me pareció que eso era una parte del problema con los psicoterapeutas.

Al analizar la razones que pudiera tener Jack para casarse y al reevaluar las suyas, Neal pensó mucho sobre el tema, y respondió a la confusión de Allen:

> Las razones en favor del matrimonio significan menos de lo que crees, Allen [...]. El matrimonio por el que yo me decanto, como es el de Jack, y como sé que es el mío, es una combinación de terca ceguera, la sensación pervertida de querer ayudar a la chica y un simple qué-demonios [...]. Todo depende de la actitud de cada uno con su pareja, pues esa actitud ha estado condicionada por los diversos actos e ideas que han influido en la personalidad de cada uno. Las muchas transigencias, aunque no admitidas intelectualmente, fuerzan los límites del amor, y cada persona no tarda en fingir tener una comprensión estática de la otra, y no hay ningún cambio en el punto de vista. Si uno está convencido de la integridad del otro, por lo general todo va bien, pero si esto no se da, no hay esperanza [...], y por mi experiencia podría seguir indefinidamente. Las ideas en conflicto de la pareja son el punto decisivo, que, combinado con los hábitos emocionales de cada uno, forman esa tensión que, en cuanto se rompe, necesita una responsabilidad externa para salvar el matrimonio, como puede ser la iglesia, la familia, el orgullo, los niños o algún absoluto semejante. ¡Dios mío!, parezco una de esas revistas para señoras o algo peor, y mi única excusa es que nunca había hecho algo así.

Por supuesto, este análisis me interesaba. Tenía más que ver con los matrimonios de Neal que con el de Jack. No se había casado con Edie, su primera mujer, para vivir de manera convencional, y aunque puede que Neal tuviera eso en cuenta, no había pensado mucho en ello.

A lo mejor ese diagnóstico era un intento de justificación inspirado por la esterilidad de las visitas a los psicólogos, pero, fuera lo que fuera lo que había activado tanto el cerebro de Neal y provocado tanto análisis, su estado de ánimo era más alegre; nuestra «comprensión estática» mutua se estaba rompiendo un poco, nuestros «puntos de vista» parecían estar cambiando... Al menos en la superficie.

A Jack le escribió:

> Carolyn y yo nunca nos hemos llevado tan bien; su actitud ha cambiado por completo, por fin. Te lo juro, ahora es siempre de lo más amable, tampoco lo entiendo mucho... Le di a Cathy un sorbito (¡un SORBITO! ¡DE UN VASO entero!) de cerveza [...]. La depravada acción le provocó a Carolyn un repentino grito de terror, pero puesto que ya no nos molestamos en negociar ni en provocar ningún sudor emocional, pronto dejó de insistir, y la siguiente vez que pasó junto a mi silla se detuvo y con un beso estropeó toda la reflexión de este párrafo, y mis viperinas ideas quedaron temporalmente cercenadas...

Por alguna razón, a Neal y a Jack les costó hablar durante la breve visita que hizo el primero a Nueva York, y como ahora Jack estaba más pendiente de su mujer, la comunicación entre ambos se hacía más difícil. Como ahora Neal tenía menos anécdotas que contar, de vez en cuando relataba episodios descriptivos de experiencias anteriores como práctica, disfrutando de las «evocaciones proustianas». Jack aplaudía efusivamente cada palabra que escribía Neal, y se deshizo en elogios acerca de una larga carta en la Neal le había relatado una aventura que había tenido con dos chicas que conoció cuando tenía casi veinte años. Jack afirmó que la carta era una obra maestra. Allen era por lo general menos expansivo en sus elogios, y prefería ver sus cartas como literatura y cumplir con la petición de

Neal de hacer una crítica constructiva, aunque acerca de esa historia los dos estuvieron de acuerdo. Allen escribió:

> Por fin conseguí tu larga carta del 17 de diciembre. La tuve que robar del escritorio de Jack cuando este estaba fuera. Me daba miedo perderla. Después de leerla me dijo: «¡Neal es un coloso que se alza para destruir Denver!». La leí con gran asombro, parándome cada pocos párrafos para reírme a carcajadas. Cuánta claridad, gracia y vigor brillaban en esa escritura [...]. Incluso ahora me cuesta expresar (o sentir ante la máquina de escribir) cuánto me impresionó y me asombró la magnitud de la obra que habías creado en el Relato de Joan, que me parece casi una auténtica obra maestra. Es más fácil hablar de los defectos, cosa que haré...

Y eso era lo que hacía durante páginas y páginas, poniendo ejemplos de poesía y literatura, y añadiendo algunas sugerencias de estilo.

En aquella época Allen le hacía de agente literario a Bill Burroughs.

> Me está costando publicar el libro de Bill (todavía no lo ha terminado, pues ha decidido escribir más mierda). Pero Doubleday ya ha dicho que «ningún editor respetable publicará esto», o a lo mejor dijeron «que se respete» [...]. Sin embargo, Jack Kerouac, que no pierde comba, la semana pasada terminó *En la carretera*, escrita en veinte días en un solo rollo de papel de metros y metros de largo que sacó del apartamento de Cannastra. [...] No obstante, el libro de Jack necesita un final. Escríbele una carta seria y profética presagiándole tu destino, para que pueda reunir el valor para acabar su himno en una adecuada apoteosis o en un chirrido de frenos. Le da miedo presagiar la tragedia, o la comedia humorística o el amanecer gris o el alba sonrosada, necesita ayuda para comprender los auténticos anhelos de tu alma, aunque seguramente los conoce. De verdad, lo que resulta demasiado estúpido decir se puede cantar.

Neal respondió con su propia visión de *En la carretera* y un plan para las futuras obras de Jack:

> Qué gran noticia que Jack haya terminado *ELC*; confío en su escritura, pero me da un poco de miedo, porque el tema de *En la carretera* es demasiado trivial para él, tal como demuestra su insatisfacción. O bien debe olvidarlo o alargarlo para crear algo poderoso que simplemente utilice lo que ha escrito como Libro 1, pues lo que ha hecho no se presta al relleno. Debería crear otra obra y otra (igual que Proust), y entonces tendremos la Gran Novela Americana. Creo que sería provechoso que comenzara un Libro 2 con los recuerdos de su infancia tal como me los mandó, y luego mezclarlo todo en su profético DR. SAX. Naturalmente, no tengo ni idea de lo que estoy diciendo, pero me preocupo por él y quiero que sea feliz.

Después Neal le presagió su «destino» para el final:

> Dile a Jack que me he convertido en el ulceroso jefe de tren de ferrocarril que nunca escribe nada bueno y sufre una muerte lenta y dolorosa por problemas de próstata (cáncer por masturbación excesiva) a los cuarenta y cinco. A no ser que me manden a San Quintín por violación de una adolescente y me ahogue tras resbalar en un cenagoso albañal que una cuadrilla de trabajadores esté desatascando. Naturalmente, también podría caerme bajo un tren de carga, pero eso es demasiado bueno, pues a Carolyn le pagarían unos cuarenta o cincuenta mil de la indemnización del ferrocarril [...]. Una cosa es segura, seguiré marchitándome emocionalmente más o menos a la misma velocidad que los últimos tres años [...]. Me temo que he sufrido una irremediable caída, y en mi mediocridad me he convertido precisamente en lo que Jack temía que fuera mi destino: estoy en blanco, y cada vez más.

Cómo se parecía todo eso a los sucesos que la historia confirma. Ojalá yo hubiera prestado más atención en esa época.

Neal siguió escribiendo, aunque seguía sufriendo por su ineptitud, aunque le dijo a Allen: «En relación a la carta de Joan, puedo hacerlo cuando me dé la gana, aunque no ahora».

A lo largo de todo el verano, su preocupación principal fue convencer a Jack de que viniera a vivir con nosotros. En cada carta, postal, o incluso telegrama, se explayaba en las ventajas de nuestra vida y de lo que le podía ofrecer a Jack. Había amueblado la mitad del desván para que Neal tuviera su guarida; las cajas de fruta ahora sustentaban un trozo muy grande de contrachapado que yo había esmaltado de verde oscuro para crear un escritorio, que coloqué debajo de la ventana que daba a la calle con unas cortinas que había rescatado de Alpine Terrace. Sobre el escritorio estaban el diccionario, mi vieja radio portátil, mi máquina de escribir de la facultad y una lámpara. Al lado del escritorio, en el suelo, había un somier y un colchón que servían de cama, y delante una alfombra peluda. Era un lugar íntimo y acogedor, y más habitable que en la anterior visita de Jack.

Neal no solo cantaba las alabanzas de esas mejoras, sino también de todo lo que se podía hacer en San Francisco, y además «Carolyn te quiere, será como una madre para ti sin que tengas que satisfacer ninguna de sus necesidades, y tendrás café, un montón de café caro, y te lavaremos la ropa gratis, y pintaremos tu retrato». Hizo un encomio de las muestras de Dexedrina que yo podía conseguir, de lo maravillosas que eran las niñas, de que podría hacerse análisis clínicos gratuitos, de que cerca había pistas de tenis, campos para otros deportes y una libertad ilimitada para hacer lo que quisiera,

> pues no sabrás lo que es vivir hasta que no te marquen con la C del 29 de Russell Street.
>
> [...] Carolyn y yo, por fin, somos un equipo que funciona a la perfección, aunque de vez en cuando el motor petardee y bufe un poco, pero ahora somos de lo más compatibles. Naturalmente, en un rincón de tu mente debe anidar el recuerdo de las bruscas recepciones que te encontraste en el pasado, hace menos de

dos años, de hecho, aunque debes admitir que tampoco fue como si te hubieses encontrado con un asesinato o un suicidio. Carolyn quiere hacer las paces contigo. Podemos intentarlo con unas cuantas orgías en grupo o lo que quieras, aunque sería más sensato posponerlo hasta después de octubre, porque ella esta tan gorda como nuestra casa, y la cama solo tiene un metro veinte de ancho [...]. Comprenderás que si no vienes ahora mismo, una maldición eterna caerá sobre mi próximo hijo, pues no estarás aquí para ser su padrino, y como lo habrás abandonado, me veré obligado a no llamarlo John Allen Cassady, como es mi intención actual.

La exuberancia de esta carta pretendía en parte animar a Jack y mostrar su solidaridad con él, pues Jack y Joan se habían separado. Ahora era un momento todavía mejor para que Jack viniera; el ferrocarril publicaba anuncios en los periódicos pidiendo guardafrenos, que escaseaban.

Pero Jack no vino. De repente sufrió una grave flebitis y lo llevaron al hospital. Me pareció que no estaría mal escribir una carta, aunque sería un tanto inhibida, y no se me ocurría gran cosa que decir, aparte de desearle lo mejor en su enfermedad y después de la separación de Joan, así como lamentar que no pudiera venir a estar con nosotros. «Necesito tu ayuda para crear una vida que Neal encuentre digna de ser vivida, pues al parecer sola no lo consigo. ¿Podrías pasar la convalecencia con nosotros? La mente de Neal está realmente en blanco... (él dijo: "Lo verifico").»

Por entonces Neal había alcanzado ya la veteranía suficiente para trabajar en trenes de pasajeros, y consiguió comprar la camioneta con la que soñábamos y un saxofón. La camioneta salió bien, pero el saxofón fue una amarga decepción, pues resultó ser un saxofón melódico en do, y tal como le escribió a Jack:

El melódico en do es tan poco popular que no encuentro libro de instrucciones, y casi no hay partituras para tocar. Parece que me han endosado otro elefante blanco [...]. Primera hora de la mañana: acabo de volver de mi trayecto diario con un tren de pasajeros [...], ahora soy un gran guardafrenos de pasajeros con un bonito traje de mono que por detrás parece un esmoquin [...], y no se me ocurre mucho más que decir para animarte a hacer ese largo trayecto hasta el fin del mundo por ninguna razón [...] como no sea que hace demasiado calor en Nueva York o en México, y Francia es demasiado europea, y Great Neck está demasiado trillado, y es demasiado pronto para ir a Siberia o a África. Por cierto, cuando todo esté perdido, tú y yo iremos a Marruecos y construiremos un ferrocarril por mil al mes. Lo único que tenemos que hacer es conducirlo mientras los culis africanos arrojan grava sobre el balasto.

Me muero de ganas de leer *En la carretera*, así que mejor que lo publiques rápido o tengas algún manuscrito para prestarme. Y si no vienes por razones intelectuales o porque te parece que no podrás, lo comprenderé, igual que creo que te entiendo con la pobre J., y si languidezco y muero lejos al igual que ella sin ti, es porque así tenía que ser.

N.

Su trabajo en los trenes de pasajeros era menos cansado y más sociable, y ahora yo tenía camisas blancas que planchar y zapatos negros que lustrar. Seguía sin poder asegurarse un trayecto regular, pero disfrutaba del suspense de no saber nunca si lo llamarían para un tren de carga o de pasajeros. Todavía estaba empezando a acostumbrarse a la nueva situación cuando los ferroviarios se pusieron en huelga. Los guardagujas se sumaron por solidaridad, pero Neal, que estaba a la que saltaba, aprovechó la coyuntura para que lo contrataran de guardagujas en Oakland, y ahora hacía incluso más horas. En San Francisco lo tacharon de esquirol, pero no le importó tanto como no poder mantener a su familia.

VEINTISÉIS

Septiembre de 1951 trajo ese tiempo costero que ya se anunciaba en otoño y primavera: unos cielos deslumbrantes en los que el sol y el viento creaban un perfecto equilibrio de calor y frescor. El domingo por la tarde del día 8 recogí a Helen y a su hijo de nueve meses, Mark –ahora vivían en las afueras de la ciudad–, y con mis dos niñas fuimos al Aquatic Park, al pie de Russian Hill. Nos sentamos en la arena y disfrutamos remojando los pies en el agua helada, mientras los más jóvenes se mojaban bastante más que nosotras. A nuestra espalda, la resplandeciente hierba verde del césped en pendiente tentaba a los enamorados, a los culturistas y a los ancianos a tumbarse al sol como lagartos y contemplar la bahía, salpicada de veleros y cabrillas. Me sentía en paz y contenta como nunca.

Al cabo de un par de horas de armonía, llevé a Helen a su casa. Conduje con cierta dificultad durante el largo trayecto, pues la barriga me alejaba demasiado del volante. El piso de Helen era la planta superior de una antigua casa victoriana reformada. A pesar de que Al tenía prioridad por pertenecer al ferrocarril, todavía no les habían puesto teléfono, y les cogían las llamadas en el piso de abajo. Como Helen no conducía, había ido a verla varias veces, pero no fue hasta esa tarde que me fijé en el nombre que había debajo del suyo junto al timbre. Era un largo apellido polaco, impronunciable para mí, y me quedé mirándolo un buen rato, sin pensar nada en particular. Hasta muchos años más tarde no descubrí cómo actúan los ángeles.

A eso de las dos de la mañana me despertaron las señales ya conocidas de la inminencia del parto. Según los médicos, a la criatura aún le faltaba un mes, pero no había duda de que ya estaba en camino. Me pareció más considerado ahorrarme el último mes de calor, aunque el momento era muy inoportuno: Neal estaba al otro lado de la bahía, en Oakland, Louise se había trasladado a la Península,[1] y Helen no tenía ni coche ni teléfono. No solo necesitaba transporte, sino también un canguro.

De repente me vino a la cabeza el apellido polaco del timbre del vecino de Helen. Sin aliento, bajé corriendo las escaleras en busca del listín. Podría haberle pedido el número a la operadora, pero no estaba segura de cómo se escribía, aunque encontré el único nombre que se parecía, y estaba justo en esa calle. El teléfono sonó y sonó, y a cada pitido mi pánico aumentaba. Finalmente contestó, y el alivio y las disculpas enturbiaron mi petición de que despertara a Helen y la hiciera ponerse al teléfono. Se puso, y más suerte tuve de que Al estuviera en casa, y como siempre no perdió el tiempo para ayudarme alegremente en mi pesar, aun cuando eso significara también tener que trajinar su propio bebé.

Mientras los esperaba, no pude evitar meditar sobre la coincidencia que había llevado a esa feliz solución, y comprendí que ninguna otra palabra lo explicaba. Sin embargo me produjo un sentimiento extraño, indefinible. Helen y su bebé se acomodaron en mi casa y Al me llevó al hospital, el mismo en el que había tenido a Jami. Esta vez no hubo tiempo para la celestial anestesia caudal, pero mi dicha superó el dolor cuando me atreví a preguntar el sexo del bebé. La enfermera contesto: «Es un chico» como diciendo «¿qué va a ser?» Exactamente lo

1. Se refiere a la península que separa la bahía de San Francisco del océano Pacífico. *(N. del T.)*

que me había parecido; así tenía que ser. Ahora estábamos en paz: le había dado un varón a Neal. Me abandoné y me dormí en paz.

Neal había llegado a casa por la mañana y se había encontrado a Helen y a Al en nuestra cama. Cuando se enteró de que había dado luz a un chico a las 5:10 de la mañana, se alegró mucho y durmió una hora antes de venir a verme. Cuando regresó a casa se sentó enseguida le escribió a Jack: «Mi chico ha nacido bien de peso y saludable, aunque al parecer se ha adelantado un mes. Tiene un aspecto increíble, con un pelo absolutamente blanco platino, igual que el de Jean Harlow, solo que más sorprendente, pues ya le crece por encima de las orejas. Naturalmente le he puesto tu nombre y el de Allen: John Allen Cassady. J. A. C.».

Sí, el pelo de John era igual que el mío. La primera vez que me lo pusieron en brazos, contemplé su cara franca y serena, ni rosada ni arrugada como la mayoría de recién nacidos, una representación de lo que era la paz, «mi angelito». (En años posteriores otras personas comentaban a menudo: «John es un ángel».)

Neal traía a las chicas para que pudieran verlo desde la ventana –a los niños no se les permitía entrar en la sala de maternidad– siempre que estaba en casa durante el día. Se había traído a su hermana pequeña, Shirley, para que estuviera con ellas cuando él trabajara.

Durante las primeras seis u ocho semanas después de llevar a John a casa, siguió siendo un bebé angelical. Él ocupaba el cochecito, a Jami la trasladamos a la cuna y a Cathy al sofá cama. Y de repente un día John no estaba allí. Es decir, estaba físicamente, y todas sus funciones corporales funcionaban como debían, e indicaba sus necesidades como siempre, pero eso era todo. Cuando llevaba varios días viendo que no reaccionaba a nada, comencé a preguntarme por qué su personalidad individual (¿podía ser su mente?) estaba ausente. Cuando estuve segura de que no me equivocaba llamé al pediatra, aunque me fue difícil hasta el extremo plantearle mi pregunta. Calmó mis temores afirmando que había oído que eso pasaba algunas veces, pero que los bebés lo acababan superando con el tiempo.

Y así fue. Más o menos al cabo de otra semana John «volvió». Ahí estaba de nuevo, haciendo sus ruidos de bebé, y su conciencia y sus movimientos habían regresado. Aquello nos dejó intrigados, aunque no descubriríamos una explicación razonable hasta dos años después.

Para Neal, la perspectiva de que un hijo creciera a su lado y le tomara como modelo y ejemplo solo sirvió para acentuar su sensación de que no daba la talla, pero mientras John no fue más que un bebé y Neal un joven idealista, esos miedos quedaron en un segundo plano, y disfrutaba con la criatura. Le escribió a Allen: «Niños, niños, ladrones de libertad y fuente de gasto infinito que te arrebata cualquier lujo, pero también una enorme esponja que absorbe tu amor y un pozo sin fondo de placer en el que me arrojo sin pensar».

Sus preocupaciones referentes a Diana y su hijo no se podían posponer tan fácilmente. Ella escribía con menos frecuencia, pero sin parar, pidiendo más dinero y lamentando el día que se conocieron. Incluso escribió una carta de diez páginas al fiscal del distrito de San Francisco, incluyendo fotos de ella y de Curt. Cuando Neal y yo respondimos a una orden de comparecencia emitida por el fiscal del distrito, estábamos nerviosos y atemorizados, aunque el fiscal solo nos enseñó la carta y dijo con un suspiro: «Esta mujer debería ver a un psiquiatra». Nos dijo que nos fuéramos sin más comentarios. Otro gran alivio.

La noche que ingresé en el hospital, Neal había estado leyendo el periódico de Oakland, y tras leer una noticia breve se puso a buscar como loco en los demás periódicos con la esperanza de encontrar detalles adicionales, pues casi no se podía creer lo que había leído:

> Según la policía, un turista estadounidense que intentaba imitar a Guillermo Tell mató a su esposa mientras intentaba acertarle con una pistola a una copa de champán que llevaba encima de la cabeza. La policía ha arrestado a William Seward

Burroughs, de 37 años, natural St. Louis, Misuri, la noche después de que su mujer, Joan, de 27, muriera en el hospital de una herida de bala en la frente recibida una hora antes.

¡Bill, el tirador que nunca fallaba! ¿Cómo podía haber ocurrido? Dos días después recibimos una carta de Allen escrita en Galveston, Texas. Había ido allí con su amigo Claude tras un breve viaje de negocios a México, donde habían visitado a Bill y a Joan. Allen había leído esa tragedia en el periódico de Texas, pero añadió algunas observaciones propias:

> Mientras Claude y yo estábamos con ellos, Claude y Joan jugaban a conducir borrachos, y a veces se animaban mutuamente a llevar a cabo acciones suicidas [...]. Mi visión de la vida y de la psique mexicana es demasiado limitada para comprender la desdicha, el absurdo y el drama que impera ahora en la mente de Bill... o lo que siente.

Aunque posteriormente Bill alegó que la causa había sido una pistola defectuosa, los comentarios de Allen hicieron que nos preguntáramos si Joan no se encontraría en un estado de desesperación que también había podido influir en el caso. Podía haber ocurrido fácilmente que ella –de manera consciente o inconsciente– deseara morir y moviera un poco la cabeza. Bueno, la verdad es que no queríamos pensar en ello. Siempre me sentí orgullosa de que el propio Bill nunca sugiriera algo así. Era el perfecto caballero.

A principios de enero de 1952, el acontecimiento que Neal había previsto y promovido durante tanto tiempo sucedió por fin: llegó Jack. Lo habíamos comentado mucho, y el hecho de que llegara a ocurrir provocó cierta incomodidad. Neal iba dando brincos mientras le enseñaba a Jack en rápida sucesión las maravillas que le había descrito en sus cartas, exagerando mucho sus alegres payasadas hasta que Jack se echó a reír. Jack y yo nos sentíamos más cohibidos y extraños aún que antes, y no nos mirábamos a los ojos sin recordar nuestros encuentros anteriores. No sabía si era Neal quien había influido en Jack o al revés, y este probablemente pensaba que yo le consideraba el incitador. Quizá era un poco de ambas cosas. Puesto que Neal le había dicho a Jack que yo había «cambiado completamente», me esforzaba por justificar esa afirmación. Cuando Neal estaba con nosotros nos sentíamos más relajados; Jack se ponía a hablar con Neal y me incluía en la conversación, y sus miradas y su tono indicaban simpatía y comprensión. Pero evitaba quedarse a solas conmigo, y permanecía en el desván o paseaba por los barrios aledaños.

Jack y Joan habían roto del todo y mal. «Verás –me explicó–, era hija única, criada por mujeres; su madre y sus tías. Todas odiaban a los hombres, y le enseñaron a odiarles. Se dedicaron a vengarse y me utilizaron para desahogar su ira. Es cierto; estoy convencido de que lo hicieron a propósito.» Yo no estaba tan segura. «La pillé un par de veces con su portorriqueño, y ahora que está embarazada dice que el hijo es mío. ¡JA! ¡Ni de coña el hijo es mío!» Parecía estar muy triste y decepcionado, pero completamente seguro de ello, y la traición de Joan le dolió muchísimo, sobre todo porque era la segunda vez que ella se casaba. Yo lo sentía muchísimo por él, y me preguntaba por qué elegía tan mal a sus esposas. Solo le había oído hablar bien de las mujeres en general, y de manera muy sentimental del matrimonio y la vida familiar.

Se sintió muy cómodo de inmediato con los niños, mostrando gran empatía con ellos y comunicándose de manera natural sin sensiblerías. Nunca tuve la impresión de que mis niñas fueran una molestia para él, y más bien buscaba su compañía, escuchaba atentamente la cháchara de Cathy, y les contaba animadas historias. Pero no estaba acostumbrado a los bebés, y no sabía qué hacer con ellos. Un día que Neal lo escuchó decir algo en ese sentido, sacó a John de la cama y se lo puso en brazos a Jack.

–No, tío, ves, a los bebés hay que tenerlos en brazos. Siéntelo... Nunca lo habías notado así, ¿verdad? Hay que tenerlos en brazos.

Sorprendido e incómodo, Jack soltó una risita ante el repentino arrebato de Neal e intentó hacerle caso. John echó la cabeza para atrás para estudiar un momento aquella extraña cara, y enseguida la hundió contra el pecho de Jack. Jack hizo lo que pudo: le dio unos golpecitos, indeciso, pero era evidente que era como si sujetara una bolsa de huevos, y se sintió aliviado cuando se lo quité. Neal no dejaba de perorar acerca de las ventajas de los diminutos bebés sobre los niños un poco mayores.

El desván le iba perfectamente. Se instaló y con esmero ordenó los pocos preciados libros y papeles que necesitaba para sentirse en casa y ponerse a trabajar. La única incomodidad era que para acceder a su guarida había que pasar por nuestro dormitorio. Me sorprendió descubrir que era muy anticuado y recatado a la hora de hacer sus necesidades, y solo utilizaba el cuarto de baño cuando no había nadie, y siempre que era posible procuraba ir a otro lado. Todos procurábamos que se sintiera lo menos incómodo posible, aunque era difícil teniendo niños pequeños, y yo me cuidaba de ir siempre completamente vestida.

La llegada de Jack resultó ser la peor época para contratar guardafrenos, pero a las pocas semanas Neal le consiguió un trabajo en la consigna de la terminal. Eso mejoró un poco la situación, aunque Jack siempre tenía miedo de estar imponiendo su presencia. Con un trabajo, no solo tenía dinero, sino independencia.

Ahora Neal tenía menos trabajo, y podían pasar más tiempo juntos. Con ello, yo tenía más oportunidades para revelar mi «cambio», mostrándome alegre y no quejándome, sobre todo cuando pasaban fuera casi toda la noche. Aunque intentaban interesarse más por mis sentimientos, y decían cosas para tranquilizarme, no puedo decir que, en el fondo, estuviera más contenta que antes, y mucho menos que hubiera «cambiado por completo». Su comportamiento parecía irreversible, de manera que busqué alguna actitud que se me hubiera pasado por alto por culpa de mis ideas fijas acerca de la institución matrimonial.

Que en casa vivieran hombres con los que no tenía ningún parentesco no era ninguna novedad para mí; mi padre a menudo alojaba a profesores asociados o alumnos. Sin embargo, su familia era lo primero, y cada vez que Jack o Neal salían alegremente por la puerta como antaño, o se encerraban en el desván, no podía evitar experimentar de nuevo las mismas sensaciones de antes. Me costó un gran esfuerzo no expresar esa sensación, y pronto surgió una reacción física cuando el asunto adquirió un cariz extremado.

Neal trabajó la noche antes de su cumpleaños, y llegó a casa a eso de las cuatro de la mañana, así que sabíamos que al día siguiente querría dormir. Me desperté temprano y planeé el día, con ganas de aprovechar esa oportunidad para envolver calcetines, camisetas, calzoncillos y cigarrillos y convertirlos en regalos, cocinar una tarta e ir a la tienda a buscar helado. Ahora que Cathy tenía cuatro años y Jami tres, disfrutaban de la excitación de celebrar un cumpleaños, sobre todo cuando era el primero de «papi» que celebraban. La presencia de Jack, además, haría que ese cumpleaños fuera aún más festivo y especial para Neal.

Cuando los misteriosos sonidos de John adquirieron un tono de insatisfacción, salí de la cama, me puse el albornoz, lo saqué antes de que llorara, fui a buscar a las niñas (que ya estaban entrenadas para susurrar), y todos bajamos sin despertar a Neal. Cuando se unió a nosotros a eso de mediodía, le preparamos un gran desayuno, y abrió los regalos con su habitual gratitud y efusividad, como si le hubiéramos regalado un Cadillac de oro. Pasamos una tarde animada bebiendo café, leyendo el periódico y jugando con los niños, pacíficos y contentos: como debería ser el matrimonio, me dije.

Al principio solo hubo un pequeño inconveniente. Durante el día, tenía el lado izquierdo de mi cara cada vez más dolorido y rígido. Supuse que era un problema de los dientes, y cuando llevé a los niños a la siesta, me tomé una aspirina, pero no le dije nada a Neal. Cenaríamos un poco más tarde de lo habitual porque habíamos desayunado muy tarde, y porque

Jack aún no había vuelto a casa. Me parecía increíble que se hubiera olvidado del cumpleaños, así que Neal y yo nos tomamos una cerveza. Cuando ya no podíamos posponer más la cena, serví el bistec, las patatas asadas, las verduras y la ensalada, todo ello seguido del helado y la tarta. Seguíamos bastante alegres, y Neal disfrutaba de ser el centro de atención y de aquella comida especial.

Después de leerles un rato a las niñas y llevarlas a la cama, la cara me dolía tanto, y la tenía tan insensible, que se lo dije a Neal. Insistió en llamar a mi amigo el médico, aunque hacía mucho que había cerrado la consulta y era viernes noche.

–Sufre una parálisis de Bell –dijo el médico–, y debe hacer algo al respecto inmediatamente si quiere recuperarse. Antes no tenía cura, pero ahora sí, si lo coge a tiempo. Llamaré al hospital para que le den algo para el dolor y la visiten. Oh, querida, me temo que tendrá que esperar hasta el lunes, pero debe ir a fisioterapia.

Mientras seguía hablando, una imagen cruzó mi mente: la cara de la mujer que daba clases de violín a mi hermana. Ahora comprendía por qué la cara se le había quedado torcida, con un ojo abierto que no parpadeaba, y la boca más alta en un lado, con lo que babeaba al hablar. Me estremeció pensar en ello.

–¿Cómo me ha podido pasar? –le pregunté al médico.

–No estamos seguros de las causas –me contestó–. Los soldados a veces lo cogen si se ven expuestos al frío por un lado, y hay nuevas pruebas de que podría estar provocada por la tensión o el estrés emocional.

–Vaya –dije–. Gracias. –Y añadí que lo llamaría el lunes.

Estaba irritada y confusa y tenía miedo, y estaba segura de que eso *no* lo había causado la exposición al frío de un lado.

Neal expresó su preocupación y apoyo, e insistió en ir a buscar la codeína enseguida. Cuando regresó, me hizo volver a la cama, y allí me abrazó muy fuerte y me consoló. Sus calor y sus pastillas me hicieron dormir. hacía años que no me sentía tan feliz.

VEINTISIETE

El chillido ruido del teléfono no me despertó; estábamos acostumbrados a que los del ferrocarril llamaran a cualquier hora. Neal había perfeccionado un salto automático que lo callaba enseguida antes de que despertara a los niños, y eso que se encontraba en el vestíbulo, a unos tres metros de nuestra cama. No pude evitar escuchar lo que dijo. Parecía excitado y alarmado, de manera que encendí la luz para estar más alerta.

–Sí, Jack, por supuesto... ¿Que estás dónde? Dios mío, tío, ¿qué has hecho? No, no te preocupes; llegaré enseguida. –De un salto Neal había vuelto y se ponía los tejanos–. Jack está en la cárcel. Parece borracho. Voy a sacarlo.

–¿En la cárcel? –Odiaba esa palabra y todo lo que implicaba–. ¿Qué ha hecho?

–Todavía no lo sé. –Neal introdujo el extremo del cinturón en la hebilla y se inclinó hacia el espejo para alisarse el pelo. En el mismo movimiento se inclinó para besarme, recogió las llaves del tocador y salió por la puerta principal. Al marcharse, una corriente helada me pasó por los hombros desnudos. Apagué la lamparilla y volvió la oscuridad. Me sentía inquieta y me quedé mirando la penumbra.

El resto de la noche lo pasé desasosegada y con un dolor creciente. Neal no regresaba, y antes de que me diera cuenta ya no podía volver a dormir. Escuché a las niñas caminar sin hacer ruido por su habitación, y los grititos y ruidos de John procedentes de la sala. El día había comenzado.

Después de satisfacer todas sus necesidades, y de ponerlos a jugar en su habitación, me lavé el pelo y me puse rulos. Cuando acababa de ponerme el último, escuché voces en el vestíbulo. Al abrir la puerta del cuarto de baño vi que Neal bajaba las escaleras a toda prisa, y que Jack acompañaba a una joven hacia su desván. Atónita, seguí a Neal, intentando no presuponer nada a la espera de una explicación.

En la cocina, Neal encendía el fuego debajo del hervidor y sacaba los platillos. No levantó la mirada cuando bajé las escaleras. Procuré no levantar la voz.

–¿Qué está pasando, Neal? ¿Dónde has estado? Veo que has sacado a Jack. ¿Qué ha pasado?

–Bueno, verás... esto... La verdad es que Jack no estaba en la cárcel. –Se rió de esa trivialidad y agitó la cuchara en el aire–. Estaba terriblemente borracho, y se le ocurrió... Tan solo como una broma, sabes... Que sería una manera de hacerme salir de casa. Tampoco pretendía nada malo, cielo, de verdad.

Una repugnante oleada de sentimientos demasiado conocidos surgió en mi interior y me hizo callar la boca y sentarme a la mesa. Temblaba y procuraba no venirme abajo, pero mi consternación era palpable. Me puse en pie y le espeté con una voz gélida:

–¿No pensarás que voy a soportar eso en mi propia casa? Y menos con los niños. –Sacudí la cabeza y puse los ojos en blanco mirando al techo, como un evangelista bíblico, para señalar a Jack y a la chica que había subido con él–. ¡Sube ahí ahora mismo y sácala... de... mi... casa!

No pasaría otro segundo antes de que me pusiera a gritar o a romper algo, así que subí corriendo las escaleras antes de que lo hiciera Neal y me escondí en el cuarto de baño. Me había olvidado del aspecto que tenía. Cuando me vi sin maquillar y con los rulos, descubrí que ahora sí que me parecía a la profesora de violín. Me tapé la cara con las manos. Escuché cómo Neal llamaba la puerta del desván y hablaba con Jack, pero no oí lo que le dijo. Me quedé sentada en el borde de la bañera, temblando, y entonces me acordé de que la habitación de las niñas estaba junto a la puerta del desván. Cogí una toalla, intenté envolverme la cabeza y salí corriendo; tenía que llegar antes de que vieran nada malo.

Demasiado tarde: ya estaban en la puerta de su habitación con unos ojos como platos, y habían llegado al pie de nuestra cama cuando Jack y la mujer bajaron las escaleras de un saltito y me bloquearon el paso. Neal estaba de pie junto al escritorio, entre el vestíbulo y yo, de manera que tuve que retroceder para dejar pasar a Jack y a la mujer. Pero la mujer no pasó. Se abalanzó contra mí con un brillo en sus ojos negros, apretándolos hasta que eran solo una ranura o abriéndolos mucho con una expresión de odio: la esfera amarilla en torno al centro negro era como los ojos de los animales de juguete. Poco a poco las palabras se desenroscaron de su lengua y se deslizaron entre los dientes, golpeando mis oídos como una ristra de fuegos artificiales descontrolados. La verdad es que no oí lo que dijo. Estaba estupefacta. Todos nos quedamos helados como una película en stop motion mientras ella lanzaba sapos y culebras de amargas palabras a mi alrededor. Para contener ese torrente, intenté interrumpirla diciendo que no tenía nada personal contra ella, pero que esa era mi casa y prefería que se marchara a otra parte. Ni me escuchó: descargó otro sarta de adjetivos, esta vez en un tono más alto. Los dos hombres permanecieron callados, mirando al suelo. No me sentía muy cómoda en albornoz, rulos y con la cara torcida, pero más o menos esperaba que uno de los dos la interrumpiera y me defendiera un poco. Ninguno movió un músculo hasta que ella no hubo bajado. La mujer se dirigió al escritorio muy altiva, recogió las llaves de nuestro coche, se las entregó a Neal, se volvió para dirigirme una última sonrisa despectiva y dijo: «Llévame a casa». Neal la obedeció: cogió las llaves y fue hacia la puerta, y Jack y la mujer lo siguieron.

El dolor y la autocompasión se apoderaron de mí, y no pude contener las lágrimas. Traté de ocultárselas a las niñas, pero tenía que ir hacia ellas... hacer algo. Me sequé la cara y traté de gimotear palabras tranquilizadoras. ¿Qué debieron de pensar? Me apresuré a prepararles el almuerzo, a restablecer la normalidad y a prepararlas para la siesta, sonriéndoles, esperando que eso no les hubiera afectado.

Luego salí, me senté en los escalones de atrás y contemplé nuestro pequeño trozo de hierba verde en medio de las casas circundantes, y el cuadrado de cielo azul que había más allá del tendedero donde estaban los pañales, con la esperanza de que el sol calentara el frío dolor que sentía en el pecho. Dejé que mis pensamientos vagaran sin rumbo. No podía afrontar el hecho de tener que volver y revivir ese horrible último episodio, pero ¿qué más podía hacer? La única manera de seguir adelante era expresar la justa indignación que la sociedad exigía, y ya estaba harta de eso. ¿De qué me había servido? No se me ocurría nada que hacer, así que no haría nada, solo ver qué ocurría ahora. Esa insensibilidad fue una especie de alivio, y la codeína ayudó a mantenerla.

A eso de las cinco, cuando les oí entrar por la puerta, mi corazón se encogió bruscamente; no los esperaba tan pronto, si es que los esperaba. No me moví, me quedé donde estaba, y escuché. En unos minutos todo quedó de nuevo en silencio. Curiosa, entré y subí las escaleras, dejando fuera a las niñas, que jugaban. Neal estaba dormido en la cama, y Jack al parecer en el desván, por lo que no estaba obligada a hacer nada por el momento. Volví a la cocina y comencé a preparar la cena de los niños.

Llamaron a Neal para ir a trabajar, y cuando se hubo vestido bajó las escaleras. Yo seguí con mi rutina como si no hubiera pasado nada, pero vio mi conocida cara de cabreo y comprendió mi silencio demasiado bien. Amablemente me preguntó qué tal tenía la cara, pero solo me encogí de hombros. Sabía que si me mostraba alegre o fingía que no pasaba nada, él no se daría cuenta de lo importante que había sido el episodio, y no debía dejar que se saliera con la suya. Pero a él se le daba mucho mejor fingir que no se había acabado el mundo, y mientras hacía comentarios sobre los niños yo le daba algunas respuestas titubeantes, ignorando incluso lo que tenía en la cabeza; creo que en esa ocasión el horror que sentí fue tan terrible que imaginé que ni siquiera tendría que decírselo. Poco a poco, a medida que le preparaba la carne y lo veía comer y no ocurría nada, descubrí que era capaz de conversar un poco, incluso con la sensación de desastre que mi voz ocultaba. Él debía de estar a la defensiva y desconcertado, pero se esforzó aún más por ser tierno y precavido, y mientras comía procuró no hacer bromas. Salió de casa con un pertinente aire de remordimiento.

Esa noche el episodio revoloteó de un lado a otro de mi mente entre fragmentos de sueños, pero seguía rechazándolo y no quería hacerle frente. Cuando Neal regresó a la tarde siguiente, solo le hablé de Jack y de mi preocupación porque, que yo supiera, no se había movido de su cuarto. Quizá había salido mientras yo dormía, pero Neal subió a ver. Escuché voces apagadas y Neal reapareció.

–Es un tonto. Está de mal humor, supongo, pero dice que no pasa nada y no nos preocupemos; está leyendo y escribiendo.

–Pero Neal, no ha comido desde ayer, a menos que tenga algo escondido en su cuarto. ¿Y cómo va al cuarto de baño?

Neal se echó a reír.

–¿Por la ventana?

–Neal, no seas ridículo: no en el porche delantero.

–Bueno, qué demonios, he intentado convencerlo de que bajara, pero solo me ha gruñido, así que... –Neal se encogió de hombros y levantó su manos en imitación de un gesto yiddish–. Si no aparece, luego le subiré algo, como quien no quiere la cosa. Lo superará.

El lunes por la mañana, Neal se quedó en casa y yo fui al hospital lo antes posible. Parecía que había pasado un mes desde que había llamado al médico. El personal me hizo sentir mucho mejor, y me prometieron que no terminaría como la profesora de violín. Comencé una serie de tratamientos con calor, masajes, ejercicios y estimulación muscular con acupuntura eléctrica. No era divertido, pero todo valía la pena sabiendo que estaría bien en seis meses. Me dieron una goma elástica unida a un clip para que me la pusiera sobre la oreja y enganchada a la boca, y un parche para el ojo izquierdo, que no se cerraba, con lo que siempre le entraba algo. Era imposible sentirse menos atractiva, pero me tragué mi vanidad en favor de una curación futura.

Cuando llegué a casa, Neal y los niños estaban fuera. Me quité el abrigo y me volví hacia el espejo para ver si me veía diferente. Entonces observé un libro en el tocador que no estaba ahí cuando había salido. Lo cogí y vi que era mi ejemplar de *La ciudad pequeña, la gran ciudad* que Jack me había dedicado cuando se publicó por primera vez. Lo abrí y debajo de la dedicatoria había una nueva nota: «Con mis más sinceras disculpas por este fiasco, el estúpido y trágico sábado del cumpleaños de Neal... Todo porque me emborraché... Por favor perdóname, Carolyn; no volverá a suceder».

Por eso se había quedado arriba, remordido por la culpa como solo él podía estarlo. Me sentí profundamente conmovida, consolada, muy contenta de no haberme comportado como antes, e impaciente por mostrarle que todo estaba perdonado. Un pensamiento me cruzó la mente: «¿A diferencia de Neal?» ¿Por qué deseaba con todas mis fuerzas poder corregir esa situación, *a diferencia de* si hubiera sido culpa de Neal? Ah, bueno, Jack no había hecho ninguna promesa, ni era responsable de mí.

Aún así, consideraba que Neal era el principal culpable de ese reciente episodio, y aunque ahora era poco probable que tomara represalias, esa ofensa se uniría a todas las demás, preparadas para desfilar ante él siempre que tuviera que recordarle las obligaciones incumplidas y por qué dudaba de sus buenas intenciones. Mi estado actual de suspensión de hostilidades no debía confundirse con el «perdón».

Después de volver a leer el mensaje unas cuantas veces más, bajé el libro para enseñárselo a Neal, el cual, después de leer la nota, subió las escaleras corriendo y entre sonoras bromas liberó a Jack de su prisión prometiéndole una total absolución por mi parte. Juntos bajaron riendo hasta la cocina, y Jack y yo sonreímos tímidamente. Neal se convirtió en el maestro de ceremonias, abrió las cervezas y un poco de vino que yo había comprado para la celebración, y renunciamos a cualquier pensamiento de pesar o censura en nuestro esfuerzos por restaurar un estado de camaradería.

Al cabo de un par de copas, Jack gritó:

–¡Ey! ¡Tenemos que sacarnos unas fotos! ¡Vamos fuera! ¡Trae la cámara!

Yo solo tenía una Kodak, pero gastamos todo un rollo de película (que ha sido gran parte de mi sustento desde entonces).

Aquella noche, después de la cena, nadie manifestó intención de salir. Se colocaron, se rieron y hablaron a la grabadora, y estuvieron encantados de incluirme más aún incluso de lo que me apetecía. Por una vez tuve la prudencia de no llamar al mal tiempo.

VEINTIOCHO

Así fue como se rompió el patrón habitual, y el clima de la casa mejoró. Ahora, cuando Jack no trabajaba ni estaba ocupado escribiendo, se sentaba a hablar conmigo, me contaba cosas de su infancia en Lowell, de la tenacidad de su madre, que trabajaba en la fábrica de zapatos, de cómo deseaba cambiar todo eso con sus libros, y de lo mucho que lamentaba que su hermana, Nin, desaprobara su aspiración de ser escritor y considerara que debía conseguir un empleo y mantener a su madre. Caroline («Nin») estaba casada, vivía en Carolina del Norte, y tenía un hijo, Paul, Jr. Jack le profesaba a su hermana afecto y lealtad, y me parecía una extraña coincidencia que nuestros nombres fueran tan parecidos.

Jack seguía sin estar satisfecho del final de *En la carretera*, y Allen intentaba ayudarle. Le escribía sus consejos de una manera sencilla y directa, enumerando lo que debía hacer para complacer a los editores:

> Dile con las menores palabras posibles y de la manera menos alarmante que te sea posible que has cambiado tu plan o método de trabajo, pero como si lo que tienes fuera el resultado [...], y dile que naturalmente estás dispuesto a introducir las revisiones que sugiere, compatibles con tus propias ideas de la integridad de estructura. [...]. Lo que me pregunto es si intentas eludir

(como hago yo siempre) el sudor de la paciente integración y estructura en la que tanto trabajaste en CyC [...]. Aparte de que el libro me parece bien como está, es como tú lo describes.

Puede que ese consejo le pareciera muy simple a Allen, pero a Jack lo volvió loco. Neal y yo sabíamos lo sensatos que eran los comentarios de Allen, y hasta qué punto podían haber aliviado la carga de Jack, pero a él le parecían degradantes. «¡Cuánto tira y afloja!», decía echando chispas. «¡Bah! Que digan sí o no y ya está».

Yo solo había leído pasajes al azar del manuscrito: sentía demasiado cercano el dolor de sus acontecimientos, y cuanto más disfrutaba Neal con él, más temía yo verme obligada a iniciar otra riña. Los únicos detalles que había oído de sus viajes eran los que me había revelado Helen, y prefería mantenerme feliz en mi ignorancia. Jack seguía escribiendo escenas adicionales, y estaba entusiasmado con las posibilidades que ofrecía la grabadora a la hora de captar discusiones o historias espontáneas. Comenzaba a pensar que esa «carretera» acabaría convirtiéndose en una interminable autopista. Cada vez que Jack añadía algo, descubría que con nosotros tenía un público que creía que no podía hacer nada mal, y se sentía feliz de compartir sus esfuerzos diarios conmigo. Seguía llevando sus cuadernitos en el bolsillo de la camisa allí adonde iba, en los que escribía sus imprsiones o nuevas ideas, que mecanografiaba a los pocos días. Posteriormente me dedicaría uno de sus cuadernos y me lo regalaría.

La licorería estaba nada más doblar la esquina de Hyde Street, y Jack a veces compraba un «pobretón» (medio litro) de Tokay o moscatel para beber por la tarde o después de cenar, que compartía conmigo: un vaso cada uno. A veces iba con él a la licorería a comprar, y otras iba sola a comprar cervezas para Neal. Una vez que me paré a comprar cerveza, el propietario me dijo: «Su marido prefiere vino dulce, ¿verdad?» Hasta que no hube salido no comprendí que se refería a Jack, y no me quedó más remedio que reírme. Si supiera: mucho me había costado conservar un marido, imagínate dos. Incluso les mencioné ese malentendido a Neal y a Jack mientras cenábamos, y todos nos reímos mucho.

Una tarde estaba dando de comer a John en su trona cuando oí que la puerta de la calle se abría y cerraba de golpe. Neal bajó las escaleras arrastrando la chaqueta. La arrojó con fuerza sobre sofá y dijo: «¡Mierda!» Nunca decía palabrotas delante de mí, por lo que supe que estaba realmente furioso.

–Tengo que hacer la maleta –dijo–. Me ha tocado ir dos semanas a San Luis. –Se quedó mirando por la ventana con la mandíbula apretada.

Ese tipo de trabajo era lo único que odiaba. Cuando le tocaba un destino largo tenía que ir a una subdivisión vecina, cosa que significaba alojarse en desolados dormitorios comunes, el «cutre» (el furgón de cola) o en un sórdido hotel. Tenía que trabajar en el mismo tren de carga local cada mañana durante dos semanas, a veces más, como habíamos descubierto en el pasado, para nuestro pesar. Neal se pasó un rato refunfuñando, y después aceptó su destino y volvió a ser la persona de siempre. No tenía mucho tiempo. Mientras subía a la habitación para hacer las maletas, me apresuré con la cena, y él fue a ver a Jack para explicarle por qué adelantábamos la hora.

Yo lo sentía mucho más que Neal, y sospechaba que Jack también. Jack y yo aún no habíamos encontrado una base firme en la que afianzar nuestra relación cuando estábamos solos, y necesitábamos a Neal para que sirviera de amortiguador. Por consiguiente, durante la cena los dos nos sentimos nerviosos, mirándonos de una manera nueva e inexplorada.

Neal se levantó de la mesa y plantó las manos a cada lado del pecho en su pose de Oliver Hardy, mirando primero a Jack y después a mí.

–Bueno, chicos, debo marcharme. Rezad para que pueda volver en catorce días y ni uno más. –Recogió la chaqueta, me dio un beso y en dos zancadas estuvo en las escaleras. En el descansillo se dio media vuelta como si hubiera olvidado algo y dijo con una sonrisa–: No sé si me hace mucha gracia dejaros solos. Ya sabes lo que dicen: «Mi mejor amigo y mi chica». Ja, ja. No hagáis nada que yo no haría, ¿de acuerdo, chicos? Pasadlo bien... –Subió las escaleras brincando, y sabiendo, al igual que nosotros, lo que él haría en una situación semejante.

Me habría gustado meterme debajo de la mesa y desaparecer de tan avergonzada que estaba, y era incapaz de mirar a Jack. Al final me puse en pie de un salto y comencé a quitar los platos de la mesa y a meterlos en el fregadero. Jack se fue disparado al desván.

Para Jack el matrimonio era un sacramento, aun cuando él hasta ahora no lo hubiera mantenido con sus esposas. Yo no tenía ningún dogma religioso al que aferrarme. Solo pensaba que si una persona acepta una serie de normas hasta el punto de hacer unos votos, debería procurar mantenerlos, o no haberlos hecho: hoy en día nadie tiene por qué casarse. Neal, por otro lado, se encontraba dividido entre su catolicismo y sus irrefrenables deseos. Quería ser un marido convencional, pero nunca había sabido lo que eso significaba, aunque yo sí.

Jack se mostraba cortés conmigo porque yo era la mujer de su mejor amigo... O eso nos decíamos, y, tal como nos dijimos en Denver: «Una lástima, pero así son las cosas», y aceptamos esa situación sin cuestionarla.

Cuanto más pensaba en el comentario de Neal, más furiosa me ponía y más me dolía. Bueno, quizá me estaba precipitando otra vez en mis conclusiones, y quizá solo lo había dicho en broma. Pero para mí no era ninguna broma.

Durante los días siguientes, Jack estuvo casi siempre ausente, y hablamos muy poco. Cuando aceptaba compartir alguna comida conmigo, sin embargo, se mostraba muy agradable, y mientras conversábamos enseguida nos olvidábamos de las circunstancias, aunque los silencios nos devolvían a nuestra situación y nos recordaban que estábamos solos y juntos. Y el comentario de Neal flotaba a nuestro alrededor en todo momento.

Cuando Neal regresó, lo recibimos con un gran alivio. En la primera cena tras su vuelta se mostró un poco reservado, y me pregunté si imaginaba que nos habíamos comportado como habría hecho él. Cuando Jack nos dejó a solas, me volví hacia Neal y le planteé la acuciante pregunta:

–Neal, ¿recuerdas lo que dijiste cuando te marchaste? ¿Cómo pudiste decir una cosa así, a no ser que estuvieras bromeando? ¿Fue una broma? No sabes lo que me dolió. Me hiciste sentir como si no fuera para ti más importante que... una toalla o cualquier objeto. ¿Es que no lo entiendes? ¿Es que no sabes que estoy orgullosa de demostrarte que merezco tu confianza, que me gusta aprovechar cualquier oportunidad para demostrarte mi lealtad? Dime, ¿realmente crees que habíamos hecho el amor... Jack y yo? ¿O solo lo dijiste para protegerte por si lo hacíamos?

Le clavé la mirada, esperando su respuesta sin respirar.

Se levantó de la mesa. Parecía incómodo, y se dirigió a las escaleras. Se detuvo y se encogió de hombros:

–Un poco las dos cosas, supongo... Sí, claro... ¿Por qué no? Me pareció que sería un signo de amabilidad.

Y se fue escaleras arriba.

¡Maldita sea! Bueno, yo me había buscado ese segundo golpe, pero ¿cómo podía ser tan insensible? Ya debería saberlo, me dije un tanto abatida. ¿Acaso no había «compartido» a LuAnne, incluso después de la anulación? ¿Y a cuantas más? Otra vez imaginé que yo era diferente, que significaba más. Al menos en mis términos, los únicos que comprendía. Para mí eso significaba un rechazo mayor que el abandono.

Cabizbaja, lavé los platos dándole vueltas y sin encontrar consuelo. Cuando Neal bajó para decirme que él y Jack iban a salir, una vez más imaginé el futuro como una incesante repetición del pasado, y supe que debía hacer algo para cambiar esa pauta. Ninguno de mis anteriores intentos había funcionado, así que, desafiante, dije medio en voz alta: «Muy bien, Neal, probemos a tu manera». Y toda mi cólera desapareció. Sentí que me abandonada otra convicción, como si hubiera mudado de piel. De repente me sentí indefensa, pero a la vez experimenté serenidad y un calambrazo de excitación y miedo. Nunca había sabido utilizar mis armas de mujer ni ponerle una trampa a un hombre de manera deliberada. Al menos en este caso no tendría que utilizar una gran agresividad, solo manipular unas cuantas circunstancias. Después de todo, Jack sabía mejor que yo cómo reaccionaría Neal. Valía la pena intentarlo, pues cualquier cosa sería mejor que esto.

VEINTINUEVE

Un par de noches después elaboré unos cuantos planes. Nada complicado ni extraordinario, aunque confieso que manipulé las circunstancias lo mejor que pude. Le había preguntado a Neal qué tren iba a coger y su horario. Él estaría fuera hasta la tarde siguiente.

Cuando hube acostado los niños, llamé a Jack desde el pie de las escaleras del desván.

–¿Jack?

Apareció en lo alto de las escaleras.

–¿Sí?

Intenté poner la misma voz que ponía siempre cuando comíamos juntos.

–Me preguntaba si esta noche querrías cenar conmigo. He hecho una especie de pizza experimental y hay muchísima. No creo que se conserve muy bien, así que he pensado que quizá...

–Claro... Esto... Dame un minuto.

–Oh, no hay prisa. De todos modos tardará aún media hora, pero tengo un poco de vino, si quieres. Cuando estés listo.

Hice una parada en el tocador para ver qué aspecto tenía. Tampoco tenía que ser demasiado evidente, aunque en ese momento ya me sentía una fresca y un hormigueo me recorría todo el cuerpo. Una pena que para evitar su suspicacia llevara mis tejanos y mi camisa blanca de siempre, aunque me había esmerado más con el pelo y el maquillaje, y me dije que un toquecito de colonia sería suficiente.

Al llegar abajo comprobé la munición: una nueva vela en la botella, la mesa puesta como siempre, la radio sintonizando KJAZ, la emisora que todos preferíamos por su jazz suave y sus baladas. El horno estaba a punto, así que metí la pizza. Era la primera vez que intentaba preparar una con costra gruesa, a la siciliana. Y había preparado una ensalada Waldorf y un poco de brócoli. Me puse un poco de vino para calmar los nervios, e imaginé que tendría un aspecto relajado cuando Jack bajara de su desván.

–Ponte un vaso de vino. La cena estará listo en un momento. Yo también tomaré uno.

Me senté delante de él, levanté mi vaso por el éxito de mi pérfido plan y le sonreí. El vino sirvió para que nos sintiéramos más cómodos y le soltó la lengua. Jack se deshizo en elogios del plato y se puso a contarme historias, ya sin ninguna inhibición. Por mi parte, olvidé mi estratagema y me dediqué a pasarlo bien de verdad. Me encantaba escuchar a Jack, y sabía que eso le complacía. Por entonces ya había averiguado que prefería hablar de su vida que hacerme preguntas sobre la mía, y puesto que yo ya lo sabía todo de la mía, me gustaba escuchar nuevas historias en las que él había participado.

Aquella noche me entretuvo con todo lo que sabía de Bill Burroughs, al que había conocido en Nueva York, sus impresiones del personaje, su educación, su mente brillante. Ninguno de los dos podía imaginar por qué un hombre como ese sentía tanta atracción por las drogas y las armas de fuego. Me habló de Edie, su primera mujer, y de la razones por las que la cosa no había funcionado.

Tenía muchísimas ganas de que llegara el verano porque pensaba ir a visitar a Bill, que ahora vivía en México. Le encantaba el relajado estilo de vida mexicano, la música, la facilidad para comprar marihuana, y la comida, buena y barata. Representaba una existencia utópica sin dificultades: un lugar intemporal. Tanto a él como a Neal les gustaba mucho la palabra de

Spengler *fellah*[1] para describir la cultura, pero, puesto que ese término se refería a gente que no iba a ninguna parte, sino que ya había estado y descansaba antes de iniciar el próximo ciclo creativo, a mí me parecía un sueño imposible para esos dos hombres a los que tanto les gustaba ir por ahí en busca de «movidas».

Sabía que tenía que procurar que Jack se quedara abajo hasta que yo terminara lo que había empezado, pues nunca sería capaz de repetirlo. Así que cuando acabamos de comer llené nuestros vasos y me dirigí al sofá, que teníamos siempre abierto para que sirviera de cama doble. Mientras me sentaba en el borde, le sostuve el vaso a Jack. Se sentó después de mí, aceptó el vaso y se recostó en el sofá, dejando la bebida en equilibrio sobre el pecho. Con los ojos cerrados, se puso a canturrear «My Funny Valentine», que sonaba en la radio, e incluso cantó parte de la letra.

Yo no dije nada hasta que el silencio se hizo espeso y cálido, momento en que le pregunté:

–¿Te acuerdas de cuando bailamos juntos en Denver?

Se volvió hacia mí, abrió los ojos y me miró con ternura. Acto seguido sonrío, se incorporó y dijo en voz baja:

–Sí, quería ligar contigo. –Y siguió mirándome a los ojos, pero ya no sonreía.

Apenas en un hilo de voz le pregunté:

–¿Y te acuerdas de que canción bailamos?

Se acercó un poco más a mí.

–«Too Close for Comfort».

En ese momento me di cuenta de que los planes y los estratagemas eran absurdos; mi mente y mi voluntad se alejaron flotando, e, igual que en las películas, los dos dejamos nuestros vasos sobre la mesa sin dejar de mirarnos en un contacto perfecto.

1. Este término, que Kerouac toma de *La decadencia de Occidente*, de Spengler, se refiere a la gran masa de campesinos que sobreviven de una civilización a otra sin formar parte de ninguna y permanecen apartados de los movimientos de la historia. La palabra significa «campesino» en árabe. *(N. del T.)*

Me despertó la luz de primera hora de la mañana, y por un segundo no supe dónde estaba. Entonces me acordé, y al percibir el cuerpo de Jack a mi lado, me recorrió una oleada de remordimiento. ¿Qué había hecho? Estaba casada con Neal, y ahora lo sentía por él, y también tenía miedo de lo que pudiera ocurrir. El cuero de ese viejo sofá estaba frío, y yo tenía los músculos agarrotados. Lo más deprisa y silenciosamente que pude, salí de debajo de la manta y corrí escaleras arriba, a mi cama, con la esperanza de conseguir una o dos horas más de olvido. No sirvió de nada. Mi mente seguía analizando la situación del derecho y del revés. Ahora me sentía más avergonzada delante de Jack que nunca, y me parecía que ya no podría volver a mirarle a la cara. ¿Él también lo lamentaría?

Escuché cómo se levantaba y subía, así que fingí dormir. Al instante sentí sus labios en mi frente, demorándose un momento, y experimenté un alivio enorme al escucharlo subir a su desván. Entonces me sumí en un sueño agradable.

La relación floreció más deprisa de lo que había esperado, y agradecí que mi culpa hubiera menguado un poco. Jack era un amante tierno y considerado, aunque bastante inhibido, y sonaba más sincero que Neal en sus declaraciones de amor. Sospechaba que él deseaba que yo fuera más agresiva, pero fui incapaz. (Como estaba condicionada a pensar que el sexo era «malo», siempre tenían que «tomarme», y seguir siendo inocente.)

A causa de nuestro temperamento y nuestro sentimiento de culpa, hacíamos el amor con poca frecuencia, aunque cuando ocurría era muy apasionado. Aunque pudiera estar románticamente enamorada de Jack, mi corazón anhelaba tener suficiente con Neal. Además, la compasión que sentía por cualquiera que estuviera en la situación de Neal me hacía sentir más cariño por él, y ya no tenía tan claro que quisiera darle una lección. Le habría jurado de nuevo lealtad en ese instante, pero incitaba a mi mente a recordar sus frívolas palabras de indiferencia. Tenía sinceras esperanzas de que algo bueno y duradero surgiera de todo eso, aunque de momento me bastaba con disfrutar y sentirme relajada.

Cada vez que Neal estaba en casa, Jack y yo éramos sumamente discretos, pero el cambio que se había operado en nosotros era imposible de ocultar. Neal no podía evitar observarlo, aunque la única prueba que teníamos de que me importaba era que cada vez nos prestaba más atención.

La esperanza de que mi ardid cambiara el patrón de nuestras vidas estaba perfectamente fundada. Igual que la noche se transforma en día, todo estaba inundado por una nueva luz. Yo no tenía nada que envidiar a las mariposas que salían del capullo. Ahora yo formaba parte de todo lo que hacían; me sentía como el sol en su sistema solar, alrededor del cual todo giraba, y la variedad era un atractivo extra. Eran hombres muy distintos a pesar de ser grandes amigos. Los opuestos se atraen.

Yo intentaba adaptarme a las costumbres y preferencias del que estuviera en casa. Si estaban los dos al mismo tiempo durante el día, Neal generalmente dormía y Jack escribía, o salía y dejaba solos al marido y la mujer. Si Neal estaba trabajando, a veces Jack y yo hacíamos el amor en su desván si los niños dormían y me invitaba. Él ejercía de anfitrión, a veces con una botella de medio litro de licor. Recuerdo esos momentos siempre que huelo madera sin terminar, y recuerdo que a veces el sol nos cubría como una manta, o que, apiñados bajo el tapamiento, oíamos el suave repiqueteo de la lluvia, tan cerca de nuestras cabezas.

Cuando ambos hombres se acostumbraron a la nueva situación, dejaron caer sus defensas y venían a hacerme compañía a la cocina. Mientras yo realizaba mis quehaceres domésticos, ellos se leían extractos de lo que estaban escribiendo o se ponían a hablar de Spengler, Dostoievski, Proust o Céline y los leían en voz alta, y solo se interrumpían para entregarse a enérgicas discusiones y análisis. Había frecuentes digresiones para escuchar y comentar un músico, un riff o un arreglo que salía de la radio. Yo me sentía feliz escuchando, interviniendo y llenando sus tazas de café. Nunca más me sentí excluida. Ellos me incluían en sus discusiones, me preguntaban mi punto de vista o me utilizaban de moderadora, y Neal me daba alguna palmadita, sonreía o me metía mano.

Seguían saliendo juntos en busca de hierba o para comprar artículos de primera necesidad, pero ya no desaparecían durante horas como antes. Si Neal estaba en casa durmiendo o escribiendo, Jack y yo paseábamos por los variados barrios más próximos, como Chinatown, donde nos maravillábamos ante la extraña comida que se exhibía en los mercados y la hermosa ropa bordada, así como las interminables baratijas que vendían a los turistas.

La primavera comenzaba a suavizar el aire, pero el viento que venía del mar aún era cortante. Jack encontró un antiguo restaurante con una entrada de baldosas blancas en una pequeña calle adyacente al parque St. Francis. Comprábamos cartones humeantes de sopa wonton por 35 centavos, o arroz frito por 25.

A menudo nos calentábamos así, y luego nos sentábamos pegados en un banco en el parque, debajo de la magnífica estatua que hizo Benny Bufano de Sun Yat Sen.

Otras veces bajábamos la colina hasta el Aquatic Park y tomábamos un café irlandés en Buena Vista, o bajábamos la colina de Union Street hasta Washington Square, y tomábamos pan francés, queso y vino comprados en el mercado de Buon Gusto, que picoteábamos bajo las relucientes agujas doradas de la catedral. Esto le recordaba a Jack la iglesia de la infancia en Lowell, St. Louis en l'Isle, y su deseo de ver el original en París.

En los días soleados, también tomábamos a veces el camino más largo, subiendo por Telegraph Hill hasta Coit Tower, donde contemplábamos la bahía, los barcos procedentes de todo el mundo y los veleros, apenas unos puntitos blancos. Le mostré la casa en la que yo había vivido, y entonces se puso a hablarme de sus aventuras en el mar.

Los momentos en que Neal y yo estábamos solos también eran más felices. Comentábamos cómo crecían los niños, sus enfermedades y travesuras, así como nuestra economía y necesidades domésticas. Ahora me sentía especialmente afectuosa con él, que aceptaba y devolvía esas expresiones de manera más atenta. Me pregunté si podría ser que apreciara más a sus mujeres cuando la relación se veía amenazada, o si el hecho de tener un rival lo hacía sentirse menos atrapado, aunque por el momento no me importaba. Comer todos juntos me divertía, pero también satisfacía mi ego. En esos momentos los dos hombres eran como niños: competían por mi atención, o por contar la mejor historia, y se sentían desairados si uno me sujetaba la puerta demasiado tiempo. Jack era más sensible, y puesto que quería a Neal, y era la casa de Neal, a veces se sentía ofendido o se enfurruñaba si Neal me hablaba y lo excluía, como si no estuviera. Entonces Jack se iba a su desván todo enfadado, y Neal tenía que irle detrás y convencerlo de que volviera. Neal todavía tenía que demostrar que era el mejor. En general, podía decir que mi copa rebosaba.

TREINTA

Ya desde los primeros meses de la llegada de Jack, mi autoestima se agrandó al verme aceptada como compañera deseable en cuerpo y mente. Así que decidí acceder al deseo de Jack de unirme a él, con o sin Neal, cuando saliera por la noche. Al principio estaba aprensiva, condicionada por las experiencias anteriores.

Una noche, Jack dijo que había oído hablar de una fiesta de «pagar el alquiler», algo frecuente que los artistas o músicos celebraban por razones obvias. Esta tenía lugar en un loft que quedaba por debajo del distrito financiero. Los músicos no pagaban entrada si tocaban.

–¿Y cuánto esperan que des para el alquiler? –pregunté–. Siendo tres nos podría salir por un pico...

Neal interrumpió con una carcajada:

–Querida, ¿has olvidado que tenemos uno de los mejores baterías de este país aquí mismo, de visita desde Nueva York? Y por supuesto tampoco puedes olvidar lo bueno que es tu esposo tocando el... veamos... ¿qué será?... deja que lo piense... Ah, sí, esto. –Neal estaba revisando las diversas flautas nativas y dulces, y se decidió por una–. La flauta dulce es mi especialidad esta noche; este numerito servirá perfectamente.

Con unos movimientos exagerados se la llevó a los labios fruncidos y sopló unas cuantas notas. Nunca le había oído tocar la flauta dulce, pero él era capaz de todo, sobre todo en aquella época de improvisaciones sin melodía. El único instrumento de percusión de la casa eran unos diminutos bongos que le había regalado a Jack en broma.

–Perfecto –se animó Jack–. Les diré que no me he traído la batería de Nueva York, ¿vale? A lo mejor allí hay algo que pueda utilizar para demostrar mi afirmación.

De lo único de lo que no carecía era de seguridad en sí mismo, y Neal dijo:

–Desde luego, todo el mundo tiene unos bongos... Ninguna casa que se precie hoy en día puede pasar sin ellos. –Y se fue.

En esa ocasión, sentada entre los dos en el asiento delantero de la camioneta, todo era muy distinto de la primera vez. Ahora me alegraba de intentar ser invisible, pues así podía escuchar sus tonterías en plan vamos de fiesta, los dos intentando decir algo más ridículo, escandaloso o peor pronunciado que el otro; y los dos conteniendo la risa, que de vez en cuando se derramaba en carcajadas.

Aunque las farolas mostraban las calles vacías de ese barrio tirando a pobre, los callejones entre ellas eran túneles de oscuridad, y nos metimos en uno en busca de una dirección imprecisa. Los cuadrados amarillos de luz revelaban que el edificio tenía que ser el que buscábamos. Neal aparcó en un solar vacío y caminamos hacia la desvencijada escalera exterior de madera, cuyos soportes eran como mondadientes perfilados por la luz de la puerta que había en lo alto.

Ahora Jack y Neal hablaban en serio, concentrados en la historia que les contarían a los anfitriones. Subimos las escaleras y en la puerta abierta nos recibió una muchacha flaca enfundada en un vestido largo como un saco y una expresión muy decidida en su cara angosta, con las cejas negras unidas. Enseguida nos dimos cuenta de que era responsable de recoger el dinero para la causa. Neal se puso en acción.

A paso firme entró en la casa, y con una expresión aún más severa de autoridad, y con las manos en las caderas, se puso a inspeccionar el loft como si pretendiera comprarlo. La chica se volvió para atraparlo mientras chillaba: «¡Espera!» Neal se volvió para envolverla con su mejor sonrisa y sus ojos seductores, y le dijo en tono muy dulce:

–Verás, querida, solo estoy inspeccionando... Me pregunto si tienes por aquí unos bongos que te sobren, o cualquier tipo de instrumento de percusión profesional. Vamos...

Y la cogió del brazo y la guió hacia la puerta, donde estábamos Jack y yo, mientras el largo vestido negro la seguía con un vuelo y ella se nos quedaban mirando, y luego se volvía hacia Neal, evidentemente desconcertada y sin saber qué decir.

–A ver, quiero presentarte a... ¡Este es Jack Kerouac! –Neal pronunció el nombre lentamente, en medio de un respeto reverencial–, el gran batería que acaba de llegar de Nueva York... Y esta es mi esposa, Carolyn. Lo siento, no he entendido tu nombre.

La chica consiguió decir «Holly».

–Bueno, Holly, hemos oído hablar de tu fiesta, y hemos pensado enseñarle a Jack un poco del color local. Confiábamos en que pudieras prestarnos una batería o algo así para que él pudiera tocar... Oh, no te preocupes... ¡No te cobrará nada! De ninguna manera, ya que lo necesitas para el alquiler. Queremos ayudarte a conseguir el dinero. –La deslumbró con sus ojos y su sonrisa–. Me he traído mi instrumento de viento... Ja, ja... No es un saxofón, es una flauta rota, pero servirá, ya verás... ¡Espera a escucharla! –Me lanzó su más radiante sonrisa.

Yo estaba boquiabierta contemplando su actuación. Ya había experimentado su habilidad para liar a la gente, pero eso era el colmo. Sin embargo, no me quedó más remedio que aplaudir. Holly abrió la boca para hablar, pero Neal estaba sembrado.

–¿Qué te parece, Holly? ¿Tienes unos bongos por ahí? –Todavía la tenía inmovilizada con el brazo y su sonrisa.

En ese momento la puerta y el descansillo de la escalera se estaban llenando de gente. Holly había abandonado su puesto y estaba aturullada. Señaló un par de colchones que había en medio de la pared alargada y corrió hacia la puerta para frenar la marea de gente.

Entramos en una enorme habitación: un loft encima de un almacén. El techo era alto, y la noche negra se posaba sobre los rectángulos de cristal que se abrían en el techo ondulado de hojalata, entre las vigas de acero. Habían intentado bajarlo colgando ropa de cama o sacos de arpillera sobre alambres en las salas de estar o en las zonas de dormir. Casi todo el espacio estaba vacío, y la tenue luz de diversas velas colocadas sobre cajas proyectaba sombras espectrales en las paredes: las pobrecillas parecían abrazar sus pequeños círculos de luz en torno a su relucientes cuerpos para impedir que escaparan hacia la inmensidad que las rodeaba.

En las paredes colgaban cuadros abstractos enormes y chillones, y los relucientes amasijos que formaban las alfombras parecían charcos o goteras alrededor de los tres o cuatro colchones que servían de sofá o de cama. En esas zonas, el espacio quedaba interrumpido por sacos de arpillera que colgaban verticales de alambres para separar la cocina, el cuarto de baño o las zonas donde se hacía vida. En mitad de la habitación había una cocinita de leña muy cuca que parpadeaba y echaba humo, valerosa, pero que no conseguía proyectar su color más allá de un metro de su tripa, y me ceñí el abrigo mientras seguía a Jack.

Junto a un colchón, Neal había encontrado unos hermosos bongos, nuevecitos, y los miraba reverente del derecho y del revés. Me senté en el colchón delante de él. Levantó la vista hacia mí y dijo:

–No están tensos, ¿ves? La piel está muy floja. Mira.

–Cariño, será mejor que preguntemos a Holly, ¿no te parece? –Y Jack se levantó para ir a buscarla.

Solo unas pocas personas se habían atrevido o se les había permitido cruzar el umbral, de manera que me puse a dar vueltas mirando los cuadros e intentando imaginar lo que sería vivir allí. Neal había desaparecido, y ahora me decía que debería encontrarlo y solucionar la cuestión de cuánto tenía que pagar yo, así que me dirigí hacia la puerta procurando no hacerme notar y salí al descansillo.

Debajo de esa plataforma se oían las voces de los hombres, y apoyándome sobre la barandilla vi a Neal, y sus gestos imperiosos me revelaron su misión: la sempiterna búsqueda de hierba. Sin querer entrometerme, regresé al interior, y Holly no hizo nada para impedírmelo, pues había mucha mas gente haciendo cola.

Encontré a Jack sentado de espaldas a mí, pero mirando frenéticamente hacia donde yo me encontraba. La expresión de horror de su cara me hizo apretar el paso. Cuando me senté a su lado, dejó caer las manos al suelo, la cabeza sobre las rodillas y gimió. Le puse la mano en la cabeza, pensando que estaba enfermo o le dolía algo.

–¿Qué pasa, Jack? ¿Algún problema? –Entonces me di cuenta de que tenía los bombos entre los pies. Un agujero de borde negro e irregular de cinco centímetros desfiguraba la piel color crema de uno de los tambores. Tenía muy mala pinta.

Jack levantó los ojos hacia mí y gimoteó:

–Dios mío, ¿qué voy a hacer?

Sus ojos azules me escrutaron en busca de un milagro.

Reflexioné un momento y le dije:

–Lo único que se me ocurre es echar a correr. Vamos, no tenemos dinero para pagar este estropicio. –Tiré de su chaqueta y nos encaminamos hacia la puerta. Puse mi cara de fiesta mientras cruzábamos a toda prisa y esquivábamos el grupito que había junto a la puerta, Jack pegado a mi espalda. Holly estaba rodeada de un grupo de seres peludos multicolores, e imaginé que todos eran músicos sin instrumento, como nosotros. Mentalmente le deseé suerte con el alquiler mientras bajábamos ruidosamente las escaleras exteriores.

Neal estaba a punto de subirlas, pero cuando nos vio la cara nos siguió corriendo hacia el coche, abrió la puerta de golpe y puso en marcha el motor antes de que Jack y yo nos hubiéramos instalado en nuestros asientos. En esta ocasión me alegré de la práctica que tenía Neal a la hora de conducir primero y preguntar después. En cuanto estuvimos de nuevo en un barrio reconocible, le pregunté a Jack:

–¿Cómo ha podido ocurrir, Jack? ¿Cómo has hecho ese agujero en la piel del tambor?

Al momento siguiente nos vimos precipitados hacia el salpicadero y de vuelta al asiento, pues Neal había pisado a fondo el freno.

–¿Que has hecho qué?

Neal no gritó; fue más un susurro. Acto seguido apretó los dientes, metió la primera y arrancó, con la mano inerte sobre el volante y negando con la cabeza. Neal lamentaba la frecuente torpeza de Jack, y pude oír su pensamiento, que decía: «Déjaselo a Jack».

Jack nos relató muy compungido lo que había sucedido, y saber cómo se lo tomaría Neal hizo que se sintiera aun peor.

–Bueno, maldita sea, ha sido culpa de esa tía estúpida. Ella me dijo que lo hiciera. Me ha dicho que colocara el bongo encima del fogón de gas, y es lo que hecho. Eso es todo lo que hecho, lo que ella me ha dicho, pero lo que no me ha dicho es que había una llama azul de quince centímetros que yo no podía ver. Qué demonios, ¿cómo iba a saberlo? Dios mío, ¿por qué no me lo ha dicho?

Se había inclinado hacia delante agitando el brazo mientras apelaba a nuestra benevolencia, como si fuéramos Holly, y acto seguido se recostó y quedó desplomado en el asiento, apoyando el codo en la ventanilla y la cabeza en la mano. Sé que se sentía muy mal... como todos. Los instrumentos musicales eran algo muy preciado, y seguramente el propietario había hecho un sacrificio para traer esos bongos. Intenté mostrarle mi solidaridad y puse alguna excusa mala, pero Neal solo negó con la cabeza y soltó un gruñido. Llegamos a casa en medio de un desconsolado silencio.

En el piso de abajo, después de que Neal hubiera acompañado a la señora Davis a casa, sacamos el vino y la cerveza y dejamos que Jack lo volviera a contar unas cuantas veces para que se le pasara, y Neal se mostró comprensivo y tranquilizador. La velada no había sido un completo fracaso, pues Neal había conseguido un poco de hierba, de manera que lió un porro y habló de otras estupideces para que Jack lo superara. Al poco tiempo la escena adquirió un aspecto cómico, y acabamos tronchándonos de risa, mientras Jack se sentía revitalizado y su pecado quedaba lavado.

Otra noche Jack me pidió que lo acompañara a una fiesta, esta vez con la bendición de Neal, qué tenía que quedarse al lado del teléfono y se contentaba con dormir hasta que lo llamaran.

La fiesta se celebraba en un apartamento privado, y había cuatro o cinco parejas más. Los propietarios y anfitriones eran Jordan Belson, un artista y cineasta de talento, y su mujer Jane. Habían invitado a ese grupo para ver una película que Jordan acababa de terminar. La sala era pequeña pero cómoda, y era evidente que la había decorado un artista.

Nos sirvieron vino y un pica pica, y después el grupo se sentó en forma de cuña: Jack y yo estábamos en la punta, él un poco delante de mí y a mi derecha. En el otro extremo de la cuña estaba la pantalla. Entablé conversación con un estudiante de arte que tenía a mi izquierda, y estaba concentrada escuchando, sin darme cuenta de que habían encendido dos porros de hierba que pasaban por ambos lados de la formación: los dos terminaban donde yo estaba antes de dar media vuelta. Así que para no parecer mojigata, había ido dando caladas a cada porro casi sin darme cuenta a medida que me iban llegando, y en lugar de tomar un poquito, como tenía planeado, me estaba llegando el doble que a los demás.

No tardaron en proyectar la película, y cada vez era menos consciente de dónde me encontraba. Era la primera película de ese estilo que veía, y estaba totalmente fascinada. A una música de mambo, Jordan había añadido una animación de dibujos lineales y manchas de pintura. Tenía de todo: humor, emoción, desesperación, excitación, personajes singulares, arquetipos, y todo puramente con líneas negras: algo totalmente imaginario. No quería que acabara nunca.

Cuando acabó y las luces se encendieron de nuevo, me encontré con que era incapaz de mover un músculo: estaba absolutamente rígida. «Colocada», me vino a la mente. ¿Era eso lo que significaba? Pero, ¿qué iba a hacer? El pánico creciente me dejó también helada. Pareció pasar una eternidad antes de que Jack se volviera hacia mí y dijera algo que requería una respuesta, y al tocarme se rompió el hechizo. Se dio la vuelta de nuevo, aparentemente sin haber notado nada inusual en mí. ¿Era posible? Quería contárselo a Jack, pero ahora volvía a estar bloqueada, y no se me ocurría nada que decir, y regresó el pánico.

La fiesta se estaba acabando. Jack y los demás se movían por la habitación, recogiendo los abrigos y despidiéndose. Yo estaba sentada como una piedra. Alguien se daría cuenta, aunque al simpático estudiante con el que estaba hablando le bastaba con mi sonrisa como respuesta a todo lo que me había dicho. Con un esfuerzo extremo descubrí que podía inclinarme un poco hacia adelante, pero no me atrevía a intentar ponerme en pie. Jack se me acercó con el abrigo y me tendió la mano. Cuándo vi que podía alcanzar su mano, y gracias a su ayuda levantarme, me rodeó una gran sensación de alivio. Podía moverme; estaba bien... más o menos.

–Jordan me ha pedido si podemos llevarlo a Columbus Avenue, y le he dicho que nos viene camino, ¿de acuerdo?

Escuché lo que dijo Jack, y pareció simple, pero ¿conducir? No había pensado en ello y Jack no sabía. Pero yo debía seguir adelante, y dije «Por supuesto» mientras me ponía el abrigo y la cabeza me daba vueltas. Apoyada en el brazo de Jack, llegué a la puerta y bajé la escalera. La luz brillante del hueco de la escalera iluminaba los cuadros de colores brillantes de las paredes, y me sentí flotar en una fantasía surrealista. Jack se comportó como si yo estuviera perfectamente. Cuando por fin llegamos al coche, estaba a punto de rendirme y confesárselo todo a Jack y Jordan, cuando recordé las instrucciones de Neal cuando me inició a la hierba: «Recuerda: siempre puedes hacer lo que tengas que hacer». Me agarré a ese clavo ardiendo, repitiéndome esas palabras una y otra vez mientras entraba en el coche y lo ponía en marcha. No tengo ni idea de qué hablaban los hombres, pero, efectivamente, llevé a Jordan a donde él deseaba a través del tráfico y las concurridas calles, y después subí la colina de nuestra casa. Incluso aparqué sin más dificultad que lo habitual. Di gracias a Dios o a quien fuera responsable, pero también decidí que era la última vez que tomaba hierba.

Neal estaba a punto de irse a trabajar cuando llegamos a casa, así que no conté nada de mi experiencia a ninguno de los dos. Estar cerca de la presencia cálida y reconfortante de Jack era suficiente, de momento.

Ahora había poco trabajo en el ferrocarril, y Neal «desbancó» a un trabajador más novato para quedarse con un trabajo fijo en un tren de carga local diario, a pesar de que ganaría menos que si trabajaba con las horas sueltas. La floreciente seguridad en mí misma se convirtió en un atrevimiento hasta ahora desconocido en mi existencia protegida. Para contribuir a nuestra economía, decidí buscarme un trabajo nocturno. Yo quería algo divertido y poco exigente para el cerebro, un trabajo que pudiera dejar sin sentirme culpable: a ver cómo me sentaba ser un «ave nocturna». Sabía que no podía ser camarera; casi me volví loca cuando hice de camarera en la universidad.

Después de volverme casi una experta en los usos y costumbres de los trabajos nocturnos, finalmente tuve que conformarme con un trabajo de fotógrafa, a pesar de que solo cobraba las propinas. Los trabajos que quería, como cigarrera o ayudante de guardarropía, obligaban a las chicas a entregar todas las propinas a la dirección, buf.

La oficina estaba en el famoso «International Settlement» de North Beach. Este deslumbrante bloque de discotecas y atracciones ni era un «asentamiento» ni tampoco «internacional», pero todos sabían que era el último resto en San Francisco de Barbary Coast. Puede que fuera un poco cutre, pero según el criterio del entretenimiento actual, estaba lejos de ser algo perverso. Ahora que se ha demolido esa zona densa y aislada, las nuevas factorías de lujuria se han abierto en Broadway, que antaño fue una bonita calle de restaurantes y rincones de jazz.[1] Enrico's es el único superviviente.

Pasé por debajo del arco de hierro forjado para conocer a mi jefe, un hombre grande y regordete apoltronado en la butaca de su escritorio, que masticaba un palillo de dientes. Me hizo un rápido resumen de mis deberes y luego gritó a su espalda:

–Oye, Joe, aquí hay una nueva. Muéstrale cómo usar la cámara y dale una.

Supuse que sería fácil porque no había dinero de por medio. No tardé en comprender lo que costaba ganar dinero en esta profesión, pero de momento me eché la cámara al hombro y anduve con mis mejores zapatos de tacón hasta Sodoma ¿o era Gomorra?

Tenía que cubrir tres clubes: uno era un pequeño café mexicano que servía una excelente comida de su país, tenía un buen grupo, pero muy pocos clientes. El segundo estaba a una manzana en dirección Broadway, un club íntimo y elegante con un espectáculo de imitadoras femeninas, la Sala Beige, y no se permitía hacer fotos durante el espectáculo. El tercer club estaba en Chinatown, y había que ir en taxi... que pagaba yo. Este se jactaba de presentar «bailarinas exóticas», que era como llamaban a las estrípers, pero era frecuentado casi enteramente por clientes habituales a los que tenía categóricamente prohibido acercarme. Más tarde descubrí que esos trabajos casi imposibles se asignaban a todas las chicas nuevas para poner a prueba su ingenio.

Trabajaba de seis a dos, y durante este tiempo Neal y Jack experimentaban con sus «voces» y la palabra hablada sonsacándose historias el uno al otro en la Ekotape. Yo llegaba a casa, me quitaba los zapatos mojados e iba directa a la nevera; ocho horas de incitantes aromas de comida mexicana y china y coci-

1. Barbary Coast fue el barrio de prostitución de San Francisco durante la segunda mitad del siglo XIX y principios del XX, aunque también incluía, efectivamente, salas de baile, clubs de jazz y garitos de conciertos. *(N. del T.)*

nas continentales, que tenía prohibido probar en el trabajo, me abrían el apetito. Todos los cuartos oscuros estaban detrás de las cocinas, y habría sido muy fácil tomar un bocado en alguna de pasada, sobre todo la china, ya que toda la comida se colocaba en grandes bandejas.

Jack y Neal me obligaban a relatar la permanente saga de la vida nocturna en la ciudad del pecado. En ese momento, sus correrías nocturnas se centraban en los barrios negros, y en los años venideros me divertía pensar que fui yo quien los introdujo en el ambiente de North Beach.

Por alguna razón, una noche Jack estaba tumbado en el suelo. Tomé un rápido vaso de vino y, con mi cuenco de comida en la mano, me senté a horcajadas sobre su barriga. Era tan agradable estar en casa que Neal se limitó a reír. Los dos sentían una curiosidad especial por la Sala Beige porque, al igual que yo, nunca habían estado en un club como ese. Acabé trabando amistad con las artistas, y las escuchaba juzgar a cada cliente masculino cuando llegaba. «¿Entrará o no?», y yo quería que Neal y Jack se pasaran por allí para que también se sometieran al juicio de las artistas, pero se negaron.

–¿Quiénes son los clientes? –quisieron saber.

–Todo tipo de personas... Hasta Viajes Greyline trae autobuses llenos de hombres de negocios del medio oeste y sus mujeres. Siempre está hasta los topes, pero cuando me paseo entre espectáculo y espectáculo y me piden que les saque una foto, se agarran unos a otros y susurran: «Aquí no», aunque les diga que voy a poner la foto en un sobre sin marcas. Me alegro de no poder trabajar durante el show, que son geniales, nada bastos, y hay una cosa realmente increíble: algunos de estos hombres tienen rasgos muy femeninos, cintura, caderas redondeadas, y hay uno con una hermosa voz de contralto.

Una noche tuve una pelea a gritos en público con la jefa, y esperaba que en cualquier momento me despidieran, pero no ocurrió. Creo que la mujer me había acusado de hacer una foto durante una actuación, cosa que era mentira.

Pronto fue evidente que gastaba más de lo que ingresaba, así que cuando un soldado me dio una propina de cinco dólares en el club chino, decidí dejarlo antes de que me echaran. Había «cumplido mi capricho» y lo había encontrado aburrido, agotador y poco gratificante, aunque temporalmente educativo.

TREINTA Y UNO

Desde la llegada de Jack, Allen escribía más a menudo. Era evidente que envidiaba que sus amigos estuvieran juntos sin él. Escribía largos poemas, informaba de las actividades de todos los que conocía, y repetía historias que otros le contaban. Disfrutábamos turnándonos para leer sus cartas en voz alta, y las comentábamos a fondo.

Jack estaba cada vez más deprimido por el conflicto con Joan, que pretendía que le enviara un dinero que no tenía. Él le había dado el anticipo de mil dólares por *La ciudad pequeña, la gran ciudad* a su madre, y ganaba muy poco en la sala de equipajes. Cualquier mención a Joan lo irritaba, y quería salir corriendo. Allen le ofreció un sensato consejo paternal:

> A Carl Solomon le molesta mucho que pases hambre, y que tu madre se quede con tu dinero. ¿Por qué no te lo gastas tú? Estás en una situación peor que la de tu madre. Hablé de tu mujer con el abogado, y dijo que o cambias de dirección para que no te encuentre o le mandas dinero (desde otro código postal) según lo convenido. Si quieres permanecer en una zona segura y sin preocupaciones, es la única manera. Te estás dejando enredar de manera demasiado innecesaria en un triste destino. Busquemos una manera de aclarar las cosas antes de que vayan más lejos, si no la escritura se vuelve paranoica y la vida pésima [...]. Y no me

estoy poniendo en plan psicoanalista-moralista. Ninguno de nosotros es lo bastante firme ni lo bastante fuerte como para estar siempre luchando contra la sociedad, de verdad; es todo demasiado triste y gris. Es solo que últimamente me ha parecido que estabas muy preocupado y quería tenderte una mano amiga. No dejes que la situación derive hacia lo intolerable. Tenemos demasiadas cosas que hacer aparte de sufrir. Burroughs ha estado escribiendo. Se siente solo. Escríbele. Bill dice: «Mientras tanto, las cosas por aquí parecen bastante deprimentes. Quiero que se cierre el caso y largarme». [Una referencia a la muerte de la mujer de Burroughs después de que él le dispara. Los respectivos abuelos habían reclamado la custodia de los niños.]

Jack, por favor, escribe una breve nota a New Directions para decirles lo mucho que te ha gustado el libro de Bill, recomiéndalo por su prosa y por su valor documental, y porque es revelador, como he hecho yo en una carta de seis páginas; es un gran libro. He revisado la versión que Bill me envió hace dos semanas... Ahora es más fluida, menos rara y reichiana. Si Laughlin no lo quiere, se lo venderemos a una de esas editoriales baratas del bolsillo de 25c como Gold Medal o Signet Books, como *I, Mobster*.

Carl habla en serio en relación al manuscrito de Neal. Neal, ponte a ello, corderito. Te dará dinero, y eres un gran hombre.

Cómo os echo de menos a los dos, y ojalá estuviera con vosotros y pudiera compartir vuestros corazones. Sé que no es fácil llevarse bien conmigo y que soy orgulloso. Espero que no os riáis de mí cuando no puedo compartir vuestro afecto. Escribidme. Pienso en vosotros constantemente, no tengo a nadie con quien hablar de la manera en que hablo con vosotros.

¿Cómo o cuándo podré escuchar vuestras cintas? Estoy aquí sentado y mi alma os echa de menos, Neal y Jack. Espero que mi nave pueda seguiros a Frisco. No quiero desaparecer de vuestro recuerdo.

Os quiere,

Allen

Su carta concluía con un poema:

> Pon un beso y una lágrima
> en una carta,
> y la abriré y lloraré
> por ti.
>
> Pon esperma y un guiño
> en el papel;
> y vendré y leeré
> estoy tan triste.
>
> Pon un latido de tu corazón
> en «atentamente».
> Con vuestros nombres escritos en sangre
> «Neal y Jack»,
>
> y me abriré la palma de la mano
> con mi navaja,
> y te mandaré un cubo
> lleno.
>
> Escrito en tres minutos,
>
> A. G.

Jack veía su futuro cada vez más en México, pues añoraba la paz y simplicidad del país, y desde luego «un cambio de domicilio», donde Joan no pudiera comunicarse con él.

A la luz de los últimos meses de relativa compatibilidad y serenidad con Neal, me parecía que nuestro matrimonio había alcanzado una situación más estable, y volví a pensar en llevar una vida familiar basada en las pautas convencionales que habían constituido la mía propia, y creyendo aún que eso era lo que Neal quería también. Está claro que Neal quería y no quería el mismo tiempo, pero eso todavía tenía que averiguarlo.

Ahora parecía un buen momento para consolidar el vínculo con los abuelos, que todavía no habían visto a los niños, pero que había manifestado un persistente interés en conocerlos. Así que decidimos ir a visitarlos a Tennessee, y darle a Neal la oportunidad de ver también la granja. Neal, siempre dispuesto a viajar con cualquier excusa, también consideró apropiado que yo le acompañara al menos a uno de sus viajes «de carretera». Hacía cinco años o más que yo no tenía vacaciones y Neal pensó que era una buena ocasión para visitar a su padre.

No había duda ahora de que el viaje era una necesidad absoluta, y no solo un placer. Me puse a hacer planes. Podíamos sobrevivir si Neal se tomaba un mes de vacaciones del ferrocarril; nos llevaríamos la comida del bebé y gran parte de la nuestra, nos turnaríamos para conducir y gastaríamos lo mínimo en moteles. Llevaríamos a Jack hasta Nogales, y allí comenzaría su viaje a Ciudad de México.

Todo funcionó de primera. Quitamos el asiento trasero de la camioneta y cubrimos el suelo con un colchón de cama plegable detrás del asiento delantero, y también pusimos el pequeño colchón de la cuna de John en la parte de atrás, en paralelo al asiento. Eso dejaba mucho espacio para que las dos niñas se tumbaran entre él y el asiento delantero. A los lados colocamos nuestras maletas y las cajas con las cosas del bebé y nuestra comida. Sorprendentemente, había un espacio enorme.

Jack se despidió con nostalgia de su desván, dejando en él la mayoría de sus posesiones y llevándose tan solo su petate. No tuvimos oportunidad de mantener una charla en privado, e hicimos de tripas corazón para minimizar la separación inminente, planeando una futura y feliz reunión en México en un nebuloso futuro. Todos aceptamos que compartiríamos casa en algún lugar al menos una parte del año.

Neal se llevó las niñas al asiento delantero y avivó su entusiasmo con una constante cháchara acerca de todos los lugares por los que pasábamos y su relación con ellos. Jack y yo entramos a gatas en la parte de atrás con John y nos sentamos trasversalmente de cara. El espacio era muy angosto para dos adultos, pero nos permitía tocarnos y mirarnos, hablar con los ojos. Nos sumimos en un ensueño silencioso, conscientes de que cada vez nos quedaba menos tiempo para estar juntos. No podíamos acariciarnos de manera descarada sin sentirlo por Neal, de manera que la comunicación se reducía a miradas de deseo y a presionar nuestros muslos en contacto. La tensión era casi insoportable cuando, horas más tarde, llegamos a Santa Barbara, pero fue un sufrimiento romántico que soportamos de buena gana.

Pasamos la primera noche en casa de la hermana pequeña de Neal, Shirley, y su marido, y la segunda en Los Ángeles, donde Neal localizo a dos hermanastras y hermanos mayores. Fuimos de casa en casa, y todos se mostraron muy cordiales a pesar de la repentina llegada de tres adultos y tres niños. Parecía ser yo la única persona preocupada por esa falta de modales, y todas mis protestas fueron silenciadas. Dejé de preocuparme y me relajé tumbada en el suelo junto a Jack en la sala de estar de Bill, donde vi el primer televisor de mi vida.

En el trayecto del día siguiente, le insistí a Jack para que se sentara delante con Neal mientras las niñas y yo jugábamos en la parte de atrás. No pude evitar sonreír mientras escuchaba a los hombres y pensaba que ese era un viaje muy distinto de los demás que habían compartido. No parecía que la presencia de la familia disminuyera su placer en lo más mínimo; de hecho, parecía aumentarlo cuando pasaban por lugares que recordaban de viajes anteriores. Los dos se pusieron a hablar a la vez para contarme sus exageradas historias.

Aquella noche, cuando los niños dormían, los tres adultos nos sentamos delante y condujimos toda la noche a través del desierto. Era una noche clara y profunda, y todos nos sentíamos melancólicos, sabiendo que era la última que pasábamos juntos. Ahora Jack podía rodearme los hombros con un brazo y acariciarme el pelo, y yo me recostaba contra él. Escuchamos los teatro radiofónicos *First Nighter* y *The Whistler,* como hacíamos en casa. Durante esta última obra, Neal se involucró tanto emocionalmente que Jack y yo tuvimos que reírnos y recordarle repetidamente que no era más que una obra. Probablemente nos tomaba el pelo, pero que se metiera intensamente en la obra me incomodó.

Después ya solo pusimos música de fondo y nos quedamos contemplando el inmenso panorama de estrellas titilantes en el despejado cielo del desierto. Neal nos dejo atónitos a Jack y a mí con un detallado discurso sobre todas las constelaciones y estrellas que se veían.

–¿Dónde has aprendido todo eso? –preguntamos al unísono–. ¡Ignoraba que supieras tanto de astronomía!

Con un suspiro, Neal replicó:

–Lo sé todo de todo... ¿Cuántas veces os lo tengo que decir?

Las estrellas se disolvieron en el alba gris perla, y llegó el frío de la mañana. Se acercaba la hora de la despedida, y nos quedamos callados. Como por accidente, dejé caer la cabeza sobre el hombro de Jack, y él apretó el mío, y con los labios me rozó la frente: era lo mejor que podíamos hacer para despedirnos. Neal condujo hasta la alambrada de la frontera mexicana y aparcó en paralelo. No vi ni vigilantes ni agentes de aduanas, solo malas hierbas, polvo y basura. Todo era gris y deprimente: el tiempo, la linde de la ciudad y ahora nuestro estado de ánimo.

A pocos metros tras la verja había un café de paredes blancas con la pintura descascarillada, y Jack dijo:

–Venga, vamos. ¿No podéis tomaros una última cerveza conmigo? –Se le veía triste y solitario junto al coche, con el petate al hombro.

–Claro, tío.

Neal y yo salimos del coche. Comprobé que los niños durmieran profundamente y que pudiera ver el coche desde el café.

No hacía más calor dentro de aquel bar grande y desnudo, y olía mucho a desinfectante. Una barra marrón y barnizada ocupaba todo una pared, y delante de nosotros se desperdigaban unas cuantas mesas y sillas metálicas. Tomar cerveza antes de desayunar era algo nuevo para mí, pero aquella mañana parecía una buena idea, y me ayudó a calmarme. Jack intentó iniciar unas cuantas conversaciones animadas, saltando de su futuro en

México a las aventuras de su pasado, aunque al percibir solo desazón por parte de Neal acabó callándose. Me pregunté si el enfurruñamiento de Neal se debía no tanto a la marcha de Jack como al hecho de no poder acompañarlo. Lo único que dijo fue que en pocos meses viviríamos todos allí juntos.

Neal estaba impaciente por ponerse en marcha, y yo quería que aquella despedida terminara, de manera que tras unos adioses un tanto sentimentaloides regresamos al coche, y nos volvimos para decirle adiós con la mano hasta que perdimos de vista aquella figura encorvada junto a la valla fronteriza. Más adelante Jack nos escribió que deberíamos habernos paseado por la ciudad y los alrededores, pues por la tarde había una fiesta y todo era gratis. Lamenté no haberlo sabido; habría sido mucho más propio pasar nuestras últimas horas juntos divirtiéndonos y creando otro recuerdo. Y también para las niñas.

Tras la melancolía de la mañana, nos pusimos en marcha para acabar el viaje confiando en que nuestros problemas anteriores habían sido errores de juventud; habíamos descubierto nuestras limitaciones, y liberarnos de ellas nos daba una nueva libertad para hacer cosas. Ahora podía concentrar toda mi atención en mi propia familia. Estábamos juntos y disfrutábamos de una experiencia compartida, y yo no quería perderme ni un minuto.

Neal era todo lo que yo deseaba que fuera. Conducía despacio –a veces me parecía que demasiado–, pero me explicó que había calculado cual era la mejor «velocidad de crucero» para el bien del coche. Fuera cual fuera la razón, no tuve nada que objetar, y eso me ahorró ponerme a discutir para que no corriera demasiado durante el viaje. Mi meticulosa planificación también parecía acertada; aprovechábamos a la perfección la comida que yo había traído, y cada par de noches parábamos a tomar una comida caliente mientras los niños dormían. (Para ellos teníamos un calientabiberones.)

De camino a Tennessee, solo ocurrió algo que próximo a la catástrofe. En un puente levadizo cerca de Nueva Orleans, Neal pasó por debajo de la barrera mientras esta descendía, con lo que quedó detrás de nuestro coche, no delante. Casi me muero de miedo al ver el cemento de la carretera levantarse justo delante del radiador. Histérica, comencé a chillarle a Neal, cuando un policía en moto se colocó a nuestro lado y también le chilló. Pasé de reñir a Neal a defenderle, y en mi pavor di rienda suelta a mi indignación gritándole al agente. Neal se inclinó para interponerse entre nosotros, lanzándole al agente una mirada de calzonazos sin remedio. El agente, un tanto atónito por mi arrebato, enseguida lanzó una mirada comprensiva a Neal y siguió su camino. Mi estabilidad regresó con el alivio de no ser arrestados.

–¡Ja! ¿Has visto? –dije dándole un codacito a Neal–. Has de admitir que a veces tener una arpía por esposa tiene sus ventajas. ¿Me perdonas?

TREINTA Y DOS

Las dos semanas con los abuelos transcurrieron sin sobresaltos. Neal fue de lo más educado y considerado. También impresionó a mis padres por su afecto y paciencia con los niños. Escuchó con entusiasmo las historias de mi padre sobre las costumbres locales, las cosechas y los animales, y durante toda nuestra estancia estuvo extraordinariamente sereno y agradable. Junto con las niñas, se interesó por los caballos, las vacas, los cerdos y los corderos, y por el tabaco que crecía y se secaba en el granero. No era ningún vaquero, y no conseguí que montara a caballo, en gran parte para mi sorpresa. Paseamos, jugamos en el arroyo, le enseñé a hacer mantequilla, y visitamos los históricos campos de batalla y las mansiones infestadas de fantasmas del viejo Sur.

Las niñas corrían por todo el corral muy excitadas. Cathy salía cada vez menos después de que el gran ganso la atacara, chillando y sacudiendo violentamente las alas. Y Jami era diferente a todas las demás niñas que he conocido. Preferiría llevar solo bragas, y las dejaba en cualquier parte cuando le molestaban, y teníamos que andar buscándolas. También desaparecía, y al final la encontrábamos en la cama echándose una siesta. Casi todos los niños que yo conocía odiaban a la siesta.

De nuevo, Neal era mi compañero ideal, y el único problema que tenía con él no era entre nosotros. Parecía no acabar de entender cómo los blancos tenían que tratar a los negros. Se mostraba naturalmente amistoso y respetuoso con los peones de la granja, los carboneros y el gasolinero del *drugstore*, y ellos no estaban acostumbrados. Le expliqué que yo había tenido que aprender esas técnicas, aunque las detestaba, así como la actitud de los blancos del Sur, uno de las principales causas por las que me había marchado para siempre.

–Neal, cariño, no sirve de nada intentar razonar con ellos; no es una cuestión de razón ni de inteligencia. Es una emoción que viene de nacimiento... Exactamente igual que tu dogma católico. Pero mis padres y yo tenemos amigos íntimos que, por lo demás, son personas maravillosas. Pero ese tema lo tenemos que evitar. Me ha llevado mucho tiempo comprenderlo.

Pero Neal no lo comprendía, y yo me alegraba.

Una tarde, poco antes de nuestro partido, pillé a Neal fumando hierba en nuestro dormitorio, que estaba en el piso de arriba. Me entró de nuevo el pánico, y mi confianza en él se tambaleó. ¿Cómo podía arriesgarse ni remotamente a que mi familia se enterara? Después de eso estuve nerviosa y con el alma en vilo hasta que nos marchamos.

En su mayor parte, el viaje de regreso fue tan cómodo como el de ida. En Kansas City encontró a su hermano, Jimmy, al cual, sorprendentemente, no le guardaba rencor por las atrocidades que había cometido de niño. Pasamos un par de horas agradables con él, aunque Jim no tenía sitio para alojarnos, así que fuimos a ver una película a un autocine y allí dormimos todo lo que pudimos antes de continuar por las infinitas planicies.

Entonces tuve otra desilusión. Ya fuera por el recuerdo de sus desdichas de infancia después de ver a Jim, o como reacción a haberse sometido a un comportamiento convencional, o por un simple desequilibrio psicológico, antes de llegar a Denver Neal se nos escapó dos veces durante muchas horas o toda la noche sin dar ninguna explicación. Volví a mi reacción –demasiado habitual ya– de mártir justamente indignada, esta vez con un punto más de amargura porque me había parecido que todo iba muy bien, que era muy prometedor, y creía haber aprendido la lección.

Cuando llegamos a Denver estaba haciendo todo lo posible para recoger otra vez los añicos de nuestro matrimonio, y Neal se comportaba como si él también lo deseara. Era muy amargo tener que reconocer que nuestras diferencias solo se habían superado gracias a las circunstancias, y no por ningún cambio interno. Un tanto a regañadientes, aunque procurando no demostrarlo, acepté llevar a los niños a ver al padre de Neal. No es que no quisiera conocerlo ni que no viera a los niños, pero vivía en un hotel situado en un barrio que me ponía nerviosa, y no me imaginaba de qué podríamos hablar. De todos modos, sabía que tenía que hacer el esfuerzo, porque significaba mucho para Neal.

Lo cierto es que todo fue la mar de bien. En el último minuto Neal decidió quedarse en el coche con los niños, que podrían asomarse por la ventanilla delante de la ventana de su abuelo y saludarlo con la mano. Yo entré en el hotel sola. La verdad es que daba lo mismo. El pobre ni siquiera sabía quién era yo, pero me di cuenta de que se sentía feliz mientras mencionaba a su hijo. Una mujer con un increíble aspecto de fulana entraba y salía de la habitación, muy alegre, preocupándose por Neal padre y mimándolo mucho, y me alegró poder tranquilizar a Neal hijo diciéndole que su padre estaba muy bien atendido. Después subió él a ver a su padre mientras yo permanecía en el coche. El afecto filial de Neal quedó apaciguado, y cuando su padre murió unos años más tarde, Neal regresó a Denver para encargarse del funeral con la conciencia tranquila.

El trayecto de vuelta a casa fue más sombrío, y lo acortamos todo lo posible. Decidimos que volveríamos a Denver algún día, para verlo en detalle y con nuestros recuerdos: los de Neal de su juventud –tal como había hecho yo en Tennessee–, y los de ambos de nuestra estancia allí juntos. Ese plan nunca se hizo realidad, muy a mi pesar.

Los dos estábamos considerablemente alicaídos por culpa de esos reveses, pero cuando llegamos a casa acordamos seguir intentándolo. Ojalá me hubiera ayudado a comprender por qué hacía esas cosas; me pregunto por qué nunca lo intentó. Nos prometimos darle otra oportunidad al psicoanálisis. También me aferré a la esperanza de que un cambio de escenario podría dar algún resultado. La verdad es que yo no sabía educar a los niños en una ciudad. Neal había visto el tipo de ambiente natural al que siempre había estado acostumbrada, y aunque él era un chico de ciudad, estaba de acuerdo en que sería mejor para nosotros vivir en una zona más rural. Siempre podíamos volver a la ciudad. Eso nos creaba una nueva expectativa, la oportunidad de hacer más planes, y mientras volvíamos a nuestra rutina reciclábamos otra vez más nuestra esperanza.

Nos esperaban dos cartas de Allen, una también dirigida a Jack. Hacía tres meses que no teníamos noticias suyas. Decía que había encontrado un capítulo perdido de *En la carretera*, y que se lo mandaba a Jack. Al parecer no sabía nada de nuestro viaje. Decía: «Caramba, ¿dónde está Jack?». La otra carta, escrita después, afirmaba que acababa de recibir una «monumental carta de Jack desde México», y teníamos que mandarle las veintitrés primeras página, mientras que Jack le enviaría el resto.

> Jack dice que estás enfadado o harto de él, Neal. ¿Es eso cierto? [...]. Temo por él en México, pues allí está un poco perdido [...]. Fuma con mexicanos en chozas de barro [...]. Dice que estás ocupado y obsesionado «totalmente de-pies-a-cabeza con el dinero materialista y con las angustias de robar comestibles», etc., etc. También dice que era feliz allí [...]. ¿Estás en Frisco, al menos? ¿Qué está pasando ahí?

De vuelta al trabajo, Neal volvió a deprimirse. En aquella época yo no entendía esa necesidad de cambio y de estímulos, y seguía juzgando a los demás según mis propios valores, aunque Neal le escribió una bonita nota a Allen, en la que le decía: «Eres el mismo tío cojonudo de siempre y yo estoy más tirado que nunca»... Y acababa diciendo: «¿Por qué no te vienes por aquí? Es un lugar bonito, si te gusta. Puedes trabajar de guardafrenos y ganar mucho dinero. O escribir en un desván y hacerle el amor a mi mujer y a mí».

Para mi gran sorpresa, Allen me escribió una carta para romper ese hielo que ya venía durando cinco años:

> Querida señora Cassady:
>
> ¿Cómo está, después de todo...? Tal como lo veo ahora, me parece que la hemos tratado bastante mal, y lamento mucho haber contribuido cuido a ello [...]. ¿Está demasiado enfadada para perdonarme? Espero que no. Cuide a los niños (y eso incluye también a Jack y a Neal), para que al final todos se salven, yo incluido... No tengo planeado invadir Frisco en un futuro inminente, aunque me gustaría hacerlo algún día, y espero que me dé la bienvenida y podamos ser amigos. Usted siempre me ha parecido estupenda. A Jack le cae bien, pero le da un poco de miedo (¿lo sabía?). Me pregunto qué opina de él.
>
> Atentamente,
>
> Allen el Forastero

Le contesté cordialmente, y él le escribió a Neal: «A lo mejor un cambio de escenario me iría bien. Puede que acabe viniendo». También contestaba a mi carta y sellaba nuestra amistad.

> Muchas gracias por su carta. No esperaba que fuera tan bien recibida. Así pues, esa nube queda disipada. También fue un consejo de Jack; no es tan tonto con las ideas que tienen los demás de las mujeres [...]. Estaría interesado en conocer el proceso de sus cambios de amor y de pensamiento. No comprendo demasiado lo que ocurrió en su interior, solo puedo conjeturarlo. Gracias por ponerle mi nombre a su hijo. W. C. Fields nunca me dijo que usted hubiera tenido nada que ver con ello, pero ahora que lo menciona, parece bastante inevitable que dijera la suya a la hora de ponerle nombre a su hijo. ¡Yupi! A partir de ahora considere mis cartas también dirigidas a usted. ¿Sería po-

sible que mis epístolas (como las de San Pablo) se leyeran solemnemente durante la cena delante de los hijos de la iglesia? Constantinopla me necesita aquí, así que temporalmente no podré ir a Roma, estoy esperando una Palabra. Comprendo su carta. Gracias.

Tímidamente,

Allen

De inmediato decidí aprovechar su oferta de compartir mis pensamientos, comunicándoselos y solicitando sus comentarios y consejo acerca de mi relación con Neal y Jack. Me satisfizo enviándome un meditado y concienzudo análisis de nuestras relaciones.

De la actitud de Jack:

a) Como no tengo aquí todas sus cartas, te mandaré una antología de frases a propósito de su relación con Neal cuando la compile. Lo que creo es que Jack ama a Neal platónicamente (y creo que es una lástima, aunque quizá respecto al sexo estoy «proyectando», como dicen los analistas) y Neal también ama a Jack. Sin embargo, el hecho es que Jack es una persona muy inhibida. Sin embargo, también es cierto que el sexo no lo define todo.

b) Jack sigue amando a Neal igual que siempre.

c) Jack se topó con un muro que todo el mundo comprende y respeta en Neal, incluidos Jack y Neal. Eso molestó y desanimó a Jack, hizo que se sintiera solo y rechazado y como un hermano pequeño cuyas preguntas el hermano mayor nunca responde.

d) Jack también ama a Carolyn, aunque naturalmente no con la misma intensidad con la que quiere a Neal [...] considerando su historia juntos [...]. Jack no tiene mas que palabras de alabanza para Carolyn, y la ha nominado para reemplazar a Joan Burroughs como imagen materna ideal, loca, chavala e *ignu*. Esta última palabra significa un tipo de intelectual posthípster especial honoraria [...]. Jack también dicen que Carolyn supera en inteligencia a Ellie [una chica de Nueva York].

> e) Jack no mencionó en sus cartas que se hubiera acostado contigo...

Después seguía analizando a Neal:

> Puede que México sea una buena idea para todos nosotros cuando acabe de consolidarse [...]. Debemos planear encontrar un lugar en el que en la práctica nos sea posible vivir, bajo diversas presiones, cuando llegue el momento de ponerse prácticos. ¿No deberíamos tener en cuenta entonces la posibilidad de formar una gran reunión en algún lugar para que dure lo máximo posible? [...]. Sin duda estoy interesado en acostarme con todo el mundo y hacer el amor...
>
> P. S.: Neal, escríbeme una carta sobre sexo.

La actitud de Allen hacia el sexo siempre conseguía despertar mi furia puritana, y estoy segura de que lo sabía. Desde luego reventaba todas mis burbujas románticas, pero en otros aspectos sus pensamientos eran tranquilizadores, y yo me sentía aceptada y segura, pensando que si todos viviéramos juntos se podría dar salida a las presiones en pequeños y variados chorros. No obstante, en lo más profundo de mi corazón seguía anhelando un matrimonio monógamo con Neal. Y si no era posible, quizá ese acuerdo contuviera posibilidades hasta ahora desconocidas en los patrones convencionales.

Después de todo, ya había aprendido algo de todo ese absurdo. Mi capacidad de análisis terminaba ahí.

No habíamos tenido noticias de primera mano de Jack desde que lo habíamos dejado en Nogales, y me preguntaba si estaría arrepentido, o enfadado por alguna razón. Pero la primera semana de junio recibimos una larga carta que desmentía todo eso. Decía que había leído mi carta a Allen, pero también que él nos había enviado dos, una a Tennessee y la otra a San Francisco. Me parecía increíble que no las hubiéramos recibido, y le eché la culpa al servicio postal mexicano. Decía que nunca se cansaba de los Cassady, incluidos los niños. También seguía pensando en que nos fuéramos a vivir todos juntos a México, donde él viviría cerca del mar y a veces en el interior, y Neal trabajaría parte del tiempo en California.

Se excusaba por no analizar las cuestiones amorosas, aunque admitía que, en el coche, había querido cogerme la mano o besarme varias veces, pero tenía miedo de los celos de Neal y de los suyos propios, así que no hizo lo que le apetecía. Se preguntaba cómo nos sentíamos los dos acerca de nuestra vida a tres bandas, o supongo que a eso se refería. (A veces se iba por las ramas así.) Decía que nos estaba agradecido por permitirle compartir nuestra vida y que estaba a nuestro servicio. Decía que, por supuesto, nada importa, ya que todo termina en la muerte. Pero ahora pensaba de manera permanente en la eternidad, y «tú formas parte de ella».

También dijo que había escrito un tercio de *Dr. Sax*, por lo que tenía otro libro casi listo para los editores. Confesaba su amor por los dos y esperaba vernos pronto saliendo de un barco con un dry martini en una mano y Shakespeare en la otra... y firmaba «tío Jack».

Añadía una nota a Neal, y ataba cualquier posible cabo suelto en las diversas relaciones, reiterando su hermandad, declarando que nada había cambiado entre ellos, y que su relación seguía siendo estrecha y perfecta.

Finalmente nos llegó una de sus cartas anteriores. En ella escribía que había terminado de mecanografiar *En la carretera*, y había convertido a Allen en su agente, tal como le había aconsejado Bill Burroughs.

Cuando Allen recibió el manuscrito nos escribió: «El libro de Jack llegó y es un caos de mil demonios, genial, pero ha hecho todo lo posible para joderlo con un montón de bobadas sin sentido, pienso», y proseguía con un análisis detallado de todo lo que le parecía mal:

> [...] página tras página de asociación libre surrealista que no tiene sentido para nadie [...], no creo que pueda publicarse en ninguna parte tal como está. Ya sé que es un fastidio terrible

para todos los implicados [...], él también debe de estar cansado, y así es como creo que están las cosas. Tu cinta con las conversaciones era una buena lectura, puesto que podía escuchar lo que estaba sucediendo ahí fuera, pero él lo puso todo y aparentemente sin unificar, por lo que va saltando de una cosa a otra y aborda cosas por encima y se refiere a sucesos que no aparecen en el libro; y al final, a una mirada objetiva todo le parece tan difuso y desorganizado –y lo es a propósito– que simplemente no funciona. Apuesto a que Jack también lo sabe. ¿Por qué tienta tanto al destino y al rechazo? Maldito niño mimado, como todos nosotros, tal vez, pero maldita sea, no está bien asumir una actitud tan paranoica solo para desafiar y ver hasta dónde puedes llegar cuando hay tanto que decir y vivir y hacer ahora... y qué difícil es. Jack es un *ignu* y me inclinaré ante él, pero ha jodido su escritura de cara al dinero y también por lo que se refiere a la escritura en sí. No estaba experimentando y explorando una nueva forma profunda, sino que solo estaba jodiéndolo todo a propósito, como si todo lo que hiciera fuera cojonudo, y sin disimularlo. Sin ninguna intención, supongo, solo impulsado por las drogas y por una deriva y en una situación apurada. No sé qué dirá cuando le suelte todo esto –vuelve a Nueva York esta semana o la próxima, creo– ni cómo se las arreglará para abrirse paso entre toda esta mierda, no lo sé. Intentaré ayudar pero me siento muy mal cuando no estoy totalmente de acuerdo. Bueno, a la mierda con esto, creo que ya lo pillas.

Antes de conocer el juicio de Allen, Jack estaba estupendo. Escribió que había completado *Dr. Sax* en casa de Bill. Estaba listo para abandonar México y regresar con su madre, y de allí a Nueva York para coger un barco, y la carta terminaba con un párrafo sentimental en el que lamentaba no poder tomar vino y pizza con nosotros (me llamaba la «chica guapa, rubia kerouackulo»), y con la esperanza de aterrizar pronto en San Francisco para vernos. Aún no podía conocer la reacción de Allen a su libro, pero su ira contra los editores seguía siendo feroz, y me dijo que para mí la vida con él habría sido imposible, porque tenía muy mala suerte. No recordaba que jamás hubiéramos hablado de vivir juntos; era una idea suya.

Lo siguiente que supimos de Jack fue por una nota misteriosa y enigmática que recibimos dos semanas después. ¿Conocía la crítica de Allen? Parecía un último adiós. Escribía que en lugar de regresar a Nueva York se iba a vivir a un valle, en una choza con unos indios y un perro, y que no sabía por cuánto tiempo. Firmaba con un os quiero y besos, pero en una posdata añadía que más adelante quería ir a Ecuador, donde la fruta, las flores y las esposas crecían silvestres, y no había ira ni molestias. Dijo que le enviáramos cualquier mensaje importante a Allen, que se lo transmitiría por telepatía. A un lado me mandaba besos para mí y para los niños, y le ordenaba a Neal que escribiera su libro y me amara sentimentalmente. Neal y yo no sabíamos qué pensar.

–Oh, saldrá de esto –suspiró Neal–, solo está paranoico otra vez... Un malentendido. El viejo Zagg se sentará en su choza de barro y se montará una orgía con doña María... El muy cabrón, ¿por qué no me envía un poco? Ah, menudo colocón. –Se acercó a la ventana y se quedó mirando. No hacia nuestro patio trasero, comprendí, sino hacia un valle mexicano calentado por un sol perezoso donde no había facturas ni presiones, solo mangos y doña María.

TREINTA Y TRES

En agosto de 1952 me despedí con nostalgia de la casita de Russian Hill donde me habían pasado tantas cosas importantes y cuyas «posibilidades» no se habían acabado de cumplir. Luego examiné el potencial de la enorme casa de alquiler que habíamos encontrado en San José, a setenta kilómetros al sur. Todavía estábamos en las afueras de una ciudad –una ciudad que entonces recibía el acertado apodo de «Ningunaparte»– pero el encantador valle que la rodeaba era demasiado vasto para explorarlo desde lejos, así que nos instalaríamos en ese afortunado hallazgo hasta que pudiéramos aprender más sobre la zona y Neal pudiera ver cómo la nueva ubicación afectaba a su trabajo.

La casa era de una planta, estilo «hacienda», con paredes de estuco blanco y un techo de tejas rojas. Había formado parte de una finca, luego convertida en una casa de reposo. Tenía ocho habitaciones de varios tamaños en una disposición desconcertante, techos altos, pero curiosamente carecía de chimenea. Estaba rodeada de parterres floridos pero descuidados y lo bastante apartados de la vía principal, Santa Clara Street, para formar un gran jardín delantero salpicado de frutales y almendros. Detrás de la casa había un patio pavimentado que separaba la casa grande de un bungalow nuevo más pequeño. Acabamos de decidirnos a alquilar la casa grande cuando conocimos a la joven pareja que vivía en el bungalow: Dick y Marie Forest. Tenían un niño de la edad de Jami y un bebé. Su estupenda disposición a ayudarnos con la mudanza y a adaptarnos a la nueva población supuso el renacer de la vieja tradición de la buena vecindad.

Los Forest no tenían ni idea del tipo de vida que sus vecinos habían estado llevando, pero yo tenía fe en que nos volviéramos tan organizados, pacíficos y convencionales como ellos, excepto, quizá, en un aspecto. Neal había disipado mis temores y plantado semillas de marihuana en los parterres, escondidas detrás de los grandes arbustos que había debajo del porche delantero y en el solar vacío de al lado, con la esperanza de evitar tener que estar siempre buscando, por no hablar del elevado precio, pero aún faltaba mucho para la cosecha. Estaba contento de que los Forest fueran tan «convencionales», y creía que no sabrían qué eran esas plantas.

Cada habitación de la casa tenía capas del viejo papel pintado, y se me ocurrió intentar que Neal liberara algo de su energía y tensión acumuladas raspando las paredes de nuestro dormitorio. Fue un trabajo mucho más arduo de lo que parecía, pero lo abordó con furia, peleando por cada centímetro, y una vez comenzado ya no había vuelta atrás; tenía que terminarlo. Cuando por fin lo estuvo, se sentía orgulloso de sí mismo y del resultado, sobre todo cuando pinté las paredes de un azul marino intenso, el techo blanco, hice cortinas blancas con sábanas viejas, con grandes pliegues horizontales y coloqué una colcha de felpilla blanca sobre el somier, apoyado contra la pared. En el piso de madera había alfombras amarillas. Y en el cabezal de la cama había alineadas unas almohadas también amarillas. Puse una bombilla roja en el portalámparas del techo, que convertía las paredes en púrpura, las almohadas y alfombras en naranja, el techo, las cortinas y la colcha de color rosa. «Psicodélico» lo habríamos llamado si la palabra ya se hubiera inventado; en su lugar, lo llamamos nuestro «pozo de pasión», donde cada uno proyectaba sus propias aspiraciones.

El cambio de ubicación parecía muy prometedor para todos. Neal aparentaba estar más asentado y se quedaba más tiempo en casa a escribir. Además del espacio extra, disfrutaba jugando al ajedrez con Dick, un divertido narrador y un encanto con los niños, para quienes también fabricaba juguetes.

Los trayectos de trenes de mercancías comenzaban y terminaban en San José. Si antes Neal a menudo tenía que ir en el tren vacío desde San Francisco, ahora solo iba a los talleres. Se había esforzado mucho en enseñarme a leer un horario cuando nos instalamos en Russell Street, aunque eso solo me servía para preocuparme cuando no llegaba a la hora indicada, así que ahora no lo consultaba. «¿Es que no sabes que...», etc.

Ahora, de nuevo, Neal quería compartir la casa con Jack; por supuesto, en parte se debía a que no tenía hierba ni contactos allí. No habíamos sabido nada de Jack durante nuestra mudanza, imaginando que se había ido a su cabaña con los indios y el perro. No obstante, Neal decidió escribirle a la dirección de Bill, con el temor de que Jack estuviera enojado con él por no haberle pagado una antigua deuda de treinta dólares. «Maldito seas por estar en México sin mí. ¿Por qué diablos no renuncias a los indios y te vienes y me hablas de ellos y ganas tus buenos dos mil dólares en el ferrocarril antes de que termine el año? Puedes vivir tranquilamente en nuestra gran casa de nueve habitaciones en el soleado San José y pasearte en mi camioneta nueva.»

Luego se disculpaba largo y tendido por no tener dinero (pero sí una nueva camioneta) diciendo: «Sept. 26 este es el primer cheque lo bastante sustancioso como para poder comprar la docena de bombillas que necesita esta casa». Comprendía que Jack estuviera «seguramente muy cabreado conmigo. Y con razón, pues comencé varias cartas y no las envié y le dije a Carolyn, que se muere de ganas de que vuelvas, que te escribiera, y todo se fue al carajo y me quedé sin ni siquiera la ayuda de doña María, ¿y dónde diablos estás? Te enviaré dinero para que vengas, pero date prisa o no quedará mucha Cosecha... Te puedes quedar aquí hasta diciembre, luego ya tendrás mucho tiempo para ir al este».

Antes de enviar la carta, supimos que Jack estaba en Carolina del Norte con su madre; y agregué una nota diciendo que esperaba que no estuviera enfadado con nosotros y que «Neal y yo no podemos pasar sin ti. Dice que te diga que se reunirá contigo en diciembre, y que iréis tronando por la Línea de la Costa Este de Florida. No debería dudarlo, y diré exactamente lo que Cathy dijo la otra noche: "Papá y Jack se fueron y me dejaron"».

De repente, la Southern Pacific se descolgó con una nueva norma: no contratarían nuevos trabajadores que tuvieran más de treinta años. Jack acababa de cumplir los treinta en marzo, por lo que Neal se apresuró a escribirle de nuevo y le explicó en detalle no solo cómo podía eludir esa decisión si venía de inmediato, sino también cómo viajar en tren con un gasto mínimo. Con tanto detalle que, de hecho, Jack tuvo que llevar la carta en la mano todo el viaje para poder seguir las complicadas instrucciones.

Jack accedió a venir, pero salió de Carolina del Norte antes de que llegaran las instrucciones de Neal. Las siguientes noticias que llegaron fueron una postal de Denver. Neal soltó una sarta de improperios, y se apresuró a enviarle un telegrama a Jack recalcando la inminencia del plazo de contratación.

Me animé muchísimo y mi energía se electrificó. Esta vez Jack regresaría después de solo tres meses. Estaba contentísima y me apresuré a preparar una habitación para él. Habíamos traído el gran escritorio de madera contrachapada, y lo instalamos en el dormitorio contiguo al nuestro. Ahora las niñas dormían en el sofá cama. Aunque la habitación de Jack estaba más cerca del resto de la casa que el desván de la casa anterior, tenía una puerta acristalada que se abría a la galería que daba al vestíbulo y a la puerta delantera.

Al otro lado del pasillo de su habitación estaba la sala de estar. Los caseros de San Francisco nos habían regalado sus horribles butacas, sofá y alfombras, pero eran mejores que nada. Esta habitación tenía un gran arco abierto que comunicaba con lo que probablemente era otra sala de visitas, pero que convertimos en un comedor o salón familiar con una gran mesa redonda de roble y algunas sillas, también de los antiguos caseros. Esa habitación tenía un ventanal muy grande, bajo el cual pusimos el histórico sofá. La cocina estaba un poco más allá, bastante extensa: había una despensa en la otra punta, donde estaba el fregadero, y debajo una ventana que daba al patio pavimentado. La estufa se encontraba en el lado opuesto de la gran cocina. En la otra punta, una puerta trasera conducía a otro porche cubierto donde estaba el lavadero, y unos escalones conducían al piso de abajo y al patio pavimentado. No tenía garaje.

Por extraña que parezca la distribución, una puerta delante de esta puerta, viniendo del porche, conducía al único cuarto de baño, y de ahí otra puerta se abría a nuestro dormitorio. A la derecha había un breve pasillo que salía de la cocina, pasaba por delante de un enorme armario empotrado y llegaba a una gran habitación rodeada de ventanas y con una puerta trasera. Pusimos unas camitas gemelas para las niñas y la gran cuna de John en el vestidor, que tenía una ventana. Esta «suite» tenía una puerta por la que se entraba desde la cocina, para que los niños no nos oyeran por la noche. Debajo de la ventana de la cocina, en el porche, colocamos una mesita y cuatro sillas para cenar.

El sábado por la tarde, Jack telefoneó desde la ciudad, y Neal le dijo que se subiera al «Zipper», que era como los ferroviarios llamaban al Zypher, el tren de carga rápido a Los Ángeles que paraba en San José. Dijo que se encontraría con él en la oficina del patio de trenes. Habían llamado a Neal para trabajar en un tren de carga a Watsonville que podía coger allí. Comprendí que Jack y yo estaríamos solos esa primera noche, lo que el resto de la tarde me provocó una considerable falta de concentración en mis tareas domésticas, que ahora incluían los preparativos para que se instalara en nuestra casa.

TREINTA Y CUATRO

Tuve que ir a buscar a Jack al Zypher, ya que él no conducía. La camioneta no funcionaba, pero Neal me había comprado un Ford Modelo A en la ciudad. También lo disfruté, una vez me acostumbré a conducirlo entre el tráfico. Aunque había sido un desafío conducirlo por las colinas empinadas de San Francisco.

La noche estaba negra como el carbón, y Neal aparcó al otro extremo del solar sin pavimentar y bordeado de malezas, al lado del pequeño edificio de madera que era la oficina de carga. Yo me quedé en el coche mientras Neal fue a comprobar su tren, y ya se oía acercarse el Zypher. Se detuvo en un chirrido, haciendo sonar su campana y resoplando vapor, que se teñía de naranja y amarillo a la luz de las ventanas de la oficina.

Pronto, recortados contra el potente haz de luz blanca de la locomotora, vi a los dos hombres acercarse al coche. La linterna de Neal zigzagueaba a lo loco mientras le daba palmadas en la espalda a Jack y algún puñetazo cariñoso, bullanguero y eufórico. Jack trataba de defenderse, riendo y mirando tímidamente al suelo y luego de reojo a Neal. Cuando me vio en el coche, se pasó los dedos por el pelo y se estiró el faldón de la camisa. Encendí un cigarrillo para calmar los nervios, temblando al ver aquella mole familiar con la camisa a cuadros.

Jack se subió al estrecho asiento trasero, arrastrando su petate con él, y Neal se sentó en el lado del conductor. Me alegré de que Neal tuviera que esperar un rato a que llegara el tranvía y pudiera hablar con nosotros unos minutos, haciéndonos sentir más cómodos. Le preguntó a Jack por los detalles de su viaje, y lamentó que hubiera perdido sus indicaciones. Continuó enumerando las características de nuestra nueva casa, y su proximidad al campo de deportes de una escuela secundaria justo detrás de la propiedad. «Y todas esas guapas chicas de secundaria y las animadoras, y... glups, nena, lo siento.»

Jack soltó una risita, yo sonreí, pero no dijimos nada. Hablar fue aún más imposible cuando nuestros ojos se encontraron, y cuando Neal se alejó para tomar su tranvía, la atmósfera cerrada del pequeño coche rebosaba deseo. Dentro la oscuridad era cálida y húmeda, y fuera la niebla nos envolvía como una manta.

–No nos vayamos todavía –dijo Jack en voz baja–. Ven aquí detrás conmigo. –Mientras nos abrazábamos, todos los recuerdos afloraron dentro de mí, revividos por su olor dulce y varonil, intensificado por su largo viaje. Era tan feliz que tuve que sonreír y separarme de sus besos, riendo.

–La verdad, Jack, yo también me siento como una chica de secundaria, besuqueándome en el asiento trasero de un coche. –Jack se rió y buscó a tientas una media botella de vino en el bolsillo de su chaqueta. Después de unos cuantos tragos cada uno, la dejó en el estante que había detrás de nosotros y me atrajo de nuevo hacia él. Cuando intentó intercambiar nuestras posiciones, con el codo golpeó la botella, que se volcó y nos empapó. Ahora que se había roto el hechizo, nos reímos y tratamos de limpiarnos el vino, pero pronto su ardor regresó con la fuerza de antes. Yo tampoco estaba relajada ni cómoda en esas condiciones, y cuando de repente nos vimos bañados por una luz cegadora, nos separamos de un salto, conteniendo el aliento.

–Oh, lo siento, estaba buscando... –dijo una voz desde la niebla, y la luz se desvaneció.

–Gracias a Dios que no era un policía –murmuró Jack–.

Probablemente era un guardafrenos con una linterna. Salgamos de aquí. –No me hice de rogar, sabiendo que apestábamos a alcohol.

Mientras daba la vuelta por la parte de atrás de la casa, Dick subía los escalones de la entrada de su casa: volvía de ver si nuestros hijos estaban bien. Lo saludé y le di las gracias antes de llevar a Jack a casa. Les habíamos comentado a los Forest la inminente visita de Jack, y que era escritor. Les habíamos enseñado un ejemplar de *La ciudad pequeña, la gran ciudad* y habían quedado impresionados. Les dijimos que ahora iba a trabajar en el ferrocarril con Neal y que seguiría escribiendo. No se dijo nada, por supuesto, de nuestro afecto compartido, y mi esperanza era que consiguiéramos no escandalizarlos de manera inadvertida.

Hicimos un breve recorrido de puntillas por la casa, Jack complacido con su antigüedad e incluso su singular planta. A él y a mí nos interesaban las casas, los hogares. Se bañó mientras yo preparaba la comida y le serví vino. Comió con apetito, y estuvimos tomando vino a la luz de las velas hasta que superamos nuestra timidez, y entonces flotamos hacia el imán de su cama. Era tanta su ternura y consideración que me resultó casi imposible dejarlo y volver a mi cama, pero esa era una regla inquebrantable, puesto que a menudo alguna de las niñas venía a dormir conmigo por la noche.

Por la mañana las chicas se despertaron mucho antes que Jack, y apenas conseguí que se estuvieran calladas en su impaciencia por verlo. Y sin embargo, les dio un ataque de timidez cuando apareció. Después de saludarlas con abrazos y besos, se sentó a desayunar y a hablar con ellas, que se empujaban para subirse a su regazo, y tuve que decirles que no lo hicieran.

Cuando terminó, les pidió que le mostraran los alrededores, y nada las habría hecho más felices. Se fueron, él con una niña en cada mano, las dos balbuceando a la vez. El primer lugar que Jack quería ver era el campo de béisbol de la escuela secundaria. Tuvieron que pasar por el patio de los Forest, esquivando los grandes cactus, y el pequeño Chris se apresuró a unirse a ellos. Mientras los miraba por la ventana de la despensa, sobre los platos, reflexioné acerca de lo alegre que estaba siempre Jack cuando lo acompañaban las niñas. Se relajaba y se le veía una naturalidad que contrastaba con su frecuente contrariedad con los adultos, hombres o mujeres. Con los niños no tenía que demostrar nada, solo ser él mismo, todavía un niño, en el fondo.

Cuando el pequeño grupo volvió entre risas a la casa, las niñas me obsequiaron con puñados de flores silvestres cogidas de cualquier manera con el permiso de Jack, y lo llevaron a su gran habitación. Cuando empezaron a sacar todos los libros y juguetes, lo rescaté dándoles el almuerzo y llevándolas a hacer la siesta.

Neal llegó a tiempo para una cena de celebración con la «pizza» favorita de Jack. Me había abastecido de cerveza, así que después de una alegre cena y de que las chicas se acostaran –Jack les leyó de nuevo sus cuentos–, invitamos a los Forest a venir a casa y conocer a Jack, y le pedí a los Hinkle que se unieran también a nosotros. Se habían mudado a San José antes que nosotros y habían comprado una casa en una zona de las afueras.

Todos fueron llevaron como si fueran viejos amigos: Dick y Neal intercambiaron historias de Paul Bunyan,[1] los Hinkle estaban encantados de reunirse de nuevo con Jack, centelleaba una energía brillante, hacía mucho que no me sentía tan feliz, al ver a Neal feliz y a todos... bueno... felices.

Al día siguiente se abordó la importante tarea de conseguir que contrataran a Jack en el ferrocarril. Jack tenía miedo y se resistía, pero Neal insistió, instruyó y repasó con él las enormes ventajas. En uno o dos días, aceptaron a Jack, que comenzó sus dos semanas de viajes de aprendizaje. Cada noche, cuando vol-

1. Se trata de un legendario leñador gigantesco que aparece en diversos cuentos folklóricos americanos, sobre todo en Michigan, Wisconsin y Minnesota. Su estatua aparece en la película de los hermanos Coen, *Fargo*. *(N. del T.)*

vía a casa, había que animarlo y alentarlo de nuevo. El adiestramiento terminó, Jack firmó para hacer las horas sueltas, orgulloso ahora de ser un «genu-vino» guardafrenos y de lucir la misma parafernalia que Neal: gran farol de carga, llaves de interruptor retráctiles en un gancho para cinturón, zapatos de punta de hierro, y el (glups) obligatorio reloj de bolsillo, que tuvo que comprar. Por supuesto, también llevaba el grueso volumen con el horario y el libro de normas. Aquello reclamaba otra celebración.

Jack pronto descubrió que prefería con mucho que le contaran historias sobre el ferrocarril a trabajar en él. Sus reacciones físicas y cinéticas se adaptaban mejor a correr en un campo de fútbol que a los movimientos rápidos, ágiles e instantáneos necesarios para el cambio de un vagón de carga. Ahí no podía dejar que su mente se desviara hacia observaciones o anotaciones literarias; debía estar totalmente concentrado en el momento. Su torpeza le suponía un sufrimiento, y aunque amaba a los mundanos ferroviarios como personajes, su sensibilidad y paranoia lamentaban que tuvieran que ponerle un apodo a todo el mundo. Así, él se convirtió en «Kerovía», que degeneró en «Semilla de Alquerouac». Estaba seguro de que todos se burlaban y se reían de él. Neal hacía todo lo posible por explicárselo y animarlo, pero él también se volvió más irritable, en parte por solidaridad y en parte porque quería estar orgulloso de su amigo. Además, no le agradaba que ahora Jack y yo tuviéramos más tiempo para estar solos.

Pasaría al menos un día antes de que Jack fuera a pedir trabajo, y me preguntó si las chicas y yo no querríamos ir a San Francisco con él para visitar los lugares que antes frecuentábamos. La camioneta volvía a funcionar, y nos pusimos en marcha de muy buen humor un día del veranillo de san Martín, con el aire cargado de la nostalgia inherente a los aromas otoñales.

Nuestro entusiasmo se frustró en el momento en que aparcamos en Coit Tower. Cathy, mientras trataba de salir del coche, se quejó de un fuerte dolor en las piernas, y la llevé al hospital de la Misión. Le diagnosticaron fiebre reumática, así que nos fuimos directamente a casa. Nuestro nuevo médico puso en duda el diagnóstico, y dijo que era osteomielitis e inició el tratamiento.

A pesar de lamentar nuestra abortada excursión romántica al pasado, Jack y yo pasamos unos preciosos días en casa, más aún cuando Neal podía unirse a nosotros. Revivimos nuestros pasatiempos de San Francisco: interpretar a Shakespeare, con cada uno representando varios papeles con cambios de voces y muchas risas, y los dos hombres actuando con gestos extravagantes. También leíamos en voz alta a nuestros escritores favoritos, por turno y grabándolo casi todo. Puesto que teníamos poco dinero y las cintas eran caras, usábamos sin parar las mismas dos o tres veces. (Prefiero no pensar en ese galimatías.)

El comedor grande y desnudo daba mucho espacio para que los niños jugaran cerca, y los tres nos sentábamos alrededor de la mesa grande. Neal intentaba hacer malabarismos con la fruta del centro de mesa, y las niñas acababan corriendo debajo de la mesa para recuperar lo que se le caía. Cuando las chicas no nos acompañaban, a veces Jack nos leía pasajes de *Dr. Sax* con una voz retumbante, acentuada por las imitaciones de W. C. Fields o el comandante Hoople mientras Neal, con un centelleo en los ojos por encima de su sonrisa, susurraba: «¡Sí! ¡Sí!» después de casi cada frase, y en voz alta cada vez que Jack hacía referencia al sexo, ante lo cual Jack soltaba una risita. Por su parte, Neal leía a Proust, hacía comentarios e ignoraba los intentos de Jack de corregir su pronunciación francesa. (Todavía tengo una grabación de diez minutos de esto: también es un recuerdo muy preciado.)

Y hubo hermosas tardes en las que Jack y yo estuvimos solos. Acostábamos a los niños; él les leía cuentos utilizando toda su gama de voces. Jami seguía siendo su favorita: la niña le rodeaba el cuello con los brazos y le daba grandes besos en las mejillas, y él se derretía en una alegría tímida. Jami me era también especialmente querida; casi me salvó de la locura durante el año que Neal estuvo ausente porque era muy divertida. Tenía el pelo tan largo que yo se lo recogía con una goma en la coronilla: parecía un paraguas, y sus payasadas siempre conseguían hacerme reír. Ella nunca me dio problemas, y siempre fue agradable y cariñosa.

Una noche, cuando Jack y yo terminamos de cenar, y tras dejar los platos en el fregadero, nos pusimos soñadores y estuvimos bebiendo vino entre el parpadeo de la luz de las velas, dejándonos llevar por el blues y las baladas, los dos en silencio y pensativos. Mi mente captaba imágenes que flotaban pacíficamente en el resplandor de la atmósfera cuando la voz de Jack rompió el silencio como un gran gong suave, vibrando clara a través de mí.

–¡DIOS... Te amo! –Lo miré para asegurarme de que había oído bien y me encontré con sus ojos azules, tan intensos y penetrantes que tuve que bajar la vista de nuevo, y ni siquiera pude sonreír. Me había quedado sin aliento, y lo único que me salió fue un susurro que no creí que oyera.

–No me lo creo.

Rápido como un relámpago, pero con voz grave y poderosa, dijo:

–Podría convencerte. –(¿Por qué estaba mi mente tan dispersa y no acepté esa oferta? Maldita sea.) Podía darme cuenta de que no había parpadeado, pero solo era capaz de mirar mi vaso, y cerré los ojos. Deslicé mi mano por la mesa y le cogí la mano. Entonces dijo en voz baja–: Bailemos.

Me abrazó, mejilla con mejilla, y durante un rato nos balanceamos, fundidos en nuestra calidez. Pero mi alegría era demasiado intensa, el corazón me latía muy deprisa y me separé de él, llené nuestros vasos y él llenó el fonógrafo de mambos. Bailamos y bailamos, sonriendo y abandonándonos, y saltaban chispas cuando nos tocábamos. Al poco necesitábamos una cama, y Jack expresó el resto de su amor.

Estas semanas doradas atraviesan mi mente como nubes en un día soleado, como sueños, en pequeñas y vívidas viñetas. Si el bebé lloraba y Jack aún tenía la luz encendida, yo llevaba a John a su habitación y me sentaba en la cama junto a Jack, que le daba palmaditas a John y le hablaba tiernamente, y después me hablaba de su madre, Memere, y cómo le gustaría que nos conociéramos. Me leía sus cartas, y yo añadía notas para ella en las suyas. Luego estaban las largas tardes en las que cantaba delante de la grabadora, acompañándose con sartenes de cocina, cartones de cereales o el borde de la mesa. La brisa que entraba a través de la puerta acristalada que se abría al patio lateral estaba perfumada del olor de hojas quemadas, un aroma que siempre me llevaba de vuelta a Michigan o Vermont, y a él a Lowell.

Que le contara a Neal lo mucho que disfrutaba le gustaba cada vez menos. Ahora a Jack le interesaba más la familia de Neal que él mismo, y mientras trabajaba en el tren se ponía a cavilar en solitario y eso avivaba sus celos y resentimiento. ¿Dónde estaba su antiguo compañero de fechorías? ¿Dónde estaba su excusa y su compinche para satisfacer sus propios deseos? Entonces llegó el frío del invierno inminente, y con él los resfriados de nariz. Cuando el trabajo comenzó a escasear, los hombres estaban en casa más a menudo, y la sensación de confinamiento aumentó la inquietud y la irritación de ambos, que se quedaban esperando la llamada que nunca llegaba. En San José no había nada de interés, y San Francisco estaba demasiado lejos sin una buena excusa para ir. Se hizo evidente que el espíritu viajero de Neal lo reclamaba de nuevo, y el sol de México era otra meta para Jack, y en mí comenzó a brotar la semilla del pavor.

Neal encontraba motivos razonables para ir a San Francisco con el coche nuevo (esta vez un Nash Rambler gris) más a menudo que antes, pero aún no conseguía convencer a Jack de que fuera con él o lo encubriera. Por su parte, Jack volvía a despotricar, refunfuñar e insultar a los editores, amargado porque no aceptaban sus manuscritos ni los apreciaban. Solo escribía por las mañanas, principalmente puliendo *Dr. Sax*, deduje. Jack tampoco ignoraba la causa de la creciente irascibilidad de Neal y su resistencia a sus intentos de continuar con sus antiguos juegos intelectuales. De lo único de lo que hablaba Neal era de sus responsabilidades y de los gastos de la familia. Jack captó el mensaje.

Me dijo que quizá fuera mejor que tuviera un solo marido de vez, e insistió en mudarse a San Francisco, a algún hotel de mala muerte. Neal se sintió culpable pero aliviado, y llevó a Jack a la ciudad. Sin embargo, después de menos de un mes, convenció a Jack de que regresara, creando un mejor equilibrio en todos nuestros asuntos.

TREINTA Y CINCO

En diciembre, el ferrocarril despidió a los hombres con menor antigüedad, entre ellos a Jack. Su paranoia cesó, y su humor mejoró. Ahora podía dirigir sus pensamientos y planes de nueva hacia México, y compartió conmigo escenas recordadas con cariño. Durante una de esas evocaciones de repente se interrumpió y me miró fijamente, mientras una nueva idea surgía en su mente:

–¡Carolyn! ¿Por qué no vienes conmigo? ¡Ven a visitarme a México! ¡Por favor! –Me abrazó y me levantó del suelo–. Nunca te has tomado vacaciones de los niños, no desde que te casaste con Neal. Deberías hacerlo, sabes. De vez en cuando deberías alejarte de los niños, sería bueno para los dos. ¡Piénsalo!

Lo pensé, y al principio la idea me asustó. Era una madre muy posesiva y testaruda con los niños, aunque sabía que los libros decían que de vez en cuando era bueno que pasaran alguna temporada sin su madre. Pero los míos eran muy pequeños. Le estuve dando vueltas a esa idea y de repente me entusiasmó, y me planteé la perspectiva de estar en México con Jack. Por un momento el miedo dio paso a un tentador estremecimiento de placer y suspense. Jack dijo que hablaría con Neal; sabíamos que ninguno de los dos lo consideraría sin su aprobación.

La respuesta de Neal no fue exactamente entusiasta. Dijo rotundamente:

–Gran idea. Por supuesto que deberías alejarte un tiempo de los niños, mamá. –En cierto modo, yo esperaba que dijera que no. Luego, después de unos días de escuchar cómo Jack pintaba imágenes cada más atractivas de los buenos momentos que habíamos pasado juntos, Neal comenzó a actuar de manera extraña. Dejaba las cosas sobre la mesa con un golpe, hablaba muy poco, incluso era brusco con los niños, algo insólito hasta ahora, y estaba inusualmente distraído. Cuando le preguntaba qué le preocupaba, me lanzaba esa mirada acusatoria de «ya sabes lo que has hecho» que yo misma había perfeccionado. Si me respondía cuando le hablaba era de manera sarcástica. A Jack no le iba mejor: Neal ni siquiera le hablaba.

Jack y yo debatimos y decidimos coger el toro por los cuernos. Cuando le preguntamos a Neal si había cambiado de opinión, si ya no quería que me fuera, o que dijera qué le pasaba, contestó: «No, no, debes irte, por supuesto, insisto», siempre con esa mirada de mártir. Tardé un poco en saber cómo abordarlo, porque nunca pensé que vería a Neal tan celoso de mí; fue bastante diferente a su arrebato de posesión por culpa de Bud. Fue un fenómeno interesante, y lo observé un par de días más hasta que su comportamiento rayó en la farsa.

Jack tampoco pudo soportarlo más. Le dijo:

–Oye, Neal, olvídalo, hombre. No pasa nada.

Le dije:

–No iré, Neal; no pensaba ir sin tu bendición. No lo volveremos a mencionar.

Pusimos buena cara y volvimos a la normalidad. Entonces Neal se arrepintió; no se sintió tan aliviado por nuestra rendición como esperaba. Una noche estábamos los tres jugando al pinacle y me di cuenta de que Neal estaba ausente; algo le rondaba por la mente. Se levantó a coger una cerveza, se paró en la puerta y soltó:

–Os diré qué haremos, chicos. Os propongo un trato. –Se dejó caer en la silla que había a mi lado y me tomó la mano, acariciándola–. Ahora me dejas llevar a Jack a México... solo para conseguir un poco de hierba. Y cuando regrese te vas tú...

Quédate todo el tiempo que quieras, y yo estaré aquí. Todo irá bien, mientras tenga a doña María. Ya ves, querida, así el pobre Jack no tendrá que subirse a esos horribles trenes de carga y dormir en medio del frío y pillar quién sabe qué, y llegará el doble de rápido y de una pieza, y yo volveré enseguida, lo prometo, e incluso te podrás ir antes. ¿Qué? ¿No es la solución perfecta? ¿Qué dices? Nos miró sucesivamente a los dos.

Esquivé el pensamiento de que me estaba intercambiando por marihuana y traté de ser práctica.

–¿Podemos permitirnos dos viajes tan lejos?

–Sí, desde luego, querida. No costará nada, solo la gasolina. Solo iré hasta allí, cogeré el material y conduciré de regreso... Menos de una semana.. Nada. El Fantasma Gris está en muy buena forma; nos lo pondrá fácil.

Sonreí por dentro. El espíritu práctico no tenía nada que ver con eso. Neal veía la oportunidad de irse y estaba entusiasmado.

–Sí ... –me interrumpí–. Lo pensaré.

Pensarlo, sabía, era todo lo que haría. Después me enfadaría conmigo al comprender hasta qué punto era una esclava.

–¿Por qué no, tontita? ¿Cuándo vas a tener la oportunidad de vivir así? Los demás lo hacen constantemente. ¿Qué puedes perder? Te quejas de esta siempre encerrada, y cuando tienes la oportunidad de escapar, ¿no la vas a aprovechar?

No funcionó. Sabía perfectamente que nunca podría dejar a los niños y relajarme. Tal vez si hubieran sido mayores. Y tenía dudas persistentes sobre la conducta de Neal. Dios, ¿por qué le tenía yo tanto miedo a la vida?

No expresé mis dudas a ninguno de los dos. Habría ofendido a Jack que rechazara su oferta, y me intrigaba que Neal se me hiciera el mártir, y me preguntaba hasta qué punto era una pose. Mientras tanto, no podía negar que me sentía bien. Acepté el trato, pensativa. Neal se olvidó de sus penas y volvió a su habitual alegría con la perspectiva de otra aventura en la «carretera».

Llegó la mañana de la partida de Jack. Había liado el petate de nuevo, dejando en un gran baúl sus manuscritos y libros hasta su regreso... inevitable, siempre pensaba. Neal se llevó poca cosa: solo la imprescindible navaja de afeitar, el cepillo de dientes, ropa interior, sus dos mudas de calcetines al día y media docena de pañuelos.

La mañana era fría y neblinosa, y los niños aún dormían. Los hombres guardaron el equipaje en el coche y vinieron uno a uno a despedirse de mí. Neal fue el primero, y en plena forma. De haber sido una audición para una película muda, se habría llevado el papel de calle. Me envolvió en sus brazos y me besó larga y desesperadamente. Después retrocedió lentamente, sosteniendo mi mano entre las suyas y escrutando mi cara con una mirada trágica, transida de amor. De repente se volvió, dio la vuelta y cruzó el porche trasero, deteniéndose solo una vez en la puerta para mirar atrás y decir su frase de despedida habitual:

–Volveré enseguida, cariño.

Permanecí de pie junto a la mesa de la cocina, tratando de mantener una expresión apropiada; todavía faltaba Jack, y todo esto era muy extraño. Jack se acercó a mí tímido, pero con amor, y su partida y todos mis momentos maravillosos con él me emocionaron, sabiendo, igual que él, que no iría a México. Me abrazó muchos minutos antes de deslizar su mejilla por la mía para besarme lenta y dulcemente. Acto seguido me susurró al oído:

–Solo será una semana, o dos a lo sumo. Por favor, no me falles, Carolyn, buscaré un lugar para los dos, y Neal volverá a casa enseguida, no te preocupes. Por ahora es solo un *au revoir*. Te quiero. –Y con otro beso breve y tierno él también retrocedió, mirándome con unos ojos amorosos, y en el porche me lanzó otro beso antes de bajar la escalera exterior.

Me dejé caer en una silla, aturdida. ¡Bien! Al repasar la escena en mi mente me pareció divertida, y no pude evitar reírme en voz alta, cosa que fue una liberación; sabía que nunca volverían a halagarme tanto. Podéis estar seguros de que esa despedida quedó grabada en mi mente y en mi corazón para siempre. Permanecí en un estado de ensueño el resto del día, cumpliendo mis rutinas medio ausente.

Cuando pude volver a pensar con claridad y reconsiderar las opciones, supe a ciencia cierta que nunca iría a México, que nunca dejaría a los niños durante varias semanas seguidas. Pero tendría que esperar al regreso de Neal para encontrar una salida, y no lastimar a Jack ni perder el terreno que había ganado. Por lo menos este viaje de Neal no me dejó preocupada, ni sentí que lo hubiera perdido, y con la emoción de sentirme tan amada fui paciente con los niños, tranquila y serena. Bendito cambio.

Un día o dos más tarde recibí una insólita carta de Neal: insólita en el sentido de que era innecesario que me tranquilizara, aunque esta vez sus palabras sonaban más sinceras:

> Queridísima esposa Carolyn, Dolly:
>
> Sentado en el fantasma gris Nash frente a la casa de Bill Burroughs en la que Jack y él están durmiendo. Escribo a la luz de las luces del coche. Mi corazón sufre por ti.
>
> De S. J. a Bakersfield... primera parada para gasolina... solo pensaba en ti, y supe que estaba escribiendo grandes cartas de amor. Naturalmente, se me ocurrieron cosas bonitas que decirte... Casi todo se puede resumir en... te quiero.

Brevemente catalogaba el resto del viaje, intercalando: «Pienso en ti en todo momento»; y terminaba con: «Tengo que enviar esto por correo ahora. Todo bien. Estaré en casa el sábado tarde. Salgo de aquí el jueves. Esto es cierto: no he tocado ni tocaré ningún tipo de mujer. Estoy con B. B. y Jack, hablando solamente. Te quiero. N.».

El sábado por la noche apareció en el patio justo a tiempo, pero al entrar en casa parecía un condenado, sombrío y silencioso. Al principio me sorprendió y no lo entendí. ¿Estaba cansado? ¿No había conseguido hierba? ¿Se había estropeado el coche? Habló muy poco del viaje, aparte de algún comentario sarcástico a expensas de Jack y de que no supiera conducir, «ni siquiera recuerda lo que es el embrague». No deseaba relatar nada del viaje de regreso: «he conducido y ya está». ¿Qué le pasaba, entonces?

Nos sentamos uno al lado del otro tomando café, cuando impulsivamente se inclinó y puso su cabeza en mi regazo, apretando la mano que tenía allí. Le acaricié el pelo y dije:

–¿Qué pasa, cariño?

Pero en lugar de responderme, se levantó y entró en nuestra habitación. Yo le seguí, y parpadeé ante lo que vi. Allí estaba Neal, de pie en el rincón, su frente contra la pared. (Era evidente que había visto demasiadas películas antiguas.) ¡Aja! Entonces lo entendí, pero me apresuré a sofocar el impulso de echarme a reír. Así que eso era todo: ahora que había obtenido su parte del trato, hacía campaña para no cumplir con la otra mitad: ¡mi mitad!

Quizá esa sería mi salida. Traté de seguirle el juego y durante un rato fingí que no encontraba nada inusual en su comportamiento; era demasiado fascinante ver lo que haría a continuación.

Una carta de Jack le provocó un paroxismo de dolor, y me sentí dividida entre dos impulsos contradictorios. Jack nos decía que había alquilado dos habitaciones en la azotea de Bill, había adquirido cerámica mexicana para darle un poco de vida, y compraba manjares y vino a precios increíblemente bajos. Hablaba con entusiasmo de lo perfecto que era el lugar para escribir, y de cuánto disfrutaba del inmenso cielo, de día o de noche. Tenía ganas de escribir una gran novela allí. Dijo que estaba todo listo para mi visita. ¿Iría? Mandaba recuerdos a los niños uno por uno, y a mí recuerdos y besos. Después añadía un argumento de peso para mí, diciendo que acababa de recibir mi carta.

Preguntaba por el regreso de Neal, decía que estaba muy solo y temía que nunca acabara de estar satisfecho. Decía que con nosotros había recobrado el amor a la vida, y concretamente a nosotros, y luego me rogaba que fuera, pues en su nueva casa estaba todo listo, y de nuevo se entusiasmaba hablando de lo que haríamos y comeríamos. Más besos.

Ojalá pudiera hacer realidad este sueño. Ojalá no estuviera tan lejos y yo pudiera plantarme allí sin tener que recorrer tantos kilómetros. Pero, ah, no, la idea de emprender ese viaje sola era demasiado, y no soportaba más el aparente sufrimiento de Neal. Lo mejor era abandonar ese juego y volver a una vida realista. Así que le dije solemnemente a Neal que, por supuesto, nunca lo abandonaría si él no me lo pedía. Nada podía hacerme más feliz que verlo sonreír. Desarrugó la frente, la tristeza se disipó.

–Y ahora, ¿cómo se lo vamos a decir a Jack sin reactivar su paranoia? –Saqué papel y bolígrafo para escribir la carta de «Querido John».

Neal soltó un bufido.

–Bah, lo superará. Lo tiene merecido por robarles las esposas a los demás.

–Se te olvida, corazoncito, que en primer lugar fue idea tuya.

–¿Cómo puedes decir esa mentira? Ni por asomo. Ejem. ¿Por qué iba a hacer yo algo tan estúpido? –Y se puso a perseguirme agitando los brazos con fingida seriedad.

–Bueno, estaba LuAnne...

–Nunca hice eso. Te equivocas, querida. Además, era completamente diferente. Tengo que irme. –Y se fue, gritándome desde la otra punta–: Dile al chaval que se busque una chica para él. –Me reí y negué con la cabeza. ¿Qué iba a hacer con estos dos? Pero había sido Jack una vez más quien había aportado la argamasa para unir aún más a nuestra pequeña familia. Me quedé un rato largo reflexionando y sonriendo y esperando con ansias la Navidad que podría planear en esta casa grande y vieja.

El correo llegó antes de que me diera tiempo a pensar qué contarle a Jack, y vino acompañado de una nota que hacía innecesaria mi carta. Me pedía perdón por abandonar México para ir a ver a su madre en Navidad. Decía que no lo había hecho a propósito, cosa que no acabé de entender del todo. Decía que me amaba, y que me amaba por amarlo, y se preguntaba qué podíamos hacer. Decía que me escribiría, y que no me olvidara de mis vacaciones. Lo firmaba «el horrible Jack, y bobalicón», y preguntaba por los niños y por mí. Pobre Jack. Al principio pensamos que se debía a que no podía estar solo por mucho tiempo. Todo había ido estupendamente, y Memere también sería más feliz.

Neal demostró su agradecimiento por mi lealtad ofreciéndonos a todos una afectuosa y generosa Navidad, que grabamos, y su aparente alegría se extendió sobre todos nosotros como una manta. Se quedó sin trabajo en el ferrocarril a primeros de año, y buscó con ahínco otro empleo provisional, pero venía a cenar cada noche a casa.

Pensé mucho en el súbito cambio de opinión de Jack, y después de una carta de Allen me pareció que mi diagnóstico era el correcto. Allen decía que Jack y su madre se habían ido de Florida, que ella estaba cansada del Sur y de vivir en el círculo familiar de Caroline, y que habían regresado a Long Island.

> Jack está de vuelta. Aunque no lo he visto mucho. Está escondido en casa de su madre, rara vez viene a ver a sus amigos... Nunca, si yo no lo organizo. Llegó a tiempo para Nochevieja, lloró borracho y drogado en el taxi al amanecer de vuelta a casa. No sabría decir por qué lloraba, como no fuera por el reencuentro con su pasado y su yo neoyorquino, más viejo y más sabio (o no)... Y me parece que debajo de todo eso asoma una batalla en alguna parte, la hierba, el organizar diversiones... Tengo la sensación de que no respeta la presencia del individuo que es (conmigo) y está creando una excitación artificial. Se le ve solitario y demasiado excitado... No habla... aunque por supuesto sabe, ve lo que estoy pensando, y dice: «Quiero verte y hablar contigo cuatro veces al año» [...]. Creo que lo que escribe, exceptuando su obsesión consigo mismo como tema, está avanzando mucho. Quizá está bien que se obsesione, pero mal que se lamente, se lamente, se lamente por sí mismo. Sigo pensando que no tiene compañía adulta ni mundo matrimonial sobre el que escribir y sigue repitiendo el lamento por la Madre. Nuevo libro sobre el asunto amoroso con Mary Carney de diecisiete años...

Eso parecía corroborar mi análisis de la mudanza repentina de Jack. Supuse que Jack sabía que si pasaba varias semanas a solas conmigo sin Neal, ya no querría que volviera con él, aun sabiendo que no le quedaría otro remedio. Sentí que realmente me amaba demasiado para su propia conveniencia, pero no había manera de que pudiéramos estar juntos de manera permanente (cosa que yo tampoco quería), y que eso le hacía sufrir. Años después, cuando volví a verlo a solas, le pregunté si estaba equivocada. Me dijo que así era exactamente como se había sentido, y que embarcarse en su primera relación amorosa le permitió expresar la clase de emociones que uno siente con tanta intensidad en un primer amor y que él había sentido por mí: un especie de purga.

Después recibimos una carta del propio Jack, bastante alegre pero también algo dispersa. Decía que estaba sumergiéndose en la escritura antes de pensar en el trabajo en el ferrocarril, y que tenía problemas en las piernas. Luego hablaba largo y tendido del clima invernal de Nueva York y de sus prolongadas caminatas por la nieve. No tenía chicas, ni dinero. Solo escribía y dormía. Decía que cuando el mundo acabara todos estaríamos solos, pero que así fue como empezamos y que ya estaba bien así. Divagaba sobre nada, decía que todo estaba en orden, que los maridos vivían con sus esposas y que todavía nos amaba.

Neal y yo leímos y suspiramos. Querido Jack: de pronto hablaba de las cálidas y agradables noches exóticas de México con los indios, *fellah* o fáusticos, que convertían la vida en idílica; y después todo era nieve, hielo y tormentas invernales. Antes de que pudiéramos contestar me volvió a escribir a mí, preguntándome por qué no le había escrito, y si estaba enfadada con él por no haber intentado raptarme o alejarme de Neal. Quería saber cómo estábamos Jami y yo. Dijo que estaba siguiendo mi consejo y tomaba hierba para ocasiones especiales (en la carta anterior había dicho que todas las noches). Me deseaba lo mejor, quería una pizza, o la receta, y si no que me comiera una por él, pero que le escribiera. Todo muy urgente, con muchas exclamaciones.

Luego se ponía a describir con entusiasmo y en todo detalle

la nueva casa de John Clellan Holmes. Decía que, como le había pasado a él, me moriría al verla. John era un amigo íntimo que acababa de vender su libro, *GO*, en el que Jack, Neal y Allen aparecían como personajes. Jack lo envidiaba en ambos aspectos. Neal y yo estuvimos de acuerdo en que si alguna vez Jack había sentido nostalgia, era ahora. Pero ¿de qué y de qué casa?

Continuó escribiendo con frecuencia. A principios de primavera recibí una larga carta, incoherente y producto de la hierba, que me había escrito al amanecer, tras pasarse toda la noche medio despierto pensando que a lo mejor volvía a haber trabajo en el ferrocarril. Tenía la fantasía de llevar a su madre a vivir a una caravana en una destartalada población al final de la bahía y trabajar en el ferrocarril. Interrumpía su relato diciendo que sería mi Valentín, como le había pedido en una carta anterior. Después de más fantasías, de repente volvía a cambiar y me rogaba que le enviara un regalo de cumpleaños que yo le había ofrecido: una onza de hierba.

Decía que si lo llamaban del ferrocarril, probablemente iría, pero creía que debería vivir solo en un barrio marginal de San Francisco o de San José. Me visitaría, o tal vez solo cuando Neal quisiera traerlo. Si Neal no quería, entonces él tenía derecho a estar en California por sus propias razones. Recordaba que le habían dicho que el marido de LuAnne, Ray Murphy, estaba buscando a Neal para matarlo, así que Jack decía que él no era un Ray Murphy y tenía razones para defender su cráneo. Decía que había terminado su relación conmigo, y que ninguna mujer lo poseía, ni siquiera yo, que debería. Estaba empezando algo nuevo. Anhelaba volver a ver a las niñas y extrañaba sus paseos. Le deseaba a su amada (a mí) buenas noches. Debía ponerse a trabajar y no hacer el tonto escribiendo cartas a las mujeres de otros.

La semana siguiente trajo otra súplica ansiosa. Esperaba que Neal lo hubiera perdonado, como había hecho en octubre. Decía que si los de la Southern Pacific no lo llamaban pronto, probaría suerte con los ferrocarriles canadienses, cerca de su familia, pero que me extrañaría a mí y a los niños.

A nosotros no nos parecía que Jack supiera lo que quería. A pesar de su añoranza por nuestros buenos momentos y su sufrimiento por no tenerme, si fantaseaba con tenerme por esposa, no estaba siendo muy realista, al menos en un momento en que todavía no podía mantener una familia. Había rechazado a su propia hija enérgicamente por la misma razón; su libertad era esencial para él si iba a continuar escribiendo de la manera en la que había elegido hacerlo. Tenía ideas tan determinadas sobre cómo había que educar a los niños (a menudo me hacía sugerencias) que nada le resultaba más imposible.

En cuanto a su relación conmigo, estaba demasiado malhumorado, demasiado susceptible y encerrado en sí mismo. Quizá era ese «ensimismamiento» lo que le ayudaba a escribir tan bien. Encerrado en la torre de marfil de su yo podía observar e informar de todos los detalles de la vida exterior, pero sus esfuerzos para unirse y participar en lo que veía eran en su mayoría decepcionantes; se sentía amenazado y frustrado.

Tal vez esa era una de las fascinaciones que Neal ejercía sobre él. Envidiaba la capacidad que tenía de conseguir que la vida sucediera, de ser protagonista de la acción, no un mero espectador. Y cuando Jack hacía el amor, tenía un aire de disculpa, como si fuera una víctima del síndrome de la «Virgen-Prostituta», de eso estaba segura. Me parecía que nunca se entregaba del todo; sospechaba que prefería que la mujer llevara la iniciativa para poder hacerse el inocente.

Yo creía que el éxito de nuestra relación se debía a mis esfuerzos por estar atenta a sus estados de ánimo y deseos y no imponer los míos. Me permitía compartir sus observaciones, que me encantaban, y a él le gustaba mi compañía, siempre y cuando fuera comprensiva con él. Sabía perfectamente que no debía expresar ninguna crítica ni recelo hacia sus motivos íntimos: una zona en la que rara vez era objetivo. Neal era un oyente perfecto para mis ideas, y no necesitaba a Jack para eso, pero jamás conocí a un hombre con un corazón tan tierno, ni tan vulnerable.

Me pregunté si se avergonzaba de ser amable y compasivo.

A veces hacía ostentación de bravuconería y grosería, algo que me avergonzaba. El Sal de *En la carretera* casi nunca era el hombre que yo conocía; y parecía que tratara más de imitar el comportamiento de James Dean o lo que a él le gustaría ser. En Denver solía presumir de haberse metido en peleas a puñetazos si algún tipo ponía en duda lo duro que era. Supuse que eso se debía a que estaba condicionado, como yo, por una sociedad que consideraba que los «hombres de verdad» eran así. Por lo general, tenía que estar borracho para hacerse el macho de ese modo. En sus últimos años, nunca sin botella, fue a peor, grosero y repugnantemente masoquista.

TREINTA Y SEIS

Neal no pudo encontrar un trabajo de inmediato, y la tercera semana de enero del 53 nuestras finanzas estaban de nuevo bajo mínimos. Un día se enteró de que había trabajo en la División Sur. Un guardafrenos, trabajando por su cuenta, podía ganar hasta seiscientos dólares al mes, mucho dinero para nosotros entonces. Neal trajo la buena noticia y se preparó para salir a la mañana siguiente, el 1 de febrero. Acepté su decisión con tristeza, recordando el verano del 48, pero, de nuevo, el dinero era más importante. Incluso nos perderíamos su cumpleaños, que era el día 8. El cambio operado en Neal desde la marcha de Jack había convertido las últimas seis semanas casi en una luna de miel, o lo más cerca que habíamos estado de ella. Y ahora que estábamos tan unidos, había que soportar otra separación. Pero de vez en cuando algo me decía que nuestro matrimonio habría estado condenado sin esos «intervalos en nuestra unión», de haber elegido Neal una ocupación diferente.

Tuvimos una prolongada despedida, y Neal telefoneó para decir que había llegado sano y salvo a Indio, como haría cualquier otro marido. Nos escribíamos cartas de amor apasionadas a diario, diciéndonos todas las cosas que habíamos querido decirnos en el pasado, cuando mi actitud de censura lo impedía. Neal comentaba mis descripciones detalladas de nuestra vida doméstica y nuestra lucha sin él, relatos que pronto adquirieron la forma de quejas y lloriqueos sobre lo felices que habíamos sido juntos, y de cuánto odiaba estar casada y sola a la vez.

Pero cuando terminó la segunda semana, en lugar de una carta de Neal me llegaron una docena de rosas rojas y una tarjeta de San Valentín, en la que estaba escrito: «Duplica los días que 14 son, y ese es el día que ahí estaré». Me conmovió profundamente esa inesperada dulzura, igual que me había conmovido mi ramillete de bodas, y tuve que enjugarme una lágrima sentimental.

Mientras me compadecía de mí misma llegó otra larga carta de Jack, recorrida por una melancólica nostalgia, que me formó un grueso nudo en la garganta mientras la leía. De nuevo evocaba mi posible enfado con él por haberse ido a México, y de nuevo mencionaba que viviría lejos de nosotros si volvían a llamarlo para trabajar en el ferrocarril, y se quejaba de hacer siempre lo que Neal quería porque siempre se había dejado llevar y confiaba en Neal, etc. etc. Decía que los editores publicarían su libro si se llamara Faulkner, y que aducían que no daría dinero, pero que sí publicarían cualquiera que les reportara beneficios. Decía que tenía su primera gran historia de amor proustiana lista para publicar.

Añadía una descripción detallada de una antigua casa de 1650 cerca de donde vivía John Holmes, con veinte acres para cultivar y con todos los muebles originales. Había un cementerio en un desnivel rodeado de árboles que se mecían al viento que llegaba del mar, apenas a una milla de distancia. Entonces interrumpía su relato y me preguntaba si todavía quería ir a México, y que se encontraría conmigo la semana siguiente, cuando fuera a buscar hierba, y luego decía que no, que el mes siguiente, y que estaba fumando con moderación. Le parecía que si ahora acababa en una tumba miserable a nadie le importaría. Pero el amor era todo lo que contaba, y él siempre me amaría tal como nos habíamos amado. Me preguntaba si quería que me escribiera a mí en lugar de a Neal, que era lo que hacía ahora, pero al final se reía de la idea.

Neal también se superaba en sus cartas diarias, diciéndome lo solo que estaba, con párrafos de poéticos halagos y anhelos: «¿Me cantarás en el dormitorio que desempapelamos y pintamos? ¿Canciones de amor?».

¿Por qué no podía satisfacer mis anhelos con uno u otro de esos hombres, con los dos o con ninguno? Porque ahí estaba yo: sola. ¿De qué me servía que me amaran dos hombres si no podía estar con ninguno? Mientras leía las cartas de ambos, de nuevo reflexioné sobre sus diferencias. Jack siempre parecía esforzarse por dominar sus verdaderos sentimientos, mientras que Neal daba la bienvenida a cualquier oportunidad de expresar su amor, aunque considerara que no hacía falta ninguna acción para respaldar sus declaraciones. Imaginé que deseaba poder creer más en sus palabras. Jack tenía los sentimientos; Neal las palabras, aunque ninguno de los dos podía traerme su amor allí donde yo estaba, ni unirlo con el mío de una manera constante y constructiva. Aguanté otras dos semanas, al final de las cuales Neal me decía en una carta: «Nena querida: la cosa ha ido de mal en peor; agárrate... ¡NO ME DEJAN IRME! Pero deben hacerlo antes del 13 de marzo, porque es cuando tengo que volver a la División Costera. Así que mira, lo mejor es que...». Y trataba desesperadamente de convencerme, remarcando nuestra necesidad del dinero, detallando su propia soledad, alabando mi ayuda y planeando todas las tareas del hogar y el jardín que estaba ansioso por emprender. «Solo lamento no ser un manitas... y no poder hacer juguetes para los niños». Seguían tres o cuatro páginas más de palabras de amor.

Pero mi castillo de fortaleza estaba edificado sobre arena, y se derrumbaba a mi alrededor. Escribí más cartas quejumbrosas diciéndole que la lavadora se había roto, que Johnny tenía fiebre, y que yo debería estar celebrando el dinero que estaba ganando. Me lamentaba de que el maldito ferrocarril siempre estuviera por delante de mí, aunque comprendía que él intentaba hacer todo lo posible para darme todo lo que le pedía, y le prometía no descargar más mis frustraciones sobre él. Le decía que Jack había escrito pidiéndole que le mandara una carta en la que le hablara del ferrocarril, pues temía que la dirección no le apreciaba mucho. «B. Goodman tocando "My Guy's Come Back"... pensé que también me pondría a cantarla». A pesar de mis esfuerzos, seguía compadeciéndome de mí misma:

> El domingo es un día horrible [...], nuestra tranquila sala de estar [...], lo he cambiado todo de sitio, perfecto para leer las tiras cómicas, oír el concierto y el almendro está casi en flor. Estoy cansada de contarte cosas de las que disfruto y que nunca estás aquí para compartir [...]. Me temo que de nuevo has encontrado otros intereses y esa no es una actitud muy buena.
>
> Un gran borracho acaba de entrar por la puerta principal. Todavía estoy temblando. Ha dicho que quería comida. Le he dado cincuenta centavos porque no podía sacarlo. Ha agarrado a Johnny y lo ha besado. Johnny ha gritado. El tipo ha llorado... (él tiene tres hijos). He llamado al propietario para que me pusiera un candado. Muchas veces, sobre todo por la noche, me voy a casa de los Forest y paso horas con ellos. Ojalá tuviera un marido en esos momentos, maldito sea el dinero [...] si significa esto. Supongo que soy incorregiblemente egoísta... intentaré. no volver a amargarme.
>
> Te quiero,
>
> C.

Sin desanimarse por mi lloriqueo, Neal continuaba con sus palabras de alegría y ánimo. Aunque me relataba con detalle sus días mortalmente calurosos y sus noches frías y solitarias, nunca se quejaba. Le dije que formaba parte de mi trabajo consolarlo, pero supongo que los hechos lo decían todo. Esa primavera me creía todo lo que escribió Neal, pues sabía que la gente puede y debe cambiar, y «con amor todo es posible».

Ahora me decía que era capaz de «mirar a las mujeres sin pasión... No he hablado con nada que se pareciera a una mujer o a una hechicera». De hecho, le dije que comprendería que tuviera un «desliz» de vez en cuando, y su respuesta fue que le «horrorizaba» tal sugerencia, y que no la repitiera.

> Leo a Proust con atención y me doy cuenta de que realmente puedo escribir como él. Por supuesto que él es mejor, pero yo soy más joven, y aunque menos brillante, todavía tengo la oportunidad de aprender, con tu ayuda y paciencia. Estoy terriblemente interesado en la vida, y desearía que estuvieras aquí para compartir mis reflexiones y comentarios sobre cosas vivas y muertas que pasan de una forma tan abstracta ante mí.
>
> Cuando llegue a casa estaremos en nuestro dormitorio, con los muebles recién reordenados, y nos leeremos de nuevo todas nuestras cartas de amor. Son muy pocas, así que lo compensaremos diciéndonos el uno al otro, al oído, todo lo que sentimos y queremos decir y hemos querido decir siempre. Y recuerda esto: he resuelto nuestro problema sexual. No te olvides de recordarme que te lo cuente cuando llegue a casa.

¡Qué elocuente era! ¿De dónde sacaba la energía? (Me enteré mucho después de que muriera –gracias a Dios–, de que era igual de elocuente en las cartas sexuales que le escribía a Diana al mismo tiempo. Debería haber escrito novelas románticas baratas.)

Oh, esos gloriosos reencuentros –ese, de lejos, el mejor hasta el momento– y la cosecha de las palabras que habíamos sembrando todas estas semanas. Creo que Neal también creía que había ocurrido un verdadero cambio. O eso me hizo creer.

En cualquier caso, tres semanas fue todo lo que se nos concedió de esa petulante complacencia –sin ninguna solución sexual– antes de que se nos presentara otro desafío.

TREINTA Y SIETE

En la noche del 10 de abril de 1953, ya tarde, me despertó el estridente ruido del teléfono. El miedo que ensombrece a todas las esposas del ferrocarril se materializó: Neal había resultado herido. Lo habían llevado en ambulancia desde Millbrae hasta la Southern Pacific Hospital de San Francisco. Todo lo que pude averiguar fue que el accidente le había afectado una pierna, pero estaba vivo y se recuperaría. Cuando colgué el teléfono temblaba dentro de mi fino pijama. Me cubrí con el albornoz y recorrí las habitaciones iluminadas por la luna, tratando de dominar el temblor de mis nervios y considerando cómo eso nos afectaría a todos. No pude preguntar nada más, y tuve que esperar hasta la mañana para obtener más información. Esa noche el sueño fue un regalo.

Dejé a los niños con Marie y conduje los ochenta kilómetros hasta el hospital. Cuando llegué, Neal estaba consciente pero mareado. Lo que contó carecía de detalles. Se acordaba de que estaba encima de un furgón que acababa de desviar a un apartadero. Estaba poniendo el freno cuando el vagón chocó con la topera y Neal salió volando, aterrizando sobre la punta de su bota con puntera de hierro, por lo que la fuerza de la caída había desgarrado el pie hacia atrás, casi cortándolo por completo. Tenía roto casi todos los huesos del pie y el tobillo. Los doctores lo habían enderezado y cosido lo mejor que habían podido. La pierna le colgaba dentro de un enorme yeso y en un complejo aparato de tracción, y los médicos decían que tenía que permanecer así de cuatro a seis semanas. Dijeron que probablemente nunca volvería a caminar con ese pie.

Neal estaba demasiado aturdido para hablar mucho, solo me sostenía la mano y trataba de sonreír. Sin embargo, me dijo que ya lo habían requerido para dictar y firmar una descripción del accidente.

De vuelta a casa, me dije que me enfrentaba a otra larga separación, construyendo mi vida sola una vez más. Me aferré al hecho de que ese verano Neal estaría en casa todo el tiempo, aunque inactivo.

Al cabo de un par de días comenzaron a bombardearme con historias de otros ferroviarios que habían tenido un accidente; cómo presentar una reclamación, qué había que tener en cuenta; cuánto dinero podías esperar de una resolución de daños: no había dos casos iguales, y las cifras podían ser astronómicas. Todo era muy desconcertante, y todavía no se podía hacer nada.

Al mes siguiente, los médicos le practicaron todas las operaciones posibles en ese momento, y Neal estuvo lo bastante fuerte como para volver a casa. Todavía tenía que permanecer boca abajo la mayor parte del tiempo; la escayola era demasiado pesada para poder utilizar las muletas más de unos pocos minutos, pero al menos podía llegar al baño y a casi todas las comidas. Con gran ceremonia, los niños y yo lo acomodamos en el sofá de la sala de estar, donde tenía una vista despejada de la mayor parte de la casa, así como del patio delantero y de la calle que había más allá. Lo inundé de libros, revistas, periódicos y la radio, y renovó su determinación de seguir escribiendo, por lo que también le llevé papel, bolígrafos y lápices.

Primero, sin embargo, le respondió a Jack, diciéndole que se presentara al jefe de personal del ferrocarril. Su actitud fue cordial, aunque no tan exigente como en anteriores ocasiones. Le dijo a Jack con bastante naturalidad que tenía que quedarse con nosotros. Esta vez no le insistió demasiado, y no estaba segura de si la presencia de Jack ayudaría a entretener a Neal o los celos les distanciaría aún más.

A mediados de mayo llegó una bienvenida carta de Allen. Serví una taza de café para cada uno y me senté a leerla en voz alta. Era larga, y nos dispusimos a disfrutarla.

> Jack me contó hace unos días lo de tu accidente. Solté un gemido al leerla. Pero ¿no eres afortunado al tener una esposa e hijos a tu alrededor que te cuidan en el dolor y angustia? ¡Ay, anciano padre! ¿Qué pasó?
>
> ¿Vas a obtener alguna compensación? Tal vez puedas leer o mejorar tus conocimientos al disponer de tanto tiempo libre. Apuesto a que te pasas el día sentado despotricando y tosiendo todo el día. Algún día todos seremos una familia. Ahora hace dos semanas que me coloco con otra cosa, un colocón muy hermoso, que te invito a compartir.

Allen había descubierto la pintura china, y a partir de ahí la filosofía oriental, y supongo que pensó que tenía un público cautivo. «China es un enorme y desolado espacio en blanco en nuestro conocimiento [...]. Gran parte de la escritura budista con que te encuentras no es interesante, es algo vago, etc., porque para nosotros no tiene contexto...» Pero a través de su estudio del arte y las dinastías

> empiezas a ver la inmensidad y la inteligencia del hombre amarillo [...]. Cada día tengo más ansias de Oriente [...], estoy profundamente impresionado por una grabación de Gandhi hablando [...], bueno, de todos modos, menciona en su discurso a los grandes maestros: Buda, Cristo y, sobre todo, Zoroastro (no sé quién demonios es). En Occidente, Z es un vago nombre mágico, algo así como una broma de sesión de espiritismo.

Supuse que Allen no sabía que Gandhi era hindú.

Llamaron a la puerta trasera. Le entregué la carta a Neal para que leyera el largo poema chino incluido, y fui a ver quién era.

–¡Jack! Caramba, ¿cómo has llegado? ¿Por qué no has llamado?

No sabía si abrazarlo, pero le puse la mano en el brazo. Me miró tímidamente desde debajo de sus cejas, arrastrando los pies.

–Ya ves, se me ocurrió daros una sorpresa, pero no voy a quedarme.

Neal bramó:

–¡Tonterías! Ven aquí y pon tus cosas en tu habitación.

Jack se rió entre dientes, y le cogí la mano y lo llevé hacia Neal. Jack negó con la cabeza cuando vio la escayola de Neal.

–Aquí está el viejo cojeras. ¡Dios mío, tío, esa cosa es más grande que tú! Lo que hacen algunos chicos para no trabajar, ¿eh?

Fui a por más café mientras ellos bromeaban, luego Jack y yo nos aposentamos cerca de Neal. Neal le mostró a Jack la carta de Allen y le preguntó:

–¿Qué piensas del nuevo rollo oriental de Allen?

–Buf, me ha estado poniendo la cabeza como un bombo durante semanas. Puede que haya algo interesante... no lo sé. Solo he leído un poco de budismo, pero me mola Gautama. No sé nada del zen.

–Mmm. Bueno, ja, tendremos que encontrar algunos libros, mami, y repasar nuestros propios vagos recuerdos; para ponernos al día con el viejo Allen.

Jack se quedó a pasar el fin de semana, pero eso fue todo. Él y yo pasamos pocos minutos solas, ya sea por accidente o porque así lo quisimos. Al menos tuve la oportunidad de preguntarle sobre mi teoría de México, que él confirmó, por lo que dimos la cuestión por zanjada.

Había un pesado ambiente de tristeza, y su presencia era aún más envolvente en su ternura y calidez, tal vez porque sabía que no podía durar. Jack había tomado una decisión. Paseó con las niñas y habló con Neal, y Neal escuchó más atentamente, afinando su sensibilidad a la de Jack y reafirmando su hermandad. Tanto Neal como yo estábamos preocupados por lo que Jack haría ahora, pero dijo que iría a buscar a Al Sublette, el estudiante universitario mestizo del que se había hecho amigo en Russell Street. Había firmado en el ferrocarril para hacer las horas sueltas, pero se quedaría en San Francisco. Podríamos seguir visitándonos. Todos sabíamos que era lo mejor, y parecíamos haber superado algún tipo de etapa, de esas que exigen un sacrificio.

El plan de Jack de establecerse en San Francisco se frustró al principio, pues tuvo que hacer dos semanas en San Luis, y después le asignaron el trayecto de mercancías local entre San Francisco y San José. Siempre volvía al Hotel Cameo a dormir. Ese trayecto significaba levantarse muy temprano cada día, y obviamente en el ferrocarril la puntualidad es imprescindible.

Una o dos veces trajo a Al Sublette de visita, evitando que nos quedáramos los dos solos. Aunque trató de mostrar entusiasmo por escribir sobre sus impresiones de la vida alrededor del Cameo, de investigar los bares y la música, todo sonaba falso. Se hizo evidente que no estaba contento, y que estaba bebiendo más.

La tensión y su falta de experiencia, además de su hostilidad hacia el poco empático jefe de tren que era su superior, finalmente pudieron con él. Tan de repente como había llegado, se fue. Al vino a pasar el fin de semana solo, y nos dijo que Jack sentía que el ferrocarril era demasiado aburrido o algo parecido, y se había ido a su Nueva York y luego se había embarcado.

–Ni siquiera llamó para despedirse –dije con tristeza.

–Bueno –explicó Al–, estaba bastante borracho la noche antes de irse. Supongo que no sabía qué decir. Estoy seguro de que lo escribirá.

Escribió, pero pasó una semana antes de enviar la carta. Para ser de Jack, la carta era singularmente poco informativa y breve. Se sentía nostálgico. Estaba en un barco, navegando por mares cálidos por la costa oeste de México, contemplando una isla solitaria con una playa, detrás de la cual se alzaban unas enormes montañas. Creía que podía ser una colonia penitenciaria mexicana. Describía los colores del cielo y del mar, los pájaros, las aletas de los tiburones. Decía que tenía un nuevo trabajo de camarero en la cantina de los oficiales, y que irían hacia el sur, hasta Panamá, luego entre Yucatán y Cuba hasta la «aburrida y estúpida Mobie», en Alabama, pero no sabía dónde iría después. Escribía con su prosa lírica y vívida, y describía los mares, el barco como si en su imaginación fuera un velero guiado por un sabio envuelto en una túnica blanca, y contrastaba los mares del sur con los del norte. Nos rogaba que le escribiéramos y nos enviaba muchos recuerdos y besos. Fue un alivio volver a leer al viejo Jack.

Al Sublette no estaba en la universidad ese semestre, pero iba a navegar en un barco que estaba esperando, pues Jack le había hablado de las ventajas de la vida de un marinero, sobre todo económicas. Al venía a menudo a visitarnos y nos tenía al corriente de Jack. No conocía a Allen, pero había oído hablar mucho de él y disfrutaba leyendo sus cartas. Una vez Neal le entregó la más reciente. Después de un par de minutos, Al dejó la carta, sin terminar de leer. Parecía sombrío, pero no dijo nada. Neal y yo nos miramos intrigados. Neal recogió la carta y la examinó, deteniéndose donde suponía que lo había hecho Al. Allen nos preguntaba sobre el «moreno no identificado». Neal lo leyó en voz alta. «Ah, sí. Fíjate en esto, Al», y explicó el carácter de Allen, y que no tenia prejuicios raciales, solo frases poéticas, o algo así, y que era una persona afectuosa y había soportado los prejuicios en carne propia.

Este era uno de los rasgos de carácter de Neal de los que yo me sentía orgullosa, aunque a veces me pusiera de los nervios. Aireaba cualquier malentendido y lo encaraba sin miedo, para aclararlo, superarlo y no dejar que se enconara. En esta ocasión Al lo entendió, y desde entonces se sintió cómodo discutiendo cualquier situación racista con que se topaba, y le complacía tener a alguien con quien poder hablar al respecto.

Cuando Al consiguió un barco rumbo a Honolulu, nos escribió para decirnos que tenía un trabajo de botones. «Quizá Neal lo llamaría hacer de lacayo con la "toalla en la muñeca"

–así era como Neal había descrito el trabajo de Jack de camarero, dudando de su tenacidad o su éxito–, pero –continuaba Al– cuando te comportas correctamente, impones respeto.»

Jack no estaba tan resignado a portarse correctamente para «imponer respeto». Pronto se rebeló contra su posición de «lacayo», como Neal había predicho, y, con su temperamento y paranoia habituales, abandonó el barco en Panamá y regresó a Richmond Hill y Memere. Allen nos informó de ello y se refirió a Jack tristemente como «alguien de otro mundo, de su propia creación, que solo se tolera a sí mismo».

En agosto decidí escribirle a Jack, preocupada porque no nos había dicho nada. Respondió de inmediato, diciendo que había escrito una larga carta un mes antes, que suponía que no habíamos recibido, lo cual era cierto. Especulaba sobre cómo se puede perder el correo. Luego seguía un viaje paranoico: imaginaba que Neal lo consideraba una «mancha» y quería eliminarla, y decía que probablemente había destruido mi ejemplar de *La ciudad pequeña, la gran ciudad* y que había leído y roto la gran «carta torrencial» sin decírmelo. Luego sugería que el FBI la había cogido de nuestro porche o estaba en el cesto de cartas no entregables.

Eso fue extremadamente frustrante, por supuesto, pero sabía que Neal nunca habría hecho tal cosa. Sin duda me habría gustado haber leído esa carta, pero medio sospechaba que Jack nunca la había enviado, temeroso de revivir nuestros viejos sueños. Dudaba que las cartas se perdieran, sobre todo si llevaban el remitente. Todas las cartas de Jack nos eran muy preciadas, no solo por lo que decía sino por cómo lo decía.

Después de esa mandó otra carta un tanto descafeinada, aunque seguía diciendo que su amor era igual de fuerte. Decía que pensaba en mí continuamente, y que nuestros primeros días de enamorados le obsesionaban cuando nadie los mencionaba, pero que cuando los recordaba lo consolaban. Decía que se había ido lejos porque estaba inquieto y ansiaba viajar, no para evitar la dulce eternidad en San José.

Neal ahora se centraba en presionar a Allen para que viniera de visita, una idea que Allen había considerado los últimos seis años. Neal usó argumentos similares a los que había utilizado con Jack, y añadía: «Haz lo que puedas, porque aquí la vida es tan simple, buena y fácil que parece irreal, como una broma o un sueño. No hay motivos de preocupación, aunque por costumbre trato de preocuparme, y todos los problemas del mundo son como espejismos sobre los que uno lee solo para mantenerse al tanto y pasar el rato».

Allen respondió que había estado a punto de venir después de leer esa carta, pero que aún no estaba listo. Yo estaba igualmente contenta; parecíamos haber alcanzado otro cenit de armonía, y yo aún no había tenido suficiente.

TREINTA Y OCHO

Sin duda, gran parte de nuestra paz se debió al hecho de que, como había dicho Neal, por una vez no teníamos problemas económicos. El ferrocarril nos había ofrecido mil ochocientos dólares, una suma ridícula según los otros jefes de tren, por lo que decidimos seguir su consejo y contratar a un abogado especializado en casos contra el Southern Pacific Railroad.

El señor B. era un italiano menudo y vivaz, brusco, franco (siempre hablaba fuerte) y seguro de sí mismo. Su recomendación suprema, en lo que a Neal se refería, era que, como el abogado tenía ocho Cadillacs, le permitiría conducir uno a Neal para ir al juzgado de San Francisco. Pronto descubrimos qué pavor reverencial provocaba su nombre. Nos advirtió que el pleito tardaría varios meses, pero él se encargaría de que no nos faltara dinero hasta el juicio, una cantidad que restaríamos del acuerdo de indemnización. Lo único que podíamos hacer nosotros era esperar.

El primer mes, mientras estaba en casa, Neal se dejó la perilla y volvió a afeitarse la cabeza. Lo hizo parecer más corpulento, más duro, menos juvenil y, como antes, sentí que tenía un hombre nuevo al que acostumbrarme. Pasaba los días leyendo, ya fueran periódicos y revistas o Céline y Dostoievski. Escuchaba todos los partidos de béisbol y bebía café o cerveza, pero cuando se sintió más fuerte salía con los niños y los miraba columpiarse o jugar en la piscina de plástico. Me maravillaba la infinita paciencia que tenía con ellos; yo admiraba mucho su enfoque razonable y la forma serena y cariñosa en que resolvía sus disputas, sin la ansiedad que agriaba mi supervisión.

El mayor alivio y satisfacción era ya no tener que estar pendiente del teléfono. Ahora podíamos ir al autocine. Nos colocábamos en el asiento trasero en la camioneta para que Neal y su escayola pudieran estirarse, cómodamente apoyados en cojines y cubiertos con una manta ligera. Yo ahora conducía.

La primera vez que fuimos al autocine, sin embargo, me sentí incómoda ante la mirada de desconcierto de la taquillera cuando le entregué el dinero. Después de estacionar volví la cabeza para mirar hacia Neal y lo entendí. Estaba tumbado sobre un lado del coche, completamente tapado con la manta, con lo que no se le veía la escayola, y parecía que me estuviera esperando para darnos un revolcón.

–¡Neal! ¡Estás loco! Todo esto da muy mala impresión. Todo el mundo llama a los autocines «el rincón de la pasión», pero esto parece un poco demasiado evidente.

Solo se rió, encantando por haber escandalizado a la chica, pero descubrió la escayola mientras cantaba: «Estoy desnuuudo para amaaarte».

Una mañana, poco después de que Neal se paseara un poco cojeando, los niños entraron corriendo en casa balbuceando palabras de terror. Corrí a la ventana delantera y vi camiones de bomberos por todas partes. Dos estaban aparcados en el solar vacío de al lado, y otro enorme entraba por el camino de acceso a nuestra casa. Marie llegó corriendo de su casa mientras los bomberos pululaban como moscas por nuestros dos patios.

Todos nos calmamos cuando uno de ellos explicó que teníam que quemar la hierba seca y la maleza del solar de al lado y nos preguntó si podíamos ayudar. Acordamos regar nuestra valla para que el fuego no se colara en nuestra propiedad, y también los ayudamos a eliminar cualquier cosa que no ardiera o deseáramos salvar. Dick salió con las mangueras mientras Marie y yo llevábamos a los niños a su porche delantero, donde podrían mirar sin molestar, con órdenes estrictas de no moverse.

Corrí a la casa a buscar a Neal, no porque lo necesitara, sino porque sabía que había plantado marihuana en el solar.

Yo me retorcía las manos de angustia.

–¿Qué haremos? ¿Sabrán lo que es? Negaremos saber nada, ¿vale? Dirás que no sabes de qué están hablando, y lo mismo harán los Forest.

Mientras parloteaba, yo le intentaba ayudar a ponerse los tejanos. Pocas veces había visto a Neal tan agitado.

–¡Por el gran fantasma del César! ¡No podemos permitírselo! ¡Vamos, mamá, tenemos que salvar las cosechas! Ayúdame.

Eso no era lo que yo tenía en mente, pero sabía que era inútil argumentar. Durante meses Neal había estado observando con orgullo crecer las plantas, y estaban casi listas para la cosecha. Acordamos que yo iría al solar, intentaría arrancar las plantas y tirarlas por encima de la valla para que él las cogiera. Él se llevaría todo lo que Marie y yo le lanzáramos. Naturalmente, no le dijimos a los Forest lo de esas «malas hierbas», y yo tenía que llevar a cabo la interpretación de mi vida haciéndome la inocente y fingiendo estar ocupada mientras subrepticiamente tiraba de las plantas específicas cada vez que tenía la oportunidad. Estaban firmemente arraigadas en la tierra seca, y tardé bastante. Parecía que a Neal le fuera a dar un ataque, y a mí casi otro. Puede que él sintiera un sudor frío, pero yo estaba más cerca de los fuegos, de todo tipo.

Por fin la planta más grande se soltó. La dejé caer rápidamente y cogí otra cosa –una lata, un trozo de madera, un paquete de cigarrillos–, segura de que alguien estaba mirando, reconociendo la planta o intuyendo que era de las de Neal. Entonces se me pasó por la cabeza el pensamiento paranoico de que tal vez todo el propósito de esta «redada» era descubrir si alguien intentaba salvar esas plantas. Sabía que unos críos atontados habían plantado hierba en el parque que había al final de la calle, y eso era justo lo que había sucedido. Enseguida aplaqué mi pánico creciente y me concentré en hacerme la tonta.

Cuando los bomberos comenzaron a enrollar sus mangueras y todo el mundo dirigió su atención a otra parte, elegí las plantas y se las arrojé a Neal. Con su «montón de maleza» , se fue cojeando a toda prisa hacia el otro lado de la casa y desapareció. Los Forest fueron a lavarse, recogí a mis hijos y me alegré de entrar en casa. Neal estaba convirtiendo en un gran acontecimiento esa huida por los pelos... no la nuestra, sino de las plantas. Se alegró mucho de nuestro éxito, y además elogió mi heroísmo, y muy contento me mostró que había colgado los preciados trofeos boca abajo en la parte posterior del armario para abrigos, detrás de la ropa de invierno. A pesar de todo nuestro heroísmo, la cosecha no valía casi nada. Parecía realmente injusto.

No mucho después, la imagen idílica de nuestra vida que Neal le había pintado a Allen comenzó a aburrirle. A medida que se acababa el verano, también se disipaba el placer que Neal hallaba en la ociosidad. Se replegó en sí mismo, fumaba hierba todo el tiempo y, como si estuviera hipnotizado, se quedaba tumbado durante horas con los ojos cerrados, escuchando música por la radio o los incesantes partidos de béisbol. Trasladó su sala de operaciones a nuestro dormitorio, leía menos, dormía más, aumentó la masturbación, y apenas le decía una palabra a nadie, excepto a los niños, con quienes siempre era capaz de mantener una apariencia de normalidad. En ese momento no lo pensé, pero posteriormente me pregunté si la etiqueta maníaco-depresivo, que repartían los psicólogos, se le podía aplicar ahora. ¿O era la hierba?

Mi propia impaciencia e irritabilidad crecieron de tanto tirar todos los días hojas de periódicos y revistas que inundaban el dormitorio y no conseguir despertar su interés por ningún tema, recibiendo solo monosílabos por respuesta. Otra dificultad añadida para ambos era el continuo aplazamiento del juicio. Yo estaba impaciente por poder planificar el uso del dinero. Aunque el señor B. había interpuesto una demanda por setenta y cinco mil dólares, sabía que solo obtendríamos una parte de eso, ¿pero cuánto? Cuando intentaba reducirlo a una cantidad realista, se enfadaba conmigo, e insistía en que no aceptaríamos nada que no fuera la cantidad completa. Yo seguía sin creérmelo, y tenía que mantener a raya muchos sueños tentadores.

Al comienzo del tratamiento de Neal, los médicos de la Southern Pacific estaban seguros de que nunca volvería a caminar. Cuándo le quitaron el primer yeso y realizaron una reparación adicional, pensaron que tal vez podría trabajar en un servicio limitado: trenes de pasajeros solamente. Neal decidió lo contrario. Su única meta era un pleno restablecimiento. Cada día estiraba y aflojaba los tendones reconstruidos, con ejercicio, masaje y empapándolos en agua.

Durante el otoño, Allen y Jack también parecían entrar en un declive gradual hacia el lodazal del desánimo. Aunque las cartas de Allen comenzaban con su flujo habitual de desasosiego y frustración, a medida que se acercaba el invierno su irritabilidad y sus quejas aumentaban.

> Estuvo mal no escribiros desde vuestra ultima carta hace mucho tiempo, y sobre todo porque me invitasteis a venir [...]. Pero la cosa es que hay tanta confusión y vacilación sobre la vida [...], movimientos en mí que sigo postergando... A Jack le preocupa que no respondas a su carta, piensa que lo rechazaste y quiere saber de ti. Si hablas con él sinceramente, aceptará todo lo que pienses. También [...] estoy moviendo los libros de Jack [...] hasta ahora con éxito, y *En la carretera* se publicará salvo que ocurra algún imprevisto. De lo contrario, a excepción del glamour de ir de cócteles con sus editores, mi vida laboral como chico de los recados es asquerosa [...]. Tal vez deberías escribir una novela sobre tan fatal insatisfacción ... la tuya (¿cuál es la tuya? ¿Tienes alguna? ¿O has quedado redimido por sentar la cabeza tan pronto? ¿Qué te habría gustado hacer idealmente?)

Cómo deseaba que Neal lo pensara un poco y respondiera; cuántas veces le había preguntado y preguntaría lo mismo. En-

Richard Berry

La autora en 1946.

Neal en sus años escolares. Había hecho novillos el día anterior, cuando se decidió que para esta fotografía los alumnos tendrían que llevar corbata.

Abajo, las dos caras de LuAnne, la primera esposa de Neal. Ambas imágenes están tomadas en 1946, al finalizar el instituto.

Enamorados; San Francisco, octubre de 1947.

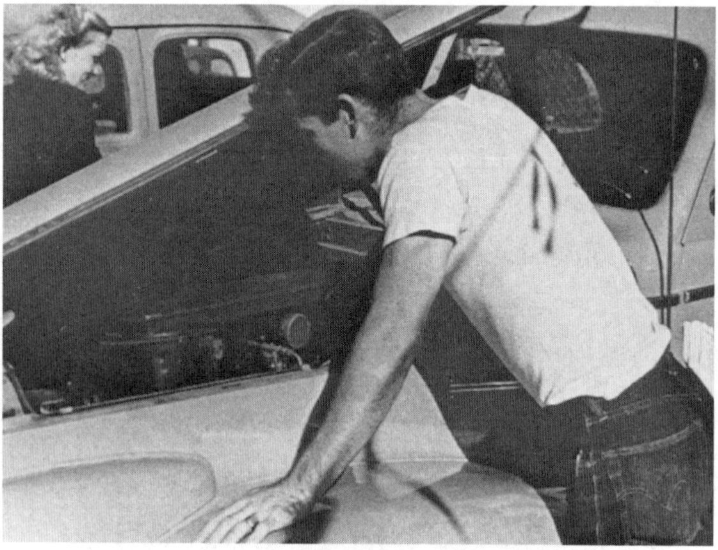

Hurgando en un coche de segunda mano; San Francisco 1948.

Neal con compañeros de la Southern Pacific Railroad; 1949.

Helen Thomson

Navidad de 1949, con Helen y Al Hinkle, y con Bill Tomson.

Neal con Diana Hansen y su familia; Tarrytown (Nueva York), 1950.

Con Cathy y con Jami, sobre las rodillas de Jack, en 1951.

Neal con John Allen y Jami en 1952.

Neal y Jack, 1952.

Neal, 1952.

Jack, 1952.

Neal, Jack y Cathy, 1952.

Jack, a la izquierda, y Neal, a la derecha, en San José, 1952.

Retrato de Allen Ginsberg realizado por la autora, 1954.

Jack en el salón de la nueva casa de Los Gatos, 1955.

De izquierda a derecha, Peter Orlovsky, Allen, Natalie Jackson y Neal; San Francisco, 1956.

Neal en Los Gatos, 1960, después de un día duro en el taller de neumáticos.

Neal en su faceta familiar.

Fotografía tomada en 1959 y destinada a Neal, en San Quintín. La expresión triste pretendía impresionar a los guardas, aunque el sentimiento era bastante real.

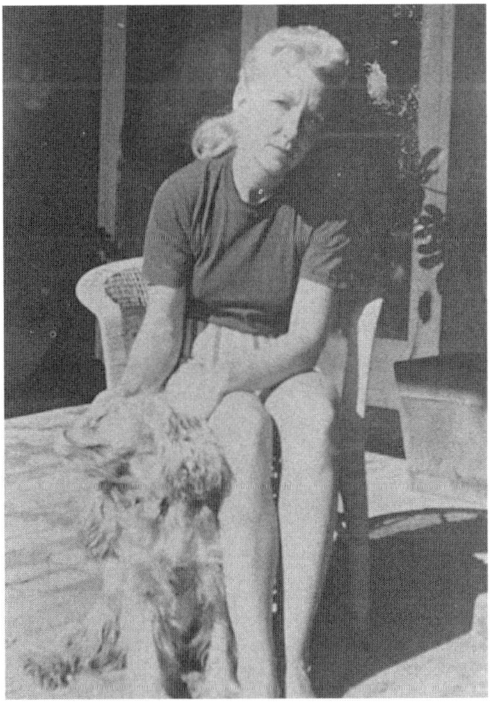

Abajo, Neal en el cielo: en un coche y con una chica, no importa el sitio ni el lugar (en realidad, con Anne Murphy en 1960).

Gavin Arthur.

Ted Streshinsky

Neal haciendo girar su martillo junto al autobús de «los Alegres Bromistas», 1966.

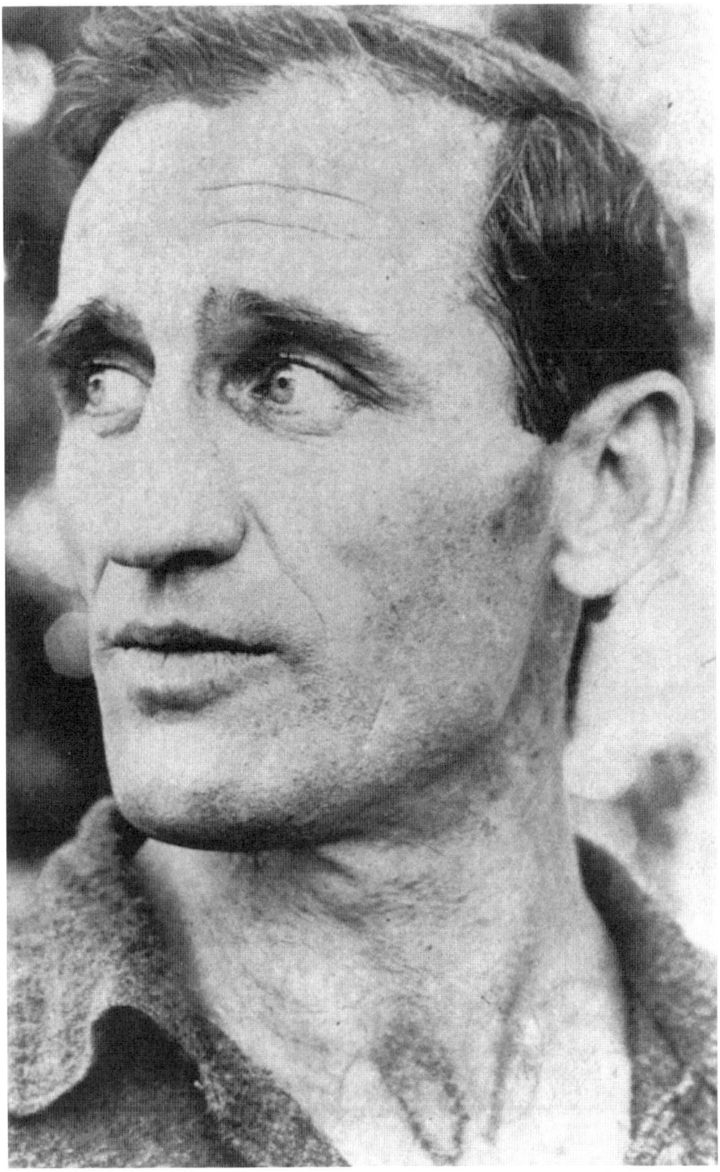

Neal, cerca del final.

John Budan

Destino MÁS ALLÁ: el autobús de «los Alegres Bromistas» en el rancho de Ken Kesey; Oregón, julio de 1988.

tonces Allen nos mencionó algo sorprendente que había hecho: «La semana pasada telefoneé a Eisenhower (me costó dos dólares). "Los Rosenberg dan lástima. El gobierno es sórdido. La ejecución obscena. América atrapada en la máquina de crucifixión pues solo los bárbaros quieren que los electrocuten. Digo que hay que impedirlo antes de que llenemos nuestras almas con el horror del corredor de la muerte." No sirvió de nada».

Esa fue la primera vez que oímos que Allen emprendía una acción que reflejaba sus condenas políticas, y para nosotros era una medida drástica; no podíamos imaginar entonces a dónde iba a llegar.

TREINTA Y NUEVE

Como he dicho, ya había tenido mi dosis de psicología: psicoanálisis con Eric Fromm y psicología clínica en la universidad, luego más psicología clínica y anormal como terapeuta ocupacional. Los psicólogos parecían satisfechos haciendo tests y declaraciones, pero nunca vi que se esforzaran mucho a la hora de ayudar a las personas afligidas o a sus víctimas. Hay cientos de personas con casos leves, graves o en el límite conviviendo con nosotros todos los días. El diagnóstico de Neal no consiguió cambiar nada nuestra forma de vivir. Él lo aceptó como probable, y yo traté de negarlo y suavizarlo. Los psiquiatras no aportaron ninguna sugerencia ni nos dieron ningún consejo sobre la mejor manera de afrontarlo.

Jack acababa de descubrir, cortesía de Bill Burroughs, el libro de Wilhelm Reich *La función del orgasmo*. Huelga decir que el énfasis en que el sexo es necesario en cualquier momento atrajo a Neal. En cuanto a mí, la sugerencia de Jack me dio una idea.

Busqué en todos mis libros de psicología: Freud, James, Jung, Fromm y Horney, así como libros de texto. Ahí tenía que haber alguna respuesta a nuestros reiterados problemas, y no podía creer que el hecho de no compartir una obsesión con el sexo fuera la única explicación. Hasta ahora todo se había centrado en Neal, pero ¿era posible que yo necesitara algún cambio? Todos mis cambios de comportamiento hasta entonces habían sido por pura supervivencia, no fruto de un cambio teórico. Bueno, había intentado todo lo que sabía.

Cogí un diario y bolígrafos, y cada día, cuando los niños dormían la siesta, me ponía a escribir. Repasé *Nuestros conflictos interiores,* de Karen Horney, y fui capaz de identificar a todos los que conocía, incluyéndome a mí, así que decidí concentrarme en el autoanálisis. (Karen había sido colaboradora y amante de Fromm y él la había recomendado mucho.)

Cada día anotaba fielmente mis actitudes, ansiedades, arranques emocionales, sueños, etc. Creía que se me daba bastante bien ser implacablemente objetiva conmigo. Indagué y escarbé, y meses después acabé con un cuaderno lleno de descripciones repetitivas que me condenaba sin remisión. La clave de la mejora radicaba en el requisito de que debías tener un «serio incentivo para cambiar», y si fracasabas era porque te «negabas». «No puedo» significa «No quiero». Estaba segura de tener un serio incentivo, pero, aparte de eso, lo que realmente hacía para cambiar era vago y elusivo.

Saber no me bastaba, ni sentir un intenso deseo; ninguna de esas dos cosas ejercía más poder que las reacciones habituales. Una acción negativa, por lo tanto, equivalía a una «tendencia neurótica», y cuanto más nombres me ponía, más perdida estaba.

Durante ese tiempo, Neal, para añadir más leña al fuego y como prueba de que yo no había logrado nada, iba a la ciudad más a menudo con cualquier pretexto. La rutina familiar se desintegraba; nunca sabía cuándo estaría en casa, su comida acababa en la basura, pasaba las noches dando vueltas escuchando todos los coches, y, si volvía a casa, el alivio se disipaba rápidamente por mi necesidad de frenarlo y dar rienda suelta a mi desesperación de impotencia e insomnio mientras escuchaba sus jactanciosos ronquidos.

Una tarde, Al Sublette vino de visita entre viaje y viaje, y me alegró ver a un amigo que sabía que era comprensivo conmigo. Neal llegó poco después y trajo a sus amigos, los Ferguson, una pareja que le había oído mencionar. Aunque tuve que improvisar con nada una cena para todos, me animó su deseo de compartir sus amigos conmigo y de presumir de mujer. Qué equivocada estaba. Lo que hizo Neal fue seducir abiertamente a la mujer de Ferguson delante de todos nosotros, y luego la llevó a nuestro coche. Al menos no la llevó a nuestro dormitorio.

Me volví hacia Al cuando estábamos solos y le expresé mi asombro y consternación. En lugar de consolarme, me dijo con impaciencia: «Caramba, Carolyn, creía que a estas alturas estarías acostumbrada». No me habría quedado más estupefacta si me hubiera dado un golpe en la cabeza. Corrí a mi habitación. «¡Acostumbrada! ¡Acostumbrada!», no podía entenderlo. ¿Por qué no estaba acostumbrada? ¿Debería acostumbrarme a eso? Y entonces otra pieza encajó. ¿Cómo podía ser que yo fuera una masa de gelatina temblorosa, con toda mi sensibilidad ultrajada, pero nadie se alterara lo más mínimo? ¿Cómo podía ser que algo tan trascendental para mí no le importara un pimiento a nadie más? Toda la psicología que sabía no me servía de nada.

A la mañana siguiente, Neal no había vuelto de acompañar a Al y a la pareja de regreso a San Francisco, y yo me arrastraba en mi rutina con los niños. De algún modo, sin embargo, cuando Neal regresó conseguí modificar mi santurrón numerito habitual de silencio dolorido y callado.

Había tratado de interesar a Neal en mis intentos de análisis, y esperaba animarlo a unirse a mí. Algunas veces me había escuchado cortésmente, y otras se había mostrado impertinente o indiferente. En el pasado, un incidente como este me habría indicado que tenía que echarlo. Esta vez traté de conseguir que hablara de ello con calma, señalando que había que hacer algo. ¿Qué pensaba? ¿Consideraría volver a ir a terapia?

–Claro, cariño –dijo con una su voz fría, los ojos duros–. Toma, dale una calada a esto y anímate. –Y me dio la mitad de un porro, con la punta reluciente de carmín. Mi intento de mostrar aplomo quedó hecho añicos como un cristal golpeado por una nota aguda, y mi derrota parecía completa. Esto no era propio de Neal; habitualmente mostraba algo de remordimiento, pedía que lo perdonaran. Después de unos días de silencio mutuo, debió de sentirse confundido y tal vez desesperado, porque volvió a la clínica. Una vez más, sin embargo, no hubo resultados; vivíamos el día a día en un círculo cerrado de hábitos.

Aunque Neal seguía sin poder apoyar el talón plano en el suelo, podía llevar zapatos lo bastante cómodamente para moverse casi con su velocidad habitual. Encontró un trabajo en un parking, para nuestra alegría y alivio, y nuestro ánimo volvió a ir de subida en la montaña rusa que era nuestra vida. Se restableció la rutina familiar y su horario fiable. Una vez más Neal se mostraba amable y considerado, y reanudó su correspondencia con Jack y Allen, con más ganas que nunca de que lo visitaran.

Neal escribió explicando que cuando lo llamaran para que volviera al ferrocarril después de los primeros de año, Jack podría trabajar en el parking hasta que a él también lo volvieran a llamar, momento en el cual Allen podría tomar el relevo. Lo tenía todo pensado, y también era una idea atractiva para Jack y para Allen.

Después de todos esos años, Allen de repente decidió que había llegado el momento de dejar Nueva York e iniciar su peregrinaje por el Oeste. Para Allen, sin embargo, ese viaje tenía que abarcarlo todo y merecer la pena. Su emoción era contagiosa y reflejaba nuestra propia dicha. Sus cartas de entrega especial llegaban cada dos días, la primera antes de enterarse del plan de trabajar en el parking.

> Me voy de Nueva York dentro de un mes [...]. Tardaré un tiempo en llegar, ya que planeo un largo viaje por el continente [...]. La novela de Jack rechazada, creo que definitivamente [...]. La obra de Bill sobre América del Sur nunca verá la luz bajo la estructura actual del mundo editorial de Nueva York. Estoy harto de estar aquí y debo marcharme [...] por muchas razones, sobre todo porque quiero ir donde hace sol y el niño que soy pueda ser feliz. Carolyn: a partir de la nota adjunta ya ves lo que

> quiero hacer. Espero ser bienvenido. Me siento muy bien y lleno de vigor y tengo un montón de proyectos de vida y de escritura, y en un futuro inmediato dependen mucho de tu bienvenida y la de Neal [...]. Jack (ahora de mejor ánimo) está echando cables y quiere saber: 1) si puede trabajar en alguna parte [...]. 2) ¿Todavía lo amas? [...]. Estoy entusiasmado y reuniendo mapas. Enviaré un baúl lleno de ropa y libros antes de mi llegada, y papeles... Puedes abrirlo y leer lo que quieras. ¿SIGUE EN PIE TU INVITACIÓN?

Luego, típico de Allen, explicaba cada proceso mental y cada paso que daría para desembarazarse de Nueva York, y el panorama económico antes, durante y después. Planeaba un extenso itinerario por Florida, Cuba, Yucatán y México, deteniéndose para ver ruinas y excavaciones arqueológicas, selvas, ciudades, y luego subiría por la costa oeste hasta donde vivíamos nosotros.

Pronto tuvimos noticias de Jack. Le gustaba la idea del trabajo en el parking, cosa que me sorprendió, ya que no sabía conducir, pero quería asegurarse de que era un trabajo de verdad y estaría disponible cuando llegara. Planeaba salir el 26 de diciembre, y llegar el 29 para poder disfrutar de otra nochevieja con nosotros. Dijo que Allen no se reuniría con nosotros hasta febrero o más tarde. Allen había hecho el sorprendente descubrimiento de que el Nuevo Mundo tenía también una Grecia y Roma, y que se podía llegar a ellas en autobús de segunda clase. Estaba impaciente por perderse el invierno del este y por ver a su Jami. Tanto Neal como yo respondimos aprobando su plan. Neal escribió:

> El parking está listo para que ocupes el puesto [...] cuando te sientas bien y estés preparado para encargarte, es decir, cuando conozcas a los que aparcan todo el mes, cómo se asignan las plazas cada día, varias formas de sacar un dinerillo extra al menos para el almuerzo [...], conservas el trabajo hasta que en primavera te llamen del ferrocarril, luego le pasas el trabajo al

> hermano Ginsberg [...]. Ten cuidado, olvida a Dios (nada de eso), olvídate de ser granjero (demasiado tarde o pronto), saluda a tu madre de mi parte, trae todos tus libros, ideas de vida y la cantidad de hierbabuena que encuentres para reforzar las existencias para la fiesta de Nochevieja...

Allen nos envió una última nota en el momento de su partida con instrucciones explícitas sobre qué hacer con el correo, paquetes, baúles, etc. El día después de Navidad, sin embargo, recibimos una carta de Jack en la que nos decía que había averiguado que no le pagarían por su trabajo navideño en correos hasta la primera semana de enero, por lo que no podía irse. Detallaba todo su viaje: a través de México para comprar hierba, y contaba con que Neal le mandara pases de tren desde Nogales en adelante.

Neal suspiró:

–Bueno, ya estamos otra vez. No puedo conseguir los malditos pases. Él lo sabe. Ahora Dios sabe cuándo llegará.

Sabíamos, al menos, que aún tardaría otras tres semanas en el mejor de los casos, por lo que moderamos nuestra emoción. Ahora yo era la que estaba inquieta. Me sentía profundamente desanimada por haber abandonado las esperanzas que había depositado en la psicología, aunque seguía considerando volver al psicoanálisis. Cada vez que pensaba en ello, en el gasto de tiempo y dinero, me deprimía aún más, y no pude reunir el valor para actuar. También, tenía la vaga sensación de que no era esa la pieza del rompecabezas que faltaba. Me pareció que lo que más nos faltaba a Neal y a mí era creer los dos en un conjunto de valores absolutos. No nos poníamos de acuerdo en escoger una autoridad que ambos respetáramos. Sus estudios filosóficos, así como su propia vida, habían demolido su fe en la Iglesia, y yo nunca había tenido ninguna: la Biblia era un misterio para mí, o al menos lo poco que sabía de ella. Me sentía paralizada y me molestaba que no tuviéramos todos un conjunto de instrucciones. Mis padres pensaban que ellos me había proporcionado uno, y la iglesia de Neal creía que le había mostrado el camino. Nuestras experiencias demostraban que esos mapas eran poco fiables. ¿Qué hacer, entonces? Neal escuchaba mis problemas y trataba de animarme, pero era incapaz de ayudarse a sí mismo, y mucho menos a mí.

Segunda parte

CUARENTA

Una tarde, poco después del año nuevo de 1954, Neal llegó a casa más temprano que de costumbre y de un humor extraño, como si alguna alegría secreta lo llenara de euforia. Sus ojos relucían al mirar atentamente a los niños, y durante toda la cena seguía sonriéndome sin poder reprimirse, menos hablador que lo habitual. Me preparé para lo peor, temiendo preguntar la razón. Estuvo jugando con los niños tranquilamente mientras yo lavaba los platos, y cuando les hubimos leído a los niños y metido en la cama, ceremoniosamente me hizo sentar y me exigió toda mi atención. Luego fue al dormitorio y volvió con un libro que colocó en mi regazo.

–Y ahora, querida, aquí tienes un libro que tienes que leer antes de hacer otra cosa. ¡Es fantástico! Lo he encontrado en uno de los asientos de los coches, y hoy me lo he leído entero. No, no te preocupes. La mujer me ha dicho que podía tomárselo prestado para enseñártelo, y se lo devolveré mañana. No te creerás lo increíble que es... Por no mencionar lo oportuno de encontrarlo ahora. Podrías decir que es una coincidencia, pero lo entenderás mejor cuando lo leas...

–¿De que trata? –pregunté mientras lo cogía. El título era *Múltiples moradas*, y lo había escrito Gina Cerminara, doctorada en psicología, decía la sobrecubierta.

–No te lo puedo decir, ya verás por qué. Tú solo lee y déjame todo lo demás a mí. –Sonreía como el gato de Cheshire.

Me intrigó, y lo abrí en el primer capítulo, titulado «La magnífica posibilidad». Toda la tarde Neal estuvo amable, reflexivo, y de vez en cuando venía a ver hasta dónde había leído. Aún exhibía esa leve sonrisa, y le brillaban los ojos. Documentaba sobre todo la historia de un hombre llamado Edgar Cayce (pronunciado «Casey», me informó Neal) que, dormido, respondía a preguntas, al principio sobre los problemas de salud de la gente, pero después acerca de cualquier cosa. Él era lo que entonces llamaban un «canal» en lugar de un «médium». En momento determinado aparecía la teoría de la reencarnación, y se decía que estas «entidades» que se expresaban a través de Cayce eran almas tan evolucionadas que no necesitaban seguir reencarnándose en la tierra. Estaban en un plano superior, pero contactaban con personas que eran receptivas para ayudarlas, y a través de ellas con otras. Era como la idea del Nirvana: una vez que lo has alcanzado, regresas y ayudas a otros a subir la escalera de la evolución. La teoría proporcionaba un propósito de lo más satisfactorio para nuestra vida en la tierra.

Como la autora era psicóloga, constituía el puente perfecto entre nuestros estudios y esas nuevas ideas. Con el tiempo la abandonamos. Pero en ese momento era como si la puerta que yo había estado aporreando y empujando durante tanto tiempo se abriera de repente y dejara entrar una ráfaga de luz. A casi cada párrafo, me descubría diciendo: «Vaya, sí, eso tiene sentido». Ahí estaba por fin la esperanza, una verdadera esperanza, una esperanza completamente nueva. Aquí había una explicación emocionante pero lógica a todos nuestros problemas, y ya nos parecía que nuestros conflictos estaban en vías de solución.

La filosofía era muy positiva: condenarse a uno mismo era el peor pecado, no una virtud. Sí, por supuesto, ahora lo veía todo muy claro. Tanto hacer hincapié en mis defectos –por no hablar de los de Neal–, repasando una y otra vez las acciones negativas, solo podía producir más de lo mismo. Yo los atraía, los provocaba al pensar constantemente en ellos. Había una ley universal:

«Solo engendramos más de lo mismo». Y los maestros de Cayce declaraban: «La mente es el arquitecto». «La mente es algo tan concreto como un poste o un árbol.» «Los pensamientos son cosas.» Me habían educado, como a muchos, para considerar que la actitud positiva era poco realista: nos engañábamos. «Prepárate para lo peor y no sufrirás ninguna decepción.»

Neal estaba encantado de que yo me mostrara receptiva a las ideas que me llegaban a través de Cayce. Por extraño que parezca, ambos acogíamos sin problemas su clarividencia, y por fin habíamos encontrado una vara de medir común que ambos podíamos aceptar. En la noche oscura pensábamos lo mismo, y nuestra nueva luz inundaba todos nuestros rincones oscuros. Por primera vez, también, comprendíamos la religión, y todas las palabras huecas y trilladas se llenaban de significado.

La reencarnación como medio evolutivo tenía un sentido perfecto para nosotros, y el corazón compasivo de Neal se alegraba de la posibilidad de que si una persona tenía problemas no fuera por haber recibido un castigo injusto, sino por haber creado ella misma esas condiciones, y si ahora era lo bastante fuerte podía aprender la lección que le enseñaba su pesar, además de ser una inspiración para los demás. ¡Qué fuerza debía de haber desarrollado Helen Keller! Ciertamente, no tenía sentido que solo viviéramos una vida. «Cuanto más fuerte te vuelves, más duras son las pruebas.»

Cualquier tipo de saber oculto nos había estado estrictamente vetado en el pasado, debido al adoctrinamiento católico de Neal y a mi formación científica. Ahora estábamos más influidos por lo que era lógico, tenía sentido y era práctico. Y cualquier idea que consideráramos plausible lo sería más si la encontrábamos en una variedad de fuentes no relacionadas. También nos sorprendió descubrir una gran cantidad de textos que habíamos tenido a nuestro alcance durante décadas e incluso siglos.

Neal citaba el dicho oriental: «Cuando el *chela* está listo, aparece el *gurú*» (cuando el estudiante está listo, aparece el maestro). Así parecía ser en nuestro caso. Todas las demás vías habían sido callejones sin salida. Fue un enfoque que los dos abrazamos sin reservas.

Levantamos la mirada y estudiamos todas las escrituras no corrompidas que pudimos encontrar, así como líderes y maestros espirituales de todas las épocas. No perdíamos de vista los nuevos, para utilizarlos o desecharlos mediante su aplicación. Nada era «inmutable» hasta que pudiéramos darle un uso práctico o conectarlo de manera irrefutable con nuestras vidas.

A menudo pensábamos en silencio, luego compartíamos cualquier nueva intuición. Le pregunté a Neal:

–¿Recuerdas cuando Johnny aún no había nacido y desapareció esas dos semanas? ¿Crees que se lo estaba pensando? –La teoría era que las almas evolucionadas elegían la familia en la que pudieran aprender mejor lo que necesitan o con la que hubieran tenido una conexión más íntima en una vida o varias vidas anteriores.

–No sé, tal vez. Fue después de esa única y horrible pelea. –Aquí Neal se acercó para abrazarme y besuquearme pidiéndome perdón–. Pero debió de saber que no lo decíamos en serio y volvió.

–Esta teoría de las muchas vidas debe de explicar por qué tú y yo nos juntamos; sería difícil encontrar una pareja más desacertada. Esa idea me hace sentir mejor. Pero ¿qué te he hecho para merecer esta vida? Debe de haber sido algo horrible.

–Por otro lado, a lo mejor es que yo te hice algo horrible, y no me perdonaste entonces, así que ahora tengo que hacer más cosas para que aprendas a perdonarme, ¿no? No puedo compensarte si todavía me guardas rencor.

–Mmmm, sí... Nunca lo he visto así. El karma no es solo «ojo por ojo...».

–No, no... eso es en el Antiguo Testamento, donde eso aún está en la conciencia de algunos, sin duda, pero el Nuevo Testamento muestra que Jesús «cumplió» la ley a través del amor, ¿ves? No tienes que pagar un error con la misma moneda si puedes encontrar un equipo mejor en otra parte, a través de tu mente. Eso es la Gracia.

–Bueno, parece que no podremos deshacernos el uno del otro hasta que aprendamos. Supongo que esta vez hemos elegido aclarar las cosas. Recuerda que cada vez que creía que podía liberarme me quedaba embarazada, aunque fuera imposible, o los servicios sociales me rechazaran sin razón.

–¿Y te acuerdas de que nos preguntábamos por qué tú te quedabas embarazada y no LuAnne? Sin embargo, se quedó nada más casarse con otro.

Seguían fluyendo las preguntas. Se me ocurrió otra:

–¡Ah... y Cathy! ¡Qué alegría pensar que nuestra hostilidad tiene otra razón, además de mi fracaso como madre con ella. Me pregunto cuál puede ser.

Ahora estábamos convencidos de que habíamos encontrado el camino a la salvación, y estábamos impaciente por iluminar a nuestros amigos, y también aliviarlos. Para nuestra gran sorpresa, ni los Forest ni los Hinkle parecían impresionados. Dick se lo tomaba a broma, no por falta de respeto a nosotros, sino a la idea. Los dos pensábamos que sus puntos de vista encajaban mejor con su vida, y por supuesto así era. Aún no estaban preparados para el cambio, como nosotros. Bueno, seguramente Jack y Allen comprenderían nuestros puntos de vista y abrazarían nuestra apasionante solución al propósito de la vida. Sobre todo, Jack, tan obsesionado con la muerte: «Simplemente vamos a morir».

Enero casi había pasado, y todavía no había señales de Jack. Le habíamos asegurado a Jami que vendría para su cumpleaños, que era el veintiséis, y se sintió decepcionada. Al día siguiente nos llegó su carta... de Nueva York. Se debatía en la indecisión, pero finalmente había decidido venir el 5 en el Zipper. Dijo que aprendería el trabajo en el parking en pocas horas.

Mientras tanto, recibimos la primera carta de Allen tamaño libro, escrita desde Mérida, donde había llegado en avión desde «la horrible Habana y la más horrible Miami Beach». Sus experiencias eran variadas, y tenían poco que ver con las del turista medio. Una postal de Jack procedente de Mississippi nos aseguraba que por fin estaba en camino, y llegó el 5 de febrero.

Al menos consiguió estar para el cumpleaños de Neal, el vigésimo octavo.

Para nuestro pesar, Jack no solo no comprendió ni apoyó las revelaciones de Cayce, sino que al mismo tiempo hizo un descubrimiento inspirador parecido que le resolvió los problemas de la vida: el budismo. Él también había esperado que le siguiéramos en su revelación. Neal intentó una solución de compromiso, y le dijo a Jack que la creencia hindú y budista en la reencarnación se reflejaban en la tradición judeocristiana, aunque las pruebas se habían eliminado de la Biblia en el XI Concilio Ecuménico de Constantinopla, pero Jack lo interrumpió, diciendo:

–No he sido ningún perro.

–No, tío –Neal se puso a dar brincos tal como hacía cuando estaba emocionado y quería dejar algo claro–. Eso no es la reencarnación, eso es transmigración, una tonta confusión del hinduismo distorsionado. Si eres humano es que has evolucionado mucho más allá. ¡Eres un alma! Los animales no son almas, pero el espíritu sí, el mismo que está en nosotros; están evolucionando, pero tienen almas grupales, ¿entiendes? Eso explica la migración, por ejemplo... Pero eso es otra cosa. Lo que no entiendes es que el hombre ha evolucionado a través de todos los reinos de este planeta, desde el mineral, al vegetal y el animal. Cada uno nutre al de arriba tras absorber el de abajo, por lo que el hombre se compone de todos ellos. Con el tiempo tenemos que evolucionar más allá de nuestra naturaleza animal... como algunos ya han hecho, y como hizo Jesús. Pero nosotros primero hemos de evolucionar espiritualmente: la evolución física es el resultado. Es maravillosamente simple, ¿lo ves?

Pero Jack no lo veía. Todavía pensaba en términos físicos del aquí y ahora, y creía que los animales eran seres sintientes, y le prohibió a Neal matar más moscas, ahora a grito pelado. Neal hizo acopio de toda su paciencia:

–Claro que lo son, y la fuerza vital en ellas y en nosotros es la misma... pero estoy hablando del alma... Tú eres un alma... solo que ocupas un cuerpo físico. Un alma es tu yo único e individual, la identidad que has construido a partir de docenas, de centenares incluso, de vidas y experiencias de este sistema solar, en diferentes dimensiones, incluso, y puedes conseguirlo o fracasar. «Recoges lo que siembras.» Es una ley, tío. «De Dios no te burlas.» –Y Neal se puso de pie con el dedo índice mirando hacia arriba.

Jack resopló y citó a Buda: toda vida era sufrimiento y dolor, y la causa es el deseo. Jack enfatizó la palabra de manera siniestra... y el camino a la salvación es el camino óctuple. El mundo, dijo Buda, es ilusión, una nada vacía. Y se hundió en su silla ceñudo. Qué visión tan sombría de la vida, pensamos. Por qué molestarse.

Parecía que teníamos un cisma. Los tres lo encontrábamos casi incomprensible y difícil de aceptar. Hasta ahora todos habíamos creído estar en la misma onda, por así decir, lo más cerca posible el uno del otro. A medida que pasaban las semanas tratamos de escuchar el punto de vista del otro con máximo interés, para entenderlo y también convencerlo, para renovar nuestra armonía. Pero al final, lamentablemente, tuvimos que aceptar que en el reino de la teoría seguíamos voces distintas. Esto hizo que pareciera aún más milagroso que Neal y yo coincidiéramos tan fácilmente por primera vez, en lugar de Jack y Neal.

Neal y yo tuvimos que aprender a aceptar, sin embargo, que ese nuevo acuerdo básico no transformaba nuestra vida de la noche a la mañana. La iluminación intelectual no conseguía sacarnos de los caminos trazados por nuestras emociones y actitudes habituales. Las frustraciones del día a día continuaban. Una entrada en mi diario unos días después de la llegada de Jack lo revelaba:

> Jack está aquí, Neal y yo otra vez tensos. Neal es cariñoso, pero dispuesto a menospreciar a cada uno de nosotros delante del otro. Estoy de mal humor y más molesta. Furiosa con Neal por mentir de nuevo acerca de los Ferguson, y porque puso ese gran póster de una mujer desnuda en la habitación de Jack sin

pensar en los niños. No quiero que Jack nos escuche reñir como antes, aunque me parece difícil que nos vea cariñosos. Sin embargo, Neal ha estado mejor en algunos aspectos, y Jack está ayudando a Neal a esquivarme de nuevo, probablemente para reforzar su precaria amistad. Quizá no era buena idea jugar a ese trío de todos contra todos, porque nos deseábamos mutuamente y cada uno estaba molesto con el tercero.

Haría falta mucho esfuerzo y aún más comprensión para conseguir que nuestros nuevos conocimientos nos resultaran prácticos. Sin embargo, al menos era un comienzo, y ni Neal ni yo dudábamos del potencial, ni teníamos otra opción que seguir adelante.

Mientras tanto, las tensiones crecieron con Jack. Ahora era él el que estaba aislado del círculo mágico. Además, no conseguía hacerse con el trabajo del parking con la rapidez que exigía Neal, y el ferrocarril aún no le había llamado. Que de nuevo ayudara a Neal a engañarme me hizo llorar y me puso a la defensiva. Cuando Jack intentó ser más afectuoso conmigo, Neal se enfrió. Jack no podía seguir desempeñando ese papel durante mucho tiempo. Pronto los refunfuños de los dos hombres retumbaron como volcanes inertes que de vez en cuando erupcionan con pequeños chorros de fuego. Una vez más Neal descargó su irritación soltando indirectas acerca de la presencia de Jack como el gorrón en la familia, olvidando de nuevo que había sido idea suya, mientras que la extrema sensibilidad y paranoia de Jack reaccionaba al instante de manera exagerada. Una noche, durante la cena, Neal se refirió a las chuletas de cerdo que había traído, y Jack se levantó de la mesa prometiendo que al día siguiente se compraría un hornillo, lo pondría en su habitación, y se compraría su propia comida, que tomaría solo.

Observé y escuché con melancólica incredulidad, como había hecho en octubre del 52, todavía sin tener manera ni medios para ayudar. Ellos también lucharon contra esa actitud; un día se ponían sentimentales como hermanos, y al siguiente gruñían como cachorros. La ruptura final llegó por un desacuerdo en la división de una remesa de hierba, y Jack decidió irse a casa. Tratamos de persuadirlo de que se quedara y esperara a Allen, sugiriéndole que un cuarto miembro podría cuadrar el triángulo, pero no hubo manera de detenerlo ni consolarlo. Se fue una semana antes de mi cumpleaños, casi a finales de abril.

Unos días después recibimos una nota. Nos pedía que le enviáramos su correo. Había regresado a casa hambriento y furioso, cosa que, decía, te ayuda a entenderte. Nos explicaba una idea actualizada de la «vacuidad», y esperaba que nuestro karma se hiciera realidad, aunque no creía en él. Deseaba algo que le diera sueño, y quizá el vino y unas chuletas de cerdo servirían. No solo no iniciaba la carta con un saludo, sino que solo firmaba «J.». Neal suspiró y me arrojó la carta después de haberla leído.

–Bueno, yo creo que el problema principal del hermano Jack es ese deseo de simplemente irse a dormir...

–¿Dormir, acaso soñar? –añadí con tristeza.

CUARENTA Y UNO

Si Neal no hubiera adquirido el hábito de leer todo lo que aparecía impreso en los periódicos, se habría perdido el anuncio casi oculto de una serie de charlas del hijo de Edgar Cayce, Hugh Lynn, celebradas bajo los auspicios de la organización recientemente formada para grabar y conservar las «charlas» que daba Edgar. Se denominaba la Asociación para la Investigación y la Iluminación, o AII.

Después de nuestro descubrimiento de *Múltiples Moradas*, ese fue el segundo catalizador de los profundos cambios que estaban teniendo lugar en nuestras vidas. Nos embarcamos en nuestra búsqueda del conocimiento y el crecimiento espiritual con esa charla y el posterior asesoramiento anual de Hugh Lynn y su socia, Elsie Sechrist. Nos afiliamos a la AII, y cada mes nos mandaban sus charlas a medida que las transcribían, así como otras publicaciones.

También nos unimos a grupos de estudio local y nos esforzamos por dominar las artes de la meditación y la oración positiva. Habíamos averiguado que se había realizado un estudio científico controlado que demostraba que la oración positiva realmente funcionaba. Por ejemplo, casi todas las religiones utilizan el Padrenuestro como una petición: dame, dame, mientras que si cambiamos el imperativo al presente: 'Tú nos das el pan nuestro de cada día', tenemos una afirmación positiva, y así sucesivamente. La Biblia afirma que Dios ya sabe lo que necesitas, y «no tienes más que pedirlo, y se te da».

Los mundos nuevos y complejos que ahora se abrían ante nosotros exigían mucha selección y evaluación. Posteriormente descubrimos el asombroso poder de nuestras mentes. Por suerte, Neal y yo estábamos de acuerdo acerca de la multiplicidad de información que ahora nos inundaba. Había cosas que nos parecían posibles, otras que rechazábamos, y de algunas no sabíamos qué pensar. Estas categorías iban a cambiar y desplazarse a lo largo del resto de nuestras vidas.

Para nosotros, como he dicho, la meta siempre fue encontrar un concepto que fuera de uso práctico en nuestra existencia diaria: resultaba demasiado tentador dejarse arrastrar hacia reinos fantasmagóricos que no aportaran ningún progreso inmediato o ni siquiera a largo plazo. La primera gran revelación dichosa había sido que la vida –toda la vida– tiene un propósito. Eso lo aceptamos incondicionalmente; no hay accidentes. Tenías que seguir preguntándote: «¿*Para qué* es este conocimiento? ¿Qué uso se le puede dar? Los maestros de Cayce decían que no es suficiente ser "bueno"; uno tenía que ser bueno *para* algo». Sí, claro.

Los baúles y los libros de Allen habían llegado, y los guardamos en la habitación que Jack había dejado libre. En otra larga carta nos contó que había conocido a una mujer que había crecido en el área de Palenque y era dueña de una enorme plantación de cacao, y que ahora se hospedaba allí. No estaba seguro de cuándo podría irse. (Nuestro mundo se estaba volviendo extravagante por todos lados.) Esta señora, escribía Allen, había sido la primera «Jane» en las películas de Tarzán, y él se había sumergido en las delicias de la selva, y se estaba creando una nueva imagen, con perilla y «mostacho», cabello largo, zapatos pesados: «Monto a caballo, voy a pescar de noche en los arroyos con nativos que ríen y llevan *focos* (linternas) y un palo largo con dientes para atrapar grandes cangrejos de río del tamaño de langostas». Había descubierto unos tambores, y «toco varias horas al día, casi todo muy suave, y cuando una fila de indios pasa a caballo por los paradisíacos senderos de Agua Azul, una pequeña población de las colinas a una hora a caballo, irrumpo en reverberaciones africanas que pueden oírse a kilómetros de distancia». Lo conocían como el «Señor Jalisco». Fácilmente podía imaginar el tamborileo entusiasta de Allen por lo que recordaba de sus percusiones en las mesas de metal de Denver.

En el paraíso selvático de Allen también lo habían introducido a las posibilidades inherentes de la meditación y la vida contemplativa. Se había topado con un libro que teníamos, *La nube del no saber.*

> El tiempo pasado aquí ha sido principalmente contemplativo de esta idea fija, y tuve un día de excitada agitación, pensando que debería hacerme monje, pero tampoco hay necesidad de eso: es algo que se puede desarrollar en cualquier lugar, y tales agitaciones pasaron. Lo que me ha quedado de *La nube del no saber* es la idea encantadora y evidentemente cierta de que un contemplativo solo tiene que hacer lo que le apetece, sentarse y pensar o caminar y pensar, y no preocuparse por el trabajo, el dinero para vivir, no tener complejos, su trabajo es no tener más trabajo que la Abstracción desconocida y sus sensaciones y su amor por ella.

–Ja, sí –se rió Neal–, es lo que desean todos los hombres.

Entonces Allen escribió: «Perdona por no contestar antes a tu carta sobre el espiritismo». Se nos pusieron los pelos de punta. Habíamos leído acerca del espiritismo, incluyendo el librito de Leadbeater sobre el plano astral y sus habitantes, y aunque aceptábamos que había «niveles de conciencia», no podíamos aceptar la comunicación con los muertos a través de médiums o sesiones de espiritismo. Si Allen quería decir «espiritual», no pasaba nada. No creíamos que la clarividencia de Edgar Cayce fuera lo mismo. Pero éramos conscientes de que no sabíamos nada de espiritismo, por lo que preferimos no juzgar. Pero Allen dijo: «Que Neal sea religioso es una gran noticia: siempre me pregunté cómo sería si un pensamiento sobrecogedor y horrible humillara su alma hacia la santidad». Bueno, él había sido católico.

Una carta más larga escrita la primera semana de abril fue la última que recibimos en más de un mes. Tras un par de semanas le escribí a Jack, pensando que quizá él sabía algo más; comenzábamos a sentirnos inquietos por Allen. Jack respondió de inmediato, diciéndonos que no nos preocupáramos, y que México no era peligroso. Entonces se ponía a fantasear con la idea de que lo había visto en Nueva York. Pero decía que no le sorprendería que Allen se volviera loco como su madre. Eso no nos fue de gran ayuda.

Jack estaba en la casa de su hermana en Carolina del Norte, con Memere. Todavía parecía algo amargado y enfadado, aun cuando afirmaba haber abierto la carta con alivio al tener noticias mías. Continuaba diciendo que entendía todos los errores que todos habíamos cometido, pero que los tres éramos lo mismo, y reñir era ridículo. Con su habitual ambigüedad, afirmaba que no creía que volviera nunca más a California a menos que alguien le llevara en coche. Añadía páginas y páginas exaltando la doctrina budista y criticando a Cayce por su incomprensión y falta de definición de los términos.

Había ido cobrando el paro del ferrocarril, pero ahora había decidido no preocuparse. Eso no tiene sentido, y tampoco la vida, porque la vida no valía la pena, pero tenías que comer y ser compasivo con tus seres queridos. Se ponía a hablar de nuevo sobre las ideas budistas, esta vez sobre gente que interpretaba un papel en la vida, como él haciendo del Aliosha de *Los hermanos Karamázov* y yo de Katerina Ivánovna. Yo no entendía nada de todo eso, pero me sentía halagada de que pensara en nosotros de esa manera. Le parecía estupendo que le hubiera repetido algo que Karen Homey había dicho: «No tienes que intentar agarrar o rechazar, simplemente toma lo que se te da». Yo no recordaba habérselo dicho.

Terminaba preguntando por los niños, «que saben que Dios es Winnie the Pooh», y después bendecía nuestra casa en términos budistas. Nos instó a tener un gran patio trasero en el que él pudiera vivir en una choza y cultivar verduras, y firmaba «Con todo el cariño, Jack».

CUARENTA Y DOS

A principios de marzo de 1954 se decidió por fin la fecha del juicio. Habían pasado once meses desde el accidente de Neal, y aun se pospuso otra semana. El juicio duró días, y cuando se requirió mi asistencia (con los niños, para darle más patetismo a nuestra petición) me quedé horrorizada por mi primera aparición delante de un tribunal, aunque todo el mundo lo aceptó como el comportamiento habitual en el estrado.

No me pareció más que un combate de entrenamiento entre las dos partes, ya que los abogados hicieron todo lo posible por influir en el jurado desacreditándose el uno al otro. A mediodía nuestro abogado se llevó a todo el jurado a un restaurante elegante, y nos lo cargó a nosotros. Para cuando los abogados hubieron discutido por nimiedades, debatido y redebatido el accidente, nadie tenía ni idea de lo que realmente había sucedido, y Neal estaba tan confundido que contradijo su propia declaración original. No es de extrañar, desde luego, considerando que la primera vez estaba semiinconsciente.

Su recuperación parecía milagrosa, y los médicos de la Southern Pacific, al describir la lesión y la recuperación de Neal contra todo pronóstico, resultaron ser los mejores testigos de nuestro caso. Neal, sin embargo, estaba tan emperrado en que no lo calificaran de discapacitado que ni siquiera cojeaba, y el señor B. dijo: «¡Dios mío, Neal, eso es lo mínimo que podías hacer!». Al final, obtuvimos alrededor de un tercio de la estimación original, y cuando el abogado restó sus honorarios y nuestros gastos de un año, terminamos con dieciséis mil dólares en lugar de los setenta y cinco mil que habíamos pedido. Le escuché hablar con su socio, y parecía complacido, a pesar de la palabra que me había dado. Pero incluso esa cantidad nos hizo sentir ricos, y estaba libre de impuestos. Sin embargo, el cheque no llegó hasta después de otros dos meses. Pero todo había terminado por fin, y Neal podía volver al trabajo.

Lo irritante fue que el anuncio de nuestro recompensa en la prensa envió hordas de sabuesos que no paraban de ladrar, cada uno con una idea mejor que la del otro de lo que debíamos hacer con el dinero. El teléfono no dejaba de sonar, ni tampoco el timbre de la puerta. Por fin llegó el cheque, y entre eso y las charlas de Cayce, Neal y yo tuvimos una época de estabilidad, y por el momento las grietas en el espejo del futuro estaban selladas.

Nos llegó otra crónica de Allen llena de aventuras. Dijo que estaba bien, que había estado un mes en Xibalbá, sin un centavo, por lo que no había podido ir a la ciudad a enviar ningún mensaje. «Qué mala suerte que Jack se haya ido; tardé demasiado, para empezar... pero será un placer veros por fin.»

A su llegada a San José yo estaba sumamente nerviosa por su presencia, a pesar de nuestra afectuosa correspondencia. Habían pasado siete años desde que lo había visto, y todavía temía no caerle bien. Era el de siempre, más maduro, tal vez, pero se había afeitado la perilla, y todavía tenía el mismo aspecto entusiasta y juvenil. Muy pronto quedé completamente tranquila.

Llegó a primera hora de la tarde, y rápidamente guardó sus ropas, ansioso por abrir su baúl y mostrarnos las maravillas que estábamos ansiosos por ver. Tenía cuadernos llenos de poesía y fotografías de todo el mundo en Nueva York. Mientras Neal miraba todo esto, Allen se acordó de que me había traído unas máscaras y estatuillas talladas en una madera blanda y blanca, y dos coloridos bolsos trenzados de Yucatán y Guatemala. Había tanto que quería contar y de qué hablar que casi no sabía por dónde empezar, y queríamos repasar los libros que había traído que describían las ruinas. Nos recordamos que teníamos mucho tiempo por delante.

Mientras tanto, la vida familiar debía continuar, así que cuando los niños se unieron a nosotros después de su siesta, Allen dirigió su atención a ellos, a la casa y el terreno, y empezó a preguntar sobre la estancia de Jack y nuestros asuntos. Yo me estaba preparando para ir al mercado, pero se puso en pie de un salto y me detuvo.

–No, espera, te mostraré que soy el invitado más perfecto del mundo. Deja me encargue yo. Tomaremos una de mis obras maestras culinarias –y le pidió a Neal que lo llevara a la tienda de comestibles más cercana, justo delante de nuestra casa.

Y fue tal como había dicho: se desempeñaba en la cocina como un maestro, y elaboró una comida deliciosa. Después, a pesar de sus protestas, insistí en que fuera a hablar con Neal y me dejara a mí los platos. Pero no se fue, y me ayudó a quitar la mesa hasta que lo convencí de que realmente me gustaba lavar los platos:

–Me gusta poner orden en el caos, de verdad, Allen, aunque nadie me cree.

Cuando hube bañado a los niños, les hube leído su cuento y arropado, me uní a los hombres en la sala de estar. Neal y yo le insistimos en que nos contara todo sobre la plantación, las ruinas y una montaña misteriosa sobre la que había escrito.

–Sí, ¿y qué hay de esa chica en la jungla?

Las cejas de Neal imitaron a Groucho Marx, fumando su cigarrillo como si fuera un puro. Allen sonrió, y enseguida se puso serio y contó sus extraños y exóticos cuentos.

–Y saqué muchas fotos; tendrás que decirme cómo revelarlas. Me acordaré más cuando las tenga delante. Bueno, mañana, si te va bien, quiero ordenar mis manuscritos. ¿Todavía tienes la grabadora? –Neal asintió–. Bien. Me gustaría muchísimo grabar algo. Leer mis poemas en voz alta, ya sabes. No lo he hecho nunca. Se supone que la poesía es para decirla en voz alta o cantarla. –Se frotó las manos solo de imaginarlo, sonriendo, con un brillo en sus ojos negros.

Ahora Neal estaba más ocupado en el ferrocarril, y Allen y yo pasábamos mucho tiempo juntos. A veces escribía o grababa, y a menos que él me pidiera que escuchara, cosa que hacía a menudo, lo dejaba tranquilo y procuraba que los niños no lo distrajeran. Pasaba parte del día con ellos y conmigo, y era más considerado, atento, paciente y amable que cualquier otra persona que haya conocido, aparte de Neal y Jack. Llenaba cada día de un entusiasmo de lo más variado, siempre estimulante y divertido. Al igual que a mí, le gustaba compartir, y yo nunca me aburría. De vez en cuando íbamos al cine por la tarde: era como tener una «cita» otra vez, y después nos sentábamos en la barra de un café bebiendo un batido y utilizando nuestro intelecto crítico superior para analizar cada aspecto de la película.

Allen seguía cocinando casi siempre, y ayudaba con los platos. Aunque yo solo tenía una vaga idea de cómo estaba el mercado inmobiliario, esperaba poder construir ya nuestra propia casa, y había dibujado planos detallados de ella. Había estudiado arquitectura en la universidad, así que sabía cómo se hacía, por lo que se refería a los espacios. De vez en cuando me daba el arrebato de ir a buscar un solar en alguna parte, y Allen me acompañaba a vagabundear por terrenos accidentados y pastos ondulantes, tan implicado como si fuera su propio sueño.

Cuando Neal estaba en casa, bombardeábamos a Allen con nuestras nuevas inquietudes metafísicas, y Allen escuchaba respetuosamente. Al igual que con nuestros otros amigos, no estaba convencido de que eso solventara todos los problemas del mundo, pero no quería quitarnos la ilusión. Al igual que a Jack, no le gustaba la idea de volver a la tierra una y otra vez.

–Esta vida es suficiente, todo lo que puedo soportar, y de todos modos, seguro que me quedaría sentado sin hacer nada si pensara que es un proceso interminable. ¿Por qué molestarse?

Neal explicó largo y tendido la evolución del alma mediante el aprendizaje de las leyes universales que Jesús había enseñado y vivido. Allen no estaba convencido, y al igual que Jack era incapaz de separar la metafísica cristiana del dogma teológico.

Una noche, Allen me acompañó a una charla sobre hipnotismo y trance. Ninguno de nosotros quedó muy impresionado, y el orador me hizo sentir incómoda. Cuando ya habíamos salido, se me acercó un hombre que sabía que estaba interesada en las charlas de Cayce. Estaba entusiasmado y quería hablar conmigo a solas. Allen comenzó a caminar por delante de nosotros.

–Escucha. –Tenía los ojos como platos–. Ese hipnotista podría ayuda de verdad a Neal. Deja que le pida una cita. Ese hombre es un *kahuna*, ya sabes, miembro de los antiguos sumos sacerdotes hawaianos, o lo fue en su vida anterior. –Apenas se paraba a respirar, pero mientras hablaba, se me ponía la piel de gallina en la espalda. Le agradecí la oferta, pero le dije que tendría que hablarlo con Neal.

Nos invitó a Allen y a mí a la casa del hipnotista, en Sunnyvale. Allen tenía curiosidad y aceptó ir. Una vez allí, tampoco nos entusiasmó mucho. Todo el mundo mostraba más interés por los fenómenos ocultos, como los péndulos y los tableros güija, que por una filosofía de la vida, que era mi principal preocupación. Nos marchamos lo antes posible, y lo comentamos de camino a casa. Nos lo tomamos un poco a guasa, pero intuimos que eran aguas turbias con las que había que ser cauteloso.

Cuando le contamos nuestra aventura a Neal, se alegró de haberse perdido la «cura». A menudo hablábamos de Jack, y yo le había escrito poco después de la llegada de Allen para hacerle saber que pensábamos en él y deseábamos que estuviera con nosotros. Me respondió que había recibido mi carta con mucha alegría. Les iba a enviar a Allen y Neal un gran carta a cada uno, pero esa era MÍA. Al parecer en las de ellos hablaba de chicas, y me dijo que no me enfadara. Quería volver a California en septiembre e intentarlo de nuevo en el ferrocarril, esta vez por razones poéticas. Esperaba que por entonces Allen siguiera con nosotros, y que si había una posibilidad de que

Burroughs también viniera, sin duda nos visitaría. Imaginaba lo maravilloso que sería que todos estuviéramos juntos hablando. Allen tendría el dedo índice levantado, Neal estaría con su hierba, él y Bill tomarían vino, y yo vino y pizza. También decía que Neal debería volver a la carretera en su nave roja y negra (otro coche familiar Rambler nuevo). ¿Para qué eran, si no? Decía que yo debería comprar una granja en el valle. Yo había insinuado que mi persona lo irritaba, y decía que eso jamás, que yo era un ángel dorado y que él siempre me amaría como lo había hecho. Luego pedía que todo el mundo le escribiera y saludaba a Jami. También quería noticias de Al Sublette. No parecía molesto por no estar con nosotros, y decía que Buda lo había convencido de que ninguno de nosotros era real, solo «ondas», como Einstein había demostrado «matemáticamente».

CUARENTA Y TRES

Aunque yo apreciaba mucho la compañía de Allen, como sabía que la razón principal de su estancia era ver a Neal, procuraba dejarlos solos cada vez que Neal estaba en casa y podía pasar un rato con él. Aunque a Neal le gustaba llevar a Allen a la ciudad para enseñarle dónde iba de juerga, también disfrutaba leyendo los poemas de Allen y teniendo charlas intelectuales, como habían hecho en el pasado.

Allen había vacilado a la hora de mostrarme un cuaderno lleno de poemas de amor a Neal, pero me parecieron hermosos, y no sentí ninguna amenaza porque me confiara lo que había escrito unos años antes de haber superado su deseo sexual por Neal. Sabía que «El automóvil verde» era un poema sobre su historia de amor anterior, y que significaba mucho para Allen. Cuando sabía que podía utilizar la grabadora sin que lo molestaran, se grababa leyendo, y debió de hacerlo una docena de veces. (Eso debería haberme dado una pista.) Él y Neal se colocaban de vez en cuando y grababan las nuevas técnicas de tocar el tambor de Allen, con Neal a la grabadora, captando así parte de la alegría que Jack había descrito en su estancia con nosotros en San Francisco.

Como era el invitado perfecto, Allen se llevaba bien con los Forest, y los Hinkle vinieron muchas veces, y hacíamos unas partidas de cartas divertidas y salvajes. Allen ahora sentía aversión a la ropa, y aunque era discreto cuando había alguien alrededor, si estaba lo bastante colocado y no avergonzaba a nadie, se quitaba toda la ropa, generalmente ya de noche y con las luces apagadas.

Una de esas noches calurosas, después de haber consumido bastante vino, me convenció para que me uniera a él. Fue extremadamente difícil para mí desembarazarme de mi timidez, y la verdad es que me siento más a gusto con alguna envoltura corporal, pero tampoco me gustaba ser una mojigata, así que cedí. Nos tumbamos a un palmo de distancia sobre la alfombra de la sala de estar, como una pareja de niños inocentes, disfrutando de la caricia de la suave brisa que entraba por la puerta acristalada abierta a la noche estival, mientras la luna proyectaba una franjas blancas y frescas entre nosotros y el suelo. Allen vociferó poema tras poema hasta el infinito, y me descubrí relajada y sonriendo con la seguridad de estar con un hombre solo concentrado en su cuerpo, y no en el mío.

Allen debía de llevar con nosotros casi seis semanas cuando una tarde nuestra idílica vida se hizo añicos. Neal y él llevaban bastante tiempo en su habitación, y no los oía hablar. Tenía algo que preguntarle a Neal, así que llamé suavemente por cortesía y entré, pero la pregunta se me quedó atascada ante lo que vi. El impacto fue tan grande que casi se me cayó la cabeza al suelo, o eso fue lo que sentí. Retrocedí y cerré la puerta, mis entrañas retorciéndose y encogiéndose. En ese breve instante la imagen quedó grabada en su totalidad. Allen levantó la cabeza y se volvió para mirarme, pero yo ya me había ido. Me senté, temblé, fui de un lado a otro, clamé al cielo, me retorcí las manos y luché contra el asco que amenazaba con hacerme vomitar.

Cuando Neal se puso los vaqueros y salió, yo estaba sentada en el borde del sofá, mirando al suelo, preguntándome qué hacer. No sabía lo que era una felación, de ahí el impacto adicional. Neal pasó junto a mí camino al baño, pero Allen se quedó sentando tranquilamente en el sillón, delante de mí. Me tocaba mover ficha.

–Allen, no sé qué decir, ¡lo siento mucho! La verdad es que no entiendo mi reacción. Vosotros sabéis que no tengo prejuicios, pero de alguna manera... de alguna manera es como tener a una mujer invitada en mi casa. ¿Puedes comprenderlo? Estaría bastante impactada si lo hubiera encontrado con una mujer... bueno... yo sé que amas a Neal, pero me dijiste por carta que no ibas a desearlo sexualmente nunca más. Yo confiaba en ti... Oh, no sé, solo tengo miedo de no poder manejarlo; me temo que no puedo con esto. Quiero que te vayas.

Después de una pausa, Allen dijo en voz baja:

–Está bien. Lo comprendo. –Suspiró, pero no dijo más. Después de todos los hermosos momentos que habíamos pasado juntos. Traté de verlo de otra manera; incluso yo sabía que me estaba comportando como una cabrona intolerante (una WASP, creo que se llaman)... pero esa imagen. No podía evitar sentirme así. Si se quedaba, sabía que estaría asustada, celosa, desconfiada, siempre pendiente de lo que hicieran. Quería decir sin parar: «Lo siento, lo siento».

–Te pagaré el viaje a donde quieras ir, Allen, te ayudaré en todo lo que pueda. Sabes que defiendo a los homosexuales, que en todas las épocas han sido muy importantes para la humanidad. Pero claro, esto no es lo mismo.

Cuando apareció Neal, y estuvimos solos, lo ataqué con mi frase habitual:

–¿Cómo has podido? Y en nuestra casa. –Era una pregunta que nunca recibía respuesta, la única que no quería escuchar. Sintiéndome estúpida y desgraciada, y sin ayuda de Neal, seguí con mis quehaceres durante el día siguiente, mientras Allen consideraba con solemnidad a dónde ir, sintiéndose amablemente obediente y triste. Tenía un tío en Riverside, una ciudad al sur de Los Ángeles, pero eso no tenía sentido para ninguno de nosotros. No me alegró su decisión final, que fue San Francisco. Ahora le proporcionaría un refugio a Neal cuando quisiera ir allí a divertirse. Tampoco podía objetar nada, ni exigirle más a Allen, y mi corazón se encogió proféticamente.

Sentía ganas de llorar viéndolo empacar sus tesoros, sus libros, cuadernos y ropa. Qué asco todo. A la semana siguiente llevé a Allen a la ciudad, donde podría visitar a viejos amigos y preguntar por Berkeley y la Universidad de California, al otro lado de la bahía. Por el camino, me disculpé y le rogué que me perdonara de media docena de maneras distintas. Fue amable, dijo que lo entendía, pero me pregunté qué turbulencias internas estaba sufriendo, a menos que estuviera acostumbrado al rechazo y ya hubiera pasado por eso antes. Al bajarse del coche me besó, me dijo que no me preocupara y que se mantendría en contacto. Volví a casa sintiéndome sola, triste y deprimida, tratando de perdonarme. Solo con que hubieran sido discretos; esta vez habría preferido que me engañaran y seguir pasándolo bien. Y de nuevo: «ojos que no ven, corazón que no siente».

Vuelvo la vista atrás con más pesar aún, porque ahora sería capaz de lidiar con esa situación para el bien de todos. Entonces estaba demasiado condicionada y no era nada espabilada.

No esperaba que Neal estuviera enfadado conmigo, y no lo estaba. Al verme tan angustiada, se puso de mi parte, se disculpó, se vilipendió y me pidió perdón. Una vez más acudí a Jack para encontrar algo de consuelo en el tercer lado de nuestro triángulo. Le conté toda la historia, condenando mi actitud y convencida de que Jack me consideraría también una mojigata. Fiel a su buen corazón, no me decepcionó y respondió enseguida.

Me dijo que quedara tranquila, que no estaba enfadado por haber echado a Allen, y que eso no le sorprendía. Me recordó que una vez también lo había echado a él. Decía que Neal y Allen eran lo bastante íntimos para no permitir que eso perturbara su prolongada amistad, pero que no debía ser dura con nuestros Profetas. En cuanto a él, dijo que eso no le iba. Era una larga carta de consuelo, mucho más de lo que yo esperaba, y me decía que Allen no le había contado nada. No consideraba que la ira de Allen fuera más que la crítica habitual de la puritana represión matriarcal y el envaramiento estadounidenses, y se imaginaba a él y a Burroughs hablando ya de ello. Decía que Bill se enorgullecía de que todas las mujeres de sus amigos le tuvieran un odio africano. Luego me pedía que no siguiera enfadada.

No hice mucho caso de esos comentarios en el momento, pero años más tarde se publicó una biografía de Bill Burroughs, y en ella se leía una vívida descripción de la escena de San José en la que Carolyn echaba a Allen. Era algo completamente distorsionado; y se citaban cosas horribles que yo había dicho de Allen y de los homosexuales, etc. etc. Al leerlo, sabiendo que solo Allen podía ser la fuente, me quedé muy triste. No es de extrañar que Bill Burroughs nunca me diera ni la hora. Y por supuesto, nunca tuve la oportunidad de defenderme: me condenaron sin juicio.

La carta de Jack divagaba sobre el ferrocarril, sobre lo que estaba escribiendo, una novela de ciencia ficción que esperaba terminar antes de año nuevo. Se preguntaba por qué escribía así, y decía que creía haberme oído decirle a Neal: «Escribe hasta morir», y tenía la paranoia de que yo no quería que Neal siguiera su ejemplo e intentara ser un buen escritor. Decía que sentía que él escribía hasta morir. Concluía con sus últimas ideas budistas, sus altibajos emocionales, pero seguía volviendo a mi problema. Después relacionaba la mente de Neal con los conceptos budistas. Como de costumbre, le leí la carta en voz alta a Neal.

Cuando acabé le dije:

–Bueno, al menos está bien que se entusiasme por escribir nuevos libros; seguramente se refiere a un *En la carretera* diferente. Pero que me aspen si entiendo de qué sirve saber que existe una mente verdadera, pura e inmutable. Nosotros también lo sabemos, con otros términos, pero ¿y qué? Todavía creo que la metafísica podría ayudarlo más en su búsqueda de lo que debe hacer.

Neal suspiró.

–Sí, ojalá escuchara. Lo entendería si quisiera y pensara en ello de verdad. Pero no; está colgado de todos esos nombres larguísimos y del dulce silencio.

He aquí una pista, pensé, de por qué Jack se sentía tan

atraído por el budismo y Neal por la metafísica. Nosotros sentíamos la necesidad de guía en el uso de nuestro nuevo conocimiento en el aquí y ahora. Además, ninguno de los dos era capaz de pronunciar los nombres del budismo para familiarizarse con ellos y su significado, cosa que Jack y Allen habían conseguido. Jack estaba cautivado por el colorido tapiz de los sutras, y tal vez que fuera algo tan remoto lo sacaba de la realidad. No comprendíamos cómo podía ayudarle evitar el dolor, el sufrimiento o el deseo, aunque probablemente agregaba otra dimensión a su imaginación. Él era el soñador, el pasivo, el yin; Neal era el activo, el yang; Neal y yo teníamos mentes lógicas; la de Jack era más mística. Quizá por eso se atraían tanto. En cualquier caso, la compasión de Jack siempre ayudó a aliviar mi sufrimiento, aunque solo fuera temporalmente.

CUARENTA Y CUATRO

En agosto de 1954 todas las preocupaciones quedaron temporalmente desplazadas cuando encontré una casa cerca de Los Gatos, un pueblo al pie de la cordillera de la costa, a unas diez millas al sur de San José y a veinte millas del océano. La casa estaba en una parcela de unos 1.300 m^2 en una breve calle sin salida, en medio de campos de ciruelos, con unos pocos vecinos y dispersos a solo un kilómetro y medio del pueblo. La había construido un arquitecto para su familia cada vez más numerosa, y tenía una planta inusual: la casa estaba dividida en secciones para adultos y para niños. En la parte delantera estaba la sala de estar, con un gran ventanal desde el cual –al otro lado del jardín, de la calle, de un campo de ciruelas pasas y eucaliptos– se veían las montañas, cubiertas de una luz siempre cambiante verde y broncínea. Al lado había un pequeño comedor con una puerta acristalada que daba a un patio de ladrillos, varios céspedes y un jardín de flores con barbacoa de obra y piscina, de dos metros y medio por cinco, y metro y medio de profundidad en un extremo y noventa centímetros en el otro. Una valla rodeaba esa zona y la separaba de un campo con algunos ciruelos, y otra cerca rodeaba toda la propiedad.

Un pasillo conducía desde la sala de estar a un gran salón familiar separado de la cocina, a la derecha del pasillo, y la suite principal, a la izquierda. Unas puertas separaban esta sección. Junto al salón familiar había un baño con ducha y dos cuartos. El salón familiar tenía una pared de vidrio separada por estantes de madera que daba al patio. Me enamoré de la casa nada más verla, y mi único temor era que estaba lejos de las oficinas y del patio de trenes, pero Neal se burló de tales trivialidades y dio la bienvenida al desafío.

Una parte del dinero de la indemnización había ido a parar al «barco negro y rojo», como llamábamos al coche nuevo, y a algunos gastos. Le enviamos a Diana mil dólares y dividimos el resto entre inversiones y el pago inicial de la casa: cinco mil a cada cosa. No habíamos encontrado la antigua granja que Jack había pedido, sin duda, pero, como de costumbre, los sueños de Jack no eran compatibles con el trabajo de Neal. Además, no había ninguna en esa zona. Por fin me sentía como en casa, y Neal nunca había tenido una casa propia. Conocer las alegrías de ser propietario y el placer de mantener una casa que le pertenecía le inspiró a superar su desazón habitual. Estaba segura de que también obraría maravillas en mi actitud.

Tan pronto como encontré la casa, incluso antes de poder mudarme, me apresuré a escribirle a Jack. Respondió que debía enviarle una descripción completa, y todos los detalles de ubicación y precio. Ya había oído hablar de Los Gatos, porque unos amigos suyos habían vivido allí, y él la había utilizado como retiro de fin de semana.

Al contestarle, mientras le describía la propiedad con el mayor detalle posible, se me ocurrió de repente que se me había olvidado por completo pensar en una habitación para Jack. No había habitación de invitados. Me sentí una traidora, pero Neal me tranquilizó sugiriendo que podíamos encontrar –o la podría encontrar el propio Jack– una caravana barata para poner en el patio trasero, cosa que le gustaría aún más.

Ahora teníamos nuestro primer televisor, que suponía más diversión para Neal; le interesaban muchas cosas diferentes. Disfrutaba de mis programas favoritos, como *Omnibus* y *Play of the Week,* películas y documentales británicos, pero amplió mi campo con programas como *Oral Roberts*[1] y otros que jamás se me habría ocurrido poner. No se tomaba las prédicas de Roberts demasiado en serio, pero estaba fascinado por su estilo y el fenómeno de los evangelistas. Oral era mucho más suave y más amplio de miras que la mayoría, por lo que no nos daba grima. Solo era muy divertido, y no hablaba del infierno ni la condenación.

Yo supervisaba de manera estricta lo que miraban los niños. Los domingos por la noche podían ver Disneyland, y el niño que había en Neal se entusiasmaba igual que ellos, y los niños se lo pasaban aún mejor. Era el único momento en que se les permitía comer dulces, por lo que se convirtió en un momento de tolerancia y un ritual familiar. Durante la semana todos nos reuníamos para ver *Our Miss Brooks*, *Car 54*, *Ensign O'Toole*, *I Love Lucy*, *My Little Margie*, *Leave It To The Beaver* y cualquier documental adecuado antes de acostarse. Los deportes generalmente se los dejaba a Neal. Cuando estaba solo, no paraba de cambiar de canal, empapándose de toda la variedad de emisiones a la vez, una práctica que me parecía desconcertante pero divertida. Los domingos por la noche, ya a última hora, le encantaba ver el *Roller Derby* de chicas. Al principio pensé que tendríamos que sacar la tele del dormitorio, pero después de que me convenciera para ver algunos (como las carreras de midgets) lo encontré fascinante en su absurdo, y era muy divertido acostarse en la cama con Neal y reír con las travesuras de nuestras chicas favoritas. Todavía manteníamos fascinantes discusiones hasta bien entrada la noche, ahora avivadas con el nuevo combustible de nuestros estudios ampliados.

Para decorar la pared de nuestra sala pinté retratos de los niños, y sobre la chimenea coloqué a mi bisabuelo, un excelente retrato al pastel, cuya historia aún tenía que averiguar. (A los

1. Oral Roberts (1918-2009) fue un teleevangelista que empezó a emitir por radio en 1947 y por televisión en 1954, hasta casi finales de los ochenta. *(N. del T.)*

nueve años había comenzado a ir a clases de arte tradicionales, y había vendido mi primer retrato a los dieciséis.)

Matriculé a las dos niñas en la escuela de ballet de Los Gatos y pagué su matrícula encargándome del diseño de vestuario de las dos producciones anuales y pasando lista. Neal se interesó mucho por las producciones, en las que Jami siempre tenía una parte solista, aunque Cathy lo dejó después de cuatro años. Jami tenía un talento extraordinario. Nos hicimos amigos de por vida con el profesor de ballet, aunque cuando Jami era adolescente la llevé a San José con Dimitri Romanoff, el director de escena del American Ballet Theatre, en el que había sido primer bailarín, y yo lo había visto bailar en Nueva York en 1943. Descubrimos con pesar que el primer profesor le había hecho girar los pies antes de los once años, cuando el cartílago se convierte en hueso, con lo que el tendón le creció alrededor de la rótula, no encima de ella. Antes de que eso se descubriera por culpa de una caída, la cortejaban las principales compañías de ballet cuando tomó clases con ellas en sus giras por San Francisco. Pasó dos años en Nueva York cuando tenía diecinueve años, y asistió a clases con Nureyev y Baryshnikov. Romanoff le concedió una beca completa, y la quería en su compañía, pero le dijo que se uniera a cualquier otra, la que fuera, para poder sacarla como solista y evitar los años en el cuerpo de baile. Al final Jami tuvo que dejarlo por culpa de las rodillas, y luego conoció a Randy, y siempre hemos estado agradecidos de que no llevara esa vida dolorosa. Habíamos disfrutado de la experiencia –yo siempre quise ser bailarina–, pero eso también era «vivir en el maldito escenario», e indirectamente disfruté de las clases de Jami y de su éxito tanto en el escenario como en el diseño.

Neal le mostró, o trató de hacerlo, su habilidad para sostenerse sobre un pie y saltar sobre él con el otro. Siempre era algo hilarante, y en realidad no recuerdo si alguna vez lo consiguió, pero nunca dejó de intentarlo.

Neal disfrutaba especialmente de los hermosos cuartos de baño, la primera vez que teníamos. Ahora Neal se llevaba siempre un libro o una revista a la bañera y se estaba allí durante horas, abriendo el grifo de agua caliente con el dedo del pie cuando el agua se enfriaba. Cuando por fin salía, iba al otro baño y se daba una ducha para quitarse el jabón.

Puede que ese primer año fuera uno de los más felices de Neal, y también lo fue para mí. Estaba orgulloso de su hogar, y aunque no estaba acostumbrado a cuidarlo, como habían hecho los hombres de mi familia, intentaba ayudar lo mejor que podía. Parecía disfrutar de plantar árboles y arbustos, pero cuando se trataba de reparar la carpintería, no sabía hacer nada, y si hacía una chapuza se enfurecía y se insultaba, y a veces se veía algún poste del que sobresalían una docena de clavos cuando dos o tres habrían sido suficientes. Así que aprendí a no exigirle más de lo que pensé que podía hacer, y yo era bastante mañosa con la carpintería.

Neal era popular entre todos los miembros del grupo de estudio de la AII, como lo era con cualquier nivel social; había estudiado por su cuenta para encajar en cualquier lugar; nadie habría adivinado de dónde venía. Recuerdo una fiesta a la que nos invitó un amigo mío que tenía una familia numerosa y católica, casi todos monjas o sacerdotes. Neal fue la estrella de la función con todos ellos (se pasó la velada tirándole los tejos a una de las hermosas tías de mi amigo). Me divertí mucho y me dejó muy sorprendida.

Abríamos con impaciencia los envíos mensuales y las nuevas charlas grabadas. Adoptamos prácticas religiosas en casa, durante mucho tiempo habituales pero que nunca habíamos comprendido, como bendecir la mesa y rezar antes de acostarse. John estaba en la cama con Neal sentado a su lado, las chicas a los flancos y yo en el suelo reclinada en mis rodillas, todos tocándonos. Rezábamos el nuevo Padrenuestro «positivo» y explicábamos su relación con las glándulas endocrinas, los «chacras». A veces, Neal se inspiraba y daba una charla a los niños, entusiasmado con nuestro creciente conocimiento. Después de una de ellas, Johnny nos vino con pensamientos del mismo nivel o incluso superior, aunque solo tenía cuatro o cinco años.

Nos quedamos demasiado asombrados para comentarlo; en ese momento no pudimos explicárnoslo.

Como he dicho, no nos dedicamos a los fenómenos ocultos, y parecíamos capaces de detectar enseguida a los charlatanes. Leímos sobre los ectoplasmas y todas las demás dimensiones, o sobre los resultados de la meditación para aprender, pero seguíamos centrándonos en maneras lógicas, prácticas y demostrables de crecer. Sin duda había estados de consciencia «superiores» y verdades ocultas que aceptábamos, pero solo los considerábamos un medio para nuestros fines. Yo podía creer que estas acciones y sucesos habían ocurrido, pero la idea de ver o sentir alguna vez cualquiera de esos fenómenos sobrenaturales me aterrorizaba, y recé para que nunca se me presentara ninguno.

Cuando era niña vi a un borracho correr alrededor de nuestro patio delantero a la luz de la luna, y me aterrorizaba todo lo que no estaba bajo mi control. Durante la guerra visité muchos hospitales psiquiátricos, lo que me llevó a comprender un poco a las personas que padecían cierta anormalidad, y también mis propios «ataque de nervios». Quizá todo eso contribuyó a que aborreciera las drogas psicodélicas. Me horrorizaba que alguien buscara eso.

Al menos Neal no hablaba de ectoplasmas, fantasmas, amortización o planos astrales con los niños, y cuando nos retirábamos a una velada de adultos nuestros sentimientos hacia el otro y nuestros problemas también se habían elevado. Incluso en momentos en que estábamos en desacuerdo, no permitíamos que nuestro estrés emocional interfiriera con el ritual de la hora de acostarse. Se imponía una tregua hasta que pudiéramos estar solos y cerrar las puertas de la parte trasera de la casa.

CUARENTA Y CINCO

La aparente satisfacción de Neal pudo haber obedecido a otro motivo. Con Allen en San Francisco, Neal tenía un ancla al otro extremo de la línea. Ahora contaba con la antigüedad suficiente para encargarse de un trayecto de pasajeros diario regular. Para ir a trabajar cada día tenía que coger un tranvía desde San José por la mañana, luego pasaba un día entero en la ciudad para hacer lo que le diera la gana antes de coger un tranvía de vuelta por la tarde. Perfecto para él. Hizo nuevos amigos poetas, artistas y aspirantes. Nuestro hogar era un oasis de fuerza y reposo, y le daba esa imagen de respetabilidad que tanto ansiaba, pero ahora lo tenía mucho más fácil para entregarse a sus arraigadas aficiones todo el día en la ciudad.

Sin embargo, esta vida cómoda y satisfactoria le hizo empezar a relajar los límites, olvidando que mi seguridad residía en una vida familiar convencional. Otra mala hierba que crecía en el jardín de mi felicidad fue que en casa fumaba cada vez más marihuana. No me gustaban los cambios en su personalidad: cuando estaba colocado no era él «de verdad», y a mí me preocupaba cada vez más que los niños notaran la diferencia, así que le pedí que no tomara en casa. Hizo todo lo posible para obedecer, aunque se había habituado tanto que era difícil, y a veces estaba tan irritable que me sentía tentada a retirar mis objeciones.

Allen había encontrado un nuevo amor, Peter Orlovsky, y Neal se unió a su círculo de amigos. No pasó mucho tiempo antes de que Neal volviera a la ciudad a divertirse con ellos. Decía que montaban fiestas inocentes pero estimulantes en las que había intensas discusiones intelectuales sobre arte y poesía, mientras Neal exponía su obsesión por Cayce, lo que le granjeó el apodo de «el Predicador». Todo eso era más fácil de decir que de hacer.

Me habló de un artista amigo del grupo, Bob LaVigne, que estaba pintando un gran mural para una cafetería Foster's. Utilizaba a la gente del lugar como modelos, uno de los cuales era una chica pelirroja llamada Natalie Jackson, que ocupaba el lugar central de una de las secciones, desnuda. Lo que Neal no me contó fue que la había conocido y se habían enamorado profundamente.

A juzgar solo por lo que me dijo, sus placeres parecían bastante inocentes, pero su secretismo y evasivas aumentaron después de conocer a Natalie, y también el tiempo que pasaba lejos de casa. Los fines de semana se convirtieron en el único periodo que pasábamos juntos, pero a medida que mis sospechas aumentaban, estas eran cada vez menos agradables. No es de extrañar que prefiriera el otro extremo de la línea. Todavía compartía ardientemente los únicos puntos que nos quedaban en común: los envíos de Cayce y los niños. Habíamos abandonado los grupos de estudio. Esas pocas horas con él eran tan deliciosas como siempre, lo cual solo realzaba su mengua.

Ya no íbamos a conciertos ni a charlas; yo todavía no había encontrado canguro, y Neal no parecía interesado en los acontecimientos locales.

Continué mis estudios sola y trabajé el aprendizaje, la meditación y el pensamiento positivo. Comenzaron a ocurrir pequeñas revelaciones y éxitos, y aunque contarlos sonaba ridículo, eran experiencias magníficas –los pequeños destellos de verdad de las enseñanzas, pruebas tangibles–, y así sirvieron para nutrir mi frágil fe y para que no cejara en mis continuos esfuerzos.

Pronto comencé a temer las idas y venidas de Neal y la necesidad que todavía sentía de quejarme de su abandono. En aquella época aún creía que cuando te casabas tenías unos deberes, y que podías esperar el mismo amor que estabas dispuesta a dar. Tuve que aprender que uno solo puede amar en la medida de sus posibilidades. Los profesores de Cayce decían que la actitud ideal para todo y todo el mundo era una «indiferencia amorosa». Eso me gustaba más que el «desapego» de Buda, porque el amor estaba allí, y lo entendía mejor que la «conciencia sin elección» de Krishnamurti, pero no me parecía que pudiera lograrlo.

Hasta que un día me di cuenta de que cuando Neal entraba por la puerta los niños corrían hacia él con los brazos abiertos, felices solo de verlo. «Sé como un niño», me vino a la cabeza. Pero todavía no sabía cómo salir del papel de madre-guardián que consideraba mi deber. Una vez Neal me dijo: «¿Por qué voy a querer volver a casa si siempre pones esa cara tan larga?». Neal nunca criticaba ni escuchaba chismes, así que eso solo lo dijo una vez y me hizo pensar, aunque, por desgracia, no lo suficiente como para cambiar mi actitud.

A menudo miraba esos pacientes y majestuosos eucaliptos que crecían debajo de aquella sólida montaña verde y pensaba: «Voy a levantar los ojos hacia las montañas de donde viene la ayuda», sabiendo que eso simbolizaba la glándula pineal o pituitaria de mi cabeza, pero la contrapartida terrenal también era edificante. Me pregunté si Jack habría leído el consejo de Buda de «crece como crece un árbol». Y los profesores de Cayce habían dicho que las tres dimensiones de este planeta eran «Tiempo, Espacio y Paciencia». Bueno, la paciencia era una virtud que tuve muchas oportunidades de cultivar.

Para empeorar las cosas, Neal recibió una larga carta de Jack, ¡enviada a la oficina del ferrocarril! Neal no vio nada que ocultar, así que me la dejó para que la leyera. Entendí que Jack deseaba volver a escribirle a Neal después de haberme escrito tanto tiempo solo a mí, pero me hizo sentir aún más abandonada.

Jack exhibía su paranoia, temiendo que Neal pensara que venía de colega (lo cual era obvio) después de parecer que había estado enojado con Neal por algún motivo. Mencionaba actividades que sabía que le resultarían atractivas a Neal, y decía que ojalá Neal estuviera con él para compartirlas. Decía que no tenía nada que ocultarme, pero que quería una conexión más directa con Neal, él en persona, sin nadie que leyera por encima de su hombro; aun cuando fuera la dulce y protectora Carolyn.

Jack había estado pensando más en la reencarnación, y dijo que aprobaba a Cayce, que realmente le gustaba, que pensaba que Neal podría ser su hermano Gerard, renacido, porque sentía un amor tan fraternal hacia Neal. Luego explicaba por qué se sentía tan cerca de la esposa de Neal, porque realmente me amaba y sentía a los niños como suyos. Insistía en que Neal era un gran escritor y no debía dejarlo. Sugería que Neal le escribiera cartas sobre sexo y me las pasara, porque yo tenía una idea totalmente equivocada de lo que era escribir sobre sexo.

Declaraba que dejaría de hablar de que «nada significa nada», y de lo triste que era eso. Preferiría viajar en coche con Neal para ir a buscar comida y adivinar todo lo que Neal diría. Pasaría una parte del año con su madre, parte en México, y parte viviendo con nosotros. Imaginaba más visiones de renovada alegría con Neal, recordaba momentos sentimentales y le rogaba a Neal que le perdonara todo lo que había hecho mal, y terminaba con una bendición de los Santos Ángeles.

Su carta no aplacó exactamente mis emociones, pero además de comprender a Jack, coincidí en su fe en Neal, que ya no escribía nada, ni siquiera cartas. Ambos lo habíamos perdido.

Al parecer, Neal tampoco respondió a esa carta, creyendo tal vez que si le revelaba algún secreto a Jack, yo me enteraría. Así que Jack me contó uno. Tenía miedo de que dejara de escribirle por haberme molestado su insinuación de que Neal le mandaba cartas furtivas sobre sexo. Decía que todos parecían haber cambiado; ahora estaba ceñudo todo el tiempo y saltaba por cualquier cosa. Suspiraba y decía que tendríamos mucho de qué hablar. Quería venir a San Francisco en verano, quedarse en casa de Allen y conocer a todos sus nuevos amigos tras haber pasado un mes en México. Naturalmente, vendría a verme a mí y a los niños. Se sentía tranquilo, solo y profundo mientras caminaba por el bosque para escribir y meditar. Pensaba en mí a menudo, y esperaba que todo me fuera bien.

Le ayudaba un poco descubrir que todavía me amaba, pero yo sabía que eso no supondría ningún alivio permanente, y yo estaba demasiado ansiosa por arreglar las cosas con Neal. Mi respuesta debió de transmitirle algunos de esos sentimientos de manera inconsciente, pues su siguiente carta fue resignada y triste. No había recibido el dinero que esperaba para su viaje a California, pero admitía que lo único bueno, de todos modos, sería verme a mí y a los niños, y tenía miedo de que no lo recordaran como antes, cuando eran más pequeños. Se ponía sentimental por nuestros tiempos con cintas, vino, niños, cuando Neal lo respetaba. Además, decía, se moriría de ganas de tocarme, y le parecía que a mí ya no me gustaría, y que, aunque lo hiciera, no estaría bien; y luego estaba Neal, así que mejor no empezar nada. Le parecía que yo parecía más distante en mi carta. (¡Cómo deseaba que no fuera tan paranoico!) Como de costumbre, me instaba a admitir mi amor por Neal (¿Alguna vez había dejado de hacerlo?) y era más objetivo al hablar de nuestros problemas de lo que podía serlo yo, todo expresado con gran amabilidad. Luego nos imaginaba hablando toda la noche con nuestro vino, y afirmaba que lo haríamos cuando él tuviera el dinero. Yo debía estar tranquila, dichosa y relajada como las rosas que veía por su ventana en la lluvia. Había unos cuantos pensamientos más de inspiración budista aquí y allá, seguidos de una posdata en la que enumeraba su rutina diaria en las Montañas Rocosas, donde vivía Memere.

Sus pensamientos solitarios solo intensificaron los míos. Ahora lo extrañaba más que nunca: alguien con quien hablar que fuera amable, y sin embargo sabía que habíamos pasado página, y que nada volvería a ser lo mismo. En mi congoja y confusión acudí a Elsie Sechrist del AII y le pedí consejo.

Como siempre, fui incapaz de expresar la profundidad de mi tristeza; tenía miedo de que sonara demasiado melodramático, y todo lo que había estudiado me había enseñado a tomarme a la ligera los problemas y no expresar las emociones.

Elsie respondió de inmediato, agradeciéndome la confianza que había demostrado en la labor de Cayce y su pequeñísima contribución a ella. Ella y Hugh Lynn estaban planeando una visita a San José, y dijo que se lo consultaría. Antes de eso ella tendría mucho tiempo para rezar sobre mi situación. Le había servido de ayuda alinearse con su yo superior a través de la meditación. Decía que mis esfuerzos iban en la dirección correcta, y que estaba impaciente por vernos a mí y a Neal el mes siguiente.

Los profesores de Cayce habían dicho que nadie se encuentra con una situación que no tenga fuerzas para superar... si lo desea. Eso me alegraba un poco, sobre todo cuando pensaba en todos los que estaban mucho peor que yo.

CUARENTA Y SEIS

Me sobrevino lo que más temía («Que te asalte tu miedo», decían las charlas) en forma de dos notas que encontré en el bolsillo de los tejanos de Neal que estaba a punto de lavar. Una era para Natalie y otra, reciente, se la había enviado ella. En medio de un frío desasosiego, leí primero la de ella:

> Estimado N.
>
> 23:10 – Nos vemos estimulados por inesperadas y agradables sorpresas, es decir, te quiero más ahora, pero mejor. En el día a día. Eso todavía me falta, pero, en otro orden, «siempre parece mejor lo del vecino, etc.» Sé que tu cuerpo... es un misterio para mí. Casi me olvido de ti y entonces tu cuerpo sorprende al mío; otra conciencia de una solución a lo no existente un momento antes de que el misterio se revele. Conozco cada centímetro, lunar, imperfección, cabello, cicatriz, poro, sin embargo, no pienso realmente en ellos (excepto para sentir tal vez ternura por una parte favorita o destacada) hasta que no los vuelvo a ver... y luego el destello de los recuerdos, y que probablemente palpé con mis manos o toqué y percibí y probé todos los sentimientos de tus reacciones al tacto y los diferentes sabores de las diversas partes de tu cuerpo, pero aún me excita más que alguien o algo que todavía no haya explorado.
>
> Te amo,
>
> N.

> A las 5 a. m. esto suena como la etiqueta de un frasco de matapiojos inglés botella para el cuidado y el tratamiento de la sarna. Es mejor con absenta.

No necesitaba nada más gráfico para definir su relación... y ¿cómo podría competir con eso? Para que no quedara ninguna duda, las notas envolvían un montón de instantáneas de Neal, Natalie, Allen y Peter haciendo el tonto en una calle soleada de la ciudad, de Neal y Natalie del brazo o de Neal agarrándola alegremente en variadas poses sexuales. La propia nota de él a medio terminar fue la gota que remató mi desdicha.

> ¿Por dónde empezar? Sobre todo porque después de tanto tiempo nuestro momento fue demasiado breve (como este tren es demasiado rápido, el asfalto demasiado irregular, mi caligrafía demasiado pobre para escribir bien), y sin embargo, mi memoria se demora en esos dulces ojos castaños que tanto expresan en ese instante: una necesidad que iguala mi propia intensidad, una carencia, simple y verdadera liberación de la tensión, que es la consecuencia de nuestra «condición humana». Soñé contigo anoche; o más bien, fueron dos sueños, una noche, una mañana. Entre otras cosas, incluida la verificación de la auténtica vibración entre nosotros –a diferencia de la simple ansia de sexo–: en realidad un nivel mental parecido: conocí a tu amiga de San José en el patio de trenes y le sugerí acompañarla para poder volver a verte. Al evocar el pasado me doy cuenta de que no he escrito casi ninguna carta durante tal vez cinco años; quizá dos cartas de amor; para empezar de nuevo entonces... veo muy posible, pero extraño, sentir un amor perfecto, un amor en el que somos uno porque nos compenetramos, como emisoras de radio sintonizadas entre sí, quizá...

Eso era todo lo que había, y para mí era más que suficiente. Y qué práctico: esta nota no debía de haberle llegado a ella, solo a mí. Ya no tuve ninguna duda de que eso no podía ser sino un ejemplo más de la retórica que me había escrito a mí y a muchas otras. Había creído cada una de sus ardientes palabras en las cartas de amor que me había enviado.

Neal me encontró con los ojos enrojecidos por el llanto, la pruebas incriminatorias colocadas sobre el tocador. Estaba demasiado destrozada para gritarle, pero le pregunté con tristeza si quería el divorcio, ahora que había encontrado a «la amante perfecta». Dijo que no, que no quería el divorcio, y traté de entenderlo.

–Pero, Neal, no lo aguanto más, ¡por favor! No me quieres. ¿Qué podría ser más evidente? ¿Por qué diablos hemos de seguir casados? Esto no es un matrimonio, etc., etc.

Su respuesta consistió en la simpatía y el consuelo habituales, y un gran esfuerzo por quitarle importancia a Natalie, insistiendo en que no suponía ninguna amenaza para nuestra relación.

–¿Que relación? –pregunté. Y la única respuesta fue:

–Vamos, cariño... –Esta vez sus palabras cayeron en oídos sordos; las había escuchado tantas veces. Vi que tendría que tomar cualquier decisión sola... o casi.

Una vez más, se lo conté todo a Elsie Sechrist, convencida de que ahora estaría de acuerdo en que Neal y yo debíamos separarnos. Esperé su respuesta con impaciencia, sintiendo que la libertad estaba a la vista. Y lo estaba, en su opinión. Dijo que había pensado mucho en mi carta. Me preguntaba si podía enviársela a Hugh Lynn, que se había enfrentado a problemas parecidos a los de Neal, y que debería llamar a nuestro contacto de San José, la señora Winter, para concertar un encuentro entre Neal y Hugh Lynn. También sugirió que ella y yo quedáramos para hablar. Las cartas no eran suficiente; sería más provechoso hablarlo en persona. Dijo que mientras existiera alguna duda sobre el divorcio o la separación, era que aún no había llegado el momento. Este karma parecía imposible de soportar, pero cada alma está preparada para llevar la carga. Le parecía que Neal probablemente sufría incluso más, porque cada alma desea ser buena y hacer el bien, pero algunos se han desviado tanto en el pasado que acaban en una senda de la que es difícil salir. Una persona débil, en mi lugar, se habría rendido haría mucho, pero mi voz interior y mi verdadero amor por Neal me impulsaban a tener más paciencia. «Sin duda ha habido muchos momentos en los que has gritado: "¿Hasta cuándo, oh Señor, ¿hasta cuándo?"» Por otro lado, dijo, cuando un alma ha hecho todo lo que puede, y su estado espiritual está en peligro, el Señor interviene y lleva a cabo la separación.

Sugirió que Neal podría ser una de esas almas con un alto coeficiente intelectual y una inmensa capacidad creativa que quizá, en el pasado, había sido un alma muy avanzada, cuando esa capacidad fluía libremente hacia el bien. Si, al renacer, el poder sigue fluyendo pero no se le dirige, solo puede regresar a un lugar: de vuelta a las gónadas, y la persona se vuelve loca.

Bueno, desde luego eso fue más de mi agrado que cualquier cosa que me pudiera decir un psicólogo, y después de leerlo me sentí desgarrada y lo sentí por Neal.

> Sobre todo, no seas infiel a ti misma ni a tus propios principios [...]. El fuerte debe defender la ley. El egoísmo es el pecado básico de todos nosotros. Por lo tanto, «tu voluntad» es de suma importancia a la hora de dirigir la energía a la glándula pituitaria [...]. El amor vence todas las cosas, y el amor también conquistará las diferencias contigo, muchacha.

Nos aconsejó que leyéramos el libro *Release* de Starr Daily, porque podría ayudarnos a ambos. «Orad juntos, toda la familia, también hay magia en eso.»

Todavía me sentía enjaulada, y forcejeaba con los barrotes, pero lo que decía era sensato y confiaba en su criterio. Por desgracia, le entregué la carta a Neal la siguiente vez que estuvo en casa, y la leyó con intensa concentración, ansioso por hacer todo lo posible para obedecer su consejo.

–¿Ya has llamado a la señora Winter? ¿Tienes el libro? Quizá ella tiene uno que nos pueda prestar.

Bueno, si él estaba dispuesto a buscar más ayuda, reconociendo así que tenía un problema que quería resolver, yo debía animarlo. Eso trajo un poco de esperanza, pero mis reservas de esperanza se estaban agotando. «Nunca dejes de intentarlo», decían los maestros de Cayce.

La señora Winter nos prestó *Release*, junto con otros libros de Starr Daily, y tenía razón; eran muy inspiradores. Parecía increíble que alguien hubiera tenido una experiencia semejante a la repentina conversión de san Pablo, pero cuando Starr (no era su verdadero nombre), condenado a cadena perpetua, había tenido la misma experiencia mientras estaba colgado de los pulgares, Neal deseó con todas sus fuerzas ser el siguiente. Quedó especialmente impresionado, porque en su juventud Starr había sido mucho más depravado, mucho más despiadado y cruel de lo que Neal jamás podría ser. Lo más impresionante fue que cuando Starr tuvo su visión, sin que nadie mas lo supiera, la actitud de todos los que lo rodeaban en la cárcel cambió también, y le dieron un trabajo en la enfermería y luego lo soltaron. Por supuesto, como había sido un delincuente, era un don nadie y no le daban trabajo. Pero se puso a viajar por el mundo visitando cárceles y dando charlas a los reclusos.

Por aquel entonces se celebraba el congreso anual de Cayce, y mientras duró Neal y yo estuvimos muy unidos, y pudimos ver nuestra situación de manera más objetiva y discutirla con calma. Tanto Hugh Lynn como Elsie se alojaban en la gran casa de la señora Winter en el centro de San José, que tenía dos plantas. El día de nuestra cita habíamos almorzado to dos juntos, y luego Elsie me llevó a uno de los dormitorios de arriba, donde nos acostamos en camas separadas y meditamos en lugar de hablar. No me parecía dominar esa técnica, así que no sabía muy bien qué esperar. Hice lo que pude para calmar mi mente y mis emociones, y después de más o menos una hora me sentí muy ligera y en paz, pero eso fue todo. Ella se levantó sonriente y me aseguró que le parecía que, con el tiempo, todo se arreglaría.

Regresamos abajo justo cuando Neal y Hugh Lynn salían del estudio, y a Neal le brillaban los ojos. Hugh Lynn me indicó que volviera dentro con él, y cerró la puerta detrás de nosotros. Nos sentamos uno a cada lado de la chimenea y repasó brevemente lo que había discutido con Neal, concluyendo que Neal debía trabajar la autodisciplina de manera muy concienzuda con la ayuda de la meditación diaria. Explicó que la tarea que Neal había elegido en esta vida era difícil, pero dijo que tenía el poder de cumplirla, si quería. El suicidio no era una opción; Neal nunca se permitiría una solución tan fácil; había venido a enfrentarse a su pasado, y debía hacerlo.

Esperaba que me preguntara por mi versión de la historia y me diera algún consejo y apoyo. Ni por asomo; incluso se mostró un poco irritable cuando intenté decírselo. Había olvidado que ya había leído mi carta a Elsie.

–Ahora tú. –Regresó a sus propios pensamientos muy serio–. Solo tienes que hacer una cosa, y es estar tranquila. –Sorpresa y decepción: se me cayó el corazón a los pies. ¿Neal le había dado una impresión equivocada? ¿Había racionalizado todo aquel caos? ¡Estar tranquila, no te fastidia! ¡Ja! ¿Estar tranquila? ¿Ante sus continuos ataques contra nuestro matrimonio y su constante infidelidad? Traté de no mostrar mi depresión, sobre todo porque Neal estaba eufórico tras su entrevista. Bueno, todavía me quedaba Elsie.

Durante todo el camino de vuelta a casa, Neal me cogió de la mano y prometió que lo conseguiría, repitiendo una docena de frases de Cayce. Cuando me preguntó qué me había dicho Hugh Lynn, estuvo de acuerdo en que era un consejo curioso, dadas las circunstancias.

–No creo que yo le caiga nada bien –dije con tristeza–. Y a ti te aprecia mucho.

–Vamos, cariño. Estoy seguro de que eso no es cierto. Es solo que, bueno, ya sabes, cuanto más pecador eres, mayor es el desafío, eso es todo.

Pero eso no me iba a consolar, y me sentí bastante incomprendida. Teniendo yo tanta razón y estando Neal tan equivocado, aquello no tenía ningún sentido.

Unos días después, una hermosa carta de Hugh Lynn me animó bastante.

Te he tenido en mi mente y en mi corazón desde que me fui de San José. Cada mañana a las 6:00 h dedicaré un poco de tiempo a pensar y rezar por ti. Esto te ayudará, pero no sirve de sustituto a tu propio trabajo de oración y meditación. Si vais a empezar ahora, los dos, dedicad a la oración aquellos momentos en los que os parezca que habrá suficiente fuerza de voluntad para empezar a aplicar las leyes espirituales de la disciplina que sabes que son necesarias. Tú, Carolyn, debes hacer exactamente lo que te sugerí: reza y mantén la boca cerrada. Tú, Neal, tienes un trabajo que probablemente será uno de los más difíciles a los que te hayas enfrentado, pero el objetivo de poder servir a otros que realmente necesitan ayuda bien vale la pena el precio de la disciplina y el autosacrificio que has de pagar. El único poder lo bastante fuerte para permitirte la libertad de elección a este nivel te llegará desde dentro, cuando lo divino en ti alcance el punto en que la divinidad universal se encuentra con ese yo interior.

Un abrazo a los dos.

–¡Qué amable de su parte! –dije cuando Neal dobló la carta pensativo–. A lo mejor no le caigo mal, después de todo. Si él puede encontrar tiempo para ayudarnos, ¿cuál es nuestra excusa?

–Sí, es un gran tipo. –Ambos nos quedamos en silencio, agradecidos por toda la amabilidad e inspiración que nos había traído la semana.

A pesar de ello, seguía sin estar convencida de que el consejo de Hugh Lynn satisficiera mis necesidades. Se me hacía extraño que sus palabras continuaran apareciendo en mi mente cada vez que, muy santurrona, le recordaba a Neal todas sus fechorías acumuladas. Eran molestas, como una mosca latosa. Lo intentaría, me mordería la lengua, pero nunca lo conseguía más de diez minutos seguidos.

CUARENTA Y SIETE

Neal estaba cada vez más ausente, yo llevaba una vida solitaria dedicada a las tareas del hogar y los niños, y lo único que me mantenía cuerda era que ellos me necesitaban y creaban un cariñoso entorno. Mientras fregaba los platos, desde la ventana de la cocina, observaba las colinas que se elevan sobre el pueblo, con sus viñedos atendidos por los jesuitas que habitaban su monasterio blanco, y más arriba los cortafuegos que recorrían la serena mole de las montañas. La piscina, que veía más de cerca, en verano era un regalo del cielo, pues me hacía de niñera, y casi todos los niños del vecindario aprendieron a nadar en ella. También era un refugio para mí. Era lo bastante profunda para poder sumergirme por completo y lo bastante larga para dar tres o cuatro brazadas enérgicas. Y secarme después al sol, al lado del agua, suponía una relajación total. El mantenimiento era un gasto mínimo.

Casi todos los momentos libres buscaba lecturas que me ofrecieran consuelo y fortaleza, procurando resignarme a las palabras de Elsie de que «Dios llevaría a cabo la separación».

En cierto modo lo hizo, aunque no tal como yo habría elegido. Neal anunció que quería mudarse a la ciudad y vivir con Allen y Peter. La razón que me dio fue que había tanto trabajo en el ferrocarril que le era más fácil, ya que tenía que pasar mucho tiempo allí entre tren y tren. Me pregunté cuánto tiempo le había llevado inventar esa excusa; una de sus peores mentiras. Sabía, por supuesto, que era con Natalie con quien compartiría piso.

El 10 de mayo me desperté sola. Había una nota en la mesita de noche: «Querida mamá: me odio, y lo sabes. Pero anoche estuve largo rato contemplando a mi hijo y fui plenamente consciente de mis responsabilidades, además, tengo mucho miedo de mi decadencia, pues una vez que un hombre inicia su declive, ya nunca se recupera. N.».

Aquel tono ominoso me provocó un estremecimiento. ¿Quería dejar de intentarlo? ¿Ignorar todos los consejos que acabábamos de recibir? Uno de los dichos favoritos y a menudo repetidos de Cayce era: «Todavía no has fallado». Ah, el poder del deseo... de ambos.

Me arrastraba por las esquinas, aferrándome al borde de la estabilidad que había alcanzado. Prefería el papel de «sufrida esposa» al divorcio. Neal volvía a casa cada dos semanas con la paga.

Uno de los problemas era que yo sabía muy poco de Natalie y de a qué competencia me enfrentaba. La única pista me llegó de los Hinkle, a cuya casa Neal había llevado una vez a Natalie. Helen dijo que ella era «extraña» y «rara».

–Simplemente se quedó allí sentada sin decir palabra, mirando al vacío, catatónica, diría yo. –Y Helen se estremeció, poniendo una mueca. ¿Por qué, me preguntaba, Neal estaba tan enamorado de eso? Pero lo cierto es que casi siempre salía con mujeres a las que le parecía que podía ayudar o curar. Supuse que Natalie había tenido problemas de drogas. Al dijo que ella era muy conocida en North Beach por ciertas prácticas sexuales orales, y eso tenía más sentido, aunque las notas que había leído indicaban un vínculo mucho más profundo.

Un fin de semana apareció Neal con otro hombre, estuvo unos minutos y se fue solo. Enseguida imaginé que me traía un sustituto en un esfuerzo por lavar su conciencia, aunque estoy segura de que también pensó que me estaba haciendo un favor.

Pat era un Adonis alto y musculoso, rubio y bronceado, y no

podía ser más diferente de Neal o Jack en todos los aspectos. Yo no me mostré en absoluto receptiva a ese «regalo». Quería decirle a Neal que, por favor, me dejara elegir mis propios amigos y amantes, gracias. Aún así, habría estado encantada de poder enamorarme de un hombre que pudiera reemplazar a Neal en mi corazón, así que no puse ninguna objeción inmediata. Todo en vano, por supuesto.

Sin embargo, Pat venía de la ciudad cada domingo, y aunque supuso un cambio en mi rutina, tampoco me hacía mucha compañía. La primera vez que vino se pasó horas limpiando y puliendo su Austin Healey. Se había traído una radio portátil y una toalla de playa para tumbarse al sol junto a la piscina y darse un chapuzón para refrescarse. Era obvio que ese era el principal atractivo de su visita. Se le daba bien jugar con los niños alrededor de la piscina, y hacía que la cena del domingo fuera más divertida para ellos, pero me puse enferma cuando uno de los niños tuvo un desliz y lo llamó «papá» y él se puso muy contento.

Ese verano, en mi avance hacia la independencia, me obligué a ir sola a las conferencias y eventos de orientación espiritual. Vi bastante a la señora Winter, y en una de esas conferencias conocí a un «obispo» fascinante que ella había descubierto. Celebraba su servicio en un pequeño auditorio en el local de las Juventudes Cristianas. Era un joven delgado de cabellos negros y finos y tez pálida. Un cierto deje francés que se atribuía a su origen suizo.

Había sido ordenado en lo que se llamaba la Iglesia Católica Liberal, que no tenía conexión alguna con la romana. Aquí «católico» se refería a su significado original de «universal». No obstante, el Obispo Romano se vestía con el hábito negro y el exceso de púrpura de los sacerdotes de la Iglesia Católica de Roma. Había muy pocas iglesias de esas en este país. La reencarnación se aceptaba, pero tampoco se insistía mucho en ella, y lo que más se subrayaba era la universalidad de todas las religiones en los mismos principios básicos subyacentes a todas ellas, el mismo poder que había detrás. El maestro favorito del

Obispo Romano era Sri Aurobindo, al que también aprendí a apreciar.

El servicio consistía en una meditación silenciosa bastante larga al principio y otra al final, y el «sermón» en medio. Cuando el obispo hablaba, sus rasgos ya de por sí delicados se suavizaban en una expresión serena hasta adquirir un tono casi céreo y resplandeciente, con unos ojos oscuros grandes y luminosos. Ataviado con sus túnicas y con aquellas manos delgadas y expresivas me recordaba los retratos italianos de principios del Renacimiento. Su voz era melódica, grave y clara, y tenía un tono de autoridad.

Después del servicio, cuando pasamos en fila para estrecharle la mano, apenas podía creer lo que veía; tenía un aspecto completamente distinto. Ahora se veía frágil, de modales torpes y tímidos, sin la elegancia ni el aplomo que tanto llamaban la atención cuando hablaba. Su voz era casi chillona y débil, y su cara era como de masilla, y se deformaba en una variedad de expresiones que apenas duraban un instante. ¿Me había imaginado lo que había visto antes? ¿Disponían de algún sistema maravilloso de iluminación? Casi no podía reprimir mi curiosidad, y al final conseguí hablar a solas con la señora Winter.

Ella me dirigió una sonrisa cómplice.

–Sí, ¿no es increíble? Bueno, ya ves, dicen que la razón es que cuando está dando el sermón, bueno.... le sirve de canal a una mente superior... ¿tal vez incluso Sri Aurobindo? De todos modos, habla en un estado de semitrance.

–¿Quieres decir que es un médium? –pregunté, horrorizada.

–Bueno, en cierto modo supongo que lo es, pero también podría ser su propio yo superior, ya ves. De todos modos, ya nadie quiere que lo llamen «médium». –Como Cayce, recordé. Ahora se les llamaba «canales».

Reflexioné un poco sobre la cuestión y lo comenté con Neal en una de sus visitas. Sintió tanta curiosidad que quiso ir conmigo al siguiente servicio. Decidimos que no estábamos en situación de juzgar al hombre, y si sus conferencias eran inspiradoras, ¿qué más daba? Me pregunté por qué no pensábamos lo mismo que Cayce, pero eso parecía.

Cuando Neal escuchó al obispo, él también quedó muy impresionado y notó su cambio de aspecto cuando nos fuimos. Neal vino a esos encuentros varias veces más, y, no sé cómo, conseguí mantenerme fuera del tema de Natalie y ser capaz de «estar tranquila». Me gustaba fingir que todo era como antes, y, de todos modos, Neal seguía insistiendo en que vivía con Allen y que ella no significaba nada. Además, trabajaba duro en el ferrocarril para mantenerme a mí y a los niños, ¿no?

CUARENTA Y OCHO

Se nos ocurrió que tal vez Sri Aurobindo, aunque hindú, todavía podría servir de puente entre nosotros y el budismo de Jack. No habíamos tenido noticias de él en todo el verano, pero justo cuando había decidido escribirle para hablarle del Obispo, recibí una nota de él enviada desde México.

Más paranoia. Dijo que se iba a la casita de Allen en Berkeley, de la que, por supuesto, yo no sabía nada. Él esperaría a tener noticias mías, aunque fuera a través de Neal. Decía que pensaba en mí a menudo, pero que no había dicho nada a propósito, porque no quería causar más dolor a nadie. Se sentía incómodo, pero me pedía que siempre le dijera la verdad y no fingiera. Decía que ya no tenía ego. Vendría a verme, y a los niños y la nueva casa, pero no quería darme ninguna sorpresa.

Vaya, ¿qué diablos había provocado todo eso? Yo no le había escrito simplemente porque no quería mencionar a Natalie, pues sabía que le dolería saberlo y a mí me avergonzaba confesarlo. Bueno, cuando viniera, intentaría explicárselo. Primero, le enviaría una cordial invitación.

Neal se encontró con Jack en San José, en la oficina del patio de trenes, y lo trajo a casa a cenar, nuestra cena tradicional. Supuse que por el camino Neal había puesto a Jack al día de lo de Natalie y sus actividades en la ciudad. Con todo lo que había pasado, sobre todo mujeres por debajo de Neal, no recuperamos del todo las brillantes esperanzas nacidas en nuestra relación anterior, pero si Jack y yo éramos mayores y estábamos más tristes, también había una dulzura nacida de la soledad y la resistencia, tal vez incluso un deseo más profundo y una empatía más cálida que ahora solo podíamos expresar con miradas tiernas, con las que esperaba disipar sus dudas. Reviví un poco ahora que estábamos los tres juntos de nuevo, y agradecí las migajas de atención que me habían faltado durante tanto tiempo.

Cuando los niños finalmente estuvieron en la cama y Jack debidamente impresionado con nuestro ritual de oración, llevamos el televisor a la sala de estar. Nunca habíamos visto la tele juntos, y nos mantendría alejados de nuestros problemas personales. Por suerte no había nada en concreto en lo que quisiéramos concentrarnos, y ninguno de nosotros podía dejar de hablar durante mucho tiempo, por lo que Neal se puso a cambiar de canal sin dejar de hacer comentarios, ya fuera sobre los anuncios, las sitcoms o los espectáculos de variedades, a los que Jack añadía los suyos propios.

Jack había traído una gran cantidad de hierba de México, y la sacó. Neal se puso a dar brincos de impaciencia y alegría. La extendió encima de un periódico en su regazo para la manicura, y Neal sacó la vieja lata de tabaco Sir Walter Raleigh en la que siempre guardaba la suya. Neal no paraba de dar brincos, yendo hacia la tele y volviendo, y solo se paraba para elogiar las apretadas hojas rizadas de la remesa de Jack, instándolo a darse prisa.

Fui a sentarme en el sofá de la otra punta de la sala, delante de la ventana. Vi meterse un coche en nuestro camino de entrada, y supuse que era alguien que quería dar media vuelta. Pero no: siguió adelante y aparcó. Entonces vi las luces rojas intermitentes.

–¡Dios mío, Neal, es la policía! –Corrí hacia la ventana justo cuando el sheriff abrió la puerta de su coche. El pavor nos activó. Salté para apagar la lámpara, mientras Jack enrollaba el periódico alrededor de la hierba y la ocultaba a su espalda, dirigiendo toda su atención a la televisión. Neal se sentó en la silla que yo había dejado vacante, aparentemente también absorto en la tele. Abrí la puerta temblando de pies a cabeza. El oficial entró en el zaguán a oscuras y preguntó por Neal Cassady. (No había vestíbulo de entrada, solo una partición entre la puerta y la zona del comedor, por lo que la televisión y la sala de estar estaban completamente a la vista.)

Neal se puso de pie de un salto, deseoso de mostrarse complaciente.

–Sí, señor, soy Neal Cassady. ¿Qué puedo hacer por usted? –Sabía que debía encender una luz, pero, como no estaba seguro de si Jack había escondido bien la hierba, no lo hice, y el oficial encendió su linterna, cuya luz recorrió la habitación. Contuve el aliento. Jack seguía absorto en la televisión, y solo una vez levantó la mirada hacia el policía, y de inmediato la devolvió a la tele. Me senté con él, esperando que el agente no exigiera más luz que la que emitía la tele, y pensando que tenía todo el derecho a hacer lo que quisiera en mi propia casa, incluido ser grosera. El agente le estaba diciendo a Neal:

–Lamento molestarle [¡qué eufemismo!] pero cuando esta tarde pasó por comisaría para pagar las multas de tráfico cometimos un error. En lugar de doscientos dólares, eran doscientos sesenta. Faltan otros sesenta dólares. –Casi se podían palpar los suspiros de alivio... ¡de momento! Pobre Neal, siempre conseguía que lo pillaran.

–¿Oh? Bueno, por supuesto. –Neal corrió hacia nuestro dormitorio, desde donde gritó–: Esto... querida, ¿dónde está la chequera?

Fui enseguida al dormitorio y dije:

–Es igual, ya la pago yo. Está en el bolso.

Neal regresó a la sala de estar y conversó despreocupadamente con el agente mientras yo trataba de mantener la mano lo bastante firme como para escribir el cheque.

Cuando el coche de policía por fin salió marcha atrás del camino de entrada y se alejó a toda velocidad en la noche, todos estábamos a punto de desmayarnos. No por mucho tiempo, por supuesto. Neal y Jack estaban aturdidos y mareados por haber escapado por los pelos, así que volvieron a sacar la hierba y buscaron con esmero cada miga caída mientras se partían de risa por haber toreado al policía. Yo estaba bastante serena; el episodio no solo me había asustado, sino que descubrir la cantidad de dinero que Neal había perdido en multas sin que yo lo supiera me puso de mal humor. Como no sabía disimular mi disgusto, decidí retirarme, para que al menos los hombres pudieran disfrutar de la velada.

Neal durmió conmigo, y Jack ocupó el sofá de dos metros y medio de la sala de estar. Me permití abrazar el cuerpo de Neal, del que me había visto privada tanto tiempo, pero hacía ya bastante que le había dicho que no toleraba el sexo con él. Se lo había tomado bien, para mi sorpresa, aunque los dos sabíamos que tenía otras válvulas de escape, y de ahí mi decisión. Como sus métodos siempre me dolían, fue un alivio para mí y no supuso ninguna pérdida para él. Me había dicho que prefería masturbarse, y así no tener que tratar con ninguna mujer.

Cuando Neal se fue a trabajar a la mañana siguiente, dijo que intentaría que Allen nos acompañara esa noche a escuchar al Obispo. Me sentía feliz de que Jack hubiera decidido pasar el día conmigo. Sin embargo, los niños lo mantuvieron tan ocupado mostrándole todos sus nuevos «fuertes», los árboles trepadores y cualquier otro tesoro del barrio, que tuvimos poco tiempo para hablar. Por la tarde nadó con ellos, asustándome pero impresionándolos al tirarse de cabeza en un metro de agua. Solo cuando se fueron a dormir la siesta pudimos tocarnos... sin sexo, y pude asegurarle que no estaba «distante», que siempre le decía la verdad y que no había cambiado ni cambiaría mi amor por él. Siempre estuve agradecida de que me permitiera superar su paranoia.

Neal llegó a cenar sin Allen, porque Peter y Pat también querían venir y no podían llegar hasta las siete. Aunque se perderían el sermón, Neal los instó a venir de todos modos. Yo no estaba a favor; era escuchar y ver al Obispo en acción lo que me parecía importante. Neal había oído que el Obispo a veces iba a las casas de la gente después de las reuniones, por lo que le pidió que viniera a la nuestra esa noche. El Obispo aceptó su invitación.

Yo sentía pánico, pues tendría que preparar un refrigerio, sola, para un montón de invitados, incluido el impresionante Obispo. Supuse que le gustaba la infusión de hierbas y de eso tenía un montón –aparte de la *otra* hierba que había traído Jack–. Jack tomó vino y esperaba que el Obispo lo compartiera con él. Me preocupaba que Jack ya se hubiera hartado. No era así, desde luego, como yo quería que lo conociera.

Allen, Pat y Peter ya habían llegado cuando nos volvimos a casa de la reunión, y apenas tuve tiempo de poner agua al fuego e inspeccionar la sala de estar cuando apareció el coche del Obispo. Me sentía cualquier cosa menos una anfitriona competente, pues no me habían educado para sentirme cómoda con el clero, y me agobié cuando le abrí la puerta al Obispo y lo vi acompañado de dos mujeres de mediana edad. Esforzándome aún por mantener la compostura, no me fijé en su aspecto en detalle; mi primera impresión fue solo que a Dickens le habría encantado. El Obispo las presentó como su madre y su tía.

Nuestro mobiliario era escaso, pero recogimos sillas del patio y lo sentamos junto a la chimenea apagada, de cara a la sala, en una silla de lona de «exterior», cuyo respaldo alto con orejas creaba un efecto de trono que consideré adecuado, aunque un poco apabullante para su cuerpo menudo. Las dos señoras se sentaron juntas en el sofá, debajo de la ventana de delante, ahora cerrada, y el resto de nosotros trajimos sillas del comedor... todos excepto Jack, que se instaló en el suelo al lado del Obispo, sin soltar su botella. Al principio se recostó contra la estantería baja con los ojos cerrados, y citó algunos pasajes del *Sutra del diamante*, pero poco a poco pasó a apoyarse contra la silla mientras bebía de su botella.

El Obispo Romano comentó sus palabras, ampliándolas y explicando lo que significaban como si fuera un tema familiar como el tiempo. Entonces Jack se apoyó contra la rodilla del Obispo y suspiró, «Le amo», y enseguida se echó hacia atrás y tomó otro trago. El Obispo sonrió; los demás fingimos no darnos cuenta. Este gesto sucedió a menudo a partir de entonces.

Igual que durante el servicio, el rostro del Obispo estaba relajado, su voz era fuerte y retumbante y su actitud serena. Yo me sentía más tranquila, sobre todo porque todo el mundo le prodigaba una total y respetuosa atención. Neal se paseaba por la otra punta de la habitación, buscando, sabía, algún ejemplo pertinente de Cayce, pero todavía se le veía algo tímido en presencia de un verdadero «predicador». Tuve la extraña sensación de que las dos mujeres nos habían traído una muñeca mágica, como en *Petroushka*. Nunca apartaban los ojos del Obispo y nunca hablaban.

Salí a preparar el té y escuché que Neal había encontrado la oportunidad de presentar a su sabio favorito. El Obispo se sentía igualmente cómodo con ello, y adaptó sus comentarios a ese cambio de tema, pero siguió explicando que la armonía necesaria para desarrollarse en la nueva era debía proceder de una comprensión del pensamiento oriental y occidental, y, al igual que Sri Aurobindo y Parmahansa Yogananda, destacó la compatibilidad de la enseñanza oriental con la de Jesús sobre la espiral en evolución de las experiencias de vida: la única diferencia eran la terminología y las imágenes empleadas para expresar las mismas verdades universales a diferentes culturas en épocas distintas.

Allen hasta ahora no había dicho nada, y yo esperaba que fuera él quien más se entendiera con el Obispo, porque lo consideraba el mejor informado entre nosotros sobre el misticismo oriental, aunque luego supimos que no era así. Entonces me pregunté si ese etéreo joven suponía algún desafío a su ego. En cualquier caso, no sacó a colación a Sri Krishna; tenía otro tema en la cabeza. Me ayudó a repartir las tazas de té y luego se acercó al sofá y se sentó entre las dos señoras.

–Entonces –casi gritó–, ¿qué pasa con el sexo?

Supongo que debería haberle estado agradecida de que no se quitara la ropa, pero surtió el mismo efecto. Incluso Neal se puso nervioso y se miró los pies. Jack se rió:

–¡Allen!

La mandíbula prominente de Pat pareció desprenderse, y Peter y yo nos quedamos estupefactos, al igual que las señoras.

Allen sonrió, sus ojos negros escrutaron al Obispo, pero este habló con calma y seriedad, sin pestañear.

–Sí, por supuesto, el sexo es un aspecto de vital importancia: la Fuerza Vital que lo rige todo, y debe comprenderse por lo que es y encauzarse adecuadamente. El Hombre-Adán utiliza esta fuerza, la Kundalini, para crear nuevos cuerpos para su propio placer sensual, pero cuando se eleva para ser el Hombre-Cristo, lo utiliza para formar ideas creativas que se materializan en cosas beneficiosas para la humanidad mientras su propia conciencia evoluciona más allá de su naturaleza animal. Es nuestra fuerza más poderosa, de hecho. Probablemente estamos más familiarizados con su poder destructivo cuando se encauza mal de una manera sexual negativa. –Pronuncié un silencioso «Amén» y recordé la advertencia que Hugh Lynn le había dirigido a Neal sobre el poder mal encauzado.

Con esta variedad de chalados, y con los intermitentes «Le amo» de Jack al Obispo, me alegré mucho cuando las damas rompieron su silencio de manera terminante indicando a su acompañante que era hora de irse. Cuando el trío se hubo marchado, el tono serio se tornó rápidamente alegre reflexión, y reconstruimos la velada con hilarantes «qué hubiera pasado si», aunque me dije que habían pasado bastante cosas. La risa de Jack se convirtió en una carcajada cordial cuando dijo:

–Dios, Allen... tú y tu «¡ahora hablemos de sexo!». –Y rodó por el suelo apretándose la tripa de risa.

Allen se encogió de hombros y sonrió.

–Solo estaba tratando de animar un poco las cosas. A esas dos gárgolas les encantó. Casi les pongo una mano en la rodilla a cada una. Esto también les hubiera encantado.

Neal se rió de la imagen, pero su veneración por el Obispo y el tema le impidieron profundizar en la cuestión.

Neal había organizado cuidadosamente su propio regreso a la ciudad aquella noche, con la excusa de que Allen y Peter necesitaban un transporte. Pat, dijo, iba a visitar a unos amigos que vivían en la costa, un poco más abajo, por lo que no podía llevarlos. Me pregunté si Neal había pensado en Jack y en mí y quería hacernos un favor. Jack y yo no teníamos idea de que pasaríamos una noche juntos y a solas; fue un regalo inesperado, y nos miramos con asombro mientras los demás se iban marchando. En la cama casi nos asfixiamos con nuestro deseo reprimido, nuestros sueños sin esperanza y el destino futuro. De alguna manera sabíamos que era la última vez. Dormimos muy poco, pues no queríamos desperdiciar ni un minuto. Al amanecer recogió su saco de dormir y salió de mi cuarto, para evitar que los niños lo encontraran en mi cama.

CUARENTA Y NUEVE

A la mañana siguiente, cuando me levanté, Jack tomaba el sol en el patio, pero entró cuando me oyó en la cocina. Los niños ya se habían ido a la escuela. Me dio un gran abrazo y un beso.

–Toma un poco de zumo de naranja y café. Estaré lista en un minuto. ¿Has dormido algo?

–Sí, claro, es decir, una vez que me puse cómodo. Primero vine al patio, pero el perro Cayce no dejaba de lamerme la cara, así que me trasladé al otro lado de la cerca, bajo ese ciruelo solitario. Estaba el cielo despejado y se veían las estrellas. Y qué silencio. Deberías dormir fuera siempre... solo que... ¿qué es ese olor?

–Ah, querido. Me temo que no tenemos alcantarillas. Eso la fosa séptica. Estamos intentando conectarnos a las alcantarillas de Los Gatos. Pero si colocas tu caravana lo bastante atrás...

–Es lo que voy a hacer en cuanto venda un libro.

–Mientras tanto, mira esto mientras friego los platos del desayuno, ¿vale? –Le di un folleto de Sri Aurobindo–. Es una especie de extensión del Obispo.

Se lo llevó fuera y lo leyó con atención, tomando notas en los márgenes, y cuando volví con él me leyó algunos pasajes. Su interés me complació. Hacía mucho que echaba de menos compartir esas cosas con Neal. Le llevé una cerveza, ya que decía que tenía resaca.

–Ese hombre tiene razón, ¿sabes? Entregarse es la clave; deberías entregarte a Neal.

–¿Qué quieres decir con «entregarme»? ¿Aceptar todo lo que él haga o quiera? Vamos, mira esto: «Por encima de todo: sé fiel a ti mismo». A menos que te refieras a entregar mi ego personal, mi apego. Estoy de acuerdo con eso, está bien, y lo intento, pero es un concepto ajeno a la tradición.

Siguió una larga e intensa discusión en profundidad sobre nuestras ideas en desarrollo. A Jack no le gustaba el análisis lógico, prefería su imaginería mística y etérea y su intuición, así que no sé si logramos comprender mejor los problemas de la vida. Traté de llevarlo de vuelta al terreno de las aplicaciones prácticas:

–Supongo que todo este lío con Neal en realidad es porque quiero que sea solo mío. Quiero que me ame más. Oh, cariño.

–Neal te ama.

–Supongo que sí, a su manera. Como dijo Starr Daily, en un momento dado, la gente ama lo mejor que puede, y eso es todo lo que puedes esperar. Por tanto, es inútil que le exija a Neal que me ame como yo lo amo a él. En este momento me da todo lo que es capaz. Dante dijo que el amor es como un espejo; cuanto más das, más se refleja. Admito que en este momento no estoy derramando mucho amor. –Pensé en esas ideas aleccionadoras, y luego canturreé–: Cayce dice que si quieres ser amado, has de ser encantador.

–Lo eres, y te amo. –Y me besó.

–Querido Jack. Prefiero amarte de la manera correcta. Creo que Neal y yo debemos tener algo kármico que hemos de solucionar. Sé que nunca podría poseerte, así que no te exijo más amor... y tú me das bastante... y tú y yo no hemos jurado amarnos, aunque ambos creemos en el matrimonio. Qué raro. Tú y yo creemos que las promesas deben cumplirse, y Neal que han de romperse. Bueno, no es tan simple.

–Neal se vuelve muy posesivo cuando cree que podría perderte.

–Sí, y todas sus demás mujeres también, ja. Deberías saberlo. Una vez suya, siempre suya. Supongo que todo tiene que ver con el ego, con el yo. Es difícil quitar de en medio nuestro yo.

–Acabo de leer esto mismo en el libro de Aurobindo, solo que él hablaba de mantenerse al margen y mirar cómo funciona tu maquinaria. Esa es también la base de la prosa y la poesía espontáneas; no dices «yo» lo hago; son las *gunas* quienes actúan: aspectos de Dios. Por eso los editores no tienen derecho a decirle a los escritores cómo ni qué escribir. –Nos acercamos y nos apoyamos el uno contra el otro, y contemplamos cómo las nubes reorganizaban sus formas en medio del azul vivo del cielo, silenciosas entre nuestros pensamientos.

–Solo con que Neal pudiera dejar la hierba y reemplazarla por la meditación. Sabemos que no hay atajos. Cuánta fuerza podría tener.

–Sí, intento decírselo, pero ya no me escucha. De todos modos, tiene que ser activo. Tienes que ponerte en marcha solo. Eso es lo que voy a hacer yo. Buscar una montaña, subir a la cima y sentarme solo a meditar. Pero Neal, bah, él es así, mujer. Su única meta es hacer lo que quiera y saber que es cojonudo.

Jack se volvió a un lado, con la cabeza apoyada en la mano, los ojos cerrados, frunciendo el ceño. Un mechón de cabello le cayó en la cara, y cuando lo aparté, el ceño se disipó y soltó una risita. Entonces se puso en pie de un salto, me cogió las manos y tiró de mí para ponerme de pie.

–Venga, bebamos algo de vino.

Llegamos hasta la puerta acristalada de la casa y en ese momento escuchamos cerrarse de golpe la puerta principal, y Neal pasó a nuestro lado y entró en el dormitorio, gritando:

–Vamos, chicos, de prisa, vamos a la pista. No nos podemos perder la primera carrera. –Jack se echó a reír; ese era el Neal que adoraba, y fue a la cocina a buscar el vino, mientras yo seguía a Neal a nuestro dormitorio, donde se estaba cambiando los calcetines.

–¿La qué? ¿Qué has dicho?

–La pista, nena, el hipódromo. Bay Meadows. Te va a encantar, vamos.

Jack salió de la cocina y asintió en dirección a mí.

–¿Has visto alguna vez una carrera de caballos?

–Solo en las películas. ¿Pero cómo es eso, Neal? No sabía que te gustaban las carreras de caballos.

–Y no me gustaban. Pero esto es diferente. –Se subió los tejanos, se pasó la mano por el pelo, rebotando del cuarto de baño hacia mí–. Yo no voy a ver las carreras, sabes... verás... esto... bueno, me he enterado de este maravilloso sistema secreto, sí, sí, sí. –Y puso su acento de W. C. Fields, sonriéndole a Jack.

–Ah, ah, cariño. No digas nada. Ya sé qué estás pensando, pero este sistema realmente funciona; te lo enseñaré. Te lo demostraré. Deja una nota a los niños y diles a dónde vamos. Estaremos en casa para la cena. Date prisa o nos perderemos la primera carrera. –Siguiendo el consejo de Jack, me dejé llevar e hice lo que Neal me pedía.

De camino a Bay Meadows, Neal explicó brevemente su «sistema».

Todo consistía en apostar en el último minuto por el que iba tercero en las apuestas. La teoría era que los que iban primero y segundo a menudo estaban sobrevalorados, pero el que iba tercero a veces era igual de bueno, y así se había demostrado por la ley de los promedios; ganaba a menudo y de manera sistemática, y las probabilidades eran mejores. El truco, por supuesto, era apostar cada vez suficiente dinero para cubrir cualquier pérdida anterior. Neal comenzó con dos dólares, y por lo general acertaba antes de haber perdido mucho, recuperando así lo apostado además de las ganancias. Llevaba haciendo esto más o menos un mes (quejido por mi parte) y había comenzado a llevar registros detallados, comprobando los resultados diarios de la carrera en el periódico. Hasta ese momento, el período de pérdidas más largo había sido de once carreras consecutivas. Bueno, no, no había tenido el capital para cubrir eso.

–¡Pero piénsalo! Si yo... de verdad, cariño, piénsalo. Bueno, con el tiempo, tendré a otros cubriendo todas las pistas del país... ¡todas las carreras! Pero, ya ves, debe hacerse de manera científica, sin interesarse por los caballos, ni por los soplos de los enterados: es un trabajo duro, no divertido.

–Bueno, ahora ya no me queda nada por oír. Jamás imaginé que te convertirías en jugador.

–¡No, no! ¡Claro que no! Esto no es apostar. Te lo acabo de decir, es científico. Es solo un trabajo. Tienes que mantener los oídos cerrados y mirar el tablero hasta el último instante, correr hacia la ventanilla y apostar al que va tercero en las apuestas. Luego esperas a la próxima carrera, y así sucesivamente. Por eso nadie lo hace, ¿entiendes? Es muy duro.

Para no deprimirlo más con mis dudas, conduje el resto del camino en silencio, mientras Neal le recitaba a Jack las últimas estadísticas. Me di cuenta de que Jack tampoco estaba completamente convencido; y Neal ponía aún más convicción en venderle su idea... a su hermano.

En el hipódromo, después de que Jack me mostrara los potreros, los paneles de información y las ventanillas de apuestas, me quedé en mi asiento mientras corrían de un lado a otro. La gente me pareció fascinante, como siempre, pero las carreras eran bastante diferentes de lo que había visto en las películas. En estas el suspense se creaba alargando cada carrera hasta lo que parecían al menos quince minutos o más, pero en directo la carrera se acababa en un santiamén, y el tiempo entre carrera y carrera se hacía interminable.

Neal no ganó esa tarde, y de vuelta a casa lo vi pensativo y tranquilo. Inmediatamente después de la cena, se fue de nuevo a la ciudad, esta vez llevándose a Jack.

Una mañana, unas semanas después de nuestro día en las carreras, recibí una llamada telefónica del empleado del banco que había constituido nuestros fondos de inversión. Habíamos tenido una suerte increíble, ya que nuestra inversión inicial de cinco mil dólares había duplicado su valor en tan solo un año, así que lo saludé cordialmente.

–¿Señora Cassady? Siento molestarte de nuevo, pero cuando usted y su marido estuvieron ayer en la oficina para hacer efectivas sus inversiones, olvidé que tenían que firmar un papel.

Me quedé con la mente en blanco.

–¿Qué quiere decir? ¿Que qué? Oh, debe de haberse equivocado de Cassady –dije riendo–. No he estado en su banco desde que depositamos el dinero de la inversión. Y mi madre está bien... Bueno, obviamente, se trata de un gran error.

Aquella noche esperé a Neal en casa. En el estado de ánimo en que me encontraba me pareció más seguro dejarle una nota que ponernos a hablar. Me acordé del «no decir nada» de Hugh Lynn, y sabía la palabra escrita también sería un error, pero lo consideré un pequeño avance. Redacté la nota varias veces, y cuando consideré que era lo menos emocional posible, la dejé junto a la cama de Neal:

> Querido Neal:
>
> Por si esta noche tengo demasiado sueño para esperarte despierta, te hablo mediante este método menos doloroso. ¿Qué dijimos de ponernos pruebas más difíciles a medida que nos hacemos más fuertes? Seguro que ocurre deprisa. El buen Dios decidió que yo me enterara de tu chanchullo en Cupertino. Sigo preguntándome por qué, pero doy por supuesto que es para darme una «oportunidad» de superarlo en lugar de una oportunidad de desquitarme. Pobrecillo, cuando llamó le dije que no habíamos ido al Este y que mi madre no había muerto. Realmente pensó que se había equivocado de Cassady. De todos modos, cuando insistió tuve que admitir que no sabía nada de lo que había pasado (chico listo, ¿por qué tienes que hacer las cosas tan complicadas?). Quería vender las acciones de inmediato y pedir una orden de arresto para Natalie. Me fui corriendo a recoger a los niños al colegio y luego fui al banco a firmar la anulación de la orden y a decirle que no hiciera nada. Me aseguró que se pondría de mi lado si alguna vez quería llevar a la culpable delante

de la justicia. Traté de explicarle que te encantan los castigos, así que no me queda otro remedio que probar algo diferente y esperar que ganes con los caballos. ¡No me extraña que tus fiestas sean tan famosas, uau! Por cierto, ese carnet de identidad mío que Natalie utilizó, ¿es algo que voy a echar de menos? Lo hizo muy bien, debo decir, pero le vendría bien un poco más práctica con la C.

Como tú dices: aún no estoy muerta.

Supongo que he dicho todo lo que no me puedo callar. Despiértame si hoy he ganado.

C.

Tuve que hacer acopio de valor para no airear todo el cabreo que llevaba. Nunca imaginé que llegaría tan lejos. Sin poder dormir, pasé la noche dedicada a mi trabajo personal, repitiendo todas las profesiones y principios cristianos que pude recordar, incluso cuando le escuché llegar, leer la nota y meterse en la cama. Seguí aguantándome, manteniendo la boca cerrada pero repitiendo en mi mente una y otra vez: «Benditos aquellos que te utilizan con desprecio», etc.

Por fin pude aceptarlo bajo una especie de luz fatalista. Después de todo, me dije, en realidad era su dinero. No estábamos peor que si nunca hubiera tenido el accidente, sino mejor. Y todavía nos quedaba la casa.

A la mañana siguiente, Neal se sentía agobiado por la contrición y el remordimiento, tanto por haber sido descubierto como por el acto en sí. Mi nota (y mi boca cerrada) parecían haber contribuido mucho. En retrospectiva él también estaba asombrado de lo que había hecho, pero tenía la total certeza de que lo recuperaría en poco tiempo, reemplazaría el dinero, y yo solo me enteraría de que teníamos más dinero. Planeaba demostrarme orgulloso que el sistema funcionaba y que teníamos la vida solucionada. Sin embargo, no haba sido capaz de seguir su propio consejo; había escuchado lo que decían los enterados y las revistas, se había saltado algunas carreras, y perdido casi todos los diez mil dólares en menos de un mes.

–Neal, lo que me deja estupefacta, aparte de poder conseguir duros a cuatro pesetas, es que siempre consigues que te pillen. Siempre se te escapa algún detalle. ¿No crees que inconscientemente quieres que te castiguen? Siempre estás dejando pistas para que yo las encuentre, como las notas de Natalie. Ni siquiera tengo que ser la típica esposa fisgona.

Neal reflexionó.

–Eso es lo que parece, desde luego.

–Bueno, no quiero castigarte. Búscate a otra que te haga de guardiana o de madre: ve a confesarte. Es un papel que detesto, aunque lo he interpretado hasta el final, lo reconozco.

Tampoco renuncié al papel de la noche a la mañana, y el solo hecho de ver alguna mejora en mi comportamiento era un bienaventurado alivio. Seguía perdiendo la paciencia tanto con Neal como con los niños, y muchas veces bordeábamos el cráter de la desesperación, pero con nuestro creciente conocimiento de los principios y propósitos de la vida, teníamos algo a lo que recurrir, una dirección que seguir, y ya habíamos aprendido que cuando lográbamos actuar según la teoría, siempre funcionaba. Entonces, como dijo Winston Churchill: «Sobrevivir es tener la oportunidad de empezar de nuevo».

CINCUENTA

El 1 de diciembre envié a los niños al colegio y me senté delante de una taza de café y el periódico de la mañana. En la página dos se leía el titular: MUJER RECHAZA EL RESCATE, SALTA TRES PISOS Y MUERE. No suelo hacer caso de ese tipo de noticias, pero en esta aparecía una de esas convincentes fotografías de un edificio con una línea de puntos superpuesta desde el techo hasta la acera. Mientras mi ojo seguía la flecha, vi que terminaba en un coche... igual que el de Neal. La repugnante y familiar oleada de miedo me hizo temblar la mano, así que apenas pude leer el artículo.

> Ayer, una mujer no identificada de unos treinta y cinco años se cortó el cuello en una azotea del 1041 de Franklin Street, luego le dio una patada a un fornido policía para soltarse y saltó del rellano de la escalera de incendios.
>
> Vestida solo con un albornoz y una camiseta, estaba a punto de saltar, apoyada en la barandilla de la estrecha escalera de incendios, cuando el oficial O'Rourke salió por una ventana para agarrarla. «Lo único que podía hacer era saltar hacia ella y cogerla –dijo–. La cogí de una manga del albornoz mientras trataba de soltarse. Pero se soltó. Me quedé con el albornoz en la mano y ella saltó». Su pareja dijo que quizá se había cortado ella misma con cristales de un tragaluz roto.

«No identificada». ¿Podía ser Natalie? ¿Por qué pensaba eso? Podría ser el Packard de cualquiera, y recordé que Neal había dicho que Natalie tenía veinticuatro. Debía estar imaginando cosas... dramatizando. Pero no se me iba aquel temor. Al cabo de una hora Neal telefoneó.

–Carolyn... Natalie... Natalie ha muerto.

–He visto el periódico, Neal. Lo siento mucho. ¿Quieres volver a casa una temporada? –No lo dudó.

–Oh, ¿puedo?

–Por supuesto, Neal. Esta sigue siendo tu casa, te guste o no. Sé que la amabas; debe ser horrible para ti.

Aquel mismo día apareció en casa con un aire ceniciento y demacrado. Nunca lo había visto tan desquiciado e indefenso. Le serví una taza de café y se desplomó en una silla. Tuve la sensación de que quería hablar, pero no era fácil para él hablar de ella conmigo después tanto tiempo negando la relación. Quizá si yo abordaba la cuestión sin sentimentalismo, él también podría hacerlo.

–Vi tu coche en la foto. ¿Dónde estabais?

–Yo dormía. Ella se levantó y salió. Yo no me enteré, pero cuando escuché las sirenas, me dije que no quería que tú y los niños os vierais involucrados y simplemente cogí mis cosas y salí corriendo por la parte de atrás.

–¡Y no sabes cómo te lo agradezco! ¿Por qué lo hizo? ¿Fue un suicidio? –Era horrible sugerirlo, pero eso podría explicar por qué Neal se sentía tan desgraciado. Las lecturas de Cayce lo habían convencido de que el suicidio era el peor crimen contra ti mismo. Significaría una severa lección kármica para aprender a apreciar el don de la vida. Neal soltó un gemido.

–No sé... en parte... no, no quiero creerlo. Las últimas semanas se había vuelto completamente paranoica, tenía una obsesión con la policía. En parte por el sentimiento de culpa por haber falsificado tu firma; eso la había hecho sufrir mucho desde entonces... y lo hizo por mí. No dejaba de decirle que no pasaba nada, que no estabas enfadada, pero no sirvió de nada. Estaba tan mal que solo hablábamos del pecado y la culpa y de que nos iban a arrestar por nuestros pecados. La semana pasada trató de cortarse las venas, pero el cuchillo estaba desafilado y le hablé largo y tendido del suicidio y le dije que nunca volviera a pensar en ello. Creía que estaba mejor, y ayer por la noche parecía la misma de siempre y hablamos mucho rato. Nunca sabré si realmente se cortó el cuello a propósito; uno de los periódicos decía que se cayó en la claraboya y a lo mejor ocurrió así. Y la verdad es que no saltó; le tenía miedo al policía, así que cuando él la agarró, ella debió de retroceder y cayó por la barandilla...

Se quedó mirando al vacío.

–Bueno, tal vez... si lo miras así: a lo mejor para ella fue una oportunidad de cambiar de rumbo, de comenzar de nuevo. Parecía haberse encerrado en sí misma. Quizá fue una liberación misericordiosa, ¿no? –Neal se animó un poco.

–Sí, es posible. Supongo que realmente es lo mejor para ella. Estaba loca, no pude ayudarla. –Le convencí de tomar un baño caliente y descansar.

Al día siguiente, Neal trajo sus cosas a casa. El dolor y la culpa le habían dado una pátina de seriedad. Él la había amado mucho, y ahora ella se había convertido en una especie de mártir ante sus ojos, casi una santa (temí). Los periódicos seguían diciendo que no la habían identificado, y nos pareció que no había peligro alguno en que Neal la identificara y se supiera quién era. Esa sombría tarea lo deprimió un poco más, y llamó a LuAnne, quien se reunió con él en la estación. Ella me dijo que Neal le cogió las manos y se lo contó todo de nuevo. «Parecía haber visto su propio camino hacia la destrucción.»

Le hablé de la nota que me había dejado cuando se mudó con Natalie. De la violencia y la muerte que había logrado evitar hasta ahora. Neal creía que el incidente representaba una poderosa advertencia o un castigo. Decidí esforzarme aún más para hacerlo feliz ahora que ese obstáculo había sido eliminado.

Durante este tiempo, Jack había estado de visita en San Francisco y Berkeley, conociendo a los amigos de Allen, entre ellos Gary Snyder, con quien había pasado un par de meses escalando por las Sierras y disfrutando de las prácticas zen de Gary. El resultado fue un libro llamado *Los Vagabundos del Dharma*.

Jack había conocido un poco a Natalie, pero lo asustaba su locura. A su vuelta a Carolina del Norte, por Navidad, se paró a visitarnos unos días más. Ahora que hacía frio y llovía hicimos fogatas toda la tarde y toda la noche: otra experiencia nueva que compartir, y a menudo nos sentábamos en el suelo a beber vino y charlar.

Por las noches, cuando Neal estaba en casa, entrábamos la tele en el dormitorio. Era acogedor y estupendo, pero me daba cuenta de que Jack seguía considerándose un extraño en esa casa. Tenía que dormir en el sofá, y la casa era demasiado abierta; no había ninguna habitación privada donde pudiera cerrar la puerta para echar la siesta o escribir, y ahora no podía escapar durmiendo fuera. Sé que no era esa su intención, pero con su paranoia habitual daba la impresión de que lo hacíamos a propósito, y cada vez más repetía que no tenía casa.

La obsesión de Neal con las carreras fue aumentando. Insistía en que ahora estaba obligado a continuar con el sistema para expiar su culpa por haber perdido nuestros ahorros y por la muerte de Natalie. No había manera de hacerlo entrar en razón. Todas las noches pasaba una hora leyendo los resultados de las carreras en el periódico, calculando cada carrera, anotando los resultados exactos con jeroglíficos en los márgenes.

Luego doblaba la hoja meticulosamente con el gráfico arriba, la colocaba con cuidado en una caja de cerveza y la devolvía al estante del armario. Yo veía acumularse las cajas y suspiraba, pensando que ojalá todo ese genio mental y esa concentración se enfocaran hacia una meta más constructiva. Jack estuvo de acuerdo, pero no le dijo nada a Neal.

La semana antes de Navidad, Jack se fue a Carolina en autoestop, y cuando partió en medio de la niebla fría y gris lo vi triste y solitario. Recibí una postal cuando llegó a Carolina del Norte, en la que me hacía saber que estaba sano y salvo, y me habló de que había saltado a trenes de carga y de su experiencia con los camioneros que lo habían cogido de noche. Quería saber cómo le había ido a Neal en las carreras un lunes y al día siguiente, cuando se suponía que Jack tenía que apostar por él... solo para saber cuál había sido su karma. Me deseaba un feliz año nuevo y me mandaba besos.

El día de Navidad, Allen, Peter y uno de sus hermanos, Lafcadio, vinieron a compartir nuestro banquete. Era muy agradecido cocinar para ellos: vi cómo un pavo de ocho kilos desaparecía en un abrir y cerrar de ojos. Me pregunté con qué frecuencia comían. Lo pasamos muy bien, Allen siempre tan servicial y considerado, y Peter también. A todos nos caía bien Peter. Tenía unos rasgos muy marcados, una mirada cálida, era tranquilo y discreto, pero despierto e inteligente. Solo hablaba cuando tenía algo que decir. No me lo imaginaba tan bullicioso como sabía que Allen era a veces. Incluso durante la noche de la visita del Obispo, había estado tan callado que apenas me había apercibido de su presencia. A lo mejor, cuando estaba con Allen, asumía el papel de cara de palo, pero con los años descubrí que no.

Le escribí a Jack al respecto, y quedó horrorizado por esos hombres que habían intentado vaciar nuestra despensa. Lamentablemente, su madre había tenido que ir a un funeral, por lo que pasó la Navidad solo. Se arrepentía de no haberse quedado con nosotros, sobre todo desde que se enteró de que Malcolm Cowley había ido a California con su manuscrito de *En la carretera*, listo para darle los últimos toques, solo para descubrir que Jack no estaba. Recordaba las fogatas, el vino, jugar a lanzar la pelota con los niños y relajarse con las lecturas de Cayce, y ahora todo tendría que quedar para más tarde, siempre «más tarde».

CINCUENTA Y UNO

En enero de 1956 se produjo un hecho que nos sorprendió y nos encantó: se publicó un libro titulado *The Search for Bridey Murphy*, y causó furor. Respaldaba las pruebas a favor de la reencarnación, pero para nosotros lo desconcertante fue que ese libro despertara tanta atención, más que un libro como *Múltiples moradas*, escrito por un científico contemporáneo. Y muchos otros antes que él. Neal saltaba de alegría.

–¿Lo ves? ¿Lo ves? ¡Cayce tenía razón! Decía que entre 1958 y 1998 en todo el mundo surgiría un renovado interés por los asuntos espirituales! –Y eso parecía. En todos los ámbitos de la vida de repente se hablaba de Bridey Murphy. Daba qué pensar y era divertido ver un debate por televisión en el que participaba un grupo de psiquiatras que desacreditaba unánimemente esa idea tachándola de absurda. ¿Por qué entonces, nos preguntamos, se alteraban tanto al hablar de ello? Estaban furiosísimos. Si tan absurdo era, ¿por qué molestarse? ¿Por qué no mostrar indiferencia?

Dos meses después apareció un artículo de Morey Bernstein, el autor del libro, en la revista *True*, en el que afirmaba haber quedado fascinado por la obra de Edgar Cayce: pero sabía que nadie le escucharía si escribía sobre él, así que decidió experimentar por su cuenta. Ahora podía reconocer su deuda con Cayce. Al parecer, Bernstein había pulsado el botón adecuado en el momento adecuado, porque a partir de ese momento fuimos testigos de un asombroso y rápido aumento en el interés e investigación de lo espiritual y lo oculto, y en la década siguiente íbamos a aceptar como normales hechos que en nuestra juventud se habían considerado milagros o basura.

Luego, unos años más tarde, Arthur J. Lerner hizo una maravillosa película repleta de estrellas a partir de su fascinación por las lecturas de Edgar Cayce. Se titula *On A Clear Day You Can See Forever.* Con un diseño de producción de Cecil Beaton, a Barbra Streisand nunca se la ha visto tan hermosa. Y Lerner lo hizo estupendamente. La mejor forma de vender una idea: con humor y grandes canciones, por lo que la idea les pareció inofensiva a todos.

Jack también había oído hablar de Bridey Murphy, y escribió enseguida. Hizo un recuento detallado de todas las vidas anteriores que creía haber recordado mientras meditaba bajo el árbol de su patio trasero, como había hecho Buda bajo el árbol de Bodhi. Shakespeare y Balzac tenían una gran memoria, afirmaba. Me pedía la dirección de la AII, porque su hermana estaba muy interesada y quería bibliografía. Ella también había comenzado a estudiar astrología. Neal y yo estábamos emocionados, y esperábamos que Jack se convirtiera. Por desgracia, no, seguía prefiriendo el budismo, que le proporcionaba un remedio instantáneo para cualquier dolorosa situación a la que se enfrentara. Y ahora que bebía más, repetía más expresiones budistas, que no permitían la comunicación a nivel humano.

Jack también había estado investigado a Oral Roberts, y me preguntó si sabíamos que era un indio cheroqui. Dijo que no descreía de él ni de su corazón compasivo. Nos contó que él, Jack, le había curado una tos a su madre hipnotizándose para descubrir qué le pasaba, y que había tenido una visión. Planeaba acceder a este método de curación como un canal de Dios. No pareció observar la similitud con Cayce. La enfermedad, creía, era una oportunidad para castigar el yo de uno (siempre culpable), y su flebitis era resultado de su crueldad jugando a fútbol. Mi propia sospecha era que esos muchachos educados en el catolicismo eran incapaces de abolir el «castigo», en realidad una doctrina del Antiguo Testamento.

Luego contaba que había escrito una nueva novela, en dieciséis días, sobre su hermano Gerard. Consideraba que era su mejor libro, y tan potente que haría que Shakespeare «enarcara una ceja».

No tardó en llegar otra carta con buenas noticias. Podría reunirse con Cowley en la Universidad de Stanford para iniciar el proceso de impresión y publicación de *En la carretera*, que saldría como... el primer libro del «rock 'n' roll». Después añadía que no tenía casa. El marido de Nin estaba cada vez más irritado por su presencia, y Memere finalmente había decidido acompañar a Jack a California.

Llegó otra carta con noticias aún mejores: le habían ofrecido un trabajo de protección de incendios en las montañas de Northwest Cascade. Incluso le había pedido al guardabosques que lo contratara cada año durante el resto de su vida. Fantaseaba con tener una choza allí, un apartamento en Ciudad de México y venir a vernos dos veces al año, con fogatas y televisión. Después me pedía que lo dejara llevarme a mí y a los niños a las Sierras, donde conocía los mejores senderos y lagos.

Levanté la mirada hacia Neal.

–¿De verdad crees que le gustará estar solo en la cima de esa montaña?

–Claro que no, lo encontrará odioso. Pero si se siente solo en medio del gentío. No le gusta mucho su propia compañía. Imagínatelo completamente solo. Necesita gente; enloquecerá de aburrimiento. Bah.

Casi como prueba de lo mucho que Jack necesitaba a alguien con quien hablar, recibí otra carta al cabo de una semana, en la que divagaba largo y tendido sobre las posibles encarnaciones y las oraciones budistas. Decía que era un momento gozoso en su vida, y que sentía que le esperaba una gran felicidad. Decía que Memere iba a escribirme para que le preguntara a la señora Winter si sabía de alguna fábrica de calzado en la zona. Nos parecía bastante improbable, pero dijo que todo iría bien, tal como él quería que fuera. Pronto vería a su «dulce amigo».

Neal y yo nos sentíamos aliviados y felices de que estuviera tan alegre, y los habríamos recibido de buena gana a él y a su madre, instalándolos en una cabaña cercana, pero nos asaltaron algunas dudas. Me había puesto a pensar, y le había expuesto esos pensamientos a Neal.

–Sabes, Neal, creo que Jack habla tanto de estar solo porque le atraen mucho los placeres sensoriales... de todo tipo, ¿verdad? No se me ocurre nadie que pueda describir sensualmente de manera tan intensa y amorosa toda clase de vida en sus múltiples manifestaciones, ¿verdad? Bueno, para los católicos cualquier forma de placer sensorial es un pecado. En el fondo creo que lo que quiere es evitar la tentación de disfrutar de los placeres sensoriales. No hay ninguno cuando estás solo. ¿Qué opinas?

Neal asintió.

–Sí, puede que tengas algo de razón en eso.

CINCUENTA Y DOS

Cuando Jack vino a California, nos vimos muy poco. Estuvo ocupado con Cowley y poniéndose al día con Allen, que había mejorado su suerte y su arte y había viajado por el Noroeste leyendo poesía y dando conferencias en las universidades. Jack renovó sus amistades de Berkeley y trató de demostrar cierto interés en las carreras delante de Neal, acompañándolo y quejándose del sistema. Después Jack se despidió de todos y del mundo y volvió a su montaña, bastante proféticamente llamada Pico Desolación.

El aislamiento lo afectó tal como habíamos previsto. Aunque disfrutaba de algunos momentos, casi enloqueció de soledad y aburrimiento. Se desmadró en San Francisco a su regreso, entregándose a la bebida y a los placeres «sensoriales». Y sabía que nunca volvería. Y aún lo desilusionaba más tener que afrentar este verdad de sí mismo.

Cuando vino a vernos, Neal no estaba en casa. Hecho polvo de tanto estar de fiesta en la ciudad y deprimido por la revelación de que no sabía estar solo, me pidió que lo llevara en coche por los bosques de secuoyas de las montañas de Santa Cruz, entre nuestra casa y la costa, con la esperanza de encontrar un lugar aislado donde plantar el campamento e intentarlo de nuevo, no tan lejos de sus amigos. Era un día gris y húmedo, pero preparé el almuerzo y nos paramos a comprar vino en

Saratoga, el pequeño pueblo que nos venía de camino, y después cogimos la serpenteante carretera que salía de la ciudad.

Jack había comenzado el viaje triste y amargado, pero cuando le dije –y tuve que repetírselo varias veces– que era ilegal hacer fuego en esas montañas, excepto en las zonas indicadas, su desilusión fue completa. No paró de despotricar contra el llamado «progreso», contra la «civilización» y la injerencia de la burocracias en la vida privada. Era inútil discutir con él, así que después de un par de intentos de entablar una conversación más alegre, señalando la belleza de los paisajes que nos rodeaban, me rendí y me limité a asentir a lo que decía.

Luego dijo en un gruñido:

–Bueno, pues si eso es todo... demonios, no tiene sentido ir más lejos. Coge ese camino de tierra y comeremos.

El sol había comenzado a asomar a través de la niebla, y filtraba sus haces dorados entre los árboles para levantar vapor de la tierra. Me encantaba la variedad de olores de esas colinas boscosas, y traté de hacer que Jack aceptara las cosas como eran, olvidara sus quejas y compartiera conmigo ese alegre pícnic. En medio de un bosque de secuoyas encontramos un pequeño calvero, el suelo cubierto de suaves hojas marrones y rojizas ahora calentadas por el sol. Trató de mostrar una cara más alegre, pero enseguida se puso a pensar en nosotros y volvió a entristecerse.

Después de comer, se tumbó en el suelo mientras yo recogía los restos y doblaba la tela sobre la que habíamos comido. Me cogió del brazo y tiró de mí para que me tumbara a su lado. Sentí que quería hacer el amor conmigo, pero a pesar del ambiente romántico, el pícnic, el sol que acababa de salir y el vino, se había pasado la mañana contándome sus penas y lamentándose de su desarraigo, y se me había formado un nudo en la garganta y no podía relajarme lo bastante como para sentirme sexy. Él era demasiado tímido para dar el primer paso, igual que yo, así que fingí que no había leído sus señales y simplemente me tendí a su lado con la cabeza en su hombro. Bebimos más vino, contemplamos las hojas de los árboles que brillaban al sol y dormitamos un poco mientras él apretaba mi brazo sobre su pecho.

Cuando volvimos a casa encendió un fuego en la chimenea y le serví más vino, así que cuando Neal llegó a casa, Jack estaba feliz una vez más y listo para disfrutar de una velada de televisión al estilo de Neal. Aquella noche también durmió fuera, arrastrando aquella gran mochila que tanto intrigaba a los niños, y por la mañana acompañó a Neal en su tranvía de regreso a San Francisco.

Gregory Corso estaba en la ciudad. Él, Jack y Neal iban a las carreras juntos y se reunían con otros amigos cuando había una fiesta, pero Jack se sentía infeliz de que Neal y Gregory no se llevaran tan bien como esperaba, así que Jack me preguntó si podría traer a Gregory a casa para pasar el fin de semana.

El sábado por la tarde los tres se fueron al hipódromo, pero Gregory no seguía las instrucciones de Neal sobre la manera de apostar, cosa que no mejoró su relación. De hecho, Gregory habría ganado, pero al final se quedó igual, y Neal se disgustó. Neal ganó, así que al menos estaba de buen humor y fue paciente con Gregory. Viajaron a San José en el tren de Neal, y él los trajo a casa a tiempo para la cena.

Gregory me ponía nerviosa. Siempre dibujaba una expresión ceñuda bastante desagradable, y decía tonterías. En realidad, no hablaba: de repente soltaba o gritaba alguna frase que yo no conseguía relacionar con nada. Así que intenté permanecer en un segundo plano para no enfrentarme con él. Después de la cena, cuando estábamos ya todos incómodos, miramos a Neal y la televisión, todos sentados en nuestra cama baja en el dormitorio a oscuras, Neal sentado en el borde pilotando la máquina de canal en canal.

Gregory no entendía este juego y gritaba:

–¿Cómo puedo ver el programa? –Neal le explicó que siempre sabes lo que va a pasar, y de esta manera podías ver todos los programas, y Jack agregó:

–Todo es el mismo programa.

Gregory se puso a caminar entre el dormitorio, el vestíbulo y las demás habitaciones, refunfuñando, y de vez en cuando se asomaba por la puerta del dormitorio para ver lo que había en la tele en ese momento.

Al día siguiente Neal y Gregory dejaron de hablarse. Vi que Neal tan incapaz como yo de comunicarse con él; no sabíamos cómo penetrar la coraza taciturna de Gregory. Tanto Neal como yo reculábamos ante la desaprobación y el descontento, y Gregory parecía disgustado con todo y con todos. Así que Neal siguió haciendo lo que hacía normalmente: estar tumbado en la cama leyendo periódicos y revistas, viendo la televisión y respondiendo a mis preguntas, o las de los niños y Jack. Era capaz de asimilar todos los estímulos a la vez, clasificándolos y respondiendo en consecuencia, sin perder el hilo de la televisión o de su lectura.

Aquel día estaba viendo una retransmisión deportiva, así que no cambiaba de canal. Mientras tanto, Gregory vagaba sin rumbo fijo. Ni siquiera parecía querer el copioso desayuno de huevos con bacon que le había preparado. Picoteaba e iba apartando la comida, todavía con el ceño fruncido. Jack llevó a los niños a su paseo habitual, y poco después de comer Neal nos llevó a todos al dormitorio para ver el programa de Oral Roberts, uno de los rituales regulares de Neal. Gregory estaba más disgustado que nunca.

–¿No creerás toda esta mierda, tío?

Neal respondió:

–Fíjate. ¡Es fabuloso! –exclamó, y se inclinó adelante con avidez, absorbiendo cada palabra, murmurando: «Sí, sí» cada pocos segundos e inclinando la cabeza cuando rezaban. Aunque la terminología bautista no significaba gran cosa para mí, me gustaba la sinceridad y la alegría de Roberts, algo insólito en las sectas ortodoxas, cuyos himnos eran más tristes que alegres. Creíamos que Jesús había venido a traer alegría. Sabía que a Neal le gustaban ese sincero histrionismo, y habíamos oído decir que Roberts había abierto una universidad y logrado algunas cosas realmente buenas. Nada de lo que decía cambiaba nuestras creencias metafísicas básicas, simplemente les daba más color, y era divertido.

Jack y yo le hicimos compañía un rato a Neal, y luego nos retiramos a la sala de estar, dejándole con Gregory y sus gruñidos. Me alegró tener la oportunidad de hablar con Jack.

–Querido Jack, después de cinco largos años, *En la carretera* se va a publicar por fin. ¿Cuándo estará en las tiendas el producto acabado?

–Sí, por fin. Me dijeron que en mayo o en junio, pero supongo que ya será en otoño. Tal vez entonces tenga suficiente dinero para traer a mamá. Encontraremos un lugar lo bastante cerca para podernos ver a menudo, visitarnos, ¿qué te parece? Haremos grandes comilonas los domingos, charlaremos por encima de la cerca. Por fin un verdadero hogar. Por supuesto, seguiré viajando e iré a México de vez en cuando, pero tener un lugar al que volver... y que tú estés cerca, me sentiré mejor sabiendo que la cuidas.

Aunque le expresé cuánto me gustaría todo eso y que todos seríamos mucho más felices –y lo decía en serio– jamás conté con que sus profecías se hicieran realidad. Había hecho centenares de planes que nunca se habían materializado. Yo estaba harta de tantas decepciones, y no había olvidado los grandes proyectos que habíamos hecho a lo largo de los años de compartir una casa grande y antigua en algún lugar. Había llegado a creer que ocurriría. ¿Por qué esos hombres no podían ser un poco más constantes? Todavía soñaban con cosas imposibles, pero eran incapaces de perseverar ni de renunciar a una pequeña nueva idea por un sueño más grande, y simplemente dispersaban sus energías de manera infructuosa. Jack y yo ya no podíamos hablar de religión. Cada uno había encontrado su camino, y él ya no buscaba nada. No sentía la necesidad, como yo, de seguir poniendo a prueba mis creencias tiernas y verdes. Él sabía todas las respuestas que le importaban.

Esa noche di de comer a los niños primero y los metí en la cama. Luego serví a los adultos estilo buffet en la sala de estar, junto al fuego, con vino y velas, con la esperanza de apaciguar un poco a Gregory. Neal también trató de complacerlo desafiándolo a una partida de ajedrez mientras Jack me ayudaba con los platos. Luego, como Neal y Gregory eran incapaces de conversar, volvimos a la televisión. Esta vez Neal nos dejó con una película, una de nuestras actividades favoritas en el pasado.

Aproximadamente a la mitad, Jack escuchó un ruido en la casa de enfrente y fue a ver. Dejó escapar un chillido cuando abrió la puerta principal y se encontró con Allen, Peter y una chica que había venido a recoger a Gregory. Se asomaron al dormitorio para saludarnos, y después Jack los sacó al patio, tras lo cual Peter al instante se quitó la ropa y se zambulló en la piscina helada. Cuando se hubo secado se fueron, llevándose a Gregory con ellos.

Por la mañana solo hubo tiempo para un beso rápido de despedida antes de que Neal llevara a Jack a la oficina del patio de trenes para iniciar otro viaje a México.

Ese mismo verano, cuando Gregory estaba en Ámsterdam, le escribió a Neal disculpándose por cómo se había comportado aquel fin de semana.

> Tú, amigo mío, me ofreciste una fortuna si apostaba por los caballos que me decías... pero no te hice caso... fui un idiota... pero la única razón por la que no lo hice... fue porque sentí que me inspirabas a apostar por cualquier número que se iluminaba ante mí. El número perdió. Yo perdí. Nunca olvidaré la pérdida. No es por los 30 dólares que perdí, sino que perdí el poder que tan amablemente me otorgaste. Ahora te pido que me perdones y me des otra oportunidad. Estoy esperando 20.000 francos, y los llevaré a las carreras y apostaré a los caballos que me pidas hasta que me digas que pare. Les diré a todos que también lo hagan. Serás millonario en poco tiempo porque lo mereces. Lo que he aprendido de Jack y Allen en mi corta vida contigo es que eres un ser humano maravilloso. Mientras escribo esta carta me hace feliz recordar lo amable que fuiste conmigo y que te caí bien... Ese enloquecido viaje en coche sin frenos... el hipódromo... tu casa y la

televisión... Con qué rapidez te transformabas cuando llevabas tu atuendo roquero... tu amor por las mujeres... tu cara triste... nuestra gran conversación en la choza de McCorkles la primera vez que comprendí tu mente.

Te quiero,

Gregory

Como la mayoría de nosotros, pensé, Gregory había escondido sus cosas buenas, y lamenté haber condenado sus modales.

CINCUENTA Y TRES

Aquella primavera asistimos a las charlas de la AII como de costumbre, y tuvimos una sesión privada con Elsie Sechrist y Hugh Lynn. En el verano fuimos a un congreso donde el orador destacado fue Starr Daily, cuyos libros tanto nos habían inspirado.

Starr era un hombre dinámico: uno de esos exconvictos que no se van con hostias, de ojos azules y cara tosca y bronceada bajo una mata de pelo gris. Era de mediana estatura pero de complexión robusta, con un aire de autoridad y determinación. Neal había depositado grandes esperanzas en que esa perfecta figura paterna que sabía lo que era la cárcel le daría la magia que necesitaba para enmendarse. Consideraba que el destino se lo había «enviado».

Pero cuando Neal pudo hablar con Starr, este, igual que Hugh Lynn, solo pudo decirle que usara sus facultades interiores para corregir su actitud. Eso significaba esforzarse por alcanzar esas cualidades a través de la meditación y la oración positiva. Pobre Neal, no había ningún conjuro mágico: solo bricolaje, hágalo usted mismo.

Starr le dijo:

–Tienes tanto del Espíritu de Dios dentro de ti como Jesús. Eso es lo que Él vino a demostrar. «Vosotros sois dioses», dijo. «Todo lo que yo puedo hacer, tú también puedes hacerlo». Pues hazlo, chico, reza como el mismísimo diablo y sé disciplinado cada día. Mantén esa luz encendida. Te llevará tiempo. No adquiriste esos malos hábitos en un día, y no te desharás de ellos en un abrir y cerrar de ojos, pero tampoco luches contra ti mismo, ni renuncies a la vida que hay en ti, pues esa vida es Dios y la rebelión es irreverencia. Comienza con eso. Mantén ese pensamiento. Da el primer paso y Dios se apresurará a ayudarte. Tú debes elegir.

Por desgracia, Neal tenía el dogma católico tan arraigado –justo lo contrario de esta verdad– que era incapaz de dejar de creer en su indignidad y su culpa. Sus oraciones eran disculpas y súplicas, no procedían de un vaso lleno de Dios que reafirma su divinidad, sino de un gusano miserable, un pecador culpable. Conseguimos que Starr firmara su libro *You Can*, y esperé que Neal lo consiguiera.

A partir de entonces comenzó a perder de forma sistemática en las carreras, lo que intensificó su sentimiento de fracaso y desesperación. En mis esfuerzos por cambiar su patrón mental, no dejaba de insistirle en que no necesitábamos dinero, una extraña afirmación considerando que vivíamos precariamente a base de sablazos. Era extraño que Neal tuviera esa fijación; nunca había sido codicioso, y todos sabían que o regalaba dinero o lo gastaba en una buena causa, y sin embargo estaba obsesionado con la necesidad de hacer fortuna. Todo para expiar su culpa. Incluso confesó que había contemplado fingir otro accidente, lo cual por supuesto me horrorizó, y le rogué que desechara ese plan.

–¡Sabes que de una causa mala no puede salir nada bueno!

Él sonrió ante mi arrebato.

–Lo sé –dijo con tristeza–. No te preocupes, nena. Sé qué karma me esperaría.

Imaginad mi reacción, por tanto, cuando apenas unas semanas más tarde recibí la temida llamada telefónica por segunda vez.

Neal había tenido un accidente, se había lastimado un pie y estaba de nuevo en el hospital de la Southern Pacific. No sabría más hasta por la mañana. Ahora temía por su cordura.

A la mañana siguiente me debatía entre las prisas por averiguar algo más y el temor a verlo, pero cuando me acerqué vacilante a su cama de hospital, Neal sonreía sabiendo lo que yo pensaba, y casi se cae de la cama en su afán por agarrarme.

–No digas nada... Sé lo que estás pensando –dijo para silenciar la pregunta que iba a hacerle–. No, cariño, no lo he hecho a propósito. ¿Pero no es fantástico? Lo había pensado, ¿verdad? Uau, ¡hablando del karma instantáneo! Espera a saber lo que pasó, ¡no te lo creerías nunca! Siéntate y escucha. –Se reía encantado, casi de asombro, ante lo que consideraba una «demostración» perfecta.

–Estaba delante del vagón, agarrado al asidero junto a los escalones del vagón de pasajeros, listo para bajar cuando hubiéramos frenado lo suficiente, y como un muñeco dejé colgando el pie del escalón. Me había olvidado de los postes metálicos de kilometraje al lado de la vía. ¿Te imaginas que me pase algo así? ¿Es que no me sé todo lo que hay que hacer para bajar de un tren? ¿No es ya como una segunda naturaleza? De verdad, cariño, ¿alguna vez he cometido un error así? ¡Pero lo cometí! Y mi pie chocó con ese fino marcador metálico. Lo cortó limpiamente, justo a través del zapato. Debíamos ir a cincuenta kilómetros por hora. –Puse una mueca de dolor y miré la enorme estructura blanca que sostenía su pierna derecha desde la rodilla a los dedos de los pies. Al ver mi mirada, dijo–: No... y ahora escucha esto, nena, no tocó ningún hueso... ni uno... solo carne. ¿No te parece imposible? ¡Y es el otro pie! Estaría listo si hubiera sido el mismo pie de la otra vez, ¿no? Pero espera... –Se le ensanchó la sonrisa. Estaba saboreando su historia y lo cautivada que me tenía–. Además de todo eso, no tengo derecho ni a un céntimo. Habíamos rebasado los límites de la estación y yo estaba fuera de servicio. ¿Qué te parece? –preguntó en voz baja–. ¿No es esa la lección más fantástica, la demostración más clara y precisa? ¡Nadie se puede burlar de Dios! ¡Iuuuuuuju! –Se dejó caer sobre las almohadas, con los ojos mirando hacia arriba de asombro.

Casi me desmayé del alivio. No solo no había cometido

ningún delito, tampoco estaba loco. Y lo mejor era que había visto pruebas de que un poder superior a su voluntad consciente podía afectar su vida. Aunque no estuviera seguro de que Dios lo amaba, se maravillaba de Su astucia y apreciaba Su misericordia. (No me pareció un buen momento para señalar que el poder que acababa de presenciar no tenía otro origen que él mismo; en lugar de elevarlo hasta ver su propio Espíritu, habría disminuido su respeto a Dios, pues todavía no podía ver que eran uno y lo mismo.)

Durante ese tiempo, Allen se estaba preparando para pasar página. Había estado en la zona de la bahía casi tres años, y ahora podía justificar su existencia de «poeta sin empleo». Incluso había ganado algo de dinero. Así que ya no era un «triste vacío», como había declarado una vez. Planeaba regresar al este y luego ir aún más lejos e invadir Europa. (Traté de consolarme pensando que tal vez el hecho de que lo hubiera mandado a Berkeley había producido estos benéficos resultados.)

Jack estaba en México, y Allen, Peter y Gregory dieron un rodeo para visitarlo. Pero Gregory no tardó en ponerse a refunfuñar de nuevo; no le gustaba vivir de cualquier manera, e insistía en mudarse a un hotel elegante. Al final se rindió y tomó un avión, mientras que los otros tres encontraron a alguien con quien compartir el viaje y cruzaron en coche los Estados Unidos en pleno invierno. Una vez en Nueva York, Jack y Allen escribieron juntos una carta desenfadada. Allen comenzaba:

> Aquí están Allen y Jack escribiéndote una carta en una preciosa máquina de escribir en un gran apartamento aireado y amarillo en la calle 15 con la Sexta, con equipo de Hi-Fi, alfombra china, un Picasso... grandes felinos [...]. Jack tiene una chica guapa a la que se agarra todo el tiempo, por lo que se ha refugiado en el apartamento de R. para escribir novelas para las que hay una demanda constante de miles de editores que claman por teléfono que les mandemos nuestras historias y poemas [...]. Envíe

inmediatamente un manuscrito metafísico bien gordo para que lo haga circular entre los editores maricas de Manhattan. ¿Cómo tienes el pie? [...] ¿Cómo está la dulce Carolyn? Dios la ha perdonado (dile), así que ¿cómo no voy a hacerlo yo? [...] Por favor dile que me perdone por aquella noche en su casa. El dinero que me debes, como estás enfermo, puedes quedártelo para siempre [...], pero en medio año, cuando nos estemos muriendo de hambre en Europa [...]. Te escribiré largas y desesperadas cartas exigiéndotelo, por favor, no nos dejes morir de hambre, por favor, de lo contrario el dinero es tuyo...

Jack agregaba un párrafo propio para decirnos que se iba a Europa con Allen y luego a ver a Burroughs en Tánger, a escribir en España y a pasar el mes de abril en París. Planeaba leer a Joyce en la Biblioteca del Trinity de Dublín. No sé cómo había encontrado la dirección de Céline, y esperaba poder visitarlo. También planeaba ganar mucho dinero, comprar un Mercedes y regalárselo a Neal. Dijo que Allen amaba a Neal, que siempre lo amaría, y él también. Allen se casaría con Neal en el cielo y lo cortejaría de nuevo a su regreso. Jack no sabía qué decirle a Neal.

En febrero de 1957 Jack se marchó para ir directamente a Tánger y esperar a Allen y Peter en casa de Bill. A pesar de su promesa de escribir, solo nos llegaron postales. Neal y yo deseábamos muchísimo que pudiera encontrar inspiración para escribir un libro en el que no hablara tanto de él, pero por lo que leímos y supimos después de su viaje, no podía olvidarse de sí mismo, y su hogar era donde estaba su corazón.

No mucho antes de este viaje, Allen había leído un poema titulado *Aullido* en San Francisco, en la Six Gallery, y el público se había vuelto loco. Entre el público estaba Lawrence Ferlinghetti, dueño de la librería City Lights, bastante nueva, y que publicaba libros de poemas en bolsillo. Llegó a un acuerdo con Allen para publicar *Aullido* y otros poemas en edición limitada. La edición pronto se agotó, aunque su recepción se limitó a la gente familiarizada con estos poetas. Cuando se imprimió una nueva edición en Inglaterra y se envió a la librería, la Aduana de Estados Unidos confiscó el libro al considerarlo literatura obscena. Tanto Ferlinghetti como su empleado, Shig, fueron arrestados en mayo.

Se lanzó la «Generación beat». La vista comenzó en agosto, y el escándalo mantuvo la venta de periódicos hasta el 3 de octubre, cuando se resolvió a favor de Ferlinghetti. Entre tren y tren, Neal se pasaba a ver cómo iba el juicio. Con su uniforme de viaje, sin duda nadie en la sala del tribunal atestada de bohemios de North Beach sospechaba que él era «N. C., el protagonista secreto de estos poemas», parte de la dedicatoria de Allen.

Yo me conformaba con seguirlo en la prensa diaria. Además, en un artículo de primera plana, todos los columnistas tenían un comentario o un punto de vista, ya fuera sobre el tema de la censura por los de Aduanas, la libertad de expresión o la poesía. Las páginas más divertidas eran las de cartas al director, gente que incluso discutía acaloradamente con los autores de otras cartas.

Como ejemplo de hasta qué punto esa poesía o los poetas eran desconocidos antes del juicio, un columnista descuidado que escribió un suelto sobre la incautación del libro, se equivocó al escribir Allen y dijo que el libro en lugar de *Aullido* se titulaba «Tullido». «Una especie de libro sobre cojos», supuso. No pasó mucho tiempo antes de que las revistas nacionales comenzaran a hablar de él, y el éxito de *Aullido* quedó asegurado.

Como Allen estaba en Europa y se estaba perdiendo el circo, recorté metódicamente todo lo que pude encontrar para que pudiera reconstruir su estratosférico viaje a la fama. Cuando volví a verlo, todo eso ya era historia y él estaba muy lejos de la plataforma de lanzamiento. No se me había ocurrido que debía tener un servicio de recortes.

Antes de las detenciones habíamos recibido una carta suya pidiendo dinero, tal como había profetizado. Ahí estaba el pobre Allen mendigando para comer, cuando la rueca del destino ya había recogido su hilo y estaba convirtiéndolo rápidamente en oro.

CINCUENTA Y CUATRO

Justo antes de que Jack partiera desde Tánger hacia París, nos escribió por fin una larga carta que hablaba primero de los omnipresentes fumadores de hierba árabes y de las bellísimas mujeres con velo. Aunque baratas, no se las podía permitir. Me pedía disculpas por mencionarlas.

Luego emprendía una larga disertación sobre la mudanza de su madre a California, repitiendo la mayor parte de lo que ya habíamos discutido, aunque decía que a su madre le gustaría que Neal fuera a ayudarla a mudarse, un trabajo que Jack le pagaría. Se quejó de que Neal ya no le escribía. Le preocupaba que Neal fuera demasiado fácil de reconocer en *En la carretera*, que saldría en otoño. Decía que tal vez fuera un éxito de ventas y que todos nos haríamos ricos con los caballos de tercera opción. Me mandaba besos para mí y para los niños. Escribía posdatas en todas las solapas del sobre plegable para correo aéreo: una para mí rezando para que por fin él pudiera encontrar su verdadero hogar, y me mandaba más besos.

Por supuesto, como siempre, ese viaje por carretera nunca se emprendió. Habían ascendido a Neal a jefe de tren, y entre viaje y viaje siempre estaba en el hipódromo, desempeñando su papel de padre y marido en casa y liado con más mujeres en la ciudad. También me preguntaba si ese viaje que le proponían no le atraía como los anteriores porque todo estaba demasiado planeado: no había suspense ni conflicto.

Jack regresó a Florida, pues Memere, poco después del juicio de San Francisco, se había mudado a Orlando. Él fue a recogerla, organizó el envío de sus muebles, la llevó en un largo viaje en autobús a través de México, y de allí a Berkeley. No supe nada de todo eso hasta que recibimos una postal de Berkeley en la que decía que ahora estaba en casa con su madre para siempre. No encontró a Neal ni tuvo noticias de él. Pedía que le mandáramos noticias o nos pasáramos, y preguntaba si habíamos recibido su telegrama de Nueva York. Concluía diciendo que esperaba verme pronto.

Neal y yo nos miramos desconcertados. No habíamos recibido ningún telegrama. Jack decía que lo entendía... ¿el qué? ¿Otro brote de paranoia? ¿Pero por qué? Así que Neal se fue a buscarlo, llevándose a LuAnne, Al Hinkle y los Ferguson a Berkeley Tampoco supe nada de todo eso, hasta que Neal trajo a casa un ejemplar de muestra de *En la carretera,* diciéndome que Jack había abierto la caja que le había mandado la editorial y le había arrojado uno a Neal. En aquellos días no sabíamos nada de los libros firmados de la primera edición, por lo que Neal quitó la sobrecubierta y no le pidió Jack que lo firmara.

Yo había estado trabajando frenéticamente en el diseño de vestuario de más de doscientas niñas además del de los diversos solistas para la producción navideña de *El cascanueces*, y supuse que una vez se estrenara nos reuniríamos todos y por fin podría conocer a Memere, un placer mucho tiempo anhelado.

La siguiente noticia fue que Jack se había ido de Berkeley y se había llevado a Memere de regreso al este porque no era feliz en California. Me quedé estupefacta.

–Pero Neal... no llegó a traerla aquí. Quizá le habría gustado más esta zona. ¿Por qué no la trajo?

Neal tampoco podía explicarlo. Fue muy doloroso: un episodio que Jack nunca me explicó, y años más tarde quedé más consternada al leer en uno de sus libros que yo estaba enfadada con él y «me había negado a ver a su madre».

En la carretera llegó a las librerías en septiembre, y alrededor de un mes después de que Jack se fuera recibimos una frenética carta dirigida a Neal en la que le rogaba que le escribiera. Nos habló de su viaje de regreso a Florida, que le llevó cuatro días y cuatro noches, y que ahora tenían un apartamento de cuarenta y cinco dólares. Una semana después había ido a Nueva York para las fiestas de presentación del libro, y su agente había rechazado una oferta de Warner Brothers de ciento diez mil dólares para hacer una película que interpretarían él mismo y Neal, si quería hacer de Dean. Su chica de entonces, Joyce, le había dicho que no deseaba para Neal el destino de una estrella de cine.

Luego nos contó una obra que había escrito, acto por acto, a partir de sus experiencias en Los Gatos, parte de la cual se convirtió en el corto *Pull My Daisy*, narrado por él y vagamente relacionado con la noche en que el Obispo vino a tomar el té. A Jack también comenzaron a asediarlo las revistas para que les escribiera algún relato, y hasta el momento había vendido tres. Había aparecido en un programa de televisión, y los productores de Broadway llevaban hermosas modelos que se sentaban en la cama de Joyce, y decía que se moría de ganas de acostarse con muchas. Luego se preguntaba cómo afectaba todo eso a Neal, y que lo estaban acosando.

Contaba fiestas salvajes, y que siempre estaba borracho, pero se había pasado del vino al whisky. Después se ponía a hablar de sus sueños del futuro, decía que vendría a vernos y nos inundaría de regalos con todo el dinero que había ganado. Decía que la última vez que había estado en Berkeley no había visto mucho a Neal por falta de fondos. Ahora estaba impaciente por renovar su estrecha amistad con Neal, pues el dinero ya no era un problema.

Los frutos de la fama fueron efímeros. Aunque la primera reseña, en el *New York Times* fue muy elogiosa, fue la única. Ninguno de nosotros había previsto los ataques increíblemente hostiles y ácidos de los demás periódicos de todo el país. Como Jack era tan sensible y paranoico, se tomaba cada palabra personalmente y le dolía en lo más hondo. Fue arrojado a un infierno que nunca podría haber imaginado, tan seguro como estaba de su valía como escritor. Buscó, aún más que antes, el olvido en México, Buda y el whisky, los dos últimos bastante contradictorios.

Neal y yo también nos quedamos impactados por la ferocidad y crueldad de los comentarios. Estos periodistas eran como perros que enseñan los dientes al verse amenazados por un lobo. Nos compadecimos de Jack, y nos sentimos muy cerca de él, y todo eso tan poco después de la alegría de la publicación. Un periodista dijo que todo el libro era como un «grito bárbaro». Pero quizá las reacciones más violentas y negativas a las actividades y sentimientos de Jack y sus seguidores las expresó Art Cohn en el *San Francisco Chronicle*, aunque de ninguna manera estuvo solo en su denuncia. Su título era PEQUEÑOS VAGABUNDOS ENFERMIZOS.

> En una nación que vive de etiquetas y consignas, era inevitable que alguien pusiera una etiqueta a la nueva generación.
>
> LA GENERACIÓN BEAT se está imponiendo, y, si se repite lo suficiente se convertirá en parte del lenguaje como los Felices 1890, la Era del Jazz y la Generación Perdida.
>
> No me sorprende. Es tan absurda como el resto.
>
> ¿Qué es la Generación beat? Incluso, o especialmente, sus sumos sacerdotes son beats por definición.
>
> El profeta de la secta tiene treinta y cinco años y se llama Jack Kerouac. Dice que: «Estamos en la vanguardia de una nueva religión. Quiero que Dios me enseñe su cara».
>
> «Es la auténtica jerga de los narcóticos», afirma Herbert Gold, uno de sus historiadores, «porque los narcóticos, más que ninguna otra cosa, le dan al chaval beat lo que quiere: liberar la imaginación y el cuerpo, explorar una eternidad intemporal. En otras palabras, una genial simulación de la muerte».
>
> «Los tíos son todos muy chulos», nos informa Sam Boat, otro biógrafo. «Las chicas van medio desnudas y les da igual. Los hombres han de ser igual de distantes, chulos. Recordad: estos tíos son beats. Molan. Nada importa. ¿Por qué molestarse, hombre? ¿Quién necesita nada, tío?

> Ha llegado la hora de abrir una ventana.
>
> Kerouac... parlotea: «Spengler profetizó que en los últimos momentos de la civilización occidental habría un gran renacimiento del misticismo religioso. Ya está ocurriendo».
>
> Esta es, pues, la nueva religión, el Jehová de los beat lo anuncia desde su Monte: matarás por matar. Deshonrarás toda la carne, incluida la tuya. Negarás tu primogenitura y renunciarás a la raza humana. No aportarás nada al mundo más que desprecio. Destruirás al inocente. Te burlarás de la moralidad, la justicia, el derecho, el bien común y, sobre todo, del amor. Deshonrarás a tu padre y a tu madre y los maldecirás por darte a luz. ¡Amén, patéticos y degenerados vagabundos que os compadecéis de vosotros mismos, amén!

Hubo muchos, muchos más en la misma línea, y nos apenamos por Jack. Traté de averiguar por qué esos hombres eran tan violentamente hostiles. Un amigo escritor dijo que no conocía a ningún otro autor que hubiera sido vapuleado con tanta brutalidad. Me pregunté si tal vez estos hombres estaban asustados porque se revelaba cómo eran en realidad. Es decir, muchos probablemente eran igual de culpables de pensar todo eso en secreto mientras fingían ser ciudadanos íntegros e inmaculados como la nieve. Nunca lo sabríamos.

Cuando Neal trajo a casa el ejemplar de muestra yo estaba ya lo bastante alejada de los hechos y pude leerlo entero, y sentía tanta curiosidad como los demás por ver cómo Neal se tomaría el libro. Dijo que había disfrutado de las descripciones de Jack de lo que habían hecho juntos, y que le dio un subidón al evocarlo en la lectura, pero la glorificación de sus travesuras impresas también lo entristeció. No estaba orgulloso de esa vertiente de su carácter; se esforzaba mucho por superarla, y la reseña de la revista *Time* dio en el blanco:

> En términos contemporáneos, Moriarty se aproxima a una psicosis carcelaria que es una variedad del síndrome de Ganser. Sus síntomas, según los ha descrito un psiquiatra, parecen un

playback de la novela de Kerouac: el paciente exagera su estado de ánimo y sus sentimientos; se «deja ir» y acaba presa de estados altamente emocionales. No coopera, se niega a responder a ninguna pregunta o a obedecer órdenes [...]. En otras ocasiones se revuelve violentamente. Su discurso puede ser inconexo y difícil de seguir. Lo significativo de los enfermos que padecen el síndrome de Ganser es que en realidad no están locos, sino que solo lo parecen.

A Neal le dolió profundamente verse como un chalado. «¿Y por qué nunca miran mi historial laboral? ¿Que no coopero? ¿Que no respondo a ninguna pregunta? ¿Que no obedezco las órdenes? Mmm.» Quería emprender la defensa de ambos, pero no tenía cómo, y además, era otra prueba de «Bendice a los que te ultrajan», y de la lección que Neal me había enseñado de que nadie puede lastimarte si no permites que te digan lo que has de pensar o sentir. Es tu respuesta lo que te hiere. Tienes una opción: es su problema, que se apañen.

CINCUENTA Y CINCO

El proceso de crecimiento a veces es casi imperceptible. Pasaron tres años antes de que pudiera obtener una sólida victoria aplicando la orden lacónica y terminante de Hugh Lynn de «mantener la boca cerrada». Mis esfuerzos anteriores habían sido conscientemente voluntarios, y tal vez habían fallado porque yo estaba tratando de «combatir una fuerza con otra». Algo prohibido. Esta vez yo no tenía ningún plan consciente de mi parte, sino que era más bien una rebelión por agotamiento contra la respuesta condicionada que siempre había tenido.

El día en cuestión permanece en mi memoria como la demostración más vívida, aparte del accidente de Neal, de la veracidad de las leyes que habíamos leído y escuchado una y otra vez.

El invierno fue uno de los más lluviosos que habíamos tenido en años, y los trenes de carga estaban casi paralizados, por lo que los trabajadores con más antigüedad desplazaron a Neal de su trayecto regular de pasajeros si estaban cualificados. Una mañana, después de que se fueran los niños, vino a casa para anunciar –o intentar anunciar, después de irse mucho por las ramas– que quería... mmm... ir a... mmm... México, «para un viaje corto, entiendes, volveré enseguida». Se me disparó la adrenalina a través de sus gastados canales, pero de repente me vino el pensamiento, o la sensación, de que estaba muy cansada de sentirme así una y otra vez. Fue una extraña sensación, más bien como tirarse en paracaídas, imagino, y flotar en el vacío sin rumbo, o como de repente caer por un precipicio.

No respondí, simplemente seguí haciendo la cama. Neal, desconcertado por mi insólito silencio, debió de pensar que no le había oído, porque siguió defendiendo su postura, como si yo hubiera respondido con la habitual andanada de objeciones. En cierto momento comencé a sentir el alivio producido por no comportarme como de costumbre. Ahora yo tenía el control. Podía decir que ahora la ventaja era mía, y seguí callada, pero también tenía que seguir haciendo mis cosas mientras las emociones se enfrentaban dentro de mí. Le rocé al entrar en el baño y me cepillé el pelo. Neal siguió a lo suyo.

–Entonces, ¿qué te parece? –El misterio lo ponía nervioso e irritable.

Suspiré de cansancio.

–Neal, sabes tan bien como yo cuál es la situación. No tengo que hablarte de cómo vamos de dinero. ¿Qué puedo decir? –¿De verdad hablaba con tanta calma? Lo dije sin emoción ni amargura. No me entendía, después de casi diez años con la misma conversación. Y ninguno de nosotros conocía las reglas de este nuevo juego.

Luego recorrió la casa dando patadas en el suelo, golpeó la puerta del refrigerador y se puso furioso mientras yo contenía la respiración. Se volvió a mí.

–Maldita sea, Carolyn, ¿por qué no? Solo me iré unos días; no costará tanto. He estado trabajando mucho todo el año. Ya no voy a buscar a Jack: un hombre merece unas vacaciones, ¿no? ¡Qué demonios!

Era mi momento de decir: «¿Y yo qué? ¿Alguna vez tengo vacaciones?».

Pero no tenía ganas de decirlo, y seguí arreglando la casa, con cierta ansiedad, sin saber lo que iba a pasar. Neal se sirvió una taza de café con mucho estruendo, pero de nuevo dirigió hacia mí su frustración. Por primera vez en su vida hizo comentarios críticos sobre mí, pero estaban dirigidos a mi manera de actuar, no a mi actitud en ese momento.

Era todo lo que yo podía hacer para no defenderme atacándole, pero no lo miré, y enseguida cargué la lavadora, y seguí haciendo cosas como si me fuera la vida. Entonces me di cuenta de lo que estaba tratando de hacer, aunque inconscientemente.

–Eso no funcionará, Neal. –¡Seguía sin perder la calma!–. Estás intentando hacerme enfadar para que vuelva a echarte. Si te digo que te vayas como antes, entonces te largarás con la conciencia tranquila, ¿no? Y luego volverás todo humilde y me pedirás perdón. Esta vez no voy a tomar la decisión por ti; es cosa tuya.

A cada afirmación mi interior parecía expandirse y volverse más ligero; los nudos se desataban a cámara lenta y las cuerdas se aflojaban. Sentía una desconocida sensación de poder. O algo que... no sé; era todo tan nuevo. Quería compartirlo con Neal, pero el juego aún no había terminado. Una parte de mí todavía sentía la derrota y el dolor de su deseo de marcharse, pero la sensación más fuerte era de resignación con un sabor de triunfo. Neal se daba cuenta de que lo que le decía tenía sentido, y bajó las defensas, pero ahora no sabía cómo actuar.

Se fue enfurruñado hasta su armario y empezó a golpear las perchas y a tirar los zapatos. Supuse que estaba haciendo la maleta. En ningún momento dudé de que se iría. Cuando volvió, sin embargo, se había puesto su antigua ropa de trabajo. Y como si no hubiéramos discutido, preguntó amablemente:

–¿Una vez me dijiste que querías que te quitaran el tocón del patio delantero?

–Pues sí, te lo he dicho varias veces, querido. –¿Y ahora?

–Entonces será mejor que lo intente, supongo. –Bruscamente salió por la puerta principal. Cuando miré por la ventana delantera, allí estaba él con una pala y un pico cavando con furia en la niebla fría, y hundía su frustración en el suelo húmedo con cada embestida del pico. Miré con asombro y admiración, toda yo convertida en sonrisa. Fue entonces cuando me di cuenta de que no había hecho más que seguir el sabio consejo de Hugh Lynn, ¡y había funcionado! Hugh lo había entendido desde el principio.

La siguiente vez que me asomé, Neal había completado una zanja profunda alrededor del tocón, movido marcha atrás el viejo Packard hasta unos pocos palmos y trataba de unir coche y tocón con una cadena... una cadena que se parecía sospechosamente a la correa del perro. ¿Sería lo bastante fuerte? Surgieron dudas, pero las deseché. «Ya se dará cuenta; no te metas.»

No tardé en escuchar el motor del coche al acelerar y machacar la tierra. Me acerqué de nuevo a la ventana para observar la extracción. ¡Oh no, Dios todopoderoso! El Packard salpicaba hierba y lodo mientras se iba hundiendo en el césped, ya a media altura de los tapacubos. La cadena se había partido hacía rato. Cuando vi a Neal saltar del coche, me aparté rápidamente. No dudé que conseguiría sacar el coche con tablas o algo así, pero sabía que aquel contratiempo lo pondría furioso.

Al cabo de un par de minutos comprobé si había avanzado. No podía creer lo que veían mis ojos. Obviamente la ira le había perturbado la razón, porque allí estaba él, ¡dando marcha atrás con la camioneta para colocarla donde pudiera remolcar el Packard! ¿No se daba cuenta de que no serviría de nada? No quise mirar. Me fui lo más lejos posible, de vuelta a la habitación de Johnny, y me puse a hacer cosas, preparándome para el inevitable estallido. Podía oír el motor del segundo coche, luego el silencio.

Para mi sorpresa, Neal entró en la casa despacio, en silencio, sin dar ningún portazo, y se acercó hasta donde yo estaba. Se dejó caer sobre la cama, derrotado pero humilde.

–¿Qué pasa, cariño? –dije como si no lo supiera.

–Bueno, para que veas. Debería haberme ido. Lo he estropeado todo, eso es... todo.

–Vaya. ¿Cómo ha sido eso? –Fui a la sala de estar a echar un vistazo. En efecto, los dos vehículos estaban profundamente incrustados en el césped, mientras el tocón seguía impertérrito. Hice todo lo que pude para no reír; a Mack Sennett le habría encantado. Pero en ese momento no creí que Neal lo encontrara divertido. Así que me quedé donde estaba y le di mi apoyo.

–Bueno, Neal, a lo hecho, pecho. No sirve de nada lamentarse. Mira, a lo mejor la Asociación del Automóvil puede sacarlos con la grúa. ¿Los llamo? –Neal se abrió como un girasol. Nunca se había acostumbrado a estos servicios de los que yo no podía prescindir.

En cuestión de minutos, la grúa no solo sacó los dos coche de la tierra, sino que también arrancó el tocón. Habíamos salvado el día. Feliz, Neal llenó el hoyo y los surcos de tierra. Le aseguré que la hierba se recuperaría sola, y cuando los niños volvieron de la escuela, él estaba resplandeciente y sereno, orgulloso de su contribución a las tareas domésticas, y yo le colmé de gratitud.

Neal pasó el resto de la tarde en el sofá, en la sala de estar, con los niños apiñados a su alrededor, y ante mi mirada escéptica creó complicados juguetes con palillos y cuerdas. Era paciente, hábil, emanaba calidez y un humor especial y chispeante. Ahí estaba el hombre con el que me había casado: el mismo hombre que antaño había pasado una tarde ensartando diminutos abalorios en un hilo de plata para hacer una telaraña.

Continuó dando lo mejor de sí durante toda la cena y los rituales de la hora de acostarse. Cuando hubimos arropado a los niños, volvimos a nuestra habitación y le di las gracias por un día tan maravilloso.

–¿Sabes lo que creo, Neal? Ese dicho... o esa ley que dice que cuanto mayor es el impulso negativo que superamos, más energía positiva se libera de una manera constructiva, como el retroceso de un arma, ¿recuerdas? A lo mejor al superar tus ganas de ir a México activaste esa ley. Desde luego has sido una bendición para nosotros... ¿no te sientes tú también de primera?

–Sí, desde luego. Tienes razón, por supuesto. –No lo vi con entusiasmo para iniciar una conversación, como era habitual, y me pregunté por qué. Se fue al baño y se quedó bastante rato, y volví a inquietarme. Cuando salió abrió su armario y lo miró fijamente. Sentí su desazón, pero fingí estudiar la Guía de TV.

–¿Te gustaría ver algo especial esta noche?

–Bueno, en realidad, cariño... –Se sentó cerca de mí en la cama–. Sabes que esta noche hay una charla de Cayce en la ciudad, y he pensado asistir... eh... ¿te gustaría ir a ti también? –Por su manera de decirlo supe que mi respuesta tenía que ser no. Mi buen humor desapareció en un instante.

–No, es un poco tarde para conseguir un canguro, pero gracias de todos modos.

Era incapaz de mirarlo.

–Bueno, entonces, verás ...la verdad es que creo que debería ir a México. Me he quedado sin hierba, y le prometí a Doug... –No necesitaba escuchar más. Me fui corriendo hacia el baño, cerré la puerta con una mano y me tapé la boca con la otra. ¡Así que todo había sido en vano! No, no todo, no podía creer que «todo» fuera en vano, pero ¿es que la cura no duraba? Hasta años después no descubrí que una vez que crees que lo has conseguido, comienza la prueba de verdad.

Cuando me compuse y fui capaz de seguir con la comedia de la resignación, volví a la Guía de TV. Mientras tanto, él iba arrojando calcetines y pantalones cortos a la maleta. La cerró y vino a abrazarme... Un regreso al guión original.

–No te preocupes, cariño. Si me voy, estaré en casa en una semana a lo más tardar. Primero, iré a la conferencia, y tal vez después no quiera ir a México. Me llevo esta ropa por si acaso... No tiene sentido tener que volver aquí, ¿eh? Je, je.

Me guiñó un ojo y sonrió, arqueando las cejas. Aquello no me hizo ninguna gracia, y volví a un silencio sepulcral.

Cuando la puerta principal se cerró detrás de él, dejé de reprimir las lágrimas. Sabía, aunque él fingiera no saberlo, cuál sería su decisión. ¿De qué servía aprender a «mantener la boca cerrada»? ¿Cuál era la ventaja?

Me estaba quedando dormida por fin cuando me asusté al oír una puerta abrirse y cerrarse suavemente. Puse unos ojos como platos y me quedé paralizada de terror. Pero quien entró suavemente de puntillas en la habitación no era otro que Neal. El milagro se había realizado, a pesar de mi falta de fe. Ahora no podíamos dormirnos, así que nos quedamos acurrucados, juntos; Neal me habló de la charla, a la que realmente había asistido.

–En realidad, verás, cariño, hoy ambos llevamos a la práctica el tema de la charla: la crucifixión. Al «crucificar» nuestros deseos egoístas, nos hemos elevado... «resucitado», ¿lo ves? Hemos subido al cielo, ¿ves, cariño?

CINCUENTA Y SEIS

Una noche de principios de febrero, cuando los niños estaban ya en la cama y había llevado a nuestro dormitorio ropa para zurcir, Neal vino y se sentó a mi lado, inquieto. Desde que había llegado a casa del trabajo se había estado comportando como era habitual en él cuando tenía algo en mente y debatía si decírmelo o no, y me preparé para lo peor.

Respiró profundamente.

–Carolyn, hay algo que creo que debería decirte. –Había estado mucho más abierto y comunicativo desde la muerte de Natalie y desde nuestro «cielo» de veinticuatro horas, pero ese había sido el único cambio notable en él. Por su tono, se trataba de un asunto serio–. Verás, esta tarde estuve en una especie de fiesta en el piso de los Ferguson de North Beach. Cuando me fui para coger mi tren, un par de invitados dijeron que me llevarían al depósito de trenes. Cuando llegamos allí, les ofrecí un par de porros en señal de agradecimiento. Saqué tres de mi taquilla y se los entregué. Luego, de camino a casa, algo me dijo que eran de narcóticos. Ahora estoy seguro.

No supe qué decir; no tenía idea de lo que eso significaba.

–¿Quieres decir que crees que van a hacer algo? ¿El qué?

–Justamente. Creo que fue una trampa. Ya ves, hace un par de meses unos tipos me pidieron que les comprara algo de hierba. Me dieron cuarenta dólares y les dije que lo intentaría.

Estaba seguro de que eran de narcóticos, así que llevé el dinero al hipódromo... Cosa que, por supuesto, les hizo saber que yo sabía quiénes eran. Ahora, no sé cómo, creo que todo está relacionado. Maldita sea.

Hasta ese momento, mi experiencia con los agentes de la ley se había limitado a alguna multa de aparcamiento, y todavía los consideraba servidores públicos. Era tal mi ignorancia que fui incapaz de ofrecer consuelo o consejo a Neal. No estaba tan afectada como él simplemente porque desconocía las consecuencias, mientras que él no. A medida que transcurrían las semanas y no pasaba nada, Neal se relajó, y yo me olvidé.

Poco a poco, un cambio extraño comenzó a operarse en Neal, un comportamiento completamente nuevo para él y para mí. Se volvió duro, arrogante, fanfarrón, mordaz y cínico. Respondía a mis preguntas o comentarios haciéndose el listo o con una observación cruel. Era incapaz de descifrar el motivo y mi aprensión creció. Lo hablé con Al y Helen. Los dos admitieron que también lo habían notado, y que también estaban preocupados. Nunca habían oído a Neal jactarse de los riesgos, ni lo habían visto ir de sabelotodo.

Helen pensaba que Neal tenía miedo de algo... de algo físico.

–¡Es casi como si temiera por su salud! –dijo, perpleja. Al estaba serio y sacudió la cabeza con pesar.

–Esta vez está pidiendo que le den una lección –fue todo lo que dijo, pero sospeché que sabía algo más. Todo lo que podía hacer era apretar los dientes y superar los encontronazos con la grosería de Neal lo mejor que podía.

Una gélida mañana de niebla de primeros de abril, después de ver cómo los niños se iban hacia el autobús escolar, estaba limpiando la mesa del desayuno cuando sonó el timbre. ¿A esa hora? Probablemente algún niño o una madre del vecindario.

Abrí la puerta y me encontré con dos hombres vestidos con sombrero y una gabardina clara con cinturón. Mientras preguntaban cortésmente por Neal Cassady, abrieron y cerraron muy deprisa lo que supuse que eran sus identificaciones.

Yo no vi nada concreto, pero había visto suficientes películas para saber lo que significaba el gesto.

Me di la vuelta para ir a llamar a Neal mientras el corazón me latía con fuerza de pavor, pero me siguieron hasta el dormitorio, donde Neal estaba empezando a vestirse.

–¿Es usted Neal Cassady? Tenemos una orden de arresto. Tendrá que venir con nosotros.

Tan trilladas palabras nos resultan familiares a todos del cine, pero su impacto es completamente diferente en la realidad.

Al principio no recordé lo que me había contado Neal en febrero. Sabía que estaba en un período de libertad condicional de tres años, ya que se le había condenado a sesenta días por infracciones de tránsito, pero la condena se había suspendido, por lo que eso fue lo primero que se me ocurrió. Pero cuando escuché las palabras «San Francisco», supe que era algo más grave. Mi ingenuidad floreció en todo su esplendor a medida que la sorpresa y la incredulidad provocaban una tormenta de estupidez. Al ver esos dos monstruos de piedra parados ante la puerta del baño mientras Neal se afeitaba, les solté a su espalda.

–¿Cómo es posible que puedan entrar en la casa de un hombre sin previo aviso y alejarlo de su casa, su familia y su trabajo así como así? ¿Cómo pueden mantener a sus familias destruyendo las de otros? ¿Cómo pueden dormir por las noches?

Ah, yo era un tigre, y patético. De repente tuve miedo de ir demasiado lejos y de que me llevaran también. ¿Por qué no? Qué más les daba.

Neal no dijo una palabra, pero estaba segura de que su mente iba a toda velocidad. No le permitieron cerrar la puerta, pues los dos estaban allí al lado observando cada uno de sus movimientos. Cada vez que intentaba entender lo que pasaba por sus mentes, el horrible propósito me escocía de nuevo. ¡Y también vi que en realidad le tenían miedo! ¿Cómo podía haber visto todo eso interpretado en la pantalla y no darme cuenta de la bajeza de ese comportamiento?

No pude soportarlo más y me eché a llorar. Fui corriendo a la sala de estar retorciéndome las manos y tragándome las lágrimas de rabia. Cuando salieron los hombres me arrojé en brazos de Neal para darnos un beso eléctrico, pero no había nada que decir.

A través de la ventana los vi dirigirse hacia el coche de policía, y aquella horrible visión final quedó marcada en mi mente para siempre; el hombre que amaba, el padre de mis hijos, un hombre que sabía que era gentil y amable, inmovilizado con grilletes de acero y arrastrado por otros hombres como si fuera una bestia peligrosa.

–Es un creyente –quise gritar–, un hijo de Dios, ¡lo detengan o no!

Neal parecía tan triste, humilde e indefenso. Oh Neal, Neal, nadie podía ser tan malo como para merecer tal humillación. Sollocé y gimoteé, pero esto era solo el comienzo. Qué ciega había estado.

Volví a recurrir a mis afirmaciones de fe, pero no fueron suficientes; mi fe estaba demasiado verde. ¿Qué hacer, entonces? Deambulé, sintiendo lástima por Neal, por mí y por los niños, y rabia contra la ley. Me senté y me quedé mirando al vacío, deambulé por la casa un poco más, volví a sentarme y a llorar. Cuando había llegado a todos los callejones sin salida posibles y ya no sentía prácticamente nada, hice lo que siempre hacía en momentos de crisis: cogí el coche y fui a casa de Helen.

Cuando los niños llegaron a casa, había conseguido adquirir una apariencia de estabilidad. Como no tenía la menor idea de cómo hablarles de su padre, no dije nada. Cada vez que los miraba y pensaba que debía decirles algo, me decía que sería el equivalente a decirles que había un dragón que escupía fuego en el armario y esperar que me creyeran. En mis esfuerzos por no salir de la normalidad, casi me convencí de que era una pesadilla, de la que despertaría cuando les diera las buenas noches a los niños: una dolorosa escena que aún conservaba su aura con la ropa de Neal todavía tirada por ahí en el dormitorio.

Por la mañana, Helen telefoneó tan pronto como los niños se hubieron ido. El *Mercury News* de San José publicaba un breve artículo en la segunda página, que ella me leyó. Chico, ese reportero se había currado su «historia», y sin duda también un ascenso. Escribía que había hablado con la policía de San Francisco, directores de la Southern Pacific, con algunos de los colegas ferroviarios de Neal y el fiscal del distrito. Como nadie conocía los hechos del caso, su detallada crónica era pura conjetura, con datos erróneos y lo más sensacionalista posible, sin ningún interés por la verdad. Decía que Neal formaba parte de una banda de contrabandistas que traían marihuana de México en los trenes de la Southern Pacific. Ninguna de las personas con las que había hablado le había dicho que los trenes de Neal no llegaban a Los Ángeles, y mucho menos a México.

Cuando colgué, me sobresaltó el timbre. En la escalera de entrada había un hombre bajo y de cabello oscuro. Habló deprisa:

–Soy Sam Hanson de *Los Angeles Observer*, y me preguntaba si podría hacerle algunas preguntas.

Le corté en seco:

–No, lo siento, tendrá que encontrar otra forma de vender su periódico y mi tragedia personal.

Las falsedad del periódico de San José todavía resonaba en mis oídos, y descargué mi furia en ese representante de la prensa, pero él se acercó deprisa antes de que le cerrara la puerta.

–De eso se trata, señora Cassady, vimos el artículo del *Mercury*, y tenemos que publicar algo. Pensé que sería una buena idea conseguir la historia real y poder presentarla de otra manera.

Me lo quedé mirando, mortificada, y dócilmente lo invité a pasar. Se quedó y me escuchó durante al menos una hora, mientras yo –todavía un amasijo de nervios y confusión– trataba de reconstruir nuestra vida para que tuviera sentido para los demás. No sé qué le dije. Demasiado, me temí en cuanto se hubo ido; ¿o demasiado poco? Durante horas me vinieron a la cabeza cosas que estaba segura de que no le había explicado adecuadamente.

Me pasé la tarde en la entrada de casa para asegurarme de coger el periódico antes que lo hicieran los niños. Cuando lo abrí, me encontré con una sorpresa. Toda la mitad inferior de la primera plana y dos columnas en la segunda hablaban de nuestra situación. Ese pequeño periódico local rara vez mencionaba hechos como esos de la vida de sus suscriptores, y ahí había unos cuantos.

Supuse que Sam Hanson había dejado recientemente el *Mercury* porque no estaba de acuerdo con su política, y se dedicaba a escribir columnas de interés especial para el periódico de nuestro pueblo; pero eso era casi cuatro veces el espacio que normalmente le asignaban. Ciertamente era un tema difícil, sobre todo porque «droga», en cualquier contexto, era la más atroz de las degradaciones humanas a los ojos de la opinión pública. Y un crimen tan grave era desconocido en esa comunidad de clase media alta. Me quedé asombrada del coraje del periódico y de Sam.

En el artículo, Sam hacía todo lo posible para minimizar la teoría de que aquello era tráfico de drogas, afirmando que la historia del *Mercury* era sin duda falsa, y que de momento no se sabía nada seguro. Recalcaba los diez años que Neal había trabajado sin interrupción en el ferrocarril y mis actividades comunitarias de voluntariado, como líder de las girl scouts; decía que yo había recolectado dinero para varias organizaciones benéficas, trabajado para conseguir acceso a las alcantarillas, mencionaba mis cuatro años diseñando la escenografía para la escuela de ballet, y mis retratos. Estas actividades me habían puesto en estrecho contacto con un gran número de residentes de Los Gatos y Saratoga, y ahora yo no sabía si alegrarme o lamentarlo. La última frase del artículo decía «Demostrémosle a la señora Cassady que vive en una comunidad que es capaz de ayudarle y lo hará».

Esa noche Helen vino a leer el artículo y consolarme. De repente se le ocurrió que deberíamos registrar la casa en busca de hierba antes de que las autoridades se nos adelantaran. Esa idea no se me había ocurrido. Pero Helen tenía razón. En uno de los zapatos de Neal encontramos un sobre que contenía cinco porros. Helen encendió la chimenea de inmediato y los arrojó al fuego. Para mi asombro, me sentí como si traicionara a Neal, sabiendo lo difícil que le había resultado conseguir ese alijo y lo mucho que significaba para él. Me sentí como se habría sentido Neal al ver incendiarse esos cinco palos. Casi grité para salvarlos, pero me frené en seco, horrorizada conmigo misma, considerando el precio que estaba pagando por los hermanos de esos bebés. Helen los empujó con el atizador y dijo una palabrota:

–Mira esos malditos... ¡Se niegan a arder! ¡Ahí los tienes, erguidos y desafiantes como cinco dedos, Jesús!

Seguía siendo incapaz de decírselo a los niños. ¿Qué les dices a unos niños de nueve, ocho y seis años? No lo sabía, pero sí sabía que al día siguiente se me tendría que ocurrir algo; todos habrían leído el artículo, y no quería que se enteraran por algún otro niño en el autobús. Pero en el desayuno tampoco fui capaz. Decidí llevarlos a la escuela en coche y rezar. Si se lo contaba antes de ir a la escuela, no darían pie con bola en las clases, y no quería que se quedaran en casa lamentándose.

Cuando los recogí por la tarde, Cathy se acercó al coche con la cara llena de lágrimas. ¡Oh Señor; era demasiado tarde! Se subió al asiento trasero y yo me di la vuelta, tendiéndole la mano.

–Cathy, querida... Lo siento mucho... Dime...

–No es nada, mamá. Creo que me he resfriado. En la última clase me han comenzado a moquear la nariz y los ojos.

Sentí un inmenso alivio, pero el susto fue suficiente para darme la determinación necesaria. Así que después de cenar, mientras aún estaban a la mesa, les dije con la mayor naturalidad posible que su padre había sido arrestado y estaría fuera un tiempo.

–¿Por qué? –corearon.

–Todavía no estamos seguros. Oh, no os preocupéis, no le ha hecho daño a nadie ni robado nada; todos vosotros sabéis que papá no haría nada de eso. Es algo relacionado con los cigarrillos... Unos que en este momento no se consideran legales. –Cuando se me quebró la voz, Jami se echó a llorar, y Cathy y Johnny se quedaron desconcertados mirando al vacío. ¿Qué estaban pensando? Todo lo que pude decir fue–: Todo irá bien. No penséis en ello. Lo solucionaremos, ya veréis. Lo único que espero es que no lo paséis mal en la escuela. Si tenéis algún problema, lo que sea, por favor hacédmelo saber y llamadme en cualquier momento.

Seguimos nuestra rutina habitual y hablamos alegremente de otras cosas.

Entonces llegó la segunda fase del milagro. Al día siguiente, después de dejarlos en la escuela, me enteré de que Sam Hanson había tenido un éxito increíble. El resto de la semana, durante el horario escolar, la pasé en un trote constante entre el teléfono y la puerta. Viejos amigos, conocidos, completos desconocidos, maestros de escuela y de la escuela dominical, amigos de amigos pasados y presentes, guardafrenos y jefes de tren: hordas de gente que entraba y salía de casa, mientras otros llamaban por teléfono para desearnos lo mejor y brindarnos ayuda de todo tipo. Llegaron postales y notas a montones, y en todas había dinero y bendiciones, incluso una con dos dólares del «ermitaño» local, al que ni siquiera había visto.

A veces se producían sorprendentes combinaciones, como los toscos hombres del tren, con su lenguaje terrenal, que contaban historias de moralidad dudosa en presencia de las madres del barrio o de practicantes y profesores de la Ciencia Cristiana. Tuve que apurar mi entereza al máximo. Todos los niveles de la sociedad parecían destinados a encontrarse en la sala, armonizados por la magnanimidad de su propósito. Como le conté más tarde a Neal, todos parecían realmente ávidos de dar, como si antes hubiera anhelado esa oportunidad.

A menudo también eran entretenidos. Muchos tenían uno o más muertos en el armario, y era evidente que estaban encantados de tener la oportunidad de airearlos para compadecerse de mí. Solo esperaba que en el futuro no esgrimieran esas confesiones en mi contra.

Junto con los buenos deseos y las palabras de ánimo llegó no solo dinero en efectivo, sino comida... y más comida. Tanta, de hecho, que tenía que darme prisa y esconderla en el garaje antes de que llegara otra visita, para que no pensaran que su regalo era superfluo o no apreciado. Cerca del final del primer día, cuando una amiga le contó el espectáculo a su marido, su respuesta fue: «Comida, eso está bien, pero lo que realmente necesita ahora mismo es una botella», y me mandó una de inmediato.

Había pospuesto hablarles también a los niños de esa montaña de comida, para no alarmarlos, aun cuando lamentaba no poder compartir la experiencia con ellos.

Ese milagro presentaba un tercer aspecto. A la semana siguiente seguí llevándolos a la escuela en coche, y estaba preparada por si me llamaban del colegio. Pero no. Cuando les pregunté si algún niño había tenido curiosidad o había sido cruel, los tres afirmaron lo contrario. Desconcertada, le pregunté a mi vecina de al lado qué opinaba.

–Bueno, yo no sé qué hicieron los demás –respondió–, pero nosotros quemamos los periódicos nada más leerlos, y nuestros hijos no saben nada del asunto.

¿Era posible que hubieran hecho eso en ambos pueblos? Fue una gran lección de humildad que toda la población hubiera tenido el mismo pensamiento esa noche. Nadie les mencionó nada a mis hijos en la escuela, ni entonces ni más tarde cuando Neal ya no estaba en casa.

CINCUENTA Y SIETE

Al Hinkle me llevó a ver a Neal a la cárcel de la ciudad de San Francisco, donde estaba detenido en espera de la decisión del gran jurado. Me pregunté cómo podía haber vivido tanto tiempo sin saber que existían sitios así. Con mis sentidos atónitos, los detalles no me impactaron tanto como la imagen global. Sí recuerdo la impresión de levantar la mirada hacia aquellos duros y fríos barrotes que iban del suelo al techo, como jaulas de acero gris, detrás de los cuales unas figuras sombrías se paseaban o se encogían o estaban tiradas. Todo estaba oscuro, todo sonaba muy fuerte, en un eco que reverberaba hueco. Los agentes fueron bruscos, groseros y tensos. La sombría atmósfera era opresiva, cargada de eléctrica hostilidad.

Tenían el nombre de Neal mal escrito, y no sé por qué eso me enfureció. Era evidente que su verdadera identidad carecía de importancia; solo era un desagradable objeto con el que se veían obligados a tratar.

Esperé durante horas, pero al fin pude ver a Neal. Los visitantes y los prisioneros se amontonaban a ambos lados de un largo mostrador sobre el que había paneles de vidrio y rejilla, de unos dos palmos de ancho, donde te sentabas codo con codo con otros visitantes y tratabas de establecer algún tipo de comunicación personal a través de un sistema de altavoces, mientras todos se lamentaban y trataban de gritar más fuerte que los demás. Neal se veía alegre, y sus ojos estaban más expresivos que nunca.

–No te preocupes, cariño... Carolyn... ¿me oyes? Todo va bien. Es un lugar terrible, lo sé, pero Dios está conmigo. Estoy muy por encima de todo esto, créeme. Me siento genial, sin la menor hostilidad. Te lo contaré todo más adelante, pero sobre todo no te preocupes por nada, mami, ¿lo prometes? –Me eché a llorar, pero conseguí controlarme. Me dio el nombre del abogado de oficio que le habían asignado, un tal señor Nicco, y me dijo dónde encontrarlo–. No contrates ningún abogado; este tío es cojonudo. Es todo lo que necesito.

Una semana después, Helen me acompañó a ver al señor Nicco. Mis esperanzas crecieron de inmediato cuando lo conocimos. Era una persona avispada, dinámica y comprensiva. Estaba seguro de que Neal tenía posibilidades de salir libre, y nos preguntó sobre nuestra situación familiar. Muy animadas, Helen y yo caminamos hacia las escaleras que bajaban a la calle. Escuchamos pasos por encima de nosotras, y, tras detenerme para mirar hacia arriba, tuve que agarrarme a la barandilla, pues casi me dio un desmayo de los de toda la vida. ¡Era Neal! Bajaba los escalones de dos en dos con una gran sonrisa en la cara. Llegó hasta donde estábamos, nos rodeó el hombro con el brazo y nos llevó hasta el vestíbulo.

–Neal, espera, espera, ¿por qué te han soltado?

–Ja. ¡Soy libre! El gran jurado no ha podido encontrar pruebas suficientes. Se echaron a reír al ver los cargos. Ya te lo dije, ¿no? ¿Eh? Ja, ja, ¿dónde está el coche? ¡Venga, vamos a casa!

Menuda juerga de viaje. Nos detuvimos en el depósito de trenes para que Neal pudiera apuntarse a las horas sueltas y nos dirigimos alegremente a casa, en medio de ese mundo que de nuevo cobraba vida y daba vueltas a nuestro alrededor. Por el camino, paramos a dejar a Helen en su casa y para contárselo todo a Al. Cuando los niños llegaron a casa y lo encontraron allí, se le echaron encima, y todos lo mimamos el resto del día y la noche. Nuestra plegarias nocturnas fueron muy emotivas y llenas de agradecimiento. Papá no era ningún delincuente; era un buen hombre.

Después, Neal y yo nos acostamos muy juntos en la cama y hablamos. Se quedó de una pieza cuando le conté la historia de Sam Hanson y la respuesta de la comunidad.

–Pero bueno, ahora que estoy de vuelta, ¿qué haremos con todo lo que nos han dado? No podemos devolverlo, ¿verdad? Se sentirían engañados; lo dieron solo por dar... mmm.

–Dios mío, no había pensado en eso. Maldita sea, ¿qué deberíamos hacer? Bueno, ya pensaremos en eso mañana. ¡Ahora debo decirte lo orgullosa y encantada que estoy con tu actitud! Ya ves lo poderosa que es... ¡de verdad! Es cómo reaccionas a una situación lo que determina su efecto sobre ti, ¿verdad? Dios mío, hemos tenido otra hermosa demostración de las leyes... Bendito seas... Tú me lo has enseñado, ¡y mira cómo funciona! Tú lo sabías.

–Tienes razón, amor, pero escucha, eso no es todo. Deja que te cuente. Bueno, ¿sabes qué es lo más increíble que he hecho? ¿Viste las celdas? Dios, ¿no son horribles? La taza está justo en medio, sabes, y no tiene asiento, claro...

Lo interrumpí diciendo:

–¿Por qué? Por favor, dímelo.

–¡Bueno, querida, es un arma terrible! Supongo que imaginan que podrías arrancarlo y golpearle en la cabeza a alguien... Dios, ¿quién sabe lo que piensan? De todos modos, yo estaba en una celda con tres... sí... otros tres tipos. Uno era heroinómano en plena abstinencia, y estaba muy enfermo... pero los otros dos se pusieron a pelearse... ¡Quiero decir a puñetazos! Uno era un negrazo enorme, el otro era mexicano, y lo creas o no, antes de que pudiera pararme a pensarlo, me levanté de un salto y me interpuse entre ellos ¡y retrocedieron! Dios, cuando me senté casi me desmayo. Solo entonces pensé en lo arriesgado que había sido: podrían haberme matado en el acto. Pero fue una reacción instantánea, instigada por mi sosiego interior, ¿lo pillas? Algo hermoso...

Y reflexionamos sobre esta nueva maravilla en silencio.

–Pero ¿por qué te arrestaron, si hay tan pocas pruebas?

–Ah, bueno, al final me enteré. Había dos detectives que no dejaban de buscarme las cosquillas. Querían que les diera los nombres de quiénes fumaban marihuana y dónde. Seguro. Supongo que me tenían bastante visto y pensaron que yo sabía mucho. No pensaba contarles nada. Me llevaron a una sala privada y estaban cada vez más cabreados. «Cooperación», nena, esa es la palabra clave para la poli. «Solo con que coopere, señor Cassady...» Te pegan en la barriga para no dejar marcas...

–¡Oh, NO, Neal, no-no-no-no! –gemí y le puse la mano en la boca. La besó y la sostuvo entre la suya.

–Sí, bueno, cuando comprendieron que habían perdido la semana, se cabrearon de verdad y dijeron: «Nos veremos en San Quintín, Cassady, aunque sea lo último que hagamos». ¡Ja, los muy cabrones! Sí, señor, querida, para mí esto ha sido una excelente advertencia y un ejemplo de lo que podría pasarme. Ahora lo sé. Estoy libre de esa basura para siempre, ¿lo oyes? –Me agarró de los hombros y me sacudió, apretando los dientes con determinación.

–Oh, sí, ¡ahora te escucho! ¡Aleluya!

Pero los muchachos de la brigada de narcóticos de Anslinger no iban a renunciar tan fácilmente a su juramento. A la mañana siguiente el timbre sonó de nuevo, y me topé con un segundo par de buitres con gabardina.

El renacimiento de la noche anterior me dio confianza.

–Se equivocan –dije sonriendo–, lo pusieron en libertad por falta de pruebas.

–Lo siento, señora, tenemos una nueva orden. Tendrá que venir con nosotros. –Esta vez simplemente me senté totalmente desconcertada, y dejé que los protagonistas repitieran la segunda actuación sin mí. Solo que esta vez Neal estaba furioso. No se fue con ellos cabizbajo como antes, sino que fue delante, a grandes zancadas, la cabeza bien alta, maldiciendo por lo bajini. Una nueva ola de aprensión se apoderó de mí. ¿Y ahora qué? Llamé a Helen, pero ahora no teníamos base para especular.

Una cosa era segura: no podía volver a decírselo a los niños. Había sido tan perfecto tenerlo de vuelta, ver disipada la nube oscura, que su padre fuera declarado inocente. Entonces, confiando en la buena gente que nos rodeaba, les dije que lo habían llamado para ir a trabajar al norte de San Francisco y tardaría mucho en volver, pero escribiría, como siempre hacía. Procuré que no sonara demasiado concreto, porque seguía esperando que lo liberaran como la otra vez. Procuré que todo fuera lo bastante vago como para no propagar una gran mentira que luego descubrirían. Aceptaron mi explicación. Esa fue la única vez que agradecí los erráticos horarios del ferrocarril.

Mi fe en la comunidad estaba justificada, y, por increíble que parezca, los niños no supieron nada de su encarcelamiento hasta que fueron adolescentes.

Al día siguiente fui enseguida a la ciudad para saber la razón de esa nueva detención. La roñosa cárcel era la misma, pero Neal no. Hervía de cólera, estaba desafiante, y prácticamente todo su cuerpo temblaba ante el esfuerzo de controlar su furia y su lengua. Fueron inútiles mis intentos de recordarle la lección que había aprendido sobre mantener la actitud correcta, que anteriormente le había beneficiado. Hizo oídos sordos a mis súplicas.

Todo lo que Neal había averiguado hasta el momento era que los dos detectives habían solicitado una sesión especial del gran jurado a medianoche. Se habían inventado «nuevas» pruebas y testigos. Si averiguaba algo más me lo contaría por carta.

Cuando regresé a casa, inmediatamente me senté a escribirle, orando para encontrar una manera de revertir su actitud. Incluí tantas citas de Cayce como pude. Dos angustiosos días después recibí su respuesta:

> De ahora en adelante, restringe tus cartas a dos páginas, solamente por una cara. He leído entero *Ciencia y Salud* con las *Claves de la Biblia* de Eddy. Ella tiene algo, aunque no lo bastante. He vuelto a leer todo el Nuevo Testamento, reconfortante como siempre. Ahora estoy terminando toda la Biblia, sin pronunciar

los nombres, por supuesto. He asistido a todos los servicios religiosos disponibles: confesión, misa, protestante y fundamentalista negra. Rezo numerosos rosarios al día, y he memorizado siete dones del Espíritu Santo, doce frutos del mismo, oraciones por los difuntos, los enfermos, la unidad, la confianza, la adoración, el amor, la vida, el ángelus, varias letanías, varias artes, los diez mandamientos, once misterios, etc., tan rebosante del Espíritu, el más alto de todos; solo la Gracia vence al karma, etc. Sin embargo, ejem, uh y glups: *por favor no tires* los formularios, lo más importante. Preocupado sobre todo por John. Rezo constantemente. Incluso creo que ahora puedo ser un buen padre para él, y también para las niñas. Dales mi bendición...

En otras palabras, me estaba diciendo que no necesitaba mandarle citas de Cayce; que ya se lo sabía, aunque yo no estaba tan segura. Me pareció que estaba memorizando frenéticamente todo lo que podía para evitar que su ira aflorara. No estaba reflexionando mucho sobre esas palabras, la verdad; su actitud no había cambiado, y esa era la clave. Dedicaba casi toda su energía a encontrar una manera de burlar a los detectives.

Pudo leer la transcripción de la sesión del gran jurado, y estaba seguro de que tenía la sartén por el mango. Se enteró de que el origen de todo eran los dos agentes que le habían dado los cuarenta dólares, de los que ya habíamos sospechado. Pero no tenían ni la droga ni un recibo. La fianza se fijó en doce mil dólares. Neal pensaba presentarse ante el tribunal para intentar que se la bajaran. El fiscal del distrito había hecho afirmaciones «descabelladas» que claramente demostraban que tenía «datos» (sus palabras exactas) extraídos de alguna fuente periodística: procedían palabra por palabra del *Mercury News*. «Todo para demostrarle al juez lo peligroso que soy en la calle.»

Me quedé de piedra ante el valor de la fianza, al igual que Helen cuando la llamé. Eso parecía mucho más serio que la relativa trivialidad del «delito».

–Neal dice que es para «mantenerlo alejado de las calles». –Helen le pidió a Al que se lo explicara un poco más.

–Sí, eso es todo, ¿ves? Ahora Neal sabe que son agentes de narcóticos, puede «descubrir su tapadera», decírselo a sus amigos, y los agentes perderían su trabajo.

–Uy –intervino Helen–, qué pena. ¿Y qué pasa con el trabajo de Neal? ¿Y con su familia? ¡Jesús! Quiere que vendas la casa para pagar la fianza. ¿Lo harás?

–Dios mío, Helen, no sé qué hacer. ¿Cómo puedo hacer eso? Es todo lo que tengo, y ahora carezco de ingresos; ni siquiera puedo contratar un abogado. El del juicio contra la Southern Pacific nos costó siete mil dólares. ¿De dónde voy a sacar ese dinero? Y no puedo arriesgarme a perder la casa, ¿no crees? Solo con que pudiera confiar en la palabra de Neal. ¿Pero recuerdas que antes de todo esto se comportaba de manera extraña? Una vez libre, ¿crees que se entregará voluntariamente antes de volver a cruzar la frontera?

–La verdad es que no. Es difícil de creer, y ha jurado tantas veces que nunca volverían a encarcelarlo. No sé, chica; Me alegro de no estar en tu piel.

Así que hice de tripas corazón. Una cosa que no sabía era que los Ferguson también habían sido arrestados. Neal me había estado suplicando que pagara la fianza para que pudiera tener una juicio con jurado... solo, no con ellos. No lo entendí. Tampoco supe, hasta que fue demasiado tarde, que para la reunión de emergencia y para después habían cambiado totalmente la composición del gran jurado, formado ahora por hombres leales al fiscal. Incluso el señor Nicco había dejado de defenderle sin mi conocimiento, mientras yo seguía esperando que él lo solucionara todo. Por supuesto, yo seguía ignorando cómo funcionaba en realidad nuestro sistema de «justicia», y que lo hiciera de manera tan diferente a lo que nos habían enseñado en casa y en la escuela.

Al investigó cuál era la actitud de la Southern Pacific hacia Neal, y averiguó que no querían saber nada de él nunca más. Decían que les daba igual si la historia del periódico era cierta o no; el hecho de que la compañía hubiera salido en la prensa ya era suficiente. Nos preguntamos si de alguna manera se estaban desquitando por la demanda anterior de Neal contra ellos. Tenían un montón de delincuentes en nómina. Neal solía traer a algunos a casa. Había uno que comprobaba todos los pomos de las puertas de la casa de San José, así que le pregunté a Neal por qué lo hacía.

–Oh, es un ladrón, un experto en colarse por el piso de arriba. Lo hace para ver si las cerraduras están bien.

Así pues, sin posibilidad de ingresos futuros por esa parte, con deudas ya vencidas, sin ningún ingreso a la vista, no me atreví a arriesgar mi único activo. La casa. Le escribí al señor Nicco y me respondió. Me dijo que ya no era el defensor de Neal, pero que en su opinión debería estar libre en unas tres semanas. Ah, la respuesta a mis oraciones, pensé.

Cuando le dije a Neal que no me atrevía a arriesgarme a perder el casa, no se lo podía creer. Al principio se limitaba a repetirme que actuara, ridiculizando un poco mis objeciones. Cuando vio que hablaba en serio, se puso frenético y furioso; su único medio de persuasión eran sus cartas. Lo habían trasladado al edificio del condado en San Bruno, y me dijo que no lo visitara, pues solo se podía en sábado, un día en que los niños no iban a la escuela.

Sus cartas me asustaron un poco, pero las leí con avidez, con la esperanza de que él pudiera encontrar una salida razonable para mí. Pero sus últimos y desesperados intentos de convencerme solo empeoraron las cosas:

> Carolyn, nunca te lo perdonaré. ¿Cómo puedes estar tan loca para tomártelo con esta ligereza? ¿De qué tienes miedo y dónde está el riesgo? Tranquilízate y afróntalo sin más complicaciones: comparezco ante el tribunal y la casa está segura, punto. ¿De verdad temes que huya? ¿No? Entonces, ¿qué problema hay? Te aseguro que todos los problemas se resolverán por completo cuando esté en libertad después de pagar la fianza, mediante un método que no te puedo revelar, y que tiene que ver con el dinero. Si dudas porque el abogado de oficio dijo «solo tres semanas más», sé que se equivoca por muchos meses. Recuerda que esta

> es tu única esperanza de evitar el profundo dolor que experimentarás toda la vida al saber que fuiste tú quien nos privó de cien mil dólares, ¡y todo por tu absurdo temor a que me largara con el dinero de nuestra preciosa casa! [...] Pero aparte de estos cien mil en concreto está el hecho de que solo podré manejar con éxito este caso si salgo ahora. Por favor, «entérate» de que McNamara no es Nicco, y que el Tribunal Superior es otra cosa, así que créeme, sin fianza instantánea, voy directo a San Quintín.
>
> El lado positivo, cuando esto ocurra, es que el Estado te otorgará un divorcio de mutuo acuerdo por solo un dólar...

Después me escribía que si no vendía la casa llamara a LuAnne, al tío de Al o a quien quisiera, después de lo cual cambiaba de tema y se ponía a describir lo que había estado leyendo como si nada más hubiera en su mente. Pero en el último párrafo desahogaba su ira una vez más:

> por tanto, oh némesis de la rueca, solo porque estoy pidiendo a gritos que me liberen de inmediato para hacernos ricos, conservar mi trabajo y limpiar nuestro nombre, por favor no presumas de «saber» que no estoy progresando [...]. Si pudieras demostrar que te cuesta algo sacarme de aquí, a lo mejor te escucharía (aunque no lo haré con cien mil dólares y cien días de libertad en juego) pero como no puedes justificar tu traición, «sé» que estás completamente CHALADA...
>
> Adiós,
>
> N.

Cada palabra me dolió hasta hacerme llorar, pero ahora temía por su cordura ¿De verdad pensaba que yo me creía que podía reunir –legalmente– así de rápido esa suma cuando no lo había conseguido hasta ahora? Una suma mucho menor quizá me hubiera hecho vacilar, pero ¿había perdido la razón? Lo debatí conmigo misma una y otra vez, y no estaba del todo de acuerdo con quienes seguían diciendo: «Debería haberlo pensado antes de infringir la ley» o «Si eres incapaz de cumplir la condena, no cometas el delito». Yo sería incapaz de contribuir voluntariamente a encerrar a nadie en condiciones tan infrahumanas, pero con tres niños pequeños a mi cargo, no podía arriesgar lo único seguro que teníamos. De hecho, mi ingenuidad me hizo asumir una culpa que todavía estoy pagando.

No hubo más noticias de Neal. Entendí su rechazo, pero si era tan inocente como decía, yo contaba con que el juicio lo demostrara. Esperé una llamada del señor McNamara, que querría hablar conmigo, y apenas salí de casa; podía llamar el día menos pensado, y yo esperaba a que él o Neal me dijeran la fecha del juicio.

CINCUENTA Y OCHO

La siguiente comunicación que recibí de Neal me llegó un mes después: el juicio había terminado. Las heridas de su rechazo y mis propias dudas se reabrieron, y volvieron a manar cuando me di cuenta de que él no había querido que yo estuviera presente, recibiendo ahora la sal de la amarga aceptación de su destino, del cual yo me había negado a salvarlo:

> Querida Esposa:
>
> Tu esposo, aunque todavía no del todo contrito, te perdona libremente por haberlo convertido en un delincuente cuya reciente condena por un jurado podría haberse evitado sin ninguna dificultad mediante una fianza y un juicio aparte [...]. Comprendo que tu pecado de omisión apenas es comparable al mío de comisión, pero puedes estar segura de que en los años venideros los dos sufriremos un karma proporcional [...], y de nuevo, también, puedes tener el paradójico consuelo de que por culpa de tu negativa, compensaré la mayor parte de esos diez años malos que has soportado, pues en una primera condena la ley prescribe entre cinco años y la perpetua por cada uno de mis dos delitos [...]. Quiero que entiendas que esta condena es casi obligatoria para aquellos que comparecen ante un jurado (durante todo el juicio de dos días, solo me dedicaron quince minutos)... El inútil de mi abogado de oficio resultó ser un gran

colaborador del fiscal, e ignoró algunos puntos de mi defensa durante el juicio, y ni siquiera pidió la absolución, aunque NO HAY NINGUNA PRUEBA, solo la palabra de un agente que exhaló marihuana, por lo que la libertad condicional está descartada...

Me ofreció una débil esperanza: yo tenía que escribir al juez defendiéndole y hallar a todo el que también quisiera hacerlo.

Adjunta una buena instantánea de los niños (¿el perro Cayce?) y suplica una sentencia mínima [...], repito, porque todo lo demás ha fallado hasta ahora, tu carta es mi última oportunidad de escapar del trullo y conseguir una posterior libertad condicional por el resto de mi destrozada vida [...], que me la manden por correo inmediatamente, pues me dictan sentencia la semana que viene [...]. Rotundamente poco convincente [...], tan aparentemente amarga y desesperanzada [...] como es esta última carta [...], aún queda otro atisbo de improbable información que quiero transmitirte; necesito desesperadamente verte. No para regañarte, menospreciarte o lamentarme, sino para hablar [...] de nuestro futuro. Este sábado, por tanto –el último que paso aquí– deja que los niños jueguen en el parque que hay frente al edificio mientras entras [...] lo antes posible después de la una. Gracias [...]. Ahora «beat» está hasta en los panfletos católicos; pobre Sublette, ahora rezo cada hora, tengo para semanas; es maravilloso. Si no fuera por los niños, disfrutaría de la cárcel, es justo lo que necesito. No echo de menos el sexo, conducir ni la libertad, pero debo confesar que todavía tengo un ansia terrible de chocolatinas y cigarrillos. Por favor, perdona mis dos últimas cartas brutales; obviamente pretendían hacerte entrar en razón, pero no lo consiguieron, ay, y tampoco tu intento de hacer que me diera cuenta de las cosas antes de que fuera demasiado tarde. Ven el sábado. Sé fuerte, paciente, pacífica.

Te amo,

Neal

Con esa nueva esperanza, me puse en acción al instante. Le

escribí al juez dos páginas a espacio sencillo con los mejores argumentos que se me ocurrieron, sin ninguna amargura. No quería que creyera que queríamos que salieran impune, solo pedía que le aplicaran un correctivo realista que lo beneficiara a él y a la sociedad. Cinco años de cárcel solo podían dar como fruto un criminal endurecido y tres niños posiblemente delincuentes... por no mencionar a toda una familia que el estado tendría que mantener sin necesidad. Tampoco es que fuera un hombre peligroso. Quería mencionar el hecho de que sabíamos el verdadero motivo de su arresto, pero decidí eliminar cualquier crítica. Además, todavía confiaba en los abogados y los tribunales.

Al mencionar a Al Sublette, Neal se refería a otra tragedia que había aparecido en los periódicos justo antes del juicio. Al había estado viviendo con una chica durante más de un año cuando decidió romper con ella. «Juntos nos estamos muriendo», me había dicho Al. Él había alquilado un apartamento en la otra punta de la ciudad de donde ella vivía. Una noche ella fue a verle, pero fue violada y asesinada por un marinero negro en el callejón de al lado del apartamento de Al. El marinero estaba ahora en la cárcel con Neal, y le dijo que no sabía que la había matado. Según él, cuando Al se negó a abrirle la puerta, ella sedujo al marinero, que pasaba por allí, y lo llevó al callejón. Allí se desnudó, doblando su ropa con cuidado sobre la valla metálica (tal como la encontró la policía) y le ofreció compartir su botella de whisky. Ella estaba medio coja, era alcohólica y estaba hecha una piltrafa –motivo por el que Al la había dejado– pero el marinero no sabía en qué estado se encontraba esa noche. Dijo que solo la había agarrado por la garganta para que dejara de gritar como una loca. Probablemente tardó muy poco en apagar su tenue luz. Él pensó que acababa de desmayarse. No sé cómo lo descubrieron.

Al se vio involucrado en todo aquel lío, y no solo emocionalmente, ya que se culpaba de su muerte, sino públicamente, y todo aquel escándalo sensacionalista aniquiló sus intentos por recuperarse, y acabó convertido también en alcohólico sin remedio. Le conté a Jack la triste noticia.

El día en que iban a dictar sentencia, Helen y yo fuimos corriendo al Tribunal Superior, y en el pasillo me encontré a McNamara.

–Oh, señora Cassady, me alegro tanto de verla. Me gustaría hacerle algunas preguntas.

Lo interrumpí bruscamente.

–¿No cree que es un poco tarde? ¿Por qué no ha contactado antes conmigo? –Le lancé una mirada feroz.

–Bueno, ya ve... Como en realidad no tenemos ninguna prueba de la culpabilidad de su marido... Déjeme ver... –y se puso a revolver nerviosamente sus papeles.

–Entonces, ¿qué hace aquí? –repliqué, y estaba tan enfadada y al borde de las lágrimas que di media vuelta y Helen y yo salimos disparadas hacia la sala del tribunal, donde supuse que vería en acción nuestro venerado sistema de justicia democrática.

Después de que el juez fuera debidamente honrado y se sentara, condujeron ante él a alrededor de una docena de hombres, encadenados de dos en dos por las muñecas, como una escena de *Los miserables*. El compañero de Neal no era otro que el marinero, el horrible asesino de la chica de Al Sublette, pero parecía más bien un conejo negro débil y aterrorizado. Se aplazó su sentencia, y aunque estábamos seguros de que no tenía ninguna posibilidad, agradecimos no tener que enterarnos de su destino. Al hombre que sentenciaron justo antes que Neal lo habían detenido en un coche lleno de marihuana, y había recibido dinero de un agente para venderla. Lo trataron con respeto rayano en lo amistoso. Más tarde supimos que ese hombre había «cooperado» e implicado a otras personas. Fue sentenciado a entre cinco años y cadena perpetua.

El proceso se llevaba a cabo de manera bastante rutinaria, casi aburrida, sin la impresionante solemnidad que se veía en la pantalla. El juez hablaba en voz baja, y era difícil escucharlo, pero parecía serio y bastante diligente, por lo que mis esperanzas crecieron. Me preguntaba si había llegado a recibir mi carta.

Llamaron a Neal y yo me incliné hacia delante. Neal se mantuvo erguido, en actitud respetuosa, y respondía con calma cuando se le hablaba. El juez leyó los hechos probados en el juicio, pero demasiado rápido y en voz muy baja para que yo pudiera escucharlos bien, pero sí oímos una declaración increíble. Neal había negado incluso haber fumado marihuana alguna vez, y cuando el juez volvió a preguntar, Neal lo volvió a negar. Helen y yo nos miramos consternadas. ¿En qué estaba pensando? ¿Por qué razón? (¿Y por qué nunca le pregunté posteriormente por qué dijo eso?)

El juez dijo:

–En ese caso, debo suponer que era usted un traficante.

McNamara arremetió desde su banda en un vano intento de interrumpir, tirando de la toga del juez e insistiendo:

–¡Pero, señoría, no hay ninguna prueba!

El juez no le hizo caso y de nuevo comenzó a dirigirse a Neal, levantando la voz, cada vez más encarnado hasta que prácticamente insultaba a Neal a gritos, mencionando su «doble vida», su carácter despreciable y su falta de «cooperación» con la ley. Ajá. Esa era la parte que realmente irritaba al juez. Sabía que le habían enseñado que un buen ciudadano debe denunciar las infracciones de su vecino; pero también sabíamos que Jesús, citando la ley divina, dijo: «¿Qué te importa? Tú sígueme».

Allí estaba Neal, con la cabeza gacha, sereno, frío y respetuoso, y ahí estaba ese hombre, chillando y creyéndose digno de juzgar a su prójimo, absolutamente histérico con su furia vengativa. McNamara se acercó al juez, le tiró de la toga y gritó: «¡Pero, señoría, no hay ninguna prueba!» varias veces, tratando de llamar la atención del juez.

Cuando este último dejó de despotricar, escuchó a McNamara, se detuvo para mirarlo un momento, y acto seguido se volvió hacia Neal para decir: «Sí... bueno... ¡me da igual! Lo siento por su esposa y sus hijos, pero no me gusta su actitud!». Y sin vacilación condenó a Neal a dos penas de entre cinco años y cadena perpetua en una penitenciaría. Ambas sentencias se ejecutarían de forma simultánea: eso doblaba la sentencia para ese delito recién probado de complicidad en el tráfico de drogas.

Neal se sentó en silencio para que lo encadenaran de nuevo. Yo estaba desquiciada, y tuve que agarrarme al banco con todas mis fuerzas para evitar salir corriendo por el pasillo y decirle al juzgar lo que pensaba de él y de su imparcial administración de «justicia». Qué tonta me sentí. En cambio, salí corriendo y me quedé temblando apoyada a la barandilla de la escalera hasta que Helen llegó a mi lado.

–Dios mío, qué farsa –dijo, y me echó el brazo por el hombro.

McNamara vino a toda prisa hacia nosotros, pero yo no me atrevía a hablarle, y apenas lo fulminé con la mirada. Tartamudeó y murmuró algo acerca de una moción para un nuevo juicio, pero sabía que solo estaba tratando de salvar las apariencias, así que me alejé de él y le grité: «¡HÁGALO!» pero sin ninguna esperanza de que lo hiciera. Era obvio que los dos agentes habían triunfado; podrían seguir ejerciendo su oficio sin temer que Neal los descubriera. Todo aquello parecía sacado de *Alicia en el país de las maravillas*.

Ahora, desilusionada con el maravilloso sistema de justicia americano, Neal me parecía todavía más un mártir. Había mostrado una integridad y dignidad superiores a muchos hombres honorables, y ni se le hubiera ocurrido implicar a otros para salvar la piel.

Irónicamente, Neal comenzó a cumplir su sentencia el Día de la Independencia de 1958. Tan ingenua como siempre, supuse que las condenas eran por el tiempo estipulado, así que creí que estaría fuera al menos cinco años. Luego descubrí que las condenas no significan nada. «Cinco» años significa dos, «cadena perpetua» significa siete años con innumerables variaciones. Todo el proceso es un complejo juego; uno debe estudiar las reglas y obtener una tarjeta de puntación antes de participar. Cada vez estaba más disgustada con mis queridos Estados Unidos de América. Y lo que me esperaba.

Antes de investigar cómo esperaban que sobreviviera la familia de un preso, escribí a Jack y Allen, y respondieron mostrando su solidaridad, su angustia, haciendo preguntas, sugerencias y dándome ánimos. Como extra recibí una nota inesperada de Gregory Corso. Me explicaba primero su comportamiento durante su visita de aquel fin de semana, aduciendo que su actitud hacia el desayuno se había debido a que había tenido una pesadilla relacionada con los huevos, y acababa diciendo:

> Es difícil de decir, pero siento que he hecho un viaje terrenal de kilómetros y kilómetros de visión y dolor y despertar que me permite afirmar: el camino de Neal en la vida siempre ha estado jalonado de rosas, y si una gran rosa vieja y enferma bloquea su camino, desde luego no se aparta. Esto es lo que hay de verdadero y hermoso en ese hombre. Cuando lo veas, por favor dile de mi parte que bien sé que todas las cosas se nos acaban revelando; antes no lo sabía, porque cuando me encontraba con esa rosa obstructiva no la esquivaba, continuaba, me aventuraba, sino que allí me quedaba y me quejaba. Pues bueno, este último año en Europa he aprendido a prescindir de las quejas, y comprendí que era absurdo quejarme de lo que es la vida. Espero que entiendas lo que te digo. Lo deseo porque me hace muy infeliz lo que le ha pasado a Neal. Casi me dan ganas de exclamar: «Pobre Dios» y no «Pobre Neal».
>
> Un fuerte abrazo...

Mi único consuelo residía en el hecho de que las cartas estaban llenas de fervor religioso, aunque solo fuera como mordaza. Me dije que quizá ese forzado interludio monástico podría ayudarlo, y él insistía en que así era.

Primero lo enviaron a un centro médico de Vacaville, donde los presos eran sometidos a estudios psicológicos, supuestamente para descubrir el mejor método para enmendarlos. Era una buena idea, pero por lo que se vio, todo quedaba en el reino de la teoría, aunque Vacaville era una institución más humana que la mayoría y Neal permaneció allí durante varios meses, en ese ambiente de relativa decencia.

Pasó más de una semana antes de que supiera de él. Hasta que el 22 de julio llegó una explicación por la demora.

Por increíble que parezca, te he escrito media docena de cartas desde que estoy aquí. Ya sé que solo has recibido una (la segunda que escribí; la primera fue rechazada por escribir las líneas mencionadas) además de esta, la sexta, así que esta es la historia abreviada de la tercera, la cuarta y la quinta: el pasado miércoles, después de devorar tu hermosa carta de seis páginas, en la que demostrabas algo más que el mero karma de la devoción conyugal, comencé a preparar lo que consideré una misiva igualmente edificante que manifestara una fraternidad mutua. Ese día y el siguiente escribí durante todos los momentos que tuve libres, y logré que entrara en el correo del jueves, por la noche, pero como trataba de cubrir todo de golpe, había reservado espacio apretando las líneas en la parte posterior de la página sin pautar (igual que en la carta que has recibido). Fue rechazada. Esperando que me «consintieran» un poco, como un tonto, le propuse al sargento encargado que la dejara pasar, «solo por esta vez», y añadí que, por supuesto, no volvería a escribir con una letra tan pequeña. Después de pasar una hora consultando con el Capitán, durante la cual me armé de paciencia para que no me tacharan de subversivo, me dijo que la carta parecía llena de «dobles sentidos», respuestas secretas a tus preguntas secretas, y que por lo tanto no se podía enviar; así terminó la carta 3. Todo el viernes, con un natural resentimiento atemperado tan solo por el humor que destilaba todo, compuse una sátira incómoda y mordaz en «doble sentido» e intenté enviarte esa farsa por correo. Pero tampoco coló. Por el contrario, mi supuesto ingenio resultó ser un grave error de juicio, pues el sábado por la mañana me amonestaron por insultar abiertamente al capitán. Así pues, esta carta; la cuarta y la más graciosa, pensaba, fue la más severamente rechazada, además de pasar a formar parte, muy probablemente, de mi expediente para demostrar mi falta de respeto a la autoridad. De todos modos, el sábado por la noche envié otra por correo, el quinto intento de enviarle un «mensaje a García»;[1]

1. El «mensaje a García» hace referencia a un ensayo muy popular en 1899 escrito por Elbert Hubbard, que expresa el valor de la iniciativa indivi-

esta nueva misiva fue un asunto de lo más lamentable, y refleja gran parte de mi profundo disgusto por todo el triste problema en el que, estúpido de mí, me había metido, tan terriblemente absurdo fue que, aunque ya tardaba cinco días en responderte, enseguida me arrepentí de haber escrito, pero, hurra, mis oraciones funcionaron gracias a mi mala memoria, pues esta mañana me la devolvieron por olvidar poner mi número, etc., en la solapa del sobre. Bueno, ahora que he desperdiciado casi una página explicando un poco mi retraso al escribirte –aunque he estado escribiendo con tanta furia toda la semana que me ha dado el calambre del escritor– voy a empezar de nuevo esta larga y demorada respuesta a tu #1.

Dejé la carta y traté de averiguar por qué, si habían rechazado todas las demás, habían dejado pasar ese resumen. No encontré ninguna respuesta, pero al menos la partitura de Gilbert y Sullivan nos hizo reír un poco a Neal y a mí. Continuaba diciendo que dejara de intentar sacarlo o conseguir un nuevo juicio. Decía que ni siquiera sabía cuánto tiempo tendría que pasar en la cárcel, al menos hasta al cabo de dieciocho meses, momento en que comparecería ante una junta de tres hombres que determinarían la condena. Estudié todo lo que había escrito una y otra vez, pero, al igual que Alicia, solo conseguía que todo me pareciera «más y más curioso». Ahora lamento profundamente haber averiguado demasiado tarde lo que supe después, puesto que entonces habría contratado a un abogado que habría sacado a Neal en sesenta días solo por un delito menor.

Continuaba diciendo que había estado escribiendo en serio sus propias oraciones, y memorizaba los nombres de todos los papas para

dual y la meticulosidad en el trabajo. Cuenta cómo el soldado Rowan es enviado por el presidente McKinley a entregar un mensaje al general Calixto García, líder de la insurgencia cubana escondido en un lugar recóndito de la sierra. El mérito del soldado reside en no haber preguntado dónde estaba el general y haberse esforzado por averiguar su paradero. *(N. del T.)*

acelerar mi crecimiento, así como el de toda la humanidad. Para emular mejor a estos líderes, estoy memorizando sus nombres y añado uno nuevo cada día a la oración; es decir, el Papa de hoy –el 21 por orden (comencé 1 de julio)– es San Cornelio, que ocupó el papado del 251 al 263. La semana que viene volveremos a tu maravillosa primera carta, el primer párrafo de la cual es todo lo que he logrado responder hasta ahora.

Te amo, dulce y fuerte Ricitos de Oro,

N.

Ese no era el mejor uso que yo había pensado para su vida monástica. Estos «líderes» que él quería «emular» no tenían nada en común con su «Señor», Jesús, y habían masacrado a todos los que habían intentado vivir de acuerdo con las enseñanzas de Jesús. Y qué habían hecho esos «líderes» por él, aparte de imponerle de por vida una carga de indignidad y culpa. Eso sí, le agradecía que me explicara algunas de las reglas del juego de la prisión, que, aunque todavía me parecía un misterio, al menos significaba que no estaría fuera cinco años enteros.

Neal no dejaba de escribir cada semana siempre que podía, y a menudo hacía juegos de palabras e imitaciones de las interminables frases de Proust. Cuando yo mencionaba su fervor religioso, él veía debajo de mis comentarios distendidos una ansiedad que quizá él estaba exagerando un poco, y como solía hacer la sacó a relucir para comentarla.

Un último comentario sobre el «subidón» de la religión (y de hecho es esto, ya esté en la cárcel o fuera, realmente es el único «subidón» que nos queda, ¿no?): leí que un postulante de un monasterio cisterciense tiene que serlo al menos noventa días; eso corresponde a mis tres meses en la cárcel de San Francisco; dos años como novicio, que serán mis años en la trena; tres años con los «votos simples», mi período cuando salga en libertad condicional. Así que, al igual que tardan cinco años en total antes de ser finalmente aceptados, a mí me soltarán y me volverán a aceptar en la sociedad solo después de un tiempo similar. Interesante, ¿no?

Por cierto, *En la carretera* está en la biblioteca, y Doug Ferguson lamenta que siempre esté prestado, por lo que todavía no ha podido leerlo, como me gustaría a mí también, la verdad...

Neal, en casi todas sus cartas, cuando describía sus condiciones de vida lograba mantener un tono objetivo, sarcástico o satírico, con un ojo puesto en los censores. Mi penitencia me exigía visitarlo, siempre un tormento para mí, me recibiera con hostilidad o no, cosa que a menudo ocurría, y yo volvía a casa llorando. Nada podía ser más deprimente que las cárceles. Vacaville no fue tan mala San Quintín, y supuso una introducción más suave. Las instalaciones no eran tan impresionantes, y no tenía tanto aspecto de fortaleza. Aún así, el espejo de dos caras en la pared y la orden de «mantener las manos sobre la mesa» (que continuamente olvidaba y me regañaban) eran humillantes. La política de «no tocar» era la más cruel de todas. La única ventaja posible de esos encuentros habría sido que pudiéramos abrazarnos y absorber por osmosis lo que los dos realmente necesitábamos. Ah sí, se trata de castigar.

Vacaville no era deliberadamente degradante para la presos; también había juegos psicológicos, y una vida físicamente más equilibrada. Poco después de instalarse me escribió:

> Miro por la ventana de la celda y veo los trenes que se cruzan y pasan a casi un kilómetro de distancia, y a unos cien metros cada día avanza penosamente un tren de carga local por el Ramal Norte de Sacramento. Bueno, que trabajen, yo estoy de vacaciones. Hoy he hecho la prueba de gimnasia, he corrido 250 metros ida y vuelta en 53 segundos, y 37 flexiones en la barra: todo dentro de la categoría de «muy buena forma». He rellenado un cuestionario de 900 preguntas sobre actitud y comprensión; luego ortografía, coeficiente intelectual, aptitudes mecánicas, habilidades académicas, matemáticas, de vocabulario, vocales, etc. Ahora todas las pruebas han terminado, y en dos semanas estoy en la clase de doce personas de «Grupo de Adaptación del Comportamiento». Nuestro equipo de béisbol (dile a Johnny que

también soy de los Giants, como en su gorra) ha ganado dos de los últimos tres partidos y ahora va el segundo de la liga. Cada sábado voy a confesarme y los domingos recibo la Sagrada Eucaristía del estupendo sacerdote alemán que tenemos ¡He adelgazado cinco kilos! Me siento cada vez más purgado de los viejos deseos, sobre todo el de la carne.

Se había presentado voluntario para participar en un estudio psicológico llamado «IT», siglas que equivalían a «Tratamiento Intensivo». (Nos reímos ante lo irónico de que Neal siempre afirmara estar buscando un «it», es decir un «algo» en la vida.) A pesar de que se dijera que Vacaville era un «club de campo», deseaba con todas mis fuerzas que pudiera quedarse allí. El confinamiento y la normativa eran ya suficiente castigo, pero las condiciones más humanitarias podían fortalecer su carácter, su autoestima y diluir la amargura.

Dijo que esperaba que lo enviaran a Soledad, donde «las instalaciones para besarse son mejores», pero yo sospechaba que se debía a que quedaba demasiado lejos para que yo pudiera visitarlo. Como en las fuerzas armadas, supongo, el lugar que uno solicita o que parece razonable es el único al que puedes estar seguro que no te mandarán, así que lo enviaron a San Quintín, y me llegó un relato conmovedor del traslado:

> Queridísima y querida Carolyn, Maravillosa Esposa:
>
> Incluso cuando me ponían los grilletes en las piernas, que tenían por objeto, junto con un agente armado a cada lado, la puerta cerrada, las ventanas con barrotes y el pijama blanco como la nieve que te obligan a llevar –al que solo le falta la diana roja y amarilla en la espalda cuya ausencia casi sorprende–, refrenar cualquier descomedido impulso que pudieras sentir de apearte durante el breve trayecto en autobús desde Vacaville, comencé a experimentar una nada despreciable autocompasión, que pronto se convirtió, a medida que transcurría el proceso, en algo casi abrumador cada vez que una deprimente visión que bordeaba la pura incredulidad me dejaba consternado, algo que se

daba en golpes separados pero acumulativos a mi autocompasiva y afilada percepción cuando, ahora zarandeado tanto desde dentro como desde fuera hasta quedar sumido en una desconcertante insensibilidad, me encontré por fin, cruzando por primera vez el «Gran Patio» –como lo llaman los «cons»–, en ese estado característico que parece engendrar una paradójica y brumosa concentración, que ahora recibía a causa de las sombrías emanaciones de un estado de ánimo demasiado receptivo; ese muro físico que la tensión desesperada de cada convicto creaba para existir dentro de los, por altos y anchos que fueran, muros de piedra mucho más débiles de esa cárcel antigua de infausto recuerdo –1859 está cincelado sobre la fachada de un edificio todavía en uso–, a la que, acompañando a 23 presos más, finalmente llegué la semana pasada...

(Vi que todavía disfrutaba creando oraciones proustianas.) En la litera que tenía arriba había un «matón que se había escapado ocho veces». Al día siguiente, las noticias divulgaron la muerte del Papa, lo que le hizo comprender de manera dolorosa lo egocéntrico, dijo, que había sido en relación a mí, y acabó el día sumido en una «tristeza deprimente y compartida» por la eliminación de los Braves de Milwaukee en las series mundiales.

Sin embargo, experimentaba el «factor de equilibrio de la compasión [...] de verdad, nunca he visto ni hay en otras partes de este noble país [...] tan variada concentración de inadaptados absolutamente patéticos como son estos 5.042 delincuentes según el último recuento, que la KROW anunció en las noticias de las seis de la tarde como la población más numerosa desde 1942».

San Quintín, ya sea visto desde el interior o el exterior, no deja lugar a dudas en cuanto a su propósito. Es una fea erupción en un saliente de tierra al lado de la bahía, una rara mancha yerma en el exuberante paisaje. En lo que parece un desesperado intento de camuflarla para engañar al visitante, unos exquisitos rosales bordean de cerca el camino de cemento que va de la verja hasta la pequeña entrada, que tuerce hacia un lado como si se escondiera de vergüenza. Unos escalones de madera conducen a la puerta, y dentro hay más escaleras hasta una pequeña y lúgubre sala de espera que contiene unos escasos bancos viejos y rígidos como bancos de iglesia, duros, fríos y atestados de una patética variedad de familiares y amigos; madres viejas y jóvenes, novias, hermanos, bebés y niños de todas las edades y un puñado de padres ancianos.

Junto a los escalones hay un mostrador bajo donde, si por casualidad el guardia está presente, das el nombre y el número del recluso que deseas ver. Después de comprobar un archivo, el oficial te entrega una «ficha». Entonces esperas, esperas y esperas un poco más. Pasé hasta tres horas esperando a que ladraran «Cassady» desde el altavoz. Intentaba programar mis visitas para que tuvieran lugar mientras Neal trabajaba, no mientras comía, pero a veces me explicaba que se les «olvidaba» decirle que yo lo estaba esperando. Antes de la visita, los reclusos tenían que ir a su celda para lavarse y cambiarse de ropa.

Cuando llaman el nombre que esperas, subes cuatro o cinco peldaños más por la formidable puerta de acero, acompañada de un guardia armado que coge tu vale y te permite sentarte en una de las mesas en medio de la enorme sala resonante. Las ventanas son altas y de barrotes gruesos, y los corpulentos guardias armados hasta los dientes rodean los muros antiguos y agrietados. Otra gruesa puerta de acero se abre a un pasadizo sin ventanas que desciende en curva hasta cierta profundidad, de la que emergen los internos.

Un día, cuando estaba tratando de hablar con Neal, una inusual alerta atronadora de repente provocó un nervioso ajetreo en todos los guardias, que acercaron la mano a la pistola con una mirada llena de temor. Aquello me dio un susto de muerte, y le pedí una explicación a Neal. Miró a su espalda mientras por la rampa del pasillo subía un hombrecillo frágil de raza negra, flanqueado por unos enormes guardias armados. A medida que se acercaba, los guardias de nuestra sala se pusieron en pie de un salto para cerrar de golpe las dos puertas de acero con unos golpes metálicos que reverberaron en el espacio.

–Probablemente es un condenado a muerte al que viene a ver su abogado –adivinó Neal–. Hay una habitación privada justo ahí afuera. –Neal estaba acostumbrado a todo esto, yo no.

–¡Qué comedia tan fantástica! Ese hombrecillo indefenso, la mitad de grande que esos gorilas, sin mencionar las armas. ¿Qué imaginaban que podría hacer? ¡Ni que fuera un jabalí! ¡Le tienen miedo!

–Sí, bueno, les gusta ponerse dramáticos, ya sabes cómo es esto. –Yo estaba aprendiendo «cómo era eso», y cada vez volvía asombrada a casa.

Neal escribió cartas conmovedoras a los niños para sus cumpleaños, Navidad y Semana Santa. Les contaba la historia de las rimas de Mamá Oca y el origen de algunas palabras, como «sincero». Les corregía la gramática de sus cartas, y les contaba algunas de las cosas que hacía a su edad, etc. Lo más irónico para mí eran sus sermones diciendo que debían portarse bien, recalcando la «obediencia» y la «verdad», y cuando John cumplió siete años, «la edad del raciocinio», Neal le resumió la diferencia entre el «bien» y el «mal». Suspiré y pensé en la frase de Cayce: «el conocimiento no utilizado es pecado». Cuando recibía las cartas que él les mandaba, recortaba la parte del sobre donde constaba su número y el nombre de su famosa residencia. En el reverso de esta tira había una nota para mí.

En lugar de aprender un oficio útil, Neal se veía obligado a trabajar barriendo el piso del taller textil,

> lo que me recuerda cómo he utilizado la oración últimamente, cómo este exbeat bate una bastilla beat: Regla: mente/deseo en blanco proporcional a cada anulación corporal. Ejemplo: el oído. Para superar el estruendo que revienta los tímpanos provocado por el taller textil que vale cuatro millones de dólares, de telares de alta velocidad de 1.745 RPM, de 1,7 × 1,8 metros, que dejan una pelusilla constante que es mi agotador trabajo barrer todo el día por los lados y por debajo, yo, por lo tanto, con esa ruidosa barrera que impide que nadie me escuche, con

un amortiguado pensamiento que aflora a la superficie para igualar la sordera, grito sin parar, en medio de ese rugido, todas las oraciones que conozco, y puesto que las digo muy deprisa, tardo apenas una hora en completarlas del todo, y cada minuto después de los primeros sesenta, me veo repitiendo la misma que dije en ese mismo momento de la última hora. No pongas ninguna objeción, porque así al menos evito pasarme la hora mirando el reloj.

En el primer aniversario de nuestra separación, intentó transmitirme las condiciones en las que vivía en su celda de 1,4 × 2,3 × 2,9 metros:

> Para hacerse una idea de lo que es vivir tan enjaulado imagina que metes el colchón del coche en la bañera, dejándola así más suave, y, aunque no tan larga, sí al menos mucho más limpia que mi litera plagada de bichos; y luego traes a tu amiga de 90 kilos, Edna, o esa otra más negativa y agresiva, Babs, luego cierras la puerta y después metes a once ruidosos niños en nuestra habitación para igualar a los mil ruidosos internos alojados en este bloque de celdas en concreto (naturalmente has de quitar el asiento del inodoro, los toalleros, los armaritos, cualquier cosa que no sea un espejo pequeño y un estante de 10 cm), y permaneces casi inmóvil para no irritar inadvertidamente al ladrón a mano armada, a Edna, y reflexionas sobre tus errores pasados, tus sufrimientos presentes y tus futuras derrotas a la luz de cualquier intuición que te permita tu atribulada situación.
>
> El 2 de abril recibí una tarjeta de Pascua desgarradora de John y Jami [...]. Dile a John lo mucho que me alegró que hubiera adivinado el número de protuberancias (en su dibujo del vagón de arena) que tiene una locomotora. No le digas a Jami lo trágicamente irónico que encontré que escribiera «Hay, hay» en lugar de «Hey, hey»,[1] hundiendo profundamente, en su inocen-

1. Lo dice porque «hay» en inglés es «heno», nombre con el que ahora desprecia la hierba que fumaba. *(N. del T.)*

cia, el afilado cuchillo del recuerdo y cortando mi remordimiento de nuevo sin darse cuenta, dándole ese apropiado nombre a la vil hierba que consumía en ese egoísta vicio que me ha traído hasta aquí...

Nos enteramos, para nuestra gran desilusión y asombro, que a Hugh Lynn no se le permitía mantener correspondencia con Neal, ni podía enviarle los panfletos de la asociación; lo mejor que podíamos hacer era que yo le transmitiera sus mensajes. Solo después de la liberación de Neal me enteré de que se le permitía comunicarse únicamente con mujeres.

¿Tiene sentido? ¿Un «castigo» adicional?

A pesar de las cartas generalmente amorosas de Neal, su resentimiento contra mí por no haber pagado la fianza yacía como una serpiente enroscada en su corazón, y de vez en cuando era incapaz de evitar que atacara. A medida que pasaba el tiempo, llegué a sentir su presencia constante, y aunque deseaba desesperadamente creer que Neal había renacido, no me atrevía a fiarme de él por completo, pues su odio me afectaba en lo más profundo.

El primer indicio de esa vitalidad constante fue como un golpe repentino para mí, y tomó la forma de una nota en la parte superior de una de las cartas de los niños, exactamente un año después de la sentencia. Fue en la época en que intentábamos reunir gente que hablara a su favor ante la Autoridad Adulta antes de que le impusieran la sentencia:

> Ahora es el momento, es probable que demasiado tarde ya, de hecho, por supuesto, todo esto significa tan poco o menos que la fianza, así que tal vez mejor olvidarnos de esa ayuda, como la locura de entrar en el empleo estatal en este momento crucial, y simplemente gástate un dólar para hacer lo que te aconsejé hace un año... (pedir el divorcio).

Con el «empleo estatal» se refería al Departamento de Bienestar Social, que intentaba obligarme a ser asistente social.

La siguiente carta traía una humilde disculpa y un largo canto fúnebre sobre cuánto había disminuido mi amor por él, como demostraban las pocas cartas que le había escrito y las visitas aún más escasas, y de inmediato justificaba mis actos culpándose por no haber escrito y por pedirme que no lo visitara. Seguían palabras más deprimentes: que si era un sinvergüenza que perjudicaría a los niños, un exconvicto al que el oficial de la libertad condicional podría enviar de vuelta en cualquier momento, que si yo había pasado muchas calamidades por casarme con él, etc. Me pregunté cuánta satisfacción le proporcionaba atormentarme: hasta qué punto se entrelazaban el amor y el odio; me apartaba, me llevaba lejos de él. Yo hacía todo lo que me pedía, lo visitaba tantas veces como deseaba, a pesar de que cada visita era traumática para mí. Verme le despertaba la serpiente que llevaba dentro, y sacaba su lengua bífida. Como de costumbre, Neal era del todo consciente de lo que hacía, y, como de costumbre, unas disculpas sentidas surtían su efecto. Después de la última visita, afirmaba que esta había sido totalmente improductiva por culpa de su «obstinada estupidez adolescente», y se concentraba en analizar «¿POR QUÉ? ¿POR QUÉ?» Seguía un largo repaso de todo lo que yo había hecho como ama de casa y como madre, además de «innumerables tareas» más allá de mis obligaciones, todas enumeradas y computadas. No faltaban el humor ni el drama en ese relato, y cuando pensaba que ya había terminado, escribía: «Llegaré por fin al asunto que nos ocupa: un análisis del resentimiento con ejemplos de cómo me he desquitado contigo, titulado "¿QUÉ ES EL RESENTIMIENTO?" y subtitulado "No estoy furioso, ¡pero mira lo que me has hecho!"».

Y así lo hacía, llenando una página ahora con todas las críticas a sí mismo que se le ocurrían. Esperaba que eso fuera como una purga para él, pero lo dudaba, aunque apreciaba el esfuerzo. No estaba segura del todo de para qué servía ese ejercicio, como no fuera para tratar de hacerme pensar que ya no estaba resentido. Sabía que lo estaba y lo estaría. Yo había hecho algo verdaderamente imperdonable. Lo entendía.

CINCUENTA Y NUEVE

En el frente interno, durante ese tiempo la confusión competía con el desconcierto. Cayce dijo: «¿Por qué preocuparse cuando puedes orar?», pero todavía no distinguía la diferencia entre una declaración positiva de lo que se deseaba y una preocupación concentrada, así que me preocupaba.

Me pareció muy extraño que un departamento de asistencia social pudiera eliminar al miembro de la familia que la mantenía sin pensar en los dependientes inocentes que se quedaban sin nada. En cambio, era cosa mía encontrar un medio de supervivencia. Unos amigos que tenían influencia me mandaron al Departamento de Bienestar Social. No había pensado en ellos, debido a mis experiencias anteriores con este augusto organismo. Pero no había otra opción.

Su programa proporcionaba «raciones de emergencia» mientras consideraban tu caso. Estas tardaron dos meses en llegar, y fueron penosamente insuficientes para una familia de cuatro, pero mi abastecido garaje nos mantuvo con vida. Después de otros dos meses mi solicitud fue rechazada. Pensé que puesto que mi situación quedaba circunscrita a un límite temporal específico, estaba justificado que recurriera al gobierno que había creado mi necesidad. Yo misma había aportado dinero al programa durante años a través de mis impuestos, y había pensado que era una sabia medida para personas exactamente en mi situación. De nuevo, el organismo era impermeable a una lógica tan simple.

Después de otros dos meses en los que mis amigos influyentes «tiraron de los hilos», por fin me concedieron una Ayuda a los Niños Necesitados, también conocida como ANN. El progenitor no estaba incluido. La suma mensual que nos correspondía era de 184,50 dólares. Solo el pago de la casa ya eran 105 dólares, así que teníamos 74,50 para servicios públicos, alimentos, gas, etc. Para compensar un poco nos dieron un plus de comida, que consistía en queso para untar, leche en polvo y de vez en cuando verduras de temporada. Siempre había mucha harina de maíz, y aunque nunca dominé el arte de hacer tortitas, podía hacer pan de maíz y papilla de harina de maíz. Comimos mucha harina de maíz. E hidratar la leche en polvo pronto se convirtió en una tarea automática.

Unos meses después se interrumpió esta política debido, dijeron, a falta de interés. No se les ocurrió pensar que el punto de distribución estaba a entre quince y veinte kilómetros de los necesitados, y que pocos o ninguno tenían coche, y que el transporte público era inexistente. Yo había recogido todos los que había podido mientras la ley estaba vigente.

Los seis meses que estuvimos sin recibir nada, me ocupé de las deudas que habíamos contraído. Aparte de las habituales de la casa y los servicios, estaban también la ropa de los niños y las cuotas de los electrodomésticos: todo dentro del presupuesto de las ganancias de Neal. Escribí o llamé a todo el mundo, y me correspondió el ingrato deber de explicar mi falta de fondos, mientras les aseguraba a todos que cobrarían si podían ser pacientes. Unos pocos cancelaron las deudas, como la ropa de los niños.

Para agravar el problema, descubrí que había pagos atrasados de tres préstamos que Neal había pedido, y que yo desconocía, por un total de cerca de 800 dólares en total. Una empresa accedió a esperar; otra lo canceló, pero otra dijo: «Así es la vida», y mandó al sheriff a buscar mi coche. Me costó diez dólares de llevarlo a su garaje y cinco al día a partir de entonces. No entendía cómo podría ganar el dinero para pagarles sin el coche. A nadie le importaba.

Excepto a una persona: el padre del profesor de ballet de Jami había sido dueño de una compañía de préstamos, y ahora estaba metido en seguros o algo así, y toda esa gente lo conocía. Liquidó los préstamos de Neal, reprendió a los prestamistas por habérselos concedido, recogió mi coche, y me concedió un préstamo libre de intereses a pagar cada vez que pudiera. Muchos de los habitantes del pueblo también me encargaron retratos, y así evité la ejecución hipotecaria, y las horas dedicadas a pintar revivieron mi ánimo.

Mi primer cheque de la asistencia social, que llegó en septiembre (no había tenido ingresos desde marzo), parecía una gran suma, pero los 74,50 dólares no duraron mucho. Junto con él me asignaron otro asistente social, que debía revisar mi caso y reevaluar mis necesidades. Era un exministro bautista, y yo ansiaba estimular los debates sobre religión. Pero no. Después de su evaluación inicial, informó que yo tenía coche y piscina, le molestó mi excedente de mantequilla, y lo perdí a él y a la subvención.

No sé por qué, pero informaron a Neal de que su familia ya no recibía ninguna ayuda. «Tu nombre ahora será eliminado de la lista restringida del economato por el Agente de Administración», y se fue por la tangente, condenando a todos los organismos, pero sobre todo a sí mismo, y siguió revolcándose en el remordimiento y la culpa. No pude evitar la ligera sospecha de que la mayor parte de esa carta dickensiana iba dirigida a los funcionarios de la prisión. Dijo que no podía hacer nada, porque estaba a punto de entrar en el hospital, aunque no explicó por qué. Terminó diciendo que «Cathy Crosby protagonizará *Beat Generation* de MGM. Imagina una Crosby "beat", ¿repugnante, no?».

Me permitieron visitar a Neal en la enfermería, donde nos quedamos solos y disfrutamos de un abrazo largo, pero volví a casa llorando de nuevo, esta vez por él. Le habían operado de hemorroides, y como llevaba un tarjeta con las letras «CD», que no significaba Club Deportivo, me dijo, sino «consumidor de drogas», se le negaba anestesia. Este sadismo sin sentido y su estoica aceptación me provocaron lágrimas de rabia ante nuestro desamparo.

Una vez en casa retomé la batalla contra el Departamento de Bienestar Social para que me devolvieran la ayuda. Esta vez enviaron al director a tratar conmigo. El hombre tenía una reputación que mantener, y se jactó de haber obtenido un noventa y nueve por ciento de éxito a la hora de conseguir que las madres que vivían solas fueran a trabajar, y yo me convertí en su objetivo del día. Su primera sugerencia fue que contratara a una niñera a la que tendría que pagar exactamente la misma cantidad que yo ganaba, cosa que, está claro, no tenía sentido. Luego me propuso que me divorciara de Neal, porque «las mujeres divorciadas tienen más oportunidades en el mercado». Supuse que se refería con los hombres. También rechacé esa opción. Luego dijo que debería hacerme asistente social, ya que tenía un título universitario. No lo intenté pero pasé la prueba. Cuando me enfrenté a los adustos examinadores, uno me preguntó si mi experiencia como receptora de ayudas tenía algo que ver con mi actitud hacia el trabajo. Mi respuesta fue rápida: «¡Desde luego que sí!». Mi nombre pasó al final de la lista para nunca volver a subir, y finalmente tiré la toalla y me devolvieron la ayuda.

Sin embargo, me esperaba otro golpe: de los incesantes malentendidos provocados por las reglas, no me había dado cuenta de que el dinero que ganaba no podía usarse para saldar mis deudas o financiar mis gastos de manutención, sino que se restaba de la prestación. Yo había informado diligente y honestamente de mis ganancias con los retratos (gastadas hacía mucho tiempo), y la amarga verdad fue que cuando me llegó el cheque de diciembre ascendía a trece dólares.

¿Qué hacer con las Navidades? Por supuesto, yo había minimizado todo eso ante los niños, pero ¿cómo decirles que ese año no habría Navidad? Mi ansiedad estaba fuera de lugar. En cambio, fue más difícil para mí explicar la creciente avalancha de regalos de desconocidos, algunos artículos caros como relojes, y la mayoría con etiquetas tan tristes como «Niño. Siete años», etc., que me apresuraba a arrancar. ¡Mi preocupación era también cómo podríamos volver a tener una Navidad tan buena en el futuro! Estábamos en la lista de «necesitados» de todas las organizaciones, y evidentemente éramos los pobres de moda.

Dos incidentes revelaron la paradoja de la naturaleza humana: uno lo protagonizó un bienintencionado club de hombres de Saratoga. Eligieron a los niños para ser «honrados» en un almuerzo del club, y asumimos que habían ganado algún tipo de sorteo. Fue humillante descubrir que eran «especiales» solo por ser desafortunados, y me costó mucho ofrecerles a los niños una explicación razonable de mi rechazo sin revelar el paradero de Neal.

El otro lo protagonizó un club de mujeres que nos eligió como objetivo de una gran cena de Navidad. Les rogué que prodigaran su generosidad a la familia de un amigo que llevaba veinticinco años «necesitada» y nunca había recibido ese regalo. Su respuesta fue: «¿Cómo sabemos que son dignos?».

SESENTA

Entre una y otra dificultad, y más allá de la actividades necesarias en la casa, con los niños y la escuela, me involucré en proyectos de escenografía que no se limitaban al ballet del colegio. En otoño mi amiga Margaret, logopeda y profesora de actuación, montó un singular y excitante grupo teatral de verano, y me pidió que diseñara el vestuario y el maquillaje. Ella era una autoridad en el teatro del salvaje oeste de los días de los pioneros, tal como lo representaban actores ambulantes en pueblos mineros.

Hacía poco había conocido a una pareja que habían sido artistas en espectáculos del Lejano Oeste, y que después de retirarse construyeron una ciudad y un museo del Viejo Oeste en miniatura. Se encontraba a unos quince kilómetros al sur de Los Gatos, rodeado por una alta empalizada. Era el escenario perfecto para el proyecto de Margaret, y yo estaba ansiosa por unirme a los «Wagon Stagers».

El «escenario» era una carreta descubierta, flanqueada por carretas cubiertas –«calistogas»– que servían de camerino. El público estaba sentado en bancos bajo las estrellas, y al lado había una fogata sobre la que colgaba una enorme cafetera que emanaba un auténtico aroma a través del aire de verano. Las bailarinas de cancán llegaban justo a tiempo en diligencia, aullando ante los silbidos de los «peones del rancho» que las esperaban.

En el intermedio estalló un tiroteo sorprendentemente real, y la víctima del disparo cayó del techo del salón y la llevaron en carreta a Boot Hill.

Para mí, el largo trayecto en coche y esas animadas noches en el campo eran un bálsamo, tanto tiempo llevaba inmersa en nuestra deprimente vida hogareña. Los niños a menudo venían conmigo. Les encantaba el ambiente, el museo, los caballos, y en ocasiones los incluía en los bocetos al óleo que seguían a cada representación teatral. Las fiestas para elegir el reparto, ya fueran en un restaurante de carretera cercano o en casa de Margaret, me alejaban aún más de mi asfixiante situación.

Y bueno, había surgido una nueva atracción y una nueva distracción. Cuando fui por primera vez a los ensayos en casa de Margaret, llevaba el pelo en un moño y me había resignado a mi mediana edad. Ahora tenía treinta y cinco años, iba para los cuarenta, y me veía ya solterona.

Para mi asombro, dos jóvenes del elenco comenzaron a tirarme los tejos sin disimulo. Me parecían casi adolescentes, a pesar de que solo eran cinco años más jóvenes que yo. Lo cierto es que me costó mucho adaptarme a ello, tengo que admitirlo, aunque de repente fue maravilloso volver a sentirme tan joven y deseable.

Cuando nuestra primera temporada de verano terminó con un gran éxito en el otoño de 1959, Margaret me encontró otro trabajo, esta vez con el club de teatro de la Universidad de Santa Clara, donde ella enseñaba y actuaba. Era una universidad jesuita solo para hombres, y me contrataron para diseñar el vestuario de su obra trimestral y maquillar a los actores principales. (Ya no declaraba lo que ganaba en casa a los de Bienestar Social.) También disfrutaba del estímulo intelectual de las discusiones que manteníamos sobre filosofía, religión y arte. Casi todos los chicos con los que trataba estaban en el último año, y bien versados en lógica. No se burlaban de mis extrañas ideas de metafísica y fenómenos psíquicos, sino que se divertían con ellas, tan opuestas a su dogma católico habitual.

Aparte de Margaret, que era considerablemente mayor y no rubia platino, yo era la única mujer a la que veían mientras estaban en la facultad. Había bailes periódicos con una escuela de monjas para chicas cercana, pero eso no suponía una gran liberación. Me trataban como una reina, pero no como una reina madre. Con la testosterona disparada, un par de esos muchachos acabaron enamorándose apasionadamente de mí, lo cual fue halagador, pero a sus dieciocho y diecinueve años la verdad es que me parecían demasiado jóvenes, así que tuve que rechazar sus proposiciones, por divertidas que fueran.

Aprendí la mejor cura para el hipo la noche después de un banquete de fin de año. Estos se celebraban en Capitola, un pequeño pueblo costero en el que había un maravilloso restaurante debajo de un acantilado, al lado del río: se llegaba en teleférico. Una vez, cuando me llevaban en coche de regreso a Los Gatos, el joven que se sentaba a mi lado en aquel coche abarrotado me besó sin parar durante las treinta y cinco kilómetros completos, y mi hipo desapareció.

Pensando en el futuro con Neal, le escribí que esperaba que le gustaran mis nuevos amigos. Yo había subrayado la conexión jesuita, y aprobó ese clima de trabajo, pero fue rotundo en su negativa, no, insistió, porque eran casi todos hombres, pues «¿no crees que si quisiera más amigos, podría hacerlos entre los cinco mil y pico de pobres desgraciados que hay aquí? He visto gente suficiente para toda una vida y no siento grandes deseos de renovar viejas amistades, y desde luego no quiero formar más».

Su respuesta era tan opuesta a mis intenciones que sospeché que estaba molesto por mi libertad, por mucho que yo quisiera evitarlo. Neal se sentía más cómodo cuando le hablaba de las actividades con los niños, de sus problemas en la escuela y de los míos con los profesores de educación física sádicos y con psicólogos chalados, así como de los éxitos de Jami en el ballet. Jami ya había mostrado un talento excepcional, y él le escribió para decirle lo orgulloso que estaba en su carta de Pascua: «A pesar de que no puedes ser el Conejito de Pascua, me alegra saber que serás el Conejo Blanco en "Alicia". Ya sabes que espero que des lo mejor de ti en el papel, ¿verdad?».

Jami odiaba el papel por alguna razón que nunca entendí. En el ensayo general, una madre notó que cojeaba, así que la saqué del escenario y le hice quitarse las mallas blancas. Tenía la planta de un pie en carne viva y supurando, como si se le hubiera reventado una ampolla, y el pie de las mallas estaba rojo de sangre. La llevé a casa, empapé el pie en sales de Epsom y le dije que se acostara y lo mantuviera levantado. Me agobiaban las madres que venían a por el vestuario de sus hijos, y no se me ocurría qué hacer. Jami no tenía suplente. Después de haberle dicho a una de las madres lo que había pretendido, de repente me di cuenta que pertenecía a la Ciencia Cristiana. Se disculpó, pero me preguntó si podía hablar con Jami. «Adelante». Se quedó en la puerta y simplemente le dijo a Jami que le tenía miedo al papel, pero que tenía que pensar que haría un buen trabajo... o algo así, solo que más convincente. Tan solo le dijo que se vendara el pie, lo mantuviera en alto y se olvidara.

Supongo que Jami asimiló todo eso a través de todos sus poros, porque a la mañana siguiente tenía el pie perfectamente normal, sin señal alguna. En una ocasión anterior Jami había «eliminado» los síntomas extremos de la gripe en presencia del médico, del miedo que tenía a que la pincharan. Pero de vuelta a casa, había comenzado a moquear y toser como antes.

Cuando le conté entusiasmada a Neal estos hechos «sobrenaturales», tampoco reaccionó como yo preveía, y tuve la impresión de que no me creía. Cómo deseé que hubiera estado presente, eso habría fortalecido su fe, igual que había hecho con la mía. Aún así, debió de pensar más en lo ocurrido, pues poco después me llegó una carta que contenía un nuevo autoanálisis:

> He descubierto que todas mis lecturas y mis pensamientos metafísicos no llegan a crear esa comprensión que tanto necesito para creer. Más bien es al revés: debo creer para alcanzar esa comprensión [...] pero cuando la fe falla y la virtud se desvanece, ¿entonces qué queda? La paciencia, supongo, pues, por pequeña que sea, es todo lo que tengo...

Condenaba sin contemplaciones la sociedad y su actitud hacia el alcohol y las drogas:

> Como aparecía en una reciente encuesta del *Chronicle,* preferirían aplicar la pena de muerte por vender droga, incluyendo mi némesis, la marihuana, a menores de edad antes que aplicarla a los que abusan sexualmente de ellos, y condenar al consumidor habitual o de otro tipo de marihuana, así que yo también condeno a una sociedad que ha rechazado la razón hasta el punto de preferir ver a sus hijos violados a que se les permita fumar maría. Aunque este último párrafo revela un resentimiento que aún he de superar, estoy seguro de que podré conseguirlo en el próximo medio millar de días con la ayuda de Dios y la tuya...

Yo no estaba tan segura. Me daba cuenta de que la última frase la había escrito para los censores, pero su amargura seguía siendo claramente una fuerza muy activa, y sabía que yo encabezaba la lista de los culpables. Yo, por otro lado, tenía una queja más contra una iglesia que lo había hecho asumir una culpa tan grande que ya no sentía en él la menor chispa de divinidad. Maldita sea, aquello era como la marca de Caín.

A medida que aumentaba la variedad en mi vida, me sentía más culpable por Neal y su lamentable situación. Y deseaba con más fervor que nunca poder compartir nuestros placeres. Sin embargo, mis huesos cansados comenzaban a experimentar una sensación nueva: por primera vez en diez años sabía dónde estaba Neal y qué hacía; ya no estaba todo el tiempo a la defensiva, continuamente asustada y siempre alerta ante el próximo sobresalto inesperado o el siguiente tormento. No podía negar que eso era un alivio indescriptible. Una bendita bonanza, supuse, porque cuando «Dios había llevado a cabo la separación» yo ya no podía más.

SESENTA Y UNO

Como me habían pedido Allen y Jack, les escribía de vez en cuando para hablarles de Neal, y esa primavera también pregunté por la máquina de escribir que Jack había prometido comprar hacía mucho tiempo ahora que era rico. Recibí una larga y divertida carta de Peter y Allen desde Nueva York. Peter decía que lamentaba mucho nuestra situación y Allen relataba sus nuevos planes. Vendría a hacer una lectura en la Universidad de California en Berkeley y en el Centro de Poesía de San Francisco, y esperaba encontrar la manera de ayudar a Neal:

> No sé si por ahí se me considera oficialmente una buena persona o un delincuente juvenil pero con mi dirección docente debería bastar. A ver si puedes conseguir que Neal llene formularios para que yo lo visite... Y que me escriba, si es posible. Me ha estado entrevistando un reportero del *New York Post* que está escribiendo una simpática historia literaria en doce partes sobre la «escritura beat» [...] y esta semana va a California para ver a Snyder, Ferlinghetti y otros poetas [...]. Es probable que se ponga en contacto contigo [...], supongo que de todos modos es simpático dentro de las limitaciones del periodismo. Habla con él, tengas ganas o no. A lo mejor, si su historia es lo bastante sincera, es capaz de ayudarte: ver a Neal como una especie de mártir, al que la Pérfida Opinión Pública y la Ley han maltratado.

> El reportero se llama Al Aronowitz [...]. Estoy terminando nuevo libro de poemas, en el que hay un largo poema sobre mi madre de cincuenta páginas o más y es más salvaje que *Aullido*...

Unas semanas más tarde tuve noticias de Jack, la primera carta en mucho tiempo: se quejaba de las horribles y crueles autoridades de la prisión, de que no podía mantener correspondencia con Neal, y Allen tampoco. Me preguntaba si podía mencionarlo en su columna para la revista *Escapade*, o si era mejor no mencionar a Neal. Me pedía que le dijera cuánto dinero necesitaba para comprarle a Neal una máquina de escribir, que serviría para compensar todas las cenas de chuletas de cerdo y pizzas que había comido en nuestra «querida y preciosa cocinita infantil». Tenía miedo de que pensáramos que su libro había contribuido al arresto de Neal, y de que si todos los fans se enteraban de dónde estaba «Dean», inundaran la cárcel de cartas. Luego afirmaba que su libro era un himno a Neal, y esperaba que yo estuviera de acuerdo.

Expresaba su deseo de verme la próxima vez que viniera a California, acompañados de nuestra pizza y nuestro vino, pero decía que lo encontraría un tanto hastiado. Decía que ahora se daba cuenta de que que te presten demasiada atención es peor que que no te presten ninguna, excepto por la cuestión del dinero. Lamentaba que la crítica y la prensa hubieran exagerado tanto al hablar de él, hasta el punto en que sus parientes en Lowell decían que había deshonrado su nombre. De nuevo soñaba con una solitaria cabaña en California, con lo que tampoco me vería mucho. Ah, sí, el mismo sueño de siempre, el pobre Jack nunca captó el mensaje. Sin embargo, decía que pensaba en mí tanto como siempre. Había pagado su impuesto sobre la renta y ahora le quedaban treinta dólares en el banco, por lo que no era tan rico como lo pintaban, pero tenía suficiente para la máquina de escribir. Profetizaba que Neal y yo seríamos dichosos en nuestras vidas posteriores, «así que no te desesperes». Las profecías no eran lo suyo, eso seguro.

Cuando Allen vino a San Francisco, se ocupó personalmente de la máquina de escribir, y luego vino a verme el fin de semana. Había terminado *Kaddish*, el largo poema sobre su madre, y me lo leyó en voz alta. Quedé muy conmovida, mucho más que con *Aullido*, convencida de que probablemente era una obra maestra.

Un día también fui a la ciudad a verlo y para comentar qué se podía hacer para acelerar la liberación de Neal, si es que se podía hacer algo. Almorzamos en Moore's, una cafetería elegante, para que pudiera ver los murales de Benny Bufano, el creador de la escultura de Sun Yat Sen que Jack y yo habíamos admirado tanto.

Allen ofendió a los comensales convencionales con su camiseta rota y sus fuertes quejas. Se comportó igual cuando fuimos a las oficinas del *San Francisco Chronicle*. Le pregunté cómo esperaba convencer a la gente con sus opiniones si los ofendía, en lugar de presentar su supuesta actitud de «amabilidad para todos». Al parecer me consideraba una persona pintoresca, y dudé que entendiera mis sugerencias de que tenía que dar ejemplo o mis puntos de vista sobre la no resistencia tipo Gandhi.

Luego recibí tres postales de Jack en días consecutivos. En la primera hablaba de enviar a Allen a buscar la máquina de escribir, y creía que Neal podría salir pronto de la cárcel. En la segunda me preguntaba si quería su nuevo libro de poemas, luego criticaba a todos los que se llevaban su dinero y a Estados Unidos, y en la tercera solo decía que me amaba.

Después de que Allen se fuera de San Francisco, Al Aronowitz, el periodista del *New York Post* del que me había hablado, vino a entrevistar a los integrantes del movimiento «beat» de la costa. Fue a San Quintín y le permitieron grabar una conversación con Neal, y también sacar fotos. La reacción de Neal no fue favorable: «Mantuve una entrevista de tres horas con el Reportero Pagano, pero no nos entendimos. Cada vez que yo comenzaba a adentrarme en la realidad espiritual, él forzaba el regreso a lo físico. Buf, ¿cuándo van a dejarnos en paz?».

Unos días después, Aronowitz llamó para preguntar si podía hablar conmigo, y acepté. Tal vez pudiera hacerle ver lo que Neal no había conseguido. Al era un tipo de nuestra edad moreno y fornido. Pronto entendí lo que Neal quería decir, pues también intenté explicarle algunas de nuestras creencias y cómo nos habían cambiado. No pareció comprender una palabra de eso, porque su mente era incapaz de abandonar el nivel físico-social. Me sentí como si estuviera hablando en otra lengua. Lo intentó, supongo, pero al parecer no tenía ningún punto de referencia. Me acordé de que antaño yo había experimentado lo mismo. En consecuencia, hablábamos en círculos, y me pregunté si había conseguido algo. Era una persona bastante afable si no te salías de su guión.

Uno o dos días después volvió a llamarme y me preguntó si quería ir con él a Big Sur para tratar de encontrar a Henry Miller. Miller había escrito algunos comentarios amables sobre la obra de Jack, por lo que Al pensó que estaba lo bastante relacionado como para incluirlo en su historia. Difícilmente podía negarme, y el día era soleado. Siempre disfrutaba del trayecto a través de los bosques de secuoyas, las granjas que había alrededor de Watsonville y de los escarpados acantilados de la costa. Nuestra conversación fue más fácil sin la intrusión de la grabadora, y fue divertido hablar de nuevo con alguien de Nueva York. Al experimentaba todas esas tensiones de la gran ciudad que yo ya había olvidado. La vida era sobre todo una carrera de ratas esforzada y deprimente, pero él había escrito algunos artículos fascinantes, una serie reciente sobre Zsa Zsa Gabor, y pronto escribiría uno sobre Frank Sinatra. Me daba envidia.

Recorrimos unos cuantos kilómetros antes de acabar donde vivía Miller, al final de un serpenteante camino de tierra que no dejaba de subir. Cuando llegamos al espacio abierto debajo del cual estaba su casa, aparcamos el coche y subimos andando unos escalones de piedra hasta la cima de una pequeña colina, debajo de la cual se ubicaba la pintoresca casa de adobe estilo español y su patio embaldosado. A la izquierda había un edificio largo que parecía un cobertizo. En el patio nos recibió una joven alta y bonita, con el pelo negro hasta los hombros, pero me costaba apartar los ojos de su mitad inferior. Debajo de un blusa holgada y escotada, no llevaba nada más que unas finas y ceñidas medias de ballet azules. Había visto muchas medias como esas, pero siempre con un bañador o leotardos encima. Era casi como si fuera en ropa interior. Con ella había un joven más alto, moreno y apuesto, casi demasiado guapo... parecía un maniquí.

La chica (que supuse que era la última señora Miller) nos dijo que Henry estaba ocupado escribiendo en la construcción adyacente, y que no se le podía molestar, «pero no tardará en salir; podéis esperar en la casa, si queréis». Entramos en la enorme sala de estar, de suelo de azulejos de terracota, igual que el patio, y nos sentamos en unas sillas de mimbre colocadas juntas junto a una mesita y una planta exótica. La sala estaba oscura y fresca. Los anfitriones se sentaron al otro lado de la habitación, cerca la chimenea, y se concentraron en su propia conversación, sin hacernos caso. Tuve la sensación de que se habían quedado con nosotros para asegurarse de que no robáramos la plata.

Pasó al menos una hora, y Al y yo estábamos a punto de renunciar a nuestro encuentro cuando la chica dijo que el señor Miller no tardaría en unirse a nosotros. Regresamos al patio para esperarlo, y admiramos las placas pintadas y otros artefactos que decoraban una pared, y que, nos informó la señora Miller, habían hecho los niños.

Como un estallido de luz solar, Henry Miller de repente abrió la puerta de su cobertizo para escribir y avanzó hacia nosotros por las escaleras del patio. Al le informó rápidamente de su misión, y aún más rápidamente Henry dijo: «No». Lo sentía, pero no podía concedernos una entrevista porque a esa hora jugaba al ping-pong con sus hijos, algo que consideraba una obligación sagrada. No vimos a los niños ni la mesa de ping-pong, pero no podíamos objetar nada.

Muy cortésmente, sin embargo, nos acompañó a la carretera, donde estaba aparcado nuestro coche. Solo le interesaba un poco... le divertía, en realidad, la prosa espontánea de Jack, de la que dijo: «Estas cosas funcionan solo según la mente que hay detrás; si la mente es la de un genio, son buenas; si no, son basura». Pero luego repasó la historia de la literatura en relación con la espontaneidad desde los griegos. Ojalá hubiésemos puesto la grabadora en marcha.

Me encantó sobre todo su brillantez, ya que nunca había conseguido pasar de la primera página de nada de lo que había escrito, y que me sonaba, casi todo, bastante «espontáneo». Ese hombre encantador, culto y simpático no se ajustaba nada a la imagen preconcebida que tenía de él, y me encantó que fuera así.

Cuando se completó la serie de Al, me envió un recorte, y me pareció muy bien escrita, y se esforzaba sinceramente por entender a esos hombres que llevaban una vida tan diferente a la suya. Aunque no comprendiera la esencia de nuestra búsqueda espiritual, había hecho un buen trabajo al repetir algo de lo que habíamos dicho. El principal inconveniente era el carácter sensacionalista del *New York Post.*

Cuando Jack lo leyó, tuvo una reacción ambigua. Le dio un poco de miedo, pero también pensó que podría ser bueno. Lo que más le gustó a Neal fue que se hablara de la glándula pineal y de la función del manuscrito, y las referencias a Cayce y Aurobindo.

SESENTA Y DOS

Cuando se fijó oficialmente la sentencia de Neal, y supimos que lo liberarían en junio de 1960 –si no un par de meses antes, esperaba–, me puse a buscar un trabajo para él, un requisito previo para la libertad condicional. Habíamos tenido la esperanza de que aprendiera un oficio durante esos dos años, y se había apuntado a todos los cursos que había podido.

Había comenzado con la psicología, pero cambió cuando se pudo elegir música. Cuando hubo aprendido a leer una partitura y estaban a punto de darle un instrumento, «llegó por fin la orden inicialmente emitida el año pasado... Sí, la escuela de música y el tapón de algodón ahora están para siempre en el pasado, porque de aquí a que salga (es un curso de tres años mínimo) aprenderé el oficio de impresor».

¿Eran tan desorganizados a propósito, o solo estúpidos? Todo un año desperdiciado en un trabajo manual, y ahora que podía conseguir algo que le serviría fuera, lo cambiaban de actividad tan a menudo que no había manera de aprender lo suficiente de ninguna para luego tener un trabajo. Tal vez solo jugaban a castigarlos.

Ya había pedido a todos mis conocidos que me dieran ideas o me buscaran algún empleo. Bueno, por supuesto, él podía acceder a muy pocos empleos o a ninguno, ya que era un criminal indomable. ¿Y todo eso por posesión ilegal de marihuana? Recordé que Starr Daily nos había dicho que esperaba que algún día llegara a pagar su «deuda con la sociedad»; el «castigo» nunca termina. Dijo que se había esforzado muchísimo en conseguir un empleo por medios honestos, solo para que lo rechazaran una y otra vez, después de lo cual acabó comprando otra pistola.

Aunque era difícil encontrarle una salida laboral, el curso favorito de Neal en la cárcel fue «Religión Comparada y Filosofía», impartido por Gavin Arthur. Ese hombre se convirtió en una luminosa estrella en nuestras vidas a partir de ese momento. Neal lo quería mucho, pero me escribió satíricamente:

> El pasado sábado «tío Gavin» Arthur, nieto de nuestro vigésimo primer presidente, el cual, aunque era republicano, difícilmente podía haber sido más conservador de lo que es Gavin debajo de toda su Astrología Oculta, no se presentó (por tercera vez en seis semanas) para dar la clase [...] a la que asisten regularmente unas tres docenas de personas, a causa de una muerte en su grupo en Global House, que compró vendiendo periódicos en Market Street durante diez años; así que de nuevo tuve el placer y el deber de instruir a los niños en el caycedismo, una tarea que me imponen cada vez que nuestro respetado e ilustre líder, que conoce literalmente todos los nombres importantes de la metafísica y otros campos (sus charlas van desde aplicarse enemas de yoga con el gran Gurjieff a hacer horóscopos para el viejo compinche de la señora Winter, el doctor Blanche Baker y Lottie von Stral, de quien ahora sospecha que está perdiendo su poder psíquico por usarlo solo para conseguir dinero para mantener a su marido, el barón, que se está muriendo de cáncer, vivo a pesar de su repetido deseo de desaparecer). Nuestro líder o se queda dormido o se queda sin gasolina, como le ha ocurrido en dos ocasiones anteriores...

Neal no había oído la historia de Gavin acerca de su reunión inicial, que Gavin me había contado al visitarme para recopilar datos para nuestros horóscopos. En el curso de la conversación

Gavin me comunicó sus impresiones de Neal, y recordé la primera vez que había oído hablar de él.

–Había leído *En la carretera*, por supuesto, e iba en coche con Gary Snyder camino a la casa de los Onslow-Fords, cerca de Carmel. Gordon Onslow-Ford es un pintor inglés que pinta cosas extravagantes y que escribió un libro sobre la pintura «instantánea». Él y su esposa, Jacqueline, admiraban la poesía de Gary Snyder, y le iban a dar una carta de presentación para un escultor de Japón. Así que le dije: "Gary, sé que eres el protagonista de *Los vagabundos del Dharma*, pero ¿conoces al protagonista de *En la carretera*?". Y Gary dijo: "Oh, sí, ya lo creo que lo conozco; es uno de mis mejores amigos", y luego sonrió y me dio una palmada en la rodilla mientras exclamaba: "Y te vas a encontrar con él a las diez de mañana por la mañana". ¡Bueno, me quedé estupefacto! ¿Cómo podía saber algo así? Con un sonrisa astuta, Gary dijo: "¿No me has dicho que mañana a las diez de la mañana, en San Quintín, vas a iniciar una clase de Religión Comparada?" y yo le contesté: "Sí, pero ¿qué tiene que ver con eso?". Entonces Gary me dijo que Neal estaba en San Quintín por intercambiar un porro por un paseo en coche, y "va a ser el primero en inscribirse en tu clase, ¡ya verás!".

»"Bueno", dije, "¿lo reconoceré? No he visto ni una foto de él", y Gary dijo: "Oh, lo reconocerás enseguida, no te preocupes". Tuvo que contener la risa, sabes, de tan satisfecho consigo mismo. Así pues, al día siguiente fui a dar la clase y observé el mar de caras (hay unos sesenta convictos que asisten a mi clase) ¡y había una que realmente *brillaba*!

»Había algo en Neal, cuando no tomaba drogas, que era absolutamente angelical. Pude reconocerlo fácilmente entre esas sesenta caras. Y en efecto, cuando la charla terminó, se acercó abriéndose paso a empujones, ya sabes, con esa impetuosidad suya, y me dijo: "Señor Arthur, puede ver que mi nombre es Neal Cassady, pero quizá me conoce más como Dean Moriarty". "Ah sí", dije, "tu amigo Gary Snyder me dijo que serías el primero en inscribirse en esta clase". "¡Y lo he sido, y tanto que sí!" Estaba tan entusiasmado, como si saliera de una caja sorpresa, tan contento de que Gary lo supiera. La verdad es que su entusiasmo era... simplemente impresionante. Lo adoré en el momento en que le vi.

»Y de vez en cuando llevaba oradores invitados a la clase. Un día invité a Varda.

Yanko Varda era un destacado artista que vivía en un «arca» en la bahía de Sausalito. Posteriormente fui a su casa a alguna fiestas con Gavin. Era de nacionalidad griega, y Gavin le hizo hablar de la religión ortodoxa griega. Después de la clase, Varda se volvió hacia Gavin: «Supongo que sabes que tienes un santo en tu clase? Tiene un halo a su alrededor». Varda creía en el aura, y según Gavin pintaba halos alrededor de sus modelos, al igual que sus progenitores. Neal era el «santo» que había visto.

–Después de eso –continuó Gavin–, Onslow-Ford también vino una vez. Es un gran amigo de Braque y Picasso, etc., y también quedó muy impresionado con el brillo de Neal.

»Pero el visitante que superó a todos fue Allen Ginsberg. Un día, Neal me dijo: "Allen está en la ciudad. Tráelo a la clase. Tienes que traerlo, de verdad". Y yo le dije: "¿Crees por un momento que las autoridades permitirán al autor de *Aullido* ir a San Quintín como orador? ¡Estas loco!".

»"No", dijo Neal, "dudo que alguna vez hayan oído hablar de él, y si puedes conseguir que los capellanes lo aprueben, seguro que lo dejan entrar". Lo dudaba, pero abordé el tema en el almuerzo del día siguiente. El capellán católico no estaba, pero el capellán judío y los dos protestantes ya formaban quórum, y dijeron que les encantaría conocer a Ginsberg, y verían lo que podían hacer.

»Bueno, en unos días me llamaron para decirme que todo estaba arreglado. Así que llamé al lugar donde Allen se alojaba, pero dijeron que estaba visitando al marido de Margaret Mead, así que le dejé un mensaje para que me llamara en cuanto llegara, a cualquier hora. Me tomó la palabra y llamó –debían de ser casi las tres de la mañana– y le dije que Neal quería que hablara en mi clase, y que me parecía muy adecuado porque era el Día de la Madre, y tenía entendido que acababa de escribir un poema sobre su madre. Allen dijo: "Oh, me encantaría, y me daría la oportunidad de hablar con Neal sin barrotes de por medio". Y así quedó arreglado.

»Recogí a Allen la mañana de la clase, y como estaba medio dormido no me di cuenta de que llevaba tejanos. Ya sabes que a ningún hombre libre se le permite entrar en la prisión en tejanos, pues es lo que visten los convictos. Llegamos a la puerta oeste, por donde yo entro siempre, al no ser un turista, y el guardia dijo: "Lo siento, señor Arthur, pero no podemos permitir que su invitado entre vestido con estos tejanos azules".

»"No me digas", dije. "Si todo está programado. Bueno, llama al capellán Eshelman y pregúntale si nos puede prestar unos pantalones y llevarlos a la puerta, ¿quieres?" Lo hizo, pero el capellán es mucho más alto que Allen, así que este tuvo que hacerse tres dobladillos en las perneras del pantalón.

»Cuando caminábamos por el "Hermoso Jardín" rumbo a la clase, escuché que uno de los convictos jardineros le decía a otro: "¿A quién crees que va a traer el señor Arthur de invitado la próxima vez? La semana pasada fue un yogui con túnicas naranjas, y esta semana es el mismo Charlie Chaplin".

»Así que Allen se paró frente a ellos, y, para mi asombro, los tres capellanes se quedaron sentados en fila para escucharlo. Me sentí muy deprimido –pues eso no lo harían por mí–, pero Allen se levantó y miró a esos sesenta convictos, incluido Neal, a través de esas gruesas gafas que lo hacen parecer un pececillo negro asomándose desde su pecera, e hizo lo que es absolutamente de rigor –algo imposible de hacer si eres un hombre libre–: utilizó las palabrotas más espantosas para describir sus recientes hazañas en la marina, y bueno... yo me quería morir... literalmente. Quería que el suelo se abriera me y tragara, porque, pensé, en serio, que a Allen y a mí nos iban a recluir en San Quintín por muchos años.

Yo estaba confundida:

–¿Qué quieres decir con «hazañas en la marina»? ¿La Marina Mercante?

–No, no, querida... con los marineros... ya sabes... ¡hazañas sexuales! Pero entonces, de repente, vi que esos sesenta convictos se estaban animando. No podías oír ni tus propios pensamientos... y al final me atreví a levantar los ojos, y allí estaban los tres capellanes de pie vitoreando y dando patadas en el suelo... ¡Bueno! Entonces supe que todo iría bien.

–¿Había guardias en el aula?

–Sí, desde luego. Y fue, ¡increíble! –Gavin sacudió la cabeza, riendo para sí.

Después de ese episodio, Neal le escribió a Jack, a través de mí, instándolo a venir a hablar en su clase, también.

> Querido hermano Jackson [...]:
>
> La noche del 20, Herr Beat Brendan Behan Balzac mejor no tragar demasiado vino, porque a las nueve de la mañana del día siguiente estarás siguiendo los pasos de G. Snyder y A. Ginsberg –pregúntale por esa escena– y hablando en nuestra clase [...], aunque el aula, de hecho todo el edificio, estaría abarrotado hasta el punto de que habría peligro de incendio si me atreviera a revelar que eres TÚ el que viene, irían en estampida, de verdad. Estoy harto de escuchar tu casi famosísimo nombre siempre mal pronunciado en conversaciones en el «Gran Patio» TODOS los días...

Personalmente, no me podía imaginar a Jack delante de esa clase: era demasiado tímido, demasiado cohibido, demasiado «penitente» para eso, y menos si no podía beber antes de hablar. De alguna manera yo sabía que nunca lo haría. Y lo crucificarían con un reportaje condenatorio si no lo hacía. La gente juzga mucho sin comprender.

Jack había venido a California a fines de noviembre... o eso oí a través de terceros, porque él no me llamó. Además, un número de la revista *Life* traía una historia sobre los «beats», y en ella aparecía un comentario sarcástico acerca de Neal en prisión. Mi familia leía esa revista de cabo a rabo, y me preocupaba que se enteraran del encarcelamiento de Neal. Yo no se lo había dicho: era demasiado esperar que lo aceptaran. Le escribí a Neal para hablarle sobre mi preocupación, y también le pedí noticias de Jack:

> No, no he visto a Jack; sí, vi el *Life*. Me lo trajo enseguida el Herb Caen local de nuestro periódico, el cual, para la próxima columna «Bastille-by-the-Bay» me pidió permiso para escribir una viñeta sobre el «primer ministro» exiliado de los «beatchalados», etc. Bah, disparates como todo lo demás, puro vómito. Lo siento por tu familia, y la posibilidad de que se enteren por esa asquerosa revistilla de Luce...

A la semana siguiente me contó que había recibido una carta de Jack a través de Gavin. «El tío Gavin trae el próximo sábado al afamado Alan Watts para compensar la deserción de Kerouac, quien, como dijo en una larga carta... conoció al tío Gavin y estaba listo para venir aquí hasta que tres fiestas la noche anterior causaron la borrachera que predije en la postal que le mandé...»

Jack había puesto un montón de excusas, que yo había predicho, pero también dijo que no quería verme porque lo avergonzaba su estado por culpa de las innumerables fiestas a las que asistía en casas de famosos. Escribió que era extraño que los buenos escritores siempre se atrajeran entre sí, pero en el pasado no se daba tanta importancia a los estimulantes que utilizaban. Coleridge se volvió un adicto al opio, entre otras cosas. Jack disfrutó de su viaje de regreso con Memere, esta vez parando en moteles y comiendo bien todos los días, así que fue un viaje diferente a los anteriores.

Estuve de acuerdo con Neal en que era una pena, y en que probablemente Jack iría a peor. Ya era así, porque Gavin me contó que cuando habían invitado a Jack a subir al escenario en el Festival de Cine de San Francisco donde se exhibía *Pull My Daisy* estaba tan borracho que se había caído dos veces. Gavin había intentado llevarlo a su clase al día siguiente, pero Jack tenía demasiada resaca. Aquello me apenó mucho; que alguien que era tan buena persona se avergonzara de ese modo.

SESENTA Y TRES

Mientras se acercaba la liberación de Neal, cada vez me apetecía menos volver a la vida de engaño, recelo y soledad que había conocido con él, a la que ahora se añadía el auténtico temor que me provocaba su resentimiento hacia mí y el odio que sentía hacia la ley. Cada vez le tenía más miedo.

Un día los Hinkle llamaron y propusieron un plan atrevido. Querían irse al extranjero y me sugirieron que me fuera con ellos. Habían ahorrado algo de dinero y pensaban que la casa era bastante patrimonio como para permitirnos llegar a un acuerdo económico factible con su ayuda. Era una idea descabellada, pero cuanto más la pensaba, más atractiva me parecía.

Estuvimos de acuerdo en que nos sería más beneficioso no llevar una vida nómada de inmediato, sino elegir un país en el que establecer nuestra base de operaciones y desde ahí viajar cuando el dinero nos lo permitiera. Elegimos Escocia, un país con tradiciones queridas para nosotros, y pensamos que sería más barato. Se decía que las escuelas eran las mejores, y no tendríamos problemas con el idioma. Pasamos por alto nuestra aversión al frío y a la humedad constantes, aun cuando sabía que echaría de menos las estaciones y la nieve de California. Todo el plan era poco más que un sueño, pero me sirvió de esperanza durante el último año de encierro de Neal. Estudiamos mapas, nos empapamos de su historia y leímos artículos de viajes, y les enseñamos a nuestros hijos las peculiaridades de su moneda. Escribimos a las escuelas e hicimos una investigación lo más concienzuda posible. Yo tenía antepasados escoceses: Sir Walter Scott era mi tío abuelo. Me encantaban las gaitas y las faldas escocesas y todo lo que lo acompañaba, pues yo siempre había sido y sería una romántica.

Cuando hubimos solucionado los detalles básicos, me puse a la tarea de justificar esta decisión ante Neal sin revelarle el miedo que me causaba su futuro comportamiento. Sugerí que podría usar el periodo de su libertad condicional para encontrarse a sí mismo y someter a examen su convicción de que la vida familiar era realmente la forma en que quería vivir, algo que previamente había suscitado algunas dudas. Si nuestro experimento resultaba gratificante, podría unirse a nosotros cuando terminara su libertad condicional y comenzar una nueva vida acompañándonos allí donde estuviéramos. Si no, volveríamos, y todos estaríamos más seguros de nuestros verdaderos deseos.

Mi primer intento de venderle a Neal esa idea fue a finales de julio de 1959, pero no trajo la respuesta que esperaba, sino la que temía. Su carta estaba llena de resentimiento y autocompasión. De nuevo me pidió que no le visitara ni escribiera, y terminaba con

> esa paz que incluso un preso necesita, y que no pueden proporcionar ni siquiera las cartas más tranquilizadoras, como siempre han pretendido ser las tuyas, por lo que gracias de nuevo, aunque para acabar sugiero que cuatro años (ya sabes que hasta que la libertad condicional no termine no puedo salir del condado de S. C.) yendo tú por las Tierras Altas de Escocia y yo por las Bajas de aquí [...] no ayudará mucho a que estemos juntos [...], a menos que la vida comience a los cuarenta, ja, bah.
>
> Buena Suerte, de parte de tu pésimo esposo,
>
> Neal

Respondí reafirmando mi mayor deseo, que no había cambiado, y era que él fuera mi único esposo y todo lo demás, y sus siguientes dos cartas fueron de disculpa y positivas. Me pedía que lo visitara para que pudiera expresarme su devoción, que le contara mis planes con más exactitud, le contara las últimas noticias de los «críos», etc. También me preguntaba si sabía de algún trabajo para él. Aunque yo deseaba desesperadamente creer en su «devoción», mi resolución a menudo era vacilante, y ahora tenía que pensar en mis hijos, que eran mayores, y no me sentía tan capaz de manejar mis propias tensiones y las de ellos... o de él. Incluso le escribí a Hugh Lynn para pedirle consejo.

Respondió como era de esperar, que Neal tenía que decidir cómo vivir su vida, si quería una familia, etc. Pero también dijo: «Es importante que te muestres firme en cualquier decisión que tomes. Parte de la dificultad ha sido que has estado dispuesta a ceder ante él en muchas cosas, y no le has plantado cara cuando él no ha sabido cumplir con su parte del trato».

Bueno, eso era bastante cierto. Así que, de nuevo, estrictamente dependía de mí. Y no pude hacer la visita que solicitó Neal; el coche se averió, y la respuesta de Neal inclinó la balanza a favor de mi marcha: «En lugar de sentirlo, me alivió mucho que no pudieras venir el viernes, pues unos granos en el probóscide presionaron el orgullo y no deseaban ser vistos; así que me alegro de que el coche no esté arreglado, de que las visitas se hayan desvanecido como la propia esperanza».

Me soltó una larga y sarcástica perorata porque las fotos prometidas de los niños tampoco habían llegado. En un posdata me preguntaba qué pensaba hacer con el perro. «Estoy seguro de que es demasiado arriesgado para él viajar, porque si se cae por la borda, tampoco lo rescatarán.»

La época navideña lo deprimía aún más, como es comprensible, y para colmo mi carta escrita el veintiuno no le llegó hasta el treinta, y me culpó por ello. Seguimos con esa desmoralizadora correspondencia, a veces odiosa, a veces cariñosa, pero siempre con la promesa constante de matarse a trabajar cuando saliera y al final convertirse en un ermitaño si yo no volvía. Me instó a encontrar un compañero escocés que me gustara. Mi estado de ánimo era una montaña rusa mientras leía cada una de sus indirectas, acorde a su propia montaña rusa: su contención, su dolor, y lo que no me costaba intuía que callaba... que era lo que yo me temía. Ojalá hubiera podido creer en sus palabras. ¿Qué podía hacer? ¿A quién acudir? En ese momento me pareció que solo podía huir. Mis esfuerzos anteriores para serle de ayuda habían fracasado, dejándome sin nada a qué agarrarme.

En una ocasión me había dicho que las fechas para la libertad condicional se adelantaban unos meses si había razón suficiente, por lo que escribí en una carta a la junta para defender mi caso. Les dije que tenía planes para dejar el país el 1 de julio, y puesto que la fecha de su puesta en libertad era el 1 de junio, tendríamos muy poco tiempo para estar juntos. Añadí que esta vez era importante, porque no estaba segura de si él era psicológicamente apto para volver a hacerse cargo de las responsabilidades familiares, y me remití a diversas pruebas que habían indicado que estaba prepsicótico.

> Nadie sabe qué grado de estrés es necesario para que acabe traspasando la frontera de la violencia y/o psicosis [...]. Tengo un gran interés en observar su comportamiento bajo la menor tensión posible para poder juzgar si la familia puede permanecer unida sin peligro para los niños y si su pronóstico parece bueno...

Por lo tanto, solicitaba que lo liberaran unos meses antes, cosa que posiblemente no afectaría a su «castigo».

Durante todo el año Al Hinkle había tratado de suavizar la actitud del superintendente de la Southern Pacific sin éxito. La represalia por el «delito» de Neal parecía innecesariamente severa y contraproducente, y yo sabía que la amargura de Neal aumentaba en proporción directa, y que no tardaría en incluir el mundo y la vida en general.

La Pascua de 1960 vino y se fue, y no hubo ningún «nuevo comienzo». Mi apelación fue rechazada. Cuando recibí una notificación de los requisitos de la libertad condicional, sin embargo, mis planes para ir a Escocia se paralizaron de repente. Uno de los requisitos previos para la puesta en libertad, además de tener un trabajo, era que debía contar con un hogar al que volver. De lo contrario no lo soltarían hasta que esas condiciones se cumplieran. Bueno, ahí estaba: nos quedaríamos en casa.

De alguna manera en mi corazón siempre supe que nunca me iría, a pesar de que ya tenía los billetes para el vapor. Los devolví para que me reembolsaran el dinero y llamé a Helen para darle la noticia. Ella y Al decidieron irse de todos modos, pero de manera itinerante, sin establecerse en ningún sitio. Me preguntaba cómo me las arreglaría sin ellos.

Neal estaba resignado al cambio, y para amortiguar la decepción de los niños, sugirió que hiciéramos un viaje más corto para visitar a mi familia en su casita de verano de Michigan, en Glen Lake, donde todos tenían previsto reunirse en julio. Si estábamos de acuerdo, Neal tendría algo de tiempo libre para reevaluar su vida por su cuenta.

Su reacción inicial a la noticia de que me quedaba no se recibió con el entusiasmo que esperaba, y le pregunté si él también estaba desilusionado. «No, NO estoy decepcionado, al contrario, mi corazón se alegra al saber que... ¡¡NO TE VAS!! ¡¡Hip hip hurra!!» Pero añadía: «Además, mis tensiones siempre echan a perder mis intenciones incluso aquí dentro, así que ¿quién sabe hasta qué profundidad podrían hundirse mis terribles deseos si estuviera libre de ti y de los niños durante un año o más?». Bueno, ¿qué significaba ahora ese cambio? No me atrevía a pensarlo.

A partir de entonces nuestras cartas solo hablaban de una cosa: qué hacer cuando lo soltaran. Su ánimo había mejorado, y ya no decayó, ahora que se acercaba la fecha.

> Así es cómo las cosas se desarrollan ahora [...], te presento un horario provisional para tu aprobación: llego entre las 9:30 y las 10 de la mañana del día de mi salida; me llevas a ver al señor McKinnon al edificio de la Southern Pacific en Market Street;

después de mi apelación, debería pasar algún tiempo antes de saber si ha tenido éxito... Llegamos a casa a tiempo para que pueda llevar a Johnny a la reunión de los boy scouts [...], solucionar el problema de los modelos científicos de Cathy y ayudar a Jami con sus deberes. A la mañana siguiente, temprano (como en el fundido de una película de Hollywood, me salto la descripción de esa noche, dejándolo a tu imaginación y la del censor, ejem) tomo un autobús hasta San José y me presento ante el agente de libertad condicional, después de lo cual [...], me pongo a buscar un trabajo, a no ser que ya me hayas encontrado uno, por supuesto... [Yo había encontrado una empresa de neumáticos en San José que accedía a arriesgarse a contratar a un delincuente.] [...] ahorraremos dinero, venderemos la casa y nos iremos a Europa en el verano de 1963, cuando acabe mi periodo de libertad condicional, y, sobre todo, cuando los niños sean lo bastante mayores como para apreciarlo y sin que su psique se perjudique en el proceso, ¿no crees?

GRACIAS A DIOS que no te has ido...

De todo corazón estuve de acuerdo con cada palabra... y ojalá hubiera podido creer que sucedería como él decía. Ahora deseaba que pudiera venir con nosotros a Michigan, pero cuando pregunté al respecto, me enteré de que necesitaría un permiso por escrito de todos los estados por los que pasáramos. Naturalmente, no había tiempo para esas tonterías. De hecho, descubrí que era un requisito muy acertado.

A medida que se acercaba el momento Neal estaba más eufórico. Hice todo lo que pude para calmar mis miedos y obtener su perdón. Prudente, Neal preguntaba:

¿Qué diablos voy a decirles a los niños cuando me pregunten dónde he estado durante 787 días y noches? Procura recordar exactamente qué mentiras les has contado, para que yo pueda inventar algunas que coincidan (repugnante, ¿no?) [...] Siento una GRAN oleada de amor por ti, y me doy cuenta de nuevo de lo valiente que has sido al luchar durante todos estos años sin dinero ni ayuda, por no hablar de cariño, comprensión o preocupación; todas las cosas que anhelas, tu marido EX-porrero te las PROPORCIONARÁ esta vez hasta que muera [...], solo que, como dijo Cayce que era mejor, prefiero que me incineren, ¿me lo prometes? [...] Que haya suero de leche y crema agria en el menú de la cena [...], y después, todo lo que se me ocurre ahora es lo que no quiero (alubias, etc.); compremos unos anillos a juego ANTES de que te vayas al este, ¿de acuerdo?

Qué raro, pensé, que Neal mencione la muerte justo cuando teníamos algo agradable en que pensar y comunicarnos... Y entonces sufrimos otra tragedia. Esta vez fue el perro, Cayce. Tuvo una lesión en la columna y hubo que sacrificarlo. Odiaba tener que decírselo a Neal, sobre todo en ese momento. Siempre era tan sentimental con nuestros animales, hasta el punto de que a veces había estado celosa del cariño que les prodigaba a ellos y no a mí. Me había preguntado muy a menudo por el perro, y estaba tan ansioso por verlo. Cuando se lo conté, su respuesta consiguió que todos nos deprimiéramos una vez más, pues describió de nuevo todo lo que yo le había contado de las últimas horas de Cayce.

Cuando me enteré de la fecha de liberación de Neal, le escribí una breve carta a Jack, y me respondió. Decía que no había escrito porque Aronowitz creía que yo había dejado a Neal. Por alguna razón que solo él sabía, creía que tampoco quería saber nada de él. No le gustaba pensar en nosotros separados, sin nuestras discusiones íntimas, que ni siquiera Corso había podido interrumpir. Por supuesto, se refería a sí mismo, ya que Gregory nunca descubrió nuestra relación. Pensaba que nos reíamos de sus descripciones de las razas, del Obispo, etc. en *Ángeles de Desolación*. Nos deseaba lo mejor juntos en el futuro. Ahora se quejaba de muchos achaques: se había lastimado el codo en una pelea de borrachos, le molestaba la flebitis, y tenía neuritis en las manos. Yo sospechaba que era artritis. También se quejaba de los periodistas, que lo acosaban, porque creía que cualquier cosa que dijera acababa distorsionada en los periódicos. Decía que le encantaba recibir una carta de «mi querida rubia aristocrática Carolyn», y nos imaginaba a todos juntos de nuevo ante una fogata, con vino, televisión y risas. Debía mostrarle su carta a Neal, y decirle que le quería. Luego nos decía que en el equivalente italiano de la revista *Life*, *Successo*, habían reproducido una foto de Neal con el título de «El Santo». La carta era una especie de resumen, y yo esperaba que no un final.

SESENTA Y CUATRO

Llegó por fin el día: el 3 de junio de 1960, exactamente dos años menos un mes desde el momento en que Neal comenzó su sentencia, sin contar los dos meses adicionales que ya había cumplido. La condena había terminado.

La carretera estaba abarrotada del tráfico propio de un día de fiesta, y mientras conducía por el polvoriento y angosto camino a la prisión por última vez, tenía el vestido pegado a la espalda por lo calurosos que eran los asientos de plástico del coche, y por los nervios. Acababa de entrar en un parking cuando miré hacia la puerta de entrada y vi a Neal caminando rápido hacia mí y hacia la libertad. Su expresión ya me dijo que tras haber sido liberado de un infierno inmerecido, la alegría quedaba eclipsada por el resentimiento. Por lo demás, su aspecto, en aquellas ropas que le había proporcionado la cárcel, no había cambiado mucho. (Le había pedido si quería que le trajera algo de ropa, y había respondido: «¿Crees que nos sueltan desnudos?».)

Se metió en el coche y solo se permitió un breve beso fugaz antes de insistirme en que nos alejáramos lo más rápido posible. Esperaba que nos pusiéramos a charlar como cotorras, pero en el viaje de regreso a San Francisco dijimos muy poco. Yo casi nunca iba en el asiento del conductor, y mi nerviosismo aumentaba. La cabeza me daba vueltas, y supuse que la suya también.

Conseguí encontrar un aparcamiento cerca de la joyería donde íbamos a buscar nuestros nuevos anillos, como él había pedido. Sin embargo, me dijo que tenía un mensaje que transmitir a la madre de un recluso, y que sería mejor solucionar eso primero. Estuvo ausente casi una hora, y no me permití hacer cábalas hasta muchos años más tarde, cuando pude afrontar el hecho de que sin duda había ido a ver alguna de las mujeres con las que estaba liado para obtener lo que más echaba de menos.

Luego entramos en la tienda que vendía esas joyas originales y artísticas de Peter Macchierim. Ahí escogimos unos anillos de oro a juego, esculpidos en circulitos irregulares y fluidos, el suyo más grueso que el mío. Cada uno se lo puso en el dedo al otro, pero no del todo como yo había ensayado la escena; estábamos demasiado cohibidos delante del propietario como para hacer otra cosa que apretarnos las manos y sonreírnos. (Neal nunca se quitó ese anillo, que yo sepa, ni siquiera cuando trabajó con neumáticos pesados y sucios, y dos de mis hijos se casaron con ellos.)

Neal me dijo que Gavin insistió en que fuéramos a Global House a comer, y estuve encantada, no solo por la celebración en concreto, sino porque una tercera persona ayudaría a normalizar nuestras emociones. El estado de ánimo de Neal se iluminó con algo parecido a la felicidad cuando me tomó mi mano y subió a saltos las amplias escaleras que conducían al porche. Un joven estudiante nos recibió en un soleado invernadero lleno de plantas y revestido de blanco donde había una mesa puesta para tres. Gavin se unió a nosotros y, después de ofrecerle una cálida bienvenida a Neal, y también a mí, nos sirvieron un delicioso almuerzo de mariscos, ensalada y vino, atendidos por los jóvenes que vivían en Global House y estudiaban astrología con Gavin.

En el momento de nuestro primer encuentro, Gavin tenía cincuenta y nueve años, pero cuanto más lo conocía, más parecían estirar esos años para dar cabida a la gran cantidad de experiencias que había tenido y a las personas que había conocido. Había luchado en la Rebelión irlandesa, donde habían puesto precio a su cabeza, y en la guerra civil española. Nombres de personas famosos e infames salpicaban cada conversación, y sin embargo, tenía toda la legitimidad del mundo para mencionarlos; no se sentía inseguro ni sentía la necesidad de impresionar, y consideraba a cada personaje con el mismo respeto, excepto, por supuesto, cuando se trataba de auténticos malvados que atacaban los derechos humanos. Ningún ámbito, clase social y zona del globo quedaba excluida. En consecuencia, su compañía no solo era entretenida sino inspiradora, y su entusiasmo por la vida, contagioso. Más tarde grabé historias increíbles que lamento no poder incluir aquí.

Gavin había perdido los millones de su padre por culpa del divorcio de su madre, de su segunda esposa, de sus aventuras por todo el mundo y de las malas inversiones. Nunca daba la impresión de ser «pobre» en ningún sentido de la palabra. Sus modales eran siempre los de un caballero elegante y culto. Era alto y distinguido, de huesos finos y esbelto, con unas facciones de proporciones clásicas, salvo la nariz, más bien corta. Tenía la piel suave, transparente y sin arrugas. Su fino cabello castaño se volvía ya gris cuando nos conocimos, y durante los doce años de nuestra posterior amistad se lo peinó al estilo del momento: largo, corto, con barba o afeitado. Poco a poco, también, su modo de vestir cambió, y pasó de llevar camisas y pantalones de corte impecable al colorido atuendo de las generaciones posteriores. Sus ojos castaño oscuro brillaban con su buen humor y amabilidad, y solo lanzaban chispas cuando alguien era grosero o mal educado en su casa; su notable tolerancia terminaba ahí.

El alojamiento de Gavin siempre estaba a punto de ser declarado en ruina y destruido por el ayuntamiento, y se vería obligado a buscar otro... en un edificio igualmente declarado en ruina. Mudarse era una hazaña hercúlea. «Cómo me gustaría ser un Shiva en lugar de un Visnú», se lamentaba en el momento de la mudanza. Sus alumnos y sus amigos lo ayudaban decorando los edificios decrépitos siempre que era posible, con pinturas imaginativas, diagramas astrológicos, imágenes recortadas de revistas, que era alucinante observar, sobre todo porque los techos eran altos y las habitaciones grandes, con lo cual había una gran cantidad de pared libre. Entre todo ello había fotos de personajes ilustres del presente y del pasado. Las imágenes recortadas cubrían todos los temas imaginables, terrenales, celestiales, sagrados o profanos.

En un rincón de una habitación más pequeña había una zona ordenada y monográfica: el «rincón de los presidentes». Había fotografías firmadas de todos los presidentes desde la época de su abuelo, algunas de sus esposas, de algunos dignatarios o monarcas extranjeros, y recuerdos personales, como el cortapuros de su abuelo y el hierro de marcar de su padre de su rancho de Texas. Flanqueando las fotografías había ochenta cuadernos de hojas sueltas que contenían sus cartas. Ocupaban las habitaciones otras estanterías hechas de cajas de naranjas que contenían la extensa biblioteca de Gavin, y en algunas se veían los seis mil horóscopos que había hecho hasta la fecha, todos archivados en cuadernos llenos de color e identificados por cada alfabeto conocido en el mundo.

Después del almuerzo, Neal y yo paseamos de la mano por esas habitaciones, y de vez en cuando le pedíamos a Gavin que nos explicara alguna fotografía, pero las historias eran tan incongruentes que soy incapaz de repetirlas.

Gavin llegó a apreciarme, o eso dijo, porque me quedé con Neal y consideré que lo primero era mantener la familia unida a pesar de la infidelidad de Neal y su comportamiento errático. Esto era importante para él personalmente, porque tenía recuerdos infelices de su infancia, de cuando su madre se divorció de su padre por las mismas razones. Había roto el disco favorito de su madre tres veces, una canción de amor que proclamaba que «el corazón de mi amado es pequeño, muy muy pequeño; solo tiene sitio para mí». Gavin sabía, ya de niño, que ningún corazón puede ser tan pequeño como para que solo quepa una persona más. Poco imaginaba cuánto tiempo pasaría antes de que yo acabara descubriendo y aceptando esa verdad.

La primera semana del regreso de Neal fue todo alegría y felicidad; el hielo se había derretido. Estábamos juntos a menudo mientras volvíamos a conocernos. Empezó a trabajar en una empresa de neumáticos de San José, y como era el empleado más novato le tocó el turno de noche, que decía preferir. A todos nos alegraba tenerlo cerca durante el día, entre siesta y siesta, y se levantaba a la hora del desayuno para ver más a los niños. ¡Y qué alegría sentí también al poder despedirme del funcionario de Bienestar Social!

Es extraño cómo una ausencia puede hacerte olvidar los hábitos y peculiaridades de alguien con quien has vivido durante tanto tiempo. En dos años no había tenido que recoger un sinfín de cajas de cerillas con la tapa arrancada, un hábito que Neal adquirió desde el principio para evitar que sus mujeres supieran dónde había estado o de quién era el número de teléfono que estaba escrito en ellas. También volvió la montaña de revistas y periódicos al lado de la cama (algunos anuncios de ropa interior que usaba para masturbarse), el ritual de sus pies, que requería una provisión siempre a punto de calcetines limpios, además de abundantes pañuelos para su problema de nariz. Había olvidado su pasión por reventarse las espinillas (él riéndose, yo protestando) y las largas horas en el baño. Algunas de estas rutinas me divertían, aunque había otras que ojalá hubiera abandonado.

La única idiosincrasia que siempre me encantaba era su aprecio por la comida. Nuestro triturador de basura estaba en la parte de atrás. Neal rebañaba todos los platos de sobras como si fueran grandes manjares, y acometía cada comida como si fuera un banquete.

No le importaba que el trabajo fuera duro y sucio; y siempre quería ser el mejor trabajador. Todavía dedicaba una gran atención a su pelo: lo peinaba, se lo alisaba y lo mimaba, advirtiéndome que no lo despeinara cuando nos despedíamos con un beso. Las manos eran lo que más se le estropeaba, y lamentaba ver cómo se le endurecían y le salían callos por la grasa incrustada y el caucho. Intentaba convencerlo de que dejara su anillo de bodas en casa, pero no me hacía caso.

A la segunda o tercera semana era como si nunca se hubiera ido. Se esforzaba mucho para ser considerado y afectuoso y estar a la altura de sus exageradas promesas escritas en las cartas de la cárcel, y lo logró hasta el punto de apaciguar mis miedos. El nuevo horario regular que ahora tenía planteaba un problema que, según él, no le molestaba. Como no le permitían salir del condado, y no había ningún hipódromo en el nuestro, se vio obligado a seguir su sistema solo por el periódico. Insistía en que no quería tener nada que ver con sus antiguos conocidos (la ley también lo prohibía) y, a pesar de haberlos rechazado por escrito, fue amable con mis nuevos amigos, y con algunos mantuvo una larga relación. Ahora que estos amigos cuidaban de Neal, me sentí mucho más tranquila cuando los niños y yo salimos para Michigan.

SESENTA Y CINCO

Mi hermana Margaret nos recibió sola en el aeropuerto de Traverse City. Durante el viaje de treinta kilómetros hasta el lago, le formulé la pregunta candente:

–¿La familia vio el número de *Life* que mencionaba que Neal estaba en la cárcel?

–Oh, sí, ya lo creo.

–¿Y por qué no dijeron nada? Salió en noviembre, pero en sus cartas semanales no lo mencionaron.

–Ya los conoces, no es un tema que tengan ganas de comentar. Como cuando me fugué con Carmy, ¿te acuerdas? O cuando te quedaste embarazada tan joven.

Cuando llegamos a la cabaña, mis padres y mi hermano mayor Joe y su esposa nos trataron a mí y a los niños como siempre. Me dieron ánimos, pero a la mañana siguiente, cuando me encontré a mi madre sola en la playa, le dije cuánto sentía haberle provocado todo ese dolor adicional. Le pregunté si había algún detalle que quería que le explicara, ya fuera sobre el arresto de Neal o cómo nos las habíamos arreglado sin él. Puso una cara sombría, las manos le temblaron cuando me soltó:

–¿Es verdad?

–Bueno, sí, pero...

–¡Eso es todo lo que quiero saber! –y se alejó corriendo a su cabaña, que estaba al lado. Naturalmente, me habría gustado hablarle de lo buenos que todos habían sido con nosotros, del castigo injustificado de Neal..., pero lo único que pude hacer fue fingir que no había pasado nada. Era imposible que mis padres supieran o creyeran que había corrupción en las instituciones de Estados Unidos. Mi padre me había dicho que los bancos nunca cometían errores, por ejemplo. Tuve que aprenderlo por mí misma.

Solo en otra ocasión, ya al final de nuestra estancia de tres semanas, hice un último esfuerzo por comunicarme con ella. Estábamos sentadas en el coche, y ella volvía a estar furiosa, temblaba de pies a cabeza, y echaba humo:

–Más les hubiera valido a esos niños que les diera un mamporrazo en la cabeza. –Lo que eso significaba era, por supuesto, «muerte antes que deshonor». No tenía ni idea de que esa madre mía, que de vez en cuando había mostrado un poco de compasión cuando mi padre me castigaba, creyera tan a pies juntillas en ese vetusto principio victoriano. Atónita y muy triste, renuncié a su comprensión. Tenía incluso menos mundo que yo.

A pesar de esta mancha en el blasón familiar, todos fueron agradables con nosotros y nos lo pasamos bien. Me alegró poder compartir con mis hijos mis recuerdos más preciados de la infancia, a pesar de que la zona había cambiado tanto que no querría volver jamás a vivir allí.

Para el viaje de ida habíamos cogido varios aviones. Ahora teníamos un billete de vuelta en la United Airlines para San Francisco. El avión se paró en Denver, y ahí me dijeron que ya no seguía. Me ahorraré las increíbles vueltas que tuve que dar para poder regresar a San Francisco. Terminamos canjeando la tarifa aérea restante por un par de coches cama en el maravilloso tren Vista Dome, que, al igual que mis relaciones familiares, estaba a punto de desaparecer. Fue un viaje fabuloso. Qué paisaje tan extraordinario por el desfiladero, qué preciosas habitaciones. Tuvimos aventuras, como el anuncio de que iban a lavar el tren y nadie podía cruzar las zonas abiertas entre vagones. Cathy, John y yo estábamos en la cúpula, y sabíamos que el sistema de megafonía estaba apagado en la habitación donde estaba Jami, de modo que no se había enterado. Nos preocupamos, pero no se mojó. Después, en el vagón restaurante, confundí una jarra de crema con una de almíbar, y vertí crema en abundancia en mis panqueques. Teníamos un camarero que siempre nos atendía, y supo disimular mi bochorno. Había una madre que trataba de engatusar a Cathy para que le hiciera de canguro a su hijo, a lo que Cathy se negaba, así que cada vez que pasábamos por delante de la habitación de esa señora, pasábamos a cuatro patas para que no nos viera. Gracias a Dios nunca nos descubrieron en estas extrañas posturas, pero tuvimos un viaje hilarante, mucho mejor que si hubiésemos ido en avión.

Neal nos acogió como esperábamos, la casa estaba en orden, y no tenía ninguna razón para sospechar que se hubiera dedicado a otra cosa que no fuera su trabajo y la limpieza. Después se descubrirían otras actividades, pero de momento todo estaba en calma y yo estaba en paz.

SESENTA Y SEIS

Cerca del final del verano oímos que Jack había regresado a San Francisco, pero ya casi nunca me preguntaba si llegaríamos a verlo. Neal tampoco mostró ningún interés especial, por lo que pude ver, y dado que no podía salir de nuestro condado, solo lo entristecía recordar las juergas que lo habían llevado a su estado actual. Además, a Neal le daba pena ver a Jack beber cada vez más. Neal ya había pasado por ese trauma con su padre y sabía cuál era el final inevitable.

Así que un viernes por la tarde me sorprendió mucho oír unos sonoros pasos y golpes en la puerta del patio. Antes de que pudiera llegar, Jack entró tambaleándose, borracho y bramando, rodeado por tres hombres variopintos. Lo saludé calurosamente, por supuesto, y le puse las manos en los hombros, con la intención de abrazarlo. Me apartó de un empujón, y yo retrocedí, entristecida, pensando que mi comportamiento quizá les parecía extraño a aquellos desconocidos.

Estos resultaron ser Lew Welch, un poeta originario de Reno pero que ahora daba clases en el Reed College, Oregón; Paul Smith, un amigo de Lew también de Reno, que tocaba la guitarra, el bajo, el violín y cantaba; y un peón que había venido a la ciudad de avanzadilla del circo Barnum & Bailey, para el que trabajaba. Nunca supe dónde lo conoció Jack, ni por qué estaba con ellos, ni su nombre. Finalmente, me enteré de que la visita fue un capricho momentáneo de Jack para ver a Neal y presentarle a Lew, pues como de costumbre quería compartir a las personas que le caían bien con el «hermano» Neal.

Jack se alojaba solo en la cabaña de Lawrence Ferlinghetti cerca de Big Sur, y Lew había llevado a los otros para ir a buscar a Jack a la ciudad. Les dije que Neal trabajaba hasta las dos de la mañana, pero que podía llamarlo por teléfono. Neal no podía hablar mucho, porque tenía entre manos todo tipo de neumáticos al tiempo en sus procesos de cocción, así que sugirió que fueran a la tienda a charlar, o a verle trabajar cuando el jefe se fuera, alrededor de la medianoche. Mientras tanto les pregunté si tenían hambre.

Los niños habían comido temprano con su padre, y ahora dormían. Después de llegar a un consenso, y de que Jack se diera unos golpecito en el bolsillo, avergonzándonos aún más al quejarse en voz alta de que a la gente solo le interesaban sus cheques de viaje, insistieron en pedir una cena que pudieran traer a casa.

Había pocos lugares así en Los Gatos, pero llamé a un restaurante italiano cercano que llevaba abierto mucho tiempo y cuya comida tenía fama de ser excelente. Acordaron preparar una especialidad para llevar. Tardaron tanto tiempo en volver que temí lo peor, y no me equivoqué por mucho. Cuando regresaron, Lew, Jack y Paul intentaron contarme el caos que habían creado en el restaurante, pero nos reímos tanto que no estoy segura de saber muy bien lo que sucedió realmente. El restaurante era lo más «convencional» imaginable, y tenía una clientela elegante.

Ahí llega este grupo sorprendente: Jack con su camisa de leñador, sus tejanos caídos y arrugados y sus botas de montaña, el cabello alborotado que le cae sobre los ojos semicerrados. Evidentemente estaba borracho y descontrolado. Después estaba Lew, con el pelo tupido, corto y pelirrojo, también despeinado, los ojos azules grandes y brillantes; de complexión delgada pero nervudo, y aunque bastante limpio, vestía unos tejanos gastados, zapatillas de tenis y una camisa de punto informal. Paul Smith era la personificación de un atleta romano, y aunque su apariencia era lo contrario de la de Jack, sin embargo estaba igualmente fuera de lugar. Tenía el cabello dorado, abundante y ondulado, que se confundía con una corta barba dorada. Tenía los ojos también dorados, casi amarillos. Su pecho y sus brazos musculosos carecían de vello y mostraban un bronceado dorado más intenso que su cabello. No llevaba ni camisa ni zapatos, y la única prenda visible eran sus pantalones color canela, así que la imagen conjunta era unicolor, casi demasiado joven, saludable y reluciente para ser real. El cuarto miembro; el peón, era más bajo que los demás, robusto, y vestía una camiseta ceñida de rayas rojas y blancas que se tensaba sobre sus músculos marcados. Unos rizos cortos y negros le caían sobre la frente, y me recordaban al ganado cariblanco de mi tierra.

Después me dije que deberían haberle dicho al dueño del restaurante que eran actores de alguna obra de teatro local, en lugar de perder tanto tiempo y energía en intentar restar importancia a su aspecto e impresionar al personal con la fama de Jack para que se fiaran de su cheque. Era comprensible que ninguno hubiera oído hablar de él y tuvieran serias dudas sobre la credibilidad de su historia. En ese momento particular de nuestras vidas, nuestro nombre tampoco era muy útil como referencia personal. Pero los cheques de viaje son menos arriesgados, y sospecho que pensaron que lo más importante era sacarlos del comedor lo antes posible, pues Jack ya estaba empeñado en seducir a una camarera.

Mientras estuvieron fuera, encendí una fogata y saqué los cubiertos, platos y copas de vino. La comida que trajeron resultó ser unos soberbios *scallopini* de ternera. Los tres protagonistas jugaron a honrarme como la única mujer entre hombres tan atentos y atractivos. Daba gusto escuchar a Lew Welch, un hombre inteligente y erudito, a menudo el epítome de la sátira. Me impresionaron sus agudas intuiciones, su ingenio vivo y sus imágenes poéticas, aun cuando añadiera alguna expresión más terrenal para darle un tono picante o para sorprenderme. Jack trataba de seguirlo, pero estaba demasiado borracho como para poder expresar más que rugidos o gruñidos ininteligibles. El peón no dijo palabra, ni siquiera cuando le pregunté si quería café. Le serví un poco, de todos modos, y se lo bebió sin decir palabra. Paul tampoco dijo gran cosa, simplemente se sentó sonriéndome o rondando a mi alrededor, sus ojos agrandándose y menguando, ahora oro brillante, ahora bronce más oscuro. Le encontraba un poco preocupante, con su magnetismo asomando de nuevo.

Cuando nos dimos cuenta de que era casi la una, todos se subieron al Jeep de Lew, «Willie», que partió traqueteando en busca de Neal. Me imaginaba la escena perfectamente. Yo había visto el taller de neumáticos, una estructura prefabricada de aluminio totalmente abierta a la calle en plena zona industrial de San José, con la música country sonando a todo volumen sobre el estruendo de la maquinaria de recauchutado y Neal insultando y tirando al suelo los enormes neumáticos de camión amontonados, con pinta de ser una criatura de las profundidades, con sus gafas, su mugre y el pecho desnudo y sudoroso.

Cuando los hombres se hubieron ido, lavé los platos, arreglé la sala de estar y saqué mantas y almohadas hasta que oí el rugido de los dos coches enfilando el camino de entrada. Lew tenía fama de buen conductor, igual que Neal, así que sin duda habían competido a ver quién llegaba antes.

Neal estaba exhausto, y los demás sobreestimulados por el alcohol, la hierba y la presencia de los demás, así que la cama era todo lo que todos querían ahora. Neal se fue a la ducha y yo asigné los espacios para dormir. Jack insistió en el patio trasero de nuevo, Lew dormiría en su Willie, por lo que Paul se quedó con el sofá. Le indiqué al peón que era bienvenido al sofá cama del salón familiar.

Lew dijo: «Buenas noches, mami», y me besó al salir por la puerta. Jack se rió e hizo lo mismo, así que lo acepté, jugando a hacer de madre con modestia fingida, y besé a Paul en la frente mientras lo «arropaba». Volví al salón familiar para que nadie se sintiera excluido, pero el silencioso seguía sentado en la oscuridad, en una silla junto a la mesa. Me incliné impaciente para darle un besito cuando sus grandes brazos salieron disparados y me apresó como un torno, indicando más que con palabras que no estaba para jueguecitos, que quería ir al grano. Tensa, me desembaracé de él y traté de reír. Me soltó, silencioso y severo como siempre, y yo huí para subir al lado de Neal, agradecida de que estuviera en casa.

A la mañana siguiente todos durmieron hasta tarde y Jack entró mientras estaba preparando café. Ahora que estaba sobrio, se sentía patéticamente feliz de verme, me dio un gran abrazo y me besó, y me sentí aliviada de que parecía haber olvidado nuestro encuentro inicial. Me pidió que saliera al patio para poder hablar a solas. Una vez más nos sentamos en la hierba, al sol, como tantas veces en el pasado. Lo abrumaba la nostalgia, como si supiera que nunca volveríamos a los simples placeres y dulces sueños que habíamos previsto diez años antes. Había abandonado las firmes promesas de dejar de beber; sabía que se estaba hundiendo poco a poco en el fango, y era demasiado débil de voluntad para resistirse. Sus ojos atormentados presagiaban el futuro, su cara era como la de un personaje de Poe.

Las reprimendas habituales asomaban de vez en cuando en mi mente, pero ahora sabía que era demasiado tarde, pues la vergüenza y el aislamiento que sentía en lo más profundo de su ser eran demasiado poderosos para desarraigarlos con respuestas emocionales.

–Ah, ¿por qué nos conformamos con el placer cuando podríamos tener la felicidad, y ya la hemos conocido? –gimió Jack a la manera de Dante–. Lo sé, lo sé. ¿Qué voy a hacer? Todos toman el camino de la mínima resistencia.

–Mi falta de fe es una fe que hay que trascender –cité en voz alta.

–Sí, bueno, ahora sé que mi budismo no me ayuda, y porqué Buda prohibió el alcohol... pero soy demasiado débil. Me pongo a pensar en esos críticos y en la mierda que he tenido que tragar con los editores, y mi mano va hacia la botella...

–Pero estas últimas tres semanas has estado en Big Sur. ¿Eso no te ha ayudado? Aunque sé que no te gusta estar solo.

–No, ya sabes lo que pasa. Estaba bien al principio, pero luego me aburrí .¿Por qué es? ¿Por qué no puedo estar satisfecho?

Lew salió por la puerta saltando y haciendo el payaso, y de pronto los dos protagonizaron una escena como de cine cómico hasta que me dolió la tripa de tanto reír. El peón tenía que volver para fichar con el circo, y Lew quería ir a ver a su chica, por lo que estaban impacientes por regresar a la ciudad. Primero, sin embargo, Jack necesitaba más vino, así que me senté entre los dos en el Willie para llevarlos a la tienda de licor más cercana. Todo el camino de ida y vuelta mantuvieron un rápido e ingenioso diálogo, reviviendo un mítico partido de béisbol que no hizo nada para aliviar mi dolor de tripa. Al volver a casa recogieron a Paul y al Hombre Tranquilo y se despidieron de Neal, que todavía estaba en la cama.

El viernes siguiente, por la noche, cuando Neal llegó a casa del trabajo, me levanté para llevarle algo de comer. Me dijo que lo habían despedido. El jefe tenía problemas económicos, y había tenido que despedir a algunos hombres. Dijo que odiaba perder a Neal, pero como era el último que había contratado, tenía que ser el primero en irse.

¿Y ahora, qué? Había que efectuar el pago de la casa. A pesar de mis reservas, Neal pensó que no había nada malo en pedirle un préstamo a Jack, y a la mañana siguiente lo llamó por teléfono. Jack agradeció esa oportunidad, o eso dijo, después de haber escrito tantas veces que quería ayudarnos, y dijo que mandaría a Lew con el dinero.

Esta vez aparecieron dos Jeep en el camino de entrada. Lew y Paul iban en el Willie, y Lawrence Ferlinghetti llevaba a Jack, Philip Whalen y Victor Wong en el suyo. Victor era hijo de una importante familia de Chinatown, y me deleitó con dibujos a pluma llenos de color mientras estaba sentada a su lado en el suelo. También me encantó Phil Whalen, aunque no estaba familiarizada con su poesía, y ciertamente no se parecía a los poetas de entonces. Tenía más pinta de profesor, tal vez, pues era bastante fornido, vestía un traje de tweed y fumaba en pipa. Me pareció afable y gentil hasta el extremo, tranquilo pero abiertamente amistoso, y sin duda no «beat». Su presencia era tranquilizadora, al igual que la de Ferlinghetti, a quien yo ya conocía y me caía bien.

Como Neal no tenía que ir al trabajo, y todos iban de camino a la cabaña de Big Sur, le suplicó de guasa a «Mami» que dejara que Neal se fuera a pasar el fin de semana con los chicos. Esta vez me alegré de que Neal se tomara un respiro, tuviera tiempo para disfrutar de la naturaleza, y en buena compañía. Me olvidé, y él también, de que tenía prohibido salir del condado. Estaba rebosante de alegría, y no paraba de prometer que se pondría a buscar trabajo «el lunes a primera hora».

Antes de partir, sin embargo, invitaron a toda la familia a compartir una cena de pizza, y todos nos amontonamos en los Jeep. Nuestro nutrido grupo ocupó casi toda la pizzería, pero por suerte había pocos comensales más. Contaban con una sala enorme de mesas alargadas, y llenamos una en el centro.

La acústica de aquella sala alta y grande amplificaba el ruido, así que con Lew, Jack y Neal llamábamos mucho la atención. Esta vez estaba orgullosa de formar parte del grupo. Consumimos pizzas y jarras de cerveza, y nadie tenía prisa. Los niños adoraban las payasadas, y en cuanto estuvimos en casa le deseamos a Neal un feliz fin de semana y nos fuimos a «Old Town» con los Wagon Stagers.

El domingo por la noche, Jack y Paul se quedaron en la cabaña, Lew llevó a Neal a casa y Lawrence llevó a Phil y Victor de regreso a la ciudad. Lew se quedó unas horas con nosotros para descansar, puesto que aún le quedaba medio camino. Ya no estaba tan comediante, y supuse que, como muchos «payasos» de talento, tenía un lado serio tan oscuro como su efervescente ingenio. Neal encendió el televisor para ver las noticias, y Lew se tendió en la cama baja conmigo a los pies. Tan pronto como nos instalamos, Neal dijo que se había quedado sin cigarrillos y le preguntó a Lew si podía «ir a un recado rápido» en el Willie, otra cosa que no debía hacer sin carnet de conducir. Mientras estaba fuera, Lew me citó algunos de sus poemas, y me sorprendió y alegró lo mucho que me gustaron. Era un hombre muy abierto y natural.

No mucho después desapareció ese hombre único y lleno de talento, algo que desde entonces me ha obsesionado.

SESENTA Y SIETE

El lunes por la mañana, Neal fue a Neumáticos de Los Gatos por recomendación de un amigo, y esos hombres maravillosos acordaron contratarlo, a pesar de que no iban especialmente cortos de personal. Bueno, qué alivio. Estaba cerca de casa, hacía las horas de un turno normal, y de nuevo podríamos llevar una vida más regular (en mis términos). Como de costumbre, en el trabajo Neal asombró a todos con su rapidez y eficacia. Los jefes, empleados, clientes –e incluso el policía de turno– lo miraban con un descarado asombro. Pero cuando llegó a casa, estaba tan físicamente exhausto que temí que utilizara ese trabajo para dar salida a gran parte de su amargura, así como para flagelarse como un penitente. Cómo deseaba que pudiera encontrar una ocupación en la que hacer uso de su extraordinaria mente. El trabajo de escritor habría sido ideal, si esa ambición no hubiera quedado eclipsada por sus «aficiones». Todo lo que yo podía hacer era mantener su vida hogareña lo más pacífica posible; pero no podía hacer nada para vencer el aburrimiento que eso le provocaba. Él apreciaba su hogar, y aunque le gustaban más las montañas que el agua, y nunca nadaba, algunas tardes después de su largo baño, tomaba una cerveza y se quedaba flotando en la piscina sobre uno de los enormes neumáticos que había traído a casa de la tienda.

Nuestra camioneta Rambler estaba ya en tan mal estado

que Neal admitió que no servía para nada. Nos entristecía mucho abandonarla; nos había servido mucho y bien... y estaba pagada. Pero ahora que Neal volvía a tener permiso conducir, estaba impaciente por usarlo, y a la primera oportunidad que tuvimos después de su vuelta al trabajo pillamos otro coche. Para nuestra alegría encontramos un Jeep, como el Willie, solo que marrón en lugar de azul, y conseguimos unas condiciones excepcionales con nuestro intercambio.

Para probarlo decidimos que el viernes, cuando Neal saliera del trabajo, iríamos todos a Big Sur para enseñárselo a Jack y sorprenderlo. Preparé un pícnic para cenar por el camino, y los niños y yo nos sentamos en un colchón en la parte de atrás, lo bastante bajo como para que yo no pudiera ver las carreteras que seguían los acantilados de Big Sur. La manera de conducir de Neal ya me asustaba bastante en terreno llano.

Cuando dejamos la carretera para coger el camino de tierra que conducía a la cabaña, me asomé una vez, y solo una. El camino se había recortado en la ladera de la montaña, inclinado hacia abajo; un solo carril y sin guardarraíles. Neal se había vuelto y me gritaba, sin mirar el camino.

–Bueno, espero que no nos encontremos con una camión lleno de troncos de madera, mamá, porque tendría que ir marcha atrás hasta la autopista para dejarlo pasar.

–¡No, Neal, no hagas eso!

Por fin en terreno llano, Neal aparcó junto a una cerca de alambre de espino con una puerta de hierro. Explicó que tendríamos que ir andando hacia la cabaña para coger la llave de la puerta, pero no estaba lejos. El sol calentaba la pista arenosa que atravesaba un potrero, donde comía un burro solitario, cuyo nombre, averiguamos, era «Alf». Pronto vimos la cabaña en medio de los pinos, junto a un torrente de montaña que parecía tener mucha prisa para llegar al océano. Chapoteaba ruidosamente sobre las rocas cerca del porche de la cabaña, y luego culebreaba como una serpiente verde y negra a través de los árboles. Neal golpeó vigorosamente la puerta de la cabaña, pero antes de que nadie contestara se abrió. No se podía ver nada más que la oscuridad y el tenue resplandor de una fogata. Un segundo después escuchamos un gran bramido, que resultó ser Jack saltando hacia nosotros y riendo.

–¡Dios mío! Es un grupo de ángeles... ¡con San Miguel a la cabeza! –Era incapaz de recuperarse de nuestra inesperada aparición. Había estado sentado en la habitación a oscuras, y el repentino estallido del sol sobre todas aquellas cabezas rubias que no dejaban de brillar lo tuvo soltando exclamaciones durante muchos minutos, y desde entonces siempre se referiría a esa escena.

Dentro de la cabaña había una habitación grande. En el centro, contra la pared del fondo, sobre una plataforma de ladrillos, habían construido una chimenea con barriles de petróleo a los lados, recortándolos en la parte de delante. Habían soldado una salida de humos en la parte superior, que atravesaba el techo. El olor de la madera de la cabaña y los troncos de pino en el fuego perfumaban la cálida atmósfera. Las únicas ventanas eran grandes, con postigos en la parte delantera, a la sombra del porche.

–Sí señor, Ferlinghetti construyó esto en cuatro días, Carolyn –dijo Jack cuando se dio cuenta de mi curiosidad–. Imagínate... ¡Cuatro días! Sin embargo, no hay baño. Todos usamos la hermosa letrina de la parte de atrás, y Neal y yo nos hemos encargado de poner una lata con agua y un poco de jabón al lado, así que no tienes que preocuparte por eso. Les enseñaremos a esos paganos lo que es la higiene de verdad, como la hemos conocido siempre nosotros los franchutes, ¿vale? –Esta peculiaridad de la cabaña intrigó tanto a los niños que salieron corriendo a investigar la primera letrina que veían.

Contra la pared, a un lado de la habitación, había dos catres plegables, y al otro lado había una pequeña mesa y cuatro sillas. Paul Smith, sentado junto al hogar, se había levantado y ahora nos saludaba, sonriente y tranquilo, con los ojos aún llorándole.

A la mesa estaba sentada una guapa chica de cabello oscuro y ceñidos tejanos con un niño pequeño en brazos, y junto a ella se veía un joven delgado de rizos negros que enmarcaban una cara hermosa. Nos los presentaron como Mike McClure y su esposa Joanna.

Mike había estado comentando un poema con Jack, y ahora le pedía a Neal que lo leyera para comentarlo también. Tanto Jack como Neal expresaron una exagerada aprobación y me lo pasaron. El título ya te dejaba impactada: «Oda a la jodienda», y más o menos a mitad de la primera página la vergüenza y la repugnancia me empujaron a leer por encima el resto de ese largo «poema». Esperaba que nadie me estuviera viendo la cara, pero por suerte los demás estaban ocupados hablando de la llave de la verja y a nadie le interesaba mi opinión. Miré de soslayo a la encantadora y delicada chica y a su querubín, y me pregunté qué pensaría al tener un marido que describía con detalles tan implacables y groseros las actividades que realizaban, y que para mí serían consideradas demasiado personales y privadas... y también sagradas.

Neal y Jack llevaron a los niños a buscar el coche, los McClure se fueron a la playa, donde nos reuniríamos con ellos más tarde, y Paul me sirvió una taza de café. Yo me sentía un tanto incómoda a solas con Paul, que emanaba esa conocida energía de atracción física. Tenía un cuerpo que alegraba la vista, y me hubiera gustado pintarlo: todos sus movimientos eran armoniosos y elegantes. Era un «espécimen» tan perfecto que tenía que esforzarme para no tocarlo, como harías con una escultura. Sabía que sería como acercar un fósforo a la yesca; entre los dos se creó un magnetismo que entrecortaba la conversación.

Así que fue un alivio oír el traqueteo y el golpeteo del Jeep cuando Neal lo aparcó marcha atrás junto al arroyo y el porche. Él y Jack subieron los escalones, y antes de ver sus ojos inyectados en sangre ya era evidente que Neal había consumido su «tabaco» favorito. Los niños entraron corriendo con ellos, y enseguida me contaron que habían acariciado a Alf. Ahora estaban impacientes por ir a la playa.

–Muy bien, niños, vamos. –Neal tomó el control–. Vamos, tenemos que ir por este arroyo... –Y el pequeño grupo se apiñó a su alrededor cuando cogieron el sendero. Jack agarró mi mano y tiró de mí hacia la puerta, alejándome decididamente de Paul.

–Vamos, mamá, te mostraré mi cala de meditación.

Paul sonrió y corrió para alcanzar a Neal y a los niños. Jack y yo fuimos andando lentamente junto al arroyo. Me contó incidentes y observaciones de su anterior estancia, y yo me embebía de los olores y las vistas de los bosques salpicados de sol y del agua. El arroyo desembocaba y se ensanchaba sobre una playa de arena estrecha y limpia, en una cala amplia y apartada muy por debajo de las rocas y los acantilados. Neal, los niños y los McClure ya disfrutaban de la playa.

En lo alto se veía la delgada cinta de un puente plateado, una visión que me estremeció, y con razón, al parecer, cuando Neal señaló los restos de un coche volcado debajo del puente, oxidado y mudo en las rocas cercanas. Neal se fue al lado de Mike, sentado en una roca a la sombra del acantilado, mientras Joanna y el niño cavaban en la arena con los pies. Paul llevó a los niños a explorar más calas siguiendo la playa, y luego les ayudó a construir presas en la corriente y a encontrar trozos de madera flotante para hacerla navegar por los sólidos canales.

Jack me condujo alrededor de un saliente de roca en la otra dirección. Nos sentamos en su «roca de meditación», cerca de la arena cálida: una cala pequeña y acogedora, mientras el sol, cada vez más rojo, se adentraba en el agua y la manchaba, tiñendo las olas de un rosa brillante.

Apoyada contra él, con el brazo en torno a mí, le pregunté:

–¿Has escrito algo estando aquí?

–Solo algo de poesía. He escrito un gran poema al mar: «¡Cherson! ¡Cherson! Shu sho shi. Vamos, muere luz salada, que golpeas las rocas de mil millones de años...». Algo así. –Me abrazó y me susurró al oído–: Santa Carolyn, junto al mar. –Me aparté y le sonreí, un poco desconcertada. Pero se limitó a volver a besarme–. Pero no he sido capaz de escribir mucho más desde que todo el mundo me presta tanta atención. Es horrible. Todos pendientes de mí.

–¿Todavía llevas esos pequeños cuadernos a todas partes? Guardo con gran cariño el que me firmaste.

–No, lo había olvidado. Pero bueno, déjame contarte una cosa divertida. Cuando Neal y yo fuimos a las aguas termales que hay ahí arriba con un montón de poetas... ya sabes, ese extraño y excéntrico centro de curación psicológica. ¿Se llama Esalon? Algo así. ¡Él y yo fuimos los únicos chicos que no nos quitamos los pantalones cortos! En ese momento pensé: ¡Ja, los grandes héroes de la carretera, y son los únicos recatados del grupo! –Nos reímos de esa increíble imagen.

De repente me miró, me atrajo hacia él y me besó como con desesperación. Acto seguido nos recostamos y en silencio vi enfriarse el cielo y las estrellas aparecer una a una. Tenía demasiado frío para quedarme allí sentada más tiempo, y la marea estaba subiendo, así que buscamos el camino de regreso a la cabaña, agarrándonos para no caer en aquel terreno irregular y entre los inesperados manantiales del bosque a oscuras.

El café caliente junto al fuego fue bien recibido. Me senté en una silla de lona baja junto a la chimenea, Jack en otra silla delante de mí. Los niños encontraron unos naipes y se sentaron a la mesa a jugar, Neal se acostó en uno de los catres y Mike y Joanna anunciaron que iban a volver a la playa a dormir allí. Paul se sentó en el suelo, a mi lado, con las piernas cruzadas, recostado contra mi silla.

Se puso a cantar suavemente. Tenía una voz suave y grave, y una técnica muy parecida a la de Mel Tormé. Distraídamente, de vez en cuando mi mano se paseaba por su pelo, como harías con una mascota. Todo parecía muy acogedor y relajado. Luego, poco a poco Jack comenzó a inquietarse, a cambiar de posición, y de vez en cuando soltaba un comentario que yo ignoraba o trataba de responder sin hacer caso de su tono. No podía entender qué lo reconcomía, hasta que se levantó y con fiereza le arrojó un tronco al fuego que hizo saltar chispas, para estallar de inmediato:

–Dios mío, Paul, ¿no tienes ninguna consideración con Neal, tío? ¿Cómo puedes ser tan insensible? –Y estrelló otro leño contra el primero. Paul dejó de cantar bruscamente. Debería haberme dado cuenta de cómo veía Jack lo que a mí me parecía un acto inocente por mi parte... pero no se me ocurrió porque Paul era muy joven. Traté de no reírme.

–¿Neal? –dije en voz baja–. Si te fijas, Jack, verás que está tan preocupado que duerme como un tronco. De verdad, ¿cuál es el problema? –Jack se limitó a soltar un gruñido y pisando fuerte se dirigió a la zona de la cocina en busca de vino. No había. Dudó, dio más pasos pisando fuerte y se fue a despertar a Neal.

–Oye, Neal... ¿Neal? Vamos, tío, llévame a la ciudad a por un poco de vino, ¿vale? –Habló con brusquedad y era evidente que estaba enfadado. Neal se movió y se incorporó, bondadoso como siempre.

Yo dije:

–Chicos, antes habéis dicho que queríais hacer una gran hoguera en la playa, ¿no os acordáis?

Jack respondió:

–Sí, bueno, podéis hacerla tú y Paul mientras estamos fuera, y nos uniremos a vosotros cuando regresemos. Vamos, Neal.

–Muy bien –dijo Neal, y llamó a los niños por si querían ir con ellos, y todos fueron corriendo al Jeep y se marcharon. Paul y yo nos pusimos nuestros suéteres, cogimos fósforos y papel, y regresamos a la playa iluminados por nuestras linternas. Ahora las olas lamían y susurraban entre las rocas y alisaban la arena reflejando la luz de la luna como un cristal. Rara vez he visto una noche en el océano sin niebla, pero ahora las estrellas se cernían sobre nosotros tan brillantes y cercanas que parecían casi artificiales, como la cúpula de un salón de baile. Nos apretamos el uno contra el otro durante un minuto para darnos calor mientras nos impregnábamos de aquella maravilla, pero cuando las manos de Paul iniciaron una búsqueda inquieta, me puse enseguida al propósito que nos había llevado allí: la fogata. Paul no descansó hasta que se encendió y rugió. Buscamos a los McClure, pero no se los veía por ninguna parte. Paul no pudo resistirse a abrazarme, y le permití una bonita sesión de besuqueo durante un minuto, pero me aparté de él no sin dificultad cuando la cosa se puso demasiado tórrida. Entonces nos sentamos espalda con espalda abrazando las rodillas, y él estuvo cantando hasta que del fuego solo quedó un lecho de brasas.

Neal y Jack no llegaron a aparecer. Mis angustias afloraron de nuevo, así que nos apresuramos a enterrar el fuego y emprendimos el penoso camino de vuelta a la cabaña a través del bosque, ahora frío. El Jeep estaba estacionado al lado del porche, y dentro pude ver a los niños cómodos y dormidos. Jack era un bulto dentro de su saco de dormir, en el porche, y dentro de la cabaña Neal dormía en uno de los catres. Me sentí aliviada, pero también disgustada de que me hubieran dejado a solas con Paul, por mucho que lo había disfrutado. Paul cogió su saco de dormir y de camino al porche me dio un beso de buenas noches, a pesar de mi tímido esfuerzo por resistirme. Me metí en el catre de Neal, por estrecho que fuera, y el aroma ahumado de la habitación caliente y sofocante me durmió enseguida.

SESENTA Y OCHO

A la mañana siguiente, Jack y Neal estaban enfurruñados y esquivos, y yo me sentía molesta. Cuando Paul salió de la cabaña le pregunté a Jack:

–¿Por qué no volviste a la playa? Hicimos una gran hoguera, como nos dijiste, y todo por nada. –Mi tono era malhumorado, pero el suyo fue duro y acusador.

–Neal creía que tú y Paul queríais estar solos.

–¡Oh, Neal creía eso! Genial. Pues podría consultarme alguna vez en lugar de empujarme a los brazos de cualquier hombre que se interesa por mí. ¿Por qué no me protege de los lobos, en lugar de animarlos? –Quería que Jack se enterara de que mi protesta también lo incluía a él, pero mi exabrupto solo sirvió para alegrarle el ánimo, aunque todavía recelara.

Cuando Paul regresó, Jack lo paró en el porche y me fui a preparar el desayuno para los niños. A los pocos minutos, Jack volvió todo sonrisas; Paul había disipado sus miedos, pero que hubiera dudado de mí no mejoró mi humor. En cuanto a Neal, ni siquiera le importaba lo bastante como para preguntarme; era simplemente lo que él deseaba: otro acto de «compartir», supuse, que ahora me parecía más una cobardía, o peor aún, indiferencia.

Los McClure regresaron para desayunar ya tarde, después de lo cual Joanna y yo lavamos los platos y limpiamos la cabaña, y todos nos subimos a nuestros respectivos Jeep. Tenía que volver para la representación de los Wagon Stagers, y los McClure se dirigían a San Francisco.

Yo estaba emocionada ante la perspectiva de compartir con Jack mi entusiasmo por los Wagon Stagers y Old Town. En Denver se había interesado por mis actividades teatrales, y yo sabía que también disfrutaría de la empalizada y el museo. Neal ya me había acompañado varias veces y aplaudido con genuino entusiasmo y disfrutando de verdad –aparentemente–, así que esperaba que convenciera a Jack de las bondades de la representación. Demasiado tarde, y toda la planificación del viaje fue un desastre; Jack tenía una jarra de vino y se encaminaba hacia su estado de embriaguez diario. Cuando estábamos en la carretera descubrimos que teníamos mucha hambre y que era temprano. Nos detuvimos en una cafetería de carretera cerca de nuestro destino, y tenía la esperanza de que a Jack se le pasara la borrachera. Pero se negó a comer. En presencia de Paul, Neal mantuvo su actitud distante conmigo, y nos dejó a Paul y a mí que nos demoráramos con nuestro café cuando oímos aullar una sirena y un coche de bomberos entró en el aparcamiento. Los niños llegaron corriendo y sin aliento para informarme de que nuestro Jeep estaba en llamas. Todos salimos corriendo y yo sentí pánico: no podíamos permitirnos perder nuestro nuevo coche, y desde luego no antes de la función, que, por supuesto, debía continuar.

Por suerte, el fuego estaba apagado cuando llegamos al coche. Había sido casi todo humo, causado por la brasa de un cigarrillo en el colchón. Jack había estado sentado en la puerta del maletero con su jarra, por lo que todas las sospechas lo señalaban, pero nadie pronunció la acusación, tan aliviados estábamos de que no hubiera sido peor. El colchón estaba ahora completamente empapado, con un olor horrible, así que nos alegramos de no tener que ir muy lejos.

Para cuando llegamos a Old Town, Jack ya había llegado a la fase de cantar con los ojos entrecerrados, por lo que lo único que podía esperar de él era que no armara mucho alboroto.

Neal aparcó el coche junto a la puerta trasera de la empalizada mientras yo iba a conseguir pases para ellos. Encontré a Frank, el dueño, montando el escenario, y Jack estaba de pie en el centro vociferando alguna historia con un exagerado acento del oeste. Sentí vergüenza y por señas le indiqué mi disgusto a Frank a espaldas de Jack, y corrí a buscar a Neal. Él y los niños recogieron a Jack para llevarlo a dar una vuelta por el pueblo. Me colé en el camerino de hombres, ahora ya bastante tarde para hacer mi trabajo.

Los actores eran todos buenos amigos, y se metieron conmigo a cuenta del comportamiento del «famoso» Jack mientras les aplicaba el maquillaje y las barbas. Sabía que simpatizaban conmigo, pero también les decepcionó no poder hablar con el gran escritor, cosa que ahora parecía bastante improbable. Cada vez que uno terminaba de vestirse, salía y me informaba de lo que el gran hombre estaba haciendo en aquel momento. En cierto sentido, me alegré de no verlo por mí misma. Los niños lo habían llevado al salón, y al ver el piano Jack se había abalanzado sobre él y comenzado a aporrearlo emitiendo grandes acordes disonantes mientras aullaba canciones country sin melodía, un comportamiento que los demás podían considerar una burla.

El público comenzaba a entrar, y Frank vino a pedirle a Jack que no tocara el piano ni molestara a los demás invitados del salón. Jack se puso a la defensiva y desafiante, y a grito pelado empezó a reivindicar sus derechos como cliente de una manera muy odiosa. Frank tenía su temperamento, y en ese momento le salió y ordenó a Jack que saliera de su propiedad.

Neal había aprovechado que yo tenía que trabajar para volver al coche y fumar más hierba, y ahora Jack salía airadamente para reunirse con él, gruñendo y maldiciendo. Cuando uno de los actores vino a contármelo, corrí hacia la puerta trasera y rodeé el Jeep, rabiosa de desilusión, disgusto y furia.

–¿Es demasiado pediros, chicos, que por una sola vez en todos estos años me hagáis la cortesía de al menos fingir que os interesa algo de lo que a mí me importa? Pensaba que sería una sorpresa para vosotros. Pero no, todo el mundo tiene que caer rendido a vuestros pies... solo dar, dar, dar y dar... mientras que vosotros... oh, iros al infierno.

Tuve que interrumpirme para contener las lágrimas, y Neal parecía avergonzado, pero dijo:

–Esto... ¿Podrías encontrar a alguien que te lleve a casa? ¿No crees que será mejor que me lleve al viejo Jack, y así no te molestaremos ni te avergonzaremos más, querida?

La última parte dejó entrar un tono de sarcasmo y ridiculización, y yo estaba dolida y disgustada. Cerré de un portazo y corrí de regreso a la verja de entrada. Me volví y vi que los neumáticos derrapaban en la tierra y el Jeep se perdía por el camino de entrada dejando una nube de polvo a su paso. Así que ahora se las habían arreglado para estar un ratito juntos y a solas.

–Mmm –dije en voz alta–, os merecéis el uno al otro. Adiós muy buenas.

No me costó encontrar quien me llevara a casa, y yo ahora apreciaba aún más a Paul y su calidez. En el camino me dijo lo mucho que había disfrutado de la velada, y que le había parecido una especie de celebración... porque al día siguiente era su cumpleaños.

–¿Tu cumpleaños? Caramba, Paul, ¿por qué no me lo has dicho antes? ¿Cuántos cumples? –Esperaba que me dijera veinticinco o veintiséis.

–Diecisiete –dijo con timidez. ¡Diecisiete! Me quedé estupefacta.

Neal no regresó con el coche, por lo que Paul tuvo que quedarse en nuestra casa al día siguiente. Sin la excitación y ahora con un futuro en el que pensar, el color rosa comenzó a desvanecerse de sus gafas. Me daba cuenta, aunque él aún no. Ya me había pasado a mí, y sabía que era inevitable. Se avergonzaba de haberse insinuado sexualmente a una mujer mayor.

Para aliviar su creciente inquietud y mantenernos ocupados, me ofrecí a pintarle un retrato al óleo como regalo de cumpleaños, y esa noche vinieron amigos suyos para llevarnos a cenar.

Por la mañana Neal aún no había regresado, así que Paul se dispuso a hacer autoestop por la costa. Lo siguiente que supe de él fue por una carta de Gavin unos meses después, cuando visitó una comuna cerca de Santa Bárbara:

> Tuve un maravilloso almuerzo de Navidad en casa de la madre de mi sobrino, y había un amigo tuyo barbudo allí, entre las veinte personas: Paul Smith y su chica pelirroja. Hablamos mucho de ti y de Neal y estuvimos completamente de acuerdo. Tú eres la santa. Pero Neal, a pesar de que nunca ha comprendido que es inevitable que un caballo o un coche corra más rápido que otro, sigue siendo uno de los grandes seres humanos que hemos conocido: una especie de niño prodigio, como dicen los alemanes. Si no le quisiéramos tanto, no nos preocuparíamos tanto por la aparente inevitabilidad de su regreso a la trena.
>
> La última noche que estuvimos donde vive Paul Smith me llevaron a ver un maravilloso combo de jazz y hemos prometido ir con ellos a escuchar un combo Subud[1] el miércoles por la noche. Me gustaría que los dos vinierais con nosotros.

Cuando Neal regresó, culpó de su larga ausencia a Jack, por supuesto, y me dijo que esa noche había llevado a Jack a ver a una chica llamada Jackie, una de las antiguas amantes de Neal. Neal me lo contó para demostrarme que él había terminado con ella. Muy tranquilizador, pero sabía que eso no significaba nada. También preví que ya no iba a obedecer más la prohibición de salir de nuestro condado, y mi tranquilidad también terminó.

El viernes siguiente por la noche, Jack y Lew aparecieron de nuevo en la puerta, esta vez acompañados de la chica de Lew, Lenore Kandell. Su apariencia era llamativa. Tenía los huesos mucho más grandes que Lew, y tenía un aspecto latino,

1. Subud es el acrónimo de Susila Budhi Dharma, un movimiento espiritual interreligioso internacional fundado por Muhammad Subuh Sumohadiwidjojo, iniciado en Indonesia en la década de 1920. *(N. del T.)*

y las palabras «diosa de la fertilidad» surgieron en mi mente. Jack había estado bebiendo, pero seguía hablando con coherencia. La conversación se centraba en sus planes para la próxima semana, de nuevo en Big Sur, y me preguntaba por qué se refería a «los tres». Al igual que con colegiales que hacen novillos, se acabó sabiendo la verdad: Jackie y su hijo estaban fuera, en el coche. Me quedé horrorizada.

–De verdad, Jack, ¿cómo has podido dejarla fuera con este frío que pela? ¿Qué te pasa? ¡Tráela enseguida!

–Uau, ¿estás segura de que no pasa nada? –Jack parecía realmente asustado.

–¡Claro que no pasa nada! ¿En qué estabas pensando?

–Oh, oh... –canturreó Lew–. ¡Pásame el platillo de la crema! –Estaba estupefacta.

–¡Pero bueno, chicos! ¿Estáis locos? ¿O veis demasiados culebrones? Vosotros los «innovadores»... profetas de la new age... los rebeldes contra las convenciones. Ja, ¿de verdad creéis que Jackie y yo nos vamos a tirar de los pelos?

Jack ya había salido y regresado tímidamente con Jackie. Le pedí que se sentara, pregunté por su hijo, que estaba dormido en el coche, y tuvimos una charla de lo más normal sobre los niños y la maternidad. Jack estaba sentado frente a mí en el sofá junto a la ventana, y comenzó a enviarme inconfundibles miradas emotivas y comentarios sugerentes, que me irritaron aún más. Hice todo lo que pude para ignorarlo a él y a mis sollozos internos de arrepentimiento, y para centrar mi atención en esa patética madre, Jackie.

Neal comenzó con su rutina de celos que había visto por primera vez en mi habitación de hotel en Denver, y muchas veces desde entonces. Se puso a caminar por la habitación, mirando furioso a Jackie, gruñendo, respirando con dificultad, resoplando, esta vez para llamar su atención, no la mía, aunque Jack creía que Neal estaba enojado con él. Era todo una locura.

Lew se aburría y estaba impaciente por seguir su camino. En la puerta, Jack me dijo:

–Ahora Neal está molesto conmigo por culpa de Jackie. Me doy cuenta... ¡pero fue idea suya!

–No, no, Jack, no es contigo con quien está enfadado. No te preocupes. Vete.

Todo el episodio fue de lo más deprimente y estúpido. Al menos, no tenía que reprocharle nada a Neal; era Jackie quien lo estaba castigando esta vez, y él se lo había buscado. Poco sabía yo entonces que esa sería la última vez que vería a Jack en persona.

Muchos meses después envió una carta, la primera de muchas a lo largo de sus restantes años de vida. En todas expresaba su constante anhelo de volver. En esta decía que me escribía no porque acabara de soñar conmigo «y *quel* sueño», sino porque quería explicarme por qué no lo había hecho en tanto tiempo. Me había escrito desde México con la idea de venir a verme, pero no había mandado la carta, intuyendo que acabaría pasando todo el tiempo con sus amigos de San Francisco en lugar de conmigo. Sin embargo, fue lo mejor; porque durante las semanas que había pasado en casa había terminado escribiendo *Big Sur*, donde relata ese verano. Dijo que era una respuesta a mi última carta, y emprendía una revisión nostálgica del tiempo que habíamos pasado juntos entonces. Es el único libro en el que habla de nuestra aventura y de que yo tenía dos maridos al mismo tiempo. Bueno, ahora eran ya los años sesenta, y no había necesidad de proteger la virtud de nadie. Antes de eso nunca contabas en un libro que habías tenido una aventura con la esposa de tu mejor amigo.

Ahora Jack temía que lo criticaran por escribir sobre todos nosotros tal como éramos, y explicaba cómo siempre trataba de no perjudicar a nadie cambiando los nombres, las fechas y los lugares. Y en el caso de ese libro sobre él y yo: «un karma amable que ni siquiera ha comenzado». Decía que estaba tan avergonzado de haber traído a Jackie a mi casa que nunca había vuelto a buscar la camisa que yo le había remendado. (¿Qué pasó con esa camisa?) De todos modos, me rogaba que le escribiera como antes y firmaba, solo para reemprender la carta bajo la firma, diciendo: «Aún no he terminado». Seguía recapitulando los acontecimientos de ese julio: cuando lo habían expulsado de Old Town, sus recuerdos de mí, de los niños y de nuestra casa, y de cómo siempre existía el trasfondo de un romance latente entre nosotros. Me pedía que no me enfadara con él, pero le preocupaba que Jackie sí lo estuviera. Decía directamente que ella lo aburría, mientras que yo nunca lo había aburrido, etc. etc., y solo pensaba en repetir nuestros momentos alrededor del fuego hablando mientras Neal jugaba al ajedrez contra sí mismo.

Escribió varias cartas más en las que mencionaba que estaba trabajando en ese libro; era evidente que estaba muy emocionado, y cuando finalmente lo leí me pareció la trágica historia de su declive, y un punto de inflexión en su escritura. Parecía mucho más honesto y objetivo consigo mismo al describir sus verdaderas emociones. Muchos de sus libros me abochornaban un poco cuando se ponía ampuloso o escribía para el público... de manera muy distinta a cómo él era en persona.

Tercera parte

SESENTA Y NUEVE

La resolución de Neal de quedarse en casa y evitar a la gente fue efímera. Después de los episodios de Old Town y de Jackie tuve que afrontar el hecho de que estaba volviendo a los hábitos de siempre. Era de esperar, desde luego, y probablemente lo hizo con más entusiasmo que antes. De vez en cuando estallaba su resentimiento hacia mí, revelando que no se le iba a pasar nunca, y yo a veces deseaba haberme ido a Escocia.

La primera infracción fue «solo voy a hipódromo» los sábados por la tarde, pero pronto se extendió al sábado por la noche, y poco a poco se fueron añadiendo más noches.

A veces íbamos juntos a casa de John Gourley, uno de los amigos que yo había hecho en ausencia de Neal. John era ingeniero, poeta, músico, actor, disc jockey... En fin, un hombre de muchos talentos, y a menudo los niños o Johnny venían con nosotros a jugar al gimnasio de John o con su elaborada pista de carreras en miniatura. Él y Neal eran bastante compatibles, y la amistad creció hasta que Neal comenzó a utilizar esa amistad «aceptable» como trampolín para asuntos clandestinos diversos. Neal podía conocer chicas, escribir cartas a otras, tener una tapadera para ir a la ciudad, un coche que podía pedir prestado y una fuente para adquirir y fumar hierba... que ahora se llamaba «grifa».

Yo acompañaba a Neal cada vez menos, y la última vez que

fuimos juntos a casa de John estuve leyendo un ejemplar de la revista *Holiday* en el que había una entrevista con Neal. En ella afirmaba que Natalie había sido «su único y verdadero amor». Yo no sabía nada de esa entrevista, y leerla en una revista nacional fue como si me dieran una puñalada. Más tarde comprendí por qué lo había dicho, pero en ese momento en particular no lo entendí. Más adelante yo misma habría afirmado que LuAnne había sido su gran amor, pero supongo que cada mujer era algo especial, así que cogiendo un poco de cada una habría podido montar su «verdadero amor», si es que tuvo alguno. Pero en aquellas circunstancias lo único que aquello revelaba era que los celos de siempre solo habían estado dormidos, no desterrados. Otro prueba que yo no había pasado.

Y yo que pensaba que había estado progresando, de manera lenta pero constante. Neal también había cambiado; se le veía más tranquilo, menos a la defensiva, más abierto conmigo, incluso me descubría sus sentimientos y sus miedos. Este artículo parecía demostrar mi fracaso a la hora de alcanzar una «indiferencia amorosa», pero también para verificar un cambio radical propio. Antes yo insistía en que había que darle una oportunidad a la «verdad»; ahora prefería la opción de «ojos que no ven corazón que no siente».

Me di cuenta de que me había estado concentrando en sus vicios, y me avergonzó haber dejado de lado todas las insólitas virtudes que, para empezar, me habían impulsado a amarlo, y que todavía tenía. No tenía que decirle continuamente lo que estaba haciendo mal; todo el mundo sabe eso de sí mismo. Este ejercicio me permitió amarlo todavía más, pero de una manera muy diferente. A cambio de este mejorado «desapego» o «indiferencia», renuncié al sueño al que tanto me había aferrado, la razón que creía que daba sentido a mi vida. Neal nunca sería el esposo y padre que yo había deseado. Seguía siendo el mismo de siempre. Era Neal haciendo de Neal, a lo cual tenía todo el derecho. Y yo todavía tenía una opción.

Nunca olvidaré el momento en que me llegó esta revelación, a pesar de que intenté esquivarla, pues durante tanto tiempo había sido mi preocupación principal. Conocía bien el dolor de tratar de aferrarme a una causa perdida, y no debía perder la tranquilidad que había alcanzado. Al principio era una paz aislada y solitaria. Se había derrumbado el puente entre Neal y yo, y yo ahora lo miraba desde la orilla opuesta del abismo que se abría entre nosotros. ¿Era esto «la indiferencia amorosa»?

Durante los dos años siguientes fluctué: a veces conseguía reacciones positivas, a veces tenía que dar un paso atrás, resentida y con el ego herido, aunque se me daba mejor ocultar mis sentimientos. Nuestra vida hogareña era pacífica, pero también escasa, y yo no sabía hasta qué punto eso tenía que ver con el rencor de Neal contra mí o si era simplemente una continuación de su anterior necesidad de intentar abarcar demasiado. Él quería tener un hogar y una familia, y lo valoraba, pero también quería todo lo demás: él siempre quería estar en misa y repicando. Y nunca me llevaba a ninguna parte; ya nunca salíamos juntos, ni a un espectáculo o un concierto.

A medida que él estaba más involucrado, yo lo estaba menos. Mis actividades teatrales aún me mantenían ocupada diseñando, cosiendo, y asistía a las funciones para maquillar a los actores, pero algunas iban disminuyendo. Ahora que la academia de ballet había añadido *El cascanueces* a su producción regular de primavera, una vez finalizada la primera producción, cada año ya solo se necesitaban unos pocos trajes nuevos para los solistas, y ahora hacía el vestuario de solo una o dos obras para la universidad. Los Wagon Stagers, en la empresa, habían sucumbido a la inevitable «democracia», con desacuerdos, facciones y fracasos. Se montaron compañías rivales, menos auténticas, peores y con más publicidad.

Durante una breve temporada fui directora artística de una nueva San José Opera Company, para la que diseñé *Die Fledermaus* y cuatro óperas de Puccini, de las cuales solo una, *Madame Butterfly*, se produjo antes de que entrara en una bancarrota de la que me salvé por los pelos. En 1960, cuando llegó la libertad de Neal, diseñaba el vestuario solo de intérpretes individuales, y renuncié a mis clases de maquillaje. Todavía pintaba algún retrato de vez en cuando.

Durante los dos primeros años del programa de tres años de libertad condicional de Neal, los estudiantes de Santa Clara todavía venían a la casa para alguna fiesta, y a menudo todavía quedaban algunos cuando Neal regresaba a casa de madrugada. Se unía alegremente al grupo sentado en el suelo, alrededor de la mesita baja de arenisca que había delante de fuego, a la luz de las velas. Gracias a eso me sentía menos abandonada, y los jóvenes lo acogían muy bien; conocían un poco de su reputación, aunque pocos habían leído a Kerouac, por no decir ninguno. Neal podía ser realmente encantador. Yo lo observaba cuando participaba en las discusiones de filosofía o se hablaba de los últimos grupos musicales, etc., en las que escuchaba y asentía muy serio, sin imponerse con arrogancia, sin embargo, aunque sin dejar de participar brillantemente con incursiones brillantes para disfrute de todos. En esos momentos, el remordimiento por lo que podía haber sido me formaba un nudo en la garganta, y me dolía pensar en mi sueño perdido.

Una de esas noches, los chicos iban saliendo de casa para volver al campus cuando llegó mi sobrina, Judy, que en aquella época vivía con nosotros, acompañada de Hoyt Axton. Judy había asistido a su actuación en San Francisco, y sin pensárselo dos veces lo había invitado a casa. Para su sorpresa, él había aceptado. Naturalmente, todos volvieron a entrar en casa, y durante el resto de la noche y hasta bien entrada la mañana lo pasamos genial. Neal actuó de amable anfitrión, y a Hoyt se le veía muy a gusto, e insistía en tocar la guitarra y cantar entre conversación y conversación, mientras comíamos y bebíamos vino. Cuando salió el sol y los estudiantes se fueron, él y Neal se pusieron a hablar de cosas muy diferentes, o eso deduje cuando escuché a Hoyt decirle a Neal: «Bueno, yo también soy un capullo, tío».

SETENTA

La paga de Neal estaba muy por debajo de lo que cobraba en el ferrocarril, incluso sin contar lo que perdía en el juego, y nuestras deudas continuaron en aumento. Periódicamente teníamos que refinanciar la casa o pedir un préstamo que nos salvara el pellejo. De casi todo eso me encargaba yo, como de costumbre, ya que Neal no estaba familiarizado con todos esos asuntos legales. Decidí que más me valía encontrar un trabajo aburrido y regular, con lo cual también podría, poco a poco, independizarme económicamente de Neal, al tiempo que me independizaba emocionalmente. Yo obtenía pocos ingresos, pero me ayudaban. Empecé en la centralita, que ya había aprendido a manejar en la universidad y en el Ejército, de un periódico local. Me gustaba el trabajo, pero pronto me reclutaron para la publicidad gráfica, cosa que no me gustó. Ahora mi único objetivo era esperar a que terminaran de crecer los niños y mantener un techo sobre sus cabezas.

La ubicación de ese techo continuaba manteniendo mi ánimo y mi cordura, y no pasaba un día que no estuviera agradecida por ello. Valieron la pena incluso el mal comportamiento y el resentimiento de Neal, porque la verdad es que nunca creí que hubiera logrado conquistarlo pagando la fianza. A veces contemplaba los colores siempre cambiantes de las colinas que se extendían más allá de los huertos, y nuestras esperanzas juveniles y los planes que todos habíamos hecho desfilaban por mi mente, y reflexionaba sobre el destino de los principales protagonistas. ¿Había alguna esperanza para Jack o para Neal?

Allen, por otro lado, seguía su propio camino, y le iba bien. Al menos era feliz haciendo lo que le gustaba. Casi nunca teníamos noticias suyas, pero cuando llegaban sabíamos que seguía pensando en nosotros, igual que nosotros en él. A finales de 1960 habíamos recibido una carta de Nueva York escrita con desmañados garabatos:

> Feliz Navidad... Perdonad mi silencio. Os escribiré. Peter y yo estuvimos en Harvard la semana pasada comiendo hongos sintéticos [...] muy colocados. *La revolución ha comenzado* [...]. Deja de darle tu autoridad a Cristo y al vacío y a la Imaginación [...]. *Tú Eres*, ahora, el *Dios* [...]. Tendré hijos [...], todo va bien [...], estamos iniciando un complot para colocar a todos los que tienen el poder en Estados Unidos ¡Hurra! La semana pasada se me fue la pinza en Harvard y salí corriendo completamente desnudo para telefonear a Jack y despertarlo [...], solo tiene ganas de morir... Dejé de vomitar el universo la semana pasada. Mi libro *Kadish* (todo muerte muerte muerte) (himnos) está acabado y saldrá en unos meses. ¿Cómo estás? ¿Y Carolyn y los niños? Te amo en el dulce julio de la vida. ¿Qué haces ahora para ganar dinero? ¿Por qué no vuelves a escribir para comunicar las santas noticias al mundo? [...] te *necesitamos.* Deja de esconder tu luz en un cesto. Me sentaré y te escribiré una larga carta con chismes en cuanto pueda [...]. Siempre, siempre, siempre.

Poco después él y Peter partieron de nuevo hacia Europa; y solo recibimos postales hasta que llegaron a la India, donde Allen escribió:

> ¿Cuándo fue la última vez que escribí? Lo he olvidado [...]. Conocí extraños santos en las calles, pero ningún gurú. Conocemos (Peter está aquí también) a mucha gente, poetas, empresarios; vamos por la calle con ropa india y llevo el pelo largo y negro y suelto

por los hombros y barba y Peter el pelo largo y rubio, seguro que parecemos unos chalados. Pero aquí todos parecen unos chalados, así que pasamos más desapercibidos que si fuéramos en tejanos y con el pelo cortado a la americana...

Uno de los pocos lazos estrechos que manteníamos Neal y yo era leer juntos las cartas de Jack y Allen, y era una de las razones por las que las apreciaba más que nunca; pero ahora llegaban con mucha menos frecuencia. Por supuesto, la principal razón era que Neal nunca les respondía. Jack escribía solo dos o tres veces al año, y de vez en cuando nos llegaban dos seguidas que comenzaban diciendo que ahora escribía cartas y no se acordaba, y repetía las noticias que había contado en la última. Todavía buscaba un hogar, y siempre planeaba venir a vernos, y constantemente se lamentaba y contaba que bebía sin ningún control. De vez en cuando intentaba comunicarse directamente con Neal, pero sin muchas esperanzas. Le decía a Neal que no hacía falta que contestara; era solo que le apetecía hablar con él. Creía que deberíamos saber que Joan se había casado con un árabe y tenía gemelos, pero ya lo había dejado. Iba a demandar a Jack por la manutención de los niños y concedía entrevistas a los periódicos en las que lo insultaba y contaba falsedades. Decía que quería saber más sobre Cayce, pero yo sospechaba que no era más que su forma de conseguir que Neal le escribiera. No funcionó. Neal estaba disgustado, y decía que, de todos modos, Jack nunca le escuchaba.

Durante mucho tiempo no recibimos cartas muy locuaces, solo notas a las que añadía algunas cartas de admiradores que había recibido para «Dean». Me decía que le escribiera si Neal no podía. A veces, los fans de Neal buscaban su dirección por su cuenta; pero solo conseguían que Neal se sintiera culpable, y no les contestaba. Una vez, sin embargo, llegó la carta de un estudiante de una escuela americana en Alemania. Le insistí a Neal para que contestara, en parte con la esperanza de que volviera a utilizar su mente de nuevo, y para que escribiera. (Ignoraba hasta qué punto exprimía ya esas facultades en sus cartas de amor.) Esta vez quiso complacerme, y escribió una buena respuesta. Luego, en lugar de volver a tener noticias del muchacho, Neal recibió una carta de la profesora del niño. Una ruta tortuosa, pero su magnetismo seguía funcionando.

Aunque ahora las cartas de Jack eran pocas y distantes entre sí, cuando me sentía sola y quería hablar con alguien que conociera a Neal, le escribía a Jack y esto me permitía aguantar y tirar para adelante. Jack había escrito que se iba a Europa, luego escribió que no había ido, y me lo contaba todo delante de la chimenea. Una vez le escribí en octubre y recibí la respuesta en enero. Al verano siguiente le volví a contar mis penas, y él respondió en octubre; él también me contó sus penas: que los críticos lo insultaban y que no tenía ganas de publicar más, es decir... después de *Visiones de Gerard* y *Ángeles de Desolación*, que ya había escrito. Me aconsejaba que apoyara a Neal cuando miraba con tanta concentración lo que daban por la tele, porque estaba estudiando la cultura. Jack decía que él también lo hacía, y que era importante. Y también los periódicos. Decía que Neal nunca nos dejaría, porque podía ser libre en esa situación. Y Neal, por supuesto, ya utilizaba su libertad. Jack me dijo que le pidiera a Neal un fin de semana romántico en la ciudad: ir a un restaurante chino y a un espectáculo. Eso era propio de Jack, pero no de Neal, y me dio un poco de risa.

Hacía tiempo que había perdido la cuenta de la frecuencia con la que Jack se iba a pasar temporadas con su madre a Florida. Creía que se habían ido a Florida cuando me escribió para decirme que no soportaba las urbanizaciones de allí, y que había comprado una casa tipo «ranchito moderno» en Northport. Me quedé desconcertada, ya que siempre se quejaba de que no tenía dinero para pagarle a Joan, pero seguía comprando grandes casas. Escribía que *Big Sur* le parecía algo frívolo, y que ahora planeaba escribir la «horrible tragedia», *La vanidad de los Dulouz*, que sería mucho mejor. «Cuando llegue mayo, vengo a verte - (DE VERDAD, ya verás)». Esperé, pero no lo vi.

SETENTA Y UNO

A principios del otoño de 1962 se iba a celebrar una convención Cayce en Asilomar, un centro de conferencias en nuestro lugar de vacaciones favorito de Pacific Grove. Neal me animó a llevar a los niños a pasar el fin de semana. Me dio algún reparo, pero al final decidí darle un respiro, y él insistió en que podía encargarse de todo en casa. Alquilamos nuestra cabaña habitual, en el bosque de pinos cerca de los terrenos y la playa donde se celebraba la convención. Cada mañana iba andando a Asilomar para asistir a la clase de meditación de Elsie Sechrist, y los niños nadaban en la piscina del motel, recorrían la playa, escalaban las dunas o leían.

El domingo por la tarde regresamos a casa, quemados por el sol, llenos de arena, renovados y relajados en cuerpo y espíritu. Y entonces ¡BAM! Entramos en casa y nos encontramos con una versión macabra de Ricitos de Oro y los tres osos: en el salón no había ningún indicio, pero mi dormitorio, el de John, el patio y el salón familiar mostraban una serie de repugnantes novedades. Mi cama estaba deshecha, las mantas amontonadas en el suelo. Encontré las sábanas que faltaban metidas a toda prisa en la lavadora y manchadas de sangre. John Gourley le había regalado a Neal el preciado juego de coches de carreras, antes la atracción principal de su casa, y Neal se lo había regalado a Johnny con cariño y alegría. Era un juguete enorme, y ocupaba casi todo el espacio libre del suelo de la habitación de Johnny. Por supuesto, a Johnny le encantaba por lo que era y por ser un regalo de Neal. En aquel momento Johnny estaba de pie en la puerta de su cuarto, estupefacto. Era como si un mini tornado hubiera pasado por la habitación. La cama era un desastre, los libros y papeles estaban esparcidos por todas partes, y la pista de carreras era una maraña de metales retorcidos. Encontramos algunos coches por la habitación, por la casa y en el fondo de la piscina.

El patio estaba en un estado parecido. Además de coches de juguete, en la piscina había palos, piedras, herramientas, platos y cubiertos. Era como el fin de semana de un niño con mucho tiempo libre y sin nadie que lo vigilara. Solo entonces recordé que un hombre en la empresa de neumáticos me había confundido con otra mujer y me había preguntado acerca de mi hijo de tres años. Esa mujer y su hijo debían de haber sido los invitados de Neal ese fin de semana.

Mis supuestos progresos en la «indiferencia amorosa» se desvanecieron de golpe, substituidos por el estupor y la furia. Me inundó lo peor de mis antiguas emociones, además de algunas nuevas que no sabía que existían. Cuando mis hijos comprendieron la ruindad de Neal, mi instinto maternal borró todo lo demás. Nunca supe qué se le debía estar pasando por la cabeza a Johnny, que tenía once años. Por supuesto, les conté lo menos posible a los niños acerca de la causa de ese caos, pero no pude ocultar del todo mi disgusto y dolor, que, estoy segura, entendieron y compartieron.

Esa noche, cuando todos dormían y se había vuelto a restaurar el orden, me senté en la sala de estar a oscuras y contemplé el exuberante césped bañado por la luna y el sombrío y majestuoso eucalipto meciéndose en la distancia, debajo de la imponente colina. «Todas las respuestas proceden de tu interior.» Traté de ponerme a la altura de aquella pacífica escena silenciando los pensamientos que se agolpaban en mi cabeza, la furia de mis emociones y mi dolor, pero no sirvió de nada. La autocompasión era tan fuerte como siempre. Me sentí totalmente inútil en mi vida y en la de los dos hombres que más quería. Un fracaso total.

Al día siguiente le escribí una larga y atormentada carta a Elsie, pero no se la envié. Ya sabía cuál sería la respuesta: «Dios llevará a cabo la separación», y yo ya no podía aceptar eso. Aunque estuviera equivocada, ya no aguantaba más.

Desde que Neal había salido de la cárcel me había asaltado otra preocupación persistente. Estos niños, ya mayores, vivían en medio de un doble rasero. Por un lado estaba el de Neal, carente de cualquier disciplina, y por el otro mis reglas estrictas. Tenía la ligera sospecha de que cada uno de los dos necesitaba ciertos aspectos de la manera de ser del otro, pero yo me sentía demasiado insegura para tratar de relajar mis hábitos, adquiridos en mi infancia, aun cuando no estuviera del todo convencida de que fueran los mejores. Ni siquiera sabía cómo empezar.

Cuando Neal se atrevió a volver a casa después del espeluznante fin de semana, me esforcé un poco por ocultar mi disgusto. Me ahorré las diatribas emocionales; era demasiado tarde para albergar ninguna esperanza, demasiado tarde para cualquier estrategia. Él mismo ni siquiera entonó su habitual cantinela para explicarlo todo. En tono sombrío le dije que había llegado el momento de divorciarse. En el año y medio transcurrido desde su salida de la cárcel, yo le había mencionado varias veces la disparidad entre las teorías que había manifestado mientras estaba preso y su práctica posterior, así como mi creciente deseo de liberarlo de la lata de mantener a una familia si no era eso lo que él quería en la vida. Se negó de plano a discutirlo.

No me gustaba la idea del divorcio en ningún sentido. No creo que los votos matrimoniales sean muy realistas, pero como estaba convencida de que Neal era y sería el único gran amor de mi vida, no me había importado hacer esos votos. Y yo me los había tomado en serio. Ahora, sin embargo, desde que Neal y yo llevábamos vidas aparte, nada de eso tenía ningún significado. Ya no me ponía a pensar si conocería a otro hombre que lo reemplazara: ninguno podría, aunque no estaría mal encontrar un compañero agradable.

Fue una de esas veces en la vida en que miras atrás y dices: «Solo con que...». Me dije que mi decisión de divorciarme de Neal era enteramente por su bien y por mi paz espiritual. Ver cómo se quedaba hecho papilla cada día en el trabajo me partía el corazón. Pero solo décadas más tarde me di cuenta de lo equivocada que había estado, al menos en su caso.

He tenido que mirar hacia atrás tantas veces para describir a estos hombres ante los demás que los he acabado viendo de una manera nueva. Al analizar la vida de Neal, de repente reconocí el hilo al que se había aferrado y había tratado de fortalecer: quería volverse respetable. Me di cuenta que desde su más tierna infancia se había dedicado a desarrollar su mente y a hacer amigos mejores. Había leído y estudiado con avidez; había conocido a Allen y Jack, que eran hombres que podían enseñarle una carrera «respetable»: ¡la de escritor! Tenía inteligencia suficiente; había leído mucho, ¿por qué no? Y cuando yo aparecí... bueno, era una mujer que podría acompañarlo en una unión «respetable».

Neal dedicó toda su energía e ingenio a conseguir su amistad y mi compañía, y tuvo más éxito del que había esperado. Yo le ofrecí un hogar respetable en un barrio respetable, e incluso aprendí lo suficiente de economía para encargarme de cosas como los impuestos y el seguro.

Con todos estos objetivos cumplidos, el trabajo regular en el ferrocarril se convirtió en otro motivo de orgullo para él, sabiendo que era el mejor y el más fiable, y se trataba de un trabajo respetable garantizado de por vida. Sospecho que todos esos logros diluyeron su ambición de convertirse en un escritor respetable, pues para ello había que trabajar mucho y pasar mucho tiempo solo y encerrado. Descubrió que no solo había logrado sus ambiciones sociales como propietario respetable y cabeza de familia, sino que ese estilo de vida le daba aún más libertad para dedicarse a otras cosas. No hay libertad sin vallas, y Neal tenía las dos cosas. Hasta que perdió el equilibrio.

Los dos pilares de su vida fueron el trabajo ferroviario y su familia. Su encarcelamiento le costó su trabajo y eliminó ese pilar, y cuando me divorcié de él perdió su otro apoyo. En cinco años estaba muerto.

En ese momento pensé que le estaba haciendo un gran favor. Ya no tendría que gastar tanta energía en un trabajo con el que mantener a una familia con la que no quería vivir y que no le llevaba a ninguna parte. Podría ir a donde quisiera, hacer lo que quisiera y no tener ninguna responsabilidad. En otras palabras, en mi ignorancia eliminé las vallas. Pero me costó mucho convencerlo de que aceptara el divorcio. Esta vez yo tenía munición nueva.

Una de las empresas que se anunciaban en el periódico era una tienda de música local. Ya conocía a su propietario, Bernard (vamos a llamarlo), y cuando lo conocí era el padre de una de las bailarinas, cuando aún estaba casado... porque ahora se había divorciado. Era doce años mayor que yo, pero ingenioso, buena compañía, tocaba la batería y cantaba en el grupo de un club nocturno local y gozaba de seguridad económica. No podía ser más opuesto a Neal, y su vida aburrida y convencional, en aquella fase de mi vida, era para mí un paraíso. Era presidente de un club masculino local, y yo podía ponerme un sombrero de cowboy en las barbacoas... ¡Yeah!

Para enamorarme aún más, Bernie había buscado un profesor de piano para Johnny, y nos «prestaba» un piano de la tienda. Sabía que yo era infeliz con Neal, y cuando empezó a presionarme para que me casara con él me pregunté si Dios me lo había enviado del cielo para «llevar a cabo la separación». A regañadientes, por fin Neal accedió tristemente a divorciarse, solo, dijo, porque creía que Bernie podía hacer más por los niños que él. Tomamos la decisión un año antes de que terminara su libertad condicional, pero le dije que esperaría a que le llegara la libertad.

Le escribí a Jack, y de repente me di cuenta de que probablemente sería también el final de su amistad. Eso me hizo vacilar. Yo era la que rompía la vieja pandilla, por así decir, pero por otro lado tenía pocas esperanzas de volver a ver a Jack, y estaba decidida a dejar atrás el pasado y empezar de nuevo. Jack respondió con tristeza, pensando que todo era una cuestión de dinero. Qué extraño; nunca habíamos hablado de dinero, pero supongo que casi nunca podía dejar de pensar en él. Decía que él no era un gran consejero, ya que no estaba seguro de saber gestionar su vida para los dos próximos días. Dijo que se había retirado de los ambientes neoyorquinos, pero que era un escritor feliz y contestaría todas mis cartas. Me dio un consejo para criar a los niños, y en todos los márgenes agregaba notas para Neal, mencionando lo seguro que estaba de que su sistema de apuestas no funcionaría, y que por favor lo dejara. Al menos él no me había abandonado del todo.

Cuatro días antes de que acabara la libertad condicional de Neal, fui al tribunal. Esta vez fue todo muy simple y sin problemas, el abogado llevó la voz cantante y la buena de Helen una vez más accedió a ser mi testigo. Ahora teníamos que esperar un año antes de poder casarme con Bernie. Neal se comportó como si yo hubiera ido al dentista y no hizo ningún otro plan, al menos ninguno que me hubiera confiado.

Reuní a los niños para tratar de explicarles lo que eso significaba, y me sentí más traidora que nunca. No creía en las familias monoparentales. Mis ideales habían ido cayendo uno después de otro, como bolos. A primera vista parecieron comprensivos, y ninguno de nosotros sabía qué cambios nos esperaban o no, y muchos de sus amigos tenían padres divorciados. No le metí prisas a Neal para que hiciera las maletas y se fuera, pues no quería agitar las aguas demasiado repentinamente, aunque me costaba mucho mirarle sin recordar aquel fin de semana. Ahora yo había hecho lo que se espera de las esposas agraviadas: vengarme con el divorcio. Yo y mi filosofía avanzada. Mmm. Y luego deseé no haberlo hecho.

Como siempre me había disgustado el sexo con él, lo habíamos dejado muchos meses antes. Me sorprendió que se tomara mi ultimátum con tanta calma, comprendiendo que para eso tenía muchas otras manera de desahogarse; nunca conseguí hablar con él de su técnica. Otro «solo con que...».

Cuando terminó la condicional de Neal, en el verano de 1963, no resultó nada sorprendente que expresara su libertad iniciando un viaje en el que cruzaría el país. Esta vez se llevó a amigos que yo no conocía, y encantado, a juzgar por cómo los describía Jack en una carta escrita poco después de que Neal y sus amigos lo visitaran. Le habría gustado que Neal hubiera ido solo y se hubiera quedado indefinidamente en casa de su madre. Pero sus groseros amigos le disgustaron. Uno se sirvió lo primero que encontró en la nevera, otro puso los pies sobre la mesa de la cocina y tiró pan alrededor. Eso no parecían cosas que Neal le hubiera permitido a cualquiera, pero supongo que todos estaban colocados. «Pero Neal estuvo a solas conmigo durante cinco minutos y fue tan cariñoso, amable, educado, inteligente e interesante como siempre...» Decía de sí mismo que se había hecho mayor y se aburría. Me deseó suerte con mi nuevo matrimonio, que ahora entendía mejor, al ver que Neal seguía viviendo a la aventura. Pero decía, le creyera o no, que todavía pensaba en Neal y en mí todos los días, por costumbre y porque su afecto por mí no había cambiado, pero que no le gustaban los parásitos que lo acompañaban. Escribía que no había probado el alcohol desde que Neal se fue.

SETENTA Y DOS

Prosiguió el interés de Neal por la Asociación para la Investigación y la Iluminación y otros estudios metafísicos, y seguía comentando esas ideas conmigo. A Bernie no le interesaba nada de eso, cosa que ya me esperaba, así que siempre agradecía poder comentar esas cosas con Neal.

El año anterior, durante la época en que me convencía de divorciarme de Neal, y después de hacer un recado en San José, pasé por casa de la señora Winter. En esa visita se emocionó mucho hablándome de una mujer que había estado en la ciudad hacía poco, una tal doctora Neva Dell Hunter, que tenía un doctorado en Psicología, pero se había convertido en «canal» de un «maestro en el séptimo plano». Se hacía llamar doctor Ralph Gordon, el nombre que usaría en su próxima reencarnación en la tierra.

La señora Winter siempre había creído firmemente que nadie podía igualar a Cayce, pero después de mucha consideración crítica accedió a que el doctor Gordon le leyera las vidas pasadas, lo cual consistía en repasar las últimas vidas relacionadas con la actual. Todos teníamos muchas más, pero no todas estaban relacionadas con la actual en ese momento, así que, naturalmente, significaría muy poco saber ahora de ellas.

La señora Winter quedó muy impresionada, aunque no estaba segura de si el doctor Gordon tenía un contacto tan amplio con los registros akáshicos (registros grabados en el éter de cada pensamiento, palabra y obra de cada persona a lo largo de su existencia) como muchos maestros de Cayce. Aún así, el alcance era mucho más amplio que la mayoría de los «médiums» que eran utilizados por un «guía».

La señora Winter nos preguntó si nos gustaría escucharla leer para hacernos una idea de cómo operaba el doctor Gordon. Estábamos impacientes, y organizamos una velada para escuchar su grabación, y en las semanas siguientes escuchamos otras. Las lecturas duraban noventa minutos, el tiempo máximo que un canal podría renunciar a su propia conciencia sin dañarla, decía el doctor Gordon.

Muchas vidas se nos presentaron con asombroso detalle, a menudo incluso con más pormenores de la vida cotidiana de los siglos pasados que algunas de las lecturas de Cayce. Nos quedamos tan impresionados que pedimos que nos hicieran nuestra propia lectura. Neva Dell regresaría cada primavera, y podíamos hacer una solicitud. El doctor Gordon tenía que aprobar a los solicitantes de antemano, ya que algunos no estaban «preparados» para escucharlo o beneficiarse de este conocimiento.

Cuando Neva Dell regresó, la señora Winter celebró una pequeña recepción para presentarla a quienes habían solicitado una sesión. Era una mujer rubia regordeta, sencilla, cálida, equilibrada, humorística y brillante: nos enamoramos de ella enseguida. Nos contó la extraña historia de cómo se había convertido en canal, y nos dijo que el doctor Gordon tenía la misión de formar «equipos de luz» masculinos en todos los estados del país. Para pagar sus gastos, ofrecía esas lecturas a veinticinco dólares cada una.

En ese momento las lecturas se dividían en tipos. Los primeros eran de vidas relacionadas con tu karma físico y emocional; un año después se podía solicitar una segunda lectura, en la que se hablaría de las vidas relacionadas con tu desarrollo espiritual y tus dones. A Neal le hicieron primero su lectura «físico-emocional». Cuando acabó llegó a casa con los ojos enrojecidos y cabizbajo. Insistió en que escuchara su cinta de inmediato, a pesar de que eran las once. Nos acomodamos en la cama y comenzó a girar la cinta. Neal se acostó con los ojos cerrados, y en su cara pronto brillaron las lágrimas. Durante noventa minutos me quedé paralizada, a menudo yo misma conmovida hasta las lágrimas. Al final del recital de unas seis o siete vidas, el doctor Gordon le preguntó a Neal si tenía alguna pregunta, y escuché la voz de Neal en la cinta sollozando, apenas sin poder responder: «Creo que lo ha cubierto todo».

Estas vidas fueron tan increíbles que después los dos nos quedamos un rato en silencio. El doctor Gordon había dicho que había tenido que rechazar muchas solicitudes de personas con vidas tan trágicas como esa, pero le había parecido que Neal estaba lo bastante avanzado como para aceptarlo, y podría beneficiarse de conocerlas. Ahora bien, ¿creíamos que esas historias eran ciertas? A lo largo de estas lecturas, sentí una afinidad con aquellos hombres, sentí que había conocido un poco a cada uno de ellos a través de Neal, pero no pensé mucho en ello.

Jamás habíamos aceptado como algo absoluto ninguna información psíquica, como he intentado recalcar. Creíamos que «todo es posible». No creímos que nadie necesitara creer en la reencarnación para vivir esta vida adecuadamente; después de todo, es solo una fórmula o medio de la evolución del alma, no un fin en sí mismo. Los mismos principios se aplican a esta vida, solo que después el alma no muere. Esta teoría fue una alegría para mí, y borró muchos remordimientos. Me molestaba tener una sola oportunidad de casarme (pues pensaba que solo una era auténtica), una única oportunidad de tener hijos y un hogar, y pensar en los que no tenían ninguna, o vivían en circunstancias mucho peores, etc. Mis opciones habían sido una burla de mis expectativas. Tampoco habría soportado muchas de las posteriores decepciones de no haber aceptado la máxima de que todo sucede por una razón y que hay que aprender las lecciones. Neal estaba totalmente convencido de que estas vidas eran ciertas: lo habían conmovido profundamente. Aquí solo puedo resumirlas, pero eran largas y detalladas.

En la primera vida, Neal era un beduino. Una tribu rival mataba a su madre, y para vengarla lograba (después de muchas peripecias) hacerse pasar por un príncipe de esa misma tribu. Los atributos más fuertes eran el engaño y un deseo de venganza. Podía identificarme con su experiencia de engaño, pero no con una obsesión por la venganza. Quizá mientras tanto lo había superado. De esa experiencia aprendía que la «muerte» no existe. Después de más aventuras lo desenmascaraban, y su propio hijo lo apuñalaba por la espalda. La tribu lo dejaba en medio de la calle donde lo mataban, y cada transeúnte le escupía su odio y sus maldiciones, de las que él era consciente, incluso «muerto». Esa vida contribuía a forjar su inquietud y su audacia, así como un profundo sentimiento de culpa. (Supongo que no puedo culpar del todo a los católicos.)

En la segunda vida era un general del Ejército de Nabucodonosor. Violaba a una mujer hebrea enemiga, lo atrapaba su esposo, oficial del Ejército, que lo castraba públicamente, y luego lo expulsaban del Ejército con deshonor. Nunca volvía con su familia, pero veía crecer a sus hijos de lejos (como en su vida presente, y entonces, como ahora, los hijos no conocían sus delitos). Como desafío, Neal se convertía en virrey de Babilonia y amasaba una fortuna explotando todas las debilidades humanas. Era dueño de burdeles y de antros de juegos de azar, traficaba con magia y drogas, dirigía una banda de ladrones despiadados y él mismo vendía el botín. Apoyaba los deportes sangrientos más brutales. Y de nuevo, «vengarse» era su ambición, así como demostrar que podía sobresalir y tener éxito como hombre incluso tras haber perdido su «virilidad». El doctor Gordon dijo que en su vida actual, Neal no parecía muy interesado en competir con otros hombres, solo consigo mismo, y que sus mujeres podían dar fe de que seguían intentando desquitarse («Odio a las mujeres; son mi debilidad»). Los dos creíamos que el impacto de la castración podía estar contribuyendo a sus excesivas necesidades sexuales actuales.

La tercera vida era en China. Era el hijo enfermizo de un cultivador de arroz que sufría de artritis. Neal sufría hemorragias nasales (¿su «problema» de nariz actual?), y encontraba alivio en las amapolas silvestres. Trataba de convencer a su padre de que las recogiera para aliviar su dolor, pero el padre se negaba. A medida que aumentaba la adicción al opio de Neal, se iba deteriorando tanto mental como físicamente. Mataba a su hermano y lo enterraba bajo un surco del arrozal, y luego les decía a todos que el muchacho se había escapado. Después lo perseguían sueños y alucinaciones de su hermano saliendo de la tierra.

A medida que su mente se debilitaba, se convertía en faquir y asombraba a la gente del pueblo arrojándose sobre un lecho de púas, regodeándose en el dolor por penitencia y placer. Le tenía miedo al agua, pero un día iba a un estanque para aplicarse barro a las llagas (¿sífilis?) se tiraba al agua y se ahogaba. En su vida actual huía del agua y no nadaba. El doctor Gordon dijo que todavía estaba sujeto al desequilibrio químico que había contraído entonces.

Si alguien conocía o se encontraba con Jesús en una vida pasada, esa vida siempre era un don, porque esa experiencia podía ser una fuente de crecimiento espiritual e inspiración para siempre. Neal se había criado en una comunidad esenia. De niño, a menudo era desobediente y deambulaba fuera de los muros de la comunidad. Un día se topaba con un grupo que había estado escuchando hablar a Jesús. Jesús era esenio, y reconocía el atuendo esenio de Neal; conocía bien a su madrastra. Neal estaba desesperado por escucha hablar al «Raboni», y Jesús le decía que fuera a las colinas esa noche, donde volvería a hablar.

Esa noche, Neal corría hacia el lugar de reunión, pero al pasar por una joyería veía un gran rubí rojo que brillaba en un escaparate y rápidamente lo robaba como ofrenda a Jesús, sintiéndose entonces tan indigno como ahora. El comerciante lo perseguía y lo golpeaba en la cabeza con una piedra afilada que le lanzaba con su honda. Neal caía inconsciente, pero había tantas piedras rojas por la sangre que el comerciante no podía encontrar el rubí. Cuando Neal volvía en sí, se arrastraba colina arriba, avanzaba a trompicones entre la multitud y caía muerto a los pies de Jesús, mientras el rubí rodaba de su mano. Jesús se entristecía al verlo, y después de su sermón llevaba a Neal y el rubí al comerciante, se lo devolvía y le mostraba el sacrificio que había hecho Neal para oír hablar a Jesús. El doctor Gordon contó esta historia en un tono tan suave y respetuoso, fue tan conmovedora y triste, que tanto Neal como yo estábamos llorando. El doctor Gordon dijo que esta vida mostraba un alma en busca de aprobación, y dado que Neal había recibido una bendición personal de Jesús, este poder lo liberaría, si no en esta vida, en otra.

En nuestros estudios, tanto Neal como yo descubrimos una nueva visión de Jesús, distinta de la católica convencional. Yo no me había formado una opinión fija de Jesús, pero por supuesto Neal tenía una visión dogmática, que nunca le había gustado, y se sentía muy feliz de haber encontrado una manera de apreciarlo de verdad. Así, esta lectura significó mucho más para él de lo que habría significado antes.

Neal fue al baño a sonarse la nariz, y cuando volvió para acostarse a mi lado de nuevo, me susurró al oído:

–Siento lo que voy a decir, pero ¿me perdonas?

En, o alrededor de, el año 600 d. C. Neal vivía en los Pirineos. Yo era su esposa y Cathy su hija, igual que ahora. Él era un buen hombre con una buena familia, pero se volvía un fanático religioso. Había descubierto cómo fabricar cuchillos afilados, y comenzaba a tener una fe desmesurada en los sacrificios animales. Yo no estaba de acuerdo con sus puntos de vista, pero tenía que ser obediente. Una mañana, Neal les cortaba la garganta a varias ovejas, y las dejaba colgando de unas rocas para que su sangre goteara en una poza que había debajo. Luego nos ordenaba a Cathy y a mí que nos bañáramos en esa agua. Mansamente obedecíamos, pero yo me ahogaba. Él dejaba que mi cuerpo se hundiera y le hacía jurar a Cathy que no diría nada.

–Uau, bueno, Neal, ese es el segundo asesinato del que sales bien parado, sin contar Babilonia. No sé cómo, pero desde entonces debes de haber aprendido a respetar la vida, porque ahora eres muy compasivo y nada violento. Me pregunto si esta vida podría explicar mi extrema aversión al agua turbia, mmm.

–Es posible, y estoy seguro de que ahora mucha gente piensa que soy un fanático religioso.

El doctor Gordon dijo que una de las razones por las que había unido a Neal esta vez era para demostrarle que lo había perdonado... Tal como Neal había conjeturado la primera vez que comentamos nuestra relación después de enterarnos de la reencarnación. «Perdón» significa dar bien por mal. Mientras le guardara rencor, nada de lo que hiciera me complacería. Evidentemente, todavía no lo había conseguido del todo. Una vez más se nos recordó la inutilidad de la venganza. La represalias no traen paz ni progreso.

De la última vida relatada, solo se revelaba un incidente, pero era más que suficiente. Johnny era su hijo en Asiria y un campeón de carreras de carros. Neal también corría, e iba justo detrás de Johnny, sabiendo que era el más rápido. Neal había inventado unos cuchillos curvos que se adosaban a los bujes de las ruedas del carro, que solo se tenían que utilizar en la batalla, pero Neal los dejaba puestos cuando competía. Un día, durante una carrera, Johnny se volvía y veía a Neal perder el equilibrio y, con un fuerte bandazo, se inclinaba hacia atrás para apartar a Neal de las cuchillas. Al hacerlo, Johnny perdía el equilibrio y también se caía. Mientras Neal yacía en la arena, veía cómo su hijo moría despedazado por el arma que él mismo le había proporcionado. Nos quedamos en silencio durante un rato. Entonces dije:

–He observado que ahora no te interesan los cuchillos. Esa fue la segunda vez que hiciste un mal uso de ellos.

–Sí. Nunca quise saber nada de ellos, y ni siquiera tenía cuchillo o navaja cuando era boy scout, como los demás niños.

–¿Y podría ser por eso que solo ves carreras de autos y no tienes la ambición de correr? ¿Cuántas veces te he preguntado por qué, siendo un conductor experto, no corres en una pista en lugar de en la carretera?

–En realidad, las carreras siempre me han asustado, aunque sé que podría conducir tan bien o mejor que otros. Y en cuanto a Johnny: las únicas veces que se ha lastimado ha sido cuando iba sobre algún tipo de rueda.

–Sí, bueno. Quizá estemos suponiendo demasiado, quién sabe. Pero al menos estas historias no parecen algo que cualquiera puede inventarse... Eso sería más asombroso que las propias historias.

Al final de esta ristra de vidas deprimentes, el doctor Gordon dejó a Neal con un rayo de esperanza al decirle que en esta vida ya estaba superando gran parte de su mal karma y, tal como Hugh Lynn y Starr Daily habían dicho, si se lo proponía, podía hacer mucho más.

> Ni nosotros, los Profesores Maestros, ni el Dios interior, puede hacerlo por ti; tienes que hacerlo tú mismo, ¡pero te pueden ayudar si lo pides! Aunque suene extraño, se hace muy difícil para los que vienen después [...], pero ellos sabían a lo que aspiraban cuando te eligieron como padre [...]. En esta vida tendrás que vigilar muy de cerca lo que ingiere tu cuerpo, porque la química ahora se está aclimatando hasta tal punto que pronto el cuerpo no responderá a lo que pongas en su interior.

No podría señalar qué provecho concreto obtuvo Neal, si obtuvo alguno, de esta lista de posibles experiencias pasadas, pero sé que significaron mucho para él. Cuando insistió en llevar las cintas con él a todas partes, me apresuré e hice copias, pues temía mucho que las perdiera, que fue lo que ocurrió cuando le robaron el coche muchos años después.

Neva Dell era incapaz de recordar nada de lo que el doctor Gordon decía mientras hacía uso de sus facultades psíquicas, pero de vez en cuando le indicaba que escuchara una de las cintas que había dictado. Ese fue el caso cuando Neal recibió su lectura «espiritual» un año después, casi la antítesis de la primera. Cuando Neva Dell lo reprodujo ante la insistencia del doctor Gordon, dijo que Neal había actuado de una manera totalmente distinta a las veces anteriores. Nunca lo había oído tan conmovido, tan lírico, tan conciso. También fue una de las lecturas más cortas, apenas un tercio de lo habitual. «Podemos decirte muy poco que no sepas». De las más cinco mil lecturas que había hecho, ninguna se parecía a esa, y no pudo evitar las lágrimas provocadas por la belleza de la misma.

Me impulsó a decirle a Neal:

–¿Ves? Te lo dije –contenta de ver hasta qué punto se ratificaba mi fe en su bondad inherente, y que se reivindicaban las intuiciones de los hombres que habían visto su aura–. Nadie sabe lo que hará tu luz por el futuro del hombre... Quieres que tu familia sepa que piensas primero en ellos... Les has dado una luz que pocos padres podrían haber compartido con sus hijos... Qué difícil es poner en práctica la libertad... etc.

En una vida en Egipto le apasionaba ir en misión espiritual, como Buda, pero era derrotado a cada paso. Se quedaba en silencio y permanecía en un estado mórbido, con efusiones mentales irracionales. «Estabas disgustado con la hipocresía del sistema religioso, los sacerdotes y sus bailarinas... te parecía injusto... y ahora te supone un obstáculo.» Después él era un portador de luz con los druidas, y aprendía (con los acontecimientos) que la tierra mejorará solo mediante la estrecha cooperación de todas las almas humanas. Neal, sin embargo, parecía estar en algún lugar del espacio cuando volvió a escuchar la cinta conmigo, y no hizo ningún comentario, apenas capaz de darle crédito, supuse.

A mí también me habían hecho dos sesiones de lectura: aunque no tan dramáticas, trágicas o sensacionales como las de Neal. Pero de la primera obtuve un provecho imperecedero, y, cierta o no, cambió mi vida. Una cosa así ha de ser cierta. Tenía que ver con una vida en Egipto con Cathy. No detallaré la mía, pero el meollo era que ella se había portado tan mal conmigo en esa vida que estaba ansiosa por volver para compensarme. Pero ay, volvía demasiado pronto y traía con ella un fuerte resentimiento. Todo lo que revelaba la cinta había vuelto a ocurrir en esta vida. Me había atormentado la culpa de que todo era responsabilidad mía, y esta explicación eliminó esa enorme carga y me ayudó a encontrar una mejor manera de relacionarme con ella a partir de entonces.

En vidas posteriores, en una estaba con Neal, que me había seducido a abandonar una noble misión para unirme él en la magia negra. En esta había otras revelaciones fantasmales: Anne Murphy y Billy Craddock estaban con Neal y conmigo en prisión, esperando a ser guillotinados. Esto no aparecía en mi lectura, pero Anne «recordaba» la escena. Había estado suplicando la liberación de Neal sin éxito. Yo estaba resignada a nuestro destino. Billy me contó un sueño o «visión» que había tenido de la misma escena exacta... No sé.

Me hablaron de otra vida con Neal. Yo coleccionaba poemas y canciones para el rey David, pero no se me permitía vivir en la corte, porque no era hebrea pura. Mi madre había sido violada por un soldado asirio, que era mi padre. Jack era hijo de David y nos enamorábamos. Por supuesto, David se oponía a nuestro matrimonio, pero nos hacíamos un corte en la mano y uníamos nuestra sangre, casándonos a nuestra manera en secreto. Yo tenía un hijo de Jack: Neal. Entonces David me permitía vivir con su hijo. Neal era un niño enfermizo y brutal. Lo mataba un caballo al que estaba maltratando. (Nunca conseguí que Neal se interesara por nuestros caballos de la finca, cosa que me sorprendió, pero tengo una foto de él montado en un gran caballo blanco de cuando trabajaba en el rancho de Ed Uhl. Dijo que Neal montaba a caballo igual que conducía un coche.)

Después Jack se iba a la guerra y volvía paralizado de cintura para abajo. Estaba muy amargado y agresivo, y David me obligaba a marcharme. Yo acababa fabricando y vendiendo cestos hasta la vejez. Moría después de que una gran jarra me cayera encima cuando intentaba alcanzarla. El doctor Gordon dijo que yo no tenía por qué haber muerto, pero que quería morir. Eso podía entenderlo.

Mis vidas «espirituales» del segundo año también palidecían en comparación con las de Neal. Simplemente contaban cómo había conseguido mi talento artístico. Después había varias vidas con John y Jami, y tanto Jami como yo habíamos estado casadas con John en vidas egipcias distintas, y ellos eran mis hijos en otras vidas. Algo impresionante, y todo ello explicaba muchas cosas. Aunque todo fuera un cuento, hacía que la vida resultara mucho más divertida, y planteaba misterios para desentrañar e investigar. Lo repito: no eran los «diez mandamientos».

Después de nuestras lecturas, por supuesto, le escribimos a Jack, aunque no le contamos ningún detalle de nuestras vidas anteriores. Lo instamos a que se encontrara con Neva Dell cuando ella fuera al este, y que él mismo se hiciera una lectura. Respondió como esperaba, tomándoselo a broma y con historias imaginativas, pero a menudo, antes y después, recitaba vidas pasadas que afirmaba recordar.

Por entonces, Jack se había acostumbrado a telefonear más que a escribir. Yo estaba emocionada hablándole de nuestra vida cuando él era hijo de David, y pensaba que le gustaría. Entonces me interrumpió allí y gritó: «¡YO ERA JESUCRISTO!» Me di por vencida. Continuó:

–Jesús en realidad era francés, sabes, ¡un normando! Ya sabes que las doce tribus de Israel se dispersaron por el norte de Europa... Incluso Cayce dijo que una de ellas construyó Stonehenge... Bueno, Jesús fue galo, ¿lo ves? Pero la Iglesia cambió todo eso, lo mantuvo como un gran secreto, y yo vengo de ese mismo lugar: Bretaña, así que ya ves... –Lo dejé delirar.

SETENTA Y TRES

Neal se había ido de casa poco a poco antes de emprender su viaje al este, y aunque él y yo protagonizamos algunas escenas acaloradas, esperaba que los niños no se hubieran dado cuenta. Solo una vez se sorprendieron al verme llorar a lágrima viva. Neal había vacilado en la puerta al marcharse, y una vez más me rogó que le dejara quedarse. Le dije:

–Neal, Neal, por favor no me obligues a seguir echándote cuando todo lo que siempre he querido es que te quedaras. Ya sabes que la única forma en que eso puede ocurrir es... –y no pude evitar las lágrimas. Él asintió y se fue. Los niños habían entrado en la habitación un momento antes, pero se marcharon.

El mayor alivio para mí, y desde luego para los vecinos, fue la desaparición de los cinco coches estropeados del camino de entrada. Neal los apreciaba mucho, y aunque ninguno funcionaba, siempre confió en que encontraría un mecánico al que convencería para que los arreglara. Mucha gente ha supuesto que Neal reparaba sus coches, pero ese es otro mito. A veces conocía la enfermedad, pero no la cura.

En cambio, vino a verme uno de los padres de nuestra nueva «ciudad», Monte Sereno, y con mucho tacto me preguntó si teníamos un servicio de reparación, en cuyo caso necesitaríamos una licencia. Cuando se lo conté a Neal, imaginé que se pondría a echar pestes de la autoridad de nuevo, pero se limitó a decir:

–Bueno. Lo que necesitaba. Me alegro de que haya venido, es el empujón que necesito para deshacerme de ellos.

Un buen ejemplo, pensé, de la eficacia de las constantes regañinas de una esposa. Neal llamó a los del desguace, e incluso consiguió diez o quince dólares por cada coche.

Al sumar, descubrimos que Neal había tenido dieciocho coches en menos de dos años... sin computar la incalculable cantidad de dinero. Yo todavía conducía el Jeep. Durante mi carrera de diseñadora de vestuario había sido una verdadera bendición contar con ese espacio abierto en la parte de atrás, que me permitía colgar muchos vestidos. Pero cuando Neal se fue, lo cambié por un flamante sedán Mercury y me despedí alegremente de aquel trasto abollado y poco fiable. El otro cambio fue que Neal ahora estaba más por casa que antes. La clásica obstinación. Como una sombra, supuse; persíguela, y se escapa; dale la espalda y no podrás deshacerte de ella. Nunca renunció por completo a la idea de que esa era su casa. Y yo tampoco.

Yo había dejado el periódico un mes después del auto interlocutorio, y acepté un trabajo «durante un año» en una consulta médica hasta que pudiera casarme con Bernie. Me quedé allí siete años más.

Entonces, un día, Bernie desapareció. Dejó la tienda, el pueblo y... a mí. Me quedé más aliviada de lo que era capaz de admitir, y estaba más segura que nunca de que Bernie había sido «enviado» solo para servirme de escape de Neal. Cuando Neal se enteró, dijo:

–¡Genial! Ahora puedo volver a casa.

Pero me mantuve firme, pues me había costado mucho que se fuera.

–Mira Neal, lo único que haces es venir aquí a descansar y recuperar fuerzas. Es mi fuerza la que extraes, y me dejas en terreno de nadie, ni carne ni pescado, ni casada ni soltera. Por favor, Neal, basta. Ve a vivir la vida que te gusta.

Mi esperanza era que una vez lejos de una vida hogareña sólida, llegara a respetarla más, pero eso no ocurrió. Ir a trabajar ya no tenía objeto para él y lo dejó, eliminando la única fuente de sustento que tenía.

De acuerdo con las sugerencias del doctor Gordon, durante un tiempo estuvo decidido a tomar las riendas de su vida. Allen estaba de nuevo en San Francisco, y Neal se fue a vivir con él, prometiendo fijarse un horario diario de escritura, «si no voy a México», le escribió en una nota a Allen. Yo lo animé todo lo que pude, manteniendo la promesa de que si podía demostrarme que era capaz de controlarse, con gusto lo aceptaría de nuevo en casa.

Era demasiado tarde. Aumentó su consumo de marihuana, y ahora también tomaba speed, y todo lo que pillaba. Horrorizada, lo veía tragarse pastillas que había «encontrado», sin tener ni idea de lo que eran, y en los cuatro años siguientes lo vi perseguir la muerte a cada soplo. Me preguntaba si yo tenía la culpa; si debería haber mantenido el escaso apoyo que le ofrecía, pero sabía que no podía encargarme de unos hijos adolescentes y encima de Neal.

En la primavera de 1961 Neal ya había ampliado su círculo de amigos y admiradores, y se resarcía del tiempo que había pasado en prisión seduciendo a varias chicas a la vez. Yo estaba enterada de algunas, y una de Salt Lake City me dijo que siempre la visitaba en sus viajes entre el este y el oeste. Ella se lo había puesto difícil, pues era súper convencional, pero al final había capitulado por completo ante sus encantos, y se enorgullecía de que al parecer había logrado corromper a toda la ciudad con sus drogas y amor libre. Tengo un fajo de cartas que dan una fe sin igual de la energía de Neal.

En 1962, Neal conoció a Anne Murphy, que trabajaba en la sala The Weekend. Anne se había casado cuando ella y su marido estudiaban en Berkeley, y tenían un hijo, Grant. Anne luego se escapó con otro hombre, llevándose al niño, pero cuando conoció a Neal, el hombre había huido y ella estaba enferma. También estaba inmersa en una enconada batalla con su exmarido por la custodia del niño.

La primera vez que hablé con ella fue por teléfono, cuando un día una voz me preguntó entre lágrimas si sabía dónde estaba él. Había intentado ir a verlo a Los Gatos, pero se había confundido y tomado varios autobuses equivocados. Luego se quedó dormida, y ahora no sabía dónde estaba. No le pregunté su nombre, solo le dije que preguntara por el nombre de la calle, se quedara donde estaba, y yo encontraría a Neal. Afortunadamente tuve éxito y él la encontró. Más tarde, Anne nos dijo a él y a mí que se quedó tan estupefacta de que yo no solo no estuviera enfadada con ella, sino que incluso me hubiera comportado amablemente, que desde entonces me tuvo un gran cariño. Dijo que estaba tan celosa de que fuera yo la esposa de Neal, y no ella, que había querido hacerme daño. Por supuesto, esa confesión no excusaba a Neal, que era el verdadero culpable.

Antes y después de ese incidente, Neal había vuelto a casa varias veces, aunque ahora siempre dormía en el sofá. En esa época me enteré de que había dejado a Anne en el coche, aparcado en el callejón sin salida del final de la calle. Neal todavía intentaba hacerme creer que no había otras mujeres en su vida. Cuando me enteré de esto, me sentí igual que me había sentido con Jackie, pero Anne no hubiera aceptado otra cosa. Le dije que no volviera a repetirlo, y que si ella venía entrara en casa, y al final ella aceptó.

En esa época tenía el cabello rubio rojizo y enredado, y se la veía delgada y enfermiza. Me parecía que podía llegar a ser bastante guapa, y descubrí que era inteligente y también una artista de talento. Conmigo ella siempre fue dócil y amable, aunque un poco demasiado humilde. Era incapaz de imaginármela como una bruja, que era como Neal la pintaba a veces. También resultó ser una prueba de mis propios progresos. Poco a poco me di cuenta de que había aprobado algunos exámenes; había vencido al monstruo de ojos verdes. Esa revelación fue un triunfo.

Anne se convertiría en la esclava y atormentadora de Neal durante los ocho años siguientes, y estaba siempre presente, ya fuera en primer o en segundo plano, siempre esperando casarse con él cuando nuestro divorcio fuera definitivo. Igual que con LuAnne, ella y Neal se parecían demasiado; siempre iba detrás de los hombres, y él de las mujeres, y sin embargo, ambos sentían unos celos tremendos, y las batallas emocionales que siguieron habrían separado a cualquier pareja mucho antes. De vez en cuando tenía que hacerles de árbitro, cuando cualquiera de los dos daba rienda suelta a su ira y a sus planes de venganza. Comprendí que yo había aprendido lecciones que a ellos aún les quedaba por aprender, como dejar que otra persona te diga lo que has de pensar o sentir. ¿Nunca se cansarían de esos sentimientos, como me había pasado a mí?

Me sorprendió descubrir que en esa época Neal entraba y salía de la cárcel. Poco después de que terminara su libertad condicional le habían vuelto a revocar el permiso de conducir, debido a sus constantes citaciones, y cuando sus amigos no podían pagar sus multas pasaba una semana en una u otra cárcel del condado. Ya no parecía importarle, y el tiempo que pasaba en la cárcel al menos permanecía alejado de las drogas y de otras tentaciones.

Me entristeció mucho que terminara siendo auténtica «carne de presidio».

SETENTA Y CUATRO

Cuando Allen regresó de la India, Gavin organizó una fiesta para él y me invitó. Entre los invitados estaba Alan Watts, que se había casado con la sobrina de Gavin. No conocía a ninguno de los demás invitados, excepto Allen y Peter Orlovsky, el sobrino de Gavin, y Joel Andrews y su esposa, y puesto que las habitaciones estaban iluminadas solo con velas, apenas podía distinguir las caras, solo grupos de cuerpos.

Allen me llamó para que me acercara donde estaba sentado, con Alan Watts, ambos en posición de loto en el suelo. Me invitaron a sentarme entre ellos y el cuarto invitado, una jarra de vino. Allen vestía su indumentaria india: pantalones blancos sueltos y túnica, y pensé que le sentaba perfectamente, y que su barba y cabellos largos casaban con esa manera de vestir. Él y Watts intercambiaron impresiones de sus viajes a la India, de los sabios y ashrams que conocían y amaban, y de las diversas enseñanzas orientales de que habían disfrutado. Yo movía la cabeza de un lado a otro como si viera un partido de tenis, y mi cerebro apenas identificaba alguna de esas palabras, cosa que se debía, en parte, supuse, al hecho de que solo había visto esas palabras escritas, y nunca las había escuchado.

Neal no apareció esa noche, y Peter Orlovsky constantemente entraba y salía con chicas, así que no llegué a hablar con él. Sin embargo, poco después, un fin de semana Allen, Peter y otro hermano de Peter, Julius, vinieron a casa. Neal y Anne también se unieron a nosotros. Allen había comprado una furgoneta Volkswagen, y estaban emocionados mostrándonos lo bien que hacía las veces de casa. Trajeron comestibles y Allen cocinó otra de sus cenas de gourmet, y Peter después insistió en lavar los platos. Le pregunté a Neal por Julius. Este se había sentado donde Peter le dijo, se quedó mirando el vacío y no dijo nada. Neal explicó que había entrado en un estado catatónico cuando tenía unos diecinueve años; ahora debía de tener unos treinta. Había que decirle todo lo que tenía que hacer, como «siéntate, Julius. Coge la copa, pon la copa en la mesa, etc.». No era peligroso para los demás, pero había que vigilarlo en todo momento. Me contaron que una noche, en San Francisco, salió por una puerta y simplemente siguió caminando. Peter lo encontró a casi cincuenta kilómetros de distancia, avanzando sin parar. Neal afirmó que él mismo le había dado a Julius un poco de LSD, después de lo cual habló y se comportó normalmente. Esa historia no fue confirmada, y no quise insistir.

Nos parecía que Allen llevaba el pelo bastante largo para ser un hombre, pero Peter cautivó a nuestros jóvenes cuando se quitó el gorro de punto y una gruesas ondas de pelo rojo oscuro cayeron sobre sus hombros. El pobre Johnny había tratado de dejarse crecer el pelo blanco y liso para dejar de llevar el pelo rapado que había soportado hasta la secundaria, y que detestaba, pero en cuanto le creció de los lados lo suficiente para poder esconderlo detrás de las orejas, la escuela lo suspendió hasta que se lo cortó. No me gustaba el pelo tan largo, pero estuve de acuerdo con él en que la escuela se extralimitaba en sus derechos. A partir de entonces, todos sus amigos acudían a mí cuando los mandaban a casa, y yo les cortaba medio centímetro, lo metía en un sobre y se lo mandaba al decano. Al final eso no funcionó, pero lo intentamos.

Allen, Peter y Julius pasaron la noche en la camioneta, y Neal hizo feliz a Anne compartiendo por fin cama con ella. Me dije que había recorrido un largo camino desde cuando negaba su existencia, y que por fin debía de haber reconocido que estábamos divorciados. Olvidé que las maniobras legales carecían de significado para Neal. La tarde siguiente Allen, Peter y Julius regresaron a la ciudad, saliendo del camino de entrada ante el sonido de los chinchines y de las voces con que entonaban el Hare Krishna, mientras yo filmaba su partida con la cámara super-8 que me habían regalado con mi coche nuevo. Ya habíamos soportado muchos cánticos la noche anterior, pues ahora era la pasión de Allen, pero Peter había animado el ambiente con sus improvisaciones.

A la noche siguiente, Jack telefoneó, ya de camino al olvido, pero yo me emocioné como antes.

–¡Jack! ¡Ojalá hubieras estado aquí anoche! Habríamos tenido una reunión como las de antes... Incluso Neal estuvo con nosotros.

Jack había preguntado por Neal, como siempre hacía, sin importarle cuántas veces le había dicho que Neal ya no vivía conmigo. En ese momento gritó:

–¿Quién respondió al teléfono? ¡Por Dios, que lo mataré! ¡Tengo mi machete aquí al lado!

–¡Jack, espera! –Intenté gritar más fuerte–. Era John... ¡John!

–¿John? ¿Qué John? ¿Quién diablos se cree?... Venir a casa de Neal, voy a venir y...

–¡Jack, para! Es Johnny... nuestro hijo.

–Diablos... pero si Johnny es un niño... Conozco la voz de Johnny... Ese no era un niño...

–No, por supuesto que no. Ya tiene catorce años y mide uno setenta.

Jack se quedó en silencio un minuto, luego dijo en voz más baja:

–¿Sí? –Otro silencio. De hecho, había pasado mucho tiempo. Jack todavía no acababa de creérselo–. ¿Sí? ¿Estás segura?

–Vamos, Jack, sabes que no puede haber nadie más. Si planeara volver a casarme te lo diría. Eso está descartado.

–Escucha... espera... tengo que echar otro trago... no te muevas... no te vayas. –Lo escuché caminar y cómo se abría la puerta del frigorífico. Y enseguida un aullido. Volvió a coger el teléfono–. Maldita sea, alguien me ha robado el whisky. ¡Ha desaparecido!

–¿Oh? ¿Quién puede haber hecho eso? –Detestaba tener que ponerme a la altura de esas conversaciones de borrachos.

–¡Mi madre! ¡Maldita vieja alcohólica!

–¡Jack! Qué vergüenza, basta ya.

–Escúchame... ¿Sabes lo que te haría si estuviera contigo ahora mismo? ¿Eh? Te agarraría por... –Me tapé los oídos. Ya lo había oído antes, y viniendo de Jack me asqueó más que si lo hubiera dicho otro. Estaba gritando de nuevo. Cuando me atreví a escuchar, comenzaba a relajarse–. Así que matrimonio, ¿eh? No pienso casarme contigo mientras Neal viva. Tendremos que esperar hasta los pasillos del Nirvana, como dije en *Big Sur*. Eres la esposa de Neal, y más vale que no vengas a llamar... a mi puerta, hasta que no tengas el certificado de defunción, ¿entendido? –En esas ocasiones le salía el acento sureño. Posteriormente fui incapaz de leer *Pic*, al recordarlo.

Cuando volvió a llamar, ya me había llegado el ejemplar de *Big Sur* que había prometido, y esta vez estaba casi sobrio. Le di las gracias por el libro.

–Y me gusta mucho, Jack. Me parece que esta vez has escrito con más honestidad...

–Sí, supongo, pero escucha, desde la última vez que hablé contigo he estado en París... en Bretaña, buscando mi apellido y todo eso. Luego me emborraché y me equivoqué de nuevo y acabo de volver a casa. –Parecía completamente derrotado, entonces se animó un poco–. Pero escucha, Carolyn, fui a la pequeña iglesia de St. Louis de France, en l'Isle... la iglesia que es hermana de la de Lowell, donde me bautizaron, ¿te acuerdas? Y siempre he querido ver la original, como solía decirte cuando nos sentábamos en Washington Square. De todos modos, fue... bueno, maravilloso... una noche lluviosa y brumosa, ¿sabes? Y me resguardé de la lluvia en la cálida capilla, a la luz de las velas, con sus estatuas antiguas y sus vitrales, y había esos tipos con túnicas rojas que tocaban instrumentos de viento y se oía el suave sonido de un órgano. Me senté en un banco y me quité el viejo sombrero maltrecho que me protegía de la lluvia, y me lo puse en el regazo, boca abajo, ya sabes, para que cayera el agua, y estoy allí sentado, embelesado, cuando una familia sube por el pasillo y la mujer se inclina y deja caer veinte céntimos... ¡cuatro centavos!... ¡en mi sombrero! –Se interrumpió.

No supe qué decir. Me recorrió una punzada de lástima; estaba a punto de quebrársele la voz. Entonces dijo en voz baja:

–Imagínate. –Se quedó en silencio, imaginándolo. Aquel estado de ánimo pasó–. Mi madre dijo que debería haber puesto el dinero en el cepillo, y debería haberlo hecho; pero no lo pensé, estaba tan afectado.

Esa fue la última conversación que tuvo conmigo estando sobrio, y poco después también recibí su última carta seria: decía que no se veía capaz de llevar una vida a la altura de mis conocimientos (fuera lo que fuera lo que eso significaba) pero que me entendía perfectamente. Dijo que siempre había sabido que mi marido, su amigo, se interponía entre él y yo. Sabía que, en ese punto, yo tenía fe en él. Decía que era cierto que se había convertido en un borracho, un «autor sermoneador», pero que procuraba combatirlo. Todo lo gestionaban a ciegas cientos de personas que no tenían mala intención, pero que no le permitían sentarse conmigo junto al fuego o pasar un día a solas con Neal, y teníamos que impedirlo y lo impediríamos. Decía que yo era la única mujer en el mundo con la que podía hablar sin cambiar de tema, o a la que podía amar. Decía que no me preocupara, que por mí se esforzaría al máximo, y me llamó «corazón mío, dulce dama, amante». Se iba a México solo a pensar, después vendría a California en otoño... o en invierno. Me mandaba muchos besos.

Aunque después de eso telefoneaba con frecuencia, y escribió algunas postales, nunca volvió a estar realmente «conmigo». Como llamaba más y escribía menos, comencé a ver cómo se hundía cada vez más en el vacío. Nunca me había tomado en serio su afirmación de que pensaba matarse bebiendo... su única vía de escape.

SETENTA Y CINCO

Ahora había períodos en los que Neal no aparecía durante un mes o dos, y yo estaba un tanto preocupada por él. Después de una de estas largas ausencias, cuando estaba a punto de ir a trabajar, un coche se metió bruscamente en el camino de entrada, perseguido por dos coches de la Patrulla de Carreteras con las luces encendidas y las sirenas a todo volumen. Aparcaron para bloquear completamente la salida. Me inundó esa repugnante sensación de la que creía haberme librado para siempre. Estaba temblando, pero hice acopio de todas mis fuerzas y salí con calma de casa, cerrando la puerta con llave por primera vez desde que la habíamos comprado. Mientras me acercaba al tumulto, Neal salía del asiento del conductor de su coche, y dentro pude ver varias cabezas greñudas. Una pareja de agentes se acercó a Neal. No quise enterarme de qué se trataba. Irritada me acerqué a uno de los agentes:

–¿Alguien podría mover uno de esos coches? Tengo que ir a trabajar.

El agente respondió cortésmente, y enseguida apartó un coche patrulla de mi camino. Al otro agente le dije:

–Les agradecería que cumplieran con su deber lo más deprisa que puedan; esta situación no me hace muy popular con mis vecinos. –Él no podría haber sido más cortés. A Neal le dije–: Estaré en casa para almorzar.

Mientras mecanografiaba los informes de rayos X de rutina me tranquilicé, pero me pregunté qué estaría pasando en el patio de mi casa. Una extraña idea pasó por mi mente: Neal había corrido mucho para alejarse de la policía: ¿era posible hubiera planeado llegar después de que me hubiera ido a trabajar? ¿Hacía eso a menudo cuando sabía que ni yo ni los niños estábamos en casa? No, seguramente yo habría encontrado pruebas. Aún así, sentí un escalofrío. Bueno, gracias a Dios, esta vez había cerrado la puerta con llave.

Llegó mi hora del almuerzo y me fui a casa a toda prisa, preparada para lo peor. El coche de Neal todavía estaba en el camino de entrada. En la puerta forcejeé con la llave; no giraba. Escuché voces y encontré la puerta abierta.

Apenas reconocí mi sala de estar; estaba toda revuelta y desordenada, y cuatro o cinco criaturas desaliñadas, greñosas y vestidas de negro estaban sentadas en el suelo o tiradas sobre los muebles. Me di la vuelta para cerrar la puerta y sofocar mi creciente indignación. Cuando lo conseguí, pregunté por Neal. Uno de ellos dijo:

–La policía se lo llevó. Nos han ordenado que esperáramos aquí.

–¿Cómo habéis entrado?

–Por una ventana que hemos podido abrir. –Para eso había servido cerrar con llave. Entré en mi dormitorio a pensar. También fue un desastre; la ropa de cama y las almohadas estaban tiradas. Me retiré a la cocina mientras mi ira aumentaba igual que sube el mercurio en un termómetro mientras recogía restos de un festín no deseado. Volví a meter la leche, el queso y los huevos en la nevera, tiré los envoltorios de galletas y pan vacíos, y puse las sartenes, los vasos y los platos a remojo en el fregadero. ¿Habían dejado algo? En aquel momento estaba tan furiosa que tuve que ir corriendo al baño y procurar no perder la cabeza, tratando desesperadamente de recordar alguna frase útil. En casos como este, Neal diría: «¿Qué haría Jesús?» Jesús había dicho que si alguien te quitaba la camisa, tenías que darle también tu abrigo. ¡Pero Jesús, querido Jesús, dales la mano y te cogen el brazo! ¿Darles el otro brazo? ¿Y lo de no echar perlas a los cerdos? ¡Eso era! Además, mi hora del almuerzo se estaba acabando, junto con mi progreso espiritual.

Todavía realizando un esfuerzo sobrehumano por permanecer serena, regresé a la cocina y me senté en el taburete que había detrás de la encimera que se abría a la sala de estar. Sin levantar la voz, les dije:

–Lo siento, pero tengo que pediros a todos que os vayáis. Esta es mi casa, no la de Neal. –La rabia se me iba acumulando, y tuve que medir mis palabras–. Tengo que ir a trabajar todos los días, no porque me guste, sino porque quiero lo que me proporciona, como esta casa, un coche y comida. No espero que el trabajo de otro me proporcione estas cosas. Si estáis realmente necesitados, o si me permitís la oportunidad de ofreceros algo, a lo mejor os doy todo lo que tengo, pero si simplemente me cogéis lo que he conseguido trabajando sin preguntar y dando por sentado que os he de ayudar... –Tuve que parar, y me sentí fatal, con lo que me enfadé todavía más con ellos y con Neal.

Avergonzados, comenzaron a recoger sus dispersas pertenencias. Una chica se me acercó y me dijo respetuosa:

–¿Puedo estrecharle la mano?

Me entraron ganas de atizarle, pero no sabía si se estaba burlando de mí o era sincera. Por lo menos me sorprendió, así que no pude responder. Cuando se fueron y cerré la puerta, liberé mi ira reprimida poniendo la casa otra vez en orden. La siguiente vez que vi a Neal le insistí en que ese episodio no volviera a repetirse.

–No me hagas llamar a la policía, Neal –lo amenacé, sabiendo que sería incapaz de hacerlo, pero ¿me haría caso?

Por otra parte, Gavin estaba teniendo problemas con Neal. Gavin esperaba ser una especie de sabio para Neal cuando saliera de la cárcel, y le ofreció el uso de su casa. Neal se instaló en su casa pero ignoró sus consejos. después de una de las visitas de Neal, Gavin le escribió:

Querido Neal (¡ya no San Neal!)...

Verás, la fiereza con que llevas a cabo cualquier impulso que tu cuerpo deseante pueda sentir me ha hecho darme cuenta de hasta qué punto eres un completo esclavo. Te llenas la boca hablando de Cayce y todo su rollo espiritual, pero no haces ningún esfuerzo para dominarte. Tú y yo teníamos un acuerdo, y aproximadamente la mitad del tiempo estuviste a la altura. Deseaba enormemente rescatarte de ese inframundo sombrío de soplos para las carreras y drogadictos... y te quería tanto que habría recorrido medio mundo a la pata coja para conseguirlo. Recuerdos a todos de tu triste amigo y aspirante a camarada,

Gavin

Para Navidad las cosas habían empeorado, y la tarjeta que Gavin me mandó llevaba un mensaje deprimente: «Neal estuvo aquí una semana, pero finalmente tuve que pedirles que se fueran, pues estaban sembrando el caos. Pásate a comer cuando quieras. Muchos besos para ti y los niños, Gavin».

Es posible que Neal no fuera tan bien recibido como antes por sus viejos amigos, pero aún era capaz de encontrar otros nuevos. Uno de ellos era Gordon Lish, escritor y editor de una revista literaria en Palo Alto. A menudo iba a su casa, solo o con Anne, y a cambio de la hospitalidad que le brindaban se mostraba encantador con Gordon, y se ganó su cariño para siempre.

SETENTA Y SEIS

En Palo Alto, Neal también se hizo amigo de Ken Kesey, cuyo libro *Alguien voló sobre el nido del cuco* acababa de publicarse. Como ahora Neal añadía LSD y otras nuevas drogas a su dieta, no le animé a visitarnos. No tenía ningún deseo de conocer a estos nuevos amigos, ni quería que influyeran en los niños. Hasta ahora, no había visto nada de mérito en el estilo de vida que estos rebeldes promovían, y ya tenía suficientes problemas con mis hijos adolescentes, la escuela y lo que veía como mis propias carencias. Así que le dije a Neal que viniera solo o no viniera. Así lo hizo hasta que mis temores disminuyeron.

El grupo que se reunía alrededor de Kesey se hacía llamar «los Alegres Bromistas», y de vez en cuando a uno u otro lo dejaba venir con Neal, ya que a veces necesitaba que lo llevaran en coche. El que yo consideraba más aceptable, y venía con más frecuencia, era Ron Bivert, dueño de una librería en Santa Cruz, un tipo tranquilo y educado que vestía ropa limpia, aunque llevara el pelo cortado estilo Príncipe Valiente. Todos los Bromistas tenían apodos, y el de Ron era el «Broncas». Por supuesto, los niños se divertían mucho con esos nombres, así como con las aventuras que contaba Neal. No es de extrañar, pensé, ya que casi todas eran de nivel adolescente.

Un día, Neal nos habló de un viaje que tenían planeado,

en el que recorrerían el país en un antiguo autobús escolar que Kesey había comprado y pintado de manera muy llamativa. No iba a ser una simple broma, sino una misión muy seria: iluminar al resto de Estados Unidos en el pensamiento de la new age, y planeaban filmar todo el viaje para crear una película socialmente importante. El destino impreso en la parte delantera del autobús era MÁS ALLÁ.

El plan se acabó haciendo realidad y tuvimos algo de paz durante su ausencia, pero al cabo de mucho menos tiempo del que yo esperaba Neal estaba de regreso. Había comenzado como conductor del autobús («Límite de velocidad» era su apodo) pero lo había dejado antes de terminar el viaje para regresar a California. El Broncas vino con Neal a verme, y nos relató el gran éxito de aquella empresa. Traía una caja de zapatos llena de fotos, que todos miramos con mucha atención. De manera poco sorprendente, encontraron bastante resistencia entre los más paletos, y encontré algunas de mis actitudes reflejadas en los rostros que bordeaban las calles de las ciudades por la que pasaban.

Las semanas se convirtieron en meses, y se decía que la película se iba a montar de manera profesional. Ken vino una vez con Neal, y me aseguró que sería una gran película y Neal ganaría mucho dinero. Al final, sin embargo, divertirse y jugar era más importante. El montador se pasó al LSD, y entre la destrucción caprichosa de la película y el equipo y la falta de propósito y perseverancia, se abandonó la idea de hacer un largometraje en serio.

Ken ahora vivía en una cabaña en el bosque en La Honda, un lugar en la costa de San Francisco. Habían instalado grandes focos en los árboles, y amplificadores, y gran parte del celuloide rodado terminó colgando de las ramas. La mayoría de los bromistas y diversos parásitos compartían el lugar, entre ellos Neal y Anne. Por lo que pude ver, todos pensaban que el propósito de la vida era la «experiencia» espontánea, así que se la procuraban.

Los niños estaban encantados con las visitas de Neal y sus historias. Nos contaba sus encuentros con la policía mientras conducía el autobús, como cuando este se quedó parado en mitad de la calzada. Neal hizo que los policías empujaran el autobús a un lado mientras dirigía el tráfico en el cruce. Si Neal se dejaba llevar y comenzaba a salpicar sus historias con descripciones demasiado «adultas» en mi opinión, o mencionaba demasiado las drogas, le daba un codazo o una patada por debajo de la mesa, lo que solo provocaba un coro de «Va, mamá». Mi influencia se fue debilitando aún más cuando entraron en la adolescencia, y el sistema escolar era más un adversario que un aliado. A John no le iba muy bien, a pesar de sacar muy buenas notas en los exámenes. Supongo que estaba aburrido, pero lo tildaron de «mal estudiante», y el estúpido remedio de la escuela era el castigo, condenarlo a clases con aún menos estímulo, y en lugar de darle a leer a Chaucer y Shakespeare, le dieron *Tarzán*. Tenía una terapeuta chiflada que me pidió que leyera el libro de su psiquiatra para entender al raro de mi hijo. *Alicia en el País de las Maravillas* otra vez. A pesar de ella traté de motivar a John de todas las formas que se me ocurrieron, sin éxito. Así que traté de pasarle la pelota a Neal, con la esperanza de que lo ayudara. Le envié una carta a Neal, en La Honda, donde le expresaba toda mi inseguridad y enfado.

> Ahora creo tener una posible explicación de los problemas de John, pero de momento no se me ocurre qué hacer al respecto. Aquí está la imagen tal como la veo: ¿podría ser que el padre de John, a quien él amaba más que a nadie, haya rechazado todos los valores que he tratado de inculcarle y haya elegido una forma de vida en la que ninguno de estos valores son importantes ni necesarios? A John se le ha dicho repetidamente que su padre también tiene una mente brillante, y yo puedo decirle que eres el más miserable de los hombres, pero ¿va a creerme? ¿Por qué habría de hacerlo, cuando todo lo que ve u oye es que tu existencia es de lo más despreocupada, hilarante y maravillosa, sin libros aburridos, sin reglas, sin responsabilidades, sin respeto por la ley, libre de hacer lo que te plazca en un permanente nivel de preescolar? Ni siquiera has perdido el amor de tu familia y puedes verlos siempre que no tengas nada mejor que hacer.

Cuando acabas de contarles lo genial que eres y lo divertidas que son tus actividades, te pones a comer, dormir o ver la televisión. Y claro, ¿qué puede superar eso? [...] Te cuento todo esto porque, aunque dudo que ahora sirva de nada, quiero que dejes de pintarles esas espléndidas imágenes de la vida. Te dije que dejaras de pasarte por casa, pero tampoco has hecho caso de eso. A John le encantó el viaje en autobús, naturalmente. No hay duda de que está impaciente por unirse al feliz grupito, ni de que sus libros le resultan cada vez menos atractivos. Así pues, te lo repito. Si no puedes aportar algo de valor, no vengas más.

No puedo decir cómo le afectaría que desaparecieras, si así lo decides, pero sé cuál es el resultado de tus actuales visitas, y que eso, al menos, debe acabar. Por supuesto, preferiría tu cooperación, pero no sé si eres capaz. Cualquier comentario será bienvenido.

Te quiere siempre.

No hubo respuesta, pero Neal dejó de venir tan a menudo, e incluso adquirió la considerada costumbre de llamarme primero. También fue durante la época en que entraba y salía de la cárcel, por lo que había períodos más largos sin comunicación entre nosotros, y mucho menos apoyo, moral o de otro tipo. Le había explicado cuidadosamente a Neal que la pensión de manutención de doscientos dólares al mes que me concedía el acuerdo de divorcio era solo una cifra que había sugerido mi abogado con el único fin de excluir cualquier discusión con el juez, pero que no estaba legalmente obligado. Aún así, Neal no paraba de hablar del asunto, haciendo cálculos y un seguimiento al centavo de cuánto me debía. Todo lo que acababa consiguiendo era molestar a los demás pidiéndoles dinero para nosotros. Me avergonzaba ver que había pasado de estafador a mendigo. Y me figuraba que esa era la última brizna de autoestima que le quedaba y su último vínculo con la «respetabilidad».

En el futuro me llegarían extrañas comunicaciones como esta que me escribían él y Anne «en los pasillos del Hospital de San Francisco».

Querida Carolyn, queridísima:

Estos 15 dólares serán el inicio del dinero que voy a enviarte regularmente de nuevo; todavía no tengo trabajo... (Nota de Ann) Querida Carolyn... Neal, Sharon, su hermano y yo (otra vez) estamos todos aquí sentados... Empecé a escribirte pero no pude porque le prometí a Neal que no lo haría. Espero que estés bien y que el dinero que Neal (y Sharon) te envían te sea de ayuda. Todavía trato de amarlo (y de conseguir que me ame). He estado leyendo *Ángeles de Desolación* y el *Libro de los sueños*, todo lo que trata de Evelyn y Cody. Ahora Neal está leyendo *Big Sur*... Solo quería decirte lo devastador que fue saber sin la menor duda y si no te importa que te llame «adorable», que eres una mujer adorable. Porque en secreto pensaba lo contrario, solo porque quería pensarlo, supongo que (hace mucho tiempo) quería decírtelo....

Neal retomaba la carta: «Querida Jami (nombre artístico, por supuesto) y Cathy: bueno, me he enterado de lo que pasó en la escuela dominical. Caramba, a ver si os puedo ayudar pronto; ayudad a vuestra madre poniéndoos menos nerviosas, ¿de acuerdo?».

Luego a mí otra vez:

Si no emprendo este viaje estrictamente de negocios a Idaho mañana más o menos, puede que no vaya, ¡o sea que hip hip hurra!

P. S. TRABAJO TRABAJO... Nosotros, mi alma y yo, hemos durado hasta hoy en el infierno de 365 veces sin ir al desempleo por tus 200 dólares al mes (a ver si consigues un coche). También podemos revertir la situación.

Besos,

N.

En uno de sus primeros viajes al este, Neal me había enviado algunas postales, y esperaba que Jack le diera una suma considerable. Lo que había recibido eran diez dólares, pues Jack había esgrimido el tamaño de su factura telefónica como excusa para no darle más. Con Allen, a Neal solía irle mejor... hasta que se terminó. Sin embargo, me llegó una postal de Allen desde Seattle:

> Querida Carolyn:
>
> estoy aquí de camping con Gary Snyder. Volveré a SF en un mes, espero verte entonces. Neal me pidió que le enviara algo de dinero y le dije que lo haría, pero luego me compré un coche y ya no me queda nada en el banco, por lo que no he podido, lo siento. Neal parecía estar en buena forma cuando lo vi en SF. Con pocas o ninguna sustancia química y casi todo energía natural, más lúcido que las últimas veces...

Neal cubrió mucho terreno en esos últimos cuatro años: volvió al este en el verano de 1965, y durante ese tiempo no me escribió; supuse que se le habían acabado las excusas. Todavía se sentía muy culpable por nosotros, e incluso consideró aceptar un trabajo de camionero durante algunas semanas en Chicago.

Anne vivía con los Kesey en La Honda, y le escribía a Neal para mantenerlo al tanto de lo que hacían sus amigos, y también de su propia vigilia solitaria. Resumía su estilo de vida con bastante claridad:

> No creí que acabaras yéndote, y ahora voy a tener que esperar a ver qué ocurre. Me alegro de que no me llevaras contigo, ya que aquí me lo estoy pasando muy bien, intentando seducir, sin éxito, a todos los miembros masculinos de la pandilla. Todos te extrañan, sobre todo yo... No lo he vuelto a pasar tan bien como cuando estuvimos en casa de Lish. Hay muchas cosas que quiero decirte, como si me amas por qué te fuiste, etc. Estoy ayudando a pintar el autobús, lavo y limpio para Faye. Hace una hermosa mañana; el Ermitaño me dio un poco de polvo blanco que cree que es aspirina molida, y en tu espíritu (y el mío) me lo tragué, y debo admitir que no tengo dolor de cabeza, puede que fuera un poco de LSD, yupi... Ken ha escrito una historia sobre ti anterior al viaje en autobús, que yo he mecanografiado, y June tam-

bién ha ayudado. Es buena. La parte sobre ti es muy reveladora y muestra cómo te ven los demás, que no tiene nada que ver con cómo yo te veo, porque te veo como mi amor y no como un personaje descontrolado. Te copio un trozo:

«Cassady y su grupo han llegado, aporreando la puerta, y anoche no se fue a dormir con su mente pensando en la libertad. "Llevo días sin dormir, Jefe, desde que salimos de aquí. De hecho estoy en gran forma, y mira, somos tres, ¿qué te parece?" Anne y Sharon, una a cada lado, y al dúo habitual indica que podría haber agregado a la sueca rubia, y en broma intenta rodearlas con los brazos a las tres. "¡Oh no, no, no!", dice amonestándose, pues no quiere revelarme su secreto, o me pide dos dólares por alguna reparación de poca monta en algún vehículo averiado en algún lugar, convirtiendo mi negativa en algo un tanto inevitable por su tono al preguntar, sin perder su habilidad para sonsacarme un "No", pues es uno de los capullos más molestos que jamás han existido, y también uno de los testimonios más fenomenales del potencial humano oculto, y habla y se mueve mientras el infierno cruje bajo sus pies, una bola de tiempo en llamas.»

Esta idea que Ken tenía de Neal me recordó una parte de la última lectura que le hicieron a Neal, en la que el doctor Gordon había dicho: «Qué raro, siempre has liderado, pero siempre has sentido que tú seguías... pero escribieron sobre ti... tú te programas solo, como sabes... estás en un precipicio... no te asustes... estás en el AHORA... y... el mañana... podría no... ser... tu... don. Cuando veas la grandeza de tu yo interior... recorrerás un camino diferente».

Anne continuaba:

Ay, ay vergüenza y sífilis para tu harén. Ojalá estuviéramos casados, ahora tengo el anillo en la mano derecha. Esta máquina de escribir lleva la etiqueta NEAL'S PRINTING CO., y está sonando «I can't get no satsfaction». ¡Eso sí que es cierto! Me han escondido la última IT290 que quedaba y he intentado seguir a Babbs y al Ermitaño para ver si podía conseguir un poco, pero me ha distraído la astuta Chica Montaña, y Sandy te manda besos mientras se come un sándwich hecho de pan de centeno judío y adivina, mantequilla de cacahuete y mermelada. Ayer hice galletas, y puse crema de limón escocesa arriba, y una noche comimos venado, y pusieron «I got you, Babe». Deberíamos dejar de creer en todas las cosas insanas que lo parecen. Después de todo, todavía estamos vivos [...]. Por favor, vuelve y dime que venga contigo y cómo [...]. ¿Perdonar y olvidar? Y la despreocupada actitud con Sharon [...]. Aún no puedo creerlo, mi amor [...].

Besos a mi Cassady y al Cassady de todos.

Neal le escribió a Kesey una descripción detallada de veintidós páginas de su viaje, e insertó una respuesta a Anne, comentando todos los pensamientos que había expresado, y que terminaba diciendo:

> Tu amor es el alimento de mi vida: quisiera que mi vida fuera el alimento de tu amor, o más aún. Gracias por la pequeña cita de Ken. No creo que siempre vaya a volver a ser así (todas esas chicas, quiero decir) «...después de todo, todavía estamos vivos»... Tienes razón y que siga así, maldita sea, o también te azotaré el culo en el plano astral. Con ganas de volver a verte.
>
> Te quiere siempre,
>
> Neal

Neal a menudo me hablaba de alejarse de Anne (como hizo de todas nosotras), sin embargo, al expresar esos sentimientos, lanzaba la cuerda salvavidas de la esperanza, y ninguna de nosotras era capaz de abandonarlo. Los mismos nombres seguían apareciendo en su correspondencia, y se agregaban otros, pero no eliminaba ninguno. La chica de Salt Lake City todavía estaba en la lista, y todavía la visitaba cada vez que viajaba, una vez incluso acompañado de Anne, de manera que las dos Anne se hicieron amigas. Comparada con la Anne de

Utah, nuestra Anne parecía extremadamente convencional. Nuestra Anne me contó que iban a las carreras, y mientras ella estaba sentada, Neal y la chica habían atracado una ventanilla de apuestas a punta de pistola. No me podía creer eso de Neal, pero sí me creí que después se pusieron a hacer carreras en dos coches por la calle principal de la ciudad.

La familia de Sharon se mudó a Los Ángeles, pero ella no estaba dispuesta a renunciar a Neal, y esperó a que él la rescatara. «Te amo y todavía te espero. Espero que arranques pronto el coche [...]. Si quieres ponerte en contacto conmigo, tendrás que llamar cuando mis padres no estén en casa [...]. Te extraño [...]. Ni siquiera puedo ver ni hablar con [...] ninguna de las personas que conocí en Palo Alto mientras viva aquí. Pero confío en que cuando vengas encuentres una manera de...»

Sharon era una chica apocada con zapatos como de niña, pero, al igual que con Anne y Natalie, Neal a menudo se juntaba con esas mujeres con la esperanza de ayudarlas. Por compasivo que fuera, salvaba a pocas, todas quedaban esclavizadas, cosa que aumentó la carga de culpa del alma atormentada de Neal.

SETENTA Y SIETE

Los Bromistas estaban ahora ocupados en subir y bajar por la costa pasando por las facultades u otras reuniones y ofreciendo espectáculos que llamaban «fiestas de ácido». El refresco era Kool-Aid enriquecido con LSD, música rock a todo volumen, mucha pintura Day-Glo y de luces de colores. Por lo que pude colegir de los intentos de Neal de explicármelo, consistían en gran parte en satisfacer los apetitos sensoriales y en tonterías sin sentido, sin mencionar los peligros.

Estas celebraciones atraían a moteros duros, como los Ángeles del Infierno, y aunque su estilo de vida tenía intereses comunes, también había grandes diferencias, la principal de las cuales era la violencia. Por ejemplo, una vez, en San Francisco, un motero le hizo un comentario grosero a Anne y Neal le llamó la atención. El motero fue a por Neal, quien echó a correr hasta que lo dejó atrás. Algunos dirían que fue cobardía, pero Neal no conocía el significado de esa palabra. Para él (y para mí) era simple sentido común: no quería salir lastimado, y no quería hacerle daño a nadie.

Mi opinión era que los Bromistas desperdiciaban mucho tiempo y energía que podrían haber utilizado para crear algo que beneficiara a la humanidad, como el libro de Ken. No solo resultó ser de gran valor para los psicólogos, sino que también estaba empezando a influir en la reforma del vergonzoso sistema de salud mental. Yo creía que seguramente esa era la forma de cambiar los elementos inaceptables de la sociedad, en lugar de la influencia que ahora ejercía Ken sobre las mentes de los jóvenes.

Quizá las estancias de Neal en las cárceles fueron una oportunidad de escapar de las admiradoras que tanto lo deseaban en muchos lugares cercanos y lejanos. ¿Podía ser, me preguntaba, que al menos hubiera conseguido superar su miedo a la policía y la cárcel? ¿O esa valentía formaba parte de una renuncia total a su voluntad de vivir? Había oído que se estaba arriesgando más con los coches y las furgonetas: les hacía dar vueltas de campana a propósito y conducía más descuidadamente.

Hubo un incidente que me contó mi amigo escritor Billy Craddock. Neal había preguntado si alguien quería acompañarle mientras daba un trompo completo a un Volkswagen. Billy se había presentado voluntario, y dijo que dieron el giro sin que él dejara de hablar un momento, y que cuando devolvió el coche parecía papel de aluminio aplastado. Billy no volvió a presentarse voluntario.

Anne se pasaba la vida esperando a que Neal saliera de la cárcel, y a menudo me escribía largas cartas de amor desesperada.

> Neal nunca me amará ni respetará como hace contigo, pero solo con que no me odiara [...], me gustaría verte [...], eres mi única amiga, si me permites que lo diga [...]. Ayer por la noche rechacé a mi casero, tratando de hacerme la señora (como Neal me dice que tú eres) esperando que volviera a medianoche, cosa que no hizo, por supuesto, y el alquiler quedó sin pagar, así que me jod... en otro sentido. Neal dice: «Simplemente intenta ser fiel», y luego se va imaginando que no lo soy y me deja con un ideal en las manos vacías y con el estómago vacío y mi cabeza vacía... ¡Y la cama vacía! Me dijo que te escuchara...

Yo le respondí con un consejo maternal y mi comprensión:

> El solo hecho de que regrese a ti tan a menudo [...] aunque no seas más que un faro en la oscuridad [...] estoy segura de que

es un vínculo fuerte [...]. Que pase tanto por la cárcel es una vergüenza, aunque eso no despierta en mí ninguna emoción. Todas sus recientes huidas son tan insensatas [...]. Muchas veces parece que la muerte sea una bendición para él. Desearía tanto poder ayudarte [...]. Eres muy sabia y muy dulce y debes de ser terriblemente fuerte para aguantar esta lucha [...]. Sé paciente contigo misma. Sigue escribiendo y muchos besos [...].

Cuando Neal estaba en la cárcel, probablemente eran las escasas ocasiones en que Anne podía estar segura de su paradero, y bien sabía yo que las cartas que escribía cuando no tomaba drogas eran todo lo que cualquier chica podría desear. También me las escribía a mí, con la brillantez, el celo, las citas metafísicas, el consuelo, las promesas: a lo largo de páginas y páginas dibujaba otro futuro de ensueño: «sabiendo, como sabemos, cuando ya no hay más que decir, que lo único que de verdad quiero es tener éxito como esposo y como padre». O:

> Rezo cada noche para que podamos encontrar nuestro camino para volver a casarnos y seguir viviendo a la altura de nuestras misiones... la mutua y las otras. Estoy casi a punto de convertirme en un hombre de verdad; ya no pensaré primero en mí [...], sino que quiero ser inspirador y ayudar como sé que puedo hacerlo... ¡y debo! Tengo tanto que decirte [...].
>
> P. S.: Por favor, amor, escudriña tu corazón; ¿todavía hay lugar para mí?
>
> Besos,
>
> Neal

Mientras Neal estaba en la cárcel de San Mateo, Ken fue arrestado por posesión de marihuana, y todavía tenía un arresto anterior pendiente en Palo Alto, por lo que escenificó un suicidio y huyó a México ¿Y ahora?, me preguntaba. La policía no tardó en descubrir aquella triste comedia, lo que automáticamente agregó un delito a su floreciente historial. Ese verano el grupo fue a México a buscarlo, Neal y Anne incluidos. De Neal recibí unas extrañas notas de letra temblorosa en cualquier papel que encontraba o en crípticas postales, pero a veces también mandaba pequeñas cantidades de dinero, estadounidense o mexicano. En una carta, más lúcida que la mayoría, me informó que había enviado a Anne de regreso a Estados Unidos poco después de su llegada a México. No sabría decir qué magia lo había hecho posible esta vez, y la carta de Anne, unas semanas más tarde, no me dio ninguna pista. Intentaba salir adelante sola en Venice, California, una ciudad costera que me habían dicho que degeneraba rápidamente en refugio hippy.

Querida Carolyn:

He pospuesto escribirte el mayor tiempo posible debido al hecho de que nuestra amistad es pura chiripa, por lo que no es fácil ignorar las implicaciones. Pero te extraño, y he vuelto a apostar a las carreras (y perdido) e ir a orgías sexuales (imagínate, treinta personas todas copulando en lujosas residencias de Hollywood), y también he vuelto a pintar (un cuadro: todo pechos, abalorios y pestañas), y he practicado el esquí acuático y la natación, y he salido con guapos solteros, actores de cine, ¡y un ladrón de bancos! en Cadillacs y Mercedes, y no puedo quejarme, aunque estoy tratando de pescar a un hombre para mí sola, y, con ese fin, no es muy inteligente ponerse en contacto con Neal, por delegación ni de otra manera. (¿Me pregunto si merezco tener un hombre para mí sola?) Mi horóscopo de hoy dice que siga algún consejo, pero como ayer perdí mis últimos dólares en el hipódromo, y nadie paga el alquiler, ¡nadie me ha ofrecido ningún consejo! (Vivo al lado del océano y su efecto es bueno para la paz y la calamidad.) Me temo que mi suerte puede haber cambiado, y si es así, tengo suficientes somníferos para dejar esta vida. Así que estoy dispuesta a aceptar un «No» o una paliza y mi corazón es puro, y la próxima vez que tengas noticias mías, espero que sean sobre mi funeral o mi boda y ponga fin a esta deshonra.

P. S.: Me han invitado a las corridas de toros en México con un verdadero torero mexicano de ojos azules.

Supuse que pospondría el suicidio hasta después de la corrida, pero por loca que pareciera esta chica, me era imposible censurarla, pues había algo muy real y honesto en ella. No hacía ningún esfuerzo hipócrita para venderse como lo que no era, y no ponía excusas ni disculpas, y yo adoraba su «corazón puro».

Kesey se cansó del exilio y el grupo regresó medio furtivamente a California «para frotar con sal las heridas de J. Edgar Hoover», dijo. Tuvo lugar una extraña «coincidencia» mientras Neal regresaba con Ken. No me había llamado por teléfono mientras estaba fuera, pero por alguna razón hizo una carísima llamada telefónica, y sin razón aparente. En el transcurso de la conversación me dijo que iba a estar en San Antonio al día siguiente. Nuestra Cathy se había casado con un chico al que habían llamado a filas y estaba destinado allí, y Cathy estaba a punto de tener un bebé. Le di a Neal su dirección, y él llegó al hospital justo después de que su hija diera a luz a su primer nieto, y tanto Cathy como Neal se quedaron sin habla ante el carácter aparentemente accidental del reencuentro.

Neal vino a verme a su regreso y me dijo que Kesey planeaba una gran fiesta de Halloween, la última de las fiestas de ácido, y que se disfrazaría para no ser reconocido por la policía. Yo no lo tenía nada claro, pero a todos les parecía terriblemente atrevido y emocionante. Iba a ser una «graduación» de LSD. Kesey planeaba una farsa para asegurar a las autoridades que pensaba informar a los jóvenes que, después de todo, era mejor no tomar LSD. Neal me insistió para que fuera. Nunca lo hubiera considerado, sobre todo sola, pero cuando se lo conté a Helen, sintió curiosidad y pensó que debíamos aprender algo de esas cosas, sobre todo teniendo hijos ingenuos. Ninguna de las dos había visto el mundo psicodélico de primera mano, solo las descripciones en los medios de comunicación, que sabíamos que a menudo distorsionaban las cosas.

Gavin me había visitado la semana anterior y yo lo había llevado a casa de Gina Cerminara (la autora cuyo libro había cambiado nuestras vidas), donde le habían pedido que hablara con sus estudiantes de psicología. Cuando regresó a San Francisco, me escribió una nota:

> Gracias por tu hospitalidad, tan simple y cariñosa y estupenda. Cuando volví me encontré un caos, algunos de los discípulos de Neal habían drogado a Cappy con ácido... Había marihuana por todo el suelo, colillas en vasos medio llenos de vino bueno que yo me habría tomado [...]. Después de escuchar las cintas de la lectura de sus vidas, toda mi furia se concentró contra Neal. Me alegro de tener su dirección. Le voy a pegar una bronca [...]. ¡Menudo contraste con la vida hermosa y ordenada que has alcanzado! Cuanto más vivo, más me doy cuenta de que el objetivo de la evolución es poner orden en el caos. Neal y sus seguidores invierten el proceso. ¡Ellos se dejan caer por la montaña que nosotros estamos subiendo! Yo siempre querré a Neal, pero tal como uno ama a un alma perdida, con la esperanza de redimirlo. Besos a los cuatro, Gavin.

Cappy era un hombre de cuarenta años que «mentalmente aún no ha cumplido trece», solíamos decir: un marginado de manera indefinible que vivía con Gavin y hacía las tareas domésticas y servía de chivo expiatorio. Era un tipo adorable, un veterano de alguna guerra y tan aficionado al vino Red Mountain como Gavin. (Su vaso siempre estaba medio vacío, nunca medio lleno.) Varios años atrás se había presentado una noche lluviosa en la puerta de casa de Gavin. Gavin estaba leyendo *En la carretera*, en cuya portada había el dibujo de un hombre que era igual que Cappy, así que Gavin lo invitó a entrar y se quedó.

El día de la fiesta, Helen y yo fuimos a casa de Gavin para esperar instrucciones de Neal. No tenia ganas de ver ni oír el «numerito» de Neal. Ya había visto suficientes fotos y oído suficiente, más que suficiente, y solo quería llorar ante su humillación. No podía evitar pensar en el trágico profesor de la película *El ángel azul,* cuya obsesión lo llevaba a acabar haciendo el oso. Neal ahora había agregado sonido a las imparables frases que antes solo escribía. Explotaba su mente brillante hablando incesantemente «en tres niveles a la vez», señaló Gavin, y eso era demasiado para mí. Cuando él y yo nos quedamos solos y se puso a hablar, intenté quedarme con él y sus relampagueantes pensamientos hasta que mi mente comenzó a darme vueltas del esfuerzo, y tuve que rogarle que se callara. Le costó un gran esfuerzo. Todo lo que pude digerir tenía sentido, pero me tenía que concentrar demasiado tiempo para seguir todos los cabos. Sabía que simplemente estaba soltando todos los pensamientos que había tenido casi toda su vida y que era incapaz de escribir... simplemente los «sacaba» sin objetivo ni propósito. Esa mente desperdiciada.

Neal telefoneó dos o tres veces durante la tarde para mantenernos informados sobre los intentos de encontrar un adecuado lugar para la fiesta, ya que uno tras otro habían fallado. Escuchamos por la radio que ya habían detenido a Ken, pero Neal dijo que todos habían puesto dinero y pagado la fianza, por lo que todos estaba aún más emocionados.

Helen y yo no nos aburríamos ni mucho menos mientras esperábamos noticias. En casa de Gavin siempre había un flujo perpetuo de visitantes, y era una variedad de individuos que rara vez se encuentra en otros lugares. Aquel día era el «campeón de natación de China», o eso dijo. Un hombre bajito y robusto que corría en pantalón cortos y acababa de recorrer en bicicleta los ciento treinta kilómetros hasta Santa Cruz de ida y vuelta, y que nos pidió que adivináramos su edad. No acertamos. Y se fue corriendo otra vez.

Mientras estaba hablando con nosotras en la cocina, en la sala de estar Gavin recibía a un chico grandote con forma de pera, bien vestido, todo de negro –traje, camisa y corbata–, con la cabeza calva y un bigote a lo Fu Manchú, de facciones suaves y ojos saltones, grandes y oscuros. Sacudía lánguidamente una mano rechoncha mientras hablaba, y en su dedo índice brillaba un gigantesco anillo con un topacio.

Después de que Gavin lo acompañara hasta la puerta, Helen y nos abalanzamos sobre él:

–¿Quién era esa reinona, Gavin? –preguntó Helen. Gavin se puso a balbucear.

–¿Reinona? ¿Reinona? Pero si es uno de los hombres más viriles que conozco... Tiene una esposa y unos hijos encantadores... Caramba, cómo se te ocurre pensar que...

–Yo también lo he pensado, Gavin. ¿Por qué esa mascarada, entonces? ¿Y ese obsceno pedrusco que lleva en el dedo? No podíamos resistirnos a seguir metiéndonos con Gavin; sus respuestas eran deliciosas.

–Oh, Dios mío –suspiró Gavin y se recostó en su silla–. Era Anton LeVey, el famoso líder de la Iglesia Satanista. ¿Recuerdas, Carolyn, que nos paramos en su casa cuando volvimos de los Juegos de los Highland el verano pasado? Él no estaba en casa, y no pude mostrarte las cosas ocultas ni las trampas ex plosivas que hay en su casa... ni el león que tiene de mascota.

–Ah, sí, lo recuerdo... Esa casa pintada de negro con desconchones... Ponía los pelos de punta.

–¿Un león de mascota? –Helen miró inexpresivamente a Gavin.

–Sí. Tiene un enorme león de mascota, un macho –explicó Gavin–. Pero ahora los vecinos se oponen a sus rugidos, por lo que puede que tenga que meterlo en un zoológico. Yo nunca lo he escuchado rugir, pero recuerdo que una noche estuve sentado a su lado en la mesa durante la cena, y que comenzó a lamerme un lado de la cabeza. Bueno, ya sabes que tienen la lengua muy áspera, como una lima metálica... así que pensé que se me caería la oreja enseguida. Así que le pregunté a Anton si podía impedir que hiciera eso, y Anton dijo: «Oh, dale un golpe en la boca y parará». ¡Bueno, como si yo le fuera a dar un golpe en la boca a esa bestia de más de doscientos kilos!

Neal volvió a llamar para informarnos de que habían encontrado un almacén en el distrito de la Misión donde podía celebrarse la fiesta, y volvería a llamar para indicarnos cómo encontrarlo. De repente pensé que era extraño que Neal no hubiera venido a casa de Gavin para vernos. Gavin nos explicó:

–Sabe que estoy enfadado con él, por eso. La última vez que

estuvo aquí, tomó el teléfono y se puso a hacer llamadas de larga distancia. Le dije que podía usar el teléfono cuando quisiera, pero que le agradecería que no pusiera conferencias... No te creerías lo que he pagado de teléfono; ¡una cifra astronómica! Y, sabes qué hizo, se enfadó tanto que me tiró el teléfono. Mira, ¿lo ves? Tiene un golpe en la base. Bueno, nunca había visto a Neal hacer nada parecido. –Gavin tenía razón. Neal tenía cada vez más mal genio, y me asustaba pensar lo que sería capaz de hacer.

Cappy entró para decirme que había llegado un amigo que estaba en «contacto» con Neal, y que podía traerlo para que se reuniera conmigo. Dije: «Bueno, vale, supongo que sí», y Cappy hizo pasar a un hombre bajito, moreno y musculoso. Este tenía el pelo negro, ya entrecano y ralo, peinado hacia atrás y largo hasta los hombros. En la frente llevaba una gruesa banda de cuero trenzado. Tenía una barba corta y canosa y bigote y le faltaban los dientes de arriba. Llevaba unos pantalones y botas vulgares y corrientes, y una chaqueta de oficial de la marina caqui de verano. Le iba demasiado pequeña y le quedaba apretada. Unos parches rectangulares descoloridos eran la prueba de que había eliminado la insignias y la «chatarra».

–¿Conocías a Neal? –dije.

Asintió.

–Me han soltado hace poco. Esta vez he estado ocho años.

–¿Por qué delito? –pregunté para ser amable.

–Asesinato. –Lo dijo en un tono igual de amable. Yo no podía seguir por ese camino, pero él sí–. Ahora vivo en Alcatraz. Soy un chamán apache. –Yo trataba de recordar si los indios tenían barba. Helen intervino:

–¿Cómo tratáis las enfermedades?

–Bueno, sobre todo con hierbas... y ceremonias, sabes. –Nosotras no sabíamos nada, pero Cappy le recordó la hora, y después de pedirnos que adivináramos su edad, y después de informarnos felizmente de que nosotras teníamos diecisiete años menos, siguió a Cappy hasta la puerta principal, sonriendo y enseñando su boca desdentada. Helen y yo nos preguntamos cuál sería su edad.

Se estaba haciendo tarde. Discutimos si nos apetecía o no la fiesta de ácido, seguida de un largo viaje por la autopista en plena noche.

–¿Por qué no venís conmigo, en lugar de ir a la fiesta? –intervino Gavin–. Anton ha venido a invitarme a una misa negra que preside esta noche. Después de todo es Halloween, y la misa se celebra en el Museo de Cera.

–¿Qué es una «misa negra»? –Helen y yo preguntamos a coro, pero Gavin se había acercado a su escritorio para buscar la invitación y no nos escuchó.

–A ver, no sé si puedo llevar invitados. –Estudió la tarjeta grotescamente decorada–. No lo dice, pero llamaré a Anton. –Cuando colgó dijo–: No, Anton dice que una de vosotras sería bienvenida como invitada, pero los invitados deben limitarse a la pareja, absolutamente. –Así que eso zanjó la cuestión, y no nos atrevimos a preguntarle a Gavin quién sería su «pareja». Más tarde, esa misma noche, en casa, busqué «misa negra» en mi enciclopedia del ocultismo y llamé a Helen.

–Aquí dice por qué solo se permiten parejas en esas ceremonias –y le leí la espeluznante descripción. Nos echamos a reír, imaginando lo que podría haber ocurrido si dos tontas como nosotras nos hubiéramos visto atrapadas en esa ceremonia.

En cambio, con la esperanza de que nuestros ángeles de la guarda nos acompañaran, emprendimos el camino de vuelta a casa y nos despedimos de Gavin. Como aún no había oscurecido, decidimos desviarnos y buscar el almacén. Seguimos las instrucciones de Neal y lo encontramos fácilmente. Me habría gustado hablar con Neal antes de entrar, pero no se le veía por ninguna parte. Vi a la Chica Montaña sentada en el guardabarros de un coche amamantando a su bebé y le pregunté por Neal. Me dijo que había estado por ahí, pero que se había vuelto a ir.

–Volverá, estoy segura. –Entonces nos metimos en un estrecho pasillo oscuro separado de la sala principal del almacén. En ese vasto espacio sin ventanas la luz era muy tenue. Solo unas pocas bombillas dispersas colgaban y aportaban manchas de luz allí donde había hombres trabajando. Distinguimos el quiosco de música al otro lado de un gran espacio abierto, pero más allá solo había vigas, postes y aberturas cavernosas en la otra punta. Habían colocado hileras de asientos de teatro antiguo a nuestra derecha, cerca de la entrada, así que nos sentamos a esperar acontecimientos y a Neal. Como he señalado a menudo, Neal y sus amigos lo que más tenían era tiempo. Esperamos y esperamos a que sucediera algo.

Algunos de los Bromistas deambulaban, otros montaban el equipo de la banda, otros descansaban en colchones por el suelo. Vimos al primo de Kesey, quien, como los otros miembros del círculo íntimo, vestía un mono blanco con banderas americanas cosidas. Nos sorprendió ver tantos niños pequeños, y Helen hizo una mueca y se estremeció.

–Pobres chavales.

–Sí –coincidí–. Cuando crezcan no podrán elegir su estilo de vida, como sí pudieron sus padres. –En ese momentos comenzaron a pulular chicos y chicas adolescentes, con un extraño atavío. No sabíamos si eran disfraces de Halloween o su atuendo de cada día.

El sistema de sonido funcionaba bien cuando un grupo se puso a tocar. Ken había esperado la visita de The Grateful Dead, pero tenían un compromiso anterior. En medio de la «música» a gritos y estridente que tocaban los substitutos espontáneos, alguien hizo algo de naturaleza electrónica. Me pregunté si pretendían averiguar cuánto podían tolerar el oído y los nervios del ser humano. Había leído que el «pulso» de la música rock era opuesto al ritmo del pulso de la tierra, creando así una pérdida de energía, por lo que se requería un ruido aún más fuerte y más estimulantes físicos –como luces estroboscópicas y drogas o alcohol– para generar energía en el cuerpo.

Ya no era posible conversar; hasta era difícil pensar. El centro de la sala estaba repleto de cuerpos retorciéndose o saltando salvajemente, y algunos se contoneaban por nuestro lado, con la cara sin expresión y los ojos vidriosos o cerrados. Detrás de nosotros, contra la pared, había más filas de asientos y a través del humo podía ver algunas caras pintadas mirando aburridas a la nada, y debajo de esas máscaras humanas cuerpos catatónicos con las extremidades inertes.

Kesey se paseaba por la periferia, delante de nosotras. Llevaba sus mallas blancas, botas rojas, una capa de raso roja y blanca, y sobre el pecho desnudo una faja roja, blanca y azul: su traje de Superman. No nos vio, o al menos no dio señales de reconocernos, y evidentemente no tenía prisa por continuar con las ceremonias de graduación de ácido. Las junturas de mi cráneo comenzaron a distenderse. Entonces tuvimos que apartarnos para dejar sitio a una invasión de cámaras de televisión, que nos rodearon y se nos subieron encima. Tras ellas aparecieron media docena hombres y mujeres vestidos con elegancia que estiraban el cuello para ver lo que sucedía. Cuando no pude soportar más el dolor, miré a Helen y ella cogió su bolso. Neal no había regresado, y sospeché que no nos echaría de menos. Tuvimos que hacer todo el viaje hasta casa con las ventanillas del coche abiertas para que se me deshinchara la cabeza y devolver los oídos y los nervios a su estado normal. Helen también guardó silencio hasta que estuvimos casi en casa.

–Dios, eso queda muy lejos de nuestra idea de la diversión cuando teníamos esa edad.

Vimos las últimas noticias, y, huelga decirlo, las imágenes se habían editado de manera que todo pareciera una bacanal salvaje mucho más depravada de lo que habíamos imaginado. Nos provocó una gran irritación, pues la escena real ya tenía implicaciones lo bastante graves sin que la hicieran parecer peor de lo que era. Era evidente que los periodistas también se habían cansado de esperar, porque las ceremonias de graduación de ácido no se vieron. Más tarde supimos que Neal había aparecido para aportar su granito de arena, y me alegró habérmelo perdido.

Ken había hecho pequeñas tarjetas de identificación con una foto del Tío Sam señalando con su dedo y diciendo «¿Puedes pasar la prueba del ácido?» En la parte de atrás había una foto de quien la recibía con los datos personales, y después: SOY UN MIEMBRO DE INTREPID TRIPS, INC. Y NO ESTOY HACIENDO NADA, y la firma. Neal me dio uno, pero me lo robaron cuando me robaron la cartera. Todavía tengo el suyo.

SETENTA Y OCHO

Los líos de Neal con la ley eran ya crónicos. Ya no es que hubiera conflictos, sino que Neal simplemente hacía lo que le daba la gana, pagaba la sanción mínima y seguía despreciando cualquier regla. Al parecer, para las autoridades el domingo por la mañana temprano era el mejor momento para atrapar a la gente, porque periódicamente nos despertaban dos caballeros pulcros y con abrigo preguntando por Neal a esa hora, una rutina que continuó mucho después de su muerte. Comenzó a darme una paranoia de «el Gran Hermano te vigila», y a partir de ese momento le negué asilo a Neal en casa, excepto en casos de necesidad extrema, aunque me entristecía ver cómo se quemaban los últimos puentes.

Rara vez me llamaba: solo para contarme algo o charlar, y cuando pedía verme, yo solo aceptaba si nos encontrábamos en casa de un amigo. Sobre todo, nunca quise presenciar cómo lo arrestaban, ni someter nuestro hogar a más sospechas y vigilancia.

Un día de la primavera de 1966 me llamó al trabajo para que nos viéramos. Le dije que planeaba asistir a una conferencia que Hugh Lynn daba en San José, si le gustaría que nos encontráramos allí y ver también a Hugh Lynn. Estuvo encantado.

–¡Genial! Te veo allí a las 7:30 en punto.

John se había ido a pasar la noche fuera, así que le pregunté a Jami, que ahora tenía dieciséis años, si le gustaría venir. Llegamos un poco temprano y nos sentamos cerca del fondo del salón para poder ver a Neal llegar por cualquiera de las dos entradas. Escuchamos aquella conferencia tan inspiradora, pero no hubo ni rastro de Neal. Tampoco fue demasiado sorprendente, pero nos decepcionó.

A la salida esperamos para hablar con Hugh Lynn, y entonces apareció Neal caminando hacia nosotros. Calzaba las botas camperas rojas de Kesey, unos tejanos color tabaco y una camisa de terciopelo azul claro. Fue divertido verlo vestido con algo que no fuera su vieja ropa de trabajo, y estaba bastante bronceado, algo que siempre había insistido en que era imposible para su piel sensible. Hacía años que no le veía tan bien ni tan joven. Me dio un vuelco el corazón.

Jami y yo pusimos una sonrisa de bienvenida, y Neal nos abrazó a los dos. Luego vi a Ken y algunos de sus amigos, que lo esperaban. Me volví hacia Neal:

–Ahí está Hugh Lynn. Ve a saludarlo. Ha preguntado por ti, y hace mucho tiempo que...

Neal fue hacia él, pero para mi disgusto y pesar, Neal adoptó una falsa bravuconería que Hugh Lynn no pudo romper con sus sinceras preguntas. Sabía que eso significaba que Neal se sentía culpable por haberle fallado a ese hombre que se había esforzado tanto por ayudarlo. No dije nada.

Neal se reunió con nosotros y preguntó si nos gustaría acompañarlo a casa de un amigo y charlar un rato. Jami tenía muchas ganas de ir, y pensé que podía ser una buena idea que viera a algunos de ese grupo estando yo presente.

Condujimos hasta la dirección que Neal nos había dado. Quienquiera que viviera allí no estaba en casa, y había una niña que hacía de canguro. Jami y yo nos sentamos en la sala, y Neal se puso a dar vueltas, y a ratos se quedaba de pie junto a la chimenea, cambiando de pie de apoyo, preocupado. Algunos amigos estaban en la cocina, otros iban y venían, uno coqueteaba con la canguro. Lo único que entendí de todo aquello era que alguien estaba telefoneando para encontrar al anfitrión, y probablemente a todos los que esperaban encontrarse. Era ya casi medianoche cuando Jami me susurró:

–¿Qué está pasando?

–Lo que siempre pasa, cariño, que yo sepa. Nada. Esperan, buscan a alguien o algo y siguen esperando. Al parecer es lo que Neal y sus amigos hacen mejor. ¿Has tenido suficiente?

–Sí, vámonos a casa –respondió ella, y suspiró. No tenía ni idea de por qué Neal había pedido verme o nos había pedido que fuéramos allí.

Al día siguiente, a eso de mediodía, Neal volvió a llamar. Él y Kesey iban a un concierto de The Grateful Dead, y quería llevar a John para que los conociera. Era lo último que yo quería, pero sabía que John se pondría furioso si se enteraba de que le había negado algo tan emocionante. Neal prometió no conducir, no fumar marihuana, etc. etc., y que lo traería a casa para la hora de la cena.

Recogieron a John en la escuela, y pasé la tarde teniendo pensamientos positivos. Alrededor de las 5:30 Kesey me llamó al trabajo para decirme que estaban en casa sanos y salvos, y que si yo lo aprobaba, a los tres les gustaría quedarse a cenar.

–Esto... bueno, claro, Ken. Pasaré por la tienda de vuelta a casa. ¿Qué os gustaría comer?

–No te preocupes por eso. Olvídate de todo y ven directamente a casa. Yo me ocuparé de todo.

Cuando llegué a casa, me dieron una cerveza y me dijeron que no me acercara a la cocina. Mientras se cocinaba la obra maestra de Ken, filmé a John, Ken y Neal haciendo lanzamientos de béisbol en el césped delantero. John había tenido una tarde memorable, y Neal había cumplido sus promesas, y el «Chalado» había conducido todo el camino. ¡Qué bendito alivio no tener que regañar a nadie! Para colmo, la cena fue deliciosa como la que más. Y Ken me caía muy bien. Seguía diciéndole a Neal: «¡Es como Faye! ¡Es como Faye!» Su esposa era una ama de casa y madre de la vieja escuela como yo... con algunas variaciones.

La semana después, Allen llamó desde San Francisco para preguntarme si podía venir el fin de semana. Era su cumpleaños.

–¿Hay alguna posibilidad de poder encontrar a Neal y convencerlo de que se una a nosotros?

Le insistí a Allen para que viniera y prometí hacer todo lo posible para encontrar a Neal. Los Bromistas estaban con sus bromas, recuperándose de su segundo viaje a México o buscando nuevos campos que conquistar. Muchos de los que estaban por ahí me ponían nerviosa. Esperaba que los esfuerzos de Neal para incluir a los niños en sus actividades no se convirtiera en un hábito, aunque los niños, naturalmente, deseaban lo contrario.

Sus amigos de la escuela estaban cada vez más al corriente de la identidad de Neal, y le tenían una gran veneración, lo que significaba que a mí no me apoyaban tanto por mi actitud poco cordial. A pesar de lo bien que se había portado Neal el día del concierto, sabía que no siempre podía contar con él. Al mismo tiempo, me avergonzaba mi antigua hostilidad hacia Ken, que me impresionó mucho con su calurosa empatía y amabilidad, y deseaba compensarlo. Estoy segura de que lo entendió. La petición de Allen me dio una idea.

Me daba un poco de miedo, pero después de mucho rumiar los pros y los contras, me pareció que era una oportunidad única para lograr varios objetivos a la vez. Los invitaría a todos, no solo a Neal, y quizá si los niños y sus amigos alternaban con esa gente en grupo y relajados, los verían bajo una luz más realista, e incluso acabarían comprendiendo las razones de mis reservas.... esperaba que no demasiado dramáticamente. Le dije a John y Jami que invitaran a quien quisieran, y les pedí que vinieran también a viejos amigos míos y de Neal que no lo habían visto en mucho tiempo y que podían estar interesados en conocer a Allen y a Ken... ¿y a alguien que estuviera de mi parte?

El sábado por la mañana pedí un pastel que llevaba escrito FELIZ CUMPLEAÑOS ALLEN, me proveí de hamburguesas, perritos caliente, cerveza, patatas fritas y vino, y dirigí los ojos al cielo.

A primera hora de la tarde, Ken fue el primero en llegar. Lo acompañaba una chica de cabello oscuro llamada Paula y un niño de pelo largo de ocho años llamado Jason. Comenzaron los recelos. No esperaba tener que lidiar con un niño salvaje. Paula explicó por qué lo había traído: esa mañana había ido al apartamento de The Grateful Dead y había encontrado a Jason allí solo. La banda estaba en Nueva York en una sesión de grabación.

La interrumpí con la pregunta:

–¿Vivía allí solo? –Me esforcé por no delatar mi mentalidad poco enrollada– . ¿No sabes quiénes son sus padres?

–Sabemos quiénes son, pero no dónde están –respondió Paula–. Así que he pensado que le gustaría venir con nosotros.

Mientras tanto, Jason había hecho un recorrido relámpago por la casa y la parcela, y al parecer les daba su aprobación. Ken preguntó:

–¿Dónde está Neal?

–No tengo ni idea. ¿Tú no lo sabes?

–No. Supongo que tendré que ir a buscarlo. ¿Te importa si me llevo a Jami y a John con nosotros?

Ambos estaban cansados de esperar que algo sucediera, y se entusiasmaron ante esta sugerencia. Más o menos una hora después, Ken, Paula y Jason regresaron. Ken se desplomó en una silla.

–Bueno –dijo–, no solo no he encontrado a Neal, sino que he perdido a John y Jami. –Tuve que sonreír, y me alegró ser capaz de hacerlo.

Al cabo de unos minutos, el amigo de Ken, George Walker, llegó en su descapotable, y Jami y John iban triunfalmente sentados en el respaldo del asiento trasero, con coloridas bufandas ondeando sobre sus cabezas. George vestía un atuendo que supuse que había adquirido en México: los pantalones eran de un tejido de color rosa brillante con finas rayas en zigzag alternadas en púrpura y amarillo. Una camisa de raso verde brillante y una bufanda amarilla brillante en torno al cuello añadían más color. Apartaba el cabello de los ojos con un pañuelo floreada de naranja y amarillo, pero se lo quitó cuando entró en casa, exhibiendo su pelo largo y rubio. Era de mediana estatura, muy delgado, atractivo, tranquilo, dulce con los niños, y le regaló a Jami un peine de madera tallada como recuerdo de México.

No mucho después, Neal entró conduciendo la furgoneta de los «Dead» cubierta de pegatinas publicitarias de la banda. Allen lo acompañaba. Algunos de los amigos de John comenzaron a dar vueltas por allí, con unos ojos como platos, y Jami cogió mi coche para ir a buscar a su amiga Kym. Todos estaban emocionados pero inquietos, esperando que todo se convirtiera en un «happening». Allen y el grupo de Ken nunca habían sido muy amigos, y yo casi esperaba un conflicto de egos.

Neal se comportaba de manera nerviosa y errática, y estaba de mal humor, tal vez porque le había prohibido las drogas en mi casa y las necesitaba. Despreocupadamente, hice uno de mis irreflexivos comentarios de esposa que pretendía ser jocoso, y Neal explotó. Tuvo un ataque de ira, la reacción que siempre había procurado evitar en el pasado. Oh no, ahora no podía pasar... ¡Echaría a perder todo el día! Temía su cólera, pero me arriesgué a acercarme a él, y lo abracé y le susurré que se calmara. Podía sentir lo mucho que le costaba ceder; pero al cabo de un minuto su rigidez se relajó, sus brazos me rodearon, y dejó caer su cabeza en mi hombro. «Gracias, Dios», susurré.

Ken, Neal y los adolescentes se retiraron a la habitación de John y reunieron todos los instrumentos que tenían a mano: guitarras, armónicas, flautas dulces, maracas y baquetas, y alguien sacó una flauta. Sabía que todo aquello sería más que suficiente para producir mucho ruido, pero John y sus amigos corretearon en busca de amplificadores.

En la sala de estar, Allen leyó con gracia los poemas de Kym, escribió comentarios y sugirió libros que ella podría leer; Kym estaba flotando. Después Allen y yo nos sentamos en el suelo mientras desempaquetaba una caja de reliquias que había traído de la India y el Tíbet. Con su generosidad habitual me pidió que eligiera cualquier cosa que quisiera. Había antiguos y variados rosarios y un surtido de objetos de latón y tallados utilizados en ceremonias religiosas, y explicó y mostró para qué servía cada uno. Para su homónimo, John Allen, renunció a uno de sus propios chinchines.

Llegaron mis amigos, entre ellos George y Berylann Nelson, que también trajo a su madre (la «Abuela Marchosa»), su hermano y su cuñada con sus dos niñas. Las tres mujeres eran videntes, y no tardaron en poner en práctica sus talentos. Berylann «amortizó» una de las reliquias de Allen, cosa que lo impresionó, y después su madre le leyó a Kym la palma de la mano. Pidió ver la de Allen. Traté de disuadirla de ese «entretenimiento», ya que esos amigos habían venido a ver y hablar con nosotros y con Allen, no a ver un espectáculo paralelo, pero de todos modos Allen no entendió la lectura de la abuela, pues era un hombre totalmente terrenal a pesar de sus estudios orientales.

Jason irrumpió por alguna puerta y preguntó si podía ir a nadar. Lo preguntó muy cortésmente, y controlé mis temores. George Walker se ofreció a hacer de socorrista. Paula no estaba disponible ahora para cuidar a Jason: había estado telefoneando a Santa Cruz cada pocos minutos, diciéndome que *tenía que* encontrar al Broncas; estaba loca por él. Al cabo de más o menos una hora lo consiguió, pero ¿cómo llegar hasta él? Neal, siempre la respuesta a la oración de cualquier doncella, sobre todo cuando necesitaba que la llevaran, se ofreció voluntario para conducir los treinta y cinco kilómetros por las montañas, y los dos se fueron con la furgoneta.

Allen se había retirado al patio, donde un grupo de adolescentes estaban de pie hablando. Allen se sentó en una silla de lona y todos los muchachos dejaron de hablar y se volvieron para mirarlo, sin saber qué decir. Parecía una situación embarazosa, pero supuse que Allen se lo había buscado, y que podría romper aquel impasse.

Al y Helen Hinkle vinieron con sus dos hijos adolescentes, y me sentí mejor teniendo a Helen allí. Ella se unió a las mujeres, en la sala de estar, después de saludar a Allen, y de momento en esa habitación había gente estupenda, con algunos bebés retorciéndose en el centro. El patio también se estaba llenando. En cierto momento levanté la vista y vi a un hombre alto y de aspecto distinguido, con perilla, cruzar la verja, dirigirse al patio y quedarse sentado sin acercarse del todo durante aproximadamente diez minutos, para al final, tan silenciosamente como había llegado, volver a salir por la verja. ¿Quién podía ser? No parecía un policía. Más tarde supe que era un profesor, padre de uno de los chicos, que había venido a ver cómo era Allen Ginsberg.

El estruendo musical que llegaba de la habitación de atrás era continuo, a pesar de los cambios de personal y de instrumentos, y todas las conversaciones aumentaban de volumen para hacerse oír. Neal regresó en medio de una nube de polvo, y el tempo se aceleró. Enseguida comprendí que no había desperdiciado la oportunidad de colocarse completamente. Había aguantado todo lo que había podido, y técnicamente no había roto mi norma; no había tomado nada en casa. Al ver su estado, tardé un momento en recuperar mi firme resolución de permanecer en mi «indiferencia amorosa» a lo largo de este día.

Todos recibieron a Neal con alegría, como siempre, y él se fue a la cocina, sin dejar de gritar, y luego reapareció con cuatro litros de helado y una cuchara grande de plástico para mezclar. Sin callar ni un momento, se paró en la chimenea elevada, metiéndose helado en la boca, que le iba goteando por la pechera mientras agitaba la cuchara para enfatizar sus palabras, con lo que volaba helado derretido en todas direcciones. Fue otro numerito divertido que todos recordarían, pero me ponía enferma verlo así.

Llamaron a Allen por teléfono. Un viejo amigo, Alan Ansen, que había vivido en Italia durante algún tiempo, había venido a San Francisco a propósito para ver a Allen. Yo creía que Allen regresaría a la ciudad, pero en cambio invitó a Alan a venir a nuestra casa. Una hora más tarde este nuevo elemento amplió la ya amplia diversidad del grupo. Allen tenía sesenta y tantos años y era obviamente homosexual, al igual que el hombre que lo acompañaba. No sé dónde estaba yo cuando llegaron, pero alguien despejó un espacio en el sofá para que se sentaran. Cuándo entré a la sala, noté que cualquier resquicio de espacio entre los cuerpos que había de pared a pared estaba ocupado por latas de cerveza, botellas de vino, vasos y ceniceros, y que los bebés yacían dormidos en el medio.

Entonces vi en el sofá a dos señores mayores recién salidos de una novela de Wodehouse, exquisitamente vestidos con polainas, guantes y bastón, con una expresión en su cara de desdeñosa altivez. Fui enseguida a llamar a Allen, que vino deprisa al rescate y acompañó a los dos al patio y al aire libre. Tengo la clara impresión de ver faldas que se apartaban mientras los dos caminaban cautelosos por el suelo palpitante. Helen también lo estaba viendo, y cuando nuestros ojos se encontraron estallamos en nuestra habitual risa privada.

La multitud comenzó a disminuir a medida que llegaba la hora de la cena. Paul Robertson, un abogado amigo de Kesey, me dijo que debía llevar a su esposa y a su hijo a casa, ya que esa misma noche tenía que actuar en un club nocturno de Palo Alto. Ken y sus otros amigos también se disponían a marcharse, pero Ken me instó a ir a ver la actuación. Fue muy amable y me hizo creer que de verdad quería que fuera, y por un minuto dudé, pensando que podría ser divertido. Entonces supe que no servía de nada engañarme: acabaría ejerciendo de aguafiestas y no podría ocultar mis sentimientos si veía a Neal actuar como lo había oído hacía un rato.

Los que nos quedamos tuvimos una cena tipo pícnic y después nos comimos el pastel de Aden. John y sus amigos querían ir con Neal y Aden al club nocturno. Ya que casi todos los chicos planeaban pasar la noche en casa, se sentían libres de la necesidad de aprobación paterna, así que se aliaron para persuadirme de que dejara ir a John. No deseaba esa responsabilidad múltiple, y le dije a John que preferiría que no fuera, pero no pude darles ninguna razón de peso sin revelar mis miedos y mi falta de fe, todo ello basado en suposiciones. Al final me di por vencida cuando recordé la razón por la que había organizado ese encuentro, y que aún no había demostrado nada. Bueno, ¿por qué no ir a por todas? Cedí a regañadientes.

Neal prometió no conducir, pues no estaba en condiciones, y cuidar de los muchachos y no quebrantar la ley. Allen, Neal, John y sus amigos corrieron hacia la furgoneta y se amontonaron, y Neal se colocó de inmediato en el asiento del conductor, y Allen en la parte de atrás, repartiendo marihuana. La actitud benevolente que había procurado cultivar mordió el polvo, mis miedos emergieron triunfantes, y me sentí muy disgustada con Allen.

Ya no quedaba nadie alrededor para presenciar mi derrota o consolarme, pero había muchos vasos y ceniceros para mantenerme ocupada. A eso de la medianoche me fui a la cama, sabiendo que de ninguna manera podría dormir. Intenté no escuchar a todos los coches que pasaban, y giré el dial de mis pensamientos hacia la oración positiva, aunque de manera un tanto mecánica. A medida que la noche avanzaba, mi imaginación revelaba una insospechada capacidad de invención. Dieron las dos. Estarían en casa pronto; los clubs nocturnos cerraban a las dos. Las tres. ¿Habían ido a San Francisco a seguir la juerga? ¿O a comer? ¿O algo peor? Lugares como Little Harlem se materializaron en mi mente. Los chicos eran menores de edad. ¿Estaban en la cárcel? ¿En el hospital? Las cuatro. ¿Cómo se me había ocurrido permitirlo, arriesgar tanto? ¡Qué tonta había sido! ¿Qué hacer ahora? A las cinco y media estaba hecha un trapo, temblando, pero John estaba en casa y su amigos también. Luego ya me ocuparía de los horrores a los que habían estado expuestos. Aparté de mi mente esa nueva preocupación, poco a poco me relajé y me dormí.

La paz y el orden regresaron, pero ¿qué había ganado yo? En la cena de la noche siguiente le pedí a John y Jami que me contaran sus impresiones. Ambos admitieron, con cierta desilusión, que ahora veían a esos hombres como gente corriente, ya no como ídolos simbólicos. Mi sacrificio no había sido del todo en vano. John y los demás muchachos me dijeron que habían disfrutado de la noche. La banda en la que tocaba Paul les pareció genial, y Paul era capaz de tocar dos saxofones a la vez. Durante el descanso los Bromistas ocuparon el escenario con su ruido alucinante y sus tonterías, apoderándose de instrumentos que no sabían tocar. Neal tomó el micrófono y se lanzó entre las mesas hablando en sus tres niveles en un flujo constante. Me estremecí y no pregunté más.

Algunas semanas después me sentí lo bastante fuerte como para preguntarle a John qué habían hecho entre las dos y las cinco y media.

–Oh, ¿era tan tarde? Bueno, fuimos a casa de alguien... Creo que en Palo Alto. Papá y Ken desaparecieron, aunque recuerdo que parte del tiempo papá y Allen estuvieron sentados en la cocina. Dave, yo y Steve nos sentamos y miramos revistas; no nos atrevimos a decir nada ni a hacer preguntas. Cuando papá y Ken regresaron, nos separamos y subimos a la furgoneta para volver a casa. Allen insistió en que condujera Steve...

–¿De verdad? –Eso me sorprendió y alegró.

–Sí, estaba aterrado por cómo conducía papá. –John se rió–. Pobre Steve, solo tiene dieciséis años, acaban de darle el carnet. Pero la furgoneta acabó en una zanja, ¿sabes?, y Steve estaba allí atascado, haciendo girar las ruedas y diciendo: «No quiero conducir», así que papá se puso al volante «solo para sacarnos». –John volvió a reírse–. Yo estaba sentado junto a él en el asiento delantero, con Steve, y todos los demás estaban detrás, desde donde no se veía muy bien. Papá llegaba a un semáforo y fingía que no iba a parar, pero me guiñaba un ojo y nos sonreía. Allen y los demás gritaban: «¡Neal, está en rojo». Papá reducía un poco pero no paraba, simplemente disfrutaba poniéndolos histéricos. Naturalmente, no venía nadie en sentido contrario, y yo sabía que él sabía lo que estaba haciendo, pero... –John vaciló, lanzándome una mirada avergonzada– supongo que como yo me reía él se iba animando. –Yo también tuve que reírme.

–Sin duda –coincidí–, pero Steve me dijo que papá no miraba la carretera, que no paraba de volverse para hablar con Allen, y la mitad del tiempo con las manos fuera del volante.

–Sí, bueno, sí, pero siempre lo hace... Da golpes en el volante al ritmo de la música... ya sabes cómo es.

–Sí –suspiré–. Lo sé.

Hace poco, alguien le pidió a John que evaluara sus sentimientos por Neal, y él dijo: «Bueno, lo único que sé es que prefiero tenerlo a él como padre que a cualquier otra persona que he conocido». Por entonces, John me hablaba sin problemas de algunos momentos que habían compartido cuando él era un niño. Me habló de un día en el que Neal estaba en casa y se puso a jugar con John y sus amigos del vecindario. «Tomaron prestado» el coche de pedales de un amigo, aunque no estaba en casa para pedírselo. Se tiraban por la empinada entrada para coches de su casa. Cuando la familia regresó era el turno de Neal. Los chicos todavía aúllan de placer al recordar a Neal mirando el suelo arrepentido mientras la madre censuraba su comportamiento. «Puedo entender a los chicos, pero un adulto, ¡un hombre hecho y derecho!»

SETENTA Y NUEVE

Cuando Neal regresó de México había recogido otra chica a la que yo no conocía, pero le oí decir a Gavin que tenía mucho en común con sus predecesoras.

–Tienen unas riñas terribles. ¡No entiendo cómo pueden sobrevivir! –A esa chica la llamaban por sus iniciales, J. B., y era hija de una familia rica de Erie, Pensilvania, pero, como muchas de las chicas de la época, no estaba de acuerdo con su forma o modo de vida, aunque sí aceptaba el dinero. La chica había dejado el grupo para volver a casa de visita el día de nuestra fiesta, pero me telefoneaba con frecuencia para hablar de Neal. Como Diana, cuando hablaba de Neal lo hacía como si fuese de su propiedad, y como si fuese una autoridad en la materia, aunque me di cuenta de que conocía a Neal incluso menos todavía que Diana. Al igual que Anne, hablaba mucho de astrología, pero ella tenía un talento adicional: oía voces. Llamaba desde casa de sus padres y hablaba durante horas hasta que yo ya no la aguantaba más, diciéndome lo mucho que necesitaba a Neal y que iba a enderezarlo.

–Bien –respondía yo–. Desde luego eso espero. Estoy totalmente a favor. Buena suerte.

Las pocas veces que vi a Neal después de la fiesta me llevaron a preguntarme si J. B. ya le había administrado algún tipo de «tratamiento». La mente de Neal había dado un giro definitivo a peor. En un momento estaba perfectamente lúcido y lógico, y al siguiente, con toda la seriedad del mundo, decía cosas como: «He estado conociendo al diablo, sabes. Ah, ya sé que no crees en él, pero existe de verdad, y hablo con él a menudo. Te dije, si no lo recuerdas, que "666" vive en las colinas que hay al lado de Redwood City».

–¿Qué? ¿Quién? ¿«666»? ¿De qué estás hablando?

–La referencia a Lucifer en el Apocalipsis, recuerdas. –No lo recordaba, y todavía no sabía de qué me hablaba. También tenía una expresión extraña.

–Neal, no puedes hablar en serio, ¿de verdad lo crees?

–Tengo mis razones. –Hablaba muy serio. Estaba tan desconcertada que no sabía por dónde atacar, y no acababa de entenderlo, y algo me dijo que tampoco quería.

También hubo aquella vez en que lo llevé en coche a la carretera, donde pensaba hacer autoestop, y cuando llegamos me dijo:

–Ahora puedo influir en las personas con la mente. De verdad. Lo he perfeccionado. Mira, te lo enseñaré. ¿Ves a esa mujer con la que acabamos de cruzarnos? Va a encender las luces... ahora. ¿Lo ves? –Sonrió triunfante. La mujer estaba bajando la colina delante de nosotros y había pisado el freno, y, efectivamente, se encendieron las luces de atrás. Le lancé una mirada furtiva a Neal; me estaba tomando el pelo... o eso esperaba. Lo decía muy en serio, y yo me volví aún más cautelosa.

También descubrí que la ley le pisaba los talones otra vez. Que hiciera autoestop tan a menudo me indicaba que algo iba mal; antes no lo hacía casi nunca, porque siempre encontraba algún coche. Aquellos dos hombres de oscuro nos visitaban más a menudo los domingos por la mañana a medida que aumentaban las órdenes de arresto y las multas. Volvía a temer por él. Si lo arrestaban ahora probablemente lo mandarían de vuelta a San Quintín, como había temido Gavin, pero yo no estaba segura de cómo funcionaba la cosa. Tenía que procurar no quedar con él en casa.

Un día, Neal se abrió a mí e hizo un repaso de su lamentable situación. Le pregunté:

–Entonces, ¿por qué sigues yendo con esa gente?

–Esa es la cuestión. Ya no puedo evitarlo. No sé dónde más ir. Soy un peligro para todos... ja... sobre todo para mí. Sigo jurando que voy a dejar de hacer el ridículo, pero luego me meto en un grupo, y todos me miran, esperando que actúe... y tengo los nervios tan destrozados que me coloco... y vuelta a empezar. No sé que más hacer. Es horrible. –Se le quebró la voz, y con ella mi corazón. Me sentía tan impotente para ayudarle como él. Había evitado durante tanto tiempo dar un «cambio radical» que estaba muy lejos de tener la fuerza necesaria, y estaba segura que ya era demasiado tarde. Cuando no le veía procuraba no pensar en él. «Que los demás hagan lo que puedan, en cuanto a mí...»: así tenía que ser. Cuanto más mostraba los estragos que había creado en su vida, más decidida estaba yo a encontrar un camino para mí. No necesitaba otro incentivo.

Un domingo por la mañana, unos meses después, Neal telefoneó; ponía una voz débil y temblorosa.

–Carolyn... estoy enfermo...

–¿Quieres venir a casa? –¿Qué había pasado ahora?

–¿Puedo? ¿Por favor?

–Sí, por supuesto, Neal, si estás enfermo deberías venir. ¿Dónde estás?

Dijo que estaba en casa de un amigo abogado que vivía en Larkspur, un pequeño pueblo del condado de Marin, al norte de San Francisco.

–Llamaré a Al Hinkle y veré si me lleva, ¿de acuerdo?

–Sí, querida, date prisa, por favor.

El siempre servicial Al vino a recogerme. Era primera hora de la tarde cuando encontramos la casa. La mujer del abogado nos dijo que Neal estaba durmiendo arriba, y él había ido a despertarlo cuando nos vieron llegar. Intenté que ella me contara qué le pasaba a Neal, pero al parecer les había ocultado su problema, porque ella dijo:

–Está agotado, supongo. Lleva durmiendo desde que llegó anoche.

Después de un tiempo lo bastante largo como para impacientarme, Neal apareció, un poco demacrado, pero por lo demás parecía normal. Sin embargo, estaba muy nervioso y ansioso por marcharse. Cuando llegamos al coche, se subió al asiento trasero y se tumbó. Me cogió la mano. Me daba cuenta de que le costaba mucho controlarse. Cerró los ojos y apretó los dientes, la frente perlada de sudor. Al conversó afablemente como si no pasara nada, y sabía que Neal apreciaba la fuerza de su humanidad tanto como yo. De vez en cuando, Neal intentaba responder o comentar algo, pero aunque sonreía, le castañeteaban los dientes si abría la boca, y temblaba a pesar del calor.

Cuando llegamos a casa, Neal pareció mucho más relajado. Se hundió en el sofá y ahora era capaz de hablar, y convenció a Al para que se quedara a tomar una taza de café. Neal dijo que la noche anterior había estado en la granja de Ken en Oregón, donde había la fiesta de siempre. De repente, se sintió terriblemente abrumado por el asco que le provocaba todo cuando le rodeaba, y había salido corriendo de la casa directamente a la carretera para hacer autoestop hasta Larkspur, sin parar a coger la chaqueta, los cigarrillos... ni nada.

–Ya no podía soportarlo ni un segundo más. –Unos tímidos destellos de esperanza surgían en mí cada vez que se producía una conmoción como esa, porque me parecía que lo único que podía rescatar a Neal era una iluminación repentina, como la de san Pablo o Starr Daily.

Al ofreció una sugerencia práctica. Le dijo a Neal que había cambiado el personal en el escalafón más alto del ferrocarril, y que tal vez ahora Neal pudiera recuperar su trabajo. Habían estado buscando hombres desesperadamente, y alguien con tanta experiencia como Neal sería muy valioso. Neal aceptó el desafío, y estaba entusiasmado, si no tremendamente emocionado.

–¡Sí, eso es! Volver al mundo de la paz y la cordura y el trabajo regular. Ah, sí. –Allí mismo, Al telefoneó a un jefe de tren que conocía a Neal y que trabajaba en un tren de cercanías que salía a primera hora de San José. El conductor accedió a venir a buscar Neal, llevarlo a la terminal y dejarlo viajar en su tren. Una vez en la ciudad lo llevaría a la autoridad pertinente. Perfecto.

Neal se quitó la camisa, los zapatos y los calcetines, y volvía a estar animado. Cuando Al se fue y Neal se quedó en la puerta frotándose la barriga desnuda y sonriendo mientras se despedía, fue como si me hubieran transportado a quince años atrás.

Neal llevó su ropa a la habitación de John, donde dormiría, y yo me senté en el sofá mirando mi colina y reflexionando: «¿Podría ser cierto? ¿Es posible que todo vuelva a ser como antes?» Pero mi viejo sueño realmente no se acabó haciendo realidad, pues llevaba demasiado tiempo enterrado.

De repente, Neal estaba de pie junto a mí.

–¿Dónde está John? ¿Dónde está John? –En su voz había un eco de alarma, y tenía los ojos muy abiertos y oscuros.

–Neal, te he dicho que John ha ido a pasar la noche con Jim, y que Jami está en casa de Kym.

Neal se agarró las sienes, dio media vuelta y caminó rápidamente hacia la parte trasera de la casa, gimiendo:

–¡Dios mío, he matado a mi hijo! ¡He matado a mi hijo!

Un sollozo quedó atrapado en su garganta ronca. Me puse en pie de un salto y lo seguí; el corazón me latía con fuerza. En la habitación de John se arrodilló al lado de la cama y apoyó los codos en ella, mientras se sujetaba la cabeza con ambas manos y se mecía de un lado a otro, sollozando. Probé de ponerle una mano en el hombro, pero se apartó, diciendo con una voz normal, en voz baja:

–No, por favor, por favor... déjame solo. Sé que... no hay nada que tú... estoy bien, de verdad...

Era incapaz de estarme quieta en ningún lado, así que me puse a hacer cosas en la cocina, el dormitorio, recé para mí y escuché. De nuevo, Neal recorría el pasillo hacia la sala de estar, se agarraba la cabeza, cruzaba los brazos y se inclinaba, se enderezaba, echaba la cabeza hacia atrás y no dejaba de repetir: «¡He matado a mi hijo, he matado a mi hijo!» ¿Qué podía querer decir con eso? ¿Qué estaba pensando? En un fogonazo vi a

John hecho trizas por las cuchillas de la rueda de un carro. ¿Era eso lo que Neal estaba recordando? Ojalá pudiera interrogarlo. Volvió a inclinarse hacia la cama de John, meciéndose y murmurando de manera ininteligible a través de sus sollozos. ¿Por qué yo no podía hacer nada?

Luego oí abrirse la puerta principal, y John y Jim entraron corriendo y se dirigieron directamente a la habitación de John. Solté un grito ahogado y corrí para intervenir, pero cuando llegué vi que Neal salía de la habitación cuando los chicos se acercaban. Neal sonrió, salió y los saludó calurosamente. Luego se volvió hacia mí.

–Oye, será mejor que me lustre los zapatos negros para mañana, ¿siguen aquí?

–Sí cariño; pero ya te los lustraré yo, como hago siempre.

Neal se quedó de pie, apoyado contra el marco de la puerta de la cocina, tan genial y encantador como antaño, mientras yo colocaba unos periódicos en el taburete y le lustraba los zapatos. Experimenté otro de esos saltos en el tiempo. John estaba metiendo la guitarra en el estuche, charlando con Jim, y luego se acercó para despedirse y contarme sus planes para mañana.

–Adiós, hijos –les dijo Neal–, os veré mañana por la noche después del trabajo.

Guardé el betún y comencé a preparar la cena para los dos. Me pareció una extraña coincidencia que tanto Jami como John pasaran la noche fuera; no solían dormir fuera a menudo, y casi nunca al mismo tiempo.

Ahora Neal miraba por la ventana delantera, y de nuevo podía percibir su nerviosismo. Durante la cena apenas picoteó la comida, algo que nunca le había visto hacer, y él no parecía darse cuenta de mi presencia, sino que estaba sumido en sus pensamientos. Luego, de repente, se puso de pie y empujó la silla hacia atrás.

–Tengo que lavarme el pelo –dijo con una voz monocorde, y salió disparado hacia el cuarto de baño y abrió la ducha con fuerza.

Mi aprensión aumentó cuando recogí la mesa y lo oí. Neal

estaba en la ducha, pero no se estaba lavando el pelo. Gritaba y golpeaba las paredes, y se le oía por encima del sonido del agua. Todavía no me había dado al pánico, algo que me sorprendió, pero desde luego estaba aterrada. Fui al teléfono y marqué el número del Ministerio de Oración de la Iglesia de la Unidad, en Missouri, algo que nunca había hecho antes ni he vuelto a hacer, pero tenía que recurrir a alguien. Recuperé cierta calma cuando tuve que hacer la petición, y enseguida escuché una voz tranquilizadora que decía: «Rezaremos, sabiendo que su marido está rodeado por la protección de Dios y rodeado por su amor; su mente está curada». Me senté a la mesa otra vez, con los ojos clavados en la puerta del baño; y repetí una y otra vez esa frase, borrando todos los demás pensamientos y manteniendo mis miedos a raya.

Al cabo de un par de minutos la ducha se cerró. Ahora escuchaba a Neal caminando de un lado a otro en el baño, prosiguiendo su conversación unilateral con el diablo, aunque ahora en voz más baja. A los pocos minutos salió, la cara pálida pero serena. Se sentó a la mesa, a mi lado, y cogió su camisa para sacar el diminuto Nuevo Testamento que siempre llevaba en el bolsillo. Cerró los ojos, abrió el libro al azar y se puso a leer. «No tengas envidia de los malos, no desees estar con ellos, porque su corazón trama violencias, y sus labios hablan de desgracias.» Neal dejó de leer y me miró con la boca abierta, afligido, pero enseguida asintió y continuó: «El que guarda la ley es un hijo inteligente, el que frecuenta orgías es la deshonra de su padre. El que aparta su oído para no oír la ley; hasta su oración es abominable». Neal cerró lentamente el libro, asintiendo, y susurró: «¿Ves? Quiero ir a la cama. No me dejes».

Abrí una de las camas gemelas de la habitación de John mientras Neal se quitaba los tejanos y se metía dentro.

–Por favor, quédate conmigo, cariño –dijo con tristeza, mirándome con nostalgia. Las camas gemelas estaban en el rincón, cabezal con cabezal, así que me acosté en la otra boca abajo y con el brazo extendido. Él lo agarró con las dos manos, apoyó la mejilla y se durmió. Yo me quedé en esa posición hasta que se me durmió el brazo, y tuve que soltarme. Nunca había visto a Neal dormir tan profundamente. No había señal de respiración, algo insólito porque la nariz siempre le daba molestias, y de no haber sentido algo de calor, habría pensado que estaba muerto.

Así permaneció toda la noche, y a las seis en punto de la mañana siguiente lo desperté como había pedido, aun cuando dudaba de que pudiera seguir adelante con su plan de ir a trabajar. Pero se puso en pie de un salto, despierto y simpático. Se vistió con esmero, se afeitó y se pasó un buen rato peinándose, como antes, mientras yo preparaba un copioso desayuno. Según todos los indicios, estaba totalmente normal y listo para un día en la vida del ferroviario medio. No me atreví a mencionar lo ocurrido la noche anterior. Mientras sorbía el café que le quedaba, vio el coche que venía a buscarlo aparecer por el camino de entrada. Me dio un beso húmedo y salió corriendo, gritando:

–Recuerda, volveré esta noche, cariño, después de que me contraten.

Cerré la puerta y me senté a pensar. ¿Quería empezar de nuevo? ¿Podía conseguir que lo contrataran? Y si lo hacían, ¿continuarían sus conversaciones con los demonios o lo que fueran? Me parecía una posibilidad bastante remota que pudiera volver al ferrocarril así como así, o que pudiera quedarse, pero a veces detestaba tener razón.

OCHENTA

Dos semanas después, John y Jami pasaron un día en San Francisco con algunos de sus amigos, y uno de ellos era Kym. Por la noche volvieron a casa temprano y corrieron hacia mí emocionados para decirme que se habían topado accidentalmente con Neal. Caminaban por una calle de Haight-Ashbury cuando vieron aparcar el autobús de Ken y salir a los Bromistas. Neal iba al volante.

Tanto John como Jami lo saludaron efusivamente, pero dijeron que él se había portado con mucha naturalidad, sin mostrar sorpresa. Le preguntaron dónde había estado, por qué no había regresado a casa aquella noche, y si no lo habían vuelto a contratar. Neal se lo pensó un momento y dijo:

–Ah, sí, eso. No, no fui. La policía me arrestó. Acabo de salir. –Siguió jugueteando con algo que tenía en el salpicadero.

Ken los llamó:

–Nos vamos, ¿queréis venir con nosotros? –La alegre banda caminaba hacia un edificio que parecía una iglesia antigua. Todos menos John se unieron a ellos, y también Neal, pero John dijo que prefería «vigilar el autobús». Fue el equipo de sonido lo que lo fascinó.

Dentro del salón desnudo, decorado con artilugios de moda, pósters y pintura fluorescente, de desperdigaban colchones por el suelo. La principal atracción eran los tanques de óxido nitroso, o «gas de la risa» como lo llamaban. Para que yo no me enfadara, Jami tenía miedo de decir que lo había probado, pero luego confesó que sí lo había hecho. «Yo solo le di un par de bocanadas, pero no me gustó, y parecía que no pasaba nada.» Kym, sin embargo, insistió porque quería obtener resultados, y Ken la animaba. Jami dijo que ella era un poco reticente, porque cada vez que ella y John habían estado con Neal y les había ofrecido marihuana, les había parecido que él preferiría que no la probaran, y, por complacerlo, siempre se habían negado. Esa era una noticia sorprendente, pero que me alegró.

Hoy, sin embargo, Jami, al borde de las lágrimas, dijo que Neal no la había reconocido. Siguió hablando cariñosamente con Kym y llamándola «Jami». A Jami le dolió profundamente, no tanto por ella misma, sino por cómo se sentiría Neal cuando se diera cuenta de su error, si llegaba a darse cuenta. Pobre Neal. Me dije que ojalá nunca se enterara.

La tarde siguiente estaba sentada en la sala, leyendo, cuando me di cuenta de que un coche había pasado dos o tres veces por delante de la casa. Me levanté para mirar más de cerca y vi que era Neal conduciendo con una chica sentada a su lado. ¿Qué demonios pasaba? Salí a la carretera. Neal dio marcha atrás al ver que me acercaba, pero no pareció que fuera a aparcar. Iba descalzo, con el torso desnudo; no llevaba nada más que unos tejanos. Cuando llegué al coche, se inclinó hacia adelante, por encima de la chica, que aparentaba unos dieciocho años, y tenía el pelo largo y rubio y vestía el mono blanco de los Bromistas.

Le dije:

–¿Qué estás haciendo, Neal? ¿Por qué no entras? Entra y hablaremos.

Se le veía tan extraño, sombrío, pero como si tuviera un secreto que compartir, y estuviera enfadado. La chica me miró con aire acusador. Traté de mostrarme amistosa y despreocupada, pero un mal presentimiento me aceleró el corazón.

–No gracias, me quedaré aquí. ¿Que pasa? ¿Qué quieres?

El rostro de Neal se puso rígido, apretó la mandíbula y me soltó:

–¿Qué pasa con tu hija, eh? ¡Toma drogas! Sí... ayer en la ciudad.

–¿Qué? ¿Qué quieres decir? –Neal hacía avanzar y retroceder el coche, balanceándome con él.

–Sube.

–No quiero subir. Si tienes algo que decirme, aparca el coche y sal. No te entiendo.

La chica acudió al rescate.

–Jami, tu hija, toma drogas. ¿Cómo se lo permites? No debería, sabes. Es demasiado joven. –Tiró la ceniza de su cigarrillo mientras yo la miraba boquiabierto. Era todo una chaladura, especialmente porque me di cuenta de que estaban hablando de Kym.

–Mira Neal, lo sé todo. No fue Jami, fue Kym. Yo no estaba allí, pero tú, su padre, sí. ¿Entonces? –Procuré ignorar a la adolescente y su arrogante mirada. Neal no respondió. Todavía parecía enojado, pero ahora también confundido. Estaba cada vez más asustado. Por la expresión de ambos pude adivinar que debían de haber venido a toda velocidad desde San Francisco o tal vez desde Palo Alto para darme esa noticia urgente. ¿Por qué clase de tortura estaba pasando Neal ahora?

–¿Solo has venido para eso? –Intenté parecer amable, lograr que me comprendiera de alguna manera–. Está bien, Neal, Jami está bien. Gracias por tu preocupación, pero no pasa nada. Ahora tengo que irme, adiós. –Di media vuelta y volví corriendo a la casa, y gracias a Dios, Neal apretó el acelerador y se alejó a toda velocidad.

En 1967 ya no recibimos ningún mensaje especial ni noticias de Neal ni por las vacaciones ni por los cumpleaños, pero yo sabía que, si podía, estaba pensando en nosotros, y nosotros lo incluimos aún más en nuestros pensamientos y oraciones. Durante varios meses le había insistido para que se fuera a México y la ley no pudiera atraparlo. Imaginé que la red se estaba cerrando, y J. B. había llamado para decir que tenía una casa alquilada en San Miguel de Allende y que Neal podía utilizarla cuando quisiera. Tenía una máquina de escribir y todo lo que él pudiera necesitar. Ella no podría ir hasta primeros de año. Como no supimos nada de Neal en Navidad, pensé que tal vez se había ido, y me sentí aliviada. Me equivoqué. Llamó por teléfono la última semana de diciembre y me preguntó si podríamos vernos en Nochevieja. No era una de nuestras fechas especiales, y me pregunté por qué no la iba a pasar con sus amigos. ¿Contemplaba quizá otro intento de «comenzar de nuevo»? Fuera cual fuera su propósito, accedí a encontrarme con él en casa de un amigo, pensando que no se presentaría.

Mientras me preparaba para ir, pensé que era curioso que todavía me emocionara la idea de ver a Neal a solas, aunque no tenía ninguna idea preconcebida. Puesto que él había elegido la fecha, tal vez sintiera cierta nostalgia romántica. Cuando llegué había entrado en un estado de impaciencia sentimental.

Ya había otra pareja, con la que nuestro amigo y su esposa planeaban salir de celebración. Cuando me presentaron, supuse, por su aspecto y expresión estupefacta, que todos se habían precipitado un poco. Neal también estaba allí, sentado en una butaca delante del sofá, al otro lado de la habitación. Fui a sentarme con él, con mi sonrisa más acogedora. Me saludó con cierto desinterés, y al mirarlo temí que no me hubiera reconocido después de tanto tiempo.

Pero sí, me había reconocido, pero no estaba muy emocionado. Estaba escuchando el estéreo, mirando al vacío, e hizo un comentario que podría estar dirigido a cualquiera o a nadie. Luego comenzó a tararear la música, y su mirada de vez en cuando caía sobre mí como si fuera un peatón que pasa por allí. Hice algunos esfuerzos para intentar conectar con él, pero no lo conseguí.

Deseaba que todos se fueran... que salieran, como habían dicho que tenían planeado. Lo único que yo podía hacer era sentarme y esperar, y como no estaba al tanto de lo que hablaban, mis réplicas eran limitadas, y me estaba decepcionando rápidamente. Mis expectativas románticas se estaban convirtiendo en sentimientos igualmente románticos de rechazo, aunque sabía que eran injustificados.

Entonces, para mi consternación, dio la impresión de que

ninguno de ellos había cenado, aunque ya eran más de las nueve. La esposa le llevó un plato de comida a Neal y a los demás, y tranquilamente todos comenzaron a comer. Neal movía el tenedor al ritmo de la música, tarareando entre bocado y bocado, y seguía sin mirarme a los ojos. Para armarme de un poco más de paciencia, intenté mirar una revista, pero la iluminación era demasiado tenue, y además ¡no tenía ganas de mirar una revista!

Por fin se recogieron los platos y el grupo se marchó. Miré a Neal, ahora para que me revelara la razón urgente de ese cara a cara, pero seguía sin incluirme en su campo de visión. Después de un minuto más o menos le dije:

–Bueno, si solo querías verme para esto, tengo otras cosas que hacer en casa –y me levanté del sofá.

Neal no dijo nada, pero se levantó y tiró suavemente de mí en dirección al sofá, y acto seguido se echó con la cabeza en mi regazo. Cerró los ojos, estrechó mi mano sobre su pecho y dijo:

–Por favor, hábleme de los niños... de ti... de todo lo que has estado haciendo.

Su voz sonaba cansada. Para complacerlo, desenterré todas las trivialidades que componen la vida cotidiana de una familia con niños que crecen. Aunque seguía con los ojos cerrados, ahora estaba más receptivo, y si hacía una pausa o hablaba como si a él no le importara lo que decía, me azuzaba repitiendo mis últimas dos palabras o hacía una pregunta. Durante un rato aquello me compensó, pero pronto me harté y me aburrí, y no quería profundizar demasiado en los problemas con los niños, casi todos resultado de tener que afrontarlos yo sola. Intenté cambiar de tema, pero él se mostraba evasivo o respondía con monosílabos.

–Neal, cariño, ¿no vas a ir a México? ¡De verdad, deberías ir!

–Sí, sí –suspiró–. Pero primero tengo que ir a la ciudad y conseguir dinero. –¿Otro retraso? ¿Ahora por el dinero? ¿Por qué lo retrasaba tanto?

–Neal –me lamenté–, cada día que pasa y cada viaje que haces a la ciudad solo sirve para aumentar las posibilidades de que te arresten. Seguro que ya lo sabes.

En lugar de responder, dijo con toda naturalidad:

–Tengo que tomar un baño.

Se levantó y entró en el cuarto de baño adyacente. Sin saber muy bien cómo tomármelo, lo seguí. No dijo más: empezó a llenar la bañera, se desnudó y se metió dentro. Me senté un minuto en el borde por si había algo más que quisiera decirme. Apoyó la cabeza contra la pared, cruzó las manos sobre el pecho, miró al vacío durante un minuto, y después cerró los ojos y siguió tarareando. Concluí que se había acabado la audiencia.

–Bueno, Neal, supongo que me voy.

–Ah, sí... gracias, querida... –Aún tenía los ojos cerrados, pero me dio una palmadita en el brazo.

–Adiós, Neal. Feliz... feliz año nuevo.

–Mmmm.

Pasaron tres semanas y no supe más de él. No pensaba que esa falta de noticias augurara algo bueno. Entonces Neal telefoneó. Estaba en Los Ángeles, en casa de una pareja que, como tantas otras, había conocido y respondido a su encanto, aunque ellos no entendieran mucho su carácter. Es decir, publicaban un vulgar periódico underground como tantos otros que se habían hecho populares en este momento y le habían ofrecido un trabajo, sin saber la aversión que Neal sentía por esos periódicos. Acababa de decirme dónde estaba cuando le supliqué:

–¡Ay, Neal! ¿Todavía no estás fuera del país? Pobrecillo... Por favor deja de tentar a la ley. ¿Quieres que te atrapen? Ve a México. Quédate en casa de J. B., relájate al sol y recupera la salud. Entonces podrás volver a escribir. Puedes hacerlo, cariño, si no por ti, hazlo por nosotros.

¿Estaba escuchando? Hubo una larga pausa, luego, como si fuera algo definitivo, dijo:

–Vuelvo a casa. –Oh Dios, ¿y ahora qué? Me tragué el nudo que tenía en la garganta e intenté hablar con naturalidad.

–Neal, cariño, ya sabes que...

–¡Vuelvo a casa! –Más decidido. Más definitivo, aunque a punto de ser un grito. No digas eso, deja de decir eso. Qué estaba haciendo, obligándome a decir no otra vez. Ya había visto antes cómo me afectaba eso. Y ahora me lo pedía de nuevo, y con tanta desesperación. ¿Qué podía decirle? No podía hacer nada para calmar su tormento.

–No, Neal, querido. Por favor, vete a México primero a reponerte. Y solo después vuelve a casa; sabes que te estaremos esperando.

–Tengo que volver a casa ahora. –Percibí el esfuerzo que estaba haciendo por controlarse. Me temblaban las manos.

–Neal, por favor, por favor... –Hubo una larga pausa.

–Bueno... tal vez... tal vez por mi cumpleaños... –El resto lo dijo en un murmullo, pero había un deje de desafío en su tono.

–Sí, sí, Neal... ¡Dios te acompañe! –Colgó bruscamente.

Más tarde me enteré de que no le dejaron pasar en la frontera por su aspecto, pero había conseguido contactar con un equipo de filmación, que lo llevó con ellos.

Lo había ido retrasando tanto que cuando llegó a San Miguel J. B. ya estaba en la casa. Ella me había llamado para averiguar dónde estaba Neal. Le dije lo poco que sabía, pero no pude explicarle por qué Neal se lo estaba pensando tanto.

–Bueno, de todos modos –dijo J. B. alegremente–, mis voces me dicen que está bien.

–¿Ah sí? Eso son buenas noticias. Las últimas veces que lo he visto, su mente parecía bastante confusa. Me temo que las drogas le han pasado factura.

–Para nada. Va a curarse del todo. Volverá a escribir e irá mejorando. Dentro de los próximos seis meses, dicen. –Ella se mostraba confiada.

J. B. volvió a llamar menos de dos semanas después. Era un domingo por la mañana, 4 de febrero, cuatro días antes de que Neal cumpliera los cuarenta y tres. En un estado casi de shock me dijo:

–Carolyn... Neal ha muerto.

–¡Gracias a Dios! –susurré–. Por fin liberado. Dios es misericordioso. –Las voces de J. B. quizá habían dicho la verdad, después de todo. Estaba curado, y estaba en «casa» de verdad... y por su cumpleaños.

OCHENTA Y UNO

Jami, John y yo estábamos terminando de desayunar cuando llamó J. B. Se lo dije en voz baja, aunque ya lo habían adivinado, y nos sentamos unos momentos en silencio y rezamos. La dulce Jami tenía lágrimas en la cara; su cálido corazón siempre rebosante de emoción. John miraba al vacío. Por supuesto, no lo asimilamos todos al mismo tiempo; tardó meses en convertirse en un hecho. Neal había estado ausente gran parte de nuestra vida, y por suerte no hubo ningún cambio repentino en nuestras rutinas. Solo a medida que pasaba el tiempo lo extrañamos y recordamos hasta qué punto había sido parte de nuestras vidas. Cuando no podía reprimir el llanto, sabía que no era por él, sino por la luz dorada que había sido su regalo, y por el sueño que nunca llegué a cumplir.

Esa misma tarde, J. B. volvió a llamar, bendita sea. Me había olvidado por completo de la mecánica de la muerte, y yo no sabía nada de ella, ni siquiera en este país, por no hablar de uno extranjero.

–¿Qué debo hacer? –¿Me lo preguntaba a mí? Pero ella ahora parecía mucho más sensible y eficiente, y dijo que se encargaría de todo; yo no tendría que hacer el viaje hasta allí.

–Vale, J. B. Sabes que hay que incinerarlo. ¿Puedes encargarte?

–¿Incinerarlo? ¿Por qué incinerarlo?

–No te preocupes. Me lo hizo prometer. Averigua cómo hay que hacerlo, ¿de acuerdo? Y, querida, no sabes cuánto de lo agradezco. ¿Qué habría hecho sin ti? –Ella hablaba español y conocía la ciudad, así que si era capaz de mantener la calma sería más útil que yo. El amigo abogado de Ken, Paul Robertson, amablemente aportó la ayuda económica necesaria.

Por mi parte, tenía que pensar a quién decírselo. Primero a los Hinkle, que compartieron mis sentimientos, y luego a Allen y a Jack. El último número de teléfono que Allen me había dado ya no existía. Al no figurar en el listín, no había forma de encontrarlo. Las operadoras de Nueva York y sus supervisores fueron admirablemente inflexibles a la hora de proteger su intimidad. A base de grandes lamentos, por fin conseguí que una operadora con acento español accediera a llamarlo, darle mi mensaje y pedirle que me devolviera la llamada. Así lo hizo. Allen estaba apagado, fatalista, triste. Ya había visto otras muertes.

Luego llamé a Jack. No estaba en casa, pero la operadora le dejó el mensaje a Stella, su esposa, de que me llamara. Unos pocos años antes, Memere había tenido un derrame cerebral, y para cuidar de ella Jack se había casado con un miembro de la familia Sampas, con quien había crecido en Lowell. Pasó el lunes y Jack seguía sin llamar. Pasé el día preguntándome por qué, y al final decidí intentarlo de nuevo; no pude dejar que se enterara de la muerte de Neal por otro.

Esta vez Jack cogió el teléfono. Acababa de darle la noticia cuando Stella comenzó a gritar detrás de él:

–Jacky, Jacky, basta...

Él le gritó:

–¡Cállate... Neal ha muerto! –Se escuchó una riña y ella cogió el teléfono, y no paró de disculparse por no haberle dado mi mensaje.

–Pero ya ves, si no lo impidiera, se lo gastaría todo en llamadas telefónicas... no tenía ni idea... –La comprendía, y le dije que me alegraba de que Jack tuviera a alguien que lo protegiera de sí mismo. Jack se volvió a poner, ya mucho más sereno, y me dijo todas las cosas hermosas que yo quería oír sobre Neal, pero no se podía creer que Neal realmente se hubiera ido para siempre.

–Es solo un truco, está escondido en alguna parte, quizá en Tánger. –Cada vez que intentaba hacerle ver que era lo mejor que podía haberle pasado, me interrumpía y seguía perorando.

Durante días y semanas aumentaron las llamadas de J. B. y la confusión. Me dio tres versiones diferentes de la causa de la muerte de Neal y de las circunstancias que la precedieron, y lo único que no variaba era que ella y Neal habían reñido la noche anterior, poco después de su llegada, y que Neal se había ido de casa enfadado.

–Ya ves –repetía a menudo–, siempre que se irritaba conmigo, me identificaba contigo. –Lo dejé pasar, aunque ella tenía otras alucinaciones que me molestaban más. Decía que podía «ver» a Neal y escucharlo. Cuando se miraba en el espejo, veía la cara de él en lugar de la suya propia. Cada vez estaba más inquieta; quizá debería ir a encargarme yo misma de todo. Pero no podía ausentarme del trabajo tanto tiempo, y no tenía dinero. Tenía que confiar en ella.

Su versión final fue que Neal se había tragado muchos «rojos» y había salido furioso para ir a buscar su equipaje, que había dejado en la siguiente estación, Celaya. De camino se había dejado arrastrar a una boda, donde había bebido alcohol. Lo dudaba, sabiendo lo mal que le sentaba el alcohol, aunque probablemente habría bebido un poco de vino si le hubieran pedido que brindara por la novia, aunque supiera que la combinación de Seconal y alcohol era letal. ¿Podía haberlo hecho a propósito? Probablemente no, pensé, conociendo sus creencias sobre el suicidio.

El informe de la autopsia solo decía que todos los sistemas se habían «congestionado», cosa que podía haber sido debido por causas diversas, como una insuficiencia renal. No nos dejaron ver el informe del laboratorio, porque, dijeron, había tomado drogas, y era extranjero. Así que nadie sabrá jamás la causa exacta. Lo habían encontrado a la mañana siguiente, todavía vivo, a unos metros de la ciudad, junto a las vías del tren, pero murió poco después en el hospital.

J. B. llamó unos días después.

–¿Estás segura de que debería hacer que lo incineraran? Para eso tendrán que enviarlo a Ciudad de México.

Comprendí que todo aquello era muy molesto.

–Sí, J. B. Es imprescindible, lo siento. La teoría es que el fuego purifica las células del cuerpo y hace que la transición sea más rápida y facilita que el alma se libere de la materia, y Neal lo creía. Como no podemos probarlo, tendré que aceptarlo como artículo de fe, como los hindúes, y hacer lo que Neal insistía tanto en que se hiciera. –Suspiró pero dijo que lo seguiría intentando.

Yo no estaba familiarizada con la burocracia a la que ahora tenía que enfrentarse J. B., aunque conociendo su extraña manera de pensar y el cariño que sentía por Neal, me acabé de convencer de que nunca vería esas cenizas. Habían pasado más de dos meses.

En esa época vivía conmigo una amiga escritora, Florence, que recordaba haber conocido a un hombre que trabajaba en la embajada de Estados Unidos en Ciudad de México. Lo llamó por teléfono y le preguntó si había alguna manera de interceptar el proceso, de que en lugar de enviar las cenizas de regreso a San Miguel, me las enviaran directamente a mí. Sorprendentemente, dijo: «No hay problema. Será un placer ocuparme».

Nunca volví a saber de él, y nunca recibí el paquete. ¿Qué estaba pasando en México?

Después de varias semanas de sufrimiento, J. B. telefoneó desde Los Ángeles. Ella y las cenizas estaban a salvo dentro de las fronteras de Estados Unidos, y vendría en avión a San José. Accedí a recogerla en el aeropuerto. Una etapa más del viaje. ¿Cambiaría de opinión?

La noche de su llegada, Flo vino conmigo a recogerla. J. B. había dicho que llevaría tejanos, pero esa fue toda la identificación que me dio. Ya había oscurecido, y giramos hacia la entrada de la terminal, donde tuve que dar un volantazo para evitar el montón de harapos y de pelo de alguien que tocaba la armónica en una cacofonía.

Flo comentó:

–Mmm, no se suelen ver hippies por aquí.

Pasé lentamente por todas las salidas de la terminal iluminada, y las dos observamos a los pocos pasajeros para ver si descubríamos a una chica en tejanos. No había ninguna. En el mismo instante y con el mismo pensamiento, Flo y yo nos volvimos, y conduje de regreso a la entrada y me detuve junto a la figura sentada en el bordillo. Metió la armónica dentro de un gran poncho holgado y se volvió para recoger una bolsa tejida y un bolso en bandolera, todo ello sin soltar una gran caja de madera que sujetaba debajo del brazo. Consiguió subirse al coche sin que se le cayera, y durante todo el camino a casa la tuvo abrazada. Yo no tenía la menor duda de lo que contenía esa caja.

Charlamos de manera amistosa y, en general, coherente de camino a casa, y no dejé de repetirle lo mucho que se lo agradecía, y se lo decía de corazón, y esperaba que de manera justificada. En casa, hice pasar a J. B., cerré la puerta, le sonreí y le dije:

–Deja que me encargue de la caja. Has estado simplemente maravillosa; nunca seré capaz de agradecértelo lo bastante.

Alargué los brazos, pero ella vaciló, mirando a Flo y luego a mí, sopesando la situación. Gracias a Dios que éramos dos. Con cierta resistencia, entregó poco a poco la caja de madera pulida. Sin querer delatar mis recelos, la puse sobre la mesa a la vista de todos, y la invité a sentarse en el sofá.

–Tomemos una copa de vino para celebrarlo, ¿de acuerdo? Y para animarte un poco después de tu agotador viaje. –Fui a la cocina, Flo se acomodó y encendió un cigarrillo, y J. B. se sentó con cautela en el borde del sofá.

Neal y yo habíamos llegado a creer firmemente que la muerte no existe: solo la de la carne, y que el alma de una persona recibe una misericordiosa atención durante la transición al nuevo estado de consciencia. También coincidíamos en que el dolor y el duelo solo ralentizan el progreso del alma y refuerzan cualquier atadura que mantuviera en la tierra, que había que romper rápidamente. No dudo que para nosotros era más fácil que para otros aceptar esa idea, ya que ninguno de los dos había tenido que hacer frente a una muerte traumática, y para mí ahora era un gran consuelo. J. B., por otro lado, era más de la opinión de que la caja que había sobre la mesa contenía al Neal que ella había conocido.

Hicimos todo lo posible para quitarle esa idea de la cabeza, pero también para sondear sus planes. Gavin se había ofrecido a alojarla temporalmente –hacía tres meses–, pero esa noche ya era demasiado tarde para llevarla a San Francisco, y J. B. seguía produciéndome la inquietante impresión de que ella, junto con las cenizas, había llegado a su destino y pretendía quedarse. Traté de quitarle también esa idea:

–Bueno, J. B., me temo que tendrás que quedarte aquí esta noche. Traeré el saco de dormir. Me han dicho que el sofá es muy cómodo.

Mis actos se correspondieron a mis palabras, y Flo fue a buscar una almohada. Cuando hube extendido el saco de dormir; recogí la caja de madera.

–Voy a guardar esto ahora –dije con toda la naturalidad que pude–. No creo que lo queramos tener en medio de la sala, sobre todo cuando los niños vuelvan a casa mañana. Es un poco morboso que esté aquí delante en este momento, ¿no crees?

Le sonreí a J. B. mientras me dirigía a la parte trasera de la casa. Se medio levantó del sofá, pero se hundió sin responder ¿Iba a reñir conmigo por eso? Aún no. Puse la caja en un archivador metálico de la habitación familiar y lo cerré con llave.

Una vez más, di gracias al cielo de que Flo estuviera en casa y los niños no, pero sin embargo pasé una noche inquieta y a la mañana siguiente me levanté temprano. J. B. también parecía impaciente por levantarse, y se puso a dar vueltas por la casa a paso vivo mientras yo preparaba el desayuno. Ella estaba alegre, y se esforzaba por ser más amable.

–Dime –me abordó en la cocina–, ¿te metiste dentro de mi cuerpo anoche? –Se me cayó la cuchara. Y eso fue solo el comienzo. Cuando terminamos de desayunar, yo estaba temblando. Por teléfono al menos había parecido capaz, casi siempre, de comunicarse sensatamente conmigo. Ahora me estaba costando hilvanar sus frases en un discurso coherente. De repente estallaba en una risa convulsiva o se ponía a cantar sin motivo aparente. Reconocí algunas referencias a la astrología y a otros fenómenos ocultos, pero ¿qué estaba diciendo? Me daba vueltas la cabeza mientras me esforzaba por responder. Flo y yo intercambiamos miradas siniestras, y Flo se alegró muchísimo de tener casi todo el día ocupado.

Yo tenía el día libre, y traté de pensar en lo que podía hacer mientras tenía a J. B. en casa, y al mismo tiempo para animarla a pasar página. Varias veces había sacado a colación el tema de sus planes inmediatos y futuros, ofreciéndome a acompañarla a algún autobús, tren o avión, pero ella cada vez escurría hábilmente el bulto. No quería ser grosera, le debía demasiado.

La semana anterior yo había comenzado a trabajar en un gran cuadro. Ahora parecía un buen momento para sacarlo y continuar. Espontáneamente acercó una silla, y no pareció importarle que no dijera nada mientras parloteaba a su manera errática y sin sentido, entremezclando su perorata con tremendas carcajadas y canciones. Aquello era muy molesto, y la tensión me estaba formando un nudo en el estómago. Más o menos cada hora abandonaba su monólogo y decía: «¿Dónde están las cenizas?»

Cada vez que yo le respondía, como un loro: «Las he guardado, J. B., olvidémonos de ellas y no seamos morbosas», ella me contestaba: «¿Qué vas a hacer con ellas?», y yo decía: «Todavía no lo sé. Tendré que pensarlo y consultarlo con los niños. Estas cenizas no son Neal, J. B., pero supongamos, simbólicamente, que ahora está en casa como él quería... y donde le queremos».

Casi sentía náuseas cada vez que tenía que repetirlo. Más

tarde J. B. probó una táctica diferente, pero no di mi brazo a torcer: «Las he guardado, y allí se quedarán».

Ese fue posiblemente el día más largo que recuerdo. Cuando Flo llegó a casa, tenía lista la cena, y la seguí al dormitorio para consultar con ella. Sabía que no aguantaría otra noche con J. B.

–Creo que está planeando quedarse a vivir aquí, junto a las cenizas, pero, créeme, un par de horas más con ella y es a mí a quien tendrás que llevar al manicomio.

Flo se mostró comprensiva y accedió a hacer lo que hubiera que hacer, pero no la entusiasmaba emprender una aventura nocturna, pues tenía obligaciones a primera hora de la mañana. La única solución que se me había ocurrido era coger a J. B. y llevarla a San Francisco.

La providencia intervino en forma de un viejo amigo y amante, Paul. Era un hombre grande y fuerte, aunque para nada agresivo, pero J. B. no lo sabía. De haberlo conocido, lo habría identificado como un Leo de la variedad gatito. Paul se pasó por casa para devolver un libro que había cogido prestado, e inmediatamente le insistí para que me ayudara. Accedió a llevarnos a mí y a J. B. a casa de Gavin. Puse los platos en el fregadero y dije alegremente:

–Vamos, J. B. Sé que estás impaciente por ponerte en marcha. Gavin me ha dicho que espera tu visita, y Paul se ha ofrecido a llevarte, ¿no es estupendo? ¡Qué casualidad! Y no tendrás que pagar nada.

Forcejeé con mi abrigo, y Paul y yo nos dirigimos a la puerta, abriéndosela para que saliera. Lentamente, reunió sus cosas, aunque me di cuenta de que su mente no descansaba.

–¿Puedo ver las cenizas una vez más?

–No, J. B., lo siento. Te lo he dicho una y otra vez... Por favor, trata de dejar de pensar en las cenizas y el cuerpo de Neal y piensa en su espíritu vivo... que todavía está con nosotros. Estoy segura de que él lo preferiría, y tú también serás mucho más feliz. ¿Lista?

Salí por la puerta y Paul esperó a que ella fuera delante.

De camino a la ciudad nos entretuvo con su armónica, que obviamente había aprendido a tocar con los Bromistas. Traté de ayudarla a construir alguna identidad propia, independiente de Neal, y de que sus pensamientos apuntaran hacia adelante. Dudo que me hiciera mucho caso, pero deseaba poder hacer algo para compensarla por haber traído las cenizas.

En casa de Gavin me encontré con otro breve contratiempo. Dijo, delante de J. B. y de varios invitados a cenar, que no tenía ninguna cama libre. ¡Oh no, solté con un grito ahogado, no podía llevármela de vuelta! Entonces un joven, a quien le estaré eternamente agradecida, habló con extraordinaria caballerosidad y le ofreció su habitación para pasar la noche. Los modales impecables de Gavin no le permitieron objetar, y, aprovechando esa ventaja, le dije a Paul que tenía que volver corriendo a casa.

–Mañana trabajo, sabes.

Gavin nos acompañó a la puerta y le relaté un breve resumen de las tribulaciones que acababa de experimentar con J. B. y las cenizas. Lo comprendió y perdonó que quisiera dejar a J. B. allí con aquellas prisas tan poco corteses y sin previo aviso.

Gavin sonrió irónicamente:

–Todo esto me recuerda la batalla por conseguir las cenizas de D. H. Lawrence en Nuevo México. Frieda movilizó a un grupo de navajos para asegurarse de que los indios pueblo de Mabel no interceptaran las cenizas mientras iban de Taos al rancho de Lawrence, cerca de la frontera de Colorado. Me han contado la historia las dos partes.

El camino de vuelta a casa fue un largo suspiro de alivio. Todo había terminado.

Dos semanas más tarde sonó el timbre, y al abrir la puerta me encontré con J. B.

–Quiero decirle «adiós» a Neal. Quiero ver las cenizas una vez más. Mañana me voy a recorrer el país. –Había venido en autoestop para ver las cenizas. ¿Para verlas o para recogerlas? En cierto sentido, me pareció que tenía derecho, considerando el papel que había desempeñado para obtenerlas, pero seguía temiendo una batalla que no podría soportar. Hice acopio de mis exiguas defensas. Me planté en la puerta. Me empujó, pero yo no me moví y mantuve la puerta abierta.

–No, J. B., lo siento mucho, de verdad, pero ya te he dicho una y otra vez lo que pienso. Tú puedes afrontar la muerte como quieras, pero como conociste poco a Neal, creo que yo sé más que tú lo que él pensaría de este asunto. Honra a Neal de otra manera, si quieres, pero deja en paz sus cenizas.

Ahora me daba bastante miedo. Si había llegado hasta allí, ¿qué no sería capaz de hacer? Yo seguía creyendo que quería quedarse con las cenizas. Nos quedamos mirándonos.

Se me ocurrió que debería preguntarle qué le estaba diciendo Neal. Muchas veces me había dicho por carta que él se comunicaba con ella. También dijo que había sido responsable de que se retrasara tanto en salir de México. ¿Creía que Neal la estaba «guiando»? Se apoyó en el marco de la puerta.

–Debiste de conocerlo muy bien. Qué suerte que pasarais tantos años juntos. Ya sabes lo buen hombre que era y cómo amaba a sus hijos.

–Sí, J. B., lo sé. Y creo que le daría pena que riñéramos... Sobre todo por esto.

Aceptó la derrota y se alejó por el camino de entrada y por la calle que llevaba a la autopista.

No fue a recorrer el país, sino que fue directamente a Nueva York, donde se quedó, que yo sepa. Habría estado dispuesta a responder a sus espasmódicas notas poéticas de haber encontrado algún tema en común.

OCHENTA Y DOS

Día tras día llegaban condolencias de personas muy variadas, y todos recalcaban la tremenda influencia que Neal había tenido en sus vidas. Algunas procedían de personas que yo no había conocido, y me conmovían doblemente, pues en sus últimos años Neal había hecho muchos amigos que ignoraban que tenía una familia. Algunos jóvenes enviaban poemas inspirados, uno muy dulce de Kym, y una carta larga y conmovedora de Gordon Lish, así como de su exesposa.

La prensa nacional no tuvo noticia de su fallecimiento, y yo no esperaba otra cosa, aunque sí se pudo leer los siguiente:

> SAN MIGUEL de ALLENDE, México; 4 de febrero de 1968 (AP)
> Ha muerto en esta ciudad Neal Cassady, de 43 años, de San Francisco, exjefe de tren y relacionado durante mucho tiempo con prominentes miembros de la generación beatnik y hippie. Los informes policiales afirman que Cassady fue encontrado inconsciente pero todavía vivo a primera hora de la mañana junto a las vías del tren. Cassady era amigo del novelista Jack Kerouac y del poeta Allen Ginsberg.

Pero las publicaciones underground y los periódicos locales se mostraron excepcionalmente apasionados en sus elogios. Sin juzgar el mérito personal de Neal, Ralph Gleason, en el *San*

Francisco Chronicle, comentó brevemente: «Solo las publicaciones underground han llorado a este hombre extraordinario, que mantuvo una estrecha relación con dos grandes novelistas y un gran poeta».

Desde el momento de la muerte de Neal, Jack telefoneó con más frecuencia, pero rara vez estaba sobrio, y era siempre de madrugada. A veces decía:

–Neal no está muerto, sabes, ¡no puede estarlo! No, solo quería alejarse de todo. –Y otras veces decía–: Ah, Neal... Me reuniré contigo pronto.

–Jack, no digas eso.

–Sí, es verdad. No tardaré mucho. Me reuniré con él.

–Por favor, Jack, no hables así. ¿Por qué no vienes a visitarme?

–No puedo. Apenas consigo llegar al baño para mear.

–Pues parece que a la nevera sí puedes llegar.

–Sí, sí –se reía–. ¿Sabes lo que bebo ahora? Whisky acompañado de cerveza. El mejor whisky y la mejor cerveza de acompañamiento. Tengo un vasito aquí ahora, querida... Sí, de verdad que es estuuupendooo... pero... ah... sí... si estuviera contigo ahora, nos sentaríamos junto al fuego... tú y yo, ¿eh? Y volveríamos a charlar como antes... –Se quedaba en silencio hasta que yo creía que se había dormido.

–Bueno, Jack, en ese caso, tendrás que volver al vino. No me gusta el whisky.

–Mmmmm. Sí... Bueno... No voy a ir a ninguna parte... solo con Neal.

–¿Has vuelto a escribir? –De nuevo intentaba cambiar de tema.

–Hmm... sí... –Parecía animarse–. Acabo de terminar un libro. Es sobre dos muchachos que hacen autoestop por el sur.

–¿En serio, Jack? ¿No es autobiográfico?

–No. Es... todo infen... inventado.

–¡Bueno, Jack, eso está muy bien! –(¡Qué falsa podía llegar a ser!)– ¿Lo ves? Ya te has quitado de encima todo ese autoanálisis que era una carga... Ahora puedes comenzar una nueva carrera. Me alegro mucho. Siempre he creído que podrías escribir hermosas obras de imaginación... como *Doctor Sax*.

En mi fuero interno me preguntaba si todavía podía hacerlo. Lo dudaba mucho, en su estado. Neal y yo habíamos llorado viendo el lamentable espectáculo que había ofrecido Jack en el programa de televisión de Buckley, aunque algunos de sus comentarios estuvieron bien, como decirle a Ed Sanders que él no tenía nada que ver con «todo ese rollo del beat. Lo único que vosotros queréis es demolerlo todo, y yo quiero edificar». Y decir que lo habían arrestado por deterioro... triste, pero divertido.

En la víspera de Pascua de 1969 me invitaron a cenar algunas personas importantes, interesadas en muchos campos y que conocían a muchos artistas creativos. Los conocía por haber pintado retratos de sus hijos. Lo pasé muy bien, y eso que por lo general odio las fiestas, sobre todo cuando no conozco a casi nadie. Así que para mí fue un singular placer conocer a un grupo de personas que eran todas activas, optimistas y poco críticas, sin rencores ni segundas intenciones. Tal vez, solo tal vez, podía comenzar para mí una nueva vida. Los invitados de honor tenían más de setenta años y seguían llevando una vida estimulante. Toda la *joie de vivre* de esa noche fue un tónico estimulante para mí, pero me pasé un poco con el vino.

Cuando entré en casa a las dos y media de la mañana, me moría de ganas de irme a la cama y se me iba un poco la cabeza. Cómo agradecí que mis sienes palpitantes tocaran la almohada fresca. Pasaron unos minutos antes de que se detuviera el zumbido y cesara la vertiginosa estimulación, y entonces me quedé inerte, fuera de combate.

El timbre del teléfono me llegó de muy lejos, ¿o solo sonaba en mi cabeza? Empecé a recorrer el pasillo cuando otro timbre sonó junto a mis oídos. Corrí, tropezando con la encimera de la cocina, sobre la que estaba el teléfono, y lo cogí, pero no pude sostener la cabeza, que cayó sobre mi codo.

–Diga –susurré.

–Sírvete una copa de vino y habla un rato conmigo. –La

voz de Jack era suave y acogedora, con su hablar arrastrado del sur, con ganas de una larga charla. Oh, ¿dónde estaba su mujer cuando yo la necesitaba?

–Jack, por favor, esta noche no; me acabo de meter en la cama con un terrible dolor de cabeza... Aquí son las tres de la mañana. He estado en una fiesta y ya he tomado demasiado vino... y... ya no puedo más...

–Vamos... quiero hablar contigo.

–No, por favor Jack, lo digo en serio... de verdad que no puedo... ¡ten un poco de compasión! –Temblaba de frío y me castañeteaban los dientes–. Llámame mañana... durante el día, por favor, por favor... –Colgué y corrí de vuelta a mi cama calentita.

El teléfono volvió a sonar.

–Oye... puedes hablar conmigo... sírvete una copa.

–No, Jack, por favor... de verdad que no puedo. ¿Mañana, te parece? Me encantaría hablar contigo, ya lo sabes, pero es un mal momento... de verdad... por favor ¿no puedes pensar en mí esta vez, solo por una vez? ¿No puedes hacerlo por mí? –Sentí cómo crecía mi indignación, y colgué. Dios mío, debían de ser las seis o las siete de la mañana en Florida. ¿Había estado soplando toda la noche? Bueno, diablos, por una vez podía tener un poco de consideración.

El teléfono volvió a sonar. Me tapé los oídos con la almohada y apreté los dientes, decidida a no dar mi brazo a torcer. ¡Oh, Jack, querido Jack, ten piedad, por favor, compréndelo!

No volvió a llamar, y siete meses después se reunió con Neal, tal como había dicho que haría.

ST. PETERSBURGO, FLORIDA, 31 de octubre de 1969 (UPI)

El novelista Jack Kerouac, de 47 años, padre de la «generación beat» literaria en la década de 1950 y padrino a regañadientes del movimiento hippie actual, murió hoy de una hemorragia abdominal masiva. Kerouac, de extracción franco-canadiense, saltó a la fama en 1957 tras la publicación de su novela *En la carretera*. Escribió 18 libros, de los que se vendieron varios millones de ejemplares y fueron traducidos a 18 idiomas. Kerouac y el poeta Allen Ginsberg fueron los profetas del movimiento beat, que floreció en San Francisco y Nueva York.

Al principio me sentí extrañamente sola y distante de su muerte. Un poco resentida, incluso. Entonces me di cuenta de que no había estado cerca ni de él ni de Neal cuando habían muerto: otras mujeres se habían encargado de los pormenores de su fallecimiento. Pero en vida yo había estado más cerca que nadie de los dos. Bueno. Así son las cosas. Vivos los conocí, y vivos estarían siempre para mí. «Que los muertos entierren a los muertos; preocupémonos por los vivos.» Y nunca pude imaginar a Neal de viejo, pues personificaba la juventud.

Aunque estaba enfadada, le agradecía a Allen haberme escrito después de haber asistido al funeral de Jack, y tuve la sensación de que reconocía que yo era alguien que había formado parte de su vida.

> ¿Cómo estáis tú y los chicos esta noche? El funeral de Jack fue muy solemne. Fui con Peter y Gregory y John Holmes en el coche de Holmes; vi el ataúd de Jack en la funeraria de Archambault de Pawtucketville St. Lowell, el nombre y la funeraria me sonaban de los recuerdos de Jack –el ataúd resistió una misa mayor en el cementerio de St. Jean Baptiste–. En el ataúd Jack se veía cabezón, gesto adusto, una diminuta coronilla calva al tocarle la frente con el dedo, los dedos arrugados, unas manos peludas que sobresalían de una chaqueta deportiva en las que habían puesto un rosario, masas de flores alrededor del ataúd, la habitual arruga formando un surco en forma de U en la frente, los ojos cerrados, corpulento en su mediana edad como su padre en décadas de ensueño anteriores... Al principio impresionaba verlo en la sala de ataúdes con esa iluminación teatral, como un Buda en pose de pari-nirvana, vino para dejar su mensaje de Ilusión, y en un parpadeo abandonó su cuerpo.
>
> Y no te llamé antes porque había demasiado dolor, vida y asuntos en mi escritorio hasta esta noche. Cuídate...

Cada palabra me impresionó, tan poco acostumbrada como estaba a los hábitos de la muerte, y me atormentaron espasmos de horror y dolor, con esa descripción de Allen, más detallada de lo que yo habría observado de haber estado allí. Sabía que Jack había insistido mucho en que no lo enterraran a la manera católica; quería que lo sepultaran junto a su padre y su madre –y después junto a su hija– en Nashua, New Hamp shire. En cambio, la familia Sampas lo había hecho a su manera, y habían convertido en atracción turística su sencilla tumba sin lápida. Pobre Jack, todavía sigue siendo víctima de la manipulación de los demás.

Por supuesto, los medios de comunicación se hicieron más eco del fallecimiento de Jack que del de Neal, pero no todos fueron amables. Algunos elogiaron tibiamente a Jack por su obra, pero lo condenaron por su vida. Neal no había producido ninguna «obra» y había llevado una vida opuesta a cualquier norma social. Cierto que la prensa underground fue más amable con Jack que la convencional, y el *Village Voice* de Nueva York le dedicó un hermoso tributo, pero también publicaron una despiadada y mordaz condena de su persona. ¿Por qué la gente sentía esa necesidad de destruir a los héroes que había creado?

En mi territorio, nada más haber expulsado la morbosidad de J. B. la sustituyó la de Diana. Llamó y llamó desde Nueva York, al principio para decirme cómo debía organizar el funeral de Neal, qué hacer con los niños, conmigo misma, etc. etc. Como la Madre Superiora... ¿o tal vez la Súper Madre? Además, dijo que debería repartir las cenizas con ella.

La sangre me hirvió aún más de lo normal cuando me vi obligada a ponerme en contacto con esta mujer, y no me costó nada comprenderla.

–Maldita sea, Diana, ¿es que no vas a parar? ¿Quién te crees que eres? Solo estuviste con Neal uno de sus cuarenta y tres años; tu matrimonio era nulo, Neal nunca vio a tu hijo desde que nació, y todo eso pasó hace veinte años. ¿Cómo se te ocurre aconsejarme nada? Y que ahora quieras parte de sus cenizas me parece asquerosamente morboso y repugnante. ¡Dios mío, mujer! No debería haberlo incinerado; debería haberlo cortado en pedacitos y repartirlo con todas sus mujeres como reliquias. ¡PUAJ! ¡Es repugnante! –Y colgué el teléfono.

Después me avergoncé de mi arrebato, es verdad, y cuando me devolvió la llamada, le dije con más calma:

–Diana, escucha de una vez por todas, que se te meta esto en la cabeza: ¡No quiero hablar de las cenizas de Neal... nunca más! Y escucha, no me gusta gritarte. No quiero enfadarme. ¡Sé una buena chica y déjame en paz! No voy a hablar más contigo, y ahora voy a colgar. –Pero no estaba escuchando, y siguió con su perorata–. Diana... voy a colgar ahora. –Y colgué. Volvió a llamar. Esta vez respondió Flo, y era demasiado amable para colgarle a nadie. Así que dejó despotricar y delirar a Diana durante más de una hora, en la que soltó todo tipo de fantasías, como que Neal le debía ochenta mil dólares, que mis hijos no eran suyos y que todos lo sabían. Dios Todopoderoso, ¿nunca me la podría quitar de encima? Vaya cruz.

Cuánto admiré a Anne durante todo este proceso: con qué dignidad y abnegación se adaptó a la muerte de alguien que formaba parte de ella. Cuando escribió, llevaba los vendajes de haberse puesto silicona en los pechos, con la esperanza de volver a atraer a Neal. A pesar de su sacrificio, su reacción inicial cuando le hablé de la muerte de Neal fue breve: «Casi me suicido –escribió–, pero, bueno, eso no está bien. Vuelvo a casa de visita, para estar con mi madre. Si hay algo que pueda hacer, házmelo saber. Lo siento mucho. Espero que estés bien. Gracias por tu nota».

Cuando se instaló en casa de su madre, me escribió otra vez, todavía pensando más en mí que en ella:

> Ahora estoy en casa de mi madre y no me gustaría ir a ningún funeral o velorio. Me dijo que tratara de ser un ser humano perfecto. Eso significa pagar facturas, deudas, y por eso he de ganar algo de dinero. A veces sigo pensando que está vivo. Ya ves, el duelo es destructivo. Y se hace difícil ver personas o lugares que confirman lo negativo. Luego está la alegría: pensar que todo es una mentira porque él volverá, solo para darnos, o para

darme, una lección. Es la única forma de seguir adelante. Creo que debes estar muy triste, y ojalá pudiera hacer algo; haría cualquier cosa para que volviera a estar vivo. Por favor, trata de conseguir un poco de felicidad para ti... Has vivido tanto tiempo para él que obtendrás y mereces la satisfacción de amar a otra persona. Te quiero, Carolyn. Y te deseo toda la tolerancia, paciencia y la devoción que has mostrado, y el amor.

Anne

Al cabo de otra semana, Anne volvió a Seattle, donde había estado viviendo desde que Neal la echó, y se había comenzado a labrar una nueva vida. Nunca olvidó a Neal; él seguía siendo su inspiración, pero cuando se sentía insegura, hacía viajes a México para encontrarlo. Como lo necesitaba, se permitía creer que no había muerto. Poco a poco, con los años aceptó su muerte y siguió alimentándose de lo que había recibido de él, y estaba decidida a tratar de ser digna del ideal que Neal había sembrado en su conciencia.

Cuando nos conocimos, Anne me había dicho que el propósito de la existencia de las mujeres era hacer felices a los hombres. Lo hizo con gran generosidad. Se mudó al aire puro de Santa Cruz, California, es feminista, vegetariana célibe y trabaja en una brillante historia de la soberanía femenina en todo el mundo. Todavía tenemos buena relación, nos vemos una vez al año y nos escribimos.

En cambio, pasé otros seis meses defendiéndome de las incesantes peticiones de Diana de que le mandara las cenizas, hasta que la alternativa fue ceder o enloquecer. Estuve de acuerdo en enviarle una parte si ella dejaba de llamarme.

–Sí –dijo–, por supuesto. –Y añadió–: ¿Tienes mi dirección?

–Sí, Diana, tengo tu dirección. –La dejé repetir y repetir todo lo que me había dicho cien veces, y que, para empezar, no había querido escuchar. Al final llegué a un punto en que haría cualquier cosa para que se callara.

Con la mayor repugnancia, abrí la bolsa de seda plateada

por primera y única vez y con una cuchara trasladé una porción de cenizas a una cajita, pensando que en cualquier momento me desmayaría. Mandé el paquete por correo lo antes posible y suspiré: «Ya está». Una vez más, fue una vana ilusión.

Cada dos días más o menos llamaba con una nueva idea de lo que haría con las cenizas cuando llegaran. Primero estarían en la tierra ancestral de Jack en New Hampshire.

–Genial –dije–. Buena idea. Adiós.

Al cabo de un par de días:

–¿Crees que tal vez debería comprar un árbol en Washington Square y enterrar a Neal debajo?

–¡Dios mío, Diana! Ya te he dicho lo que pienso. Haz lo que quieras, pero deja de hablarme de eso. Solo te he mandado una cucharadita.

–Sí, lo sé. Es todo lo que merezco. –Eso me sorprendió, viniendo de ella–. ¿Sabes lo que creo que haré? –Ya empezaba otra vez–. Voy a enterrar con él uno de esos cuartos antiguos.

–¿Un qué? ¿Por qué?

–Ya sabes, una de esas monedas antiguas de veinticinco centavos que tenían un águila en la parte de atrás. Bueno, según cómo la miras parece un águila, pero si la giras parece un vaquero empalmado. ¿No crees que le va como un guante a Neal? De verdad, Carolyn, ¿no es una gran idea?

–Dios mío –gemí.

Poco después de la muerte de Jack, Diana volvió a llamar, justo cuando me arrellanaba para ver un episodio de *La saga de los Forsythe:* el único capricho televisivo sagrado. Después de repetidos e infructuosos esfuerzos por convencerla de que llamara en otro momento, y como me estaba perdiendo una gran cantidad de diálogos importantes, me dejé ir: derribé sin piedad todas mis barreras esmeradamente construidas de comportamiento redentor. ¡Maldita mujer!

–¿Quieres callarte un minuto? ¿Es que nunca piensas en nada que no sea lo que pasó hace veinte años? Veinte años, Diana, Dios mío, mujer, ¿qué estás haciendo con tu vida? Siempre censurando.

Y entonces me pasó algo extraño. Justo en el calor de mi furia, fue como si escuchara un chasquido en algún lugar dentro de mí, y sin pausa y sin abandonar mi tono irritado, seguí gritándole, pero en ese momento... ¡De repente la amé! Empecé a sentir un gran calor, como si me derritiera de dicha, y escuché mis palabras con asombro.

–Escucha, Diana... la vida es para vivirla. Todavía eres una mujer joven... Sí, lo eres. –Y ella ya comenzaba a protestar–. Dios te dio la vida, no la vejez, y eres atractiva... Antes eras modelo, ¿no lo recuerdas? Bueno, pues recuerda cosas como esa... Deja que el pasado muerto muera. La vida puede ser genial, Diana... Venga, vamos, deja de gimotear, de quejarte y de mirar atrás... Sal y utiliza tu cerebro y tu belleza. Se te concedió la bendición de conocer a Neal... Utiliza el regalo que te dio... ¡para siempre! ¡Para vivir!

Ya no se me ocurría nada lo bastante esperanzador ni positivo que decirle. Farfulló en un par de ocasiones, pero sobre todo se estuvo callada. ¡Nunca había ocurrido! Su perorata no paraba ni cuando yo hablaba. ¿Era posible que por fin le hubiera llegado al corazón?

–Hazlo por Neal, Diana, es lo que él querría que hicieras, ¿no te parece?

–Sí, creo que sí. ¿Me enviarás algo? ¿Algo de literatura? –Casi no podía creer lo que oía. Estaba tan emocionada como yo, y era estupendo. Esperaba haber plantado una semilla, y me pregunté vagamente si Neal había tenido algo que ver.

Terminamos la conversación rebosando halagos, dulzura y luz. El amor lo conquista todo. Y yo estaba extática, caramba, ¡estaba segura de haberme librado de ella! Qué curioso: yo, que siempre andaba predicando que solo puedes cambiar tu entorno cambiando tu mente, nunca pensé que eso se pudiera aplicar a Diana.

Pronto me dio la oportunidad de probar esta teoría. A los pocos días volvió a llamar para decirme que había recibido las cenizas.

–¡Muchas gracias! –dijo con un sincero afecto–. Sabes, llegaron por el cumpleaños de mi marido, ¡y mi hija las puso al lado de su plato con los otros regalos! –Chilló de alegría, mientras yo contenía el aliento–. Pero las rescaté justo a tiempo; Él no las vio... ja ja ja... y ahora, finalmente he decidido qué hacer con ellas. Quiero tu aprobación. –Suspiré. No había conseguido que comprendiera ni un ápice lo que yo pensaba. Pero ahora me divertía, no me sentía desafiante ni enfadada, lo que de por sí solo era ya un alivio.

–Está bien, Diana, vamos a ver. ¿Qué se te ha ocurrido?

–Bueno, llamé a la esposa de Jack en Florida. Por supuesto, ella no sabe quién soy, pero le pregunté si podía enterrar las cenizas de Neal en la tumba de Jack. –No pude evitar un espasmo involuntario.

–¿Y qué dijo Stella?

–La verdad es que pareció contenta. Dijo que todavía no podía permitirse una lápida de verdad, pero que cuando vendiera la casa de Florida volvería a Lowell, y quería hacerlo entonces. Dijo que podíamos encontrarnos allí. ¿No es maravilloso?

–Maravilloso, querida.

–Celebraremos una pequeña ceremonia agradable, ya sabes, algo sencillo, y tal vez ponga una placa... Algo que diga que Neal está enterrado en el corazón de Jack. ¿No crees que sería apropiado?

–Lo que tu digas. Hazlo como quieras. Tienes mi bendición.

–Sí, creo que será bonito. Y ahora... me gustaría hacer algo por ti. Voy a apostar por ti en el Derby... ¡Realmente me he metido en ese mundillo! ¿Qué caballo quieres que gane? Elige cualquiera que te guste. Dos dólares, ¿vale?

–Maravilloso. Que sea uno de tercera opción, Di, en memoria de Neal.

ÍNDICE